페더럴리스트

페더럴리스트

1판1쇄 | 2019년 2월 28일
1판2쇄 | 2024년 4월 1일

지은이 | 알렉산더 해밀턴, 제임스 매디슨, 존 제이
옮긴이 | 박찬표

펴낸이 | 안중철, 정민용
편집 | 윤상훈, 이진실, 최미정

펴낸곳 | 후마니타스(주)
등록 | 2002년 2월 19일 제2002-000481호
주소 | 서울특별시 마포구 신촌로14안길 17, 2층 (04057)
전화 | 편집_02.739.9929/9930 영업_02.722.9960 팩스_0505.333.9960

블로그 | blog.naver.com/humabook
엑스, 인스타그램, 페이스북 | @humanitasbook
이메일 | humanitasbooks@gmail.com

인쇄 | 천일문화사_031.955.8083 제본 | 일진제책사_031.908.1407

값 31,000원

ISBN 978-89-6437-326-2 94300
     978-89-6437-303-3 (세트)

페더럴리스트

차례

부록

주요 연표

영국은 1700년대 초·중반 식민지 지배권을 둘러싸고 스페인 및 프랑스와 계속되는 전쟁을 치렀는데, 이로 인해 발생한 막대한 전쟁 부채를 해결하기 위해 식민지를 대상으로 각종 세금을 직접 부과하기로 결정하게 된다. 이는 식민지의 경제적 부담을 가중했을 뿐만 아니라 그동안 식민지가 누려 온 자치권을 부정하는 것이었다.

_옮긴이 해제에서.

1763년. 영국 조지 그렌빌 수상, 부채 감면을 위해 식민지에 세금 부과 결정.

1764년. 설탕법 및 화폐법 제정.

1765년. 인지세법 제정.

1767년. 타운센드 관세 도입.

1773년. 차 세법 제정.

1773년. 보스턴 차 사건 발생.

1774년. '참을 수 없는 법' 제정.

1774년 9월 5일. 제1차 대륙회의 개회.

'참을 수 없는 법'Intolerable Acts은 1774년 영국 의회에서 통과된 일련의 법률들('보스턴 항구법', '매사추세츠 통치법', '재판권법', '병영법' 등)을 가리키는데, 하나같이 아메리카 13개 식민 주에 커다란 공분과 저항을 자극했다.

이 판화 그림은 당시 영국 수상이던 프레더릭 노스Frederick North 경이 (영국의 아메리카 13개 식민 주를 상징하는) 인디언 여성에게 강제로 (참을 수 없는 법을 상징하는) 차를 먹이는 모습을 묘사하고 있다. 노스 경의 주머니에는 그가 제안한 보스턴 항구법Boston Port Bill이 끼워져 있다. 인디언 여성의 팔을 잡고 있는 사람은 윌리엄 머리William Murray(제1대 맨스필드 백작) 대법관이며, 두 발을 누르고 치마를 들치는 사람은 바람둥이로 유명했던 샌드위치 백작(당시 영국의 제1해군경)이다. 1774년 4월 『런던 매거진』*The London Magazine*에 처음 실렸는데, 얼마 뒤 폴 리비어Paul Revere가 해적판으로 복제해 『로열 아메리칸 매거진』*Royal American Magazine*에 다시 실렸고, 이후 식민 주들에 널리 보급했다.

자료 : British Museum, Catalogue of Political and Personal Satires, #V.5226.
　　　 Creswell, American Revolution, #664. 다음 홈페이지에서 재인용.
　　　 https://bostonraremaps.com/inventory/the-able-doctor.

[콩코드강에서 울려 퍼진] 한 발의 총성이 세상을 바꾸었다.

_랠프 월도 에머슨, 「콩코드 찬가」에서.

1775년 4월 19일. 렉싱턴·콩코드 전투. 미국 혁명 시작.

1775년 5월 10일. 제2차 대륙회의 개회.

1775년 6월 15일. 대륙회의, 대륙군 조직.

1776년 7월 4일. 대륙회의, 독립선언서 채택.

1777년 11월 15일. 연합회의, 연합 헌장 승인.

1781년 3월 1일. 연합 헌장 발효.

1783년 9월 3일. 파리 평화조약 체결.

독립 전쟁 시기 미국의 유명한 화가인 존 트럼불John Trumbull의 작품이다. 서명하고자 중앙에 서있는 다섯 명은 (왼쪽부터 오른쪽으로) 존 애덤스John Adams, 로저 셔먼Roger Sherman, 로버트 리빙스턴Robert R. Livingston, 토머스 제퍼슨Thomas Jefferson, 벤저민 프랭클린Benjamin Franklin이다. 오른쪽 의자에 앉아 있는 인물은 제2차 대륙회의 및 연합회의 의장인 존 행콕John Hancock으로 미국 독립선언서에 최초로 서명한 사람이다.

> 우리는 다음과 같은 것들을 자명한 진리로 믿는바, 즉 모든 사람은 평등하게 창조된다는 것, 그들은 창조주로부터 양도할 수 없는 일정한 권리를 부여받는다는 것, 그리고 이에는 삶, 자유 및 행복의 추구 등이 포함된다는 것, 이런 권리를 확보하기 위해 인간들 사이에 정부들이 수립되며, 이들의 정당한 권력은 피치자의 동의에 연유한다는 것, 어떠한 형태의 정부라도 그런 목적들을 파괴하는 것이 될 때는 그 정부를 바꾸거나 없애 버려 신정부를 수립하되, 인민들에게 자신들의 안전과 행복을 가장 잘 이룩할 것 같아 보이는 그런 원칙들에 입각해 그 토대를 마련하고 또 그런 형태로 권력을 조직하는 것이 인민의 권리라는 것 등이다.
>
> _미국 독립선언서에서.

자료: 주한 미국 대사관 및 영사관 홈페이지.

...... 높은 놈들은 우리가 가진 모든 것을 가지려고 하니, 이제 우리가 일어나 그런 행위를 중지시키고 더 이상 법정도 보안관도 세금 징수인도 법률가도 없게 만들어야 할 때라고 생각합니다.

_매사추세츠주 어느 농부의 목소리.
하워드 진, 『미국 민중사 1』, 유강은 옮김, 이후, 171쪽.

1786년 8월. 셰이즈의 반란 발생(1788년 초 완전 진압).

1786년 9월 14일. 아나폴리스 회의.

1787년 2월 21일. 연합회의, 필라델피아 회의 소집 결정.

대니얼 셰이즈Daniel Shays 대령이 주도한 셰이즈의 반란(1786~87)은 매사추세츠주 서부에서 과도한 세금과 채무를 짊어진 농부들이, 강제로 채무 수금 및 압류를 시도한 채권자들과 주 법원에 대항해 일으킨 무장 봉기였다. 이 그림은 셰이즈의 반란이 발생한 매사추세츠주 스프링필드 법원 앞마당에서 채무자와 세금 징수원이 난투극을 벌이고 있는 모습이다. 스프링필드 법원의 압류 조처에 항의하려고 모인 다수의 항의자들이 이 싸움을 지켜보며, 채무자를 응원하고 있는 모습을 묘사하고 있다.

◆ 1786년 셰이즈의 반란 당시 모습을 그린 그림(1850년경 제작).
자료 : Wmpetro(위키미디어 공용, CC BY-SA 4.0) 제공.

만일 인간이 천사라면, 어떤 정부도 필요하지 않을 것이다. 만일 천사가 인간을 통치한다면, 정부에 대한 그 어떤 외부적 또는 내부적 통제도 필요하지 않을 것이다. 인간에 대해 인간에 의해 운영될 정부를 구성하는 데서 최대의 난점은 여기에 있다.

_「연방주의자 51번」에서.

1787년 5월 25일. 필라델피아 제헌회의 개회.

1787년 9월 17일. 필라델피아 제헌회의 헌법 기초 완료.

1787년 10월 27일. 「연방주의자 1번」 신문에 게재.

1787년 12월 7일. 델라웨어주, 최초로 헌법 비준.

1788년 3월 22일. 『페더럴리스트』 1권 출판.

1788년 5월 28일. 『페더럴리스트』 2권 출판.

1788년 7월 26일. 뉴욕주, 헌법 비준.

1789년 3월 4일. 헌법 공식 발효.

1789년 4월 30일. 조지 워싱턴 대통령 취임.

1789년 6월 8일. 제임스 매디슨, 헌법 수정 조항 10개 조('권리장전') 발의.

1790년 5월 29일. 로드아일랜드주, 13개 주 중 마지막으로 헌법 비준.

1791년 12월 15일. 권리장전 비준 완료.

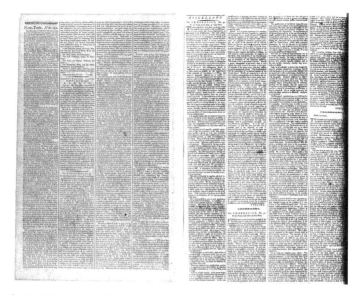

『뉴욕 데일리 애드버타이저』*New York Daily Advertiser*(1787년 11월 22일자)에 실린 「연방주의자 10번」과 『뉴욕 패킷』*New York Packet*(1788년 2월 8일자)에 실린 「연방주의자 51번」.

자료: 미국 의회 도서관.

일러두기

1. 'federal'과 'confederate'(명사형 confederacy, confederation)는 이 책에서 명확한 구분 없이 혼용되고 있다. 따라서 독자들도 이 책을 읽으며 '연방'과 '연합'을 개념적으로 엄밀히 구분할 필요는 없을 듯하다. 하지만 역사적 실체를 지칭할 때는 구분이 필요하기 때문에, 'federal'이나 'confederate'가 연방헌법 제정 이전을 지칭할 때는 '연합'으로, 연방헌법 제정 이후를 지칭할 때는 '연방'으로 번역했다. 예컨대, 'federal government'나 'confederate government'가 전자를 지칭할 경우에는 '연합 정부'로, 후자를 지칭할 경우에는 '연방 정부'로 번역했다.

2. 'state'는 모두 '주'로 번역했다. 연합 헌장에서의 'state'와 연방헌법에서의 'state'는 중앙정부와의 관계에서 또는 'state'가 갖는 주권의 본질에서 근본적 차이가 있다. 전자의 경우, 사실상 독립적인 국가라고 할 수 있고 따라서 '국가' 또는 '나라'로 번역되기도 한다. 하지만 이 경우 합중국과의 구분이 모호해지고, 'country', 'nation' 등의 번역어와 구분하기 어려운 문제가 발생한다. 따라서 연방헌법 제정 이전과 이후를 막론하고 'state'는 일괄적으로 통상적인 명칭인 '주'로 통일해 번역했다. 같은 '주'이지만 연방헌법 제정 이전과 이후에 상당한 차이가 있다는 점을 염두에 두고 읽어 주길 바란다.

3. 'general government', 'national government'는 대체로 '중앙정부'로 번역했는데, 문맥에 따라 '연방 정부'로 번역하기도 했다.

4. 본문의 1부, 2부 구분은 초판본을 따랐다. 차례에서 1부, 2부의 제목, 부 아래의 항목 구분 및 제목, 각 논설의 제목 등은 독자의 이해를 돕기 위해 옮긴이가 작성했다.

5. 원문에서 대문자로 강조된 곳은 고딕으로, 이탤릭으로 표기된 곳은 위첨자를 넣어 구분했다. 본문 소괄호는 원문에 나오는 형태 그대로이고, 본문과 주에 넣은 대괄호는 이해를 돕기 위해 옮긴이가 추가했다. 옮긴이가 작성한 주는 '[옮긴이]'로 표기했으며, 다음 책을 활용해 작성했다.

The Federalist with Letters of "Brutus", Edited by Terence Ball, Cambridge: Cambridge Univ. Press, 2003; The Federalist Papers, Edited by Lawrence Goldman, New York: Oxford Univ. Press, 2008; The Federalist Papers, Introduction and Notes by Charles R. Kesler, New York: Signet Classics, 2003; The Federalist Papers, Edited by Issac Karmnick, New York: Penguin Books, 1987; The Federalist, Edited, with Introduction and Historical Commentary, by J. R. Pole, Indianapolis: Hackett Publishing Company Inc., 2005; The Federalist, Edited with an Introduction, Reader's Guide, Constitutional Cross-reference, Index, and Glossary by George W. Carey and James McClellan, Indianapolis: Liberty Fund, 2001.

페더럴리스트

1787년 9월 17일 연합회의에서 합의된
신헌법을 지지하기 위해 쓴 글들의 모음집

For, Mr. Church from her sister Elizabeth

THE Hamilton

FEDERALIST;

A COLLECTION

OF

ESSAYS,

WRITTEN IN FAVOUR OF THE

NEW CONSTITUTION,

AS AGREED UPON BY THE FEDERAL CONVENTION,
SEPTEMBER 17, 1787.

IN TWO VOLUMES.

VOL. I.

NEW-YORK:

PRINTED AND SOLD BY J. AND A. M'LEAN,
No. 41, HANOVER-SQUARE.
M,DCC,LXXXVIII.

◆ 1788년 발행된 초판 이미지.
자료 : 미국 워싱턴시 의회 도서관.

연방주의자 1번

[해밀턴] 1787. 10. 27.

  기존 연합 정부의 비효율성을 확실히 경험한 바 있는 여러분은 이제 아메리카합중국의 신헌법에 대한 심사숙고를 요청받고 있다. 합중국의 존속 및 그 구성 부분들[즉 주]의 안전과 번영, 그리고 여러 측면에서 세계에서 가장 중요한 한 제국의 운명 등에 미칠 영향을 고려할 때, 이 문제가 갖는 중요성은 자명하다. 숙고와 선택을 통해 좋은 정부를 수립할 능력이 정말 인간 사회에 있는가 아니면 정체의 구성을 언제까지나 우연과 폭력에 의존해야만 하는가라는 중대한 문제에 대한 결정이 이 나라 인민의 행동과 본보기에 달려 있는 듯하다고 종종 이야기된다. 이 말에 조금의 진실이라도 있다면, 우리가 당면한 이 국면은 그에 관한 결정을 내려야 할 시기로 여겨지며, 이런 견지에서 볼 때 우리가 할 역을 잘못 선택한다면 그것은 인류의 보편적 불행으로 간주되어야 마땅할 것이다.

  이런 생각은, 애국심이라는 동기에 인류애의 동기를 보탬으로써, 사려 깊고 선량한 사람이라면 누구나 이 일과 관련해 느끼게 될 염려를 한층 높이게 될 것이다. 우리의 선택이, 공공선과 무관한 고려에 따라 방해받거나 편향되지 않고, 우리의 진정한 이익에 대한 현명한 판단으로 인도된다면 다행스러울 것이다. 하지만 그것은 진지하게 기대한다기보다는 열렬히 희망하는 사항이 될 것이다. 우리 앞에 숙고하도록 제안되어 있는 이 안[즉 헌법안]은 수많은 특수 이익에 영향을 미치고 수많은 지방 제도를 일신할 것이기에, 이 안의 장단점과는 무관한 여러 사항들을 토의 과정에 끌어들이고 또한 진실을 발견하는 데 전혀 도움이 되지 않는 견해나 정념, 편견 등도 끌어들일 것이기 때문이다.

  신헌법이 직면하게 될 어려운 장애물들 중에서 가장 두드러지는 것은 각 주의 특정 계층 사람들이 가진 명백한 이해관계이다. 이들은 기존의 주州 체제에서 자신들이 장악하고 있는 직위의 권한이나 보수, 영향력 등을 축소할 수 있는 일체의 변화에 대해 저항한다. 또 다른 계층의 전도된 야망도 있는데, 이들은 나라의 혼란을 통해 자신의 권력을 강화하려 하거나 아니면 단일 정부로 결속된 제국보다는 제국이 몇 개의 부분적 연합들로 나뉠 때 더 많은 신분 상승의 기회를 누릴 수 있으리라 착각한다.

하지만 이런 종류의 비평을 늘어놓으려는 것이 나의 의도는 아니다. 어떤 집단의 반대를 (단지 그들이 처한 상황이 그들을 의심받을 만하게 한다는 이유로) 이해관계나 야심에 따른 의견으로 무차별적으로 간주하는 것이 부당하다는 것을 나는 잘 알고 있다. 솔직하게 말하면, 그런 사람도 정당한 의도에 따라 행동할 수 있다고 인정해야 한다. 또한 이미 나타나고 있거나 앞으로 나타날 반대의 상당수는, 편견에 따른 경계나 두려움 등으로 미혹된 마음의 순진한 실수처럼, 존경스럽지는 않지만 적어도 비난할 수 없는 원인에서 나올 수 있음도 분명하다. 판단을 잘못된 편향으로 이끄는 원인이 너무나 다양하고 강력하기 때문에, 현명하고 선량한 사람이라도 중요한 사회문제와 관련해 올바른 편만이 아니라 잘못된 편에 서는 경우도 많이 보게 된다. 이런 사정을 충분히 유념한다면, 어떤 논쟁에서도 자신이 옳다고 항상 확신하는 사람들은 온건과 절제라는 교훈을 얻게 될 것이다. 이런 점에서, 신중해야 할 또 다른 이유는, 진실을 주창하는 사람들이 그 적대자들보다 더 순수한 원칙에 의해 움직인다고 항상 확신할 수 있는 것은 아니라는 성찰로부터 얻을 수 있다. 야심, 탐욕, 개인적 적대감, 정파적 반대, 그리고 이보다 결코 더 낫지 않은 여러 다른 이유들이, 현안에 대한 올바른 입장에 반대하는 사람뿐만 아니라 그것을 지지하는 사람들에게도 영향을 끼치는 경향이 있기 때문이다. 온건과 절제로 이끄는 이런 동기마저 없다면, 정치적 파당의 항상적 특징인 편협성은 그 어떤 것도 비견할 수 없을 만큼 무분별해질 것이다. 왜냐하면 불과 칼을 사용해 개종자를 만들려 하는 것은 종교에서와 마찬가지로 정치에서도 똑같이 어리석은 일이기 때문이다. 어느 쪽이든 결코 박해를 통해서는 이단을 고칠 수 없기 때문이다.

하지만 이런 생각이 올바른 것임을 아무리 인정한다 하더라도, 이전에 있었던 전국적 대논쟁 때와 마찬가지 일이 이번에도 발생하리라는 징조는 이미 충분히 나타나고 있다. 분노와 악의적 열정이 제멋대로 분출될 것이다. 적대적 정파들의 행동으로 판단해 보면, 그들은 서로 요란한 웅변과 신랄한 독설을 통해 자신들의 의견의 정당성을 입증하고 개종자의 수를 늘리려고 할 것으로 추론된다. 정부의 활력과 효율을 추구하는 계몽된 열의는, 전제 권력을 선호하고 자유의 원칙에 적대적인 기질의 소산으로 낙인찍혀 비난받게 될 것이다. 인민의 권리를 위협하는 것에 대한 지나칠 만큼이나 세심한 경계심 — 이는 대개 가슴보다는 머리의 단점이다 — 은 한낱 가식이나 책략으로, 즉 공공선을 희생하면서 대중적 인기를 얻기 위한 미끼로 묘사될 것이다. 한편으로, 시기나 경계심은 대개 과도한 사랑에 수반되는 현상이고, 자유에 대한 고귀한 열정은 편협하고 옹졸한 불신에 의해 쉽게 감염되는 경향이 있다는 점은 간과될 것이다. 다른 한편으로, 정부의 활기가 자유를 보호하는 데 필수적이라는 점, 그리고 충분한 정보에 기초한 건전한 판단을 기대하는 중에도 그들의 이해관계는 결코 분리될 수 없다는 점도 마찬가지로 간과될 것이다. 또한 위험한 야심은, 견실하고 효율적인 정부에 대한 열망이라는 금기시되는 외양 뒤에 숨어 있기보다는, 인민의 권리를 위한 열정이라는 그럴듯한 얼굴 뒤에 대개 도사리고 있다는 점도 간과될 것이다. 역사의 가르침에 따르면, 전자보다는 후자가 독재를 불러오는 확실한 길이었음이 드러났고, 공화국의 자유를 전복한 사람들 가운데 대다수는 인민에 영합해 아부하는 것으로 자신의 경력을 시작했다. 데마고그로 시작해 폭군으로 귀결되었던 것이다.

동료 시민들이여, 나는 지금까지의 논평에서, 확실한 증거 없이 막연한 인상을 동원해 여러분의 결정 — 여러분의 복리와 관련해 가장 중요한 사항에 대한 — 에 영향을 미치려는 모든 방면의 시도에 대해 여러분이 경각심을 갖도록 하는 데 초점을 맞추어 왔다. 여러분은 분명히, 전반적으로 그 논평들이 신헌법에 적대적이지 않은 자료들에 근거한 것이리라 추측했을 것이다. 그렇다. 동포들이여. 나는 신헌법을 주의 깊게 살펴본 결과, 그것을 채택하는 것이 여러분에게 이로울 것이라는 견해를 확고히 갖고 있음을 인정한다. 이것이 여러분의 자유, 여러분의 존엄, 여러분의 행복을 위한 가장 안전한 길임을 나는 확신한다. 나는 유보를 두지 않을 것이다. 그렇게 할 생각이 없기 때문이다. 나는 이미 결정한 이상, 심사숙고하는 척하는 외양으로 여러분을 달래지 않을 것이다. 나는 여러분에게 나의 확신을 솔직하게 인정하고, 그런 확신의 기반이 되는 근거와 이유를 여러분에게 자유롭게 제시할 것이다. 선한 의도를 가진 의식은 모호함을 경멸한다. 하지만 나는 이 문제에 대한 선언들을 나열하지는 않을 것이다. 나의 의도는 나 자신의 가슴이라는 보관소에 머물러 있어야 한다. 나의 주장은 모두에게 개방될 것이며, 모두에 의해 심판받게 될 것이다. 그것은 적어도 진실이라는 대의를 더럽히지 않을 그런 태도로 제시될 것이다.

나는 일련의 논설을 통해 다음과 같은 흥미로운 사항들에 대해 논하고자 한다. 여러분의 정치적 번영에 있어 합중국의 유용성, 그런 합중국을 보존하는 데 기존 연합의 불충분함, 이 목적을 달성하는 데는 [신헌법에서] 제안한 것과 적어도 동일한 정도의 힘을 가진 정부가 필요함, 제안된 헌법이 공화제 정부의 진정한 원리에 부합함, 여러분 자신의 주[즉 뉴욕주] 헌법과 신헌법의 유사성,[1] 그리고 마지막으로 신헌법의 채택이 그런 종류의 정부의 보전과 자유와 재산에 제공할 부가적인 보장.

앞으로의 논의에서 나는, 여러분의 관심을 끌 것 같은 모습으로 나타날 모든 반대 주장에 대해 만족스러운 해명을 제공하려고 노력할 것이다.

합중국의 유용성을 입증하는 논의는 이제 필요 없으리라 생각된다. 그 요점은 의심의 여지 없이 모든 주에서 대부분의 인민들의 마음속에 깊이 새겨져 있고, 반대자가 없으리라 생각된다. 하지만 사실상, 신헌법에 반대하는 자들의 사적 모임에서는, 13개 주를 어떤 포괄 체제로 묶기에는 너무 크기 때문에, 전체 중에서 별개의 부분들로 구성되는 독립된 여러 연합들로 갈 수밖에 없다는 주장이 벌써 나돌고 있다고 듣고 있다.[2] 이런 교의는 점진적으로 전파되어 신봉자를 확보하고 마침내는 공개적으로 천명되는 상황에까지 이를 개연성이 높다. 이 문제를 폭넓게 볼 수 있는 식견을 가진 사람에게는, 신헌법의 채택인가 아니면 합중국의 해체인가라는 양자택일만큼 더 분명한 것은 없다. 따라서 합중국의 이점과 그것이 해체될 때 각 주가 직면하게 될 필연적 단점 및 예상되는 위험 등에 대한 검토로부터 출발하는 것이 유익할 것이다. 따라서 나의 다음 강연 주제는 이것이 될 것이다.

푸블리우스[3]

---

1) [옮긴이] 해밀턴은 헌법안을 뉴욕주 헌법과 비교하려던 계획을 나중에 포기하고, 그 대신 정부의 각 부에 대해 검토한다.

2) 그 결과에 대한 주장까지 포함해, 이와 같은 구상이 신헌법에 반대하는 최근의 몇몇 출판물에서 지속적으로 나타나고 있다.

연방주의자 2번

[제이] 1787. 10. 31.

아메리카 인민들은 지금, 이제까지의 그 어떤 관심사보다 결과적으로 중요한 문제의 하나로 판명될 것이 분명한 사안에 대한 결정을 요구받고 있다. 이를 상기한다면, 그 문제에 대해 진지하고도 포괄적으로 검토하는 것은 적절한 일임에 분명하다.

정부가 절대적으로 필요하다는 것만큼 분명한 사실은 없다. 또한, 정부를 언제 어떻게 설립하더라도, 정부에 필수적인 권한을 부여하기 위해 인민들이 자신의 자연권의 일부를 정부에 양도해야 한다는 사실 또한 부인할 수 없다. 따라서 아메리카 인민들이 별개의 여러 연합들로 나뉘어서, 단일의 중앙정부에 맡기도록 권고받은 권한과 같은 종류의 권한을 각 연합의 지도자에게 부여하는 것과, 단일의 연방 정부하에서 전체의 일반적 목표를 지향하는 하나의 국민이 되는 것 중에서 어느 것이 아메리카 인민의 이익에 더 도움이 될지 심사숙고할 만할 것이다.

아메리카 인민의 번영이 그들의 지속적이고 굳건한 단결에 달려 있다는 것은, 최근까지 널리 받아들여져 왔고 그 누구도 반박하지 않았던 견해였다. 그리고 가장 훌륭하고 현명한 우리 시민들

---

3) [옮긴이] 해밀턴이 선택한 필명인 푸블리우스Publius는 로마 공화국 창건자의 한 명인 푸블리우스 발레리우스 푸블리콜라Publius Valerius Publicola를 가리킨다. 그는 브루투스Lucius Junius Brutus와 함께 타르퀴니우스Tarquinius 가문의 왕들을 로마에서 축출함으로써 왕정을 종식하고 공화국을 수립했고, 공화국 수립 직후 왕정 복구 음모를 진압했다. 이후 네 차례에 걸쳐 집정관을 지내면서 친평민 정책을 펼쳤다. 로마 시민들은 그에게 '푸블리콜라'(평민의 친구)라는 명예로운 호칭을 부여했다.

의 소망과 기도, 노력은 항상 이 목적을 향해 있었다. 그러나 최근에 이 견해가 잘못되었다고 주장하면서, 합중국 안에서 안전과 행복을 추구하기보다는 주들이 별개의 여러 연합들 또는 여러 주권국들로 분립된 상태에서 안전과 행복을 추구해야 한다고 주장하는 정치인들이 나타나고 있다. 이 새로운 이론은 정말 터무니없는 것처럼 보이지만 추종자들을 얻고 있으며, 이전에 이 주장에 극력 반대했던 일부 사람들도 현재는 이에 가담하고 있다. 이분들의 생각과 진술에 이런 변화를 일으킨 논거와 유인이 무엇이든 간에, 이런 새 정치 신조가 진실과 건전한 정책에 기초해 있다는 충분한 확신 없이 전체 인민들이 그런 신조를 수용한다면 그것은 분명 현명한 일이 되지 못할 것이다.

독립된 아메리카가 서로 떨어져 있는 여러 분리된 영토들이 아니라 하나로 연결되어 있으며, 그런 비옥하고 광활한 국토가 우리 서구의, 자유의 자손들의 몫이라는 사실을 목격하는 것은 나에게 항상 큰 즐거움이었다. 주민들의 기쁨과 편의를 위해, 신은 특별한 방법으로 이 나라에 다양한 대지와 생산물을 베풀었고, 수많은 개울들로 이 나라를 적셨다. 연속되는 수로들이 마치 이 나라를 하나로 묶으려는 듯이 국경선을 따라 일종의 띠를 형성하고 있으며, 세상에서 가장 장려한 강들이 가까운 거리에서 흐르면서 다양한 물품의 상호 교환과 수송, 우호적 원조의 용이한 전달 등에 유용한 교통로를 제공하고 있다.

나는 또한 신께서 하나로 연결된 이 나라를 하나로 결속된 인민에게 기꺼이 주셨다는 사실을 기쁘게 떠올리곤 한다. 이들은 같은 조상의 후손이며, 같은 언어를 사용하고 같은 종교를 믿으며, 같은 통치 원리를 따르고, 예절과 관습도 아주 비슷하다. 또한 이들은 공동의 목적 아래 함께 노력하고 투쟁하며 피비린내 나는 전쟁을 오랫동안 치르면서 자신들의 보편적 자유와 독립을 당당히 달성했다.

이 나라와 이들 인민은 서로를 위해 만들어진 듯하다. 또한 군건한 결속으로 상호 연합하는 단일의 형제 집단을 이루기에 너무나 적절하고 알맞은 이런 유산들이, 서로 경계하는 이방 독립국들로 나뉘어서는 결코 안 된다는 것이 신의 섭리였던 듯하다.

지금까지는 우리 중의 모든 계층 사이에 비슷한 정서가 지배적이었다. 오직 보편적 목표를 위해 우리는 한결같이 하나의 인민으로 존재해 왔다. 개별 시민들은 각자 어디에서나 동일한 국민적 권리와 기본권, 보호를 누렸다. 우리는 하나의 국민으로서 평화를 일구고 전쟁을 치렀다. 우리는 하나의 국민으로서 우리의 공통의 적을 무찔렀다. 우리는 하나의 국민으로서 동맹을 맺고, 조약을 체결했으며, 외국과 다양한 협정과 협약을 체결했다.

합중국의 가치와 혜택에 대한 뚜렷한 인식은, 인민들로 하여금 아주 초기부터 그것을 보존하고 영속시키기 위해 연합 정부를 설립하도록 이끌었다. 그들은 정치적 존속을 확보하자마자 거의 바로, 아니 자신들의 부락이 불타고 많은 시민들이 피를 흘리던 시기에 그 정부를 만들었다. 적개심과 처참함이 증폭되어 가던 당시 상황은, 자유로운 인민에 맞는 현명하고 안정된 정부를 형성하는 데 반드시 선행되어야 할 차분하고 신중한 조사와 성찰의 여지를 거의 허용하지 않았다. 그렇게 불리한 시기에 수립된 정부이기에, 시험대에 서게 되면서, 당초 이바지하고자 한 목적에 크게 부족하고 부적합한 점이 발견되어도 전혀 놀랄 일은 아닐 것이다.

이 총명한 인민들은 이런 결함을 인지하고서 후회했다. 자유를 사랑하는 만큼이나 아직도 여전히 합중국에 애착을 갖고 있는 그들은, 당장에는 합중국을 위협하고 더 멀리는 자유를 위협하는 이런 위험을 감지했다. 그리고 그들은 이 양자에 대한 충분한 안전장치는 더 슬기롭게 구성된 중앙정부에서만 찾을 수 있다고 확신하게 되었고, 한목소리로 이 중요 문제를 고찰하기 위해 최근 필라델피아에서 회의[즉 제헌회의]를 개최했다.

이 회의는, 인민의 신임을 받는, 대부분 애국심과 덕성과 지혜로 저명해진 사람들로 구성되었다. 그들은 사람들의 마음과 심성을 시험하는 그런 시기에 아주 어려운 과업을 떠맡았다. 그들은 포근한 평화의 계절에, 다른 문제로 방해받지 않고, 수개월 동안 차분하고 부단하게 매일 협의를 계속했다. 그리고 마침내, 조국에 대한 사랑 이외의 어떤 정념에 의해서도 영향받지 않고, 권력에 위압당함도 없이, 공동의 전원 일치 권고로 도출한 안을 인민에게 제시하고 추천했다.

인정하건대 이 안은 오직 추천된 것이지 결코 강요되는 것이 아니다. 왜냐하면 사실이 그러하기 때문이다. 하지만 이 안은, 맹목적으로 찬성하거나 맹목적으로 반대하도록 추천된 것이 아니라, 진지하고 공정하게 심사숙고하도록 추천된 것임을 명심하도록 하자. 이 문제의 중대함과 중요성이 그것을 요구하고 있으며, 정말 그렇게 검토받아야 한다. 하지만 (앞 호의 논설에서 언급했듯이) 이 안이 그렇게 검토되리라는 것은 기대 사항이라기보다는 희망 사항이 될 듯하다. 이전의 경험은 우리에게 그런 희망을 품고서 너무 낙관하지 말라고 가르친다. 임박한 위험에 대한 근거 있는 우려가 아메리카 인민들을 1774년에 역사적인 회의[즉 제1회 대륙회의]를 결성하도록 이끌었다는 사실은 아직 잊지 않았다. 그 모임은 참가 주들에 확고한 방침을 권고했고, 결과는 그들이 현명했음을 입증했다. 하지만 우리가 생생히 기억하듯이, 언론들은 즉각 그 조치에 반대하는 팸플릿들과 주간지들을 쏟아 냈다. 정부 관리들 중에도 많은 사람들이 사적 이해관계에 사로잡혀, 애국적 [대륙]회의의 조언을 거부하도록 인민들을 부추겼다. 그뿐만 아니라, 결과를 오판한 사람들, 과거의 집착으로부터 과도하게 영향을 받은 사람들, 공공선에 부합하지 않는 목표를 노리는 야심가들 등도 그러했다. 많은 사람들이 정말 기만당하고 현혹되었지만, 절대 다수의 인민들은 현명하게 판단하고 ˙결정했다. 또한 그렇게 했던 것을 생각하면서 만족해하고 있다.

그들[즉 절대 다수 인민들]은 [대륙]회의가 현명하고 경험이 풍부한 다수의 사람들로 구성되었다고 생각했다. 전국 각지에서 모인 사람들이 여러 유용한 정보를 가져와 주고받았으며, 나라의 진정한 이익에 대해 탐구하고 논의하면서 함께 시간을 보내는 과정에서 그 문제에 대해 아주 정확한 지식을 획득했음에 틀림없다고 생각했다. [절대 다수 인민들은] 그들[즉 대륙회의 참여자들]이 개인적으로도 공공의 자유와 번영에 관심을 가지고 있다고 생각했다. 따라서 충분한 숙의를 거친 이후에 그들이 정말로 바람직하다고 생각하는 그런 조치만을 추천하는 것이 그들의 의무이기도 했지만 그들의 성향 자체가 그러하리라 생각했다.

이와 같은 생각에서 인민들은 [대륙]회의의 판단과 진실성에 크게 의지하게 되었다. 그리고 인민들은, 회의의 조언을 받아들이지 않도록 만류하는 다양한 술책과 시도가 동원되었음에도, 그들의 조언을 수용했다. 그런데, 인민 대다수가 [대륙]회의 참여자들 — 그들 중에 충분한 시험 평가를 거쳤거나 또는 널리 알려져 있던 사람은 거의 없었다 — 을 신뢰할 만한 이유가 있었다면, 현재의 이 회의[즉 제헌회의]의 판단과 조언을 존중할 이유는 훨씬 더 많을 것이다. 왜냐하면, 주지하듯이, 그 회의[즉 대륙회의]의 특출한 참석자들 가운데 일부가 그 이후 시험 평가를 거쳐 애국심과 능력을 정당하게 인정받았고, 나이가 들면서 정치적 견문도 익히게 되었는데, 이들이 이 회의[즉 제헌회의]의 구성원으로 들어와 그들이 축적한 지식과 경험을 전해 주었기 때문이다.

제1차 회의뿐만 아니라 이어진 모든 회의[1]와 최근의 회의[즉 제헌회의] 등은 모두, 아메리카의 번영이 합중국에 달려 있다고 생각하는 사람들과 언제나 행동을 같이해 왔다는 사실에 주목할 만하다. 그것을 보존하고 영속화하는 것은 제헌회의[2]를 결성한 사람들의 주된 목표였으며, 그 회의가 인민들에게 채택을 권고한 안[즉 헌법안]의 주된 목표이기도 했다. 이 특별한 시기에 몇몇 사람들은 합중국의 중요성을 비하하고 저하시키려고 시도하고 있다. 그들은 무엇을 우선시해, 어떤 훌륭한 목적을 위해 그렇게 하는 것인가? 어떤 이유에서, 서너 개의 연합이 단일 연합보다 나을 것이라고 제안하는가? 나는 인민들이 이 문제에 대해 항상 옳게 생각해 왔으며, 합중국의 목적과 대의에 대한 그들 모두의 한결같은 애착이 숭고하고도 설득력 있는 동기에 근거하고 있다고 확신한다. 뒤에서 이어질 몇몇 논설에서 나는 그 이유들을 더 진전시켜 설명하고자 한다. 제헌회의의 안 대신에 별개의 여러 연합들이라는 구상을 추진하는 사람들은, 이 안이 기각되면 합중국의 존속이 심각한 위험에 빠질 것임을 분명히 예견하고 있는 듯하다. 그렇게 될 것이 분명하다. 그리고 나는 정말로, 합중국의 해체가 도래하면 아메리카는 다음과 같은 시 구절을 외쳐야 할 것임을 모든 시민들이 분명히 예견할 수 있기를 바란다. "안녕, 오랫동안 안녕, 나의 모든 위

---

1) [옮긴이] 제1차 대륙회의(1774), 제2차 대륙회의(1775~81), 1781년 연합 헌장 제정 이후의 연합회의(1781~89) 등을 지적한 것이다.

2) [옮긴이] 필라델피아 회의는 당초 연합 헌장 수정안을 기초할 목적의 회의였는데, 결국 새로운 헌법안을 기초하게 되었고 그 결과 후대에 '제헌회의'로 불리게 된다. 따라서 『페더럴리스트』 어디에도 '제헌회의'Constitutional Convention라는 표현은 나오지 않고 그냥 '회의'Convention로만 지칭되는데, 이해를 돕기 위해 '제헌회의'로 번역하기로 한다.

대함이여."[3]

푸블리우스

연방주의자 3번

[제이] 1787. 11. 3.

어느 나라의 인민이든 (아메리카인들처럼 지적이고 견문이 넓다면) 자신들의 이익에 관한 잘못된 견해를 받아들여 여러 해 동안 그것을 계속 고수하는 경우란 거의 없다. 이는 결코 새로운 견해가 아니다. 이런 점을 고려하면, 아메리카 인민들이 오랫동안 한결같이 품어 왔던 고견 — 모든 포괄적·국가적 목표를 이루기에 충분한 권한을 부여받은 단일의 연방 정부하에서 지속적으로 굳건하게 단결하는 것이 중요하다 — 에 대해 큰 존경심을 자연스럽게 갖게 된다.

이 같은 고견을 낳은 것으로 보이는 여러 근거들을 주의 깊게 검토하고 고찰하면 할수록, 나는 그 근거들이 설득력 있고 명확하다는 점을 더욱더 확신하게 된다.

현명하고 자유로운 인민들이 관심을 기울일 필요가 있다고 생각되는 여러 목표 가운데 첫째는 그들의 안전에 대한 대비가 될 듯하다. 인민의 안전은 분명 엄청나게 다양한 환경이나 고려 사항과 연계되어 있기에, 그것을 정확하고 포괄적으로 규정하려는 사람에게는 상당한 재량권이 주어지게 된다.

---

3) [옮긴이] 이 구절은 셰익스피어 연극 『헨리 8세』King Henry VIII, 제3막 2신, 351번째 대사에서 인용한 것이다.

여기에서 내가 검토하려는 안전이란, 외국의 무력이나 영향력에서 연유하는 위협뿐만 아니라 국내적 요인으로 야기되는 비슷한 종류의 위험에 따른 위협에도 맞서서 평화와 평온을 지키는 안보에 관한 것이다. 전자가 순서에서 앞서니까, 첫 번째 문제부터 논의하는 것이 적절할 듯하다. 그렇다면 효율적인 중앙정부하의 진정한 합중국이야말로 외부의 적대 행위에 대비하기 위해 구상할 수 있는 최선의 안전장치를 제공한다는 인민들의 생각이 잘못된 것인지에 대한 검토에서부터 시작하기로 하자.

이 세상에서 지금까지 발생했거나 앞으로 발생할 전쟁의 총수는 항상, 그것을 유발하거나 촉발할 원인 — 실제적인 것이든 거짓으로 꾸며낸 것이든 — 의 개수와 강도에 비례하는 것으로 드러날 것이다. 만일 이 의견이 옳다고 하면, 분열된 아메리카만큼이나 단결된 아메리카도 전쟁의 정당한 원인을 많이 제공할 개연성이 있는지에 대해 탐구해 보는 것이 유용할 것이다. 만일 단결된 아메리카가 전쟁의 원인을 가장 적게 제공할 듯하다고 판명된다면, 인민이 타국과의 평화 상태를 지속할 가능성은 당연히 합중국이 가장 높다고 할 수 있을 것이기 때문이다.

대부분의 경우 전쟁의 정당한 원인은 조약 위반이나 직접적인 폭력에서 발생한다. 아메리카는 이미 6개국 이상과 조약을 맺었는데, 프러시아를 제외하면 모두 해상국이다. 따라서 우리를 괴롭히거나 해칠 수 있다. 아메리카는 또한 포르투갈, 스페인, 영국 등과 광범위한 교역을 하고 있으며, 나아가 스페인 및 영국과는 경계해야 할 이웃이라는 상황에 놓여 있다.[1]

---

1) [옮긴이] 1783년 이후에도 영국은 여전히 오대호 지역에서 요새와 교역 지점을 점령하고 있었고, 스페인은 플로리다와 걸프 해안을 통제하고 있

이들 강대국 모두에 대해 국제법을 준수하는 것은 아메리카의 평화에 매우 중요하다. 그리고 단일의 중앙정부는, 13개의 개별 주나 서너 개의 별개 연합보다 더 완벽하고 정확하게 그렇게 할 수 있을 것이 분명하다.

왜냐하면 일단 효율적인 중앙정부가 수립되면, 온 나라의 최고 인재들이 나라를 위해 봉사하는 데 동의할 뿐만 아니라 나라를 운영하는 데 대체로 임명될 것이기 때문이다. 타운이나 카운티를 비롯한 좁은 권역에서 주의 하원이나 상원, 주 법원과 집행부 등에 사람을 임명할 수도 있지만, 중앙정부의 공직에 사람을 천거하는 데는 재능이나 자질 등에 대한 좀 더 전반적이고 포괄적인 평판이 필요할 것이기 때문이다. 특히 중앙정부는 가장 넓은 선택 폭을 가질 수 있고, 몇몇 주에서 흔히 나타나는 적절한 인재의 부족을 겪지 않을 것이다. 그 결과 개별 주에 비해 중앙정부의 운영이나 정치적 협의, 사법 판결 등은 더 현명하고 체계적이며 분별력이 높을 것이며, 따라서 우리에게 더 안전할 뿐만 아니라 타국과의 관계에서도 더 만족스러운 결과를 가져올 것이다.

중앙정부하에서는 국제법뿐만 아니라 조약이나 조약의 조문들이 항상 같은 의미로 해석될 것이며, 동일한 방식으로 집행될 것이다. 이에 반해, 13개 주나 서너 개의 연합 상태에서는, 그것들에 영향을 미칠 각 지역의 상이한 법률과 이해관계는 물론이고 각기 다른 독립적 정부가 임명한 독자적 법원과 판사들의 다양함으로 말미암아, 동일 사항이나 문제에 대한 판결이라도 항상 일치하거나 일관되게 이루어지지는 못할 것이다. 단일의 중앙정부에 의해

었다. 1784년 스페인은 뉴올리언스에서 미시시피강 입구를 봉쇄해 아메리카 선박의 통행을 금지시켰다.

임명되고 중앙정부에만 책임지는 [연방] 법원의 관할과 판결에 그런 문제를 맡기기로 한 제헌회의의 지혜는 아무리 칭찬해도 지나치지 않을 것이다.

한두 주에서는 지배적 정파가 당장의 이해득실에 대한 전망 때문에 종종 유혹을 느껴 올바른 신념과 정의로부터 벗어날 수도 있을 것이다. 하지만 그런 유혹이 다른 주에까지 미치지는 못할 것이고, 그 결과 중앙정부에는 거의 또는 전혀 영향을 미치지 못할 것이다. 유혹은 아무런 성과를 거두지 못할 것이고, 올바른 신념과 정의가 보존될 것이다. 영국과의 평화조약 사례는 이런 추론을 강력히 뒷받침한다.[2]

또한 단일 주의 경우, 그런 유혹은 대개 그 주의 특유한 환경에서 기인해 주민 대다수에게 영향을 미칠 것이다. 때문에 설령 그 주의 지배적 정파가 그런 유혹을 저지하려고 하더라도, 항상 불법적 모의를 막거나 침범자를 징벌하기란 불가능할 것이다. 하지만 중앙정부는 그런 국지적 상황에 영향받지 않기 때문에, 스스로 잘못을 저지르게 되지 않을 것이며, 다른 세력이 잘못을 저지르는 것을 막거나 징벌할 수 있는 힘과 뜻이 부족하지도 않을 것이다.

지금까지의 논의에 따르면, 조약이나 국제법의 고의적이거나 우발적인 위반이 전쟁의 정당한 원인을 제공하는 한, 그런 원인[제공]에 대한 우려는 몇 개의 개별적인 작은 정부보다 단일의 중앙정

---

2) [옮긴이] 1783년 파리조약으로 영국과 합중국 간의 전쟁은 종식되었다. 하지만 아메리카의 여러 주들이 그 규정들을 거부했다. 많은 아메리카인들은 영국 재산의 보호, 몰수된 왕당파 재산의 반환, 영국인들의 부채의 상환 등을 보장한 조약의 규정을 공공연히 무시했다.

부에서 줄어들 것이다. 그런 점에서 후자가 국민의 안전에 가장 유리하다.

직접적인 불법적 폭력에서 비롯되는 전쟁의 정당한 원인과 관련해서도, 단일의 유능한 중앙정부가 그런 종류의 위협에 대해, 어떤 다른 방안을 통해 얻는 것보다 훨씬 확고한 안전장치를 제공할 것이라는 점은 앞의 논의와 마찬가지로 명백해 보인다.

왜냐하면 그런 폭력은, 전체보다는 부분적 이익이나 정념에 의해, 합중국보다는 한두 주의 이익과 정념에 의해 더 빈번히 야기되기 때문이다. 인디언과의 전쟁 가운데 현재의 연합 정부 — 비록 허약하지만 — 의 공격으로 말미암아 야기된 것은 아직까지 단 하나도 없었다. 하지만 개별 주들의 부적절한 행위 탓에 인디언들의 적대 행위가 촉발된 경우는 여러 번 있었다. 개별 주들은 위법 행위를 저지하거나 처벌할 능력과 의지가 없었기에 수많은 무고한 주민들의 학살을 불러일으켰던 것이다.

이웃한 스페인과 영국의 영토는 다만 몇몇 주와 국경을 맞대고 있기에, 당연히 분쟁의 원인도 더 직접적으로는 그 국경 지방의 주민에게 국한된다. 돌발적인 격분의 충동을 느끼거나 명백한 이익이나 손실을 예민하게 의식하고서 직접적 무력을 이용해 이 국가들과 전쟁을 야기할 가능성이 가장 높은 곳이 있다면, 바로 이런 국경 지방의 주들이 될 것이다. 중앙정부만큼 그런 위험을 효과적으로 미연에 방지할 수 있는 것은 없다. 중앙정부의 지혜와 신중함은, 직접적 이해 당사자들을 충동질하는 정념에 의해 결코 손상되거나 축소되지 않기 때문이다.

그런데, 중앙정부는 전쟁의 정당한 원인을 훨씬 적게 유발할 뿐만 아니라, 전쟁을 원만하고 우호적으로 조정하고 해결하는 능력도 훨씬 뛰어날 것이다. 중앙정부는 좀 더 온건하고 냉정할 것이며, 다른 측면은 물론이고 이런 측면에서도 문제가 되는 주보다 훨씬 신중하게 행동할 수 있을 것이다. 본래적으로 인간뿐만 아니라 주의 자존심은, 자신들의 모든 행위를 정당화하도록 이끌며, 자신의 실수나 위법행위를 인정하거나 교정 또는 정정하기를 거부하도록 이끄는 경향이 강하다. 이 경우에도 중앙정부는 이런 자존심의 영향을 받지 않고, 자신들을 위협하는 곤경으로부터 벗어날 수 있는 가장 적절한 수단을 온건하고 솔직하게 검토하고 결정하게 될 것이다.

그 외에도, 중요도나 힘이 약한 주나 연합이 제안할 경우 불만족스러운 것으로 거부당할 사죄나 해명, 보상 등도 단일의 강력하고 단결된 국가가 제시하면 종종 만족스럽게 수용된다는 것은 주지의 사실이다.

1685년 루이 14세의 심기를 건드렸던 제노바³⁾는 그를 달래기 위해 여러 시도를 했다. 루이 14세는 제노바에 대해, 원로원 의원 네 명과 함께 도제, 즉 최고 통치자를 프랑스로 보내 용서를 구하고 합의 조건을 받아들일 것을 요구했다.⁴⁾ 제노바는 평화를 위해 그 요구에 굴복해야만 했다. 어떤 경우이든, 루이 14세가 스페인이나 영국 또는 다른 어떤 강대국에 대해 그런 요구를 하거나 그와 같은 굴복을 받아 낼 수 있었을까?

푸블리우스

---

3) [옮긴이] 제노바는 중세 및 근대 초기 이탈리아 북서부의 자치 도시였다. 라이벌인 베네치아와 함께 상업 공화국으로서 번영을 누렸지만, 14세기 말부터 쇠락의 길을 걸었고, 정치적 불안 탓에 외세, 특히 프랑스의 침입과 간섭을 받게 되었다.

4) [옮긴이] 도제Doge는 제노바 및 베네치아공화국의 최고 집행관 명칭이다. 이 직은 1797년 나폴레옹에게 정복될 때까지 지속되었다.

연방주의자 4번

[제이] 1787. 11. 7.

나는 앞의 논설에서, 한 국가가 다른 국가에 전쟁의 정당한 원인을 제공함으로써 인민이 위험에 직면할 수 있는데, 합중국은 이런 위험으로부터 인민의 안전을 가장 잘 보호할 수 있는 방안이라는 여러 가지 근거를 제시했다. 그 근거들은 또한, 주 정부나 현재 제안되고 있는 소규모 연합들보다 단일의 중앙정부가 그런 전쟁의 원인을 훨씬 덜 야기할 뿐만 아니라 또 훨씬 용이하게 조정할 것임을 밝혀 주었다.

그러나 외부 세력의 위협에 맞서 아메리카 인민의 안전을 지키는 것은, 전쟁의 정당한 원인을 타국에 제공하지 않도록 자제하는 것뿐만 아니라, 적대 행위나 공격을 당하지 않도록 상황을 만들고 유지하는 데 달려 있기도 하다. 말할 필요도 없이, 전쟁의 원인에는 정당한 것뿐만 아니라 거짓으로 꾸며낸 것도 있기 때문이다.

인간 본성의 부끄러운 면이지만, 일반적으로 국가들은 전쟁을 통해 무언가 얻을 수 있으리라 예상할 때마다 전쟁을 일으키려 한다는 것은 정말 사실이다. 아니, 절대 군주들은 전쟁을 통해 국가가 얻을 것이 전혀 없을 때에도, 단지 개인적인 목표나 목적 ─ 군사적 영광에 대한 갈망, 개인적 모욕에 대한 복수, 자신들의 개별 가문이나 파당을 강화하거나 지원하려는 야망이나 사적 맹약 ─ 을 위해 종종 전쟁을 일으키고자 한다. 단지 군주의 의사에만 영향을 미치는 이와 같은 여러 동기들은, 군주로 하여금 종종 정의롭지 못한 전쟁 또는 인민의 요구나 이익이라는 점에서 결코 정당화될 수 없는 전쟁에 빠져들게 만든다. 이상과 같은 전쟁 유발 원인은, 우리도 관심을 가질 가치가 있긴 하지만 절대 군주국에서 더 일반적인 것들이다. 그런데 이런 요인과는 별개로, 군주만큼이나 국민들에게도 종종 영향을 미치는 또 다른 원인들이 존재한다. 검토해 보면, 그중 일부는 우리와 관련된 상황이나 조건에서 발생하는 것으로 밝혀질 것이다.

어업 분야에서 우리는 프랑스 및 영국과 경쟁 관계에 있으며, 그들보다 싸게 그들 시장에 수산물을 공급할 수 있다. 설령 그들이 이런 상황을 막기 위해 자국 수산물에는 장려금을, 외국 수산물에는 관세를 부과하는 조치를 시도하더라도 그렇게 할 수 있다.

그들을 비롯해 다른 대부분의 유럽 국가들과 우리는 항해 및 해운업 분야에서 경쟁 관계에 있다. 그들 중 누구라도 우리가 성공하는 것을 보고 기뻐할 것이라 생각한다면, 그것은 우리 스스로를 속이는 일이 될 것이다. 우리의 해운업은 그들 몫을 어느 정도 감소하지 않고는 확대될 수 없기에, 우리 해운업을 장려하기보다 억누르는 것이 그들에게 더 이로울 것이고 그들의 정책이 될 것이기 때문이다.

중국 및 인도와의 교역에서도 우리는 여러 나라와 충돌하게 된다. 그들이 독점적으로 누려 왔던 이권에 우리가 끼어들게 될 뿐만 아니라, 우리가 그동안 그들로부터 구입하곤 했던 물품을 중국 및 인도와의 교역을 통해 우리 스스로 조달할 것이기 때문이다.

우리가 자체 선박을 이용해 독자적으로 교역을 확장하는 것에 대해, 아메리카 대륙이나 그 주변에 영토를 소유한 어떤 국가도 반기지 않을 것이다. 그렇게 될 경우, 지리적 근접성, 우리 제품의 저렴한 가격과 우수성, 우리 상인과 항해사들의 진취성과 수완 등을 고려할 때, 이 영토들에서 얻을 수 있는 이득 중에서 그 국가의 군주들이 바라는 목표치를 훨씬 넘어선 몫을 우리가 가져올 수 있을 것이기 때문이다.

한편에서 스페인은 우리를 겨냥해 미시시피강을 봉쇄하는 것이 요긴하다고 생각하고 있고, 다른 한편에서는 영국이 세인트로

렌스강에서 우리를 차단하고 있다.[1] 그들 중 누구도, 그들과 우리 사이에 위치하는 다른 수로들이 상호 거래와 교통의 수단이 되게끔 허용하지 않을 것이다.

이상과 같은 점들을 좀 더 면밀하고 신중하게 고려한다면, 다른 나라 국민이나 각료들의 마음에 시기와 경계, 불안 등이 점차 스며들게 되리라 예상하는 것은 어렵지 않다. 또한 우리의 결속이 진전되고 육로와 해로에서 우리의 힘과 영향력이 증대하는 것을 그들이 무관심하고 태연하게 바라볼 것이라 기대해서는 안 될 것이다.

아메리카 인민들은, 이런 상황뿐만 아니라 아직은 그리 명확하지 않은 다른 상황에서도 전쟁의 동기가 생겨날 수 있음을 알고 있다. 또한 그런 전쟁의 동기가 발동하기에 적합한 때와 기회를 만나게 되면, 언제든 그것을 윤색하고 정당화할 구실은 부족하지 않을 것임을 알고 있다. 따라서 아메리카 인민들은 현명하게도, 전쟁을 초래하는 것이 아니라 전쟁을 억제하고 막는 데 도움이 되는 그런 상황에 다른 나라들을 묶어 두기 위해서라도 합중국과 좋은 중앙정부가 필요하다고 여기고 있다. 그런 상황이란, 곧 가능한 최선의 방어 태세를 갖추는 것인데, 이는 필연적으로 이 나라의 그런 [중앙]정부와 무력과 자원에 따라 좌우될 것이다.

모두의 안전은 모두의 이익이며, 그것은 정부 — 하나이든 다수이든 — 없이는 제공될 수 없다. 그렇다면 논의의 주제와 관련해, 단일의 좋은 정부가 여러 개의 정부 — 그 수가 몇이든 — 보

---

1) [옮긴이] 세인트로렌스강은 미국의 뉴욕주와 캐나다 온타리오 지방의 경계를 이룬다. 미국 독립 전쟁 및 건국 당시 사활을 걸고 서부 내륙지역을 잇던 상업적·군사적 보급선이기도 했다.

다 더 유능하지 않을지 검토해 보도록 하자.

　단일 정부는 합중국에서 지역을 불문하고 가장 뛰어난 사람들의 재주와 경험을 모아서 이용할 수 있다. 단일 정부는 일관된 정책 원칙에 따라 움직일 수 있다. 단일 정부는 각 지역과 구성원들을 조화시키고 동화시키며 또한 보호할 수 있다. 또한 그것이 가진 통찰력과 신중함의 혜택을 구성원 개개인에게까지 베풀 수 있다. 단일 정부는 조약 체결에서 모두의 이익을 고려할 것이며, 지역의 특수 이익을 전체의 이익과 연계된 것으로 간주할 것이다. 단일 정부는 전체의 자원과 힘을 어느 특정 지역의 방어를 위해 사용할 수 있다. 체제의 통일성과 협력이 부재한 주 정부나 별개의 연합들이 할 수 있는 것보다 훨씬 용이하고 효율적으로 그렇게 할 수 있다. 단일 정부는 민병대를 단일한 규율 방침 아래 둘 수 있고, 장교들을 최고 집행관에 대한 적절한 복종 계통에 배치함으로써 그들을 말하자면 단일 군단으로 통합할 것이다. 그렇게 함으로써, 13개의 또는 서너 개의 별개 독립 부대로 분열되어 있을 경우보다, 군대를 훨씬 효율적으로 만들 것이다.

　만일 잉글랜드 민병대는 잉글랜드 정부에 복종하고, 스코틀랜드 민병대는 스코틀랜드 정부를 따르고, 웨일스 민병대는 웨일스 정부에 복종한다면, 영국의 민병대는 어떻게 될까? 만일 침공을 받는다면, 이들 세 정부가 (그들이 서로 동의할 경우) 그들 각자의 모든 군대를 동원한다고 해도 단일의 영국 정부가 하는 것만큼 효율적으로 적군에 맞서 군사행동을 취할 수 있을까?

　우리는 영국 함대에 대해 많이 들어 왔다. 그리고 우리가 현명하게 한다면, 아메리카의 함대가 관심을 끌 시대가 올 것이다. 그러나 만일 단일의 중앙정부가 영국의 해운을 규제하고 조정해 그것을 해원 양성소로 만들지 않았더라면, 또한 단일의 중앙정부가 함대를 조직하기 위해 국가의 모든 수단과 자원을 끌어내지 않았더라면, 그들의 용맹과 위협감이 널리 알려지는 일은 결코 없었을 것이다. 잉글랜드, 스코틀랜드, 웨일스, 아일랜드가 각자 자신의 항행 선박과 함대를 갖도록 한다면, 그리고 영국 제국을 구성하는 이들 네 지역을 네 개의 독립적 정부하에 둔다면, 그들이 얼마나 빨리 상대적으로 사소한 존재로 축소되어 버릴지를 깨닫기란 어렵지 않을 것이다.

이런 사실을 우리 자신의 경우에 적용해 보자. 아메리카가 13개의 독립적인 정부로, 또는 당신이 원한다면 서너 개의 독립적인 정부로 분할되도록 내버려 둔다면, 그들이 무슨 군대를 모집하고 보수를 지급할 수 있을까? 도대체 무슨 함대를 가지기를 희망할 수 있을까? 만일 한 정부가 공격당한다면, 나머지 정부들이 그 정부를 원조하기 위해 급히 달려오려 할까? 그 정부를 방어하는 데 자신들의 피와 돈을 들이려 할까? 평화에 대한 맹신에 사로잡혀, 이웃 정부 — 아마 그동안 경계해 왔고, 그 정부의 위력이 감소하는 것을 보면서 만족해할 — 를 위해 자신의 평온과 현재의 안전을 위태롭게 하지 않으려 하거나, 또는 허울뿐인 약속에 넘어가 중립으로 빠질 위험은 과연 없을까? 그런 행위는 비록 현명하지는 못할지라도 자연스러울 것이다. [고대] 그리스의 [도시]국가들을 비롯해 이런 경우에 해당하는 다른 나라들의 수많은 역사적 사례들이 존재한다. 그리고 그렇게 자주 발생해 왔던 일들이 비슷한 조건에서 다시 발생한다 해도 결코 기이하지 않을 것이다.

자 이제 양보해서, 침략당한 주나 연합을 그들이 기꺼이 도우려 할 것이라고 생각해 보자. 언제, 어떻게 그리고 어떤 비율로 병사와 자금을 지원할 것인가? 동맹군들을 누가 지휘할 것이며, 지휘관은 동맹 중 누구로부터 명령을 받을 것인가? 누가 강화의 조건을 결정하며, 논란이 있을 경우 어떤 중재자가 당사자들 사이에서 결정을 내리고 동의를 강제할 것인가? 다양한 어려움과 불편함이 이런 상황에 수반될 것이다. 반면에 단일 정부는 보편적이고 공통적인 이익을 보호하고 또한 전체의 힘과 자원을 결합해 지휘할 것이기에, 이와 같은 모든 곤란으로부터 자유로울 것이며 국민의 안전에 훨씬 크게 기여할 것이다.

그런데 우리 상황이 어떠하든, 즉 단일의 중앙정부하에 굳게 단결해 있든 아니면 여러 개의 연합들로 분열되어 있든, 분명한 사실이 하나 있다. 다른 국가들은 우리 상황을 있는 그대로 정확히 파악해 그에 따라 대응하리라는 점이다. 우리의 중앙정부가 효율적으로 잘 운영되고 있고, 무역이 신중하게 조정되고 있고, 민병대가 제대로 조직되어 기율이 있고, 자원과 재정이 사려 깊게 관리되고 있고, 신용이 회복되고, 국민들이 자유롭고 만족해하고 단결되어 있다면, 그들은 우리의 분노를 촉발하기보다는 우리와 우호 관계를 쌓으려 할 것이다. 그와 달리, 우리에게 효율적인 정부가 없거나([이럴 경우] 각 주들은 그 통치자들의 편의에 따라 잘하기도 하고 잘못하기도 할 것이다), 또는 우리가 아마 서로 사이가 나쁠 서너 개의 독립된 공화국이나 연합으로 분열된 것을 그들이 발견한다면, 심지어 하나는 영국 쪽에 기울고, 다른 하나는 프랑스로 기울고, 또 다른 하나는 스페인으로 기울어 아마 그 삼국에 기만당해 서로 적대하고 있는 모습을 그들이 발견한다면, 그들의 눈에 아메리카는 얼마나 초라하고 한심하게 보일 것인가! 아메리카는 얼마나 그들에게 멸시당할 뿐만 아니라 유린당하는 대상이 될 것인가! 비싼 대가를 치른 경험은, 한 국민이나 가족이 그렇게 분열될 경우 스스로에게 반드시 해가 된다는 것을 증명해 줄 것이다.

푸블리우스

연방주의자 5번

[제이] 1787. 11. 10.

1706년 7월 1일 앤여왕은 스코틀랜드 의회에 보낸 서한에서, 당시 잉글랜드와 스코틀랜드 사이에서 수립되어 가던 연합의 중요성에 대해 몇 가지 의견을 피력했다.[1] 그 내용은 우리가 관심을 가질 만하다. 나는 그 서한에서 한두 부분을 발췌해 독자들에게 제시하고자 한다. "하나의 전체적이고 완전한 연합은 영속적인 평화의 굳건한 토대가 될 것이다. 그것은 여러분의 종교, 자유, 그리고 재산을 지켜 줄 것이고, 여러분 사이의 적대감과 우리 두 왕국 사이의 경계심과 불화를 없애 줄 것이다. 그것은 여러분의 힘과 부, 교역을 증대할 것이다. 이 연합에 의해 섬 전체는 호의로 결합하고, 상이한 이해관계에 대한 모든 두려움으로부터 벗어날 것이며, 모든 적들을 격퇴할 수 있게 될 것이다." "우리는 이 위대하고 중대한 사안에 있어, 지금 이 연합을 저지·지연하기 위해 극렬한 시도를 서슴지 않는, 우리와 여러분의 적들이 품은 의도를 꺾고, 또한 연합이 우리의 현재와 미래의 행복을 효과적으로 보장할 유일한 방안이 될 바람직한 결론에 이를 수 있도록, 냉정함과 전원 합의를 진정으로 여러분에게 권고한다."

나는 앞의 논설에서, 연약함과 내부 분열은 외부의 위협을 자초할 것이며, 그런 위협으로부터 우리를 지켜 주는 데는 우리 내부의 단결과 힘, 그리고 좋은 정부보다 나은 것이 없으리라는 의

---

1) [옮긴이] 1707년 스코틀랜드 의회와 잉글랜드 의회에서 연합법Acts of Union 1707이 결의됨으로써, 스코틀랜드 왕국과 잉글랜드 왕국이 합병해 그레이트브리튼 왕국을 형성하게 된다.

견을 제시했다. 이처럼 방대한 문제를 완벽하게 고찰하기란 불가
능하다.

영국의 역사는 대체로 우리가 가장 잘 알고 있고, 우리에게 유
익한 많은 교훈을 제공해 준다. 우리는 그들이 지불한 대가를 치
르지 않고도 그들의 경험으로부터 도움을 얻을 수 있다. 그처럼
하나의 섬에 사는 사람들이 단일의 국민이 되어야 한다는 것은 상
식적으로 당연해 보인다. 하지만 우리가 알고 있듯이, 그들은 오랫
동안 셋으로 분리되어 있었고 그 셋은 거의 항상 상호 반목과 전
쟁에 휘말려 지냈다. 대륙 국가들에 대한 그들의 진정한 이해관계
는 사실 동일했음에도, 대륙 국가들의 기예와 정책, 책략 등으로
상호 경계심이 끊임없이 조장되었다. 그들은 오랫동안 서로에게
유익하고 도움이 되기보다는 불편하고 골치 아픈 존재였다.

아메리카 인민들이 스스로를 서너 개의 국가로 나눈다면, 똑같
은 일이 발생하지 않겠는가? 비슷한 경계심이 생겨나고, 비슷한
방식으로 그것이 가슴에 간직되지 않겠는가? 그들이 "호의로 결합
하고, 상이한 이해관계에 대한 모든 두려움으로부터 벗어날" 것이
아니라, 얼마 못 가 질시와 경계가 믿음과 호의를 제압해 버릴 것
이다. 아메리카 전체의 보편적 이익 대신에, 각 연합의 부분적 이
익이 그들의 정책과 활동의 유일한 목표가 될 것이다. 따라서 국
경을 맞대고 있는 대부분의 다른 국가들처럼, 그들은 항상 분쟁과
전쟁에 말려들거나 아니면 끊임없이 그것을 걱정하면서 생활할 것
이다.

서너 개의 연합을 자신 있게 주창하는 사람들은 장차 그 연합
들이 대등한 힘의 관계를 오랫동안 유지하리라고 추정한다. 하지
만 설령 처음에 연합을 그렇게 형성하는 것이 가능하다고 하더라
도, 그런 추정은 전혀 합리적이지 못하다. 그것의 실행 가능성을
인정한다 해도, 도대체 어떠한 인간의 책략이 그렇게 균등한 힘의

지속을 보증할 수 있단 말인가? 지역적 상황과 환경은 어떤 지역에서는 세력 증강에 도움이 되지만, 다른 지역에서는 그에 불리하게 작용할 것이다. 그런 지역적 상황과 별개로 우리가 언급해야 할 것이, 한 지역의 정부를 다른 지역의 정부보다 뛰어나게 부각해 줄 우수한 정책과 뛰어난 운영의 효과들이다. 그리고 이에 따라 그들 간의 상대적인 힘의 균형은 붕괴될 것이다. 오랫동안 각 연합들이 비슷한 수준의 정책적 타당성과 신중함, 통찰력을 똑같이 유지하리라고 추정할 수는 없다.

　언제라도 그리고 어떤 이유에서든 다음과 같은 일이 일어날 수 있고, 또 일어날 것이다. 즉 이들 국가나 연합 가운데 어느 하나가 정치적 비중에서 이웃 국가나 연합에 비해 월등한 우위로 올라설 것이며, 그 순간 이웃 국가나 연합은 질서와 두려움을 가지고 그것을 지켜볼 것이다. 그런 정념은 그들로 하여금 그 국가나 연합의 지위를 약화할 듯한 일은 무엇이든 지지하도록 — 그런 일을 조장하지는 않더라도 — 이끌 것이다. 또한 그 국가나 연합의 번영을 촉진하거나 심지어 지속할 것이라고 추정되는 조치는 무엇이든 자제하도록 이끌 것이다. 그 국가나 연합이 [이웃들의] 이 같은 비우호적 경향을 파악하는 데는 많은 시간이 필요하지 않을 것이다. 그 국가나 연합은 곧 이웃 국가나 연합들을 신뢰하지 않게 될 뿐만 아니라, 그들에 대해 똑같이 부정적인 생각을 갖게 될 것이다. 불신은 자연스럽게 불신을 낳기 마련이다. 그리고 명시적이든 함축적이든, 부당한 경계나 부정직한 비방보다 [상대방의] 선의와 우호적 행동을 빨리 변화시키는 것은 없다.

　대체로 북부는 강점이 있는 지역이다. 그리고 여러 지역적 환경을 감안하면, 제안된 연합들 중 최북부 지역이 머지않아 다른 어떤 연합들보다 강력해질 것이 확실해 보인다. 이런 상황이 명백해지는 순간, 곧바로 북부 중심지는 남부 지역에서, 예전에 유럽

[중북부 지역이] 남부 지역에서 보였던 바로 그런 생각과 사건을 일으킬 것이다. 북부의 젊은 벌 떼들이, 기후가 온화하고 꽃이 더 만발한 [남부의] 들판에서 화려하고 우아한 이웃의 꿀을 모아 가려는 유혹을 곧잘 받게 되리라는 것은 경솔한 추측이 아닌 듯하다.

이와 유사한 분열과 연합의 역사에 대해 충분히 생각해 본 사람이라면, 다음과 같은 사실을 간파할 만한 충분한 근거를 발견할 수 있을 것이다. 즉 현재 기획되고 있는 그것들[즉 서너 개의 연합들]은, 국경을 마주하는 주민 이상의 이웃이 결코 될 수 없을 것이고, 서로 사랑하지도 신뢰하지도 않게 될 뿐만 아니라 오히려 불화와 질투와 상호 침탈의 먹잇감이 될 것이며, 한마디로 단지 서로에게만 무서운 존재인 바로 그런 상황 — 몇몇 나라들이 우리에게서 보고자 하는 상황 — 에 우리를 빠뜨리게 되리라는 것이다.

[서너 개 연합을 주장하는] 그 신사들은 이 연합들 사이에 공수攻守 동맹이 형성될 것이며, 이런 동맹은 외부의 적에 맞서 연합들이 강력한 방어 태세를 유지하는 데 필요한 의지와 무기와 자원의 결합과 결속을 가져다줄 것이라고 가정한다. 하지만 앞서 살펴본 바에 따르면, 그들은 심각하게 오판하고 있는 듯하다.

예전에 영국과 스페인이 각각 여러 독립국가들로 분열되어 있었을 때, 그 독립국가들이 그런 동맹으로 결합하거나 또는 외적에 맞서 그들의 힘을 연합한 적이 언제 있었던가? 현재 제안되어 있는 연합들은 별개의 국가가 될 것이다. 그들 각각은 대외 교역을 별개의 조약에 의해 통제할 것이다. 그들의 생산품이나 상품은 상이할 것이고 또한 상이한 시장에 적합할 것이기에, 그들이 맺는 조약 역시 기본적으로 상이할 것이다. 서로 다른 교역 관심사는 서로 다른 이해관계를 낳기 마련이고, 당연히 정치적으로 우호 선린 관계를 맺는 외부 국가들도 상이하고 그 관계의 정도 역시 상이할 것이다. 따라서 남부 연합의 교전 대상이 될 외국이 북부 연합으로서는 평화와 선린 관계의 지속을 가장 원하는 나라가 될 수도 있고, 아마 그런 일은 발생할 것이다. 따라서 남부 연합과 북부 연합의 직접적 이해관계와 충돌하는 [남북 연합들 간의] 동맹이 형성되기는 어려울 것이고, 설령 형성된다고 해도 완벽한 신뢰 속에서 지켜지고 이행되지는 못할 것이다.

아니, 유럽에서처럼 아메리카에서도, 이웃한 국가들이 서로 상반된 이해관계와 비우호적 정념의 충동에 따라 행동하면서, 종종 서로 다른 편을 두둔할 개연성이 훨씬 높다. 유럽과 우리의 거리를 고려하면, 이들 연합이 멀리 떨어진 국가로부터 오는 위협보다 상대방으로부터 오는 위협을 서로 두려워하는 것이 훨씬 자연스러울 것이다. 이에 따라 각 연합은 자연스럽게, 자신들 간의 동맹을 통해 외부 위협을 경계하기보다는, 외부 동맹의 지원을 이용해 서로를 경계하고자 할 것이다. 그리고 여기에서 우리가 잊지 말아야 할 것은, 우리 항구 안으로 외국 함대를 받아들이고 외국군을 우리나라 안으로 받아들이는 것이, 그들을 떠나도록 설득하거나 강제하는 것보다 훨씬 더 쉽다는 사실이다. 로마를 비롯한 여러 나라들이 동맹국이라는 자격으로 얼마나 많은 정복을 행했으며, 동일한 자격으로 그들이 보호하는 척했던 나라들의 정부에 도대체 어떤 혁신을 가져다주었단 말인가!

그렇다면 이제 솔직한 사람으로 하여금, 아메리카를 몇 개이든 여러 개의 독립국가로 나누는 것이 외국의 부당한 간섭과 적대 행위로부터 우리를 지키는 데 도움이 될 것인지 판단하도록 하자.

푸블리우스

연방주의자 6번

[해밀턴] 1787. 11. 14.

앞의 세 논설에서는, 합중국이 분열될 경우에 외국의 무력과 술책에 따라 직면할 것으로 예상되는 위험들을 살펴보았다. 이제 나는 다른 종류의 한층 두려운 위험, 즉 주들끼리의 불화 및 국내의 파당과 소요로부터 연유하리라고 확실히 예상되는 그런 위험에 대해 서술하고자 한다. 이는 이미 몇몇 사례에서 간략히 논하기는 했지만, 좀 더 집중해 전면적으로 탐구해야 마땅하다.

만일 주들이 서로 완전히 분리되거나 또는 단지 부분적 연합체들로만 결속될 경우, 그들이 속할 작은 구획들은 서로 빈번하고 격렬하게 다투게 될 것이다. 이런 사실을 정말 믿지 못하는 사람이 있다면, 그는 유토피아적 공리공론으로 지나치게 나아갔음에 틀림없다. 그런 다툼의 존재를 부정하는 논거로서, 그렇게 할 동기가 없으리라고 상정하는 것은, 인간이란 야심과 복수심, 탐욕을 가진 존재임을 망각하는 일이 될 것이다. 아무런 연계도 없이 같은 지역에 인접해 있는 다수의 독립적인 주권국가들 사이에 화합이 지속되리라고 기대하는 것은 인간사의 불변의 경로와 오랫동안 축적된 경험을 무시하는 일이 될 것이다.

국가들 사이에서 적대의 원인은 셀 수 없이 많다. 어떤 원인은 모든 사회집단에 보편적이고 지속적으로 작용한다. 권력에 대한 사랑 및 우월함과 지배에 대한 욕구, 권력에 대한 경계나 평등과 안전에 대한 욕구 등이 이런 종류의 것들이다. 영향력은 비슷하지만, 더 제한적인 영역에서만 작용하는 원인들도 있다. 교역국들 사이의 상업적 대결과 경쟁이 그런 것들이다. 그 밖에도, 앞의 두 경우보다 수적으로 적지는 않지만, 전적으로 사적인 정념에 기인한 원인들이 있다. 공동체의 지도적 인물들의 집착과 증오, 이해관계,

희망과 공포 등이 그것이다. 이런 부류의 사람들은, 왕의 총애를 받았든 인민의 사랑을 받았든, 대부분의 경우 그들이 받은 신망을 남용했고, 또한 어떤 공적 동기를 가장하면서 국가의 평온을 개인적 이익이나 욕구 충족을 위해 희생하는 데 주저하지 않았다.

그 유명한 페리클레스[1]는, 한 매춘부[2]의 원한에 부응해 많은 국민들의 피와 재산을 희생하면서 사모스인들Samnians의 도시[3]를 공격하고 정복해 멸망시켰다. 그리스 연대기에서 펠로폰네소스전쟁[4]이라는 이름으로 유명한 파국적 전쟁의 최초의 장본인도 바로 그 사람이었는데, 그가 그렇게 한 것은 그리스의 또 다른 국가인 메가라인들Megarensians[5]에 대한 개인적 악감정 때문에, 또는 절도

---

1) [옮긴이] 페리클레스(B.C.495?~B.C.429)는 고대 아테네 민주정의 전성기를 이끈 정치가이다. 대외적으로는 그리스 전역에 식민지를 건설해 아테네의 영향력을 확대했다. 이런 정책은 스파르타를 자극해 펠로폰네소스전쟁(B.C.431~B.C.404)을 촉발했다.

2) 아스파시아Aspasia. Plutarch, *Life of Pericle* 참조[페리클레스의 정부情婦였던 아스파시아는 지적인 여인이었고 그의 살롱에는 기원전 5세기 중엽 아테네의 유명 인사들이 모였다. 하지만 밀레투스 출신이었기에 밀레투스의 라이벌인 사모스를 공격하도록 페리클레스를 부추겼다는 부당한 비난에 시달렸고, 희극 무대에서 모욕의 대상으로 연출되기도 했다].

3) [옮긴이] 사모스는 지중해 소아시아 근처의 섬이다. 사모스는 아테네의 델로스동맹의 일원이었는데, 기원전 440년 반란을 일으켰다. 페리클레스의 지휘로 아테네는 반란을 진압해 속국으로 만들었다.

4) [옮긴이] 펠로폰네소스전쟁은 고대 그리스의 주도적 두 도시국가와 그 동맹이었던 아테네(델로스동맹)와 스파르타(펠로폰네소스동맹) 사이에 벌어진 전쟁으로, 결국 스파르타의 승리로 끝났다.

5) Plutarch, *Life of Pericles* 참조[메가라Megara는 아테네 근처의 도시국가였는데, 기원전 461년경부터 아테네의 통치를 받았다. 446년 메가라는 반란을 일으켰고, 아테네로부터 통상 금지 조치를 당했다. 펠로폰네소스전쟁 기간에 아테네는 메가라

용의자인 조각가 피디어스[6]의 공범으로 기소될 위험에서 벗어나기 위해, 또는 인기를 돈으로 사기 위해 국고를 탕진했다는 이유로 자신에 대해 준비되고 있던 고소를 면하기 위해,[7] 또는 이 모든 이유들이 복합적으로 작용했기 때문이었다. 그 전쟁은 갖가지 우여곡절과 휴전, 재발 등을 거친 뒤에 결국 아테네의 파멸로 종결되었다.

헨리 8세의 총리였던 야심가 추기경[8]은, 허영심에 빠져 삼중관[9]을 갈망한 나머지, [신성로마제국] 황제 카를 5세[10]의 영향력을 이용해 그 찬란한 것을 획득하는 데 성공하고야 말겠다는 희망을 품었다. 그리하여 그는, 모험적이었던 이 강력한 군주의 호의와 관심을 얻기 위해, 현명하지 못하게도 영국을 대프랑스 전쟁으로 몰아넣었고, 그 자신이 추밀원을 통해 통할한 그 왕국은 물론이고 전체 유럽의 안전과 독립을 위험에 빠뜨렸다. 만국의 제왕이라는 기획의 달성이 가능했던 군주가 있었다면 그는 카를 5세 황제였는데, 울지는 한때 그의 음모와 계략의 도구이자 하수인이었다.

영토를 지배했다].

6) 같은 책. 피디어스Phidias는 미네르바 상을 장식하고자 페리클레스의 묵인하에 공공의 황금을 훔친 것으로 추정된다[피디어스는 기원전 5세기 그리스 최전성기의 위대한 조각가로서, 파르테논신전의 설계자로 유명하다].

7) 같은 책.

8) [옮긴이] 토머스 울지Thomas Wolsey(1475~1530)를 가리킨다. 추기경이자 대법관으로 헨리 8세 치세의 첫 20여 년을 주도한 인물이다. 해밀턴이 사용한 'Prime Minister'(총리)라는 직책은 시기에 맞지 않는 것으로 18세기에나 등장한다.

9) 교황이 쓰는 것.

10) [옮긴이] 카를 5세(1500~58)는 합스부르크가의 스페인 왕이자 신성로마제국의 황제이다.

한 여인의 완고한 신앙,[11] 다른 여인의 성깔,[12] 또 다른 여인의 음모[13] 등이 당대의 정책이나 유럽 상당 지역의 소요와 화해에 미친 영향은 너무나 자주 거론되어 널리 알려져 있는 주제이다.

국가적 대사건 — 대외적인 일이든, 대내적인 일이든 — 에 개인적 이해가 작용한 사례를 장황하게 나열하는 것은 불필요한 시간 낭비가 될 듯하다. 그런 사례들의 원인을 피상적으로만 알고 있는 사람들은 다양한 사례를 직접 기억해 내려 할 것이다. 인간 본성을 웬만큼 이해하고 있는 사람이라면, 그렇게 [국가적 사건에 개인적 이해관계가] 작용하는 현실이나 정도를 판단하는 데 굳이 그런 사례가 필요하지 않을 것이다. 하지만 우리 자신들 사이에서 얼마 전에 발생했던 한 사건을 언급한다면, 무엇보다도 보편적 원리를 실제로 보여 주는 데 도움이 될 것이다. 만일 셰이즈가 절망적인 채무자가 아니었더라면, 매사추세츠주가 내란으로 빠져들었을지는 심히 의문이다.[14]

---

11) 맹트농 부인Madame de Maintenon[프랑스 왕 루이 14세를 설득해 위그노 또는 프랑스 칼뱅파를 박해하도록 했다].

12) 말버러 공작 부인Duchess of Marlborough[세라 처칠Sarah Churchill 부인(1660~1744)을 가리킨다. 1700년대 초에 앤여왕의 깊은 신임을 바탕으로 궁중 비사와 음모에 깊이 관여했다].

13) 퐁파두르 부인Madame de Pompadour[1700년대 중반 루이 15세의 정부로서 왕이 대신이나 정책을 선택하는 데 영향력을 행사했다].

14) [옮긴이] 대륙군 출신의 대니얼 셰이즈Daniel Shays 대령이 주도한 셰이즈의 반란(1786~87)은 매사추세츠주 서부에서 채무를 짊어진 농부들이, 강제로 채무 수금 및 압류를 시도한 채권자들과 주 법원에 대항해 일으킨 무장 봉기였다. 이들은 지폐 발행과 세금 경감, 채무 지불 연기, 채무에 따른 수감 폐지 등을 요구했는데, 반란의 절정기에는 1200여 명이 모여 스프링필드의 연방 무기고 탈취를 시도하기도 했다. 이 소요는 법과 질서

그런데 이처럼 일치하는 경험적 증거들에도 불구하고, 주들이 서로 분리되고 소원한 상태에 있을지라도 이들 사이의 평화가 지속될 것이라는 궤변을 꿋꿋이 주창하는 몽상가나 모략가들이 여전히 발견된다. 공화국의 특징은 (그들의 말에 따르면) 평화를 사랑하는 것이며, 상업 정신은 사람들의 태도를 온건하게 만들고, 종종 전쟁으로 비화되는 격앙된 마음을 진정시키는 경향이 있다. 우리나라와 같은 상업적 공화국은 결코 파멸적인 상호 분쟁으로 스스로를 소모시키려 하지 않을 것이다. 그들은 상호 이익에 따라 좌우될 것이며, 상호 친선과 화합의 정신을 일구어 갈 것이다[라고 그들은 말한다].

(우리는 이런 정치 기획자들에게 질문할 수 있다.) 그와 같이 호의적이고 현명한 태도를 계발하는 것은 모든 국가들을 진정으로 위하는 것이 아닐까? 만일 그것이 진정 그들을 위한 것이라면 그들은 실제로 그것을 추구했던가? 그 반대로, 정책이나 효용, 정의 등과 같은 일반적이고 간접적인 동기보다, 순간적 정념이나 눈앞의 이해관계 등이 인간 행동을 좀 더 실질적이고 강력하게 통제하는 것으로 항상 드러나지 않았던가? 공화국이 실제로 군주국보다 전쟁에 덜 몰두해 왔는가? 전자도 후자와 마찬가지로 인간에 의해 통치되지 않는? 혐오, 편애, 경쟁의식, 정당하지 않은 횡재에 대한 갈망 등은 군주뿐만 아니라 국민들에게도 영향을 미치지 않는가? 대중적 집회도 흔히 분노와 분개, 시기와 탐욕 등을 비롯한 여러 비정상적이고 폭력적인 성향들의 충격과 자극에 지배받지 않는가? 대중 집회의 결정은 대체로 그들이 신뢰하는 소수의 개인들에

의 보호를 위한 강력한 연방 정부의 필요성을 각 주에 설득하는 계기가 되었고, 필라델피아 제헌회의 소집을 촉진한 직접적 배경이 되었다.

의해 좌우되며, 당연히 그런 개인들의 정념과 견해에 의해 착색되기 쉽다는 것이 주지의 사실 아닌가? 상업은 지금까지 전쟁의 목표를 바꾸는 것 이상의 어떤 역할을 해왔던가? 부에 대한 사랑은 권력이나 명예에 대한 사랑만큼이나 횡포하고 모험적인 정념이 아닌가? 영토나 지배에 대한 탐욕 때문에 과거에 무수한 전쟁이 발생했던 것처럼, 상업이 국가의 지배적 체제가 된 이후에도 무수한 전쟁이 상업적 동기에 기초해 일어나고 있지 않은가? 상업 정신은, 많은 경우에 영토와 지배 모두에 대한 욕구를 불러일으키는 새로운 자극을 주입하지 않았던가? 이런 질문들에 대한 해답을 구하기 위해, 인간의 판단을 이끄는 길잡이로서 오류의 가능성이 가장 적은 경험에 호소해 보기로 하자.

스파르타, 아테네, 로마, 카르타고는 모두 공화국이었다. 이 가운데 두 나라, 즉 아테네와 카르타고는 상업적 유형의 공화국이었다. 하지만 그들은 당대의 인접 군주국들과 마찬가지로 빈번히 공격적이고 방어적인 전쟁을 치렀다. 스파르타는 잘 조직되고 기율 있는 군영 이상이 아니었다. 로마는 살육과 정복에 결코 싫증 내지 않았다.

카르타고는 상업적 공화국이었지만, 자신의 파멸로 귀결된 바로 그 전쟁의 도발자였다. 한니발은 카르타고 군대를 이탈리아 중심부로 로마의 문턱까지 진격시켰다. 이후 스키피오는 결국 카르타고 영토에서 그에게 패배를 안기면서 카르타고를 정복했다.

후에 베네치아는 수차례 야심적인 전쟁으로 이름을 날렸지만, 결국 다른 이탈리아 국가들에게 공포의 대상이 되었고, 교황 율리우스 2세Julius the Second가 강력한 연합15)을 이룰 방법을 찾아냄으

15) 캉브레 동맹League of Cambray. [신성로마제국] 황제, 프랑스 국왕, 아라곤

로써 이 오만한 공화국의 힘과 자만심에 치명적 일격을 가했다.

네덜란드 연합은, 부채와 세금으로 위축되기 전까지 유럽의 여러 전쟁에서 주도적이고 두드러진 역할을 했다. 그들은 제해권을 두고 영국과 맹렬히 경쟁했고, 루이 14세의 가장 끈질기고 완강한 적수 가운데 하나였다.

영국 정부에서는 인민의 대표들이 입법부의 한 부문을 구성한다. 상업은 오랫동안 그 나라의 주된 일이었다. 하지만 [영국보다] 더 빈번하게 전쟁을 치른 나라는 거의 없다. 그리고 그 왕국이 치른 전쟁 가운데 많은 경우는 인민들로부터 비롯되었다.

만일 이렇게 표현할 수 있다면, 거의 국왕의 전쟁만큼 인민의 전쟁이 있었던 것이다. 국민의 함성과 국민의 대표들의 끈질긴 요구는 여러 번 국왕을 전쟁으로 끌어들였고, 군주의 의향이나 때로는 국가의 진정한 이익에 반하면서까지, 군주로 하여금 전쟁을 계속하게 만들었다. 주지하듯이, 유럽을 그렇게 오랫동안 화염에 휩싸이게 했던 오스트리아[의 합스부르크]와 [프랑스의] 부르봉 두 맞수 가문의 그 유명한 우열 다툼에서, 프랑스 국민에 대한 영국 국민들의 반감은 인기 높은 지도자[16]의 야망을, 아니 탐욕을 조장했으며, 또한 타당한 방책의 한도를 넘어서까지 그리고 궁정의 견해와는 반대로 그 전쟁[즉 1701~14년 스페인 왕위 계승 전쟁]을 상당 기간 더 지속하게 만들었다.

바로 앞에서 언급한 이들 두 국가의 전쟁은 상당 부분 상업적

[스페인]의 국왕, 그리고 이탈리아의 여러 소군주와 나라들 대부분을 포괄했다.

16) 말버러 공작Duke of Marlborough[영국 장군이자 전쟁 영웅인 존 처칠John Churchill(1650~1722)을 가리킨다].

동기에서 비롯되었다. 특정 교역 부문에서 또는 일반적인 무역과 해운의 이익을 두고 빼앗으려는 욕구와 빼앗기는 것에 대한 두려움, 때로는 다른 국가들의 교역에 그들의 동의도 없이 한몫 끼려는 무도한 욕구 등이 그것이었다.

영국과 스페인 두 나라 사이의 지난 전쟁[17]은 남미 북안(카리브해 연안) 지역과의 불법 무역을 경영하려는 영국 상인들의 시도에서 비롯되었다. 그들의 부당 행위는 영국 국민들에 대한 스페인인들의 가혹한 처사를 낳았는데, 그것은 정당화될 수 없었다. 왜냐하면 그들은 정당한 보복의 경계를 넘어섰고, 비인도적인 잔학 행위라는 비판을 들을 만했기 때문이다. 스페인령 해변으로 이송된 영국인 중 다수는 포토시 광산[18]에 보내졌고, 흔히 그러하듯 분노가 증폭되면서 무고한 사람들도 곧 죄인과 마찬가지로 무차별적으로 처벌되었다. [이에 따라 영국에서] 무역상들의 불만과 항의가 전국적으로 격렬한 격정을 불러일으켰고, 이는 곧 하원에서도 폭발했고, 하원에서 내각으로 전달되었다. 보복 인가장이 교부되었고 전쟁이 뒤따랐다. 이 전쟁은 결과적으로, 최대 이익의 성과를 낙관적으로 기대하면서 불과 20년 전에 결성되었던 모든 동맹[19]을 붕괴시켰다.

우리와 상황이 흡사했던 다른 국가들에서 발생한 일들을 이렇게 일람해 볼 때, 현 연합의 구성원들이 서로 분리되더라도 그들

---

17) [옮긴이] 1739년 젱킨스의 귀Jenkins' Ear 전쟁을 말한다.

18) [옮긴이] 볼리비아 지역의 은광으로 16세기부터 스페인에 의해 채굴이 시작되었다.

19) [옮긴이] 스페인 왕위 계승 전쟁을 종식한 1713년 위트레흐트조약에 따른 합의를 말한다.

간의 평화와 우애가 지속되리라고 기대하도록 우리를 부추기는 그런 몽상을 어떤 근거로 믿을 수 있겠는가? 모든 유형의 사회에 있기 마련인 결함과 약점, 악폐 등으로부터 우리는 벗어날 수 있다는 그런 약속으로 우리를 달래고 속여 왔던 근거 없는 이론들의 오류와 황당무계함은 이미 충분히 경험하지 않았는가? 이제는 기만적인 황금시대의 꿈에서 깨어날 때가 아닌가? 그리고 지구의 다른 주민들처럼, 우리도 아직은 완전한 지혜와 덕성의 행복한 제국으로부터 멀리 떨어져 있다는 사실을, 우리의 정치 행위를 향도하는 실천적 금언으로 받아들일 시기가 이제 된 것 아닌가?

우리 국가의 존엄과 신뢰의 극심한 하락, 느슨하고 부적절한 정부 운영으로 모든 곳에서 느껴지는 불편, 노스캐롤라이나주 일부 지역의 반란,[20] 최근 펜실베이니아에서 일어난 위협적인 소요,[21] 매사추세츠에서 현재 진행되고 있는 폭동과 반란[즉 셰이즈의 반란] 등으로 하여금 [이런 질문의 대답을] 공표하게 하자!

[우리가] 분열될 경우, 주들 사이에 불화와 적대가 발생하리라는 우리의 우려를 달래 가라앉히려 애쓰는 사람들의 신조는 인류의 일반적 의식과 너무 큰 괴리를 드러낸다. 사회의 추이에 대한 오랜 관찰 결과에 따른다면, 지리적 근접성이나 환경의 유사성은 그 국가들을 천적으로 만든다는 것이 일종의 정치적 공리로서 적

---

20) [옮긴이] 1784년 노스캐롤라이나주 서부의 네 개 카운티들이 분리 독립해 프랭클린주를 세웠다. 이탈한 주는 내부 알력으로 곧 해체되어 1787년 노스캐롤라이나주에 다시 통합되었다.

21) [옮긴이] 1787년 펜실베이니아주 서부 일부 지역이 분리 독립해 새로운 주를 설립하려 시도했다. 「연방주의자 6번」이 신문에 게재된 시점(1787년 11월 14일)에 이르러 펜실베이니아주 의회는 반란 진압을 위한 주지사의 민병대 소집 요구를 승인했다.

합할 것이다. 한 지적인 작가는 이 주제에 대한 자신의 생각을 다음과 같이 말했다. "이웃한 국가들은, (그는 말한다) 공동의 약점이 그들을 하나의 연방 공화국으로 단결시키지 않는 한, 또한 이웃함으로 인해 야기되는 다툼과 불화를 헌법을 통해 방지함으로써 이웃을 희생해 자신을 강화하는 쪽으로 모든 국가들을 내모는 은밀한 질시를 종식하지 않는 한, 자연스럽게 서로 적이 된다."[22] 이 구절은 악폐를 적시하는 동시에 해결책을 제시하고 있다.

푸블리우스

연방주의자 7번

[해밀턴] 1787. 11. 17.

몇몇 사람들은 간혹 의기양양하게 다음과 같이 질문한다. 설령 주들이 서로 분리된다고 해도, 무슨 동기에서 그들이 서로 전쟁을 벌이겠는가? 여러 시기에 걸쳐 지구상의 모든 국가를 피로 물들였던 바로 그 동기 때문이라고 답한다면, 이 질문에 대한 완벽한 대답이 될 것이다. 하지만 불행히도 우리는 좀 더 특정한 대답을 할 수 있다. 우리에게 당면한 계획[즉 신헌법] 내에도 불화의 원인은 존재한다. 연합 헌장이라는 억제 장치 아래에서도 우리는 그런 불화의 경향을 충분히 경험해 왔다. 우리는 이런 경험을 통해, 만일

---

22) L'Abbé de Mably, *Principes des Negotiations* 참조[가브리엘 보노 드 마블리 Gabriel Bonnot de Mably(1709~85)는 프랑스 역사학자이자 국제법 권위자이다. 저서로 *Des Principes de Négociations, pour servir d'introduction au Droit Public de l'Europe* (Amsterdam, 1757) 등이 있다].

그런 억제 장치가 제거된다면 어떤 사태가 예상될지를 판단할 수 있을 것이다.

영토 분쟁은 항상 국가 간 적대감을 낳는 가장 강력한 원인 중 하나였음이 확인된다. 아마 지구를 황폐하게 만든 전쟁 가운데 가장 많은 부분이 여기서 비롯되었을 것이다. 이런 원인은 우리 사이에도 엄연히 존재할 것이다. 합중국 경계 내에는 아직 미확정된 영토가 엄청나게 넓게 존재한다. 몇몇 주들 사이에는 [이를 둘러싸고] 해결되지 않은 상충되는 주장들이 아직도 존재한다. 그리고 합중국의 해체는 모든 주들 사이에 그와 비슷한 주장이 제기될 토대를 제공할 것이다. [독립] 혁명 당시에 아직 미교부 상태로 대개 왕실 소유의 명의로 있던 토지에 대한 권리를 둘러싸고, 지금까지 주들 사이에 심각하고 격렬한 논쟁이 있었음은 주지의 사실이다. 식민지 정부로 이루어져 있던 주들은 그 토지가 자신들의 소유라고 주장했다. 다른 주들은 그런 토지에 관한 왕의 권리는 합중국에 귀속되었다고 주장했다. 특히 이들은, 실질적 소유권에 의해서나 인디언 소유주의 항복을 통해, 또는 영국 국왕의 관할 대상이 되었다가 평화조약으로 관할권이 [합중국에] 양도된 서부 영토의 모든 지역에 대해 그렇게 주장했다. 이 영토들은 여하튼 외국과의 협정에 따라 연합이 획득한 것이라는 주장이었다. 연합회의는 이 논란을 가라앉히기 위해, 주들로 하여금 전체의 이익을 위해 [그 토지를] 합중국에 양도하도록 설득했다. 그것은 현명한 정책이었고, 지금까지 잘 이루어져 왔다. 분쟁이 원만히 종식되리라는 확실한 전망을 제공하는 합중국이 지속되었기 때문이다. 하지만 연합이 해체된다면, 이 분쟁은 다시 시작될 것이며, 나아가 동일한 주제와 관련된 또 다른 분쟁도 야기될 것이다. 현재 비어 있는 서부 영토의 많은 부분은, 기존의 어떤 권리에 의해서가 아니라면 적어도 양도에 의해 합중국의 공동소유로 되어 있다. 만일 합중국이

종말에 이른다면, 연합에 의한 타협의 원칙 위에서 [그 영토를] 양
도한 주들은 양도의 이유가 종식된 시점에서 그 땅에 대한 반환을
주장할 것이다. 다른 주들은 [연합 내의] 대표의 권리에 준하는 몫
을 요구할 것이 틀림없다. 그들은 일단 이루어진 양도는 취소될
수 없다고 주장하면서, 연합의 공동 노력으로 취득하거나 확보한
토지의 배당에 그들이 참여하는 것은 변함없이 정당하다고 주장할
것이다. 만일, 이럴 [분쟁의] 개연성과 달리, 공동 자산에 대한 지
분권을 각 주들이 나눠 갖는 데 모든 주가 동의한다고 하더라도,
여전히 극복해야 할 난제가 남아 있다. 적절한 배분의 규칙을 어
떻게 정하느냐는 문제가 그것이다. 이를 두고 각자 상황이 다른
주들은 서로 상이한 원칙들을 내세울 것이다. 그리고 그 원칙들은
상대편의 상반된 이해관계에 영향을 미칠 것이기에, 평화적으로
조정하기가 쉽지 않을 것이다.

따라서 우리는 서부 영토의 광대한 지역에서, 분쟁 당사자들을
중재할 그 어떤 중재인이나 공동의 심판관도 없는 상태에서, 적대
적 주장들이 난무할 무대를 감지하게 된다. 과거에서 미래로 추론
해 본다면, 그들 간의 다툼을 조정할 결정권자로서 종종 무력에
호소하게 되리라고 우려할 충분한 근거가 존재한다. 와이오밍의
토지[즉 펜실베이니아 북서부의 와이오밍 계곡]를 둘러싼 코네티컷주와
펜실베이니아주 사이의 분쟁 상황은, 그런 이견과 다툼의 손쉬운
해결을 낙관적으로 기대하지 말라고 우리에게 경고한다. 연합 헌
장은 당사자들에게 사건을 연합 법원에 맡겨 그 결정에 따르도록
의무화했다. 이에 따라 사건이 [연합 법원에] 맡겨졌고, 법원은 펜
실베이니아주의 승소를 결정했다.[1] 하지만 코네티컷주는 그 결정

---

1) [옮긴이] '연합 법원'federal court이라는 표현은 혼동을 불러일으킨다. 연합

에 강한 불만을 표시했고, 자신들이 당했다고 생각한 손실분에 상응하는 어떤 것을 협상과 변통을 통해 확보할 때까지는 완전히 승복하지 않을 것처럼 보였다.[2] 여기에서 이 이야기를 하는 것이 그 주의 행위를 조금이라도 비난하려는 의도는 전혀 아니다. 코네티컷주는 자신들이 그 결정 때문에 피해를 입었다고 진지하게 믿었음이 틀림없다. 그리고 개인들처럼 주들도, 정말 마지못해, 자신에게 불리한 결정에 따르는 것이다.

이 주[즉 뉴욕주]와 버몬트 지역 간에 진행되었던 [영토] 분쟁[3]의 내막을 들여다볼 기회가 있던 사람이라면, 그 땅과 관련된 주뿐만 아니라, 전혀 관련이 없는 주들도 우리에게 반대했던 사실을 증언할 수 있을 것이다. 또한 이 주가 무력을 동원해서라도 자신의 권리를 고집하려고 했다면, 연합의 평화가 위험에 직면했으리라고 증언할 수 있을 것이다. [우리에 대한] 그런 반대에는 두 가지 주요한 동기가 있었다. 하나는 우리가 장차 가질 힘에 대한 경계

헌장에는 연합의 독자적 사법 체제가 존재하지 않기 때문이다. 실제 당시 분쟁에서는, 연합 헌장 제9조에 따라, 연합회의 지휘 아래, 두 주의 대표가 임명한 법관들로 '연합' 법정이 수립되었다. 이런 방식의 비효율성은 연방주의자들이 연방 사법부 수립을 주장한 주요 근거가 되었다.

[2] [옮긴이] 펜실베이니아주와 코네티컷주 사이의 영토 분쟁에서 펜실베이니아주가 이겼는데, 코네티컷주는 잃은 영토에 대한 보상을 간청했다. 이것이 이른바 이리호 인근의 서부 보류지 형태로 나타났는데, 현재는 오하이오주의 일부가 되었다.

[3] [옮긴이] 뉴욕주의 버몬트 지역 주민들은 뉴욕주로부터의 독립을 오랫동안 요구했고, 이로 말미암아 뉴욕주와 버몬트 지역은 영토 분쟁을 겪었다. 뉴욕주는 버몬트가 독자적인 주로서 합중국에 들어오는 것을 저지했고, 버몬트는 1777년부터 1791년까지 독립 공화국으로 존재했다. 버몬트는 심지어 캐나다와 동맹을 맺을 의사를 내비치기도 했다. 이런 갈등은 1791년 버몬트가 합중국의 열네 번째 주로 받아들여짐으로써 해결되었다.

심이었고, 다른 하나는 그 지역의 사실상의 정부하에서 토지를 교부받았던 이웃 주의 유력 인사들의 이해관계였다. 심지어, 우리와 반대되는 주장을 했던 주들은, 자신들의 주장과 요구를 입증하려 하기보다는 이 주[즉 뉴욕주]를 축소하는 데 더 몰두하는 것처럼 보였다. 뉴햄프셔주, 매사추세츠주, 코네티컷주 등이 그들이다. 뉴저지주와 로드아일랜드주는 항상 [뉴욕주로부터] 버몬트의 독립을 열렬히 지지했다. 그리고 메릴랜드주도, 캐나다와 그 지역의 연계 징후에 놀라기 전까지는, 철저히 같은 견해를 가졌다. 이 작은 주들은 우리[즉 뉴욕주]가 점점 거대해질 가능성을 비우호적인 눈으로 바라보았다. 우리는 이런 일들을 되새겨 봄으로써, 만일 불운하게도 주들이 분열될 운명에 처할 경우, 그들을 서로 반목시킬 개연성이 높은 몇 가지 원인들을 추적할 수 있을 것이다.

교역을 둘러싼 경쟁은 분쟁의 또 다른 비옥한 원천이 될 것이다. 형편이 불리한 주들은 지역적 상황의 불리함에서 벗어나고자 할 것이고, 더 운 좋은 이웃의 이점을 공유하려고 할 것이다. 각 주나 각 연합은 그 자신만의 고유한 교역 체계를 추구할 것이다. 이는 차별이나 특혜와 배제를 낳는 원인이 될 것이고, 그에 따른 불만을 야기할 것이다. 우리는 이 나라에 정착한 바로 그 순간부터 동등한 권리의 기반 위에서 거래하는 습관과 풍습에 익숙해져 있다. 따라서 그런 불만의 사유[즉 차별, 특혜, 배제]는 본래부터 그런 [차별 등이 존재했던] 경우에 비해 한층 더 두드러지게 부각될 것이다. 우리는, 각기 다른 이익을 궁리하는 독립 주권국가들의 사실상 정당한 행위까지도 위법행위라고 부르게 될 것이다. 아메리카의 상업적 부문의 특징인 기업 정신은 모든 기회를 이용해 스스로를 발전시켜 왔다. 이런 구속되지 않는 정신이, 교역에 대한 규제 — 특정 주들이 자기 주 시민들의 배타적 이익을 보호하려고 부과하는 — 를 존중할 개연성은 조금도 없다. 한편에서 이런 규제에 대한 위반과 다른 한편에서 그런 위반 행위를 저지·격퇴하려는 시도는 자연스럽게 격분을 불러올 것이고, 이런 격분은 보복과 전쟁을 초래할 것이다.

몇몇 주들은 교역 규제를 이용해 다른 주들을 예속할 기회를 갖게 될 것이고, 예속된 주들은 마지못해 그것을 감수할 것이다. 뉴욕주와 코네티컷주, 뉴저지주 등이 처한 상대적 입장은 이런 유형의 본보기라 할 수 있다.[4] 뉴욕주는 세입이 필요하기 때문에 수입품에 관세를 부과해야만 한다. 이 관세의 상당 부분은, 우리가 수입한 물품을 소비하는 입장에 있는 다른 두 주의 주민들이 지불해야만 한다. 뉴욕은 이런 이득을 포기하지 않으려 할 것이고 또 포기할 수도 없다. 이웃 주의 주민들을 위해, 그들이 지불하는 관세를 경감해 주는 데 뉴욕 시민들이 동의할 리 없다. 또한 이런 장애물이 없다고 하더라도, 뉴욕주의 시장에서 소비자를 [소속 주에 따라] 구분한다는 것은 실현 가능하지도 않다. 코네티컷주와 뉴저지주가 뉴욕주의 배타적 이득을 위해 뉴욕주에 의해 과세당하는 상황을 과연 오랫동안 감수하려 할까? 우리는 대도시를 가지고 있기에 우리 이웃들에게 끔찍한, 그들의 견해로는 억압적인 그런 이득을 향유하고 있다. 그들은 과연 이런 상태가 오랫동안 평온하게 방해받지 않은 채로 유지되도록 내버려 둘까? 우리는 코네티컷주의 압박과 이에 협조하는 뉴저지주의 압력에 맞서서 현재의 이점을 지켜 낼 수 있을까? 이런 질문에는 오직 만용만이 긍정적으로 답변할 수 있을 것이다.

[합중국이 분열된다면] 합중국의 공공 부채는 분리된 각 주나 연

---

4) [옮긴이] 코네티컷주나 뉴저지주에는 대규모 항구가 없어서, 대부분의 수입을 뉴욕주와 필라델피아주에 의존할 수밖에 없었다.

합들 간에 또 다른 충돌의 원인이 될 것이다. 처음에는 [부채를] 할당하고 이어서 점진적으로 갚아 가야 할 텐데, 이 두 과정 모두 불쾌감과 적대감을 야기할 것이다. 모두에게 만족스러운 할당 규칙에 대한 합의가 어떻게 가능하겠는가? 제안은 될 수 있겠지만, 실제로 어떠한 결점도 없는 그런 규칙을 만들기는 거의 불가능할 것이다. 대개 그렇듯이, 당사자들의 상반된 이해관계에 따라 결점은 과장될 것이다. 심지어 공공 부채를 상환하는 일반 원칙에 대해서도 주들 간에 이견이 존재할 것이다. 몇몇 주들은 국가 신용의 중요성에 대해 별로 통감하지 못하기에, 또는 그 주의 시민들이 그 문제에 대해 당면한 관심이 — 설령 있다고 해도 — 거의 없기 때문에, 국내 부채의 상환에 대해, 반대하지 않는다면, 적어도 무관심할 것이다. 이런 상황은 [부채의] 배분을 둘러싼 어려움을 증대할 것이다. 다른 주들, 즉 그 주의 시민들이 가지고 있는 공적 채권이 국가 부채 총액 가운데 그 주에 할당된 몫보다 많은 그런 주들은 공정하고 효과적인 대책을 요구할 것이다. 전자의 미온적 태도는 후자의 분노를 야기할 것이다. 규칙에 대한 합의는, 실제 의견의 차이나 의도적 지연 탓에 차일피일 연기될 것이다. 이해관계가 걸린 주의 시민들이 아우성칠 것이고, 자신들의 정당한 청구를 보상하라고 강대국들이 압박하고 나설 것이다. 주의 평화는 외부 침략과 내부 분쟁이라는 이중의 사태로 위기에 빠질 것이다.

규칙에 합의하는 어려움이 극복되어 할당이 이루어졌다고 가정해 보자. 하지만, 합의된 규칙이 실행되는 과정에서 몇몇 주에 다른 주보다 큰 부담이 부과되는 것으로 밝혀질 가능성도 있다. 이에 따른 고통을 겪는 주들은 자연히 부담의 경감을 추구할 것이다. 다른 주들은, [규칙] 개정이 자신들의 부담 증가로 귀결될 것이기 때문에, 당연히 개정을 꺼릴 것이다. 불평하는 주들은, [규칙 개정에 대한] 이들의 거부를 분담금 납부 보류의 너무나 그럴듯한 구실로 적극 이용할 것이다. 그리고 이들 주의 약속 불이행은 격렬한 논쟁과 분쟁을 유발하는 원인이 될 것이다. 채택된 규칙이 원칙적으로 평등함이 실제로 입증된다 하더라도, 재원의 현실적 부족, 재정의 부실 관리, 정부 운영의 우발적 혼란 등 기타 여러 이유들로 몇몇 주에서 상환 불이행이 발생할 수 있다. 게다가 사람들은 그 목적[즉 채무 상환]을 위해 돈을 쓰는 것을 대개는 싫어한다. 채무를 야기한 절박한 사정이 지나가면, 채무 상환은 지금 당장의 필요에 대한 충족을 가로막기 때문이다. 여하튼 이유가 무엇이든 간에 상환 불이행은 항의와 고소, 맞고소, 다툼 등을 낳을 것이다. 어떤 공공의 목적을 위해 상호 공통 분담의 의무를 지지만 그것이 평등하고 동일한 혜택을 가져다주지 못한다면, 그만큼 국가들의 평온을 뒤흔드는 일은 없는 듯하다. 돈의 상환 문제만큼 사람들이 쉽게 다투는 일이 없다는 것은 진부한 만큼이나 경험상 사실이기 때문이다.

사적 계약을 침해하는 법률은, [주들 간에] 적대감을 불러일으킬 또 다른 유력한 원천으로 간주될 수 있다. 왜냐하면 그런 법률은, 그로 인해 피해를 입는 시민이 속한 주의 권리에 대한 침해나 마찬가지이기 때문이다. 지금까지 우리는 너무나 많은 사례들에서 각 주의 법규를 타락시킨 사조를 봐왔다. 만일 어떤 추가적인 견제 장치로 그런 사조가 제어되지 않는다면, 이후에 더 자유롭고 공정한 사조가 개별 주들의 입법을 주재하리라고 기대할 수 없을 것이다. 우리는 로드아일랜드주 의회가 저지른 무도한 행위[5]로 말

---

5) [옮긴이] 로드아일랜드주 정부는 채무를 진 농민들의 곤경을 완화하기 위해 지폐를 발행하고, 가치가 곧 하락한 그 지폐를 받도록 채권자에게 강요했다. 인근 코네티컷주는 이를 무책임한 행위라고 개탄했고, 1787년

미암아 코네티컷주에서 보복적 성향이 촉발되는 것을 목도한 바 있다. 다른 상황에서 유사한 경우가 발생한다면, 도덕적 의무와 사회정의를 그처럼 무도하게 위반하는 행위에 대해서는 문서가 아닌 무력에 의한 전쟁이 징벌하게 되리라고 추론하는 것이 온당할 것이다.

　　[합중국이 분열될 경우] 각 주들이나 연합들과 외국 각국들 간에 맺어질 각 동맹들은 서로 공존하기 어려울 것이며, 이런 상황이 전체의 평화에 어떤 효과를 미칠지 등에 대해서는 앞의 몇몇 논설[특히 5번]에서 충분히 설명한 바 있다. 이 문제와 관련해 그 논설들이 제시한 견해로부터 다음과 같은 결론을 도출할 수 있다. 만일 아메리카가 전혀 결속되지 못하거나 또는 단순한 공수 연합의 허약한 유대 관계에 의해서만 결속된다면, 그런[즉 각 주들이나 연합들이 외국 각국들과 맺은] 각 동맹들이 서로 적대하고 반목함에 따라 아메리카도 점차 유럽 정치와 전쟁의 치명적 미궁 속으로 빠져들게 될 것이며, 분열된 아메리카의 각 지역들 사이의 파멸적 분쟁 탓에, 강대국들 — 그들 모두의 공동의 적인 — 의 계략과 음모의 먹잇감이 될 가능성이 높다. 분할통치Divide et impera[6)]는, 우리를 미워하거나 또는 두려워하는 모든 국가의 표어임에 틀림없다.

푸블리우스

연합회의에서 로드아일랜드주의 행위에 대해 항의했다.

6) Divide and command.

연방주의자 8번

[해밀턴] 1787. 11. 20.

따라서 [합중국이] 분열될 경우에, 그런 포괄적 연합의 잔해들로 만들어질 [서너 개의] 연합이나 개별 주들은 서로 평화와 전쟁, 우호와 적대의 우여곡절을 겪을 수밖에 없고, 결국 단일 정부로 결속하지 못한 모든 인접국들과 같은 운명으로 전락할 것이다. 이를 확고한 사실로 받아들인다면, 이제 그런 상황에 따라 나타날 수 있는 몇 가지 결과를 세부적으로 간략히 살펴보기로 하자.

주들이 독자 생존하게 될 초창기에 그들 간에 전쟁이 발발한다면, 그 전쟁은 오랫동안 정규군이 유지되었던 국가들의 일반적 경우보다 훨씬 큰 고통을 수반할 것이다. 유럽 대륙에 항상 굳건히 존재했던 잘 훈련된 군대는, 비록 자유와 경제에 해로운 측면이 있었지만, 어떤 뚜렷한 이익을 가져다주었다. 즉 그런 군대가 도입되기 이전의 전쟁에서 특징적으로 나타났던 [침략군에 의한] 불시의 급작스러운 정복과 그에 따른 전격적 파괴를 저지하고 불가능하게 만들었다는 점이다. 요새 [구축] 기술도 같은 목적에 기여했다. 유럽 국가들을 둘러싸고 있는 일련의 요새들은 피차간에 침공을 차단하고 있다. 적국 안으로 진격해 들어가려면 두세 개의 국경 요새를 정복해야 하는 소모전을 치러야 한다. [진격의] 모든 단계마다 유사한 장애물들이 나타나 침략군의 힘을 고갈시키고 진격을 지연시킨다. 이전에는 침략군이 다가오고 있다는 정보가 입수될 즈음이면 침략군이 거의 인접국의 심장부를 관통하곤 했다. 하지만 지금은 비교적 소규모라도 잘 훈련된 군대가 진지를 이용해 수비 태세를 갖추고서 훨씬 큰 군대의 작전을 지연시킬 수 있고 결국에는 좌절시킬 수 있다. 이제 지구 저 지역[즉 유럽]의 전쟁사는, 국가들이 정복당하고 제국들이 전복되는 역사가 아니라, 소도시를 빼앗기고 탈환하는 역사, 아무것도 결정하지 못하는 전투의 역사, 승리보다 더 유리한 후퇴의 역사, 많은 노력에도 불구하고 획득물은 거의 없는 역사가 되고 있다.

이 나라에서는 상황이 완전히 반전될 것이다. 군 상비 체제에 대한 경계는 그것[의 설립]을 되도록 연기시킬 것이다. 요새의 불비는, 한 주의 국경을 다른 주에 무방비로 노출함으로써 침략을 용이하게 만들 것이다. 인구가 많은 주는 별 어려움 없이 인구가 적은 이웃 주를 침략할 것이다. 정복이 쉽게 이루어지는 것만큼이나 그것을 유지하기도 어려울 것이다. 따라서 전쟁은 아무런 일관성도 없고 약탈적이 될 것이다. 약탈과 파괴가 언제나 비정규군의 뒤를 따를 것이다. 그런 사건들에서 제일 두드러지는 것은 개인들이 겪는 참상이고, 이것이야말로 우리의 군사적 위업을 특징짓게 될 것이다.

이런 그림은 과장이 아니다. 하지만 고백컨대, 그것이 당연한 것으로 오래 지속되지는 않을 것이다. 외부 위협으로부터의 안전[보장]은 국가 행위에 대한 가장 강력한 지침이다. 시간이 지나면, 자유에 대한 열렬한 사랑조차도 이 지침에 굴복할 것이다. 전쟁에 수반되는 생명과 재산의 폭력적 파괴, 거듭되는 위협에 따른 부단한 노력과 경계 등은, 자유를 가장 사랑하는 국가마저도 휴식과 안전을 얻기 위해, 자신들의 시민적·정치적 권리를 파괴하는 경향을 가진 그런 제도에 의존하도록 만들 것이다. 결국 그들은 더 안전해지고자 덜 자유롭게 되는 위험을 기꺼이 감수할 것이다.

방금 말한 그런 제도란 상비군 및 군 상비 체제의 부속물이다. 상비군은 신헌법에서 금지하고 있지 않다고 하며, 따라서 신헌법 하에서 존립할 것으로 추론된다.[1] 하지만, 그 안[즉 신헌법]에 조항이 있다고 해서 상비군이 존재하게 될지는 여전히 의문스럽고 불확실하다. 이와 반대로, 연합이 해체되면 상비군은 필연적으로 생기게 될 것이라고 대답할 수 있다. 빈번한 전쟁과 끝없는 불안은 끝없는 준비를 요구하는데, 이는 틀림없이 상비군을 낳게 될 것이다. 약한 주나 연합들이, 자신들보다 강력한 이웃과 대등한 위치에 서기 위해, 먼저 상비군에 의지할 것이다. 그들은 인구와 자원의 열등함을, 더 효과적이고 정규적인 방어 체제와 잘 훈련된 병력 및 요새로서 보충하려고 시도할 것이다. 동시에 그들은 불가피하게 정부의 집행 부문을 강화할 것이다. 그렇게 하면서 그들의 헌정은 군주제를 향해 점진적으로 나아가게 될 것이다. 입법권의 희생을 대가로 집행권을 강화하는 것은 전쟁의 본질에 속한다.

앞서 언급된 조치들을 활용하는 주나 연합들은 머지않아 이웃보다 우월해질 것이다. 작은 주나 자연조건이 취약한 주들도, 활기찬 정부 아래에서 잘 훈련된 군대의 뒷받침을 받는다면, 이런 강

---

1) 이런 [상비군에 대한] 반대론은 적절한 곳[24~29번 논설]에서 충분히 검토할 것이다. 그리고 이 문제와 관련해 취할 수 있는 유일하게 합리적인 예방책을 [신헌법이] 취하고 있음을 밝힐 것이다. 또한 지금까지 아메리카에서 만들어진 헌법들 대부분이 이 문제에 대한 어떤 방어 수단도 담고 있지 않았는데, 신헌법은 그에 비해 훨씬 뛰어남을 밝힐 것이다[고전적 공화주의는 직업군인으로 구성된 "상비군"을, 잠재적인 전제정이 시민들의 자유를 강탈하는 데 사용할 수 있는 수단으로 간주했다. 전통적인 공화주의 사상에 따르면, 신체 건강한 남성 시민들로 구성된 비전문가들의 시민 민병대가 훨씬 좋은 대안이 된다. 헌법안(제1조 8절)은 상비군을 규정하고 있기 때문에, 논설의 필자들은 전통적인 공화주의의, 그리고 반연방주의자들의 의혹을 극복하기 위해 분투해야 했다. 해밀턴이 이 문장에서 '금지하고 있지 않다고 하며', '존립할 것으로 추론된다' 등과 같은 방어적 표현을 사용한 것은 이런 배경에서 이해된다. 다른 한편 헌법 제정의 현장에 있었던 해밀턴이, 당사자가 아니라 마치 내용을 전해 들은 사람처럼 표현한 것이 의아스럽게 생각될 수도 있을 것이다. 하지만 이 글이 필자를 감춘 채 '푸블리우스'라는 필명으로 발표되었던 사실을 감안하면 그런 표현을 사용한 맥락이 이해될 수 있을 것이다].

점을 확보하지 못한 더 큰 주나 자연조건이 우월한 주를 종종 이기게 될 것이다. 좀 더 유력한 주들이나 연합들의 자존심이나 안전[의 필요성]은, 이와 같은 굴욕적이고 우발적인 열세 상황을 오랫동안 감수하도록 허락지 않을 것이다. 그들은 잃어버린 우위를 회복하기 위해, [자신들의] 열세 상황을 만들어 낸 [타국의] 방책과 유사한 것에 곧 의지하게 될 것이다. 그리하여 우리는, 구세계에서 모든 재앙의 원인이었던 바로 그 전제정의 원동력이 이 나라의 모든 지역에서 확립되는 것을 순식간에 보게 될 것이다. 적어도 이것이 사태의 자연스러운 진행일 것이며, 우리의 추론은 이런 기준에 부합할 때 좀 더 타당성을 갖게 될 것이다.

이는, 모든 권한이 인민이나 그들의 대표 또는 대리인의 손에 맡겨져 있는 헌법의 가상적 또는 이론적 결함으로부터 도출된 막연한 추론이 아니라, 인간사의 자연스럽고 필연적인 경과와 추이로부터 도출된 확고한 결론이다.

이런 결론에 대한 반론으로서, 고대 그리스 공화국들을 그토록 괴롭혔던 분쟁으로부터 왜 상비군이 등장하지 않았느냐는 질문이 제기될 수 있을 것이다. 이 질문에는 [앞의 내용과는] 상이하지만 똑같이 만족스러운 답변이 주어질 수 있다. 이익 추구에 몰두하고 농업과 상업의 발전에 진력하는 현대인들의 근면한 습속은, 고대 그리스 공화국 인민들의 본질적 조건이었던, 병사들로 이루어진 국가라는 조건과 양립 불가능하기 때문이다. 금은의 증가, 산업 기술의 증진, 근대의 산물인 재정학 등에 의해 세입 수단이 엄청나게 증대되었다. 이는 국민의 [근면한] 습속과 결합해 전쟁의 체계를 전면적으로 변화시켰고, 대다수 시민과 구분되는 별개의 훈련된 군대를 빈번한 전쟁의 분리 불가능한 짝으로 만들었다.

또한 국가의 위치나 환경 덕분에 [외세에 의한] 국내 침입에 노출된 적이 거의 없는 국가와 종종 그런 침공을 당해 항상 불안해하는 국가 사이에는 군 상비 체제에서 큰 차이가 나타난다. 전자의 지도자들은, 설령 의향이 있더라도, 후자의 경우라면 당연히 유지해야만 하는 그런 규모의 군대를 유지할 합당한 구실을 확보할 수 없다. 전자의 경우, 무엇보다도 국내 치안 활동에 군대가 동원되는 일이 — 설령 있다고 해도 — 거의 없을 것이기 때문에, 국민들이 군사적 예속 상태로 떨어질 위험은 존재하지 않는다. 법률이 군사적 긴급사태에 맞추어 이완되는 법이 없다. 시민 국가가 활기차게 유지되며 다른 나라의 원칙이나 경향에 따라 변질되거나 혼란에 빠지지도 않는다. 군대가 소규모이기 때문에 공동체의 자연스러운 힘이 군대를 능가할 수 있다. 시민들은 보호받기 위해 군사력을 우러러보거나 무력의 억압에 복종하는 데 익숙하지 않으며, 군대를 사랑하지도 두려워하지도 않는다. 그들은, 경계하면서도 필요악을 묵인하는 마음으로 군대를 바라본다. 그리고 자신들의 권리를 침해할 수 있다고 생각되는 권력에는 언제든 저항할 준비를 하고 있다. 이런 상황에서 군대는, 최고 집행관이 소규모 파당이나 일시적 폭도 또는 반란을 진압하는 것을 유효하게 지원할 수는 있을 것이다. 하지만 군대가 대다수 국민의 단합된 시도에 반해 강제적으로 권리를 침해하는 것은 불가능하다.

앞서 묘사했던 그런 곤경[즉 침공의 불안]에 처해 있는 나라에서는 이 모든 것과 반대되는 일이 발생할 것이다. 위험 요소의 계속되는 위협 때문에 정부는 항상 위험을 격퇴할 준비를 하고 있어야 하며, 군대는 즉각적 방어에 충분할 정도로 대규모여야 한다. 군의 지속적 필요성은 군인의 중요성을 증대하고, 그에 비례해 시민의 지위를 저하시킨다. 군사 국가가 시민 국가보다 우위에 서게 된다. 종종 전쟁의 무대가 되는 지역의 주민들은 자신들의 권리가 빈번하게 침해당하는 것을 불가피하게 받아들이지 않을 수 없고, 이에 따라 그들의 권리 의식은 약화된다. 그리고 서서히 인민들은 군인을 자신의 보호자일 뿐만 아니라 우월한 자로 간주하는 상태에 이르게 된다. 이런 성향에서 더 나아가, 군인을 자신의 지배자로 여기는 데까지 이르는 것은 그리 멀지 않고 어렵지도 않다. 반면에 그런 생각을 하는 사람들을 설득해, 무력으로 뒷받침되는 권리 침해에 맞서서 용감하고 효과적으로 저항하도록 하기는 아주 어렵다.

영국 왕국은 첫 번째 종류에 속한다. 섬이라는 상황과 강력한 해군은 외국의 침공 가능성으로부터 왕국을 강력히 보호했고, 따라서 왕국 내에 대규모 군대를 둘 필요성이 없었다. 필수적이라고 여겨진 것은, 민병대가 모여 편성될 때까지 적의 급습에 맞서는 데 족한 정도의 군사력이 전부였다. 국가 정책상의 어떤 동기도 국내에 상비 체제를 갖춘 대규모 병력을 요구하지 않았고, 여론도 그것을 용인하지 않았다. 긴 시간이 지나도록, 다른 원인들 — 내전의 결과물로 열거되는 — 이 작용할 여지는 거의 없었다. 이처럼 더할 나위 없이 좋은 특유의 환경은, 그 나라가 지금까지 누리고 있는 자유를 보존하는 데 크게 기여했다. 비록 지금은 돈에 좌우되고 부패가 만연해 있지만 말이다. 반대로 만일 영국이 대륙에 위치해 있었고 또한 그런 상황으로 말미암아 유럽의 다른 강대국들과 같은 규모의 군 상비 체제를 국내에 확립하도록 — 아마 지금처럼 — 강요받았더라면, 지금쯤 영국도 그 나라들처럼 한 사람의 절대 권력의 희생물이 되어 있을 개연성이 아주 높다. 비록 가능성은 낮지만, 그 섬의 인민들이 다른 이유로 예속당할 수는 있을 것이다. 하지만 그 왕국에서 대체로 유지해 온 미미한 수준의 군대의 힘에 의해 그렇게 되지는 않을 것이다.

우리가 합중국을 보존할 만큼 현명하다면, 격리된 상황의 이점과 유사한 이점을 오랫동안 누릴 것이다. 유럽은 우리와 멀리 떨어져 있다. 우리와 인접한 유럽 식민지들은 계속해서 그 힘이 너무나 불균형적일 것이기 때문에 우리를 위태롭게 괴롭히지는 못할 것이다. 이런 상태에서는 안보를 위해 대규모의 군 상비 체제가 필요할 리 없다. 하지만 우리가 분열된다면, 그리고 구성 부분들 [즉 13개 주]이 분리된 채로 유지되거나 아니면 가장 개연성이 높은 두세 개의 연합으로 뭉쳐진다면, 우리는 얼마 못 가 유럽 대륙의 강대국들이 처했던 그런 곤경에 빠질 것이다. 그리고 우리의 자유는, 서로의 야망과 경계심에 맞서 스스로를 방어하기 위한 수단의 먹잇감이 될 것이다.

이것은 피상적이거나 헛된 것이 아니라 견실하고 유력한 견해이다. 당파를 막론하고 신중하고 정직한 사람이라면, 누구나 가장 진지하고 사려 깊게 고려해 볼 만한 견해이다. 만일 그런 사람들이 확고하고 진지하게 잠시 시간을 갖고서 이 흥미로운 견해의 중요성에 대해 냉정하게 숙고한다면, 또한 만일 그들이 이 견해에 대해 모든 관점에서 생각해 보고 가능한 모든 결과를 추적해 본다면, 헌법에 대한 하찮은 반대론과 결별하는 데 주저하지 않을 것이다. 헌법에 대한 거부는 합중국의 종식을 가져올 개연성이 아주 높다. 헌법 반대자들 일부의 병적인 몽상 앞을 오가는 비현실적인 환영은, 좀 더 실제적인 형태의, 현실적이고 확실한 무시무시한 위험 요소들에게 곧바로 자리를 내줄 것이다.

푸블리우스

연방주의자 9번

[해밀턴] 1787. 11. 21.

안정된 합중국은, 내부의 알력과 반란을 막는 방벽으로서 주들의 평화와 자유에 가장 중요한 요소가 될 것이다. [고대] 그리스와 [르네상스 시기] 이탈리아의 군소 공화국들의 역사를 볼 때마다, 그들을 끊임없이 동요시킨 분열과 불화에 대해, 그들로 하여금 전제정과 무정부 상태의 양극단 사이를 끝없이 오가게 만든 연속적 정변에 대해 공포와 혐오의 감정을 느끼지 않을 수 없다. 그 공화국들이 가끔씩 보여 준 평온은 그 뒤에 올 격렬한 폭풍에 대한 짧은 대조로서 기능했을 뿐이다. 가끔씩 막간의 행복한 시간이 드러날지라도, 우리 앞에 보이는 그 즐거운 장면들이 선동과 파당적 광기의 격류에 곧 압도당하리라는 생각 때문에 그런 장면을 안타깝게 바라보게 된다. 순간적인 영광의 빛줄기가 어둠으로부터 터져 나와 일시적이고 덧없이 지나가는 광휘로 우리를 눈부시게 하지만, 그런 영광의 빛은 동시에 다음과 같이 경고한다. 혜택받은 그 땅의 산물이자 그 땅을 그렇게 유명하게 만든 빛나는 재능과 고귀한 자질이 정부의 결함으로 말미암아 빛을 잃고 길을 잃게 될 것이니 애통해하라고 말이다.

전제정의 주창자들은, 그 공화국들의 연대기를 추하게 만든 무질서와 혼란으로부터 공화제 정부 형태에 반대하는 논거뿐만 아니라, 시민적 자유의 원칙에 반대하는 주장까지 도출했다. 그들은 모든 자유 정부를 사회질서에 부합하지 않는 것으로 매도하면서, 자유 정부의 후원자나 그 정파에 적의를 갖고서 의기양양해했다. 하지만 인류로서는 다행스럽게도, 자유의 기초 위에 세워져 오랫동안 번성해 온 경탄할 만한 건축물들이, 몇몇 영광스러운 사례에서 그들의 음울한 궤변을 격파한 바 있다.[1] 그리고 아메리카는 그에 비해 결코 덜 장엄하지 않은 또 다른 체계의 광대하고 탄탄한 기초가 될 것이며, 앞의 사례와 마찬가지로 그들의 오류를 입증하는

[1) [옮긴이] 해밀턴은 이런 표현을 통해 독자들로 하여금 로마와 영국을 떠올리게 할 의도였던 듯하다.

영원한 기념비가 될 것이라고 나는 확신한다.

그러나 그들[즉 전제정 주창자들]이 묘사했던 공화제 정부의 초상이 실물의 정확한 모사임을 부인하기는 어렵다. 만일 더 완전한 구조의 모델을 고안하는 것이 실현 불가능한 것으로 드러난다면, 자유를 지지하는 계몽된 후원자들은 그런 종류의 정부[즉 공화제 정부]의 이상을 방어 불가능한 것으로 포기해야만 할 것이다. 하지만 다른 모든 과학처럼 정치 과학도 크게 개선되었다. 고대인들은 전혀 알지 못했거나 불안전하게 알고 있었던 여러 원리들의 효능을 지금은 잘 이해하게 되었다. 서로 다른 별개의 부departments에 권한을 정기적으로 분배하는 것, 입법부의 균형과 견제를 도입하는 것, 적법행위를 하는 한 직을 유지하는 법관들로 법원 조직을 구성하는 것, 인민이 직접 선출한 대리인들에 의해 입법부에서 인민이 대표되는 것 등은 완전히 새로운 발견물이거나 아니면 근대에 들어 완벽을 향해 주요한 진전이 이루어진 것들이다. 이것들은 공화 정부의 장점은 유지하고 그 결함은 축소·방지할 수 있는 강력한 수단들이다. 대중적인 시민 정부 체제의 개선에 도움이 되는 이런 세부 목록에, 나는 감히 한 가지 원리상의 개선 사항을 추가하고자 한다. 이는 혹자에게는 신기하게 보일 것이다. 왜냐하면 그것은 신헌법에 대한 반대의 근거가 되어 왔기 때문이다. 내가 말하고자 하는 것은, 하나의 국가 차원에서든 또는 몇 개의 작은 국가들이 결합한 하나의 큰 연합 차원에서든, 그런 [대중적 시민 정부] 체제가 운행하는 궤도를 확장하는 것이다.[2] 이 중에서 지금 당장 검토할

---

2) [옮긴이] 신헌법 반대파들이 내세운 핵심 주장의 하나는, 공화정은 작은 정치 단위체에서 가능하다는 것이었다. 해밀턴은 천문학 용어를 빌려와 정치 단위체의 크기를 확장하는 것이 공화정에 유리하다고 설명하고 있

대상은 후자이다. 하지만 그 원리를 하나의 국가 차원에서 검토하는 것 또한 유용할 텐데, 이는 다른 곳[10번, 14번 논설]에서 다룰 것이다.

연합이, 주들의 대외적 힘과 안전을 강화할 뿐만 아니라, 내적 평온을 지키고 파당을 억제하는 데도 유용하다는 생각은 사실 새로운 것이 아니다. 그것은 여러 시대에 여러 나라에서 실천되어 왔으며, 정치학에서 그 주제와 관련해 가장 많은 찬양을 받은 저술가들의 지지를 받아 왔다. 제안된 [헌법]안에 반대하는 사람들은, 공화국은 좁은 영토를 필요로 한다는 몽테스키외[3]의 발언을 부지런히 인용하고 유포해 왔다. 하지만 그들은 그 위대한 인물이 그의 저작의 다른 부분에서 밝힌 생각은 알지 못했던 듯하고, 자신들이 그렇게 기꺼이 동의했던 그 원리의 결론에는 주의를 돌리지 않았던 듯하다.

몽테스키외가 공화국을 위해 작은 규모를 권장했을 때,[4] 그가 생각한 기준은 이들 주[즉 13개 주] 중 거의 대부분의 주보다 훨씬 작은 규모였다. 버지니아주, 매사추세츠주, 펜실베이니아주, 뉴욕주, 노스캐롤라이나주, 조지아주 등은 모두, 그의 판단의 근거였고 그가 서술한 용어의 적용 대상이었던 모델과 크게 차이가 난다. 따라서 우리가 이 문제에 대해 그의 생각을 진리의 기준으로 받아들인

다. 이는 두 가지 차원에서 진행된다. 첫째는 개별 정치 단위체 차원에서 '공화정'의 특징과 관련해, 둘째는 여러 정치 단위체들이 결합한 '연방 국가'의 특징과 관련해, 왜 큰 규모의 국가가 공화정에 유리한지 설명한다.

3) [옮긴이] 샤를 루이 드 세콩다 몽테스키외Charles-Louis de Secondat, Baron de Montesquieu(1689~1755). 헌법안을 지지하는 연방주의자들과 반대하는 반 연방주의자 모두 그의 저서 『법의 정신』을 종종 인용했다.

4) [옮긴이] Montesquieu, *Spirit of Laws*, Bk VIII, ch. 16.

다면, 우리는 다음 둘 중에서 양자택일해야 할 것이다. 하나는 당장 군주제의 품 안으로 피신하는 것이다. 다른 하나는 우리 스스로를, 서로 의심하고 대립하고 소란스러운 무수히 많은 군소 자치주들로 분할하는 것이다. 이는 끊임없는 불화의 고약한 온상, 전 세계의 동정과 경멸을 받는 비참한 대상이 될 것이다. 이 문제를 다른 쪽에서 접근한 몇몇 저술가들은 이 딜레마를 인식했던 듯하고, 그래서 대담하게도 큰 규모의 주를 분할하는 것이 바람직하다고까지 넌지시 말했다. 그런 얼빠진 정책, 자포자기식 처방은 하급 관직을 엄청나게 증가시킬 것이고, 이는 [사적 이익을 추구하는] 편협한 사적 음모 집단에 불과한 그런 사람들의 목표에 부합할지 모른다. 그러나 그것은 결코 아메리카 인민의 위대함과 행복을 증진할 수 없다.

이미 말했듯이, 그 원리 자체에 대한 검토는 다른 곳[10번, 14번]에 맡기기로 하고, 여기에서는 다음 사항만 언급하고자 한다. 즉 이와 관련해 가장 절대적으로 인용되는 저자의 뜻에 따르면, 그 원리는 합중국에서 더 큰 구성원[즉 주]의 규모를 축소하도록 지시할 뿐이며, 그 구성원들이 모두 단일의 연방 정부로 포괄되는 것을 반대하지는 않는다는 것이다. 지금 우리가 관심을 두는 논의의 진짜 논점은 바로 이것이다.

몽테스키외의 의견은 국가들의 포괄적 연합에 반대하는 입장이 전혀 아니었다. 그는 분명히 연방 공화국을 대중적 정부의 범위를 확장할 수 있는 수단으로, 그리고 군주정의 이점과 공화주의의 이점을 조화시킬 수 있는 수단으로 다루고 있다.

(그는 말한다.[5]) 아마 군주 정부의 대외적 힘과 공화정부의 대내적

---

[5] Montesquieu, *Spirit of Laws*, Vol. I, Book IX, Chap. 1.

이점을 모두 가진 그런 종류의 헌정을 인류가 고안해 내지 않았더라면, 오랫동안 1인의 통치하에서 계속 살아야만 했을 개연성이 아주 높다. 내가 말하고자 하는 것은 연방 공화국이다.

이런 정부 형태는 하나의 협정인데, 이에 따라 여러 작은 국가들은 그들이 형성하고자 하는 더 큰 국가의 일원이 되기로 합의한다. 이는 새로운 사회를 구성하는 일종의 사회들의 집합체로서, 그 연합체가 안전을 확보할 수 있을 정도의 세력에 도달할 때까지 새로운 제휴를 함으로써 확장할 수 있다.

이런 종류의 공화국은 외부 세력에 맞설 수 있고, 일체의 내부 부패 없이 스스로를 지탱할 수 있다. 이런 사회 형태는 모든 종류의 불편과 부자유를 방지한다.

만일 한 구성원이 최고 권력의 불법적 행사를 시도하더라도, 연합한 모든 국가들에서 똑같은 권력과 인정을 확보할 수 있으리라 기대할 수는 없다. 만일 그가 한 국가에 대해 엄청난 영향력을 갖는다면, 이런 상황은 나머지 국가들을 불안하게 만들 것이다. 만일 그가 [연합의] 일부를 제압한다면, 아직 자유를 유지하는 국가들은 그에 의해 찬탈당하지 않은 세력들로서 그에 대항할 것이며, 그가 강탈한 곳에서 틀을 잡기 이전에 그를 제압할 것이다.

연합한 국가들 중 어느 한 곳에서 대중 봉기가 발생하더라도, 다른 국가들이 그것을 진압할 수 있다. 한 부분에 악폐가 스며들더라도, 그것은 아직 건전하게 남아 있는 다른 부분들에 의해 개혁될 것이다. 국가가 한쪽에서 파괴될 수 있지만, 다른 쪽에서는 그렇지 않을 것이다. 연합이 해체될 수 있지만, 연합한 국가들은 그들의 주권을 유지할 것이다.

이 정부는 작은 공화국들로 구성되기 때문에, 각자의 내부적 행복을 향유한다. 그리고 대외적 상황과 관련해서는, 연합에 의해 대규모 군주국의 모든 이점을 보유한다.

나는 이 흥미로운 구절들을 길게 인용하는 것이 적절하다고 생각한다. 왜냐하면 이 구절들은 합중국을 지지하는 주된 논거를 명쾌히 요약하고 있으며, 또한 그 책의 다른 부분을 악용해 만들어 내려는 그릇된 생각을 효과적으로 일소할 것이기 때문이다. 동시에 그 구절들은 이 논설의 좀 더 직접적인 의도 — 합중국이 국내의 파당과 반란을 억제하는 경향이 있음을 설명하는 것 — 와도 밀접하게 연관되어 있다.

주들의 연합confederacy과 통합consolidation 사이에는 정확하다기보다는 난해한 구분이 제시되어 왔다. 연합의 본질적 특징은, 그 권한이 집단으로서의 구성단위에 국한되고, 그 구성단위를 이루는 개인들에게는 미치지 않는 것이라고 주장되고 있다. 중앙 의회는 [구성단위의] 내정內政 대상에 대해서는 일절 관여해서는 안 된다고 주장된다. 구성단위들 간의 투표권의 엄격한 평등 역시 연합 정부의 주된 특징으로 강조되어 왔다. 이런 견해들은 대부분 임의적이다. 즉 어떤 원리나 선례로 이런 견해가 뒷받침되지는 않는다. 정말 우연히 이런 종류의 정부가 일반적으로 이런 식으로 운영되었던 것이고, 눈에 띄는 그런 특징이 그 정부에 본질적으로 내재하는 것이라고 전제하는 것이다. 하지만, 대부분의 경우 실제로는 예외가 광범위하게 존재하기에, 사례들로 봐서는 이 문제에서 절대적 법칙이란 존재하지 않음이 입증된다. 그리고 그들이 주장하는 원칙이 관철되는 한, 그것은 통치의 무질서와 치유 불가능한 혼란의 원인이 된다는 것이 이 논설을 통해 명백히 밝혀질 것이다.

연방 공화국의 정의는 그야말로 "사회들의 연합체" 또는 둘 이상의 국가의 단일국가로의 연합인 듯하다. 연방 권위의 범위, 제한, 목표 등은 [원칙의 문제가 아니라] 순전히 재량의 문제이다. 구성단위의 별도 조직이 폐지되지 않는 한, 또한 그런 조직이 지역적 목적을 위한 헌법적 필요성에 의해 존속되는 한, 설령 그런 조직이 연방의 포괄적 권위에 완전히 종속된다고 하더라도, 연방은 여전히 실제로 그리고 이론적으로 국가들의 연합 또는 연합체인 것이다. 제안된 헌법은, 주 정부의 폐지를 수반하기는커녕 주 정부에 상원에서의 직접적 대표권을 부여함으로써 주 정부를 국가 통치권의 구성 부분으로 만들었다. 또한 주권적 권력 중에서 매우 중요하고 배타적인 일정 부분을 주 정부가 보유하도록 했다. 그 용어의 모든 합리적 의미에 비추어 볼 때, 이는 연방 정부의 개념에 완전히 부합한다.[6]

23개의 도시 또는 공화국으로 구성되었던 리키아 연합Lycian confederacy[7]의 경우, 연합 의회에서 가장 큰 도시에는 세 표, 중간급에는 두 표, 가장 작은 것에는 한 표의 권리가 부여되었다. 연합 의회는 각 도시들의 재판관과 행정관 모두에 대한 임명권을 가졌다. 이

---

[6] [옮긴이] 신헌법 반대파들은 신헌법이 주들의 주권을 완전히 박탈함으로써 주를 합중국에 통합하려 한다고 비판한다. 이에 대해 해밀턴은 연방헌법하에서도 주에는 상당한 주권적 권력이 남겨질 것이기에, 연합(또는 연방)국가라는 합중국의 본질적 특징은 변하지 않을 것임을 주장하고 있다. 그리고 신헌법하에서 중앙정부의 권한이 강화되겠지만, 연합(또는 연방) 국가에서 중앙정부와 주 정부 간에 권력을 어떻게 배분하느냐는 재량의 문제이지 원칙의 문제가 아니라는 주장을 펼치고 있다. 해밀턴이 이 논의에서, 연합과 연방 개념을 다분히 혼란스럽게 사용하고 있는 것은, 기본적으로 18세기 말 당시에는 연합confederation과 연방federation의 정확한 개념 구분이 정립되지 않았기 때문인 듯하다. 연합 헌장에서 규정하는 체제는 '연합'으로, 새로운 연방헌법에서 규정하는 체제는 '연방'으로 개념이 구분되어 정립된 것은 이후의 일이다.

[7] [옮긴이] 리키아Lycia는, 현재 터키의 안탈리아Antalya로 알려져 있는, 고대 아나톨리아의 남서부 해안 지역이다. 리키아인들은 기원전 6세기 페르시아에 의해, 이어서 알렉산더 대왕에 의해, 그 뒤에는 로마에 의해 정복되었지만, 점령과 합병하에서도 연합 기구를 유지했다.

는 분명 그 도시들의 내정에 대한 가장 정교한 종류의 개입이었음이 틀림없다. 하지만 몽테스키외는 이 연합에 대해, "탁월한 연방 공화국의 모델을 제시한다면, 리키아의 그것이 될 것이다"라고 말했다. 따라서 [헌법 반대파들이] 주장하고 있는 그런 구분은 이 계몽된 민법학자의 생각에는 없던 것이었다. 그것은 잘못된 이론에 의한 기발한 구분에 불과하다는 결론에 우리는 도달하게 된다.

푸블리우스

연방주의자 10번

[매디슨] 1787. 11. 22.

잘 구성된 합중국이 약속하는 여러 이점 가운데, 파벌의 난폭함을 약화하고 통제하는 경향만큼 더욱 정밀하게 개발할 만한 것은 없다. 대중적 정부1)의 지지자가 그 정부의 평판이나 운명에 대해 가장 염려하게 되는 것은, 그 정부의 이런 위험스러운 타락의 경향을 생각할 때이다. 따라서 그는, 자신이 소중히 여기는 원리를 침해하지 않으면서 그런 경향을 적절히 치유할 수 있는 방안이 있다면, 그 가치를 정당하게 평가하는 데 게을리 하지 않을 것이다. 공적 의회public council에 끼어들게 되는 불안정, 부정, 혼란 등은 사실 그로 말미암아 대중적 정부가 도처에서 붕괴하게 되는 도덕적 질병이었다. 그래서 그것들은 자유의 적대자들이 아주 그럴듯한 장광설을 펼칠 때 그 재료로 삼아 왔던 인기 있고 효과적인 주제였다. 아메리카의 헌법들[즉 주 헌법들]이 고대와 현대의 대중적 [정부] 모델을 유익하게 개선한 것은 분명 아주 높이 평가될 수 있다. 하지만 그 헌법들이 이런 측면의 위험을, 바라고 기대한 만큼 완전히 제거했다고 주장한다면, 그것은 부당한 편애가 될 것이다. 우리 정부들[즉 주 정부들]이 너무 불안정하고, 경쟁적 당파들의 갈등 속에서 공공의 이익이 등한시되고 있다는 불만이, 공적 신념과 개인적 신념, 공적 자유와 개인적 자유를 똑같이 공평하게 지지하는, 가장 사려 깊고 덕 있는 우리 시민들로부터 곳곳에서 제기되고 있다. [정부의] 정책이 너무나 자주, 소수파의 권리[보호]나 정의의 규칙에 의해서가 아니라 편파적이고 고압적인 다수파의 우월한 힘에 의해 결정되고 있다는 불만도 마찬가지로 들려온다. 이런 불만들이 근거 없는 것이기를 아무리 간절히 바라더라도, 알려진 사실의 증거들을 보면 그 불만들이 어느 정도 사실임을 부인할 수 없다. 상황을 정직하게 되돌아보면, 사실 우리가 겪고 있는 곤경의 일부는 정부의 활동 탓으로 책임이 잘못 돌려졌음이 밝혀질 것이다.

---

1) [옮긴이] "대중적 정부"는 "popular governments"의 번역어이다. 매디슨은 14번 논설에서 민주정(시민들이 정부를 직접 운영하는 형태)과 공화정(인민이 대표를 통해 통치하는 형태)을 구분하는데, 대중적 정부는 이 둘을 포괄하는 개념이다. 대중적 정부는 정부 권력이 인민 대다수로부터 유래하는 정부로 정의된다. 'popular'는 '민중적'(또는 '인민적')으로도 번역할 수 있지만 '대중적'이라 번역한 것은, 'popular'에 담겨 있는 부정적 뉘앙스와 대다수 인민의 직접 참여에 대한 매디슨의 부정적 인식을 전달하기 위해서이다. 매디슨은 'popular governments'의 원칙은 수용했지만 그에 수반하는 여러 문제점을 날카롭게 인식하고 있었고, 이를 해결하기 위한 장치로서 공화정을 제시한다. 공화정은 대표에 의한 통치 체제일 뿐만 아니라, '정부들 내의 어떤 역할로부터도 집단으로서의 인민이 완전히 배제'되는 체제인데, 이는 유익한 우월성으로 평가된다(63번 논설). 공화정(즉 대의민주주의)은 현대의 광대한 국민국가적 상황에서 불가피한, 민주정(즉 직접민주주의)의 열등한 대체제가 아니라 보다 우월한 정체인 것이다. 매디슨은 연방 하원을 상원과 대비하여 대중적 원popular assembly, popular body, popular branch이라 부르는데, 정통성 측면에서는 우월하지만 심의의 질에서는 상원에 비해 열등한 것으로 평가한다.

하지만 그와 동시에, 우리가 겪은 가혹한 불행의 많은 부분과, 특히 대륙의 이쪽 끝에서 저쪽 끝까지 메아리치고 있는, 공공 업무에 대한 만연한 불신의 증대와 개인적 권리에 대한 불안 등은 [정부가 아닌] 다른 원인들로는 설명할 수 없을 것이다. 이런 것들은, 전부가 아니라면, 주로 파당적 정신이 우리 [정부의] 공적 운영을 불안정과 부정·불법 등으로 오염시킨 결과임에 틀림없다.

내가 생각하는 파벌이란, 전체 중에서 다수파에 해당하든 소수파에 해당하든 상관없이, 다른 시민들의 권리나 공동체의 영속적이고 집합적인 이익에 반하는 어떤 정념이나 이해관계 등과 같은 공통의 욕구에 의해 결합해 행동하는, 상당수의 시민들을 말한다.

파벌의 폐해를 고치는 데는 두 가지 방법이 있다. 하나는 그 원인을 제거하는 것이고, 다른 하나는 그 영향을 제어하는 것이다.

파벌의 원인을 제거하는 데는 다시 두 가지 방법이 있다. 하나는 파벌의 존립에 필수적인 자유를 말살하는 것이고, 다른 하나는 모든 시민들에게 동일한 의견, 동일한 정념, 동일한 이해관계를 부여하는 것이다.

첫 번째 처방에 대해서는, 치료약이 질병보다 더 해롭다는 것보다 더 알맞은 표현은 없다. 자유와 파벌의 관계는 공기와 불의 관계와 같아서, 필수물인 전자가 없으면 후자는 곧 꺼져 버린다. 하지만 파벌을 조장한다고 해서 정치 생활에 필수적인 자유를 폐지하는 것은, 파괴적인 힘을 불에 불어넣는다고 해서 동물에게 필수적인 공기를 소멸시키려고 하는 것만큼이나 어리석은 짓이다.

두 번째 처방은, 첫 번째 처방이 어리석은 만큼이나 실현 불가능하다. 인간의 이성이 오류를 범할 수 있는 상태에 머물러 있고 또한 인간이 자유롭게 그것을 행사할 수 있는 한, 상이한 의견들은 형성되기 마련이다. 인간의 이성과 자기애 간에 연계가 존재하는 한, 인간의 의견과 정념은 서로에게 영향을 미친다. 그리고 전자는 후자가 달라붙고자 하는 대상이 될 것이다. 재산권의 기원인 인간 능력의 다양성은 이해관계의 균일성을 가로막는 정말 극복 불가능한 장벽이다. 이런 능력을 보호하는 것은 정부의 첫 번째 목적이다. 재산을 획득하는 능력은 각기 다르고 또 고르지 않기에, 이를 보호하는 것으로부터 바로 상이한 종류와 상이한 정도의 재산 소유가 생기게 된다. 그리고 이것이 각 재산 소유자의 정서와 견해에 미치는 영향으로 말미암아 사회는 서로 다른 이해관계와 당파로 분열된다.

파당의 잠재적 원인들은 이처럼 인간의 본질에 심어져 있다. 그리고 우리는 이 원인들이, 모든 곳에서 시민사회의 여러 상이한 환경 조건에 따라 여러 단계의 행동으로 나타나는 것을 목도한다. 종교나 정부, 기타 사변적일 뿐만 아니라 실천적인 여러 문제들과 관련해, 서로 다른 의견을 지지하는 열의, 우월함과 권력을 두고 야심차게 다투는 각기 다른 지도자들에 대한 지지, 부로써 사람들의 정념을 끌어당기는 기타 여러 부류의 사람들에 대한 지지 등등은 결국 인간을 당파로 분열시키고, 상호 적대감으로 당파를 자극하며, 또한 그들로 하여금 공공선을 위해 협력하기보다는 서로 괴롭히고 적대하는 경향을 갖도록 만들었다. 상호 적대감에 빠지게 되는 인간의 이런 성향은 너무나 강력하기에, 어떤 근본적 계기 없이 아주 사소하고 비현실적인 차이점만으로도 그들의 비우호적 정념을 불붙이고 폭력적인 갈등을 자극하기에 충분했다. 하지만 가장 공통적이고 지속적인 파벌의 원인은 다양하고 불평등한 재산의 분포였다. 재산을 가진 자들과 재산이 없는 자들은 언제나 사회에서 뚜렷이 구분되는 이해관계를 형성했다. 채권자들과 채무자들도 비슷하게 구분된다. 문명국가에서는 토지 집단, 제조업 집단, 상업 집단, 금융 집단, 기타 군소 집단들이 필연적으로 생겨나 국가를 상이한 계급들로 분열시킨다. 이들 계급은 상이한 정서와 견해에 따라 행동한다. 이렇게 다양하고 충돌하는 이해관계를 조정하는 것이 현대 입법의 주된 과제가 되며, 필수적이고 통상적인 정부의 활동에 당파심을 끌어들이게 된다.

어느 누구도 자신의 소송사건에 재판관이 되는 것은 허용되지 않는다. 그의 이해관계가 분명히 그의 판단을 한쪽으로 치우치게 만들고, 십중팔구 그의 진실성을 오염시킬 것이기 때문이다. 같은 이유로, 아니 더 중대한 이유로, [동일한] 하나의 집단이 재판관인 동시에 [재판의] 당사자가 되는 것은 적절하지 않다. 하지만 가장 중요한 입법 활동 가운데 다수가 사법적 결정 — 개인의 권리와 관련된 것이 아니라 큰 규모의 일단의 시민들의 권리와 관련된 — 이 아니면 무엇인가? 또한 여러 계층의 의원들은 자신들이 결정하는 소송사건의 주창자이자 당사자가 아니면 무엇인가? 개인 부채에 관한 법안이 발의되었는가? 그것은 채권자들이 한쪽 당사자들이고 채무자들이 다른 쪽 당사자들인 그런 문제이다. 재판관은 그들 사이에서 균형을 유지해야 한다. 그러나 당사자들은 그들 스스로 재판관이 되고 또 그럴 것임에 틀림없다. 그리고 가장 수가 많은 당사자, 달리 말해 가장 강력한 파당이 틀림없이 우세하리라 예상된다. 외국 제품에 대한 규제를 통해 국산 제품을 장려해야 하는가, 어느 정도 그렇게 해야 하는가 등은 토지 계급과 산업 계급들이 각기 다른 결정을 내릴 문제일 것이다. 오직 정의와 공공선만을 고려해 결정을 내릴 사람은 아마 아무도 없을 것이다. 다양한 종류의 재산에 세금을 할당하는 것은 가장 엄격한 공정성이 요구될 것 같은 행위이다. 하지만 정의의 규칙을 짓밟을 수 있는 [이보다] 더 큰 기회와 유혹이 지배적 당파에게 주어지는 입법 행위는 아마 없을 것이다. 그들이 소수파에게 과중하게 부담시키는 실링 한 푼은 곧 자신들의 주머니에서 절약되는 한 푼이 되는 것이다.

계몽된 정치인들이라면 이렇게 상충하는 이해관계를 조정해 공공선에 따르도록 만들 수 있으리라는 주장은 헛된 것이다. 계몽된 정치인들이 항상 지배하는 것은 아니다. 게다가 많은 경우에 그런 이해관계의 조정은 [자신과] 관련성이 적고 간접적인 사항들[즉 공공선]을 고려하지 않고서는 이루어질 수 없는데, 그와 같은 고려가 직접적 이해관계 — 한 당파가 다른 당파의 권리나 전체의 선을 무시하면서 얻고자 하는 — 를 압도하는 예는 거의 없을 것이다.

따라서 우리가 이르게 되는 결론은, 파당의 원인은 제거될 수 없으며, 그것의 영향을 제어하는 수단을 통해 경감을 추구할 수 있을 뿐이라는 것이다.

만일 한 파벌이 과반보다 적은 수로 구성되어 있다면, 다수파가 정기적 투표를 통해 그 파벌의 사악한 견해를 패퇴시킬 수 있는 공화제의 원리가 구제책을 제공할 것이다. 그 파벌이 정부 운영을 가로막을 수도 있고 사회를 혼란스럽게 할 수도 있지만, 헌법의 형식으로 자신의 폭력을 집행하고 은폐할 수는 없다. 반면에 과반이 한 파벌을 이루게 되면, 대중적 정부 형태는 그 파벌이 공공선과 다른 시민의 권리를 자신의 지배적 정념과 이익에 희생하는 것을 가능하게 해준다. 그런 파당의 위협에 맞서서 공공선과 사적 권리를 보호하는 동시에 대중적 정부의 정신과 형태를 유지하는 것이 바로 우리가 지향하는 중요한 목표이다. 첨언하자면, 그것은 중대하고 절실한 요구로서, 그것만 확보하면 이 정부 형태를 오명과 치욕 — 이 정부가 그렇게 오래 시달렸던 — 으로부터 구할 수 있을 것이며, 인류의 호평과 채택을 받도록 추천할 수 있을 것이다.

이런 목표는 어떤 수단을 통해 달성할 수 있는가? 분명 다음 두 가지 중 하나에 의해서이다. 하나는 다수파 내에 동일한 정념이나 이해관계가 동시에 존재하는 것을 방지하는 것이다. 다른 하나는, 그처럼 동시에 존재하는 정념이나 이해관계를 가진 다수파가, 그들의 패거리나 지역적 상황을 이용해, 부당한 권력 행사의 음모를 공동으로 계획해 실행에 옮기지 못하도록 하는 것이다. 만일 욕구와 기회가 일치되도록 방치한다면, 도덕적 동기나 종교적 동기 그 어느 것도 우리가 의존할 수 있는 적절한 통제 수단이 될 수 없음을 우리는 잘 알고 있다. 그런 도덕적·종교적 동기들이 개인의 부정이나 폭력을 통제하는 것으로 확인된 적은 없다. 또한 그런 동기들은, 결합한 무리의 크기에 비례해, 즉 그 효과가 필요해질수록 그 효력을 상실하게 된다.

이 주제에 대한 이상의 고찰로부터, 순수 민주주의에서는 파당의 폐해에 대한 어떤 해결책도 있을 수 없다는 결론에 도달할 수 있을 것이다. 내가 말하는 순수 민주주의란, 정부를 직접 구성하고 운영하는, 소규모의 시민들로 구성된 사회를 의미한다. [이런 곳에서는] 전체 중의 다수파가 거의 모든 상황에서 공통의 정념이나 이해관계를 가질 것이다. 정부 형태 그 자체로부터 의사소통과 협조가 생겨나며, 취약한 당파나 미움받는 개인들을 희생하려는 유인을 제어할 어떤 것도 존재하지 않는다. 따라서 정말로 그런 민주주의는 항상 혼란과 분쟁의 참상을 보여 주었고, 개인의 안전이나 재산권과 양립 불가능한 것으로 드러났으며, 그 종말이 폭력적이었던 것처럼 대체로 수명도 짧았다. 이런 종류의 정부를 지지한 사변적 정치가들은, 인류를 정치적 권리에서 완전히 평등한 상태로 만들면 소유와 의견, 정념에서도 완전히 동등해지고 동질화되리라고 잘못 생각했다.

공화국 ― 내가 의미하는바 대의 제도가 실시되는 정부 ― 은 그와 다른 전망을 열어 주며, 우리가 찾고 있는 해결책을 약속한다. 그것이 순수 민주주의와 다른 점을 검토해 보면, 그 해결책의 특징과 함께 그것이 합중국에서 이끌어 낼 효능을 모두 이해할 수 있을 것이다.

민주정과 공화정 간에는 두 가지 큰 차이점이 있다. 첫째, 공화정의 경우 정부는, 나머지 시민들에 의해 선출된 소수의 시민에게 위임된다. 둘째, 공화정은 더 대규모의 시민들, 더 대규모의 국가로 확장될 수 있다.

첫 번째 차이점의 효과는, 한편에서, 공중의 의견을 선택된 시민 집단이라는 매개체에 통과시킴으로써 정제하고 확대하는 것이다. 선택된 집단의 현명함은 자국의 진정한 이익을 가장 잘 분별해 낼 것이며, 그들의 애국심과 정의에 대한 사랑은 그것[즉 진정한 국익]을 일시적이거나 부분적인 이유에 조금도 희생하지 않을 것이다. 그런 조정 아래에서, 인민의 대표에 의해 표명되는 공중의 목소리는, 그 목적으로 소집된 인민 스스로에 의해 표명되는 경우보다, 더 공익에 부합할 수 있을 것이다. 다른 한편, 그 효과는 반대가 될 수도 있다. 파당적 성격, 지역적 편견, 악의적 의도 등을 가진 사람들이 음모나 부패, 기타 수단을 이용해 표를 획득[즉 당선]한 뒤에, 국민의 이익을 배신할 수 있다. 결국 문제는, 작은 공화국과 광대한 공화국 중 어느 것이 공공복리의 적절한 수호자를 선출하는 데 가장 유리한가이다. 두 가지 확실한 사실을 고려하면, 후자를 지지하는 쪽으로 분명히 결정될 것이다.

우선, 공화국이 아무리 작더라도 소수의 음모를 경계하기 위해 대표는 일정한 규모까지 늘려야 하고, 또한 공화국이 아무리 크더라도 다수의 혼란을 경계하기 위해 대표는 일정한 규모로 제한되어야 한다는 점에 주목해야 한다. 따라서 두 경우에 대표의 수는 유권자 수에 비례하지 않을 것이다. 또한 유권자 대비 대표의 수는 작은 공화국에서 더 클 것이다. 이로부터 다음과 같은 결론이 나온다. 즉 큰 공화국에서 대표에 적합한 사람의 비율이 작은 공화국에서의 그 비율에 비해 적어도 낮지 않다면, 큰 공화국일수록 더 많은 선택지를 제공할 수 있고, 결과적으로 적절한 선택이 이루어질 개연성도 더 클 것이다.

다음으로, 큰 공화국에서는 작은 공화국에 비해 더 대규모의 시민들에 의해 대표가 선택될 것이기 때문에, 자격 없는 후보들이 부도덕한 술책 — 이를 이용해 너무나 자주 선거에서 이기는 — 을 성공적으로 실행하기가 더 어려울 것이다. 그리고 인민의 투표가 더 자유로울 것이기에 가장 매력적인 장점을 가진 사람, 가장 광범위한 지역에서 확고한 명성을 가진 인물에 초점을 맞출 가능성이 더 클 것이다.

그런데, 대부분의 다른 경우처럼 이 경우에도 어떤 중간이 있고, 그 양 끝에 불편함이 자리하고 있음이 발견된다는 것을 고백해야 한다. 선거인 수를 너무 많이 확대하면, 대표들이 그들의 지역 사정이나 작은 관심사 등을 거의 접하지 못하게 될 것이다. 너무 많이 축소하면, 그런 것에 과도하게 집착하게 되어, 중대하고 전국적인 목표를 이해하고 수행하는 데 적합하지 않게 될 것이다. 이런 점에서 연방헌법은 만족스러운 조합을 구성했다. 중대하고 집합적인 이해관계는 연방의회에 맡기고, 지역적이고 특수한 이해관계는 주 의회에 맡긴 것이다.

또 다른 차이점은, 민주제 정부보다 더 큰 규모의 시민과 영토가 공화제 정부의 범위 내에 포괄될 수 있다는 점이다. 그리고 주로 이런 환경은 전자보다 후자에서 파당적 결사를 덜 두려운 것으로 만들어 준다. 사회가 작을수록, 사회를 구성하는 당파나 집단들의 수도 아마 적을 것이다. 당파나 집단의 수가 적을수록, 동일한 당파가 다수파를 이루는 것이 더 빈번하게 나타날 것이다. 다수파를 이루는 사람의 수가 적을수록, 그리고 그들이 속한 지역이 좁을수록, 권력을 부당하게 행사하려는 계획을 더 용이하게 협의하고 실행할 수 있을 것이다. [이와 반대로] 영역을 확대하면, 엄청나게 다양한 당파들과 집단들이 들어오게 되고, 다른 시민의 권리를 침해하려는 동기를 전체 중의 다수파가 공통으로 갖게 될 개연성은 아주 희박해질 것이다. 또는 만일 그런 공통의 동기가 존재하더라도, 그것을 가진 사람들 모두가 자신들의 힘을 발견하고 서로 일치단결해 행동하기가 더 어려워질 것이다. 다른 장애물은 차치하더라도, 불법적이거나 불명예스러운 목표를 의식하게 될 때는 항상 불신이 의사소통을 가로막게 되는데, 그런 불신은 의견 일치가 필요한 사람들의 수에 비례할 것이다.

따라서 공화정이 민주정에 비해 유리한 장점인, 파벌의 영향을 제어하는 장점은 작은 공화국보다 큰 공화국에서 더 많이 향유될 수 있는데, 바로 그와 동일한 장점을 합중국을 구성하는 주보다 합중국에서 더 많이 누릴 수 있다는 사실은 분명해 보인다. 이런 장점은, 계몽된 견해와 고결한 정서를 지녔기에 지역적 편견과 부당한 음모에 좌우되거나 굴복하지 않는, 그런 대표들에 의한 대리[체제]에 존재하는가? 합중국의 대표자들이 이런 필수 자질을 갖출 가능성이 아주 크다는 것은 부인할 수 없을 것이다. 그런 장점은, 어떤 한 당파가 나머지를 수적으로 압도해 억압할 가능성을 막아 주는, 당파의 엄청난 다양성이 제공하는 더 탁월한 안전장치에 존재하는가? 합중국 내에 포괄되는 당파의 다양성의 증대는 그에 비례해 그와 같은 안전장치를 증대하는가? 마지막으로 그런 장점은, 편향적인 부당한 다수파의 은밀한 갈망들이 서로 일치되어 실현되는 것을 어렵게 만들 더 강력한 장애물에 존재하는가? 여기에서 다시 한 번, 합중국의 크기는 합중국에게 명백한 이점을 제공한다.

파당적 지도자의 영향력은 그들 각자의 주 안에서는 불길을 일으킬 수 있지만, 대화재를 다른 주에게까지 전면적으로 확산시킬 수는 없을 것이다. 어떤 종교 분파가 연방의 한 지역에서 정치적 파당으로 변질될 수는 있겠지만, 연방의 전 지역에 퍼져 있는 분파의 다양성은 그런 근원으로부터 나오는 어떤 위협에 대해서도 연방의회를 보호해 줄 것이다. 지폐[발행], 부채 폐기, 재산의 평등한 분배 등을 비롯한 부적절하고 사악한 기획을 향한 열망이 합중국 전체에 스며들 가능성은, 특정 개별 주의 경우에 비해 훨씬 낮을 것이다.[2] 마치 어떤 질병이 전체 주를 감염시키기보다는 어느 특정 카운티나 디스트릭트를 감염시킬 가능성이 더 높은 것처럼 말이다.

따라서 우리는, 합중국의 크기와 적절한 구조에서 공화제 정부에 가장 흔한 질병에 대한 공화제적 처방을 발견하게 된다. 공화주의자로서 우리가 느끼는 즐거움과 자부심만큼이나 열의를 갖고서 연방주의자의 정신을 간직하고 그 특징을 지지해야 할 것이다.

푸블리우스

연방주의자 11번

[해밀턴] 1787. 11. 24.

상업적 관점에서 합중국의 중요성은 이견의 여지가 가장 적은 사항의 하나이며, 사실 이 주제에 대해 조금이라도 알고 있는 사람이라면 누구나 동의해 온 바였다. 이는 우리 사이의 교류뿐만 아니라 우리와 외국과의 교류에도 적용된다.

아메리카[합중국]의 상업적 기질의 특징인 모험 정신이 유럽의 여러 해양 강국들에게 이미 불안감을 야기하고 있다는 추정을 뒷받침해 주는 여러 정황들이 존재한다. 그들은 자신들의 운송의 지주이고 해군력의 기반인 해운업에 우리가 큰 장애가 될 것이라고 걱정하는 듯하다. 그들 가운데 아메리카[대륙]에 식민지를 갖고 있는 나라들은 이 나라의 장래 가능성을 성가시고 걱정스럽게 내다

---

2) [옮긴이] 매디슨이 여기에서 암시하는 것은 매사추세츠주와 로드아일랜드주에서 있었던 일이다. 6번 논설, 주 14 및 7번 논설, 주 5 참조.

보고 있다. 그들은, 강력한 해상 세력 창출에 필요한 모든 기질을 구비하고 있으며 또 그에 필요한 수단까지 확보하게 될 [합중국의] 주들이 더 긴밀해질 경우, 아메리카[대륙] 내의 자신들의 영토를 위협할 것이라고 예상한다. 이런 생각에 따라 그들은 자연스럽게, 우리 사이의 분열을 조장하고, 자체 선박을 이용한 우리의 능동적 교역 활동을 되도록 허용치 않으려는 정책을 추구할 것이다. 이런 정책은 [그들이 갖는] 삼중의 목표 — 그들의 해운에 우리가 끼어드는 것을 차단하고, 우리의 교역에서 나오는 이익을 독점하며, 우리가 위험한 강국으로 날아오르는 데 필요한 날개를 꺾는 것 — 에 부합할 것이다. 세심하게 살펴보면, 이런 정책의 연원이 [유럽 해양 강국의] 내각에 있음을 어렵지 않게 확인할 수 있다.

우리가 계속 단결한다면, 우리의 번영에 비우호적인 그런 정책에 다양한 방식으로 맞설 수 있다. 우리는 모든 주들을 동시에 포괄하는 [수입] 금지 규정을 통해, 다른 국가들로 하여금 우리 시장에 대한 권리를 얻기 위해 자기들끼리 경쟁하도록 만들 수 있다. 제조업 국가에 대해 인구 300만 명 규모의 시장 — 빠르게 성장하고 있지만 거의 대부분 전적으로 농업에 치중해 있고, 지역 상황상 계속 그럴 것 같은 — 이 갖는 중요성을 제대로 평가할 수 있는 사람이라면, 이런 주장을 터무니없게 듣지는 않을 것이다. 그리고 그런 국가가 자국의 제품을 아메리카로 보내거나 또는 아메리카에서 물품을 가져갈 때에, 다른 나라의 선박을 이용해 간접적으로 운송하는 것과 자국 선박을 이용해 직접 수송하는 것은 그 나라의 무역과 해운에 엄청나게 중요한 차이를 미칠 것이다. 예를 들어, (현재 우리가 어떤 상업 조약도 맺고 있지 않은) 영국을 우리의 모든 항구에서 [출입] 거부할 수 있는 정부가 아메리카에 있다면, 이런 조치가 영국의 정책에 어떤 영향을 미치게 될까? 그런 조치를 바탕으로 우리는, 그 왕국의 영토들에서 우리에게 최대한 유리하고 포괄적인 상업적 권리를 확보하는 데 성공하리라는 아주 타당한 전망을 갖고서 협상에 임할 수 있지 않을까? 그렇지 못한 상황에서[1] 이런 질문이 제기되었을 때, 우리는 믿을 만하고 만족스러운 — 그럴듯하긴 했지만 — 대답을 얻지 못했다. 설령 우리 쪽에서 금지를 해도, 영국의 [교역] 체제에 아무런 변화도 만들어 내지 못할 것이라는 주장도 제기되었다. 왜냐하면 영국은 네덜란드라는 중개자를 통해 우리와 교역을 계속할 수 있기 때문이라는 것이다. 네덜란드가 영국의 직접 고객이자 우리 시장에 공급할 물품의 경리관이 되리라는 것이다. 하지만 교역에서 자신의 선박을 이용하는 중요한 이점을 상실함으로써 영국의 해운이 큰 타격을 받을 것 아닌가? 네덜란드가, 중재역을 하면서 위험부담을 안는 것에 대한 보상으로 영국의 수익의 상당 부분을 앗아 갈 것 아닌가? 단순히 운송료 항목만 따져도 상당한 삭감을 초래하지 않겠는가? 그런 간접 통상은, 우리 시장에서 영국 상품의 가격을 올리게 되고 또한 영국의 무역 중 흥미로운 한 부문의 관리를 다른 국가에 이양하게 됨으로써, 다른 국가의 경쟁력을 촉진하지 않겠는가?

이런 질문들이 제기한 바를 심사숙고해 보면 다음과 같은 확신에 이를 것이다. 즉 그런[즉 영국이 모든 아메리카 항구에서 차단된] 상황에서 영국이 입을 실질적 손해는, 아메리카와의 교역을 선호하는 그 나라의 상당수 지역의 우호적 성향 및 서인도제도의 끈질긴 요구 등과 함께 작용해, 영국의 현 [무역] 체제의 이완을 가져올 것이다. 또한 우리가, 교역을 통해 최대의 실질적 이익을 얻을 수 있는, 서인도제도를 비롯한 다른 시장에 대해서도 권리를 누릴 수 있게 해줄 것이다. 영국 정부로부터 획득하게 될, 또한 우리 시장

1) [옮긴이] 연합 헌장하에서 연합회의는 각 주의 교역을 통제할 권한이 없었다.

에서의 공제나 면제 [제공] 등 동등한 조치 없이는 기대할 수 없는, 그런 이익들은 우리 시장에서 완전히 쫓겨나기를 원치 않는 다른 국가들의 행동에도 상응하는 효과를 미칠 것이다.

이와 관련해, 우리에 대한 유럽 국가들의 행동에 영향을 미칠 수 있는 추가적 자원은 연방 해군의 창설에서 생겨날 것이다. 효율적인 정부하에서 합중국이 유지된다면, 우리가 머지않은 시기에 해군을 창설할 힘을 갖게 되리라는 것은 의심의 여지가 없다. 그 해군이 비록 해양 강대국의 해군과 겨룰 수는 없겠지만, 교전 당사국 중 어느 한쪽에 가담할 경우 적어도 상당한 영향력을 가질 수는 있을 것이다. 서인도제도²⁾에서의 작전과 관련해서는 특히 그럴 것이다. 종종, 엄청난 이해관계가 걸린 전투에서, 시의적절하게 어느 한쪽의 증원군으로 파견된 소수의 전함만으로도 형세를 충분히 결정지을 수 있기 때문이다. 이런 점에서, 우리의 입장이 매우 중요한 위치를 차지하고 있는 것이다. 이런 고려 사항들 외에, 서인도제도에서의 군사작전 수행에서 이 나라에서 제공할 보급품의 유용성까지 고려할 경우, [우리가 가진] 그처럼 유리한 조건을 활용한다면, 상업적 권리를 둘러싼 협상을 아주 유리하게 할 수 있으리라는 사실은 쉽게 이해될 것이다. 우리의 우호적 태도뿐만 아니라 중립적 태도에도 가격이 매겨질 것이다. 합중국을 확고하게 고수함으로써, 우리는 머지않아 아메리카 대륙에서 유럽의 조정자가 되고, 또한 세계의 이 지역에서 유럽의 경쟁자들의 균형을 우리에게 유리한 쪽으로 기울게 할 수 있으리라 기대할 수 있다.

그러나 이런 바람직한 상황의 반대가 되면[즉 우리가 분열하면],

---

2) [옮긴이] 서인도제도는 카리브해 동쪽의 군도이다. 한때 스페인, 영국, 프랑스, 네덜란드 등이 모두 이 섬들에 대한 권리를 주장했다.

부분들[즉 주] 간의 경쟁으로 말미암아 서로가 서로를 견제하게 될 것이고, 자연이 관대하게도 우리에게 베푼 모든 매력적 이점들이 무효화되는 것을 목격하게 될 것이다. 그렇게 보잘것없는 상태에서, 우리의 교역은 교전국들의 무자비한 간섭의 먹잇감이 될 것이다. 그들은 우리를 전혀 두려워할 것이 없기에 기회가 될 때마다 거리낌 없이 우리 재산을 약탈해 자신들의 욕구를 충족할 것이다. 중립의 권리는, 그런 권리를 적절한 힘으로 방어할 수 있을 때에만 존중받을 수 있다. 허약함 탓에 비루해진 국가는 중립의 권리마저 몰수당한다.

활기 있는 중앙정부 아래에서는 이 나라의 타고난 힘과 자원 등이 공익을 향하게 됨으로써, 우리의 성장을 저지하려고 경계하는 유럽의 공동 행동을 모두 좌절시킬 수 있을 것이다. 이런 상황은 심지어, 그들의 공동 행동이 성공할 수 없음을 납득시킴으로써, 그런 동기 자체를 없앨 것이다. 활발한 교역, 광범위한 항행, 번성하는 해운업 등은 따라서 도덕적·물리적 필수품[즉 활기찬 중앙정부]의 필연적 소산이라 할 수 있다. 우리는 억제하거나 변경할 수 없는 자연적 추세를 통제하고 왜곡하려는 정상배들의 하찮은 술책을 물리칠 수 있을 것이다.

그러나 [합중국이] 분열될 경우 유럽의 공동 행동이 나타나 성공적으로 작동할 것이다. 우리의 전반적 무능력을 이용하는 해상 국가들의 힘이 우리의 정치적 존속의 조건을 규정할 것이다. 그들은 자신들이 우리의 운송업자가 되는 데 공통의 이해를 가질 뿐만 아니라, 우리가 그들의 운송업자가 되지 못하도록 저지하는 데도 더 큰 공통의 이해를 갖고 있다. 따라서 그들은 단결해, 우리의 해운을 사실상 파괴하고 우리를 수동적 교역에 묶어 두는 방식으로, 우리의 해운을 방해할 개연성이 아주 높다. 이런 식이 되면, 우리는 상품 구입 시 [그들이 부르는] 첫 번째 가격을 감수해야만 할 것이고, 우리의 교역에서 나오는 수익이 강탈되어 적들과 박해자들을 윤택하게 만드는 꼴을 바라봐야 할 것이다. 아메리카의 상인들과 항해사들의 비범한 재능을 뚜렷이 보여 주는, 그리고 그 자체 국부의 고갈되지 않는 광맥인, 비할 데 없이 진취적인 사업 정신은 억압되고 파괴될 것이다. 지혜롭게 했더라면 세계의 존경과 부러움의 대상이 되었을 이 나라는 빈곤과 수치로 뒤덮일 것이다.

아메리카의 교역에 아주 중요한 권리들이 있다. 이는 지금 합중국의 권리인데, 어업권 및 서부 호수[즉 오대호]와 미시시피강의 항행권이 그것이다. 만일 연합이 해체되면, 이 권리들의 향후 존속과 관련해 미묘한 문제가 발생할 소지가 있다. 우리보다 강한 상대방들의 이해관계는 이 권리들을 우리에게 불리하게 결말짓는 데 결코 실패하지 않을 것이다. 미시시피강에 관한 스페인의 의향은 언급할 필요도 없다.[3] 프랑스와 영국은 어업권에서 우리와 관련되어 있고, 또한 어업권을 자신들의 항행과 관련해 극히 중요한 것으로 간주하고 있다. 우리는 경험에 바탕해 교역의 이 귀중한 부문에서 지배력을 보유하고 있으며, 또 이를 이용해 그 국가들보다 싸게 그들의 시장에 공급할 수 있다. 당연히 그들은 이 같은 지배력을 오랫동안 방치하지는 않을 것이다. 그들은 위험한 경쟁자를 목록에서 배제하려고 할 텐데, 그보다 더 자연스러운 일이 어디 있겠는가?

이런 교역 분야를 일부[주]만의 이익으로 간주해서는 안 된다. 항행이 가능한 모든 주들은, 정도의 차이는 있겠지만, 이 분야에 유리하게 참여할 수 있을 것이고, 상업 자본이 엄청나게 팽창하는 상황에서 그렇게 하지 않을 가능성은 없어 보인다. 그것은 선원 양성소로서 현재도 그러하지만, 시간이 흘러 항행의 원칙이 모든

---

3) [옮긴이] 3번 논설, 주 1 참조.

주들에서 더 동질화되면 보편적 자원이 될 것이다. 그것은 해군 설립에 필수 불가결한 것임에 틀림없다.

중대한 국가 목표인 해군[설립]에, 합중국은 다양한 방식으로 기여할 것이다. 모든 기구와 조직은, 그것의 편성 및 유지에 집중된 수단의 양과 규모에 비례해 성장하고 번성하기 마련이다. 합중국의 해군[설립]에는 모든 주의 자원이 포괄될 것이다. 따라서 그것은, 오직 한 지역의 자원만을 포괄할 어느 한 주나 부분적 연합의 해군에 비해 훨씬 [실현] 가능성이 높은 목표이다. 연합한 아메리카의 여러 지역들은, 정말 우연히도, 이 필수 기관에 기여할 독특한 몇몇 장점을 각자 보유하고 있다. 남부의 주들은 타르, 피치, 송진 등과 같은 종류의 선박 용품을 풍부하게 공급할 것이다. 또한 남부에서 나는 선박 건조용 목재의 조직은 더 튼튼하고 오래간다. 해군 선박들이 주로 남부 목재들로 건조되어 뛰어난 내구성을 갖게 된다면, 그것은 해군력이나 국가 경제의 관점에서 엄청나게 중요한 일이 될 것이다. 남부와 중부의 몇몇 주들은 아주 풍부한 양질의 철을 생산한다. 선원은 주로 북부의 북새통에서 선발될 것이 틀림없다. 대외 무역이나 해상무역에 해군의 보호가 필요한 것은, 해군의 성공에 그런 유의 무역이 기여하는 것처럼, 특별히 설명할 필요가 없을 것이다. 그것들은 일종의 호혜적인 상호작용을 통해 서로를 촉진한다.

주들 간의 자유로운 거래는, 상호 간 내수 용품의 공급뿐만 아니라 해외 시장 수출을 위해 각자의 생산품을 교환하는 방식으로 각 주의 교역을 촉진할 것이다. 모든 지역의 유통망이 가득 채워질 것이고, 모든 지역의 상품이 자유롭게 유통될수록 유통망의 활력이 더욱더 증가할 것이다. 각기 다른 주들의 다양한 생산품 덕분에 상업 영역이 엄청나게 확대될 것이다. 어느 한 주에서 흉작으로 주산물이 부족해질 경우, 다른 주의 주산물 지원을 요청할 수 있을 것이다. 수출용 상품의 가격 못지않게 다양성도 대외 교역을 활성화하는 데 기여한다. 일정한 가격대에서 소수의 품목을 가지고 있을 때보다, 같은 가격대에서 많은 품목을 가지고 있을 때, 훨씬 좋은 조건으로 대외 교역을 할 수 있는 것이다. 그 원인은 무역 경쟁과 시장 변동에 있다. 특정 품목만 있으면 어느 시기에는 엄청난 수요가 있을 수 있지만 다른 시기에는 팔리지 않을 수도 있다. 하지만 다양한 품목이 있다면, 그것들이 모두 동시에 그런 곤경에 빠지는 일은 결코 일어나지 않을 것이다. 그 결과 무역상의 사업은 심각한 장애나 불경기의 영향을 덜 받게 될 것이다. 생각이 있는 무역업자라면 이런 견해의 설득력을 단번에 파악할 것이다. 또한 연합 없는 상태나 부분적 연합들하에서의 13개 주의 교역 우위보다, 합중국의 집단적 교역 우위가 훨씬 더 유리하리라는 사실을 인정할 것이다.

이에 대해서는 아마 다음과 같은 응수가 있을지도 모른다. 즉 주들이 연합을 하든 하지 않든 간에, 주들 사이에는 동일한 목표에 대응하기 위한 긴밀한 교류가 여전히 있으리라는 것이다. 하지만 이런 교류는, 지금까지의 논설에서 상세히 열거되었던 다양한 여러 이유로 제한되고 중단되고 협애화될 것이다. 정치적 이익의 결속뿐만 아니라, 상업적 이익의 결속도 오직 정부의 결속을 통해서만 얻을 수 있다.

이 문제를 바라보는, 충격적이고 자극적인 또 다른 관점이 존재한다. 하지만 그것은 미래의 영역으로 너무 나아간 것이고, 신문에서 논의하기에 적절하지 않은 주제를 포함하고 있다. 따라서 나는, 우리의 상황과 이해관계는, 아메리카 문제에 대한 지배권을 지향하도록 우리를 유도하고 촉구하고 있다는 것만 간략히 말하고자 한다. 세계는 지리적으로뿐만 아니라 정치적으로도 네 지역으로 구분될 수 있는데, 각 지역은 뚜렷이 구별되는 일련의 이해관계를 갖고 있다. 나머지 세 지역에는 불행하게도, 유럽은 전쟁과 협상을 통해, 폭력과 기만을 통해, 자신의 지배권을 정도의 차이는 있지만 세 지역 모두에게로 확장해 왔다. 아프리카, 아시아, 그리고 아메리카는 차례로 유럽에 지배당했다. 유럽이 오랫동안 유지했던 우월성은 그들로 하여금 마치 자신들이 세계의 주인인 양 우쭐대도록 부추겼고, 다른 인류들을 자신들을 위해 만들어진 존재로 간주하도록 충동질했다. 심오한 철학자로 존경받는 자들이 유럽 거주자에게는 신체적 우월성이 있다고 직접 표현한 적도 있고, 아메리카에서는 모든 동물이, 동물과 함께 인간도 퇴보한다 — 심지어 개들도 우리 기후에서 잠깐이라도 숨을 쉬고 나면 짖기를 멈춘다[4] — 는 주장을 진지하게 제시하기도 했다. 이런 유럽인들의 오만한 허세와 가식은 너무나 오랫동안 현실에 의해 뒷받침되어 왔다. 인류의 명예를 회복하고 저 건방진 형제들에게 절제를 가르치는 것은 우리에게 맡겨진 과제이다. 합중국은 우리가 그 일을 할 수 있게 해줄 것이다. 합중국의 분열은 유럽의 승리에 또 하나의 희생자를 추가하게 될 것이다. 부디 아메리카인들이 유럽의 위대함의 수단이 되는 것을 거부하기를! 부디 13개 주들이, 분해할 수 없는 완전한 합중국으로 단결되고, 단일의 위대한 아메리카 체제를 수립하는 데 동의하며, 모든 대서양 연안 세력의 지배권을 압도해, 구세계와 신세계 사이의 교섭 조건을 좌우할 수 있기를!

푸블리우스

---

[4] *Recherches philosophiques sur les Américains*[(Berlin, 1771, 3 vols.). 이 책의 저자인 코넬리우스 파우Cornelius Pauw(1739~99)는 네덜란드 박물학자로서 이른바 '퇴보 명제'에 입각해 신세계의 모든 종들은 구세계의 종들에 비해 활기가 적은 축소판이라고 주장했다. 이는 18세기 말 유럽 과학 사상의 최첨단 이론이었다. 이 이론의 시조는 프랑스의 박물학자 뷔퐁인데, 제퍼슨은 *Notes on the State of Virginia*(1785)에서 이에 반박하고 있다].

연방주의자 12번

[해밀턴] 1787. 11. 27.

합중국이 주들의 상업적 번영에 미치는 효과는 충분히 설명되었다. 이번 탐구의 주제는 합중국이 세입을 늘리는 경향이 될 것이다.

오늘날 상업의 번영은 계몽된 모든 정치인들에게 가장 생산적이고 유용한 국부의 원천으로 인식되고 있으며 또 그렇게 인정받고 있다. 따라서 상업은 그들이 정치적으로 관심을 기울이는 주된 대상이 되었다. 상업은 인간을 만족시킬 수단을 증가시키고, 인간의 욕심과 도전 정신이 갈망하는 대상인 귀금속의 도입과 유통을 촉진한다. 이를 통해 상업은, 산업의 유통 체계를 활성화하고 또한 더 민활하고 풍부하게 만드는 데 기여한다. 성실한 상인, 부지런한 농부, 의욕적인 직공, 근면한 제조업자 등 모든 계층의 사람들은 자신들의 노고에 대한 만족스러운 보상을 간절하게 또한 점점 더 민첩하게 기대한다. 상업과 농업 간의 관계에 대해 빈번히 제기되어 왔던 질문은 확실한 경험을 통해 결론을 얻게 되었다. 그 결과, 두 부문이 대립 관계라는 한때의 주장은 종식되었다. 두 부문의 이해관계가 긴밀히 조화되고 연계되어 있음이, 두 부문의 지지자들 모두가 만족할 정도로 입증되었다. 상업이 번창하는 데 비례해 토지의 가치도 상승한다는 사실이 여러 나라에서 발견되었다. 어떻게 그렇지 않을 수 있겠는가? 상업은 대지의 산물에 더 자유로운 출구를 제공하고, 토지 경작자들에게 새로운 자극을 공급하며, 국가의 화폐량을 증가시키는 가장 강력한 수단이다. 간단히 말해 상업은 모든 형태의 노동과 산업의 충직한 시녀이다. 이런 상업이 어떻게, 그 자신이 다루는 대부분의 물품의 비옥한 모태가 되는 품목[즉 토지]의 가치를 증대하지 않을 수 있겠는가? 이렇게 단순한 사실을 부정하는 사람이 있었다는 것이 놀라울 뿐이다. 이는, 잘 모르면서 경계하는 마음이나 지나치게 추상적이고 고아한 정신이 얼마나 사람들을 이성과 확신의 분명한 길로부터 벗어나도록 오도하기 쉬운지를 보여 주는 수많은 증거 가운데 하나이다.

한 나라의 납세 능력은 대개, 화폐의 유통량과 속도에 비례할 것이 틀림없다. 상업은 이 양자 모두에 기여함으로써, 필연적으로 세금 납부를 더 용이하게 만들어 줄 것이고, 국고에 필요한 공급을 촉진할 것임에 틀림없다. 독일 황제의 세습 영지는 비옥하고 개간된 막대한 크기의 영토와 많은 인구를 품고 있다. 영토의 상당 부분은 온화한 기후와 기름진 지역에 자리하고 있다. 이 영토의 일부 지역에서는 유럽 최고의 금은 광산이 발견된다. 그럼에도 불구하고 상업이 발휘하는 촉진 효과가 부족하기 때문에, 그 군주는 빈약한 세입밖에 자랑할 수 없다. 그는 수차례나 자신의 필수적 이익을 지키기 위해 다른 국가에 채무를 져야 했고, 스스로의 재원에 의지해 장기전이나 지구전을 버텨 나갈 수 없다.

합중국이 세입이라는 목적에 기여함을 확인할 수 있는 것은 이 주제[즉 상업]의 이런 측면에서만은 아니다. 또 다른 관점에서 보면, 합중국의 효과가 더 직접적이고 결정적으로 드러날 것이다. 이 나라의 상태나 인민의 기질을 고려하면, 또한 우리가 이 문제 자체에 대해 경험한 바에 따르면, 직접세를 통해 상당히 많은 금액을 조달한다는 것이 실현 불가능함은 분명하다. 세법을 늘리고 새로운 징세 방법을 시도했지만 아무런 성과가 없었다. 공공의 기대는 한결같이 좌절되었고, 주의 금고는 여전히 텅 비어 있다. 대중적 정부의 특징에 내재하는 대중적 정부 운영 체제는, 회복 불능의 침체된 교역 상황에 따른 심각한 화폐 부족과 겹치면서,[1] 광범위한 징세를 위한 지금까지의 모든 시도를 좌절시켰고, 여러 [주] 의회에 그와 같은 시도의 어리석음을 상세히 가르쳐 주었다.

타국 사정에 정통한 사람이라면 이런 상황에 놀라지 않을 것이다. 영국은 부유층에 대한 직접세의 수용 가능성이 아메리카보다 훨씬 높고, 정부의 활력 덕분에 실현 가능성도 훨씬 높다. 이처럼 부유한 국가에서도 세입의 압도적 부분은 간접세, 즉 관세나 소비세로부터 얻는다. 수입품에 대한 세금이 이런 종류의 큰 부문을 구성하고 있다.

아메리카에서도 오랫동안 세입의 수단을 주로 그런 세금에 의존해야 하리라는 것은 명백하다. 대부분 지역에서 소비세는 좁은 범위로 국한되어야 한다. 인민들의 기질은 소비세법의 성가시고 강제적인 성격을 용납하지 않을 것이다. 다른 한편으로 농부들은 그들의 집이나 땅에 대한 얼마 안 되는 세금조차 마지못해 낼 것이다. 그리고 동산은 너무나 불확실한 무형의 재원이기 때문에 소비에 대한 과세라는 미세한 방식이 아니고서는 포착하기 어려울 것이다.

만일 이런 견해가 타당하다면, 그토록 소중한 재원을 개선·확대할 수 있는 체제가 우리의 정치적 번영에 가장 적합한 체제임에 틀림없을 것이고, 그것은 바로 [주들을 모두] 포괄하는 합중국의 기반 위에 기초하리라는 데 의심의 여지가 있을 수 없다. 이런 포괄적 합중국이 상업의 이익에 기여할 수 있는 한, 합중국은 바로 그

---

1) [옮긴이] 독립 전쟁 직후의 미국에서는 1784년부터 1787년까지 전후 경기 불황이 이어졌고, 이에 따라 고질적인 화폐 공급 부족 문제가 가중되었다. 이 문제는 특히 채무를 더욱 무겁게 했는데, 채무 농민들은 주 정부가 화폐 발행을 통해 화폐 공급을 늘림으로써 채무 부담을 덜어야 한다고 요구했다. 셰이즈의 반란 당시 반란군들이 '지폐 발행'을 요구한 것은 이런 배경 때문이었다. 실제로 여러 주에서 지폐 발행을 감행하기도 했는데, 해밀턴과 매디슨은 이런 주 정부의 정책을 격렬히 비난했다.

원천으로부터 얻게 될 세입의 확대에 도움이 될 것임에 틀림없다. 그런 합중국이 징세 규정을 더 단순하고 효과적으로 만드는 데 기여할 수 있는 한, 합중국은 같은 세율의 세금이라도 더 생산적인 것으로 만드는 데 분명 이바지할 것이다. 또한 세율을 정부의 권한에 맡김으로써 세율 인상이 교역을 손상하지 않도록 하는 데도 분명 이바지할 것이다[21번 논설 참조].

　　주들이 처한 상대적 입장, 주들을 가로지르는 수많은 강과 해안에 깊숙이 들어온 만들, 사방팔방으로 뻗은 내륙 교통 시설, 언어와 관습의 유사성, 익숙한 거래 습관 등과 같은 환경 조건들은 모두, 주들 간의 불법 교역을 용이하게 만들 것이고 상호 간 교역 규정의 빈번한 위반을 조장할 것이 분명하다. [합중국이 해체될 경우] 서로 분리된 별개의 주나 연합들은, 상호 경계와 시기로 말미암아, 관세를 낮춤으로써 그런 종류의 불법 교역에 대한 유혹을 방지하려는 쪽으로 나아갈 것이다. 우리 정부들[즉 주 정부]의 성향을 볼 때, 앞으로도 오랫동안, 유럽 국가들이 취했던 엄격한 방지책들은 가능하지 않을 것이다. 유럽 각국들은 여러 방지책을 통해 땅과 바다를 통해 들어오는 진입로를 지키고자 했지만, 탐욕의 대담한 술책을 막을 충분한 장벽은 되지 못한 것으로 드러났다.

　　프랑스에는 밀수업자들의 침투로부터 재정 법규를 지키고자 상시 고용된 (그들의 호칭 그대로) 순찰대가 있다. 네케르[2]는 순찰병의 수를 2만 명 이상이라고 추정했다. 이를 보면, 내륙 교통로

---

[2] [옮긴이] 자크 네케르Jacques Necker(1732~1804)는 루이 16세하에서 재무장관을 지냈다. 저작인 *Treaties on the Administration of the Finance* (London, 1785, 3 vols.)는 초대 재무장관을 지낸 해밀턴의 사고와 정책에 큰 영향을 미쳤다.

가 있는 지역에서는 그런 유의 교역을 차단하는 것이 엄청나게 어려움을 알 수 있다. 또한 [우리가] 분열됨에 따라 주들이 그들 간의 상호 관계에서, 마치 프랑스가 주변국과의 관계에서 처했던 것과 유사한 상황에 처할 경우, 이 나라의 관세 징수가 직면하게 될 난점들도 분명히 알 수 있다. 순찰병들에게 필수적으로 주어질 독단적이고 무분별한 권한은 자유국가에서 용인될 수 없을 것이다.

그 반대로, 모든 주에 영향을 미치는 단일의 정부가 있다면, 우리는 주된 교역 지역에 대해 오직 한쪽, 즉 대서양 해안만 감시하면 될 것이다. 값비싼 화물을 가득 싣고서 외국에서 직접 들어오는 선박들이, [관세를 피하기 위해] 복잡하고 치명적인 위험을 감내하면서, 입항하지 않고 그 전에 짐을 부리는 선택은 좀처럼 하지 않을 것이다. 그들은 해안의 위험 요소와 함께 최종 목적지에 도착하기 전뿐만 아니라 도착 후에 발각될 위험도 두려워할 것이 틀림없다. [따라서 단일 정부에서는] 보통 정도의 경계로도 세입의 권리[즉 징세권]에 대한 일체의 물질적 침해를 충분히 막을 수 있을 것이다. 항구의 입구에 적절하게 배치된 소수의 무장선은 적은 비용으로 법규를 지키는 유능한 파수병이 될 것이다. 그리고 [단일의] 정부는 모든 곳에서 위반 행위를 막는다는 동일한 이익을 제공할 것이기에, 정부의 조치에 모든 주들이 협조할 것이고, 그 결과 그 조치들의 효과가 제고될 것이 틀림없다. 이와 관련해서도 우리는, 자연이 우리에게 내밀었지만 분열할 경우 놓치게 될 장점을 결속을 통해 보존해야 할 것이다. 합중국은 유럽에서 매우 멀리 떨어져 있고, 포괄적 대외무역 관계를 가질 다른 모든 지역과도 상당히 떨어져 있다. 프랑스와 영국의 해안 또는 다른 인접국들의 해안 사이처럼, 몇 시간 또는 하룻밤 사이에 그곳에서 우리나라로 항해하기는 불가능할 것이다. 이는 외국과의 직접적 밀무역을 막아 주는 엄청난 안전판이다. 하지만 다른 주를 통해 밀수하는 우회적 방식은 용이하고 안전할 것이다. 해외로부터 직접 수입하는 것과 이웃 주의 경로를 통해 간접 수입 — 작은 단위로, 시기나 기회에 따라, 추가적인 내륙 교통수단을 거쳐 — 하는 것의 차이는 안목 있는 사람이라면 누구나 감지할 수 있을 것이다.

따라서 단일의 중앙정부는 분명, 개별 주나 또는 부분적 연합에서 실행할 수 있는 것에 비해, 수입품에 대한 관세를 훨씬 더 많이, 훨씬 적은 경비로, 확충할 수 있을 것이다. 내 생각으로는, 지금까지 어떤 주에서도 수입품에 대한 관세가 평균 3퍼센트를 넘지 않았다고 확실히 주장할 수 있다. 프랑스에서 그것은 15퍼센트 정도로 추산되며, 영국에서는 이 비율을 상회한다. 이 나라에서 그것을 적어도 현재 액수의 세 배까지 인상하는 것을 가로막는 것은 아무것도 없는 듯하다. 독주 한 품목만으로도 연방 규제를 통해 상당한 세입이 확보될 것이다. 이 주[즉 뉴욕주]의 수입량에 대비해 보면 합중국으로 수입되는 총량은 400만 갤런[약 1만 5140킬로리터]으로 추산되는데, 갤런당 1실링으로 해도 20만 파운드의 관세가 생길 것이다. 그 품목은 이런 세율을 충분히 부담할 수 있다. 만일 그 세율이 이 품목의 소비를 줄이는 데 기여한다면, 농업과 경제와 도덕과 사회의 건강에 모두 좋은 효과를 가져다줄 것이다. 독주만큼 국가적 낭비의 대상은 아마 없을 것이다.

[단일의 중앙정부가 부재해] 논의되고 있는 이 재원들을 충분히 활용할 수 없게 된다면, 그 결과는 어떻게 될 것인가? 세입 없이는 국가가 오래 존속할 수 없다. 이 필수적 지지물이 없다면, 국가는 독립을 포기하고 하나의 지방과 같은 지위로 강등되어야 할 것이다. 이는 어떤 정부도 자발적으로 동의하지 않을 극단적 상태이다. 따라서 세입은 어떻게 하더라도 확보되어야 한다. 이 나라에서 [합중국이 분열되어 세입의] 주된 부분을 교역으로부터 추출할 수 없게 된다면, 그것은 토지에 가혹하게 부과될 것이다. 앞에서도 말했듯

이, 정확한 의미에서의 국내 소비세[3]는, 인민들의 정서에 부합하는 정도로 하면 너무나 소액이 될 것이기 때문에, 조세로서 활용할 여지가 거의 없다. 또한 거의 유일한 일자리가 농사인 주에서는, 풍족한 징세를 가능하게 할 정도로 충분히 소비세를 부과할 적절한 대상이 사실상 거의 없다. 동산은 (앞서 언급했듯이) 찾아내기 어렵기 때문에, 소비에 대해 과세하는 것 외에 다른 방식으로는 크게 도움이 되지 못할 것이다. 인구가 많은 도시에서 동산은, 개인에게 억압을 야기하면서도 전체적으로 주에는 그다지 이익을 가져다주지 못할 것이다. 하지만 이런 도시 범주를 벗어나면, 동산은 엄청나게 많은 수단을 통해 징세자의 눈과 손에서 벗어날 것이 분명하다. 그럼에도 주의 필수품은 어떤 방식으로든 충족되어야 하기 때문에, 다른 재원이 부족한 상태에서 공적 부담의 주된 압박은 토지 소유자들에게 가해지지 않을 수 없다. 다른 한편, 세입의 모든 원천을 활용할 수 없는 한, 정부가 필요로 하는 것을 결코 적절히 공급받을 수 없기 때문에, 그런 궁핍 속에서 공동체의 재정은 공동체의 품위나 안전에 부합하는 상태를 유지할 수 없을 것이다. 그리하여 우리는 토지를 경작하는 저 소중한 시민계급의 고난을 보상해 줄, 충분한 국고라는 위안마저 갖지 못할 것이다. 반면에 음울하게도 공공의 고통과 개인의 고통이 나란히 전개될 것이고, [합중국의] 분열을 초래한 그 얼빠진 회의들[즉 각 주의 비준 회의]에 대해 한목소리로 개탄하게 될 것이다.

푸블리우스

---

3) [옮긴이] 국내 소비세excise는 국내에서 제품의 제조, 판매, 소비에 부과되는 세금이다. 일반적으로 소비세는 제조업자, 도매상, 또는 소매상에 먼저 부과되지만, 높은 가격의 형태로 궁극적으로는 소비자에게 전가된다.

연방주의자 13번

[해밀턴] 1787. 11. 28.

세입 문제와 연관된 것으로 [재정] 절약의 문제를 검토하는 것이 적절할 것이다. 어느 한 부분에서 돈을 절약하면 다른 부분에 유용하게 쓰일 것이고, 인민의 주머니로부터 나오는 것도 그만큼 적어질 것이다. 만일 주들이 단일 정부하에 연합한다면, 단일의 중앙 공무원 조직만 유지하면 될 것이다. 몇 개의 연합들로 분리된다면, 그 수만큼 별도의 중앙 공무원 조직이 마련되어야 할 것이고, 그 하나하나마다 전체 정부에 필요한 것과 동일한 규모의 주요 부서가 갖추어져야 할 것이다. 주들을 13개의 독립국으로 완전 분리하는 것은 너무 지나치고 위험한 기획이기에 많은 지지자를 확보할 수 없다. 제국의 분할을 생각하는 사람들의 계획은 대체로 세 개의 연합을 지향하는 듯하다. 하나는 북부의 네 개 주로 구성되고, 또 하나는 중부의 네 개 주로, 세 번째는 남부 다섯 개 주로 구성된다. 연합의 수가 더 늘어날 가능성은 거의 없다. 이런 배치에 따르면, 각 연합은 영국보다 더 넓은 영토를 차지할 것이다. 식견이 있는 사람이라면, 제헌회의에서 제안한 것보다 협소한 조직이나 기구를 갖춘 정부에 의해 그런 연합의 업무가 적절히 통제될 수 있으리라 생각하지 않을 것이다. 한 국가의 규모가 일정한 크기에 달하면, 훨씬 더 큰 규모의 국가에서 필요한 것과 동일한 활력과 운영 형태의 정부가 요구되기 마련이다. 이런 견해를 엄밀하게 증명하기는 어렵다. 왜냐하면 어떤 일정 규모의 사람들을 통치하는 데 필요한 시민 권력의 규모를 측정할 수 있는 척도는 없기 때문이다. 하지만 상정된 [세 개의] 연합들 각각과 비슷한 크기인 영국 본토의 인구가 약 800만 명임을 고려할 때, 그리고 그렇게 큰 사회의 정념을 공공선으로 인도하는 데 필요한 권위의 정도를 곰곰이 생각해 볼 때, 비슷한 규모의 권력이라면 [장차] 훨씬 더 인구가 많은 사회에서도 동일한 과업을 충분히 수행할 수 있을 것이다. 제대로 조직되고 행사되는 시민 권력은 그 힘을 아주 넓은 범위까지 확산할 수 있으며, 하위 기구를 신중하게 배치함으로써 대제국의 모든 지역에서 어느 정도 그 권력을 재현할 수 있는 것이다.

주들이 나뉘어 속하게 될 각 연합에도, [제헌회의에서] 제안한 단일 정부 못지않게 포괄적인 정부가 필요할 것이라는 이런 추정을 강화시켜 줄 또 다른 추정이 존재한다. 이는 단일의 포괄적 합중국에 대한 대안으로 제시된 세 개의 연합보다 훨씬 개연성이 높은 것이다. 즉 각 주들의 기질과 선입견, 지리적·상업적 문제 등을 세심하게 고려한다면, [합중국이] 해체될 경우 주들은 자연스럽게 두 개의 정부로 결합하리라는 결론에 우리는 도달할 것이다. 동부의 네 개 주는, 민족적 공감·연고의 관계를 형성하는 모든 이유들로 분명히 연합할 것이 예상된다. 뉴욕주는 결코, 처한 상태로 보아, 그 연합의 위세에 대항해 연약하고 고립된 괴짜로 맞설 만큼 어리석지 않을 것이다. 뉴욕주가 그 연합에 가입하도록 촉진할 명백한 이유들이 존재한다. 뉴저지주는 너무 작아서, 한층 강력해질 이 연합에 반대하는 선봉이 될 생각을 할 수 없을 것이다. 뉴저지주가 이 연합에 가입하는 데는 어떤 장애물도 존재하지 않는 듯하다. 펜실베이니아주도 북부 연합에 가입할 강력한 유인을 가질 것이다. 자체적인 항행의 기반 위에서 활발한 대외무역을 하는 것은 펜실베이니아주에 잘 맞는 정책으로서, 펜실베이니아주 시민들의 여론이나 기질에 부합한다. 이보다 남부의 주들은, 여러 상황들로 말미암아, 해운을 장려하는 데 그다지 관심을 갖지 않을 것이다. 남부 주들은, 모든 국가들에게 그들 상품의 구매자이자 운송업자가 될 수 있는 무제한을 기회를 부여하는 체제를 선호할 것이다. 펜실베이니아주는, 자신들의 정책에 그렇게 반하는 결합으로 스스로의 이익을 해치는 선택을 하지 않을 것이다. 어떻게 되든 펜실베이니아주는 [남부 연합과 북부 연합의] 경계가 되지 않을 수 없기에, 북부 연합이라는 좀 더 강한 쪽보다는, 남부 연합이라는 좀 더 약한 쪽으로 자신의 노출면을 향하게 하는 것이 안전에 가장 부합한다고 생각할 것이다. 이는 펜실베이니아주가 아메리카의 플랑드르[1]가 되는 것을 피할 수 있는 최선의 기회를 제공할 것이다. 펜실베이니아주가 어떻게 결정하든, 북부 연합이 뉴저지주를 포괄한다면, 뉴저지주 이남에 한 개 이상의 연합이 생길 가능성은 없다.

2분의 1이든 3분의 1이든 간에 전체 주의 일부보다 13개 주 전체가 중앙정부를 더 잘 지원할 수 있다는 것은 너무나 명백하다. 이는 비용을 근거로, 제안된 헌법안에 반대하는 그런 주장을 일소하는 데 큰 비중으로 고려해야 할 견해임에 틀림없다. 더 자세히 관찰하게 되면, [반대파들의] 그런 반론은 모든 면에서 잘못된 근거에 기초하고 있음이 분명해질 것이다.

만일 우리가, 복수의 공무원 조직이라는 고려 사항 외에도, 서로 다른 연합들 간의 불법 교역을 막기 위해 내륙 교통을 감시하는 데 반드시 고용해야 할 인원 — 결국에는 분명 세입의 필요성에 따라 급증할 — 의 수를 고려한다면, 그리고 앞서 지적했듯이 주들이 나뉘어 속하게 될 각 [연합] 국가들 간의 질서와 갈등으로부터 불가피하게 등장할 군대를 고려한다면, 분열은 모든 지역의 평온과 상업, 세입과 자유 등에 해로운 것만큼이나 절용에도 반하는 것임을 분명히 깨달을 것이다.

푸블리우스

---

1) [옮긴이] 플랑드르는 지금의 벨기에 지역에 속하는 곳으로, 18세기 초 스페인의 왕위 계승 전쟁 시에 주요 전투가 벌어진 전장이 되었다.

연방주의자 14번

[매디슨] 1787. 11. 30.

지금까지 우리는, 외부 위협에 대한 방벽으로서, 우리 자신들 간의 평화의 보호자로서, 상업 및 기타 공동의 이해관계의 수호자로서, 구세계의 자유를 파괴했던 군 상비 체제의 유일한 대체물로서, 또한 파벌이라는 병폐 — 다른 대중적 정부들에 치명적임이 입증되었고, 우리 스스로도 그런 심상치 않은 징후를 드러냈던 — 에 대한 적절한 해결책으로서, 합중국의 필요성에 대해 살펴보았다. 우리의 탐구 중 이 분야에서 이제 남은 것은, 합중국에 포괄될 지역의 광대함을 근거로 제기되는 반대론에 대해 살펴보는 것이다. 이 주제에 대해서는, 약간의 정보와 의견으로도 충분하다. 왜냐하면 신헌법 반대파들은, 그들이 헛되이 찾고자 하는 타당한 반대 이유의 부족을 [공화정의] 가공의 약점을 통해 보충하기 위해, 공화제 정부의 실현 가능 권역에 대한 지배적 편견을 이용하고 있다는 사실이 간파되고 있기 때문이다.

공화제 정부를 좁은 지역[에서만 실현 가능한 것]으로 국한하는 잘못된 생각은 앞선 논설[9번과 10번]에서 이미 폭로하고 논박한 바 있다. 따라서 여기에서 나는, 그런 오해가 등장하고 우세하게 된 것은 주로 공화정을 민주정과 혼동하고 또한 민주정의 특징으로부터 도출된 추론을 공화정에 적용해서인 듯하다는 점만 지적하고자 한다. 이 유형들 간의 진정한 차이점은 역시 앞[10번]에서 언급했다. 그 차이란, 민주정에서는 인민들이 모여 정부를 직접 움직이는데, 공화정에서는 인민들이 자신들의 대표와 대리인을 통해 회합하고 정부를 운영한다는 것이다. 그 결과 민주정은 좁은 장소에 국한될 것이지만, 공화정은 넓은 지역으로 확장될 수 있다.

오해를 낳은 원인으로서, 이런 우연적 요인 외에 몇몇 유명 저술가들의 책략을 추가할 수 있다. 이들의 저작물은 정치적 판단의 현대적 기준을 형성하는 데 지대한 역할을 해왔다. 절대군주제나 제한 군주제의 신하였던 그들은, 그런 유형[즉 군주제]의 장점을 강조하거나 해악을 변명하기 위해 그것을 공화정의 해악이나 결함과 비교했고, 나아가 고대 그리스나 근대 이탈리아의 소란스러운 민주정을 공화정의 표본으로 인용했다. 이렇게 명칭을 혼란스럽게 만든 결과, 민주정에만 해당되는 견해, 그중에서도, 민주정은 작은 범위의 영토 내에 거주하는 소수의 사람들 사이에서만 성립될 수 있다는 견해를 공화정에 손쉽게 전이시킬 수 있었다.

그런 기만은 거의 인지되지 못했을 것이다. 고대의 대중적 정부의 대부분은 민주적 체제였고, 우리가 대의제라는 위대한 원리를 빚지고 있는 근대 유럽에서도 완전히 대중적이면서 동시에 전적으로 그 원리[즉 대의제 원리]에 기초하고 있는 정부의 실례는 보이지 않기 때문이다. 대의제라는 통치의 이 위대한 원동력은, 그것의 단순한 작용에 의해 거대한 정치체의 의지가 결집될 수 있도록, 또한 그 정치체의 힘이 공공선이 요구하는 목표로 인도될 수 있도록 한다. 만일 유럽이 이 위대한 원동력을 찾아낸 공훈을 차지한다면, 아메리카는 그 새로운 발견물을 [다른 불순물이 섞이지 않은] 순수한 그리고 광대한 공화국의 기초로 만든 공훈을 주장할 수 있을 것이다.[1] 아메리카는 현재 검토 중인 이 광범위한 체제를 수립하는 데 최고의 효능을 발휘했다는 추가적 공훈을 차지할 수도 있

---

1) [옮긴이] 순수unmixed 공화정은 영국의 혼합 군주정mixed monarchy과 대조를 이루는 개념이다. 세습에 따른 특권적 신분 계급이 존재하고, 군주와 귀족 그리고 평민이라는 세 신분 계급 대표들의 혼합으로 대의 정치권력이 존재하는 영국과 달리, 미국의 경우 어떤 세습적 특권 신분도 입헌적 권리를 주장할 수 없음을 지적한 것이다.

을 텐데, 아메리카 시민들 중 누군가가 이를 박탈하려 하다니 그저 한탄스러울 뿐이다.

민주정의 자연적 한계는, 중앙으로부터 가장 멀리 떨어져 있는 시민들도 공적 회합이 요구될 때마다 모일 수 있는, 또한 그런 회합에 참여할 수 있는 인원을 초과하지 않는 정도의 공간적 범위이다. 마찬가지로 공화정의 자연적 한계는, 공적인 일을 운영하기 위해 필요할 때마다 인민의 대표들이 중앙으로 모이는 것이 빠듯하게 가능한 정도의 공간적 범위이다. 합중국의 한계는 이 범위를 초과했다고 말할 수 있는가? 대서양 해안이 연합의 가장 긴 측면이고, 지난 13년 동안[2] 주의 대표들은 거의 지속적으로 모였으며, 가장 먼 주의 의원들이 회의에 인접한 주의 의원들보다 더 많이 회의에 불참했다고 할 수 없는 점 등을 기억하는 사람이라면 그렇게 말하지 못할 것이다.

이 흥미로운 주제와 관련된 좀 더 정확한 평가를 위해 연방의 실제 크기를 살펴보도록 하자. 평화조약[3]에 따라 확정된 대로, 연방의 한계선은 동으로는 대서양, 남으로는 31도선, 서로는 미시시피강이고, 북으로는 어떤 경우는 45도선을 넘고 다른 경우는 42도선 — 이리호의 남쪽 호반이 이 위도 아래에 있다 — 까지 내려오는 불규칙한 경계선이다. 31도에서 45도 사이의 거리를 계산하면 973마일[약 1557킬로미터]에 이르고, 31도에서 42도까지 거리를 계산하면 764.5마일에 이른다. 거리의 평균을 취하면 868.75마일이 될 것이다. 대서양에서 미시시피강까지의 평균 거리는 아

---

2) [옮긴이] 1774년 9월 필라델피아에서 제1차 대륙회의가 개최된 시점부터 1787년까지의 기간을 지적한 것이다.

3) [옮긴이] 3번 논설, 주 2 참조.

마 750마일을 넘지 않을 것이다. 이를 유럽의 몇몇 국가들과 비교해 보면, 그런 규모에 상응하게 우리 체제를 만드는 것이 실현 가능한지의 여부가 입증될 수 있을 듯하다. 우리의 규모는, 전체 제국을 대표하는 의회가 지속적으로 소집되는 독일이나,[4] 또는 중앙의회가 최고 권력의 수탁자였던, 최근에 분할되기[5] 이전의 폴란드보다 그리 크지 않다. 프랑스와 스페인을 논외로 하면, 영국의 경우 크기는 우리보다 작지만 섬 북단의 대표가 의회에 가려면, 합중국의 가장 먼 지역의 대표에게 요구될 거리만큼이나 먼 거리를 여행해야 한다는 것이 확인된다.

문제[즉 공화정의 자연적 한계]에 대한 이 같은 개관이 [우리의 주장에] 우호적이긴 하지만, 문제를 좀 더 만족스럽게 해명해 줄 몇 가지 사항이 존재한다.

첫째, 법을 제정하고 집행하는 모든 권한이 연방 정부에 맡겨지는 것이 아님을 기억해야 한다. 연방 정부의 관할권은, 공화국의 모든 구성원[즉 주]들에게 영향을 미치지만 어느 한 구성원의 개별적 대책으로는 달성할 수 없는 일정한 대상 — [연방헌법에] 구체적으로 열거된 — 에 한정된다. 하위 정부[즉 주 정부]들은, 각자가 개별적으로 대비할 수 있는 나머지 모든 대상을 자신들이 관리·감독할 수 있기 때문에, 자신들의 온당한 권위와 활동을 유지할 것이

---

4) [옮긴이] 당시 독일은 이름뿐인 신성로마제국하에서 수많은 영방국가들로 분열되어 있었는데, 각 지역의 대표들로 구성된 제국의회Reichstag가 황제의 필요에 의해 레겐스부르크에서 1663년 소집되어 1806년 해산될 때까지 지속되었다.

5) [옮긴이] 폴란드는 러시아, 프로이센, 오스트리아에 의해 세 차례(1772년, 1793년, 1795년)에 걸쳐 분할됨으로써 주권국가로는 존재하지 않게 되었다. 해밀턴이 언급한 것은 1772년 제1차 폴란드 분할이다.

다. 만일 제헌회의 헌법안이 개별 주 정부의 폐지를 꾀하고 있다면, 반대자들에게도 이를 거부할 근거가 어느 정도 주어질지 모른다. 물론, 만일 주 정부가 폐지된다고 하더라도, 자기 보존의 원칙 때문에 연방 정부는 주 정부를 그들의 본래 관할구역에 복귀시킬 수밖에 없으리라는 것을 어렵지 않게 입증할 수 있겠지만 말이다.

두 번째로 말하고자 하는 것은, 연방헌법의 직접적 목표는 최초의 13개 주들로 구성된 합중국을 확고히 하는 것인데, 우리가 알기로 이는 실행 가능하리라는 점이다. 연방헌법은 또한 13개 주에 다른 주 — 13개 주 내부나 그 주변에서 등장할 — 를 추가하는 것을 목표로 하는데, 이 역시 틀림없이 실행 가능할 것이다. 북서부 경계 지역에 위치하는 우리 국토의 구석과 단편들에 대한 조정과 정리는, 더 많은 발견과 경험을 통해 그 과제를 더 잘 감당할 수 있게 될 사람들에게 맡겨져야 할 것이다.[6]

셋째, 새로운 개선을 통해 합중국 전역에서 교류가 날마다 촉진되리라는 점이 지적되어야 한다. 모든 곳에서 길이 단축되고 더 잘 정비될 것이다. 여행자용 숙박 시설이 늘어나고 개선될 것이다. 동부 지역의 내륙 항로가 13개 주 전역으로 또는 거의 전역으로 통하게 될 것이다. 서부 지구와 대서양 지구 간의 그리고 각 지구 내의 여러 지역들 간의 교통은 수많은 운하들에 의해 점점 더 편리해질 것이다. 운하를 통해 자연의 혜택이 온 나라에 확산될 것이며, 기술상 운하의 연결과 완성은 전혀 어렵지 않을 것이다.

넷째, 더 중요한 고려 사항이 있다. 거의 모든 주들은 어느 한쪽이 접경 지역일 것이기에, 국경의 안전과 관련된 포괄적 보호를 얻기 위해 일정한 희생을 받아들일 동기를 발견하게 될 것이다.

6) [옮긴이] 38번 논설, 주 17 참조.

마찬가지로, 합중국의 중심에서 가장 멀리 떨어져 있는 주들은 합중국이 일상적으로 배포하는 원조나 혜택을 가장 적게 받겠지만, 이와 동시에 그 주들은 외국과 바로 인접해 있기에 결과적으로 합중국의 힘과 자원을 가장 많이 필요로 하는 특수한 상황에 처하게 될 것이다. [남쪽 국경을 이루는] 조지아주나 서쪽 국경 또는 북동쪽 국경을 이루는 주들로서는 자신들의 대표를 정부 소재지에 보내기가 불편할 것이다. 하지만 그들은, 침략하는 적에 맞서 홀로 싸우거나 또는 항상 위협에 근접해 있기에 발생하는 경계 비용 일체를 혼자 부담하는 것이 훨씬 더 불편하다는 것을 알아차리게 될 것이다. 설령 그런[즉 국경 지역의] 주들이 조금 덜 먼 주들보다 어떤 측면에서 합중국의 혜택을 적게 받는다 해도, 다른 측면에서는 합중국으로부터 더 큰 혜택을 받을 것이고, 그렇게 하여 전체적으로 적절한 균형이 유지될 것이다.

나는 다음과 같은 확신을 갖고서, 이상과 같은 고려 사항들을 동료 시민 여러분에게 제시했다. 즉 여러분이 지금까지 여러 결정을 하면서 확실히 보여 주었던 양식과 분별력은 이와 같은 점들의 중요성과 의의를 충분히 인정할 것이며, 또한 [신헌법에 대한] 반론이 기초하고 있는 그릇된 생각이 아무리 강력한 것처럼 보이고 유행하는 것이라 하더라도, 분열의 주창자들이 이끄는 음울하고 위험한 상황으로 여러분이 결코 휩쓸려 들어가지 않으리라는 확신이 그것이다. 깊은 애정으로 서로 뭉친 아메리카 인민들이 더는 같은 가족의 일원으로 함께 살 수 없고, 더는 서로의 행복을 지켜 주는 수호자가 될 수 없으며, 위대하고 존경스럽고 번성하는 단일 제국의 동료 시민이 될 수 없다고 말하는 그런 이상한 소리에 귀 기울이지 말아야 한다. 여러분의 채택을 받기 위해 제시된 정부 형태가 정치 세계에 없던 새로운 것이며, 가장 무모한 기획자들의 이론에도 없던 것이고, 실현 불가능한 것을 경솔하게 시도하려는 것이라고 이야기하는 그런 건방진 목소리에 귀 기울지 말아야 한다. [뉴욕] 주민 여러분은 이런 부정한 말들에 대해 결단코 귀를 닫아야 한다. 그런 말들이 옮기는 해로운 주장에 대해 여러분의 가슴을 닫아야 한다. 아메리카 시민들의 핏줄에 흐르는 같은 피, 자신들의 신성한 권리를 지키기 위해 함께 흘린 피는 그들의 연방을 신성하게 하며, 또한 그들이 서로 이방인이 되고 경쟁자와 적이 된다는 발상에 전율하고 있다. 만일 새로운 것을 기피해야만 한다면, 우리의 자유를 보존하고 행복을 증진하기 위해 우리를 분할해야 한다고 하는 그것이야말로 모든 새로운 것 중에서 가장 두려운 것, 모든 기획 중에서 가장 무모한 것, 모든 시도 중에서 가장 경솔한 것이라는 사실을 믿어 주기를 바란다. 아니, 왜 광대한 공화국이라는 실험을, 단지 그것이 새로운 것으로 구성되리라는 이유로 거부해야 하는가? 이전 시대나 타국의 견해를 온당하게 고려하면서도, 고사나 관습 또는 허명을 맹목적으로 숭배하지 않고, 자신들의 상황에 대한 이해와 자신들의 경험의 교훈, 그리고 자신들의 양식이 제안하는 바에 따르는 것은 아메리카 인민들의 명예이지 않은가? 이런 용맹 덕분에, 우리의 후손들은 아메리카 무대에서 펼쳐지는 개인의 권리와 공공의 행복에 기여할 여러 혁신들을 누릴 것이고 또 세계는 그런 본보기를 갖게 될 것이다. 전례를 찾을 수 없는 혁명의 지도자들이 주요한 조치들을 취하지 않았더라면, 그리하여 정확한 모델도 없는 그런 정부를 수립하지 않았더라면, 지금 아메리카 인민들은 잘못된 판단을 내린 회의의 우울한 희생자의 하나가 되어 있을 것이고, 기껏해야 다른 인류의 자유를 탄압하는 그런 형태의 정부가 가하는 압박에 고생하고 있을 것이다. 아메리카에 다행스럽게도, 우리가 믿기로는 전 인류에 다행스럽게도, 그 지도자들은 새롭고 더 숭고한 노선을 추구했다. 그들은 인류 사회의 연대기에서 비교 대상이 없는 그런 혁명을 완수했다.

그들은 지구상에 그 어떤 본보기도 없는 정부 구조를 수립했다. 그들은 하나의 거대한 연합체를 구상했는데, 그것을 개선하고 영속시키는 것은 그 후계자들에게 지워진 임무이다. 그들의 작업에 결함이 드러날지라도, 우리는 그것이 몇 개 되지 않는 점에 놀라게 된다. 그들이 연방의 구조에서 가장 많은 실수를 범했지만, 그것은 [당시로서는] 가장 수행하기 어려운 과제였다. 그 과제를 여러분의 제헌회의 헌법안이 새롭게 만들었고, 여러분이 지금 숙의해 결정할 것이 바로 그 헌법안인 것이다.

푸블리우스

연방주의자 15번

[해밀턴] 1787. 12. 1.

동료 시민 여러분, 나는 앞의 논설들에서 여러분의 정치적 안전과 행복에 합중국이 갖는 중요성을 분명하고도 확실하게 제시하려 했다. 아메리카 인민을 결속하는 신성한 유대가 야심이나 탐욕, 질시나 오해로 인해 단절되거나 해체되도록 내버려 둘 경우에, 여러분이 직면하게 될 여러 위험에 대해 설명했다. 나는 여러분과 함께할 이어지는 탐구에서도 거듭해 진실을 고취할 것이다. 그리고 지금까지 간과되어 왔던 사실들과 논거들은 그런 진실을 한층 더 확인해 줄 것이다. 여러분이 앞으로 헤쳐 가야 할 여정이 곳에 따라 지루하고 귀찮게 보일 경우에는, 다음과 같은 점을 상기해 주기를 바란다. 즉 여러분이 찾고 있는 정보는 자유민의 주목을 끌 수 있는 가장 중대한 문제에 관한 것이며, 여러분이 나아가야 할 분야는 그 자체가 광대할 뿐만 아니라, 온갖 궤변이 혼란스럽게 길을 막아섬으로써 여정의 어려움이 쓸데없이 증폭되리라는 것을 말이다. 여러분의 진로에 놓인 그런 장애물을, 되도록 요령 있게 그리고 유익함을 신속함에 희생하지 않으면서 제거하는 것이 나의 목표가 될 것이다.

이 주제를 논하기 위해 내가 설정한 계획에 따르면, 다음으로 검토할 요점은 "합중국의 보존에서 현행 연합의 불충분함"이 될 것이다. 이는 어느 누구도 논박하거나 의심하지 않는, 모든 계층의 사람들이 이해하고 정서적으로 동의하는 바이다. 또한 신헌법의 지지자는 물론 반대자들도 받아들이는 견해이다. 따라서 이런 견해를 설명하는 데 무슨 논거나 증거가 필요하느냐는 질문이 아마 제기될 수 있을 것이다. 그들[즉 반대자들]은, 다른 사안에서는 의견이 다를지라도, 우리 국가 체제에 중대한 결함이 있으며 임박한 무정부 상태로부터 우리를 구하기 위해 무언가 조치가 필요하다는 견해에는 대체로 동의하는 듯하다. 이런 견해를 뒷받침하는 사실들은 이제 추측의 대상이 아니다. 그런 사실들은 전체 인민의 정서에 강한 영향을 미쳤고, 또한 현재의 난국을 촉발한 주된 원인이 된 그런 잘못된 정책을 펼쳤던 사람들로 하여금 우리 연합 정부 조직에 결함이 있음을 마지못해 자인하게 만들었다. 합중국의 현명한 지지자들은 그런 결함에 대해 오래전부터 지적해 왔고 또 안타깝게 생각해 왔다.

우리는 정말 국가적 굴욕의 최종 단계에 거의 이르렀다고 해도 좋을 것이다. 독립국가의 기질을 타락시키고 자긍심을 해칠 수 있는 일 가운데 우리가 겪지 않은 것은 거의 없다. 실행 약속을 모두 지킴으로써 우리가 사람들 사이에서 존경할 만하다고 여겨지고 있는가? 우리는 그런 약속을 항상 그리고 뻔뻔스럽게 위반하고 있다. 급박했던 위기의 시기에 정치적 존속을 위해 맺은 부채를 외국인이나 우리 시민들에게 지고 있는가? 그 부채들은 적절하거나 만족스러운 상환 준비도 없이 그대로 남아 있다.[1] [파리조약의] 명문 규정에 따라 오래전에 넘겨받았어야 할 소중한 영토나 주요 항구가 아직도 외세[즉 영국]의 점령하에 있지는 않은가? 그런 상태가 지속되면서 우리의 권리와 이익이 침해받고 있다.[2] 우리는 침해에 분개하거나 또는 이를 격퇴할 수 있는 상태에 있는가? 우리는 군대도, 국고도, 정부[3]도 가지고 있지 못하다. 우리는 심지어 위엄 있게 항의라도 할 수 있는 상태인가? 우리는 바로 그 조약과 관련해, [우리가 조약을 불이행한 탓에] 우리 자신의 신뢰에 가해지는 타당한 비난에서 먼저 벗어나야 한다. 미시시피강 항행에 자유롭게 참여할 권리를 본래적으로 그리고 협정에 의해 확보하고 있는가? 스페인은 우리를 그런 권리로부터 배제하고 있다.[4] 공적 신용은 국가적 위난의 시기에 필수 불가결한 자원이 되고 있는가? 우리는 그 근거를 절망적으로 돌이킬 수 없게 포기해 버린 듯하다. 상업은 국부에서 중요한 역할을 하고 있는가? 우리의 상업은 극도로 쇠잔한 상태에 있다. 외부 열강들의 눈에 존경할 만하게 보임으로써 외부의 침탈을 막는 안전판이 되고 있는가? 우리 정부[즉 연합 정부]의 우둔함은 외부 열강들이 우리와 교섭하는 것조차 불가능하게 만들고 있다. 외국에 나가 있는 우리 대사들은 허울뿐인

---

1) [옮긴이] 연합 정부가 전쟁 중에 발행한 공채의 상환 시기가 다가왔지만, 이를 상환할 재원이 없었다. 따라서 연합 정부는 대륙으로 수입되는 물품에 관세 5퍼센트를 매겨 이 돈을 부채 상환에 사용하는 방안을 시도했지만, 연합회의에서 번번이 거부당했다.

2) [옮긴이] 미국 독립을 보장한 1783년 파리조약의 몇몇 규정들은 당사자들에 의해 이행되지 않고 있었다. 여기에서 해밀턴은, 협정을 위반하고 캐나다 접경 지역의 미국 영토에서 여전히 몇몇 국경 요새와 영토를 점령하고 있는 영국 군대에 대해 언급하고 있다.

3) 내가 말하고자 하는 것은 합중국Union이다.

4) [옮긴이] 3번 논설, 주 1 참조.

주권국가의 장식품일 뿐이다. 비정상적이고 극심한 토지 가격의 하락은 국가적 빈곤의 징후가 아닌가? 이 나라 대부분 지역에서 개량 토지의 가격은, 다량의 황무지 시장의 존재를 통해 설명될 수 있는 것보다 훨씬 저렴한 상태이다. 그런 낮은 가격은 사적·공적 신뢰의 결핍에 의해서만 충분히 설명될 수 있는데, 신뢰의 결핍은 놀랄 만큼 모든 계층에 만연해 있고, 모든 종류의 자산 가치를 하락시키게 된다. 민간 신용은 산업의 동반자이자 후원자가 되고 있는가? 돈을 빌리고 빌려주는 가장 유용한 방식인 그것은 극도로 위축되어 있는데, 이는 돈이 부족해서가 아니라 불안한 여론 때문이다. 아무런 즐거움이나 교훈도 주지 못하는 이런 세부 사항들의 열거를 단축하려면, 다음과 같은 포괄적 질문이 필요할 것이다. 우리처럼 천혜의 자연 — 이는 우리가 처한 공적인 불운의 음울한 목록에 속하지 않는다 — 으로 특별히 축복받은 공동체에 닥칠 수 있는 국가적 혼란이나 결핍, 미약함 등을 보여 주는 징후로서 아직 남아 있는 것은 무엇인가?

지금 우리의 헌법안 채택을 저지하려는 바로 그런 주장들이나 회의들로 말미암아 우리가 직면해 있는 암울한 상황이 바로 그것이다. 그것은 우리를 벼랑 끝으로 인도하는 데 만족하지 않고, 발밑의 끝없는 나락으로 밀어 넣으려고 굳게 결심한 듯하다. 동포들이여, 계몽된 인민을 틀림없이 감화할 모든 동기가 여러분을 재촉하고 있다. 이제는 우리의 안전과 평온, 존엄과 명성을 위해 굳게 일어서도록 하자. 너무나 오랫동안 우리를 지복과 번영의 길에서 벗어나도록 유혹했던 치명적 주술에서 마침내 벗어나도록 하자.

앞에서도 말했듯이, 부인할 수 없는 현실로 말미암아, 우리의 국가 체제[즉 연합 체제]에 중대한 결함이 있다는 추상적 명제에 대해서는 일종의 보편적 합의가 형성되어 있다. 연방안에 대한 오랜 적대자 측도 이를 인정하고 있다. 하지만 그들의 이런 인정은, 연방안이 성공할 수 있는 유일한 원칙에 입각한 해결책에 대한 그들의 완강한 반대 탓에 무용지물이 되고 있다. 그들은 합중국의 정부가 활력이 없다는 점은 인정하지만, 활력을 공급하는 데 필요한 권한을 정부에 부여하는 일에는 반대한다. 그들은 아직도 모순되고 양립 불가능한 것을 추구하는 것처럼 보인다. 즉 그들은 주의 권한의 축소 없이 연방의 권한을 강화하고, 합중국의 주권과 함께 그 구성원의 완전한 독립을 지향하고 있는 듯하다. 간단히 말하면, 그들은 아직도 국가 안의 국가imperium in imperio라는 정치적 괴물을 맹목적으로 가슴에 소중히 품고 있는 듯하다. 이런 상황은 불가피하게 연합 체제의 주된 결함을 전면적으로 폭로하게 만든다. 우리가 겪는 재난은 건물의 부분적 미세 결함이 아니라 근본적인 구조적 오류에서 기인하며, 그런 오류는 기본 구조의 제일 원리나 주축을 변경하지 않고서는 교정될 수 없다는 사실을 입증하기 위해 그런 폭로는 불가피하다.

현행 연합 구조의 중대한 근본적 결함은, 주나 정부를 구성하는 개인과는 구별되는, 단체 또는 집단으로서의 주나 정부를 대상으로 한 입법이라는 바로 그 원칙에 있다. 합중국에 위임된 모든 권한에 이 원칙이 적용되는 것은 아니지만, 이 원칙은 그 밖에 다른 권한의 효력을 좌우하는 그런 권한에 전면적으로 적용된다. [연합회의 각 주 대표] 할당 규칙에 대한 것을 제외하고,5) 합중국은 [각 주로부터] 사람과 자금을 조달할 수 있는 자유재량권을 가지고 있다. 그러나 합중국은, 아메리카 시민 개개인에게까지 미치는 법규를 통해 사람이나 자금을 조달할 수 있는 권한은 갖고 있지 못

---

5) [옮긴이] 연합 헌장에 따르면, 연합회의에서 각 주는 인구에 관계없이 동등하게 한 표를 할당받는다.

하다. 그 결과, 이론적으로 그런 대상에 대한 합중국의 결정은 법률로서 합중국의 구성원들[즉 주들]을 입헌적으로 구속하지만, 실제로 그 결정은 단지 권고일 뿐이고, 주들은 자신들의 의견에 따라 그것을 준수하거나 무시하고 있다.

이 문제와 관련해 경험이 우리에게 주는 경고들에도 불구하고, 새로운 헌법에 반대하는 사람들이 아직도 발견된다는 것은 인간 마음의 변덕스러움을 잘 보여 주는 사례이다. 그들이 반대하는 이유는, 구시대의 고통의 원인으로 확인된 원칙, 그리고 그 자체 정부 개념과 명백히 양립 불가능한 원칙으로부터 신헌법이 벗어났다는 것이다. 만일 그런 원칙이 실행된다면, 한마디로 집행관의 온후한 영향력을 난폭하고 흉포한 검의 힘으로 대체하게 될 것이다.

조약에서 명확히 규정한 특정 목표를 위해 독립국가들 사이에 연맹이나 동맹을 맺는다는 발상 속에는 어리석거나 실행 불가능한 것이 전혀 없다. 조약은 기간, 장소, 상황, 액수 등에 대한 모든 세부 사항을 규정할 것이고, 미래의 재량에 어떤 것도 맡기지 않으며, 조약의 이행은 당사자들의 선의에 의존하게 될 것이다. 이런 종류의 협정은 모든 문명국가들 사이에 존재하는데, 계약을 맺은 세력들의 이해관계나 정념이 지시하는 바에 따라 평화와 전쟁 또는 준수와 위반이라는 일상적 부침을 겪게 된다. 금세기 초, 유럽에서는 이런 종류의 협정을 추구하는 열풍이 불었다. 당시 정치인들은 허황되게도 그런 협정으로부터 도움을 기대했지만, 그것은 결코 실현되지 않았다. 세계의 그 지역[즉 유럽]의 세력 균형과 평화를 확립하기 위해 모든 협상 자원이 투입되었고, 삼국동맹, 사국동맹 등이 형성되었다. 하지만 동맹은 형성되자마자 깨졌다. 그것은, 선의의 의무 외에 아무런 구속력을 갖지 못하는 그런 조약이, 또한 평화와 정의에 대한 일반적 고려로써 눈앞의 이해관계와 정념의 충돌에 맞서는 그런 조약이 얼마나 신뢰할 수 없는 것인가라는, 유익하지만 고통스러운 교훈을 인류에게 남겨 주었다.

만일 이 나라에서 각 주들이 서로 대등한 관계를 유지하기로 하고, 보편적 재량권을 갖는 감독[권한을 수립하려는] 기획을 포기한다면, [그 결과 성립되는] 체제는 정말 치명적인 것이 될 것이며, 앞서 열거한 모든 악영향을 우리에게 가져다줄 것이다. 하지만 그 체제는 적어도 일관되고 실행 가능하다는 장점은 있을 것이다. 연방 정부를 지향하는 모든 계획을 버린다면, 우리는 [각 주들 사이의] 단순한 공수 동맹에 이를 것이고, 다른 국가들의 음모가 조장하는 상호 경계와 경쟁심에 휘둘려 서로 친구가 되기도 하고 적이 되기도 하는 상황에 처할 것이다.

하지만 그런 위태로운 상황에 처하고 싶지 않다면, 아직도 중앙정부 — 또는 의회의 지시를 받는 감독 권한 같은 것 — 라는 구상을 고수한다면, 연맹과 정부의 전형적 차이점으로 간주되는 그런 요소를 우리 계획에 포함하기로 결심해야 한다. 즉 합중국의 권한을, 통치의 유일하게 진정한 대상인 시민 개개인에게까지 연장해야 한다.

통치란 법을 만드는 권한을 의미한다. 법에는 제재가 수반된다는 것, 달리 표현하면 위반에 대한 불이익과 처벌이 수반된다는 것은 법의 개념에 본질적인 것이다. 위반에 따르는 처벌이 없다면, 법률인 체하는 결의나 명령은 사실상 충고나 권고에 불과할 것이다. 어떤 것이든 처벌을 가하는 데는 오직 두 가지 방식만 가능할 것이다. 법원이나 법무장관에 의해서이거나 아니면 군대에 의해서. 또는 집행관의 강제에 의해서이거나 아니면 군사력의 강제에 의해서. 첫 번째 종류의 강제는 분명히 오직 사람에게만 적용 가능하며, 후자의 종류의 강제는 당연히 정치체, 또는 자치체나 국가에 대해 적용될 것이다. 재판 과정이 법의 준수를 최종적으로 강제할 수 없다는 것은 확실하다. 의무를 위반한 자에 대해 선고가 내려질 수 있지만, 그런 선고는 오직 무력에 의해서만 집행될 수 있다. 연합에서 보편적 권한이 [개인에게까지 미치지 못하고] 연합을 구성하는 자치체들인 집단적 조직들까지로 한정될 경우, 모든 위법행위는 전쟁상태를 수반할 것이 틀림없고, 군사력의 집행만이 시민 복종의 유일한 수단이 될 것이다. 그런 상태는 분명 정부라는 이름을 가질 자격이 없으며, 신중한 사람이라면 누구도 자신의 행복을 그런 정부에 맡기려고 하지 않을 것이다.

한때 우리는, 주가 연합의 규정을 어기리라고 생각할 수 없으며, 공통의 이해관계에 대한 의식이 각 구성원들의 행위를 지배함으로써, 합중국의 모든 입헌적 요구에 대한 완전한 순응을 가져다줄 것이라는 이야기를 들었다. 지금 이 말은 터무니없게 여겨질 것이다. 지혜를 전해 주는 최고의 전달자인 경험으로부터 더 많은 교훈을 얻게 된다면, [그런 이야기를 했던] 바로 그 사람들이 지금 하고 있는 이야기의 대부분도 터무니없게 생각될 것이다. 그런 이야기는 인간 행동을 좌우하는 진정한 동기에 대한 무지를 드러낸 것이었고, 시민 권력을 수립하게 된 근본적 동기와 배치되는 것이었다. 도대체 왜 정부가 설립되었는가? 인간의 정념은, 제약이 없다면, 이성과 정의의 지시에 순응하지 않을 것이기 때문이다. 사람의 집단들이 개인보다 더 정직하고 더 사심 없이 행동하는 것으로 확인된 적이 있었던가? 인간 행위를 면밀히 관찰한 모든 사람들이 추론한 바는 그 반대이다. 그리고 그 추론은 확실한 근거에 기초하고 있다. 악행의 오명이 한 개인에게 단독으로 돌아갈 때보다 많은 사람에게 분산될 때, 평판에 대한 고려가 미치는 영향은 훨씬 약해진다. 모든 인간 집단들의 사고에 걸핏하면 독을 퍼뜨리는 파당 의식은, 그 집단의 구성원들을 종종 부당하고 과도한 행동 — 개인으로서는 얼굴을 붉힐 — 으로 몰아넣곤 한다.

이 모든 것에 더해, 주권의 본질에는 통제를 참아 내지 못하는 속성이 있다. 그 결과 주권의 집행을 위임받은 자들은, 주권의 작용을 제한 또는 통제하려는 외부의 모든 시도를 독기 서린 눈초리로 바라보기 마련이다. 이런 태도로 말미암아 다음과 같은 양상이 나타난다. 즉 공통의 이익을 위해 다수의 소규모 주권국들을 통합한다는 원리에 기초해 형성된 모든 정치 연합에서는 일종의 이심적離心的 경향이 하위 단위들에서 발견되며, 그런 경향이 작용해 공동의 중심으로부터 각자 달아나려는 시도가 끊임없이 나타나게 된다. 이런 경향을 설명하기란 어렵지 않다. 그런 경향의 기원은 권력에 대한 사랑에 있다. 통제된 또는 축소된 권력은 대개, 그것을 통제 또는 축소한 권력의 경쟁자이거나 적대자이다. 이 단순한 명제가 우리에게 가르쳐 주는 바는, 연합체의 개별 구성단위[즉 각 주]의 운영을 맡은 자들이 항상 최상의 기분으로 공공복리에 대한 공정한 관심을 가지고서 보편 권력[즉 연방 정부]의 결정과 법령을 기꺼이 집행하리라고 기대할 수 있는 근거가 너무나 희박하다는 것이다. 그 반대 결과가 인간 본성의 기질로부터 생기게 된다.

따라서 만일 개별 정부들[즉 주 정부들]의 개재 없이 연합의 법령이 집행될 수 없다면, 그 법령들이 집행될 가능성은 극히 낮아질 것이다. 각 구성단위의 통치자들은, 그렇게 할 헌법적 권한이 있든 없든, 그 법령의 적절성을 그들 스스로 판단하려고 할 것이다. 그들은, 자신들에게 요구되거나 제안된 것이 그들의 직접적 이해관계나 목적에 부합하는지를, 그리고 그것을 채택할 때 수반되는 금전적 편익과 불편 등을 고려할 것이다. 이 모든 판단과 고려는, 올바른 판단에 필수적인 국가적 이유나 국가 상황에 대한 지식 없이, 결정을 오도할 수밖에 없는 지역적 목적을 선호하는 지독한 편애 속에서, 의혹에 차서 타산적으로 검토하는 방식으로 이루어질 것이다. 집단[즉 연합]을 구성하는 모든 구성 부문에서 이와 동일한 과정이 되풀이될 것이 틀림없다. 중앙 의회가 입안한 안의 집행은, 모든 구성 부문들의 무지하고 편협한 자유재량에 따라 항상 요동칠 것이다. 대중적 의회의 진행 상황에 대해 잘 알고 있는 사람이라면, 또한 외부 상황의 압력이 없을 경우에 대중적 의회를 주요 사항에 대한 일치된 결정으로 이끌기가 얼마나 어려운지를 봐왔던 사람이라면,[6] 서로 멀리 떨어져 다른 시점에 다른 생각을 가지고서 심의를 진행하는 그런 다수의 의회를, 동일한 견해와 지향하에 오랫동안 협력하도록 유도한다는 것이 정말 불가능한 일이라는 사실을 즉각 알아차릴 것이다.

우리의 경우, 연합 체제에서 합중국으로부터 나오는 모든 주요 법령의 완전한 집행을 위해서는 각각 독자적인 13개의 주권적 의사의 동의가 필요했다. 상황은 예견된 대로 전개되었다. 합중국의 법령은 집행되지 못했고, 주들의 의무 불이행은 점점 극단화되어 마침내 중앙정부의 모든 추진력을 가로막아 중앙정부를 끔찍한 마비 상태로 몰아넣었다. 주들이 이름뿐인 그 연합 정부를 더 실제적인 것으로 대체하는 데 동의할 때까지, 연합회의는 행정부 형태를 유지할 수단도 거의 갖추지 못했다. 사태가 단번에 이런 극단적 절망 상태로 된 것은 아니었다. 처음에는 단지, [각 주들이] 구체적이고 정당한 이유를 내세워 합중국의 징발 명령을 불균등하고 불균형적으로 이행하는 상황이 나타났다. 몇몇 주들의 한층 대규모의 [분담액] 부족분은, 가장 순응적인 또는 가장 덜 체납한 주들에 선례의 구실과 이해관계의 유혹을 제공했다.[7] 정치적으로 한배

6) [옮긴이] 여기서 예를 든 대중적 의회는 연합 체제에서의 주 의회를 가리킨다.

7) [옮긴이] 연합 헌장에 의해 성립된 아메리카 연합에는 독자적인 집행부가 없었다. 연합회의 의장이 집행 업무를 관장했고, 업무는 여러 위원회에서 처리되었다. 이에 따른 비효율성을 해결하기 위해 연합회의는 점차 외무

루를 타고 같이 항해하는데, 저들에 비해 우리가 왜 더 많은 것을 부담해야만 하는가? 공동의 짐에서 적절한 몫 이상을 떠맡는 데 우리가 왜 동의해야만 하는가? 이런 생각은 인간의 이기심이 버텨낼 수 없는 것이고, 또한 먼 미래의 결과를 기대하는 사변적 인물일지라도 아무 망설임 없이 물리칠 수 있는 것이 아니다. 당면한 이익과 편의라는 설득력 있는 목소리에 굴복한 개별 주들은 잇달아 [연합에 대한] 지원을 거두었고, 우리는 마침내 취약하고 위태로운 건물이 금방이라도 머리 위로 무너져 내려 그 잔해 밑에 압사당할 듯한 상황에 이른 것이다.

푸블리우스

연방주의자 16번

[해밀턴] 1787. 12. 4.

[연합의] 정치적 구성단위로서의 주나 자치체를 대상으로 한 입법이라는 원칙이 가져올 추세[즉 무정부 상태]는 우리가 행했던 실험에서 전형적으로 드러난 바 있다. 이 같은 추세는, 앞서 서술한 바 있는, 연합과 비슷한 다른 모든 정부들이 직면했던 사태들에서도 입증된 바 있다. 그 정부들은, 그들의 정치체제 내에서 그런 입법 원칙이 어느 정도 우세한지에 정확히 비례해 그런 사태를 겪었

부, 재무부 등 집행 부서를 조직하게 된다. 또한 연합회의는 과세권이 없기에 주들의 자발적인 자금 기부에 의존할 수밖에 없었다. 연합회의는 주들의 재정적 도움을 확보하기 위해 징발 체제를 도입했지만 주들은 배당된 분담액을 제대로 납부하지 않았다.

다. 이에 대한 확인은 별도로 자세히 검토할 만할 것이다[18~20번 논설]. 나는 여기에서는, 있는 그대로 다음과 같은 사실을 언급하는 데 만족하고자 한다. 즉 역사에 전해지는 고대의 모든 연합들 중에서, 그 흔적이 남아 있는 한, 리키아 연합[1]과 아카이아 연합[2]이 그런 잘못된 원칙에 가장 덜 얽매였던 듯하고, 따라서 정치 저술가들의 지지를 받을 만했으며 또 가장 후한 박수를 받았다.

비난받아 마땅한 그 원칙[즉 주를 대상으로 한 입법]은 단연코, 정말로 무정부 상태의 근원으로 불릴 수 있을 것이다. 합중국 구성원[즉 주]의 의무 불이행은 그런 원칙의 자연스럽고 필연적인 소산이며, 그런 일이 발생할 때마다 유일한 입헌적 해결책은 무력이고, 무력 사용의 직접적 결과는 바로 내란인 것으로 파악되었기 때문이다.

만일 우리가 그렇게 혐오스러운 통치 수단[즉 무력]을 사용하려 할 경우, 그 수단이 목표하는 바[즉 주의 복종]라도 과연 어느 정도 달성할 수 있을지를 이제 검토해 보도록 하자. 만일 중앙정부가 언제든 마음대로 할 수 있는 대규모 군대가 없다면, 무력을 사용하는 것이 전혀 불가능해지거나, 아니면 무력 사용이 가능한 경우라도 결국 어느 한 가맹국[즉 주]의 위반 행위를 둘러싼 연합의

---

1) [옮긴이] 9번 논설, 주 7 참조.
2) [옮긴이] 아카이아 연합Achaean League은 펠로폰네소스반도 북부 해안 지역인 아카이아의 12개 도시국가들로 구성되었다. 기원전 4세기부터 기원전 2세기까지 존속했는데, 해적에 대항하기 위해 처음 결성되었지만, 기원전 3세기에는 펠로폰네소스에서 마케도니아를 격퇴하기 위해, 이후에는 스파르타의 지배를 막기 위해 노력했는데, 결국에는 로마에 의해 점령되어 복속되었다. 아카이아인들은 복잡한 대의 정부 체제, 도시국가의 자율성과 효과적인 중앙정부의 결합 등으로 유명해졌다.

각기 다른 부분들[즉 주들] 간의 전쟁으로 귀결될 것이다. 그 전쟁에서는, 중앙정부에 저항하는 주들로 구성되었든 아니면 이를 지지하는 주들로 구성되었든 간에, 최강의 조합이 승리할 개연성이 가장 높을 것이다. 바로잡혀야 할 의무 불이행이 단일 구성원에만 국한되는 경우는 거의 없을 것이다. 만일 자신의 의무를 다하지 않은 주가 하나가 아니라 여럿 있다면, 상황의 유사함은 그들로 하여금 공동 방어를 위해 단결하도록 유도할 것이다. 이런 동조의 동기가 무엇이든지, 만일 큰 규모의 강력한 주가 공세를 취할 경우, 그 주는 일반적으로 이웃 중 몇몇 주를 공모자로 끌어들일 만한 영향력이 충분히 있을 것이다. 그런 주는, 공동의 자유에 대한 위협이라는 그럴듯한 주장을 쉽게 고안해 낼 것이고, 자기 쪽의 결점에 대한 그럴듯한 구실 또한 어렵지 않게 만들어 낼 것이다. 그리하여 심지어 결코 의무를 위반하거나 등한시했다고 비난받을 일이 없는 그런 주에 대해서까지 불안을 부추기고 정념을 자극하며 환심을 사게 될 것이다. 대규모 구성원[즉 주]들의 의무 불이행은 종종 그 통치자들의 야심 찬 사전 모의 — 자신의 개인적 권력 강화 구상에 대한 모든 외부적 통제를 제거하려는 — 에서 비롯될 것으로 예상되기에, 그런 일[즉 이웃 주를 끌어들이는 일]이 일어날 개연성은 한층 높아질 것이다. 더 효과적인 목표 달성을 위해, 그들은 아마 인접한 주의 유력 인사들을 사전에 매수할 것이다. 만일 국내에서 동조자를 찾지 못한다면 외세에 의지하게 될 것이다. 외부 세력은, 자신들이 그렇게 두려워했던 견고한 합중국에서 연합의 알력과 분쟁을 조장하는 데 결코 주저하지 않을 것이다. 칼이 일단 한번 뽑히면, 인간의 정념은 절제의 한계를 지키지 않는다. 상처 입은 자존심의 상기, 속 타는 억울함의 부추김 등은 합중국의 무력행사의 표적이 된 주들을 어떤 극단으로 몰고 갈 것이다. 모욕에 대해 복수하거나 항복의 불명예를 피하기 위해 필연적으로 그렇게 될 것이다. 이런 종류의 최초의 전쟁은 아마도 합중국의 해체로 결말날 것이다.

이상은 연합의 극단적인 종말로 간주될 수 있을 것이다. 연합의 좀 더 자연스러운 종말은, 연합 체제를 한층 실질적인 형태로 신속하게 쇄신하지 않을 경우, 우리가 지금 경험하게 될 것으로 보이는 바로 그것이다. 이 나라의 기질을 고려하면, 대체로 순종적인 주들이 합중국의 권위를 지지해, 비순종적인 주들과의 전쟁에 참여하려고 할 것 같지 않다. 그들은 항상 더 온건한 노선을 기꺼이 추구할 것이다. 즉 의무 불이행 주들의 사례를 모방함으로써 그런 주들과 보조를 맞추려고 할 것이다. 그렇게 하여 모두의 범죄는 모두의 안전장치가 될 것이다. 우리의 과거 경험은 이런 기질의 작동을 명백히 보여 준 바 있다. 무력의 동원이 정당화될 수 있는 시점을 정하기가 사실상 거의 불가능할 것이다. 가장 통상적인 의무 불이행의 근원이 되는 재정 분담금과 관련해, 불이행의 원인이 하기 싫어서인지 아니면 할 능력이 없어서인지를 판결하기가 대부분 불가능할 것이다. 언제든 후자인 체할 수 있을 것이다. 강제[집행]라는 가혹한 처방이 정당화되려면 기만했음이 명백히 드러날 수 있을 만큼 사건이 명백해야 할 것이다. 이런 문제가 발생할 때마다, 중앙 의회를 장악한 다수파의 파당적 견해와 편파성, 압박 등이 광범위하게 행사될 것이 뻔히 예상된다.

각 주들은 분명, 정부의 일상적 요구나 명령을 집행하는 데도 언제든 개입하려 하는, 그런 대규모 군대라는 수단에 의해서만 작동될 수 있는 연방헌법을 선호하지 않을 것이다. 이를 증명하는 데는 별다른 노력이 필요 없을 듯하다. 그런데 헌법의 효력을 개인에게까지 확장하는 데 반대하는 자들이 몰두하고 있는 방안이 바로 이 안이다. 그런 방안이 어쨌든 실행 가능하다면 곧바로 군사적 전제주의로 변질되겠지만, 그 방안은 실현 불가능한 것으로 명백히 밝혀질 것이다. 합중국의 자원으로는, 대규모 주들을 그들의 의무에서 벗어나지 못하도록 구속할 수 있을 만큼의 대규모 군대를 유지할 수 없을 것이다. 또한 무엇보다도 그런 군대를 만들 수단도 결코 제공되지 않을 것이다. 현시점에서 이런 몇몇 대규모 주들의 인구 규모나 세력을 고려하고 또한 그들의 미래 모습 — 반세기라도 앞의 — 을 내다보는 사람이라면, 집단으로서의 주에 대해 작동하는 법률을 통해, 또한 그런 주에 대해 적용될 강제력에 의해 집행되는 법률을 통해, 주들의 활동을 조정하려는 어떠한 체계도 무의미하고 관념적인 것이라고 바로 일축해 버릴 것이다. 이런 종류의 기획은, 괴물을 길들이려는 고대의 전설적 영웅이나 반신반인의 기백만큼이나 낭만적이다.

우리의 대다수 카운티보다 작은 규모의 구성원들로 구성되었던 그런 [고대의] 연합들에서조차, 군사적 강제력으로 뒷받침되는, 주권적 [도시]국가를 대상으로 한 입법의 원칙이 유효한 것으로 밝혀진 경우는 단 한 번도 없었다. 약한 구성원을 대상으로 한 것을 제외하면, 그것을 사용하려고 시도된 적도 거의 없었다. 대부분의 경우, 완강하고 반항적인 구성원을 강제로 구속하려는 시도는 유혈 전쟁의 신호가 되었다. 전쟁에서 연합의 절반은 나머지 절반에 맞서 자신들의 깃발을 내걸었다.

이성적인 사람이라면 이상과 같은 관찰로부터 분명 다음과 같은 결론을 내릴 것이다. 즉 어쨌든 공동 관심사를 조정하고 보편적 평온을 유지할 능력이 있는 연방 정부를 수립하려면, 정부의 보호 및 관리·감독에 맡겨질 대상과 관련해 헌법안 반대자들이 주장하는 원칙과 반대되는 원칙 위에 연방 정부가 기초해야 한다는 것이다. 연방 정부는 정부의 힘을 시민 개개인에게까지 확장해야만 한다. 연방 정부는 중간에 개재하는 어떤 입법의 도움 없이도 성립해야 하며, 연방 정부의 결정을 집행할 상임 집행관이라는 힘을 사용할 수 있는 권한을 가져야 한다. 중앙 권위의 통치권이 법원이라는 매개를 통해 표명되어야만 한다. 각 주의 정부와 마찬가지로, 합중국의 정부는 개인들이 원하고 두려워하는 바에 대해 직접 대응할 수 있어야 하며, 인간의 마음에 가장 강력한 영향을 미치는 그런 정념을 자신에 대한 지지로 끌어모을 수 있어야 한다. 간단히 말해 연방 정부는, 자신에게 위임된 권한을 집행할 모든 방법들을 쓸 수 있는 권리와 수단 — [현재] 개별 주 정부들에 의해 보유·행사되고 있는 — 을 보유해야만 한다.

이런 추론에 대해서는 아마 다음과 같은 반론이 제기될지도 모른다. 즉 만일 어떤 주가 합중국 당국에 불만이 있을 경우, 그 주는 언제든 합중국 법의 집행을 가로막을 수 있고 또한 그 사안을 힘의 문제로 만들 수 있는데, 이런 힘의 필요성은 [우리의 안과] 반대되는 안이 비난받았던 바로 그 이유가 아니었느냐는 것이다.

이런 반론의 타당성은, 단순한 불복종과 직접적이고 적극적인 저항의 근본적 차이를 지적하는 순간 바로 무너질 것이다. 만일 합중국의 법령을 실시하기 위해 주 입법부의 개입이 요구된다면, 주 입법부가 단지 의결하지 않거나 또는 애매하게 의결하기만 해도 그 조치는 무산될 것이다. 이런 의무 태만은, 드러나지 않도록 그리고 인민들 사이에 헌법 보호의 경각심을 불러일으키지 않도록, 그럴 듯하지만 허울뿐인 규정에 의해 숨겨질 것이다. 주의 지도자들은 심지어 그들이 벌인 은밀한 헌법 침해를, 몇 가지 일시적 편의나 면제 또는 이득 등을 근거로 자랑할지도 모른다.

하지만, 만일 중앙정부의 법률을 집행하는 데 주 입법부의 개입이 필요하지 않다면, 만일 중앙정부의 법률이 시민들에게 직접 시행된다면, 개별 [주] 정부가 위헌적 권력을 노골적으로 그리고 폭력적으로 행사하지 않고는 그 법률의 이행을 가로막지 못할 것이다. 태만이나 얼버무리는 방식으로는 목적을 이룰 수 없을 것이다. 그들은 명백하게 중앙정부 권한을 침해하는 그런 방식으로 행동하지 않을 수 없을 것이다. 이런 종류의 시도는, 어느 정도 자체 방어 능력을 갖춘 헌법에 직면할 경우, 또한 권한의 적법한 행사와 불법적 강탈을 구분할 만큼 충분히 계몽된 인민에 직면할 경우, 대부분 위험을 수반하게 될 것이다. 그런 시도가 성공하기 위해서는 단지 의회의 파당적 다수파만 필요한 것이 아니라, 법원과 인민 대부분의 동의가 필요할 것이다. 만일 판사들이 의회와 함께 음모에 가담하지 않았다면, 그들은 그런 다수파의 결정이 나라의 최고법에 반하기에 위헌이고 무효라고 선언할 것이다. 만일 인민들이 자신들의 주 대표의 의도에 오염되지 않았다면, 그들은 헌법의 당연한 수호자로서 자신들의 힘을 중앙정부에 실어 줄 것이고, 권력 다툼에서의 결정적 우위를 중앙정부에 부여할 것이다. [따라서 주 정부가 명백하게 중앙정부 권한을 침해하는] 이런 종류의 시도가 경솔하거나 무모하게 자주 이루어지지는 않을 것이다. 왜냐하면, 연방의 권한이 전제적으로 행사되[어 인민의 지지를 잃]지 않는 한, 그런 시도는 장본인들을 위험에 빠뜨리게 될 것이기 때문이다.

만일 불량하거나 선동적인 개인들의 위법행위에서 중앙정부에 대한 저항이 발생한다면, 그런 저항은 주 정부하에서 동일한 악행에 맞서 일상적으로 사용되는 것과 동일한 방법에 의해 극복될 수 있을 것이다. 그 기원이 무엇이든 똑같은 나라의 법을 집행하는 치안관들은, 개인의 무법적 침해로부터 지역의 법규만큼이나 중앙의 법규도 기꺼이 지켜 내려고 할 것이다. 공동체 대다수에 대해서는 영향을 미치지 못하는, 하찮은 파당적 음모나 돌발적인 분노에서 연유하는, 가끔씩 사회의 평온을 해치는 국부적 소요나 폭동이 발생할 경우, 중앙정부는 그런 유의 소란을 진압하는 데 어느 한 구성원[즉 주]의 힘으로 하는 것보다 훨씬 대규모의 자원을 동원할 수 있을 것이다. 정부가 제공한 중대한 불만의 이유에서든 아니면 어떤 대중적 폭동의 영향 때문이든, 어떤 국면에서 전 국민 또는 대다수 국민에게까지 불길을 미치는 극심한 분쟁이 발생할 경우, 그것은 일상적으로 예상되는 어떠한 통칙으로부터도 벗어나게 된다. 그런 일이 발생하면, 대개는 제국의 폭력적 전복과 해체에 이르게 된다. 어떤 형태의 정부도 언제까지나 그런 일을 피하거나 통제할 수는 없다. 인간이 예견해 대비하기에는 너무나 강력한 그런 사태들이 생기지 않도록 경계할 수 있다는 희망은 헛된 일이다. 그리고 불가능한 일을 수행하지 못할 것이라고 해서 정부[를 만드는 데]에 반대한다는 것은 나태한 일이 될 것이다.

푸블리우스

연방주의자 17번

[해밀턴] 1787. 12. 5.

개개의 아메리카 시민을 대상으로 한 입법이라는 원칙에 대해, 지난 논설에서 언급하고 답변했던 것과 성질이 다른 반론이 아마 제기될 수 있을 것이다. 즉 그런 원칙은 합중국 정부를 너무나 강력하게 만들 것이며, 지역적 목적에 맞추어 주에 맡기는 것이 타당하다고 판단될 수 있는 그런 잔여 권한까지도 합중국 정부가 빨아들일 수 있게 만들 것이라는 주장이 그것이다. 합리적 인간이 바랄 수 있는 권력에 대한 사랑을 최대한 인정한다고 하더라도, 고백하건대 나는, 연방 정부 운영을 맡은 자들이 주들로부터 그런 종류의 권한까지 빼앗아 가려 할 어떤 유혹을 느끼리라고 생각하기 어렵다. 내가 보기에 단순히 한 주의 내정을 관리하는 일은 야망을 유혹하기에는 너무나 빈약해 보인다. 그런 정념에 사로잡힌 사람들을 매혹할 대상으로는 교역, 재정, 협상과 전쟁 등이 있을 듯한데, 이런 대상[의 관리]에 필요한 모든 권한은 우선적으로 중앙 수탁자에게 맡겨질 것이다. 같은 주의 시민들 간의 민사 재판, 농업 및 이와 유사한 기타 사안들에 대한 관리, 간단히 말해 지역적 입법이 규정하기에 적합한 모든 사항들은 결코 포괄적 지배권[즉 연방 정부]이 돌보기에 바람직한 대상이 될 수 없다. 따라서 연방의회가 그런 사항들에 관한 권한을 강탈하려는 성향을 가질 개연성은 없다. 왜냐하면 그런 권한을 행사하려는 시도는 쓸모없는 만큼이나 성가신 일이 될 것이기 때문이다. 또한 바로 그 이유로, 그런 권한을 보유한다고 해도 중앙정부의 위엄과 지위, 영광에 아무런 도움도 되지 못할 것이기 때문이다.

하지만 아무 이유 없이 단순한 지배욕으로도 충분히 그런 성향이 생길 수 있다는 주장을, 논쟁을 위해 일단 인정해 보자. 그렇다고 하더라도, 전국적 대표자들[즉 연방 의원]을 선출할 유권자 집단의 의식, 환언하면 각 주의 주민들의 의식이 그렇게 과도한 욕망의 방종을 통제할 것이라고 분명히 단언할 수 있다. 중앙정부가 주의 권한을 침해하는 것보다 주 정부가 중앙의 권한을 침해하는 것이 언제나 훨씬 용이하다. 왜냐하면, 주 정부가 정직하고 신중하게 직무를 수행할 경우 일반적으로 주민들에게 훨씬 큰 영향력을 행사하게 될 것이기 때문이다. 이런 상황은 동시에 우리에게 다음과 같은 점을 가르쳐 준다. 즉 모든 연방 체제에는 본래적이고 본질적인 취약점이 있기 때문에, 연방 체제를 조직할 때는 자유의 원칙과 양립할 수 있는 힘과 영향력을 연방 체제[즉 연방 정부]에 부여하는 데 아무리 많은 공을 들여도 모자란다는 것이다.

영향력에서 개별 정부가 우세한 것은, 중앙정부 구조의 분산성에 일부 기인하겠지만, 대개는 주 정부가 관심을 두는 대상의 특징에서 기인할 것이다.

일반적으로 대상과의 거리나 대상의 분산 정도에 비례해 애착도 약해지는 것이 인간 본성의 주지의 사실이다.[1] 사람들은 이웃보다는 가족에 더 애착을 가지며, 전체 공동체보다는 이웃에 더 애착을 갖는다. 이와 동일한 원리에 입각해 보면, 만일 합중국 정부를 훨씬 더 잘 운영해 그런 원리의 영향력을 중화하지 않는 한, 각 주의 주민들은 합중국 정부보다 그들의 지역 정부에 대해 더 강한 편애를 느끼게 될 것이다.

인간 마음의 이런 확고한 경향은 주가 다루는 대상[의 특징]에서 유력한 보조물을 만나게 될 것이다.

필연적으로 지역 정부의 관리·감독하에 놓일 더 미세하고 다양한 이해관계들은, 사회의 모든 부문에까지 [지역 정부의] 영향력이 퍼져 나갈 무수한 통로를 형성할 것이다. 그런 미세한 이해관계들을 일일이 열거해 설명하기란 너무나 장황하고 지루한 일이 될 것이다.

주 정부의 [관할] 영역에는 [주 정부 영향력을 강화하는 데] 엄청나게 유리한 한 가지 사항이 있다. 이것만으로도 충분히 이 문제[즉 지역 정부의 우월한 영향력]를 명백하고 만족스럽게 설명할 수 있다. 내가 말하고자 하는 것은 통상적인 형사 및 민사재판이다. 다른 모든 것들 중에서 이것이야말로 인민의 순종과 애착을 만들어 내는 가장 강력하고 보편적이며 매력적인 원천이다. 그런 재판은 생명과 재산의 직접적이고 가시적인 수호자이며, 모두가 보는 앞에서 지속적 활동을 통해 혜택과 공포를 시현하며, 개인이 더욱더

---

1) [옮긴이] 이 부분은, 데이비드 흄이 *Treatises of Human Nature* (1739~40)에서 제시한 연상과 공감 논의에 기초하고 있다. 여기에는 인간의 공감의 범위, 멀리 떨어져서도 관심을 둘 수 있는 능력 등에 대한 유사한 주장이 들어 있다.

즉각적으로 느낄 수 있는 사적 이익이나 익숙한 관심사들을 규제한다. 그 결과 그것은, 그 무엇보다도 정부에 대한 애착과 존중 및 경외를 사람들의 마음에 새겨 넣는 데 기여한다. 거의 전적으로 개별 정부[즉 주 정부]라는 경로를 통해 확산되는 이처럼 강력한 사회의 접착제는, 모든 다른 영향력의 근거와 무관하게, 개별 정부를 그들 각각의 시민들에 대한 확고부동한 지배자가 되게 만든다. 그 결과 개별 정부를 항상 합중국 권력에 대한 완벽한 평형추로 만들고 나아가 왕왕 위험한 경쟁자로 만들게 될 것이다.

다른 한편, 중앙정부에서 유래하는 혜택은 대다수 시민들에게 덜 직접적으로 드러나기 때문에, 중앙정부의 활동은 주로 사변적인 사람들에 의해 인식되고 주목받을 것이다. 그런 활동은 한층 보편적인 이해관계와 관련되기 때문에, 사람들의 감성에 덜 와닿을 가능성이 크고, 그런 만큼 습관적인 의무감이나 적극적인 애착심을 덜 불러일으킬 듯하다.

이런 결론에 대한 논거는 우리가 접하고 있는 모든 연합 체제의 경험에 의해, 또한 그것과 유사성이 가장 적은 다른 모든 정체의 경험에 의해 풍부하게 예증되어 왔다.

고대 봉건 체제는 엄격히 말해 연합 체제는 아니었지만, 그런 유의 연합의 특징을 어느 정도 띠고 있었다. 거기에는 국가 전체에 걸쳐 권한을 미치는 공동의 수장, 지도자, 또는 군주가 존재했다. 그리고 다수의 예속된 봉신 또는 가신이 있었는데, 이들은 자신들에게 할당된 큰 몫의 토지를 소유했다. 또한 이 토지 소유자들에 대한 충성 서약 또는 복종을 조건으로 그들의 토지를 점유해 경작하는 많은 무리의 하급 가신 또는 종자들이 있었다. 주요 봉신들 각각은 자신의 개별 영지 내에서 일종의 주권자였다. 이런 상황의 결과는, 군주의 권위에 대한 끊임없는 반항과 대봉신들 간의 또는 최고 가신들 간의 빈번한 전쟁이었다. 국가 수장의 권력이 대체로 너무나 취약했기에 공공의 평화를 유지할 수 없었고, 인접한 영주들의 압박에 맞서 주민을 지킬 수도 없었다. 역사학자들은 유럽 정세의 이 기간을 단호하게 봉건적 무정부 시대로 부르고 있다.

군주가 강력하고 호전적인 기질과 탁월한 능력을 가진 인물일 경우, 그는 개인적 세력과 영향력을 확보하곤 했고, 그 결과 일정 기간은 좀 더 명실상부한 권위를 확립했다. 하지만 대체로 봉신 귀족들의 권력이 봉건 제후의 권력을 압도했다. 많은 경우에 제후의 통치권이 완전히 박탈되고, 거대 영지들이 독립적인 공국이나 나라로 승격되었다. 군주가 봉신들에 대해 최종적으로 승리를 거두었을 때, 그의 성공은 주로 봉신들이 그들의 예속민들에게 압정을 펼친 덕분이었다. 군주의 적인 동시에 인민의 압제자였던 봉신들 또는 귀족들은 양쪽 모두에게 두려움과 혐오의 대상이 되었고, 결국 이런 공통의 위험과 공통의 이해는 귀족의 권력에 치명적인 양자 간의 동맹을 가져왔다. 만일 귀족들이 관용과 정의를 행해 자신의 종자들과 추종자들의 충성과 헌신을 유지했더라면, 그들과 군주 간의 경쟁은 대부분 그들에게 유리하게 그리고 왕의 권위의 약화나 전복으로 귀결되었을 것이다.

이는 단순하게 공리공론이나 추측에 근거한 주장이 아니다. 이 주장이 사실임을 보여 줄, 인용 가능한 사례 가운데 스코틀랜드는 설득력 있는 예를 제공할 것이다. 일찍부터 그 왕국에 도입된 씨족 의식은, 혈연 의식과 비슷한 유대로 귀족들과 그들의 예속민들을 결속함으로써 귀족들이 군주 권력을 항상 압도하도록 만들었다. 잉글랜드와의 합병[2] 이후에야 비로소 이들의 통제 불가능한

---

2) [옮긴이] 1603년 잉글랜드의 엘리자베스 1세가 죽자, 유일한 왕위 계승

사나운 기질은 진압되었고, 복종의 규칙 안으로 억제될 수 있었다. 이에 반해, 잉글랜드 왕국에서는 시민적 정체라는 더 합리적이고 역동적인 체계가 일찍부터 그런 규칙을 확립한 바 있다.

연합 내의 개별 정부들은 봉건적 봉신들에 적절히 비교될 수 있을 것이다. 개별 정부들은, 앞서 설명한 근거들에서 나오는 자신들의 이점을 이용해 대체로 주민들의 신뢰와 호의를 확보할 것이며, 또한 그런 중요한 지지를 이용해 중앙정부의 모든 권리 침해에 맞서 효과적으로 대항할 수 있을 것이다. 개별 정부들이 중앙정부의 정통성과 필수적 권한을 방해하고 좌절시킬 수만 없다면 다행일 것이다. 권력 경쟁에서 양자[즉 연합 정부와 봉건제] 모두에 적용 가능한 유사점이 존재하는 것이다. 또한 공동체의 권력의 대부분을 개별 수탁자들에게 집중시킨다 — 한 경우에는 개인[즉 봉신]의 처분에, 다른 경우에는 정치체[즉 주 정부]의 처분에 — 는 점에서도 양자 간에는 유사점이 존재한다.

연합 정부에 뒤따랐던 사건들을 간단히 회고해 본다면, 이 중요한 원리가 더 잘 설명될 수 있을 것이다. 이 원리를 경시한 것이 우리가 저지른 정치적 실수의 주요 원인이었고, 우리의 경계심을 잘못된 방향으로 이끌었다. 이어지는 몇몇 논설[21번, 22번]의 주제는 이런 회고가 될 것이다.

푸블리우스

권자인 스코틀랜드의 제임스 6세가 잉글랜드의 제임스 1세로 추대되었다. 그 결과 제임스 1세는 스코틀랜드와 잉글랜드의 통합 왕이 되었다. 이런 지위는 스코틀랜드 귀족들을 다스릴 한층 강력한 수단을 그에게 부여했다. 두 왕국의 완전한 합병은 공식적으로 1707년 연합법(5번 논설, 주 1 참조)에 의해 이루어진다.

연방주의자 18번

[매디슨, 해밀턴][1] 1787. 12. 7.

상고시대의 연합 가운데 가장 주목할 만한 것은 암픽티온 회의[2]에 가입했던 그리스 공화국들의 연합이었다. 이 유명한 조직에 대해 전해지는 가장 뛰어난 해석에 따르면, 그것은 아메리카 주들의 기존 연합에 대한 아주 유익한 비유를 제공해 준다.

그 구성원들은 독립된 주권 국가로서의 지위를 유지했고, 연합 회의에서 동등한 투표권을 행사했다. 암픽티온 회의는, 전쟁을 선포하고 수행하며, 구성원들 간의 모든 분쟁에 대해 최종적 결정을 내리고, 도발한 측에 대해 벌금을 부과하며, 반항하는 구성원에 맞서 연합의 모든 무력을 사용하고, 새로운 성원을 받아들이는 등 그리스의 공동 복리를 위해 필요하다고 판단되는 것은 무엇이든 제안하고 결의할 수 있는 전반적 권한을 보유했다. 그 회의에 모인 대표들은 종교의 수호자이자 델피 신전에 속하는 막대한 부의 관리자였다. 그곳에서 그들은, 신탁을 받으러 온 사람들과 주민 간의 분쟁에 대한 사법권을 가졌다. 연합 권력의 효율성을 위한 추

---

1) [옮긴이] 18~20번은 해밀턴의 도움을 받아 매디슨이 작성했다. 이 세 논설에서 매디슨은, 고대 및 근대의 연합들에 대한 역사적 연구를 통해 자신의 결론을 제시하고 있다.

2) [옮긴이] 암픽티온 회의Amphictyonic Council는 그리스의 델피 인근의 12개 부족으로 구성된 정치 연합이다. 암픽티온은 '이웃의 거주자'를 의미한다. 그 기원은 기원전 6세기경까지 올라간다. 구성원인 부족국가들은 1년에 두 번 대표자를 보내 회합했다. 회의의 주된 기능은 델피의 성소 및 신전 관리와 관련된 종교적 기능이었는데, 회원국들 간의 정치적 안정도 도모했다.

가적인 대책으로서, 연합한 도시들을 함께 보호하고 방어하기로 서약했고, 또한 이를 위반한 자에 대한 징벌과 신성을 모독하는 신전 약탈자에 대한 복수를 맹세했다.

　이론상으로나 문서상으로, 이 권력 기구는 전반적 목표를 모두 달성할 능력을 충분히 갖춘 것처럼 보인다. 몇 가지 중요한 사항에서, 그들의 권한은 [우리의] 연합 헌장에 열거된 권한을 뛰어넘고 있다. 암픽티온 회의에 모인 대표들은, 그 당시 정부를 지탱하는 가장 주요한 수단 가운데 하나였던 당대의 미신[즉 델피 신전]을 장악하고 있었다. 그들은 순종하지 않는 도시를 상대로 무력을 사용할 수 있는 권한을 선포했고, 필요한 경우에는 서약한 대로 이런 권한을 행사해야만 했다.

　하지만 실제로 행해진 것은 이론과 크게 달랐다. 현재 [우리의] 연합회의의 권한처럼, [암픽티온 회의의] 권한은, 정치적 구성단위인 도시[국가]가 전적으로 임명한 대표들에 의해 집행되었고, 또한 정치적 구성단위인 도시[국가]들에 대해 행사되었다. 이로 말미암아 취약성과 무질서가 초래되었고, 결국 연합은 붕괴되었다. 더 강력한 구성원은, [연합을] 두려워하고 복종하기는커녕 잇달아 나머지 구성원들 위에 압제적으로 군림했다. 데모스테네스[3]로부터 알 수 있듯이, 아테네는 73년 동안 그리스에서 전권을 행사했다. 다음으로 라케다이몬인[4]이 20년 동안 그리스를 통치했고, 그다음으

---

3) [옮긴이] 데모스테네스(B.C.384~B.C.322)는 그리스 아테네의 정치인, 웅변가이다. 전제정에 반대하고, 특히 마케도니아 필립 왕의 영토 야욕에 저항한 민주파로 유명하다. 그의 연설은 기원전 4세기 아테네에 관한 유용한 정보를 제공한다.

4) [옮긴이] 스파르타로 더 잘 알려진 라케다이몬은 펠로폰네소스반도 남동부에 위치해 있다. 펠로폰네소스전쟁에서 아테네를 최종적으로 패퇴시킨

로 레욱트라 전투[5] 이후에 테베인[6]들이 지배의 기회를 잡았다.

플루타르크[7]에 따르면, 가장 강한 도시의 대표들이 더 약한 도시의 대표들을 위압하고 매수하거나, 가장 강한 측에 유리하게 판결이 내려지는 일 등이 너무나 빈번하게 발생했다.

페르시아와 마케도니아에 맞서 위태로운 방어 전쟁을 치르는 와중에도 구성원들은 결코 행동 통일을 하지 못했고, 그들 가운데 일부는 끊임없이 공동의 적의 하수인 또는 앞잡이가 되었다. 대외 전쟁이 없는 시기는 내부의 우여곡절과 격변, 살육 등으로 채워졌다.

[페르시아 왕] 크세르크세스[8]와의 전쟁이 끝난 뒤, 라케다이몬인들은 신뢰할 수 없는 역할을 했다는 이유로 다수의 도시들을 연합에서 추방할 것을 요구했던 듯하다. 아테네인들은, 그 조치로 말미암아 라케다이몬인들보다 자신들이 더 많은 지지자를 잃게 되고, 그 결과 라케다이몬인들이 [회의의] 공적 심의를 주도하게 되

기원전 404년부터 테베에 패배당한 기원전 371년까지 그리스에서 지배적 영향력을 행사했다.

5) [옮긴이] 기원전 371년 테베가 이끈 보이오티아 동맹과 스파르타 사이에 벌어진 전투이다. 스파르타가 패배해 펠로폰네소스전쟁 이후 장악했던 패권을 상실했다.

6) [옮긴이] 테베는 아테네 북서쪽의 주요 도시국가이다. 오랫동안 아테네의 라이벌이었다. 펠로폰네소스전쟁에서는 스파르타의 동맹이었지만, 기원전 371년 레욱트라 전투에서 스파르타를 패퇴시킨 뒤 기원전 362년까지 그리스에서 지배적 영향력을 행사했다.

7) [옮긴이] 플루타르크(46~119)는 그리스의 전기 작가, 철학자, 역사학자이다. *Lives of the Nobel Greeks and Roman*으로 유명하다. 그의 저작은 르네상스기에 재발견되어 이후 높이 평가받았다.

8) [옮긴이] 크세르크세스 1세(B.C.519~B.C.465)는 페르시아 왕으로, 기원전 480년 그리스를 침공했지만 살라미스해전에서 대패한 뒤 기원전 479년 퇴각했다.

리라는 것을 간파하고, 격렬히 반대해 그 시도를 무산시켰다. 이 한 편의 역사는 연합의 무력함, 연합의 최강 구성원들의 야심과 경계, 나머지 구성원들의 추락한 예속적 지위 등을 동시에 보여 준다. 그들 체제의 이론상으로는 작은 구성원들도 동등한 긍지와 존엄을 갖고서 공동의 중심 주위를 운행할 자격을 갖지만, 실제로 그들은 제일 큰 천체의 위성이 되었다.

만일 그리스인들이, 용감한 만큼 현명했더라면, 더 긴밀한 연합이 필요했던 경험으로부터 교훈을 얻었을 것이고, 페르시아전쟁 승리에 뒤이은 평화를 이용해 그런 혁신을 이루었으리라고 미요 신부[9]는 지적한다. 아테네와 스파르타는, 너무나 분명한 이런 정책 대신에, 그들이 획득한 승리와 영광에 자만한 나머지 주된 경쟁자가 되었고 나아가 적이 되었으며, 크세르크세스로부터 당한 것보다 더 심한 피해를 서로에게 무수히 가했다. 서로에 대한 경계와 두려움, 증오와 위해는 저 유명한 펠로폰네소스전쟁으로 귀결되었으며, 바로 그 전쟁은 그것을 시작한 아테네인들의 몰락과 노예 상태로 끝났다.

허약한 정부는, 전쟁 중이 아닐지라도 항상 내부 분쟁에 따른 동요에 시달린다. 마찬가지로, 이런 분쟁은 필히 외부로부터의 새로운 재앙을 야기하기 마련이다. 포키스인들Phocians[10]이 아폴로 신

---

9) [옮긴이] 클로드 프랑수아 사비에르 미요 신부Claude-François Xavier, L'Abbé Millot(1726~86)는 프랑스 역사학자로 *Elémens d'Histoire générale* (Neuchâtel, 1775, 9 vols.) 등을 저술했다.

10) [옮긴이] 포키스Phocis는 그리스 중부 코린트만 북쪽의 고대의 지역으로, 델피의 아폴로 신전이 이곳에 있었다. 기원전 4세기 중엽 테베와의 분쟁을 계기로 테베에 의해 델피 지역이 점령당하게 된다. 이후 마케도니아의 필립 왕이 테베를 추출하고 이 지역을 점령·통제했다.

전에 속하는 신성한 땅을 파서 일구는 일이 발생하자, 암픽티온 회의는 이런 신성모독 행위에 대해 당시의 관습에 따라 벌금을 부과했다. 아테네와 스파르타인들의 부추김을 받은 포키스인들은 그 결정에 승복하기를 거부했다. 테베인들은, 다른 도시의 사람들과 함께, 그 회의의 대표들의 권위를 지키고 모독당한 신의 복수를 할 책임을 떠맡았다. 테베는 힘이 약한 쪽이었기 때문에, 마케도니아의 필립 왕[11]에게 지원을 요청했다. 은밀히 그 분쟁을 조장했던 필립 왕은, 그리스의 자유를 빼앗기 위해 오랫동안 꾸며 왔던 복안을 실행할 수 있는 기회를 기꺼이 움켜쥐었다. 그는 음모와 매수를 통해 여러 도시의 민중 지도자들을 자기편으로 끌어들였고, 그들의 영향력과 표를 이용해 암픽티온 회의의 가입 허가를 받아 냈다. 그리고 책략과 무력을 이용해 연합의 지배자가 되었다.

이렇게 된 것은, 이 흥미로운 조직의 토대가 되었던 잘못된 원칙의 결과였다. 그리스의 운명에 대한 한 사려 깊은 관찰자가 지적하듯이, 만일 그리스가 더 엄격한 연합에 의해 단결되고 연합 안에서 유지되었더라면, 마케도니아에 속박되지 않았을 것이고, 로마의 거대한 목표를 가로막는 방벽임을 입증했을지도 모른다.

이른바 아카이아 연합은, 우리에게 유익한 가르침을 제공해 주는 또 다른 그리스 공화국들의 집단이다.

이 연합은 앞선 사례보다 훨씬 더 긴밀히 결합된 것이었고, 현명하게 조직되었다. 따라서 비슷한 파국을 [완전히] 면할 수는 없었겠지만, 똑같이 그런 파국을 맞아야만 할 정도는 결코 아니었다.

이 연합을 구성했던 도시[국가]들은 자신들의 내정 관할권을

---

11) [옮긴이] 필립 2세Philip II(B.C.382~B.C.336)는 마케도니아의 왕으로 기원전 339년부터 그리스 전역을 장악했다. 알렉산더대왕의 아버지이다.

유지했고, 그들 자신의 관리를 임명했으며, 완전한 평등을 향유했다. 도시의 대표들이 모인 원로원은 평화와 전쟁, 사절의 파견과 접수, 조약 및 동맹의 체결, 집정관이라 불렸던 최고 행정관 임명 등에 대해 독점적이고 배타적인 권한을 행사했다. 원로원이 임명한 집정관은 도시들의 군대를 지휘했고, 원로원 의원 10인의 조언 및 동의를 받아 원로원 휴회 기간에 정부를 운영했을 뿐만 아니라, 원로원 개회 기간에도 심의에서 큰 비중을 담당했다. 최초의 규약에 따르면 함께 정부를 운영하는 두 명의 집정관이 있었지만, 시행해 가면서 단일 집정관을 선호하게 되었다.

[연합에 참여한] 도시들은 모두 동일한 법과 관습, 동일한 도량형, 동일한 화폐를 사용했던 듯하다. 하지만 이런 결과가 어느 정도나 연합회의의 권한에서 연유했는지는 불분명하다. 다만 도시들은 어느 정도는 동일한 법과 관례를 받아들여만 했다고 한다. 필로포이멘[12]에 의해 라케다이몬[즉 스파르타]이 연합에 가입하게 될 때, 스파르타는 리쿠르고스[13]의 제도와 법을 폐지하고 아카이아 연합의 것을 채택해야 했다. 스파르타가 한때 구성원으로 가입했던 암픽티온 연합은, 스파르타가 자신의 통치와 입법을 온전히 실행할 수 있도록 허용했다. 이 상황만으로도 두 체제의 성격이 실질적으로 아주 달랐음이 입증된다.

이 특이한 정치 구조에 대한 옛 기록이 너무나 불완전하게 남

---

12) [옮긴이] 필로포이멘Philopoemen(B.C.253?~B.C.182)은 아카이아 연합의 정치인이자 장군으로, 기원전 207년 만티네이아Mantineia에서 스파르타를 격파했고, 192년에 스파르타를 아카이아 연합으로 편입시켰다.

13) [옮긴이] 전설에 따르면, 리쿠르고스는 스파르타 최초의 입법자이다. 기원전 7세기경 스파르타를 통치하면서 스파르타 정체의 기초를 확립했다고 알려져 있다.

아 있다는 것은 매우 유감스러운 일이다. 그 내부 구조와 일상적 운영에 대해 알아 낼 수 있다면, 그것은 아마 우리가 알고 있는 어떤 유사한 시도보다도 더 많은 지식을 연방 정부학에 제공해 줄 수 있을 것이다.

아카이아 연합 문제에 관심을 가졌던 모든 역사가들은 한 가지 중요한 사실을 증언해 주는 듯하다. 아라토스[14]에 의해 연합이 혁신된 이후 마케도니아의 계략으로 연합이 해체되기 전까지, 연합 정부의 운영은, 모든 주권적 권한을 단독으로 행사한 어느 도시보다 훨씬 온건하고 정의로웠으며 인민의 폭동이나 반란도 훨씬 적었다는 것이다. 마블리 신부[15]는 그리스에 대한 논평에서, 다른 곳에서는 그렇게 광포했던 민중 정부가 아카이아 연합 공화국의 회원국에서는 어떤 소동도 야기하지 않았는데, 그곳에서는 민중 정부가 연합의 보편적 권위와 법에 의해 조절되었기 때문이라고 주장한다.

하지만 우리가 성급하게, 개별 도시[국가]들이 파벌에 의해 조금도 동요되지 않았다고 단정해서는 안 될 것이고, 정당한 복종과 조화가 연합 체제에 가득했다고 결론지어서는 더욱더 안 될 것이다. 그 반대 상황이 [아카이아 연합] 공화국의 부침과 운명에서 충분히 드러나고 있다.

암픽티온 연합이 존속하는 한, [그 연합에 비해] 덜 중요한 도시들만을 포괄하는 아카이아 연합은 그리스 무대에서 왜소한 존재에

14) [옮긴이] 시키온의 아라토스Aratos of Sicyon(B.C.271~B.C.213)는, 마케도니아와의 30년이 넘는 전쟁을 이끈 아카이아 연합의 지도자이자 장군이다.

15) [옮긴이] 가브리엘 보노 드 마블리 신부Abbé Gabriel Bonnot de Mably(1709~85)는 프랑스 사제이자 철학가, 역사학자이다. 저서로 *Observations sur les Grecs* (1749)가 있다.

불과했다. 전자가 마케도니아의 제물이 되었을 때, 후자는 필립과 알렉산더16)의 방침에 따라 목숨이 부지되었다. 하지만 이들 군주를 뒤이은 후계자들의 통치하에서는 그와 다른 정책이 펼쳐졌다. 그들은 아카이아 연합 사이에 분할[통치]의 책략을 도모했다. 각 도시들은 개별 이익에 매몰되었고, 연합은 해체되었다. 몇몇 도시들은 마케도니아 주둔군의 폭정하에 떨어졌고, 나머지 도시들은 자체 혼란으로 등장한 참주의 지배하에 놓이게 되었다. 오래지 않아 치욕과 억압이 자유에 대한 그들의 사랑을 일깨웠다. 몇몇 도시들이 재결합했다. 폭군을 쫓아낼 기회가 보이자 다른 도시들이 그들의 뒤를 따랐다. 연합은 곧 펠로폰네소스반도를 거의 모두 아우르게 되었다. 마케도니아는 이런 진전을 알아차렸지만, 내부 알력으로 말미암아 그것을 저지할 수 없었다. 모든 그리스가 열의를 가졌고, 단일의 연합으로 기꺼이 결합할 것처럼 보였다. 바로 그때, 부상하는 아카이아 연합의 영광에 대한 스파르타와 아테네의 경계와 질시로 말미암아 이 계획은 치명적 손상을 입게 된다. 마케도니아의 힘을 두려워했던 아카이아 연합은, 알렉산더의 후계자이자 마케도니아 왕의 경쟁자였던 이집트와 시리아 왕과의 동맹을 추구했다. 이 정책은 스파르타의 왕 클레오메네스17)에 의해 좌절되었다. 그는 자신의 야심에 따라 이웃한 아카이아 연합에 대해 이유 없는 공격을 가했다. 또한 그는, 마케도니아의 적국이긴 했지만, 이집트 및 시리아 왕과 아카이아 연합 사이의 관계가 파기되

---

16) [옮긴이] 알렉산더대왕(B.C.356~B.C.323)은 마케도니아 필립 2세의 아들로 고대 세계의 가장 유명한 군사 지도자이다.

17) [옮긴이] 클레오메네스 3세Cleomenes III는 스파르타의 왕(재위 기간 B.C. 235~B.C.222)으로, 아라토스가 지휘하는 아카이아 연합을 패퇴시키려 했지만, 당시 그 연합의 동맹이던 마케도니아에게 기원전 222년 패배당했다.

도록 할 충분한 이해를 가지고 있었다. 아카이아 연합은 이제 클레오메네스에게 굴복할 것인가 아니면 이전의 압제자였던 마케도니아에 도움을 청할 것인가라는 딜레마에 빠지게 되었다. 후자의 방편이 채택되었다. 그리스인들의 세력 다툼은 대개, 그들의 일에 간섭하는 주변 강국들에게 즐거운 기회를 제공했다. 마케도니아 군대가 곧바로 나타났고, 클레오메네스는 완파당했다. 흔히 그러하듯이, 승리를 거둔 강력한 동맹이란 지배자의 또 다른 이름에 불과함을 아카이아 연합은 곧바로 경험하게 되었다. 그들이 비굴하게 순종해 지배자로부터 얻을 수 있었던 것은, 그들 자신의 법률을 사용할 수 있도록 용인받은 것이 전부였다. 그런데 마케도니아 왕좌에 앉은 필립의 폭정은 얼마 못 가 그리스인들 사이에 새로운 단결을 촉발했다. 아카이아 연합은 내부 분쟁으로 말미암아 또한 구성원의 하나인 메세네[18]의 반란으로 말미암아 약화되긴 했지만, 아이톨리아인들[19]과 아테네인들이 가세함으로써 저항의 깃발을 세우게 되었다. 이런 지지에도 불구하고 자신들이 그 과업을 감당할 수 없음을 발견한 아카이아 연합은 다시 한 번 외부에 원군을 요청하는 위험한 방편에 의지했다. 초대를 받은 로마는 그 요청을 열렬히 받아들였다. 필립[20]은 패했고 마케도니아는 정복되

18) [옮긴이] 메세네Messene는 기원전 4세기에 성립된, 펠로폰네소스 북서부의 고대 도시국가이다.

19) [옮긴이] 아이톨리아Aetolia는 코린트 북부 지역이다. 기원전 4세기 중반부터 아이톨리아 연합Aetolian League은 그리스에서 가장 주요한 군사력이었다. 이 연합은 로마와 동맹해 마케도니아의 필립 5세에 맞서 싸웠고 기원전 197년 키노스세팔라이Cynoscephalae 전투에서 승리했지만, 이후 로마에 점령당했다.

20) [옮긴이] 필립 5세Philip V(B.C.238~B.C.179)는 마케도니아 왕으로서, 제

었다. 새로운 위기가 연합에 뒤따랐다. 구성원들 사이에서 분쟁이 발발했는데, 그것은 로마가 조장한 것이었다. 칼리크라테스[21]를 비롯한 민중 지도자들은, 자신들의 동포를 부추기기 위해 외부에서 고용한 도구가 되었다. 로마인들은 [그리스 내부의] 불화와 혼란을 좀 더 효과적으로 조장하기 위해 그리스 전역에 보편적 자유[22]를 일찌감치 선포함으로써, 그들의 진정성을 믿는 자들을 경악시켰다. 동일한 맥락에서 로마는 음흉하게, 회원국들의 자존심을 겨냥해, 연합이 회원국의 주권을 침해한다고 지적함으로써 연합으로부터 그들의 이탈을 부추겼다. 이런 책략에 의해, 그리스의 마지막 희망이자 고대의 자유의 마지막 희망인 이 연합은 갈기갈기 찢어졌다. 그런 어리석음과 분열이 가져온 것은 다음과 같다. 로마군은 책략을 이용해 착수한 [그리스의] 파괴를 아무런 어려움 없이 완료할 수 있었고, 아카이아 연합은 산산조각 났으며 아카이아는 속박되었다. 그 밑에서 아카이아는 이 시간에도 신음하고 있다.

　　나는 이 중요한 역사의 한 부분을 개관해 보는 것이 불필요하다고 생각하지 않는다. 왜냐하면 그것은 한 가지 이상의 교훈을 가르쳐 주기 때문이다. 또한 그것은 아카이아 헌정 구조의 개요에 대한 보충으로서, 연합체는 지배자의 전제를 향해 나아가기보다는 회원국들 간의 무정부 상태를 향해 나아가는 경향을 지니고 있음

　　2차 포에니전쟁 중에 한니발과 동맹해 로마에 대항했지만, 제1차 및 2차 마케도니아전쟁(B.C.211~B.C.205, B.C.200~B.C.197)에서 패배했다.

21)　[옮긴이] 칼리크라테스Callicrates(?~B.C.149)는 아카이아의 정치인으로 친로마 정책을 추구했다. 로마 지배에 저항하지 못하도록 로마에 억류할 아카이아인 1000명의 명단을 넘긴 배신행위로 유명하다.

22) 이는 연합 지도부에 대한 회원국의 독립을 노린 그럴듯한 명목일 뿐이었다.

을 너무나 분명히 보여 주기 때문이다.

푸블리우스

연방주의자 19번

[매디슨, 해밀턴] 1787. 12. 8.

지난번 논설에서 언급했던 고대 연합들의 사례가, 이 주제에 대해 경험적 교훈을 얻을 수 있는 원천의 전부는 아니다. 유사한 원리에 기반을 둔 현존 제도들도 특별히 살펴볼 만하다. 등장하는 첫 번째 사례는 독일이다.

초기 기독교 시대에 독일은 일곱 개의 상이한 민족들이 차지하고 있었다. 공통의 지배자는 없었다. 그들 중 하나인 프랑크족이 골족을 정복하고서, 자신들의 이름을 딴 왕국을 수립했다. 9세기에 그 왕국의 호전적 군주인 샤를마뉴[1]는 사방으로 정복군을 보냈고, 독일은 광대한 그의 영토의 일부가 되었다. 그의 아들 대에서 [왕국은] 해체되었고, 독일은 별개의 독자적인 제국이 되었다.[2] 샤

---

1) [옮긴이] 샤를마뉴(742~814)는 프랑크 왕국의 국왕으로 독일에서는 카를 대제로 불린다. 샤를마뉴는 프랑스어로 '샤를 대제'라는 뜻이며, 그의 생전에는 라틴어로 카롤루스대제로 불렸다. 그는 오늘날의 프랑스, 독일, 이탈리아 등 서부와 중부 유럽의 대부분을 차지해 프랑크왕국을 제국으로 확장했고, 800년 교황 레오 3세로부터 신성로마제국 황제직을 수여받았다.

2) [옮긴이] 카를대제의 아들인 루트비히 경건왕의 세 아들은 843년 카롤링거 제국을 세 왕국(동프랑크왕국, 중프랑크왕국, 서프랑크왕국)으로 분할했다. 이로써 제국은 해체되기 시작했으며, 서유럽의 세 국가인 프랑스, 독일, 이탈리아의 모태가 탄생했다.

를마뉴와 그의 직계 자손들은 황제의 권력의 상징과 위엄뿐만 아니라 실질까지 보유했다. 그러나 주요 봉신들이 그들의 영지를 세습했고, 또한 샤를마뉴가 존속시킨 제국의회의 구성원이었던 그들은 점차 지배에서 벗어나 주권적 관할권과 독립적 지위를 갖게 되었다. 황제의 통치권은 그런 강력한 신하들을 제어하거나 제국의 통일성과 평온을 유지할 만큼 강력하지 못했다. 온갖 종류의 참화를 수반한, 격렬하고 사사로운 전쟁이 여러 작은 군주와 나라들 사이에서 계속되었다. 공공질서를 유지할 능력이 없는 황제의 권위는 점차 쇠퇴해 무정부 상태에 이를 정도로 사라져 버렸다. 스와비아[3]의 마지막 황제의 죽음 이후 오스트리아 계보의 첫 번째 황제가 즉위할 때까지 오랫동안 무정부 상태가 이어졌다.[4] 11세기에 황제들은 완전한 통치권을 향유했지만, 15세기에는 권력의 상징과 장식 이상의 그 어떤 것도 갖지 못했다.[5]

연합의 주요 특징의 많은 부분을 그 자체에 지니고 있는 이런 봉건 체제로부터, 독일제국을 구성하는 연합 체제가 생겨났다. 제국의 권력은, 연합의 구성원들을 대표하는 의회, 의회의 결의에 거부권을 가진 최고 집행관인 황제, 제국과 관련된 분쟁이나 구성원

3) [옮긴이] 남서 독일 지역으로, 중세 초기 독일의 다섯 개 공국 중 하나였다. 스와비아Swabia는 영어식 표현으로, 독일어로는 슈바벤Schwaben이다.

4) [옮긴이] 독일 역사에서 호엔슈타우펜가(독일 국왕, 신성로마제국 황제, 슈바벤 공작)가 몰락한 이후, 오스트리아의 합스부르크가의 루돌프 1세가 즉위할 때까지 독일 국왕의 추대가 제대로 이뤄지지 않은 대공위 기간(1254[1256]~1273)을 가리킨다.

5) [옮긴이] 신성로마제국은 최초에는 서부 유럽의 모든 기독교 영토를 포괄했지만, 중세 말부터 독일 영토들에 국한되었고, 황제는 대개 독일 왕이었다. 1648년 이후 제국은 독일의 여러 작은 나라들의 느슨한 결집체일 뿐이었다.

들 간의 분쟁에 대해 최고 관할권을 가진 두 사법재판소인 제국 법원[6]과 자문 회의[7] 등에 부여되어 있다.

의회는 제국의 법률을 제정하고 전쟁과 평화를 결정하며, 동맹을 체결하고 병력과 자금의 할당을 부과하며, 성채를 건설하고 주화를 규제하며, 새로운 구성원을 받아들이고 반항하는 구성원을 제국의 금지령 ─ 이에 따라 당사국은 주권적 권리를 잃고 영지를 박탈당했다 ─ 에 복종시키는 등의 포괄적 권력을 보유하고 있다. 연합의 구성원들은 제국에 해로운 협약을 맺거나, 황제와 의회의 동의 없이 상호 교역에 대해 통행세나 관세를 부과하거나, 화폐가치를 변경하거나, 서로에 대한 권리를 침해하거나, 공안을 해치는 자를 지원하거나 피신처를 제공하는 등의 행위를 하지 못하도록 명확히 금지되어 있다. 이런 제한 규정을 위반하는 행위에 대해서는 금지령이 내려져 있다. 의회의 구성원은, 그 구성원으로서 어떤 경우에도 황제와 의회가 내리는 판결에 복종해야 하고, 사적 개인으로서는 자문 회의와 제국 법원이 내리는 판결에 복종해야 한다.

황제의 대권은 셀 수 없이 많다. 가장 중요한 것으로는, 의회에 발의를 하고, 의회 결의에 대해 거부권을 행사하며, 대사를 임명하고, 작위를 수여하며, 궐위된 선제후의 직위를 충원하고, 대학을 설립하며, 제국의 작은 나라들에 유해하지 않은 특권을 승인하고, 세입을 수령해 사용하며, 또한 포괄적으로 공안을 지키는 것 등에 대한 배타적 권한을 행사했다. 어떤 경우에는, 선제후들이 그에 대

---

6) [옮긴이] 독일어로는 라이히스캄머게리히트Reichskammergericht로 국내 문헌들에서는 제국 최고법원, 제국 대법원, 제국 최고재판소, 제국 제실법원 등으로 불린다.

7) [옮긴이] 독일어로는 라이히스호프라트Reichshofrat로, 국내 문헌들에서는 제국 추밀원, 궁정 재판소 등으로 불린다.

한 자문위원회를 구성했다. 그는 황제의 자격으로는 제국 내에 어떤 영토도 소유하지 않았고, 의식주에 필요한 어떤 수익도 받지 않았다. 그러나 다른 자격으로서 그가 [보유하는] 영지나 수입은 그를 유럽에서 가장 강력한 군주의 하나로 만들어 주고 있다.

이 연합의 지배자[즉 황제]와 대표자들[즉 의회]이 가진 합법적 권력의 이런 긴 목록을 보면, 그것이 그와 유사한 체제의 일반적 특징에서 예외적이라는 생각이 자연스럽게 든다. [하지만] 이보다 더 현실과 동떨어진 것은 없을 것이다. 그 연합은, 제국은 주권국들로 이루어진 공동체이며, 의회는 주권국들의 대표이고, 법률은 주권국에 부과된다는 기본 원리에 기초하고 있다. 이런 원리는 제국을 무기력한 조직으로 만들었다. 그것은 자신의 구성원을 통제할 수 없었고, 외부의 위협에 취약했으며, 끊이지 않는 내부 소동으로 흔들렸다.

독일의 역사는 황제와 작은 군주·나라들 간의, 그리고 작은 군주와 나라들 스스로 간의 전쟁의 역사이다. 강한 자의 방종과 약자에 대한 억압의 역사이고, 외부의 침입과 음모의 역사이다. 사람과 자금의 징발이 등한시되거나 부분적으로만 준수된 역사이다. 그것을 강제하려는 시도가 완전히 무산되거나 아니면 무고한 자를 죄악에 연루시키는 살육과 황폐화를 가져온 역사이다. 총체적 무능과 혼란, 비탄의 역사인 것이다.

16세기에 황제는 제국의 일부를 그의 편으로 삼아 다른 작은 군주·나라들과 적대하는 상황에 봉착했다. 분쟁 중에 한 번은 황제 자신이 도주해야 했고, 작센 선제후의 포로가 될 뻔했다. 최근의 프러시아 왕[8]은 적어도 한 번 이상 자신의 황제에게 대항했고,

---

8) [옮긴이] 프러시아 왕인 프리드리히 2세(프리드리히대왕, 1712~86)를 가리

대개 그를 압도했다. 구성원들 간의 분쟁과 전쟁이 너무나 빈번해, 독일의 연보는 그런 전쟁을 서술한 피투성이 쪽들로 가득하다. 베스트팔렌조약[9] 이전에, 독일은 삼십년전쟁으로 황폐화되었다. 그 전쟁에서 황제는 제국의 절반과 함께 한편을 이루었고, 스웨덴은 나머지 반과 함께 반대편을 이루었다. 외부 세력에 의해 평화가 중재되고 좌우되었다. 그리고 외부 세력이 그 당사자가 되는 평화조약은 독일 정체의 핵심적인 일부가 되었다.

어떤 위기 상황에서, 자위의 필요성에 따라 온 나라가 어쩌다 단결하게 된다고 해도, 상황은 여전히 개탄스럽다. 군사적 대비에 앞서, 주권적 집단들의 경계와 자만, 개별적 견해와 상충하는 주장들로부터 발생하는 논쟁이 너무나 장황하게 벌어지기 때문에, 의회가 합의를 도출하기도 전에 적군이 전쟁터에 나와 있고, 연합의 군대가 출진하기도 전에 적군은 겨울용 막사로 퇴각하고 있는 것이다.

평화 시에 필요하다고 판단되는 소규모의 중앙 군대도 제대로 유지되지 못하고 있다. 보수는 형편없고, 지역적 적대감에 물들어 있으며, 불규칙적이고 과소한 재정 분담금으로 지탱되고 있을 뿐이다.

주권을 가진 이런 신하들 사이에서 질서를 유지하고 법을 시행하는 것이 불가능했기에, 제국을 아홉 내지 열 개의 권역 또는 구역으로 분할해[10] 그들에게 내정에 관한 조직을 맡기려는, 또한

킨다. 그는 계몽 군주로서 프러시아의 힘과 명성을 크게 확장했다.

9) [옮긴이] 삼십년전쟁(1618~48)을 종식한 조약으로, 흔히 근대 국제 체제의 기원으로 간주된다.

10) [옮긴이] 권역kreise은 15세기부터 설치된 제국의 행정구역이었다. 매디슨

의무를 이행하지 않고 반항하는 구성원에 대해 무력으로 법을 집행할 책임을 그들에게 부여하려는 시도가 이루어졌다. 이런 시도는 정체의 근본적 결함을 더 전면적으로 드러내는 데 기여했을 뿐이다. 각 권역은 이 정치적 괴물의 기형적 축소판이 되어 있다. 각권역은 그들의 임무를 수행하는 데 실패하거나, 아니면 그것을 행하면서 오히려 내전의 참화와 학살을 불러오고 있다. 때로는 모든권역들이 의무를 불이행하고 있고, 그래서 권역을 설립해 해결하고자 했던 해악을 오히려 증대하고 있다.

우리는 이런 군사적 강제력의 체제에 대해, 투아누스[11]가 제시한 사례를 통해 몇 가지 판단을 내릴 수 있을 것이다. 스와비아 권역의 자유 제국 도시인 도나우뵈르트Donauwörth에서, 크루아 신부Abbé de St. Croix는 일정한 면책권을 누렸다. 어떤 공공 행사에서 이런 면책권을 행사하는데, 도시 주민들이 그에게 폭행을 가했다. 그결과 도시는 제국의 금지령 아래 놓이게 되었고, 다른 권역의 지배자인 바바리아 공작이 그것을 집행하도록 지명되었다. 그는 곧1만여 명의 병력을 이끌고 도시에 나타났다. 그는 처음부터 은밀히 의도했던 대로, 이 상황을 과거의 주장을 되살릴 적절한 기회로 삼았다. 그의 선조들이 이 지역을 상실하는 영토 분할을 당했다는 것이 핑곗거리였다.[12] 그는 자신의 이름으로 이 지역을 수중

이 주장하듯이, 18세기 말에는 폐지된 상태였다.

11) [옮긴이] 자크-오귀스트 드 투Jacques-Auguste de Thou(1553~1617)는 프랑스의 역사학자로서, 1543~1607년에 이르는 시기를 객관적으로 탐구한 여러 권짜리 역사서 *Historia sui temporis*를 남겼다. 투아누스Thuanus는 투의 라틴어 표기다.

12) Pfeffel, *Nouvel abreg. chronol. de l'hist. & d'Allemagne*. 이에 따르면, 이 핑계는 원정 비용에 대해 스스로를 면책하기 위한 것이었다[크리스티안 프리

에 넣고, 주민들을 무장 해제시키고 처벌했다. 그리고 그 도시를 자신의 영지에 다시 병합했다.

이처럼 흐트러진 기계가 완전 해체되지 않도록 그렇게 오랫동안 막아 준 것은 무엇이냐는 질문이 제기될 수 있을 것이다. 대답은 명확하다. 구성원 대부분은 취약하지만 외부 세력의 자비에 스스로를 맡기려 하지는 않은 점, 주위를 둘러싼 막강한 세력과 비교할 때 주요 구성원 대부분의 취약함, 자신만의 세습 영지로부터 나오는 황제의 막대한 세력과 영향력, 그의 가문의 광휘가 관련되어 있고 또 그를 유럽의 제1 군주로 만들어 주는 그런 체제를 보존하는 데 대한 황제의 관심 등과 같은 요인이 취약하고 불안정한 연합을 지탱한 것이다. 다른 한편, 주권의 본성에서 나오는 그리고 시간이 지날수록 강화되는 배타성은, 진정한 통합에 기초한 그 어떤 개혁도 가로막았다. 또한 설령 이런 장애물이 극복된다 하더라도, 제국에 합당한 힘과 탁월함을 부여할 개혁이 일어나도록 주변 강국들이 그냥 내버려 두리라고 상상할 수 없다. 외부 국가들은 오랫동안, 이 정체에서 일어나는 사건이 만들어 낼 변화의 이해 당사자로 자처해 왔다. 그리고 이 정체의 무질서와 취약성을 영속시키려는 그들의 정책을 수시로 드러내 보였다.

좀 더 직접적인 사례가 필요하다면, 지역적 주권체들 위에 존재하는 정부인 폴란드[13]에 주목하는 것도 부적절하지는 않을 것

드리히 페펠 폰 크리에겔슈타인Christian Friedrich Pfeffel von Kriegelstein(1726~1807)은 독일의 외교관, 역사가이다. 저서로 *Nouvel Abrégé chronologique de l'histoire dt du Droit Public d'Allemagne* (Paris, 1776)이 있다].

13) [옮긴이] 폴란드 의회는 비효율적인 입법부로 악명 높다. 폴란드의 귀족들 및 명망가들로 구성된 의회는 개별 의원들에게 절대적 거부권liberum veto을 부여했다. 이로 인한 폴란드 정부의 취약성은 18세기 오스트리아,

이다. 그와 같은 제도가 초래하는 재앙의 증거로서 이보다 더 충격적인 예는 제시될 수 없을 것이다. 그 정부는 자치도 자체 방어도 할 능력이 없었기에 오랫동안 주변 강국들에 휘둘려 왔다. 최근에 주변 강국들은 그 주민과 영토의 3분의 1을 덜어 주는 자비를 베풀었다.

스위스의 주들[14] 사이의 관계는, 그런 제도의 안정성을 보여 주는 사례로 간혹 인용되고 있지만, 연합에 해당한다고는 할 수 없다.

그 주들은 공동의 자금이 없고, 심지어 전시에도 공동의 군대가 없으며, 공동의 주화와 공동의 법정이 없다. 주권[의 존재]을 보여 주는 어떤 다른 표시도 없다.

그 주들이 단결되어 있는 것은 그들의 특수한 지형학적 위치, 개별 주들의 취약성과 미약함, 이전에 그들을 지배했던 강력한 주변국들에 대한 두려움, 주민들의 생활양식이 단순하고 동질적이어서 분쟁의 원인이 거의 없다는 점, 자신들의 속령에 대한 공통의 이해관계, 반란과 폭동을 진압하기 위해 종종 요청되고 제공되는 명문화된 상호 협력의 필요성, 주들 간의 분쟁을 조정하기 위한 정규적이고 영속적인 규정의 필요성 등에 의한 것이다. 그 규정에

프러시아, 러시아에 의한 폴란드 분할의 원인으로 종종 거론된다. 1791년 거부권 제도는 폐지되었지만, 폴란드는 이미 강대국이 주도한 병탄 과정에 들어간 상태였다.

14) [옮긴이] 스위스의 주canton들은 스위스의 지역적 자치 단위들이다. 1291년 우리Uri, 슈비츠Schwyz, 니트발덴Nidwalden 등 세 개 주가 오스트리아 통치에 맞서 군사적 방어 연합을 결성했고, 이후 두 세기에 걸쳐 나머지 주들도 연합에 참여했다. 이 연합은 1648년 베스트팔렌조약에서 독립국으로 인정받았다.

따르면, 다툼의 양측은 각각 중립적인 주들에서 네 명의 재판관을 선정하는데, 이들의 의견이 충돌할 경우에는 한 명의 심판을 선택한다. 이 심판은 불편부당하겠다는 선서를 한 뒤 최종 판결을 선고하는데, 모든 주들은 이를 집행해야만 한다. 이 규정의 권능은, 1683년 그들이 사보이의 빅터 아마데우스Victor Amadeus[15]와 맺은 조약의 한 조항을 통해 판단할 수 있을 것이다. 이 조약에서 아마데오는 주들 간의 분쟁 시에 중재자로 개입하며, 필요하다면 반항하는 쪽에 대해 무력을 사용할 의무를 지고 있다.

스위스 사례의 특징이 합중국의 특징과 비교의 여지를 제공해 준다면, 그것은 우리가 확립하려는 원칙을 더욱 확실히 하는 데 기여할 수 있을 것이다. 일상적인 문제에서 연합이 아무리 효력을 발휘했을지라도, 그 능력을 시험해 볼 수 있는 불화의 원인이 발생하자마자 연합은 실패했다. 세 가지 사례에서 폭력적 유혈 분쟁을 부추겼던, 종교 문제를 둘러싼 다툼은 사실상 연합을 분열시켰다. 프로테스탄트와 가톨릭 주들은 그 이후부터 각각 별개의 의회를 갖게 되었으며, 그 의회에서 모든 중요한 관심사가 조정되고 있다. 그 결과 중앙 의회는 공동의 통행료를 관리하는 것 외에는 아무런 일이 없게 되었다.

그런 분열은 주목할 만한 또 다른 결과를 가져왔다. 분열은 외세와의 적대적 동맹을 낳았던 것이다. 프로테스탄트 연합을 이끈 베른은 네덜란드 연합과, 가톨릭 연합을 이끈 루체른은 프랑스와 각각 동맹을 맺게 되었다.

푸블리우스

---

15) [옮긴이] 사보이 공국의 비토리오 아메데오 2세Vittorio Amedeo II(1666~ 1732)를 가리킨다. 사보이는 이탈리아, 스위스, 프랑스 국경 지역 소국이다.

연방주의자 20번

[매디슨, 해밀턴] 1787. 12. 11.

네덜란드 연합United Netherlands[1]은 공화국들의 연합체, 좀 더 정확히 말하면 아주 뛰어난 구조를 가진, 귀족정들의 연합체이다. 하지만 그것은 우리가 지금까지 살펴본 연합체들로부터 얻은 모든 교훈을 더욱 확인해 준다.

이 연합은 일곱 개의 상호 동등한 주권적 주들로 구성되어 있으며, 각 주 또는 지역은 동등하고 독립적인 시들로 구성되어 있다. 중요한 모든 사안[을 결정하는 데]에서 주뿐만 아니라 시 모두의 동의가 필요하다.

연합의 주권은, 주들이 임명하는 대개 50여 명의 대의원들로 구성된 연합 의회[2]에 의해 대표된다. 대표들은 그 지위를 일부는

---

1) [옮긴이] 정식 명칭은 "네덜란드 연합주"The United Provinces of the Netherlands(1579~1795)이다. "네덜란드 공화국"Dutch Republic으로도 알려져 있다. 스페인 통치에 저항하기 위해 네덜란드 북부 일곱 개 주 간에 1579년 형성된 위트레흐트 연합Union of Utrecht에서 기원하며, 약 두 세기 동안 존속했다. 연합하에서 각 주들은 내부 문제에서는 주권을 유지하지만, 외교와 조세, 연합 의회에서 만장일치로 동의한 의제 등에서는 단일체로서 행동한다. 네덜란드 사례는 여러 이유에서 미국인들의 관심을 끌었다. 네덜란드는 제국의 통치로부터 최초로 독립을 성취한 나라 가운데 하나이고 주민 대부분이 프로테스탄트이며, 또한 그들의 조상들이 뉴욕(당시 이름은 뉴암스테르담)을 식민화함에 따라 이 지역과 주민들에게 많은 유산을 남겼기 때문이다.

2) [옮긴이] 정식 명칭은 네덜란드어로 스타텐헤네랄Staten-Generaal이다. 네덜란드 독립 전쟁(팔십년전쟁, 1568~1648) 당시 스타텐헤네랄은 합스부르크 스페인의 지배자인 필리페 2세를 지지했으나, 1576년부터 스페인 왕가의 지배에 반기를 들었다. 1579년 스페인의 지배에 찬성하는 남부 주

종신토록, 일부는 6년 또는 3년, 1년 동안 유지한다. 그들은 원하면 두 주에서 연임할 수 있다.

연합 의회는 조약과 동맹을 맺고, 전쟁과 평화를 결정하며, 군대를 소집하고 함대를 갖추며, [주들의] 분담금을 정해 요구할 수 있는 권한을 갖는다. 하지만 이 모든 경우에 만장일치가 요구되며, 또한 대의원들의 지명권자[즉 주]의 승인이 요구된다. 연합 의회는 대사를 임명하고 접수하며, 이미 체결한 조약과 동맹을 집행하고, 수출입에 대한 관세 징수를 결정하며, 조폐소를 규제 — 주와 함께 — 하고, 주권자로서 속령을 통치할 권한을 갖는다. 전체의 동의가 없는 한, 주들은 외국과 조약을 맺을 수 없으며, 다른 주에 손해가 되는 수입세를 제정하거나 또는 자체 주민에 대한 것보다 더 높은 세금을 이웃 주의 주민에 부과해서는 안 된다. 자문위원회, 회계원 등은 다섯 개의 해사청과 함께 연합의 운영을 지원하고 강화한다.

연합의 최고 집행관은 총독[3]인데, 현재는 세습 군주이다. 공화

(오늘날의 벨기에)와 북부 주(오늘날의 네덜란드)로 나뉘어 각각 연합을 결성했다. 북부 주는 1581년 공식적으로 독립을 선언해 네덜란드 공화국을 세웠다. 이때부터 스타텐헤네랄은 입법과 행정을 포함한 국가의 주권을 행사했다. 1648년 베스트팔렌조약이 체결됨으로써 전쟁이 종결되었고, 네덜란드의 독립 역시 국제적으로 인정되었다. 네덜란드 공화국은 1795년 프랑스의 점령으로 해산되었다.

3) [옮긴이] 네덜란드어로는 스타트허우더Stadtholder로 16세기에서 18세기 사이 네덜란드 공화국의 최고 집행관을 가리키는 직함이었다. 원래 네덜란드 공화국은 일곱 개 주로 구성되었고, 각 주별로 개별적인 의회와 스타트허우더가 있었다. 그러나 독립 전쟁 와중에 오라녜 가문의 빌럼 1세Willem I가 전쟁을 주도하면서, 빌럼 1세가 일곱 개 주 가운데 네 개 주의 스타트허우더를 겸직했고, 이후 그의 차남이 여섯 개 주의 스타트허우더

국에서 그의 주된 세력과 영향력은 그의 독립적 직위, 막대한 세습 토지, 유럽의 몇몇 주요 군주들과의 인척 관계, 그리고 무엇보다 연합뿐만 아니라 여러 주에서도 총독이라는 사실 등에서 연유한다. 그런 주[총독]의 자격으로, 그는 일정한 규정에 따라 시 행정관을 임명하고, 주의 법령을 집행하고, 원할 때는 주의 재판소를 주재하며, 모든 부문에서 사면권을 갖는다.

연합의 총독으로서 그는 상당한 대권을 가지고 있다.

정치적으로 그는, 다른 수단이 실패할 경우에 주들 사이의 분쟁을 종식할 권한, 연합 의회의 심의나 특별 회의에 참석할 권한, 외국 대사를 접견할 권한, 자신의 특정 업무를 위해 외국 궁궐에 대리인을 둘 수 있는 권한을 가지고 있다.

군사적으로 그는 연합군을 지휘하고 주둔군을 허가하며, 군사 업무를 전반적으로 통제하고, 소위에서 대령에 이르는 모든 지위를 임면하고, 요새 도시의 행정기관 및 직위를 결정한다.

해군으로서의 지위를 보면, 그는 해군 제독이고, 해군 부대 및 기타 해군 업무와 관련된 모든 것을 감독하고 지휘한다. 해사청을 직접 또는 대리인을 통해 주재하고, 부제독을 비롯한 다른 장교들을 임명하고, 전쟁 위원회를 설치한다. 전쟁 위원회의 결정은 그의 승인이 있어야 집행된다.

그의 수입은, 개인소득을 제외하고도, 30만 플로린에 달한다. 그가 지휘하는 상비군은 약 4만 명으로 구성되어 있다.

지금까지 서술한 것이, 문서에 적힌, 저 유명한 벨기에 연합[4]

를 겸직했다. 그 이후로도 빌럼 가문이 대부분의 주의 스타트허우더를 겸직하면서 사실상 세습직이 되었으며, 이로써 네덜란드는 국호만 공화국이지 사실상 군주국이 되었다.

의 특징이다. 그 연합의 실제 특징은 어떠했는가? 통치에서의 허약함과 무능, 주들 사이의 알력, 외세의 영향력과 수모, 평화 시의 불안한 생존, 기묘한 전쟁의 재앙 등이 그것이다.

일찍이 그로티우스5)는 자신의 동포들이 헌법의 결함에도 불구하고 몰락하지 않을 수 있었던 것은 오직 오스트리아 왕가에 대한 증오 때문이었다고 언급한 바 있다.

덕망 있는 또 다른 저자는, 위트레흐트 연합6)은 화합을 지켜내기에 충분해 보이는 권한을 연합 의회에 부여하고 있지만, 각 주의 경계심 때문에 실제는 이론과 현격한 차이를 보인다고 주장한다.

또 다른 저자는, 바로 그 기구[즉 의회]는 각 주에 일정한 분담금 징수를 강제할 수 있지만, 이 조항은 결코 시행될 수 없었고 앞으로도 아마 시행되지 못할 것이라고 지적한다. 왜냐하면, 무역 활동이 거의 없는 내륙의 주들이 동일한 할당량을 지불한다는 것은 불가능하기 때문이다.

분담금 문제에 관한 헌법 조항은 보류하는 것이 관례로 되어 있다. 지체될 위험이 있기 때문에, [분담금에] 동의하는 주들은 다른 주들[의 납부]을 기다리지 않고 그들의 몫을 제공하고 있으며,

---

4) [옮긴이] 벨기에 연합Belgic Confederacy은 1579년 위트레흐트 연합에 의해 결성된 조직의 별칭으로, 'Belgic'은 벨기에와 네덜란드가 분리되기 이전, 둘 모두를 가리키는 표현이었다.

5) [옮긴이] 휴고 그로티우스Hugo Grotius(1583~1645)는 네덜란드의 법학자이자 정치가이다. 그의 저서 *De Jure Belli ac Pacis*(1625)는 근대 국제법의 기본 텍스트 가운데 하나이다.

6) [옮긴이] 스페인에 저항하기 위해 1579년 네덜란드 북부 일곱 개 주들 및 안트베르펜 등 몇몇 주요 도시들이 설립한 군사 연합이다.

이후에 대리를 통하거나 또는 다른 가능한 방식으로 상환받고 있다. 홀란드주는 부와 영향력 모두 막대하기에 두 의도를 모두 실현하고 있다.

[체납에 따른] 결손액을 결국 무력으로 징수한 경우가 한두 번이 아니었다. 이는 연합의 구성원 가운데 어느 한 주가 나머지 모두를 힘으로 압도하고, 몇몇 주들은 너무 작아 항거를 꾀할 수도 없는 그런 연합에서나 실현 가능한 — 끔찍하긴 하지만 — 일이었다. 몇몇 주들이 힘이나 자원 면에서 서로 대등하고, 또한 주들이 단독으로 강력하고 지속적으로 저항할 수 있는 그런 연합에서는 결코 실현될 수 없는 일이었다.

그 자신 외무장관이었던 윌리엄 템플 경[7]의 지적에 따르면, [네덜란드] 외무장관들은, 주나 도시들로 하여금 [반대하도록] 매수하는 방식으로, [외국과의 사이에] 잠정적으로 채택된 사안을 회피하고 있다. 1726년 하노버 조약Treaty of Havoner[8]은 이런 식으로 1년이나 지연되었다. 이와 비슷한 성격의 사례들이 수도 없이 많고 그 악명도 높다.

중대한 비상시에 연합 의회는 종종 헌법의 제약을 무시할 수밖에 없었다. 1688년 연합 의회는 그들의 지위를 희생하는 조약을 스스로 체결했다. 그들의 독립을 공식적이고 최종적으로 인정한 1648년 베스트팔렌조약은 젤란드Zeeland주[9]의 동의 없이 체결

---

7) [옮긴이] 윌리엄 템플 경Sir William Temple(1628~99)은 영국 외교관으로 주 헤이그 대사를 지냈다. *Observations upon the United Provinces of the Netherlands* (London, 1673)의 저자이다.

8) [옮긴이] 1725년 영국과 프러시아에 의해 체결된 상호 방위 조약으로, 이후 1년간의 협상을 거쳐 네덜란드까지 확대되었다.

9) [옮긴이] 네덜란드의 해안 지역으로 1579년 위트레흐트 연합에 참여한

되었다. 심지어 최근에 영국과 맺은 평화협정에서는 헌법의 만장일치 원칙이 무시되었다. 취약한 정체는 필연적으로 파멸로 끝날 수밖에 없는데, 그것은 적절한 권한이 부족하기 때문이거나 아니면 공공의 안전을 위해 권한의 불법적 사용이 필요하기 때문에 그러하다. 일단 시작된 그런 권한의 불법 사용이, 유익한 한도 내에서 멈출지 아니면 위태로운 극단까지 나아가게 될지는 그 순간의 우발적 사건에 따라 좌우된다. 전제정은, 최대한의 헌법적 권한을 전면적으로 행사해 발생하기보다는, 긴박한 위기 상황에서 불완전한 헌법 탓에 요구되는 권력 장악[의 필요성] 때문에 발생하는 경우가 더 빈번하다.

총독직으로 말미암아 재앙이 초래되기는 했지만, 만일 개별 주에서 그의 영향력이 없었더라면, 연합 내에 뚜렷이 존재하는 무정부적 혼란의 원인들이 연합을 벌써 오래전에 해체했을 것이라고 생각된다. "만일 주들이 그 자체 내에, 미온적인 주들을 재촉하고 또한 주들을 같은 견해로 몰아갈 수 있는 원동력을 갖추지 못했더라면, 그런 정부에서 연합은 결코 존속할 수 없었다. 그 원동력이 바로 총독이다"라고 마블리 신부는 적고 있다.[10] 윌리엄 템플 경은, "총독 부재 기간에는, 부와 권력을 이용해 다른 주들을 일종의 종속 관계로 몰아넣은 홀란드주가 그 대역을 했다"고 평하고 있다.

무정부 상태나 해체로의 경향을 억눌렀던 상황적 요인은 이뿐만이 아니었다. 주변 강대국들[의 존재]은 연합의 절대적 필요성을 일정 부분 부과했다. 동시에 강대국들은 음모를 통해 정체의 결함

일곱 개 주 중의 하나이다.

10) [옮긴이] Gabriel Bonnot de Mably, *De L'Etude de L'Histoire* (Masstricht, 1778).

을 조장함으로써, 공화국을 항상 어느 정도는 그들의 수중에서 벗어나지 못하도록 만들었다.

참된 애국자들은 오랫동안 이런 결함의 치명적 영향에 대해 비탄해 왔고, 특정 목적을 위해 소집한 임시 회의를 통해 개선책을 마련하려는 시도를 주기적으로, 적어도 4회 이상 했다. 하지만 그들의 훌륭한 열의에도 불구하고, 모두가 알고 있고 인정하는 기존 헌법의 치명적 결함을 개혁하는 쪽으로 회의에서 의견 일치를 이루는 데 번번이 실패했다. 동료 시민들이여! 그들의 상반된 견해와 이기적 정념이 야기한 불행에 애도의 눈물을 흘리면서, 이처럼 침울하고 교훈적인 역사의 가르침에 대해 잠시 생각해 보도록 하자. 그리고 우리의 정치적 행복을 추구했던 여러 회의에서 특징적으로 나타났던, 자비로운 의견 일치에 대해 신에게 소리 높여 감사드리도록 하자.

연합 당국이 관리하는 국세를 제정하려는 계획도 착안되었지만, 이 역시 반대에 부딪혀 실패로 끝났다.

이 불행한 국민은 지금 대중적 소동, 주들 간의 분쟁, 외국 군대의 실제 침략, 그들 운명의 위기 등으로 고통받고 있는 듯하다.[11] 모든 국가들이 이 끔찍한 구경거리에서 눈을 떼지 못하고 있다. 인류애의 관점에서 가장 바람직한 것은, 이 혹독한 시련이 그들 정

---

11) [옮긴이] 1787년 정체의 변혁을 꾀하는 개혁주의자들인 '애국주의파'와 기존 권력인 빌럼 5세 총독을 지지하는 '왕당파' 사이에 충돌이 발생했다. 빌럼 5세의 왕비인 빌헬미나는 그의 오빠인 프로이센의 프리드리히 2세에게 도움을 요청했고, 이를 빌미로 프로이센이 네덜란드를 침공해 1787년 10월 10일 암스테르담을 점령한다. 이에 따라 1787년 말부터 1788년 초 사이에, 프로이센 군대와 왕당파의 복수를 피하기 위해 수만 명의 애국파 인사들이 프랑스로 망명했다.

부의 개혁으로 귀결되어 연방을 수립하고, 또한 그 연방이 평온과 자유 및 행복의 모체가 되도록 하는 것이다. 그다음으로 희망하는 것은, 그런 축복의 향유가 즉시 확보되리라고 믿는 그런 나라가 피난처로서 그들을 받아들여 그들이 직접 겪은 불행을 위로해 주는 것이다.

나는 연합의 선례들을 이렇게 길게 검토한 데 변명하지 않을 것이다. 경험은 진리를 전해 주는 전령이다. 경험에 대한 사람들의 반응이 명확할 경우, 그것은 결정적이고 신성한 것임에 틀림없다. 이 사안에서 경험이 명백하게 말해 주는 것은, 주권국들 위의 주권국, 정부들 위의 정부, 자치체들 — 개인과 대비해 구별되는 것으로서 — 을 대상으로 한 입법 등은 이론상 실수이고, 실제에서는 질서의 전복이며, 시민적 정체의 종말이라는 것이다. 그것은 법을 폭력으로 대체하고, 집행관의 관대하고 유익한 강제력을 무력의 파괴적 강제력으로 대체하기 때문이다.

푸블리우스

연방주의자 21번

[해밀턴] 1787. 12. 12.

바로 앞의 세 논설에서는 다른 연합 정부들의 특징과 그 결말을 보여 주는 주요 상황들 및 사건들을 개관해 보았다. 이제는 지금까지 우리의 희망을 좌절시켜 온, 우리 사이에 확립된 [연합] 체제의 결함 중에서 가장 중요한 것에 대해 하나하나 살펴보고자 한다. 적절한 치료약이 무엇인지를 확실하고 충분히 판단하기 위해서는 질병의 정도와 악성을 숙지하는 것이 절대적으로 필요하다.

기존 [아메리카] 연합의 가장 뚜렷한 약점은 법률에 대한 강제력의 전면적 부재이다. 현재 구성되어 있는 합중국은, 벌금 부과나 권리의 중지 및 박탈 또는 다른 어떤 합헌적 방식으로든, 자신의 결정에 대한 복종을 강요하고 불복종을 처벌할 권한을 전혀 갖고 있지 못하다. 의무 불이행 구성원에 대해 강제력을 사용할 수 있는 권한이 합중국에 명시적으로 위임되어 있지 않다. 만일 그런 권한을, 주들 간의 사회계약의 본질에서 연유하는 것으로서 연합 지도부에 속하는 것으로 간주한다면, 그것은 추론상으로나 해석상으로 [연합 헌장] 제2조의 그 부분[즉 주의 권리에 관한 부분]과 정면으로 배치된다. 제2조는 "각 주는, 소집된 회의에서 합중국에 명시적으로 위임하지 않은 모든 권한과 관할권 및 권리를 보유한다"고 선언하고 있다. 이런 종류의 권한[즉 강제력과 처벌권]이 [합중국에] 없다고 생각하는 것은 정말로 어리석은 일이다. 하지만 우리는, 터무니없게 보일지라도 그런 생각을 받아들이거나 아니면 규정[제2조]을 위반하고 해명해야 하는 딜레마에 처해 있다. 그 규정은 신헌법 반대파들이 최근까지 반복해 찬양해 온 대상이었다. 신헌법안에 그 규정이 없는 것은, 수많은 그럴듯한 비판과 가혹한 비난의 대상이 되어 왔다. 그동안 [반대파들이] 찬양해 온 그 규정의 효력을 약화할 의사가 없다면, 우리는 다음과 같이 결론 내려야 할 것이다. 즉 합중국은 자신의 법률의 집행을 강제할 헌법적 권력의 흔적조차 갖지 못한, 기이한 구경거리 정부를 만들 것이라고 말이다. 이 점에서 아메리카 연합은 비슷한 종류의 다른 모든 제도들과 뚜렷이 구별되며, 또한 정치 세계에 전례가 없었던 새로운 현상을 시현하고 있다.[1] 앞서[18~20번 논설] 인용한 사례들[과

---

1) [옮긴이] 그런 권한이 부재해 쇠퇴·패망한 다른 연합들과 달리, 아메리카 연합은 그런 권한을 구비한 신헌법안을 합의를 통해 만들어 냈음을 지적

의 대비]은 이를 잘 보여 준다.

　주 정부들에 대한 상호 보장의 부재는 연합의 또 다른 주요 결함이다. 연합의 기초를 이루는 연합 헌장에는 이런 종류의 것에 대한 언명이 전혀 없다.[2] 효용을 고려해 암묵적인 보장을 제의하는 것은, 비슷한 고려에서 암묵적인 강제력을 제의하는 것보다, 앞서 언급한 규정[즉 연합 헌장 제2조]에 대한 훨씬 더 명백한 위반이 될 것이다. 보장의 부재는 결과적으로 합중국을 위태롭게 할 수 있지만, 합중국 법률에 대한 헌법적 강제력의 부재만큼이나 그렇게 직접적으로 합중국의 존속을 위협하지는 않는다.

　보장이 없으면, 주 헌법의 존속을 때때로 위협할 수 있는 그런 내부 위협을 격퇴하는 데 합중국[연방 정부]의 지원은 단념해야 할 것이다. 각 주에서 [합법적 권력에 대한] 침탈이 고개를 들 수 있고, 주민의 자유를 짓밟을지도 모른다. 그럼에도 중앙정부는 분노하고 후회하면서도 단지 [주] 정부의 잠식을 바라보는 것 외에는 합법적으로 아무것도 할 수 없을 것이다. 성공적인 파벌은 질서와 법의 폐허 위에 전제정을 수립할 수도 있다. 반면에 합중국은 [주] 정부를 지지하고 후원하는 자들에게 그 어떤 도움도 합헌적으로 제공할 수 없을 것이다. 매사추세츠주가 간신히 벗어난 격동적 상

하는 듯하다.

2) [옮긴이] 여기에서 말하는 '보장'의 내용은 신헌법에서 확인할 수 있다. 제헌회의는 연합 체제의 이런 결함을 개선하기 위해, 헌법안 제4조 4절에서 각 주에 대한 '보장'을 다음과 같이 규정하고 있다. 즉 "합중국은 이 연방 내의 모든 주에 공화정체를 보장하며, 각 주를 침략으로부터 보호하며, 각 주의 주 의회 또는 집행부(주 의회를 소집할 수 없을 때)의 요구가 있을 때에는 주 내의 폭동으로부터 각 주를 보호한다." 이 조항에 대한 논의는 43번 논설 참조.

황[즉 셰이즈의 반란]은 이런 종류의 위협이 단지 추측에 근거한 것이 아님을 입증한다. 만일 카이사르[3]나 크롬웰[4]이 불평분자들을 이끌었더라면, 최근 매사추세츠주에서 일어난 소요의 결과가 어떠했으리라고 누가 단정할 수 있겠는가? 매사추세츠주에 전제정이 수립된다면, 그것이 뉴햄프셔주, 로드아일랜드주, 코네티컷주, 또는 뉴욕주에 어떤 효과를 미칠지 누가 예측할 수 있는가?

몇몇 사람들은 주의 중요성에 대한 지나친 자부심 탓에 중앙정부의 보장이라는 원리를 거부해 왔다. 그것이 구성원들[즉 주]의 내부 관심사[즉 내정]에 대한 주제넘은 개입을 수반할 것이라는 이유에서였다. 이런 부류의 의심은 합중국으로부터 우리가 기대할 수 있는 주요한 이점의 하나를 빼앗아 갈 것이다. 또한 그런 의심은 단지 그 규정[5] 자체에 대한 오해에서 연유할 뿐이다. 그 규정은, 합법적이고 평화적인 방식으로 주민의 과반수가 주 헌법을 개정하는 것을 결코 방해하지 않는다. 그런 권리는 손상 없이 그대로 유지될 것이다. 변화가 폭력적으로 이루어질 경우에만 그에 맞서서 보장이 작동될 것이다. 이런 종류의 재앙을 막기 위한 것이라면 아무리 많은 견제 장치를 준비해도 모자랄 것이다. 사회의 평화와 정부의 안정은, 그와 관련해 채택된 예방책들의 효력에 전

---

3) [옮긴이] 율리우스 카이사르(B.C.100~B.C.44)는 로마공화정을 붕괴시킨 로마의 장군이자 원로원 의원으로, 공화국 복원을 희망한 브루투스에게 암살당했다.

4) [옮긴이] 올리버 크롬웰(1599~1658)은 1640년대 영국 내란 당시 청교도이자 의회군의 장군이었다. 1649년 찰스 1세의 처형 이후 4년 뒤에 호국경에 올랐다. 그의 사후 2년 뒤 영국 왕정이 복고되었다.

5) [옮긴이] 그 규정이란 연방헌법 제4조 4절을 말하는 듯하다. 그 내용은 앞의 주 2 참조.

적으로 달려 있다. 정부의 모든 권력이 인민의 수중에 있을 경우, 주에서 발생하는 부분적이거나 우발적인 소란에 대해 폭력적 구제책을 사용할 구실은 거의 존재하지 않는다. 대중적 정체나 대의정체에서, 부적절한 [정부] 운영에 대한 자연스러운 해결책은 사람을 교체하는 것이다. 중앙정부의 보장은, 자치체에서 내분과 선동을 불러일으키는 불법행위에 대항하기 위한 것만큼이나, 지도자들의 불법적 권력 행사에 대항하기 위한 것이기도 하다.

공동의 국고에 대한 주들의 분담금을 할당 방식으로 조정하는 원칙은 연합의 또 다른 근본적 실책이었다. 그 원칙이, 긴급한 국가적 요구에 대한 적절한 대응과 양립하기 어렵다는 사실은 이미 지적한 바 있다[15번]. 또한 지금까지 행해진 시도들에서 이런 점은 충분히 드러났다. 여기에서는 이 원칙[의 문제점]에 대해, 주들 간의 평등과 관련해서만 말하고자 한다. 자연적 부를 산출하고 구성하는 환경요인에 대해 심사숙고해 온 사람이라면, 부의 정도를 확인할 수 있는 공통의 기준이나 척도가 존재하지 않는다는 사실에 틀림없이 수긍할 것이다. 주의 분담금을 정하는 척도로서 토지의 가치나 주민의 수 등이 지속적으로 제안되어 왔지만, 그것은 적절한 대표성을 가질 수 없다. 네덜란드 연합의 부를 러시아나 독일, 프랑스의 부와 비교한다면, 또한 그와 동시에 그 좁은 지역의 토지의 총가격과 총인구를 뒤에 언급된 세 나라의 광대한 지역의 토지 총가격 및 총인구와 비교한다면, 두 대상 중 어느 것의 비율도 그 나라들의 상대적 부의 비율과 전혀 유사하지 않다는 사실을 곧바로 알아차리게 될 것이다. 아메리카의 몇몇 주들 간에 비슷한 비교를 하더라도, 비슷한 결과가 나올 것이다. 버지니아주를 노스캐롤라이나주와, 펜실베이니아주를 코네티컷주와, 또는 메릴랜드주를 뉴저지주와 비교해 보면, 세입과 관련한 그 주들의 저마다의 능력이 그들의 상대적 인구나 토지 채권액과 전혀 비슷하지 않다는 점을 확신하게 될 것이다. 이런 견해는, 같은 주의 카운티들 간의 비슷한 [비교] 과정을 통해서도 똑같이 실증될 수 있을 것이다. 뉴욕주에 대해 잘 알고 있는 사람이라면, 몽고메리 카운티의 실제적 부에 대비해 킹즈 카운티의 그것이 점하는 비율이, 총 토지 가격이나 총 주민 수를 기준으로 했을 때 점하게 될 것 같은 비율보다 훨씬 높으리라는 점을 의심하지 않을 것이다!

국가의 부는 무수히 다양한 요인들에 달려 있다. 위치, 토양, 기후, 생산품의 특징, 정부의 특징, 시민들의 재능, 그들이 보유한 정보의 정도, 상업과 기술 및 산업의 상태 등과 같은 여러 환경들과 함께 특정하게 명시하기 어려운 너무나 복잡하고 미세하고 우연적인 많은 것들이, 각국의 상대적 풍요와 부에서 생각하기 어려운 차이를 만들어 낸다. 결론은 명백히, 국부를 측정할 공통의 척도란 존재할 수 없다는 것이다. 그리고 당연히, 주의 납세 능력을 결정할 수 있는 보편적인 또는 불변의 규칙이란 존재할 수 없다는 것이다. 따라서 어떤 것이든 그런 규칙을 통해 연합 구성원의 분담금을 조정하려는 시도는 확연한 불평등과 극심한 억압을 야기하지 않을 수 없다.

[주에 대해] 합중국이 요구하는 바를 준수하도록 강제할 어떤 방법이 고안될 수 있다고 하더라도, 이런 불평등은 그 자체로 합중국의 궁극적 해체를 초래하기에 충분할 것이다. 상황이 어려운 주들은, 공적 부담을 그렇게 불평등하게 배분하는 원칙에서, 또한 어떤 주의 시민들은 궁핍하게 만들고 억압하는 반면에 다른 주의 시민들은 부담이 작아 거의 인식하지도 못하는 그런 원칙에서, 연합에 계속 남아 있는 데 오랫동안 동의하려고는 하지 않을 것이다. 하지만 이는 할당과 징발의 원칙이 필연적으로 초래할 폐해이다.

이 같은 불편을 피할 방법은, 중앙정부에 그 자체 방식으로 자체 세입을 징수할 수 있는 권한을 부여하는 것밖에 없다. 수입세와 소비세를 비롯해 소비 물품에 부과되는 모든 일반 세금들은, 해당 물품의 지불 수단[즉 가격]에 그때그때 조응하는 일종의 유동체에 비유될 수 있다. 개별 시민들이 기여할 금액[즉 세금]은 어느 정도 자신이 선택할 수 있으며, 또한 자신의 자산에 대한 고려에 따라 조정할 수 있다. 부자는 낭비할 것이고, 가난한 자는 절약할 수 있을 것이다. 그런 부담을 질 만한 물품을 현명하게 선택함으로써 개인적인 압박을 피하는 것이 항상 가능할 것이다. 몇몇 주에서 특정 물품에 대한 세금의 불평등이 발생하더라도, 다른 주에서 그에 상응할 정도로 다른 물품에 대한 세금의 불평등이 발생할 것이기에, 그런 불평등은 상쇄될 수 있다. 시간이 지나면, 여러 복합적 요인들에 의해 달성될 수 있는 만큼의 균형이 자연스럽게 모든 곳에서 확립될 것이다. 그렇지 않고 설령 불평등이 여전히 남아 있다고 하더라도, 그것은 할당 — 고안해 낼 수 있는 어떠한 비율에 입각한 것일지라도 — 으로 말미암아 필연적으로 발생할 불평등처럼 그렇게 정도가 심하거나, 영향이 획일적이거나, 겉모습이 끔찍하지는 않을 것이다.

소비 물품에 부과되는 세금이 갖는 주목할 만한 이점은, 그것이 본질적으로 과잉을 막는 안전장치를 내포하고 있다는 것이다. 세금은 자체적으로 한계를 설정한다. 그리고 세입의 확대라는 계획된 목표를 무산시키지 않고는 이 한계를 초과할 수 없다. "정치적 셈법에서는 2 더하기 2가 항상 4가 되는 것은 아니다"라는 격언을 이 대상에 적용한다면 재치 있고 적확할 것이다. 만일 세금이 너무 높을 경우, 소비를 감소하고, 징세가 회피될 것이다. 세금이 타당하고 적절한 한도 내에 제한될 경우에 비해, 국고에 기여할 생산의 규모가 커지지 않을 것이다. 바로 이것이, 이런 종류의 세금으로 시민들을 물질적으로 억압하지 못하게 막는 완전한 방벽을 형성하며, 또한 그 자체 과세권에 대한 자연적 제약이 된다.

이런 종류의 세금은 대체로 간접세의 종류에 들어간다. 그것은 항상, 이 나라에서 조달될 세입의 주된 부분을 구성할 것이다. 주로 토지 및 건물과 관련되는 직접적 종류의 세금에는 할당의 규칙이 적용될 수 있을 것이다. 토지의 가격이나 주민의 수가 기준이 될 수 있다. 농업 상태와 지역의 인구밀도는 상호 밀접히 연계된 것으로 간주되어 왔다. [주민의] 수는, 의도한 목적에 맞는 규칙으로서 단순하고 확실하다는 점에서 선호될 만하다. 토지의 가치를 평가하는 것은 모든 나라에서 엄청나게 어려운 과제이다. 아직 완전히 정착하지 않았고 또 계속 발전하고 있는 나라일 경우, 그런 어려움은 거의 실현 불가능할 정도로 증가한다. 모든 경우에, 정확한 평가에 드는 비용도 만만치 않은 장애물이다. 그 특징상 정부 재량권의 한계를 찾아내기 어려운 조세 분야에서는, 재량권을 전반적으로 완전히 위임하기보다는, 목표와 양립 불가능하지 않는 확고한 규칙을 수립하는 쪽이 애로가 적을 것이다.

푸블리우스

연방주의자 22번

[해밀턴] 1787. 12. 14.

기존 연합 체제에는, 이미 열거한 결함 외에, 결코 덜 중요하지 않은 또 다른 결함들이 존재한다. 이 결함들은 함께 작용해, 기존 연합 체제를 합중국의 업무를 관리하기에 완전히 부적합한 것으로 만들고 있다.

모든 당파들이 인정하는 결함 중 하나는 교역에 대한 규제 권한의 결여이다. 이 같은 권한의 유용성은 우리 연구의 첫머리[11번 논설]에서 이미 논한 바 있다. 이 주제에 대해 가지고 있는 보편적 확신뿐만 아니라 이런 이유로 해서, 여기에서 굳이 더 추가할 필요는 없을 것이다. 가장 피상적인 견지에서 보더라도, 교역상 이익과 관련해서든 또는 재정상 이익과 관련해서든, 이 대상[즉 교역]만큼 연방의 관리·감독을 더 강하게 요구하는 사안이 없다는 것은 분명하다. 그런 감독의 부재는 이미 외국과 유익한 조약의 체결을 가로막는 장애로 작용해 왔으며, 주들 간에도 불만을 야기해 왔다. 어떤 국가라도 우리의 정치 연합[즉 연합 체제]의 특징을 잘 알고 있다면, 자신들의 중요한 권리를 조금이라도 양보하는 조약을 합중국과 체결할 만큼 어리석지는 않을 것이다. 그들은, 합중국 측의 약속이 그 구성원들에 의해 언제든 위반될 수 있음을 잘 알고 있다. 또한 그들은, 우리에게는 단지 자신들의 일시적 편의에 따른 반대급부만을 제공하면서, 자신들은 우리 시장에서 그들이 원하는 모든 이득을 향유할 수 있다는 사실을 경험을 통해 간파하고 있다. 따라서 젠킨슨 씨[1]가 [영국] 하원에서 두 나라 간의 일시적 통상을 규제하는 법안을 제출하면서, 이전 법안들의 유사한 규정이 영국 교역의 모든 목표에 부합하는 것으로 확인되었으므로, 아메리카 정부가 더 많은 일관성을 갖추게 될지 분명해질 때까지 현명하게 이 안을 견지해야 한다는 언명으로 서두를 시작한 것은 전혀 놀랄 일이 아니다.[2]

1) [옮긴이] 찰스 젠킨슨Charles Jenkinson(1729[1727]~1808)는 영국의 정치인으로 호크스베리 경Lord Hawkesbury으로 알려져 있다. 조지 3세의 신임을 받았고, 내각에서도 고위직을 역임했다. 1761년부터 1786년까지 의원을 역임했다. 여기에 언급된 법안은 그가 1783년 또는 1786년 발의한 법안을 가리키는 듯하다.

2) 이것이, 내가 대략 기억할 수 있는 한, 최근 법안을 제출하면서 그가 한 발언의 의미였다.

몇몇 주들은 단독으로 금지나 제약 또는 배제 등의 조치를 취함으로써, 이 사안[즉 교역]에서 그 왕국[즉 영국]의 태도에 영향을 미치려고 시도해 왔다. 하지만 보편적 권위의 부재, 주들 간의 상이하고 상충되는 견해에 따른 협조의 결여 등으로 말미암아 이 같은 종류의 모든 시도는 지금까지 실패로 끝났다. 균일한 조치를 가로막는 동일한 장애물들이 계속 존재하는 한 앞으로도 그럴 것이다.

합중국의 진정한 정신에 반하는, 몇몇 주들의 비우호적이고 간섭적인 규제는 여러 사례에서 다른 주들에 분개와 불만의 정당한 원인을 제공해 왔다. 그리고 중앙정부의 통제로 억제되지 않는다면, 이런 유형의 사례들이 증가하고 확대되어 합중국의 각 지역 사이 교역을 가로막는 해로운 장애물이 될 뿐만 아니라, 적대감과 불화의 심각한 원인이 되지 않을까 두렵다. "독일제국[3]의 교역은, 여러 작은 군주와 나라들이 그들의 영토를 지나는 상품들에 부과하는 수많은 관세들로 말미암아 끊임없이 속박당하고 있다. 이 때문에 독일을 행복하게 적셔 주는 훌륭한 하천과 항행 가능한 강들이 거의 쓸모없어져 버렸다." 이 나라[즉 아메리카] 인민들의 비범함은, 이런 서술이 우리에게 그대로 적용되도록 허용할 것 같지는 않다. 하지만 주의 규제들이 점점 갈등을 빚게 됨으로써, 각 주의 시민들이 다른 주의 시민들에게 외국인이나 이방인과 다름없이 간주되고 취급되리라는 예측은 합리적으로 할 수 있을 듯하다.

연합 헌장의 명확한 해석에 따르면, [합중국의] 군대 징집권은

---

3) *Encyclopedie*의 *empire* 항목[Denis Diderot and Jean LeRond d'Alembert eds., *Encyclopédie, ou Dictionnaire Raisonné des Sciences, des Arts et des Métiers* (Lausanne and Berne, 1782, 17 vols.), vol. XII, P. 254].

주에 대해 할당 인원을 요구할 수 있는 권한에 불과하다. 지난 전쟁 동안 이런 방식은 강력하고 경제적인 방위 체제를 가로막는 큰 장애물로 밝혀졌다. 그 방식은 주들 사이에 [인원 모집] 경쟁을 일으켰고, 결국 일종의 사람 경매를 만들어 냈다. 각 주들은 자신들에게 요구된 할당 인원을 채우기 위해 서로서로 더 높은 가격을 제시했다. 그 결과 보상금은 지탱할 수 없을 만큼 엄청난 규모로 증가했다. 추가 상승에 대한 기대는 복무 의사가 있는 자들에게 입대 연기의 동기를 제공했고, 장기 복무를 꺼리게 만들었다. 이에 따라, 가장 위급했던 비상 시기에 느리고 불충분한 병력 소집, 미증유의 수당에 짧은 복무 기간, 군대의 규율을 해치는 거듭되는 병력 변동 등의 문제가 발생했고, 해체된 군대로 말미암아 공공의 안전은 치명적인 위기 상황으로 내몰렸다. 몇몇 경우에는 모병을 위한 강압적 조치가 이루어졌는데, 사람들로 하여금 이런 조치를 감내하도록 만든 것은 오직 자유에 대한 열의였다.[4]

이런 모병 방식은 경제와 [군의] 정신력에 나쁜 영향을 미칠뿐더러, 부담의 공평한 배분에 미치는 부정적 영향도 그에 못지않다. 전장에 가까운 주들은, 자신을 보호하려는 동기가 영향을 미치기 때문에 그들에게 할당된 병력을, 심지어 자신의 능력을 초과할지라도 제공하려고 노력했다. 다른 주들이 성실히 노력한 만큼이나, 위험으로부터 떨어져 있는 주들은 대개 태만했다. 이런 불평등에 따른 직접적 고통은, 분담금의 경우에서처럼 최종적 변제에 대한

---

4) [옮긴이] 버지니아주에서는 징병 조치가 취해졌는데, 상당수의 사람들이 이에 응하지 않거나 무장 폭동을 일으키며 저항했다. 이 점에서 사람들이 자유에 대한 열의로 그 같은 조치를 감내했다는 지적은 과장된 것으로 보인다.

기대를 통해서도 완화될 수 없다. 자신에게 할당된 돈을 지불하지 않은 주에 대해서는 적어도 [나중에] 결손액을 부과할 수 있겠지만, 인력 제공 결손분에 대한 외상거래는 성립될 수 없기 때문이다. 그런데, 대부분의 체납 주들이 그들의 금전적 불이행 부분을 언젠가 갚으리라는 기대가 얼마나 허망한지를 감안한다면, 그런[즉 병력 제공 불평등이 최종 변제를 통해 해소되리라는] 희망이 없다고 애석해할 이유도 찾기 어려울 것이다. 모든 면에서 볼 때, 사람에 적용되든 돈에 적용되든, 할당 및 징발 체제는 합중국으로서는 유약한 체제이고, 구성원들 사이에서는 불평등하고 불공평한 체제이다.

주들 간의 동등한 투표권은 연합의 또 다른 이상한 요소이다. 비례에 대한 모든 개념과 공평한 대표에 관한 모든 규칙은, 로드아일랜드주에 매사추세츠주, 코네티컷주, 뉴욕주와 동등한 비중의 권력을 부여하고, 국가[적 안건]의 심의에서 펜실베이니아주, 버지니아주, 노스캐롤라이나주와 동등한 목소리를 델라웨어주에 부여하는 그런 원칙에 대해 한목소리로 비판하고 있다. 이 원칙의 시행은, 다수파의 의견이 지배할 것을 요구하는 공화제 정부의 근본 원칙에 모순된다. 이에 대해 궤변론자들은, 주권체들은 동등하며, 또한 주들의 표 가운데 다수파는 연합한 아메리카에서 다수파가될 것이라고 응답할지 모른다. 그러나 이런 부류의 논리적 술책은 정의와 상식의 평범한 의견을 결코 이기지 못한다. 주들 중의 다수파가 아메리카 인민 중에서는 소수파가 되는 상황이 발생할 수있다.[5] 또한 아메리카 인민의 3분의 2가, 인위적 구별과 교묘한

---

5) 뉴햄프셔주, 로드아일랜드주, 뉴저지주, 델라웨어주, 조지아주, 사우스캐롤라이나주, 그리고 메릴랜드주[등 일곱 개 주]는, 주의 수로는 다수파이지만, 인구로는 인민의 3분의 1에 못 미친다.

논리를 그대로 믿고서, 자신들의 이익을 3분의 1의 관리와 처분에 맡기는 그런 상황을 오랫동안 용납할 리가 없다.[6] 얼마 못 가 더 큰 주들은 작은 주들에서 나온 법률을 받아들여야 한다는 생각에 반감을 갖게 될 것이다. 정치적 비율에서 자신들의 정당한 지위가 그처럼 박탈당하는 것을 순순히 받아들이는 것은, 단순히 권력에 대한 애착을 느끼지 못하는 것만이 아니라 평등에 대한 욕구까지 단념하는 격이 될 것이다. 전자를 기대하는 것은 합리적이지 못하며, 후자를 요구하는 것은 정당하지 못하다. 작은 주들은 자신들의 안전과 복지가 얼마나 연방에 달려 있는지를 곰곰이 생각해, 만일 포기하지 않을 경우 연방의 존속에 치명적이 될 수 있는 주장[즉 각 주의 동등한 표결권]을 기꺼이 단념해야만 한다.

이런 견해에 대해서는, 가장 중요한 결의안은 일곱 개 주가 아닌 아홉 개 주, 또는 전체 주 가운데 3분의 2의 동의가 없으면 안되도록 하자는 반론이 제기될 수도 있다. 아홉 개 주는 항상 합중국 주민의 과반을 포함한다고 추론 가능하기 때문이라는 것이다. 그러나 이렇게 한다고 해도 크기나 인구에서 큰 차이가 나는 주들이 동일하게 한 표를 갖는 부당함이 해결되는 것은 아니다. 또한 그 추론이 사실에 있어 정확한 것도 아니다. [전체] 인민의 과반 이하를 품고 있는 아홉 개 주를 열거할 수 있고,[7] 이 아홉 개 주가 표결에서 승리하는 것이 헌법적으로 가능하기 때문이다. 그 외에, 상당히 중요한 사안들이 근소한 차이의 과반수로 결정될 수 있다.

6) [옮긴이] 연합 헌장(제9조)에 따르면, 광범위한 의제에 대한 결정은 연합 회의에서 3분의 2의 지지가 필요하다.

7) 앞에서 든 일곱 개 주에 뉴욕주와 코네티컷주를 더해도 여전히 [이들의 인구수는 전체 인구의] 과반에 미달할 것이다.

또한 의문이 제기되어 왔던 사안임에도 일곱 개 주의 표만으로 [결정하기에] 충분한 사안으로 해석된다면, 가장 중요한 이해관계에까지 일곱 개 주의 표로 충분하다는 논리가 적용될 것이다. 나아가, 주의 수가 증가할 가능성이 있는데, 이에 비례하는 득표 비율의 증가에 관한 규정이 존재하지 않는다는 의견도 제시된다.

그러나 이것이 전부가 아니다. 첫눈에 치료제처럼 보이는 것은 사실은 독이다. 소수파에게 다수파에 대한 거부권을 부여하는 것 (결정하는 데 단순 과반 이상이 필요한 경우는 항상 이러하다)은 더 많은 수의 의견을 더 적은 수의 의견에 종속시키는 것이 되기 쉽다. 연합회의는, 몇 개 주만 불참해도, 단 한 표의 거부권으로 모든 의사 진행을 중지시킬 수 있는 폴란드 의회[8]와 같은 상황에 종종 처하곤 했다. 대략 델라웨어주와 로드아일랜드주를 합한 크기인, 합중국의 60분의 1에 해당하는 지역이 여러 차례 연합회의의 활동을 전면 정지시킬 수 있었다. 이는 섬세한 고안의 하나였지만, 이론상으로 기대한 것과는 반대되는 효과를 가져왔다. 공적 조직에서 만장일치나 그에 버금가는 어떤 방식을 요구하는 것은, 그것이 안전에 기여하리라는 전제에 근거한다. 그러나 그 실제 효과는 정부의 운영을 방해하고 활기를 파괴하는 것이었으며, 존중할 만한 다수파의 정상적 심의와 결정을, 소란스럽거나 부패한 하찮은 파당의 방종과 변덕 및 술책으로 대체하는 것이었다. 정부가 우수한지 열등한지, 강한지 약한지가 매우 중요해지는 국가의 비상시에는 일반적으로 행동이 요구된다. 공공 업무는 어떤 방식으로든 진척되어야 한다. 그런 업무를 수행하는 최선의 방안과 관련해 완강한 소수파가 다수파의 견해를 제지할 수 있다면, 다수파는 무언

---

8) [옮긴이] 19번 논설, 주 13 참조.

가를 하기 위해 소수파의 견해에 따라야만 할 것이다. 그리하여 더 적은 수의 의견이 더 많은 수의 의견을 지배할 것이며, 국가 진행의 기조에 영향을 미칠 것이다. 그 결과는 지루한 지체, 끊임없는 협상과 계략, 공익을 둘러싼 경멸스러운 타협 등이다. 그런데 이런 체제에서 그런 타협이라도 이루어지면 다행일 것이다. 왜냐하면 어떤 경우에는 협상의 여지가 없는 상황 탓에, 정부 조치가 부당하게 유보되거나 불가피하게 좌초될 수밖에 없기 때문이다. 필요한 만큼의 지지표를 얻지 못함으로써 정부는 종종 정지 상태에 빠지곤 한다. 정부는 항상 허약한 기미를 보이고, 때로는 거의 무정부 상태에 이른다.

다수파의 의견에 결정권을 부여하는 것보다 이런[즉 만장일치나 그에 준하는] 원칙에서, 내부 알력뿐만 아니라 외부[세력에 의한] 매수의 여지가 훨씬 크다는 사실을 발견하기란 어렵지 않다. 그럼에도 사람들은 그 반대일 것이라고 추정해 왔다. 이런 착각은, 어떤 결정적 시기에 정부의 진행이 막힘으로써 야기될 수 있는 피해에 제대로 주목하지 않았기 때문에 발생했다. 어떤 국가적 조치를 취하는 데 헌법상 많은 수의 동의가 필요하면, 우리는 모두가 안전하다고 만족해하기 쉽다. 왜냐하면 부적절한 어떤 것이 행해지지 않을 것이기 때문이다. 그러나 필요할 수도 있는 것을 하지 못하도록 방해하는 세력에 의해, 또한 어느 특정 시기에 우연히 처해진 바로 그 나쁜 상태에 일들을 계속 묶어 두려는 세력에 의해, 좋은 것이 얼마나 많이 제지당할 수 있는지, 그리고 나쁜 것이 얼마나 많이 만들어질 수 있는지 우리는 잊고 있다.

예를 들어, 우리가 어느 한 나라와 동맹해 다른 나라에 맞서 전쟁 중에 있는데, 우리는 상황적 필요성 때문에 평화를 필요로 하지만, 동맹국은 자신들의 이해관계나 야망 때문에 전쟁을 계속하려 한다고 가정해 보자. 또한 동맹국이 갖는 그런 견해를 고려하면, 우리만 따로 적과 개별적 타협을 하는 것이 정당화될 수 있다고 가정해 보자. 이런 상황에서 우리의 동맹국이 매수와 계략을 동원해 우리 정부의 손발을 묶음으로써 강화를 맺지 못하도록 시도한다면, 강화에 [의회의] 전체 표의 3분의 2가 필요한 경우가 단순 과반수로 충분한 경우보다 그렇게 하기가 훨씬 용이하다는 것을 분명 알아차리게 될 것이다. 전자의 경우에는 소수를 매수하면 되지만, 후자의 경우에는 더 많은 수를 매수해야만 하기 때문이다. 같은 원리에 따라, [전자의 경우] 우리와 전쟁 중에 있는 외세가 우리 의회를 혼란시키고, 우리 [힘의] 행사를 방해하기가 훨씬 용이할 것이다. 또한 상업적 관점에서도 비슷한 폐해를 겪을 수 있다. [전자의 경우] 우리와 통상 조약을 맺고 있는 어느 국가가, 그들의 교역 경쟁국과 우리가 관계 맺는 것을 훨씬 쉽게 방해 — 그런 관계가 우리 자신에게 아주 유익한 것임에도 — 할 수 있을 것이다.

지금 서술한 해악들을 가공의 것으로 간주해서는 안 된다. 공화국의 여러 장점 중에서 약한 측면의 하나는 너무 쉽게 외부 매수의 접근을 허용한다는 것이다. 세습 군주들은, 종종 자신의 신민을 자신의 야망에 희생하는 경향이 있긴 하지만, 국가의 대외적 영광과 정부에 대해 개인적 이해관계가 너무나 크기 때문에, 외부 세력이 그에게 국가를 배반함으로써 잃을 것에 상응할 만한 대가를 제시하기가 쉽지 않다. 따라서 국왕이 다른 종류로 변절하는 사례는 아주 많지만, 이런 식의 변절 사례는 전 세계적으로 거의 목격되지 않는다.

공화국의 경우, 동료 시민들의 투표에 의해 공동체의 무리 중에서 엄청난 지위와 권력의 자리에 오르게 된 사람들은 시민들의 신뢰를 배반할 만한 보상물을 [더 쉽게] 발견할 수도 있다. 초연한 덕성에 따라 움직이고 인도되는 사람을 제외한다면, 그 누구에게라도 그 보상물은, 공동의 자산 중 자신의 이익 부분을 능가하며,

또한 직책의 의무보다 더 가치가 있는 것으로 보일 수 있다. 이런 이유로, 역사는 우리에게 공화제 정부에서 외부 매수가 횡행했던 실망스러운 사례를 무수히 제공한다. 이것이 고대 공화국의 붕괴에 얼마나 큰 영향을 미쳤는지는 이미 설명한 바 있다[18~20번]. [네덜란드] 연합의 대표들이 여러 경우에 이웃 왕국의 사절들에게 매수당했던 것은 널리 알려진 사실이다. (내 기억이 정확하다면) 체스터필드 백작Earl of Chesterfield[9]은 궁중에 보낸 서한에서, 주요한 협상에서 자신이 성공한 것은 그 대표들 가운데 한 명에게 줄 큰 수수료를 확보한 덕분이었다고 암시하고 있다. 그리고 스웨덴에서는, 당파들이 번갈아 가면서 너무나 공공연하고 추악한 방식으로 프랑스와 영국에 매수당함으로써 국민 사이에 보편적 혐오감을 불러일으켰다. 유럽에서 가장 제한된 권한을 지녔던 군주가, 단 하루 만에 아무런 소요나 폭력, 저항도 없이 가장 절대적이고 통제받지 않는 군주 가운데 한 명이 될 수 있었던 주된 원인은 바로 이것이었다.[10]

연합의 결함 중에서 최후를 장식할 것은 아직 언급되지 않은 채 남아 있다. 사법권의 부재가 그것이다. 법률은, 그 진정한 의미와 효력을 해석하고 규정하는 법원이 없다면 죽은 문자에 불과하

---

9) [옮긴이] 체스터필드 백작 4세Philip Dormer Stanhope(1694~1773)는 영국의 정치인이자 문필가이다. 1728~32년 네덜란드 대사를 지냈다. 1745년에는 오스트리아 왕위 계승 전쟁에서 프랑스 대항 전선에 네덜란드가 참여하도록 설득하는 외교 업무를 수행했다.

10) [옮긴이] 스웨덴의 국왕인 구스타브 3세Gustavus III(1746~92)는 1771년 취약한 왕권을 물려받았는데, 이듬해 의회에 강압적 수단을 동원해 신헌법 채택을 강요함으로써 권력을 강화했고, 일련의 재정 및 행정 개혁을 단행했다.

다. 합중국의 조약들이 어떤 효력을 가지려면 이 나라의 법률의 일부로 간주되어야 한다. 개인에 관한 한, 조약의 진정한 의미는 다른 모든 법률과 마찬가지로 사법적 결정들에 의해 확정되어야 한다. 이런 결정들에서 균일성을 제시하려면, 조약들은 최종적으로 단일의 최고법원[의 해석]에 따라야 한다. 그리고 이 최고법원은 조약들을 체결한 바로 그 권위에 따라 설립되어야 한다. 이 두 구성 요소는 양자 모두 필수 불가결하다. 만일 각 주마다 최종 재판권을 가진 법원이 존재한다면, 동일한 사항에 대해 법원의 수만큼이나 많은 각기 다른 최종 결정들이 존재하게 될 것이다. 사람들의 의견에는 수없이 많은 다양성이 존재한다. 우리는 종종 각기 다른 법원들을 볼 뿐만 아니라, 동일 법원에서도 서로 다른 판사들을 보곤 한다. 독립적인 다수의 법원들의 상호 모순된 결정들로 말미암아 불가피하게 발생할 혼란을 피하기 위해, 모든 국가들은 나머지 법원들에 대해 최고 권위를 갖는 단일의 법원 — 포괄적 감독권을 보유하고, 최종적으로 균일한 시민적 정의의 규칙을 확정하고 선언할 권한을 부여받은 — 을 설립하는 것이 필요함을 깨닫게 되었다.

정부의 구성이 너무 복잡해 부분들의 법[즉 주법]이 전체의 법[즉 연방법]을 침범할 위험이 있는 곳에서는 이런 최고법원이 더욱더 필요하다. 그런 상황에서 만일 개별 법원들[즉 주 법원]이 최종 사법권을 가지게 된다면, 판정의 차이로부터 예상되는 모순 외에도, 지역적 편견이나 견해의 편향성, 지역적 법규의 개입 등으로 말미암아 더 많은 두려움을 안게 될 것이다. 그런 개입이 발생할 때마다 개별 법률[즉 주법]의 조항들이 보편 법률[즉 연방법]의 조항보다 선호될 것이 우려된다. 이에는 합리적 근거가 있다. 공직자들로서는, 그들의 공적 생존을 좌우할 권위[즉 주법]를 특별히 존중해 따르는 것보다 더 자연스러운 것이 없기 때문이다.

현행 헌법에서 합중국의 조약은, 각기 다른 13개 입법부와 그런 입법부의 권위에 따라 작동하는 같은 수의 각기 다른 법원들 — 최종 사법권을 가진 — 에 의한 침해를 면할 수 없다. 따라서 전체 합중국의 신용과 명성, 평화는 합중국을 이루는 모든 구성원 [즉 주] 하나하나의 편견과 정념, 이해관계에 따라 끊임없이 휘둘리고 있다. 이런 정부를 다른 나라가 존경하거나 신뢰할 수 있을까? 자신들의 명예와 행복과 안전을 그렇게 불안정한 기반 위에 맡기는 데 아메리카 인민들이 동의할 수 있을까?

연합에 대한 지금까지의 검토에서 나는 가장 중요한 결함들만을 제시했다. 연합의 세부 사항들의 결함은 무시했는데, 심지어 연합에 부여하기로 했던 권력의 대부분은 이런 세부적 결함 탓에 거의 다 무산되어 버렸다. 선입견에서 벗어날 수 있는, 성찰할 수 있는 사람이라면 이제는 다음과 같은 점을 분명히 인식하게 되었을 것이다. 즉 [현재의] 연합은 너무나 근본적으로 잘못되고 부적절한 체제이기에, 그것의 가장 중요한 특징과 성격을 전면적으로 변경하는 것 외에는 개선의 여지가 전혀 없다는 것을.

연합회의의 조직은, 합중국에 맡겨져야 하는 그런 권력을 행사하는 데 전혀 적합하지 않다. 단원單院의 의회는 지금까지 연합 지도부에 위임되었던 빈약한 권한, 더 정확히 말하면 제한된 권한에는 알맞은 그릇일지 모른다. 하지만 합중국에 마땅히 귀속되어야 하는, 또한 헌법안에 대한 온건하고 한층 합리적인 반대자들도 수용할 그런 추가적 권한을 단원의 의회에 맡기는 것은 좋은 정부의 원리에 전혀 부합하지 않는다. 만일 헌법안 채택도 실패하고, 합중국의 해체를 이용해 개인 권력 강화를 노리는 자들의 야심도 좌절되어 합중국의 필요성이 계속 견지된다면, 현재 구성되어 있는 연합회의에 추가적 권한을 부여하는 기획이 추진될 개연성이 높다. 이 경우 그 기구는, 그것을 지탱시키려는 우리의 어리석은 시도에도 불구하고 본질적인 구조적 취약성 탓에 붕괴하거나, 그렇지 않으면 필요에 따라 영향력과 활동이 계속 확대됨으로써 결국 주권의 가장 중요한 모든 권한이 단일 기구에 축적될 것이다. 그리하여 우리는 인간의 열병이 지금까지 고안해 낸 가장 혐오스러운 정부 형태의 하나를 후손들에게 남겨 주게 될 것이다. 요컨대 우리는 신헌법의 반대자들이 피하려고 애쓰는 또는 애쓰는 체하는 바로 그 전제정을 실제로 창출할 것이다.

　기존 연합 체제가 인민들에 의해 승인받은 적이 결코 없다는 사실은 이 체제의 허약성에 적지 않게 영향을 미쳤다. 연합 체제가 기초하고 있는 근거라고는 개별적인 주 의회들의 동의밖에 없기 때문에, 연합 체제 권력의 정당성에 관한 복잡한 의문이 빈번히 제기되었고, 어떤 경우에는 주 의회의 철회권이라는 엄청난 학설까지 등장했다. 연합 체제의 비준은 주의 법률 덕분이기 때문에, 바로 그 권위[즉 주]가 그 법 — 연합 체제를 비준해 준 — 을 철회할 수 있다는 주장이 그것이다. 협정의 당사자는 협정을 철회할 권리를 갖는다는 주장이 아무리 무례하고 정설에 반하는 것이라 하더라도, 그런 교의 자체는 존경할 만한 인사들의 지지까지 받았다. 이런 종류의 문제 제기가 가능한 것 자체가, 우리의 중앙정부의 근거를 단지 위임된 권력에 의한 승인에 둘 것이 아니라 더 깊은 곳에 두어야 할 필요성을 입증한다. 아메리카 제국의 구조는 인민의 동의라는 튼튼한 기초에 근거해야 한다. 국가권력의 물줄기들은, 모든 합법적 권위의 순수하고 본래적인 원천으로부터 직접 흘러나와야 한다.

푸블리우스

연방주의자 23번

[해밀턴] 1787. 12. 18.

요점은, 합중국의 보존을 위해서는 적어도 지금 제안되어 있는 것만큼의 효과적인 헌법이 필요하다는 것이다. 이제 이에 대해 검토할 단계이다.

이런 탐구는 자연스럽게 세 부분으로 나뉠 텐데, 연방 정부가 제공해야 할 목표, 그 목표를 달성하는 데 필요한 권한의 양, 그 권한이 영향을 미칠 사람들이 그것이다. 권한의 배치와 조직은 그 뒤에 이어질 항목에서 좀 더 제대로 살펴볼 것이다.

합중국이 완수해야 할 목표는 이런 것들이다. 구성원들의 공동방위, 외부의 공격과 내부의 혼란에 맞서 공공의 평화의 유지, 외국과의 교역 및 주 간의 교역에 대한 규제, 외국과 우리 간의 정치적·상업적 교류에 대한 감독 등.

공동방위를 돌보는 데 필수적인 권한은 다음과 같다. 육군을 소집하고, 해군을 건립하고 무장시키며, 두 군대를 통제하기 위한 규칙을 정하고, 두 군대의 작전을 지휘하며, 두 군대의 예비대를 제공하는 권한 등. 이런 권한에는 제약이 없어야 한다. 왜냐하면 국가적 위기의 규모나 종류 또는 그런 위기를 해결하는 데 필요한 수단의 규모나 종류를 예측하거나 한정하는 것이 불가능하기 때문이다. 국가의 안전을 위협하는 상황은 무한하다. 따라서 안전의 보장을 책임질 권한에 헌법적 구속을 부과하는 그 어떤 것도 현명하지 못하다. 그 권한은, 안전을 위협하는 그런 상황들의 모든 가능한 조합에 상응할 만큼 포괄적이어야 하고, 공동방위를 통할하도록 지명된 바로 그 의회[즉 연방의회]의 지시하에 두어져야 한다.

편견 없는 올바른 사람에게 이는 자명한 진리의 하나가 될 것이다. 논증이나 추론은 이 점을 더 명료하게 하기는커녕 모호하게 할 뿐이다. 이는 보편적인 만큼이나 단순한, 자명한 이치에 기초하고 있다. 수단은 목표에 비례하도록 맞추어야 하고, 그들의 활동을 통해 목표를 달성해 주리라고 기대받고 있는 사람들은 그것을 이룰 수단을 보유해야만 한다.

무엇보다 먼저 논의해야 할 문제는, 공동방위의 책임을 맡을 연방 정부가 존재해야 하느냐는 것이다. 그런데 이에 대해 긍정적 결정이 내려지는 바로 그 순간, 그 정부는 자신의 책임을 완전하게 이행하는 데 필요한 모든 권력을 부여받아야 한다는 결론이 도출된다. 그리고 공공의 안전에 영향을 미칠 수 있는 상황들이 어떤 한정된 범위 내로 제한될 수 있음을 증명하지 못하는 한, 또는 이런 견해와 반대되는 명제를 타당하고 합리적으로 논박할 수 없는 한, 그 필연적 결론으로서 다음과 같은 원리를 인정해야만 한다. 즉 공동체의 방어와 보호를 준비하고 제공해야 하는 권력에는, 그 권력의 효능에 본질적인 어떤 사안에서도, 다시 말하면 국가의 물리력을 형성, 통솔 또는 지원하는 데 필수적인 어떤 사안에서도 제약이 있을 수 없다는 원리 말이다.

비록 현재의 연합 체제에 결함이 있는 것으로 드러났지만, 이와 같은 원리에 대해서는 연합의 입안자들 역시 충분히 인식하고 있었던 듯하다. 비록 그런 원리를 실행하기 위한 적절하고 충분한 규정을 만들지는 않았지만 말이다. 연합회의는 사람과 자금을 징발하고, 육군과 해군을 통솔하고, 두 군대의 작전을 지시할 무제한의 재량권을 가지고 있다. 연합회의의 징발은 헌법적으로 주들을 구속하게 되어 있고, 또한 주들은 사실상 자신들에게 요구되는 보급 물자를 제공해야 할 가장 엄숙한 의무를 지고 있다. 따라서 합중국은 "공동방위와 일반 복리"에 필요하다고 판단되는 자원은 무엇이든 요구하고 이용할 수 있어야 한다는 것이 [당초의] 의도였음이 분명하다. 자신들의 진정한 이해에 대한 [주들의] 인식과 선의

의 명령에 대한 존중 등이, 연합 지도부에 대해 구성원들[즉 주들]
이 갖는 의무의 지체 없는 이행을 가져올 충분한 담보가 되리라고
여겨졌던 것이다.

하지만 [연합의] 실험은 이런 기대가 근거 없는 환상에 불과했
음을 입증했다. 그리고 편견에서 자유롭고 통찰력이 있는 사람이
라면, 지난 호[의 논설]의 관찰 결과로부터, 연합 체제의 제1 원리
에 전면적 변화가 절대적으로 필요하다는 점을 충분히 확신할 수
있었을 것이다. 즉 우리가 진심으로 합중국에 활기와 지속성을 부
여하고자 한다면, 집합체로서의 주를 대상으로 한 입법이라는 헛
된 기획을 포기하고 연방 정부의 법률을 아메리카의 개개 시민에
게까지 확장해야 하며, 똑같이 실행 불가능하고 불공평한, 할당과
징발의 잘못된 체계를 폐기해야만 한다는 것이다. 이 모든 논의의
귀결은, 병력을 소집하고, 해군을 건립하고 무장하며, 세입을 조달
할 수 있는 충분한 권한, 즉 다른 정부에서 실행하는 관례적이고
통상적인 방식으로 육군과 해군을 육성하고 지원하는 데 필요한
그런 권한을 합중국에 부여해야 한다는 것이다.

만일 우리나라의 상황으로 말미암아 단순하지 않고 복합적인,
단일하지 않고 연방적인 정부가 요구된다면, 조정되어야 할 가장
중요한 문제는, 권력의 각 영역이나 부문[즉 연방 정부나 주 정부]에
귀속될 목표를 되도록 구별하고, 각각의 책임에 따라 부여된 목표
를 달성할 수 있는 충분한 권한을 부여하는 일이 될 것이다. 합중
국이 공동 안전의 수호자로 지명되어야 하는가? 이 목표에 필요한
해군과 육군 그리고 세입은? 이런 문제와 관련된 모든 법률을 통
과시키고 모든 규정을 제정할 수 있는 권한이 합중국 정부에 주어
져야 한다. 교역을 비롯해 합중국 정부의 관할권이 미칠 수 있는
다른 모든 영역과 관련해서도 그렇게 되어야 한다. 같은 주에 속
한 시민들 간에 법을 집행하는 것은 지방정부에 적절한 영역인가?

지방정부들은, 이런 목표를 비롯해, 특별히 지방정부의 감독 및 지시의 대상으로 할당된 다른 목표들과 연관되는 모든 권한을 보유해야 한다. 각 경우마다 목적에 상응하는 정도의 권력을 부여하지 않는다면, 그것은 신중함과 타당성의 가장 명백한 규칙을 어기는 것과 다름없다. 또한 국가의 가장 중대한 관심사를, 활기 있고 성공적으로 그것을 운영할 능력이 없는 사람의 수중에 무작정 맡기는 것과 다름없다.

공공의 안전을 수호할 임무를 맡고 있는 그 조직만큼, 공공의 방위에 적합한 규정을 잘 만들 것 같은 조직이 어디 있는가? 그 조직은, 정보의 중심으로서, 임박한 위험의 정도와 긴급성을 가장 잘 이해할 것이다. 그 조직은, 전체의 대표로서, 모든 지역의 보존에 가장 깊은 관심을 가지고 있다고 스스로 느낄 것이다. 그 조직은, 자신에게 부과된 의무에 수반하는 책임감 때문에, 적합한 [권한] 행사의 필요성을 가장 민감하게 느낄 것이다. 또한 그 조직만이, 자신의 권한을 주들에까지 확장함으로써, 공동의 안전을 보호할 계획과 조치에서의 일관성과 조화를 확립할 수 있다. 보편적 방위의 책임은 연방 정부에 지우면서 그 준비 수단인 실질적 권한들은 주 정부에 맡긴다면 명백한 불일치가 존재하지 않겠는가? 그런 체제의 틀림없는 결과는 협력의 부재가 아닐까? 취약함, 무질서, 부담의 부당한 배분, 전쟁의 참화, 불필요하고 견딜 수 없는 비용의 증가 등이 그 체제의 자연스럽고 불가피한 부산물이 아닐까? 그런 체제의 결과는 우리가 이제 막 완수한 [독립] 혁명의 과정에서 분명히 경험하지 않았는가?

우리는 진리에 대한 솔직한 탐구자로서 이 주제를 살펴볼수록, 연방 정부에 관리를 위임한 모든 목표들에 대한 무제한의 권한을 연방 정부에 주지 않는 것은 현명하지 못할 뿐만 아니라 위험한 일임을 확신하게 될 것이다. 필수적 권한이 연방 정부에 틀림없이 부여될 수 있는 그런 방식으로 연방 정부가 설계되었는지를 확인하는 것은, 인민들이 가장 조심스럽고 주의 깊게 관심을 가져야 마땅한 일이다. 우리의 고려 대상으로 제시된 또는 제시될 그 어떤 안이라도, 냉정하게 검토한 결과 이런 점에 부합하지 않는다고 밝혀지면 거부해야만 한다. 그 어떤 정부이든 자유로운 인민들이 그 정부에 위임해야만 하는 모든 권한을 헌법에 의해 위임받을 수 없게 되어 있는 정부가 있다면, 그 정부는 불안하고 부적합한 국익의 수탁소가 될 것이다. 국익이 적절하게 위탁될 수 있는 곳이라면 어디든, 그에 부합하는 권한이 아무 문제 없이 동반될 수 있는 것이다. 이것이 이 주제에 대한 모든 올바른 추론의 확실한 결론이다. 그리고 제헌회의가 발표한 안에 반대하는 자들은, 제안된 정부의 내부 구조를 볼 때 그 정부가 인민의 신뢰를 받을 만하지 않음을 밝히는 데 집중해야 한다. 선동적인 열변, 권한의 범위에 대한 무의미한 트집 등을 장황하게 늘어놓는 일은 그만 두어야 한다. 권한은 연방 정부 운영의 목표, 달리 말하면 우리 국익을 관리하는 일에 비해 그다지 광범위하지 않다. [반대파들의] 주장은, [연방 정부의] 권한이 비난받을 만큼 과도하다는 점을 전혀 만족스럽게 입증하지 못하고 있다. 반대편의 몇몇 저술가들이 완곡하게 말해 온 것처럼, 만일 문제의 본질로부터 어려움이 발생하고 있고, 또한 나라의 크기 때문에 그처럼 방대한 권한을 안전하게 보관할 수 있는 단일 정부를 형성하기가 불가능하다면, 우리는 시야를 축소해야 하고 개별적인 [복수의] 연합체들 — 한층 실현 가능한 권역 내에서 움직일 — 이라는 임시방편에 의지할 수밖에 없을 것이다. 가장 근본적인 국익을 적절하고 효과적으로 관리하는 데 필수적인 권한은 맡기지 못하면서 그에 대한 관리만 정부에 위임하는 것이 얼마나 어리석은 짓인지 너무나 명백해 보인다. 따라서 이제 모순되는 것을 양립시키려 하지 말고, 합리적인 대안을 확고하게 받아들이도록 하자.

그런데 나는 [반대 측에서 주장하는] 단일의 포괄적 체제의 실행 불가능성은 입증될 수 없다고 확신한다. 만일 이런 경향에 대해 비중 있는 어떤 의견이라도 지금까지 제시된 적이 있다면, 나의 큰 실수가 될 것이다. 나는 지금까지의 논설에서 고찰한 바를 통해, 그에 반대되는 입장을 충분히 그리고 장차 발생할 어떤 사태에 대해서도 통할 정도로 해명했다고 자신한다. 여하튼 나라의 크기에서 초래된 난점, 바로 그것이 강력한 정부를 지지하는 가장 강력한 논거임이 분명하다. 왜냐하면 다른 어떤 것도 그렇게 큰 제국으로 이루어진 합중국을 확실히 유지할 수 없기 때문이다. 만일 헌법안 채택에 반대하는 자들의 신조를 우리의 정치적 강령의 기준으로 받아들인다면, 우리는 결국 기존 연합의 모든 영역을 포괄하는 그런 국가 체제의 실행 불가능성을 예언하는 암울한 교의를 입증하게 될 것이다.

푸블리우스

연방주의자 24번

[해밀턴] 1787. 12. 19.

[헌법안에서] 연방 정부에 부여하도록 제안한, 연방군의 설립 및 지휘와 관련된 권한에 대해서는 단 하나의 구체적 반론이 제기되었다. 그것은, 내가 정확히 이해했다면, 평화 시에 상비군의 존재를 금지하는 적절한 규정이 없다는 것이다. 이 반론은 허약하고 비현실적인 근거에 기초하고 있는데, 지금부터 이에 대해 밝히고자 한다.

그 반론은 정말 가장 모호하고 개괄적인 형태로 제시되었고,

무모한 주장으로 뒷받침될 뿐이다. 그것은 논증의 외양도 갖추지 못했고, 학설의 지지도 받지 못하고 있으며, 또한 다른 자유국가들의 관례에 반할 뿐만 아니라 대부분의 기존 헌법들[즉 주 헌법]에 표명되어 있는 아메리카의 일반적 인식과도 모순된다. 지금 검토하고 있는 반론[의 타당성]은, 군 상비 체제 조항에서 국가의 입법 권한을 제약할 가상적 필요성에 달려 있다. 이는 한두 주의 헌법에서밖에 들어보지 못한 원리이고, 나머지 모든 주에서 거부된 원리이다. 이런 사실을 상기하는 순간, 내 의견의 타당성은 바로 드러날 것이다.

제헌회의에서 발표한 안을 한 번도 본 적이 없는, 우리 정치의 문외한이 지금 시점에서 우리 신문을 읽어 보게 된다면, 자연스럽게 다음과 같은 두 가지 결론 중의 하나에 이를 것이다. 즉 평화 시에도 상비군이 유지되어야 한다는 명문화된 지시가 그것[즉 헌법안]에 담겨 있거나, 아니면 집행부의 재량권을 어떤 형태로도 입법부의 통제에 종속시키지 않은 채로 군대 소집의 전권을 집행부에 부여하고 있으리라는 것이다.

만일 그가 나중에 헌법안 자체를 숙독하게 된다면, 전자나 후자 중 어느 것도 사실이 아니라는 점, 군대 소집의 전권이 집행부가 아닌 입법부에 위임되어 있다는 점, 이 입법부는 정기적으로 선출되는 인민의 대표들로 구성되는 대중적 조직이라는 점, 그가 추측했던 상비군 지지 규정 대신에 그와 관련된 입법부의 재량에 중대한 제한이 발견된다는 점, 그 규정에서는 군대 유지비에 대한 의회의 세출 승인이 2년 기한을 넘지 못하게 되어 있다는 점, 좀 더 자세히 살펴보면 그런 예방책들이 명백한 필요 없이 군대를 유지하지 못하도록 하는 중요하고 현실적인 담보처럼 보이리라는 점 등등을 발견하고서 놀라게 될 것이다.

내가 가상으로 만든 그 사람은, 처음 추정이 어긋나 실망하겠지만, 자신의 추측을 좀 더 진행하려 할 것이다. 그는 자연스럽게 스스로에게 이렇게 말할 것이다. [반대파들의] 격렬하고 비장한 열변에는 어떤 그럴듯한 이유가 없을 수 없고, 이 사람들은 자신들의 자유를 빼앗기지 않으려 너무나 경계하기에, 그들이 이전에 만들었던 모든 헌법 모델들에서 이에 대한 가장 정밀하고 엄격한 예방책을 담았는데, 새로운 안에는 이것이 누락되어 이처럼 걱정하고 항의하는 것이 틀림없다고 말이다.

만일 그 사람이 이런 생각을 갖고서 주 헌법들을 검토한다면, 그중 오직 두 개만이 평화 시 상비군 금지 내용을 담고 있고,[1] 나머지 11개는 이 문제에 대해 완전히 침묵하거나 아니면 상비군 존속을 인가하는 입법부의 권한을 명시적으로 인정하고 있음을 발견하고서 크게 실망할 것이다.

그럼에도 그는 여전히, 이 문제와 관련해 제기되는 항의에는 틀림없이 어떤 그럴듯한 근거가 있을 것이라고 믿을지 모른다. 그는, 자신이 살펴보지 못한 자료가 아직 남아 있는 한, 그런 항의가

---

1) 상황에 대한 이런 서술은 출간된 주 헌법 모음집에 의거했다. 펜실베이니아주와 노스캐롤라이나주가 금지 규정을 두고 있는 두 주인데, 내용은 다음과 같다. "상비군은 평화 시에 자유에 위협적이기 때문에 유지되어서는 안 된다." 이는 사실 금지라기보다는 경고이다. 뉴햄프셔주, 매사추세츠주, 델라웨어주는 각각 그들의 권리장전에서 다음과 같은 취지의 조항을 두고 있다. "상비군은 자유에 위협적이며, 입법부의 동의 없이는 소집되거나 유지되어서는 안 된다." 이는 입법부의 권한에 대한 공식적 승인이다. 뉴욕주는 권리장전을 갖고 있지 않고, 뉴욕주 헌법은 이 문제에 대해 한마디도 언급하지 않고 있다. 앞서 언급한 주를 제외한 다른 주의 헌법에는 권리장전이 첨부되어 있지 않고, 헌법 역시 [상비군에 대해] 아무런 언급이 없다. 그런데 내가 듣기로는, 이 모음집에는 나타나 있지 않지만 [이들 외에도] 한두 개 주가 권리장전을 갖고 있는데, 그들 역시 이 점[즉 상비군]에서의 입법부 권한은 인정하고 있다.

모든 것을 쉽사리 믿는 대중들의 성향을 이용하려는 시도 — 기만하려는 고의적 의도에서든, 아니면 순진하기에는 너무 과격한 과도한 열의에서든 — 에 불과하리라고는 상상조차 할 수 없을 것이다. 그는 자신이 찾고 있는 그 예방 조치[즉 평화 시 상비군 금지 규정]를 주들 간의 최초 계약에서 발견할 수 있으리라 생각할지도 모른다. 그는 마침내 여기에서 수수께끼에 대한 해답을 찾을 수 있으리라 기대할 것이다. 틀림없이 그는 혼잣말로 다음과 같이 말할 것이다. 기존 연합[헌장]에는 평화 시의 군 상비 체제를 금지하는 가장 명백한 규정이 분명히 담겨 있을 것이고, 선호되는 이 모델로부터 벗어났기 때문에 불만이 야기되었으며, 이런 불만이 이런 정치 운동에 영향을 미친 것 같다고 말이다.

그가 이제 연합 헌장에 대한 세심하고 엄밀한 조사에 전념한다면, 예상치 못한 발견에 더욱더 놀랄 뿐만 아니라 분노가 뒤섞인 감정을 느낄 것이다. 연합 헌장은 그가 찾고 있는 금지 규정을 담고 있지 않기 때문이다. 또한 연합 헌장은, 경계심에서 이 사항에 관한 주 입법부의 권한을 제한했지만, 합중국의 권한에는 어떠한 제한도 가하지 않았기 때문이다. 만일 그가 빠른 감각이나 열정적 기질의 소유자라면, 이제 그런 소란을, 자신의 나라를 진실로 사랑하는 모든 사람들로부터 적어도 공정하고 솔직하게 검토받아야 할 이 안[즉 헌법안]에 대한, 사악하고 무원칙한 반대파의 부정직한 책략으로 간주하기를 주저하지 못할 것이다. 그는 이렇게 말할 것이다. 그렇지 않다면 어떻게 소란의 주동자들이 그 문제[즉 상비군 문제]와 관련해 이 안에 대해 그렇게 요란한 비난을 퍼붓고 싶겠는가? 그 문제와 관련해 이 안은, 아메리카의 다른 정부 형태[즉 주 헌법]에서 표명되었듯이, 아메리카의 일반적 인식에 부합하는 것 같고, 또한 그것들[즉 주 헌법] 어디에도 없는 강력한 안전장치를 새로이 첨가했음에도 말이다. 이와 반대로 그가 만일 차분하고 냉정한 사람이라면, 인간 본성의 허약함에 한숨지을 것이고, 수백만 명의 행복에 그렇게 중요한 사안을 두고서, 문제의 진정한 장점이 편법 탓에 복잡하고 이해하기 어려워져 공정하고 올바른 결정을 내리기에 아주 불리하게 된 것을 애통해할 것이다. 그리고 이제 참지 못하고 다음과 같이 논평할 것이다. 그런 종류의 행동에서는, 인민들이 이해하도록 논증을 통해 설득하기보다는, 인민들의 정념을 자극해 오도하려는 의도가 너무 강하게 드러난다고.

그런데 [상비군에 대한] 이런 반대론이 수용될 여지가 전혀 없다고 — 심지어 우리의 선례에 의해서도 — 하더라도, 그것[상비군]의 본질적 장점을 좀 더 자세히 살펴보는 것은 여전히 바람직할 것이다. 면밀히 검토해 보면, 평화 시 군 상비 체제에 관한 입법부의 재량권에 제한을 부과하는 것은 부적절하며, 설령 사회의 요청에 따라 제약을 부과한다 하더라도, 그것이 지켜질 가능성이 없다는 점이 분명해질 것이다.

비록 대양이 합중국을 유럽에서 떼어 놓고 있지만, 우리가 지나치게 자신하거나 안심하지 말도록 경고하는 다양한 상황들이 존재한다. 우리의 한편에는 영국 지배하의 정착지가 확대되면서 우리 배후에까지 뻗쳐 들어오고 있다. 다른 편에는 스페인 지배하의 식민지와 정착지가 확대되면서 영국 정착지와 맞닿고 있다. 이런 상황과 더불어 이들 두 강대국에 속하는 서인도제도의 근접성은, 그들의 아메리카 속령과 관련해, 그리고 우리와 관련해, 그들 간에 공동의 이해관계를 만들어 내고 있다. 우리의 서쪽 변경에 있는 야만적 종족들은, 우리의 자연스러운 적이자 그들의 자연스러운 동맹으로 간주되어야 한다. 왜냐하면 그 종족들은 우리를 두려워할 것이 많은 반면, 그들에게는 기대할 것이 많기 때문이다. 통신의 편의에 따른 항해 기술의 발전은 엄청나게 멀리 떨어진 국가를 이웃으로 만들었다. 영국과 스페인은 유럽 제일의 해양 세력에 속한다. 향후 이 나라들 간에 의견의 일치가 불가능할 것이라 여겨서는 안 된다. 혈족 관계가 점점 멀어짐에 따라 프랑스와 스페인 간 가족 협정[2]의 힘은 매일 약해지고 있다. 그리고 정치인들이 혈족 관계를 허약하고 불안정한 정치적 결합 수단으로 간주해 온 것은 지극히 합리적이라 할 수 있다. 이런 복합적인 상황들은, 우리가 위험으로부터 완전히 벗어나 있는 양 너무 낙관하지 말도록 경고하고 있다.

[독립] 혁명 이전부터 그리고 심지어 평화 이후에도, 서부 변경에 소규모 요새를 유지할 필요성은 항상 존재했다. 인디언들의 약탈과 파괴를 막기 위해서라도 그런 요새가 계속 필요하리라는 점에 대해서는 누구도 의문을 제기할 수 없다. 이 요새들에 배치될 병력은, 민병대의 임시 파견대가 아니면 정부에 고용된 상설 부대가 될 것이다. 전자는 실행 불가능하다. 그리고 만일 실행 가능하다고 해도 치명적으로 해로울 것이다. 민병들은, 항구적 평화의 시기에 가장 마음에 들지 않는 그 임무를 수행하기 위해 직업과 가족으로부터 벗어나 멀리 끌려가는 것에 대해, 설령 복종한다 하더라도, 오랫동안 복종하지는 않을 것이다. 설령 그들이 그 일을 하도록 설득되거나 강제될 수 있다고 하더라도, 빈번한 임무 교대에 따른 비용의 증가, 노동의 손실, 개인의 근면한 직업의 교란 등은 이 체제의 결정적인 결점이 될 것이다. 그것은 사적인 시민에게 파괴적인 만큼 공공에도 부담스럽고 해로울 것이다. 후자의 수단, 즉 정부에 고용된 상설 부대는 결국 평화 시의 정규군이 된다. 사실 소규모이긴 하지만, 그렇다고 해서 덜 실재하는 것은 결코 아

---

2) [옮긴이] 1733년, 1743년, 1761년 스페인과 프랑스의 두 부르봉가 간 동맹을 가리킨다. 부르봉가 협정Bourbon Family Compact으로도 불린다.

니다. 이 주제에 대한 이 단순한 견해는, 그런 상비 체제를 헌법에서 금지하는 것의 부적절함과 함께, 문제를 입법부의 재량과 신중함에 맡길 필요성을 동시에 보여 준다.

우리의 힘이 증가하는 데 비례해, 영국과 스페인도 우리와 인접한 그들의 군사 시설을 증강할 개연성이 있다. 아니, 확실히 그럴 것이라 말할 수 있다. 만일 우리가 벌거벗은 무방비 상태로 그들의 공격이나 침탈에 노출되는 것을 적어도 원치 않는다면, 우리는 서부 정착지를 괴롭힐 수도 있는 세력에 어느 정도 비례해 변방 요새를 증강해야 마땅하다는 점을 깨달을 것이다. 넓은 구역의 영토 장악을 보장하고 또한 장차 나머지 지역으로의 침투를 가능하게 하는 요충지들이 존재하고 또 앞으로 존재할 수 있다. 덧붙이면, 이런 주둔지 중 일부는 인디언 종족과 교류하는 관문이 될 것이다. 강력한 두 인접 세력이 언제든 그런 곳을 장악할 수 있도록 내버려 두는 것이 현명하다고 생각할 사람이 있겠는가? 그렇게 하는 것은 신중함과 현명함에 대한 모든 일반적 원칙을 저버리는 일이 될 것이다.

만일 우리가 상업적 국민이 되고자 한다면 또는 우리의 대서양 연안에서나마 안전하고자 한다면, 되도록 빨리 해군을 갖추도록 노력해야 한다. 이를 위해서는 해군 공창과 병기창이 있어야 하고, 또한 이를 지킬 방어 시설과 요새도 있어야 한다. 어떤 국가가 해상에서의 힘이 강화되어 함대로써 공창을 보호할 수 있게 되면, 그 목표를 위한 요새의 필요성은 없어질 것이다. 하지만 해군 상비 체제가 아직 초창기에 있다면, 아마 적당한 요새가 급습 — 해군 공창과 병기창을 파괴하려는, 때로는 함대 그 자체를 파괴하려는 — 에 대비하는 필수적 방비 수단임을 알게 될 것이다.

푸블리우스

연방주의자 25번

[해밀턴] 1787. 12. 21.

앞 호의 논설[23번 시작 부분]에서 열거된 목표들은 합중국의 지침에 따라 주 정부들에 의해 제공되어야 한다는 주장이 아마 제기될 수 있을 것이다. 그러나 이는 우리 정치 연합의 기본 원칙을 사실상 거꾸로 뒤집는 것과 다름없다. 왜냐하면 그것은 공동방위의 책임을 연방 지도부에서 개별 구성원[즉 주]으로 실제로 이동시키기 때문이다. 이는 몇몇 주에는 억압적이고, 모두에게 위험하며, 연합에는 치명적인 기획이다.

우리와 인접한 영국과 스페인 및 인디언 종족의 영토는 특정 주들만 접하고 있는 것이 아니라 메인주에서 조지아주에 이르기까지 합중국[전역]을 둘러싸고 있다. 따라서 정도의 차이는 있지만 위협은 공통적이다. 그에 대한 방어 수단도, 그와 비슷하게, 공동의 의회와 공동의 자금이 다룰 대상이 되어야 한다. 공교롭게도 몇몇 주들은 지역의 위치 탓에 좀 더 직접적으로 [위험에] 노출되어 있다. 뉴욕주가 이런 경우에 속한다. 개별적으로 대비한다는 안에 따른다면, 뉴욕주는 자신의 직접적 안전과 더불어, 이웃 주의 간접적 또는 궁극적 보호에 필요한 상비 체제를 유지하는 데 들어가는 모든 부담을 전부 감당해야 할 것이다. 이는 뉴욕주와 관련해서는 공평하지 않고, 다른 주들과 관련해서는 안전하지 않다. 이런 체제에는 여러 폐단이 따를 것이다. 필요한 상비 체제를 유지해야 하는 주들은, 앞으로도 오랫동안 충분히 그런 대비를 해야 하는 부담을 견디려 하지 않을 것이고, 또 그렇게 할 수도 없을 것이다. 그리하여 모두의 안전이 한 지역[즉 주]의 인색함과 단견, 무능력에 좌우될 것이다. 만일 그 지역의 자원이 더 풍부해지고 많아져 그에 비례해 [군사적] 대비를 확대한다면, 다른 주들은 합중국의 모든 군사력이 구성원 중 둘셋 — 아마 가장 강력한 — 의 수중에 들어간 것을 발견하고서 곧 불안을 느낄 것이다. 그들은 각자 어떤 균형책을 취하려 할 것이고, 핑계는 쉽게 만들어질 것이다. 이런 상황에서 군 상비 체제는, 상호 경계에 의해 조장됨으로써 자연스럽고 적절한 규모 이상으로 팽창할 것이다. 또한 그것은 구성원들의 개별적 처분권에 놓임으로써 중앙 권위를 축소하고 파괴하는 엔진이 될 것이다.

나는 [21번과 22번 논설에서] 주 정부는 너무나 자연스럽게 합중국 정부와 경쟁·대립 관계에 놓이기 쉬울 것 — 그 근거는 권력에 대한 사랑 — 이며, 연방 지도부와 연방 구성원 사이의 그 어떤 다툼에서도 인민들은 자신이 속한 지방정부를 편들 것이라 추정하고, 그 근거를 제시한 바 있다. 이런 엄청난 이점에 더해, 만일 구성원들[즉 주]의 야심이 개별적이고 독자적인 군사력 보유로 고무된다면, 그것은 그들에게 합중국의 헌법적 권위에 도전해 결국은 그것을 뒤집고자 하는 강렬한 유혹과 엄청난 편의를 제공할 것이다. 다른 한편, 이런[즉 각 주가 군사력을 보유한] 상태에서 인민의 자유는, 국가의 물리력이 중앙정부의 손에 맡겨져 있을 때보다 더 불안해질 것이다. 군대는, 그것이 권력의 위험한 무기로 간주될 수 있는 한, 인민들이 경계할 개연성이 가장 낮은 자들의 통제를 받을 때보다는 그럴 개연성이 가장 높은 자들의 통제를 받을 때가 더 낫다. 왜냐하면 인민은, 그들이 가장 덜 의심하는 사람이 그들의 권리를 침해하는 수단을 가지고 있을 때 대개 가장 위험하다는 것이 모든 시대의 경험으로 입증된 진리이기 때문이다.

주들이 군사력을 개별적으로 보유할 경우에 합중국에 가해질 위험을 충분히 인식했던 현 연합의 설계자들은, 연합회의의 승인 없이는 주들이 병력이나 함선을 갖지 못하도록 명시적으로 금지했다[연합 헌장 제6조]. 사실을 말하자면, 주의 지휘를 받는 군대가 연합 정부와 함께 존재한다는 것은 상호 모순되는 것이 아닐 수 없다. 할당 및 징발 체제가 연합 자금의 당연 제공과 함께 존재하는 것[1]이 서로 모순되는 만큼이나 그러하다.

이미 살펴본 것 외에도, 연방 입법부의 재량권에 대한 제한이 부적절함을 명백히 보여 줄 또 다른 사실이 있다. 지금까지 언급한 반대론이 의도하는 바는 평화 시의 상비군을 방지하려는 것이다. 그런데, 이런 금지가 어느 정도까지 연장되어야 하는지 우리는 들은 바 없다. 평온한 시기에는 군대의 유지뿐만 아니라 모집까지 금지되어야 하는가? 만일 전자에 국한된다면, 금지는 엄밀한 의미를 갖지 못할 것이고, 의도한 목적을 달성하지 못할 것이다. 군대가 일단 모집되면, 무엇을 헌법의 진의에 반하는 "유지"라고 부를 것인가? 어느 정도의 시간이면 [헌법] 위반의 확정 요건이 될까? 일주일, 한 달, 또는 일 년이면 될까? 또는 군대 모집의 이유가 된 위험이 계속되는 한 군대는 유지되어도 좋다고 말할 것인가? 그렇다면 그것은 위협적이거나 또는 임박한 위험에 대비해 평화 시기에 군대가 유지될 수 있다는 인정이 될 것이다. 그것은 바로, 문자 그대로의 금지의 의미에서 벗어나는 것이며, 광범위한 해석의 자유의 도입이 될 것이다. 누가 위험의 지속을 판단할 것인가? 판단

---

1) [옮긴이] 이는 연합의 재정 체제의 문제점을 지적한 것이다. 연합 헌장 제8조는, '공동방위나 일반 복리를 위해 발생하는 그리고 연합회의에서 승인하는, 전쟁 비용을 비롯한 기타 모든 비용은, 각 주가 그 주의 총 토지 가격에 비례하여 제공하는 공동 자금에서 지출된다'고 규정하고 있다. 각 주에 대해 '연합의 공동 자금 지출 의무'를 부과하고 있지만, 그 구체적 방식으로 '주의 토지 가격에 기초한 자금 할당 및 징발 체제'를 택함으로써, 주들이 자금 제공 의무를 이행하지 않을 경우 전자의 규정이 사실상 무의미해지는 문제점을 지적한 것이다.

은 분명 연방 정부에 맡겨질 것이다. 그리하여 문제는 이런 결말로 귀결될 것이다. 즉 연방 정부는 염려되는 위험에 대비하기 위해 우선 군대를 모집할 수 있고, 이후 공동체의 평화와 안전이 조금이라도 위험하다고 생각하는 한 군대를 유지할 수 있다. 이처럼 폭넓은 재량권이, 규정의 효력을 피해 나갈 광범위한 여지를 제공하리라는 사실은 누구나 쉽게 알 수 있다.

이런 종류의 규정이 유용하리라는 생각은, 집행부와 입법부가 결탁해 어떤 권리 찬탈의 음모를 꾸밀 개연성이 있다는, 또는 적어도 그럴 가능성이 있다는 가정에 기초한다. 만일 그런 일이 언제든 발생한다면, 임박한 위험의 구실을 조작하는 것쯤이야 얼마나 쉬운 일이 되겠는가? 스페인과 영국이 선동한 인디언의 적대 행위는 언제든 이용 가능한 구실이 될 것이다. 심지어 원하는 정세를 만들어 내기 위해 어떤 외세를 자극하고, 적시에 양보해 다시 진정시킬 수도 있을 것이다. 만일 우리가, 그런 [집행부와 입법부의] 결탁이 과거에 형성되었던 적이 있고 앞으로도 충분한 성공 전망 때문에 그런 기획이 확실히 나타날 것이라고 합리적으로 추정할 수 있다면, 일단 모집된 군대는 어떤 이유나 핑계에 의해서든 그런 기획을 실행하는 데 이용될 수 있을 것이다.

이런 결과를 미연에 방지하기 위해 금지를 평화 시의 군대 모집까지 확대하기로 결정한다면, 합중국은 세계에 유례가 없는 가장 기이한 광경을 연출할 것이다. 실제로 침공받기 전까지는 헌법에 의해 방어 준비를 할 수 없게 된 국가가 그것이다. 공식적인 전쟁 선포 의례가 최근 폐기되었기 때문에, [연방] 정부가 주의 보호를 위해 징집을 시작하려면 그 법적 근거로서 적이 우리 영토에 들어오기를 기다려야만 한다. 우리는 타격을 받아야만, 타격에 응수할 준비를 겨우 할 수 있는 것이다. 몰려오는 폭풍에 대비하거나 멀리 떨어져 있는 위험을 예측하기 위해 국가가 사용하는 모든 정책은, 자유로운 정부의 진정한 기본 원리에 반하기 때문에 포기되어야만 한다. 우리는 재산과 자유를 외부 침략자의 처분에 노출할 것이고, 무방비 상태로 벌거벗은 먹잇감을 강탈하도록 우리의 나약함을 통해 그들을 초대할 것이 틀림없다. 왜냐하면 우리는, 우리의 선택으로 창출되었고 우리의 의사에 종속되는 통치자들이 자유의 보존에 필요한 수단을 남용함으로써 자유를 위협할지도 모른다고 두려워하고 있기 때문이다.

예상컨대 이 지점에서 우리는, 민병대가 나라의 자연적 방벽으로서 언제든 국가 방위를 감당할 수 있으리라는 주장을 듣게 될 것이다. 이런 신조로 말미암아 사실상 우리는 독립을 거의 잃을 뻔했고, 합중국은 구할 수도 있었을 수백만 명의 생명을 잃었다. 우리가 직접 경험한 이런 사실들은, 이런 종류의 신조에 의존하는 것을 [더는] 허용치 않는다. 그 사실들은 너무나 최근의 것이어서 우리가 그런 주장에 속아 넘어가도록 내버려 두지 않을 것이다. 훈련된 정규군에 대항하는 안정적인 전쟁 수행은 같은 종류의 물리력으로만 성공적으로 이루어질 수 있다. 안정성과 활력 못지않게 경제에 대한 고려도 이런 입장을 뒷받침한다. 최근의 전쟁 과정에서 아메리카 민병대는, 무수한 기회에 자신들의 용맹을 통해 그들의 명성에 영원한 기념비를 세웠다. 하지만, 그들 중에서 가장 용감한 이들도, 조국의 자유가 그들의 노력 — 그것이 아무리 위대하고 가치 있는 것이었더라도 — 만으로는 확립될 수 없었을 것이라고 생각하고 있고 또 그렇게 알고 있다. 전쟁이란, 다른 모든 것처럼, 조심과 인내 그리고 시간과 연습 등으로 습득되고 숙달될 수 있는 과학인 것이다.

인간사의 자연스러운 경험적 추이에 반하는 모든 극단적 정책은 스스로 무너지기 마련이다. 지금 현재의 펜실베이니아주는 이 말이 진실임을 보여 주는 사례이다. 이 주의 권리장전은, 상비군이 자유에 위험하므로 평화 시에 유지되어서는 안 된다고 선언하고 있다. 하지만 펜실베이니아주는 충분히 평화로운 시기에 한두 개 카운티에서 부분적인 소요가 있다는 이유로 부대를 모집하기로 결정했고, 또한 공공의 안전에 위험한 양상이 존재하는 한 그것을 유지할 개연성이 아주 높다.[2] 매사추세츠주의 조치 역시, 그 배경은 다르지만, 동일한 주제에 대해 교훈을 제공해 준다. 그 주는 (연합 헌장이 요구하는 연합회의의 승인을 기다리지도 않고) 내부 반란[즉 셰이즈의 반란]을 진압하기 위해 병력을 모집할 수밖에 없었다. 그리고 반란의 기운이 재발하는 것을 막기 위해 아직도 병력을 고용하고 있다. 매사추세츠주의 헌법은 그런 조치에 대해 어떤 제한도 두지 않았다. 하지만 매사추세츠주의 사례는 여전히 유용하다. 때로는 평화 시에도 사회의 안전에 군사력이 반드시 필요하게 되는 그런 상황들이 다른 나라 정부는 물론이고 우리 정부에서도 발생할 수 있으며, 이런 점에서 입법부의 재량권을 통제하는 것은 부적절하다는 점을 우리에게 가르쳐 주기 때문이다. 또한 그 사례는, 합중국 차원에서 생각하면, 연약한 정부[즉 연합 정부]의 권한이 존중받을 가능성이 얼마나 희박한지 — 심지어 그 자체의 구성원들[즉 주]에 의해서도 — 를 가르쳐 준다. 이에 더해, 문서상 규정이 공적 필요성과의 충돌을 감당하기에 얼마나 역부족인지를 가르쳐 준다.

제독의 직책은 동일인에게 두 번 부여될 수 없다는 것이 라케다이몬 공화국의 기본 원칙이었다. 바다에서 아테네에게 대패를 당한 펠로폰네소스 연합[3]은, 이전에 해당 지위에서 성공적으로 복

---

2) [옮긴이] 6번 논설, 주 21 참조.

3) [옮긴이] 펠로폰네소스 연합Peloponnesian Confederates은 기원전 6세기에 형

무한 적이 있는 리산드로스에게 연합 함대의 지휘를 요청했다. 라케다이몬인들은, 동맹국들을 만족시키면서 그들의 고래의 제도를 고수하는 모습도 유지하기 위해, 부제독이라는 명목상 직함하에 제독의 실질적 권한을 리산드로스에게 부여하는 조잡한 속임수에 의지했다.[4] 이 사례는, 국내의 사례를 통해 이미 드러나고 예증된 바 있는 어떤 진리를 확인하기 위해 인용할 수 있는 여러 사례들 중에서 선택된 것이다. 그 진리란, 국가는 사회의 필요성과 본질적으로 상반된다고 판단되는 규칙이나 원칙은 거의 존중하지 않는다는 것이다. 현명한 정치인이라면 지켜질 수 없는 제약으로 정부를 구속[하지 않게]하는 데 신중을 기할 것이다. 왜냐하면 그들은, 비록 필요에 따른 것일지라도, 근본 법규에 대한 일체의 위반 행위는 통치자의 가슴속에 유지되어야만 하는 나라의 정체에 대한 신성한 존중을 훼손하며, 나아가 그와 같이 필요한 이유가 전혀 존재하지 않거나 그 이유가 별로 시급하지도 명백하지도 않은 상황에서 또 다른 침해를 가져올 선례를 만든다는 사실을 잘 알기 때문이다.

푸블리우스

성되었다. 스파르타가 압도했지만, 주요 결정은 구성원인 각 도시국가들을 대표하는 연합회의에서 이루어졌다. 연합은 기원전 480년부터 이듬해까지 페르시아의 침공에 맞섰고, 펠로폰네소스전쟁(B.C.431~B.C.404) 기간에는 아테네에 맞서 싸웠다. 레욱트라 전투에서 스파르타가 패배한 이후 기원전 365년 해체되었다.

4) [옮긴이] 리산드로스Lysandros(?~B.C.395)는 펠로폰네소스전쟁에서 스파르타를 승리로 이끈 해군 제독이다. 기원전 406년 스파르타 제독으로 노티움Notium 해전에서 승리했지만, 1년 이상 지휘권을 행사하지 못하도록 한 연합의 규정 탓에, 이듬해에 발발한 아이고스포타모이해전에서는 공식적이지는 않지만 실질적인 지휘자로서 승리를 거둬 전쟁을 종식했다.

연방주의자 26번

[해밀턴] 1787. 12. 22.

인민 봉기 시에 사람들의 생각이, 권력과 기본적 권리 간의 건전한 경계를 나타내는, 또한 정부의 활력과 사적 권리의 보호를 결합하는, 그런 중용의 지점에서 멈추기를 기대하기란 매우 어렵다. 이런 미묘하고 중대한 대목에서 빚어진 실패가 우리가 겪고 있는 곤경의 주된 원인이다. 그리고 향후 우리 체제를 바로잡고 개선하려는 시도에서 실수를 반복하지 않도록 조심하지 않는다면, 우리는 공상적이고 비현실적인 기획을 되풀이하면서 계속 변화를 시도하겠지만, 더 나은 쪽으로의 근본적 변화는 결코 만들어 내지 못할 것이다.

국가 방위에 대비하는 수단과 관련해 입법부의 권한을 제한하려는 발상은, 자유를 향한 집착 — 계몽되기보다는 열정에 휩싸인 — 에서 기원하는 그런 [공상적 기획의] 극치의 하나이다. 하지만 우리가 살펴보았듯이, 그런 발상은 아직 널리 확산되지 못한 상태이다. 그 발상이 처음 등장한 이 나라에서도, 펜실베이니아와 노스캐롤라이나 두 주만이 그것을 지지했다. 그 외의 다른 주들은 모두 최소한의 지지조차 거부했다. 그들은 현명하게도, [인민의] 신임이 어딘가에는 맡겨져야 하고, 신임을 맡길 필요성은 권력을 위임하는 바로 그 행위에 함축되어 있기에, 그런 신임이 남용될 위험을 무릅쓰는 것이 입법부의 권한에 어리석은 제한을 가함으로써 정부를 궁지에 빠뜨리고 공공의 안전을 위태롭게 하기보다는 낫다고 판단한 것이다. 제안된 헌법안에 반대하는 자들은 이 점에서 아메리카의 일반적 판단과 충돌하고 있다. 그들은 우리가 지금까지 마주했을 수 있는 어떤 극단적 상태를 바로잡을 적절함을 경험을 통해 배우기보다는, 훨씬 더 위험하고 지나친 또 다른 극단으로 우리를 안내하려는 듯하다. 그들이 가르치는 교의는, 마치 정부의 목소리가 너무 높거나 강한 것으로 확인된 양, 정부의 목소리를 낮추고 힘을 빼는 방향으로 우리를 유도하려 한다. 다른 경우라면 비난받거나 억제되었을 편법까지 동원해 그렇게 하고 있다. 만일 그들이 다양한 곳에 주입하고 있는 원리가 대중적 신조가 될 정도에 이른다면, 그것은 이 나라의 인민을 어떤 유형의 정부에도 완전히 부적합한 존재로 만들게 될 것이라고 우리는 단언 — 악담한다고 비난받지 않고서 — 할 수 있다. 그러나 이런 종류의 위험을 염려하지 않아도 된다. 아메리카 시민들은, 무정부 상태에 빠지도록 설득당하기에는 너무나 명석하기 때문이다. 만일 [지금까지의] 경험이 공중들의 마음에 공동체의 복리와 번영에는 더 많은 정부의 활력이 절대적으로 필요하다는 확신을 불러일으키지 않았다면, 내가 크게 잘못 판단한 셈이 될 것이다.

이 지점에서, 평화 시 군 상비 체제의 배척을 지향하는 그런 신념의 기원과 발전 과정을 간략히 언급해도 부적절하지는 않을 것이다. 사변적 경향으로서의 그런 신념은 군사 조직들의 본질과 성향에 대한 숙고를 통해 형성되고, 다른 시대에 다른 나라들에서 발생했던 사건들로 강화되었을 수도 있다. 하지만 하나의 국민적 정서로서의 그런 신념은 어떤 사고의 기질에까지 거슬러 올라가 추적되어야 할 것이다. 우리는 이들 주의 주민 대부분의 기원인 한 민족에서 그것을 찾고자 한다.

노르만정복[1] 이후 오랫동안 영국에서 군주의 권한은 거의 무제한이었다. 자유를 위해, 처음에는 귀족에 의해,[2] 이후에는 인민

---

1) [옮긴이] 1066년 노르망디 공 윌리엄 1세는 헤이스팅스싸움에서 잉글랜드군을 격파하고 잉글랜드에 대한 통치권을 장악했다.

에 의해, [군주의] 특권에 대한 잠식이 점진적으로 이루어졌고, 결국 군주가 주장하는 방대한 특권의 대부분이 폐지되기에 이르렀다. 하지만 영국의 자유가 완전한 승리를 거둔 것은 오라녜 공 Prince of Orange을 대영제국의 왕좌에 앉힌 1688년 [명예]혁명에 이르러서였다. 군주의 승인된 특권인, 전쟁을 일으킬 수 있는 무제한적 권력에 따라, 찰스 2세는 그의 고유 권한으로 평화 시에 5000명의 정규군 부대를 유지했고, 제임스 2세는 이 수를 3만 명으로 늘렸다. 이들에 대한 보수는 국고에서 지불되었다. 혁명 시에 이렇게 위험한 권한의 행사를 폐지하기 위해, "의회의 동의가 없다면, 평화 시 왕국 내에 상비군을 소집하거나 유지하는 것은 법에 반하는 것이다"라는 문구가, 당시 만든 권리장전의 한 조항으로 들어왔다.[3]

그 왕국에서 자유의 맥박이 최고조에 달한 시기에도, 상비군의 위협에 대비하는 안전책으로서, 최고 집행관의 권한만으로 상비군을 모집·유지하지 못하도록 하는 것 이상의 어떤 조치가 필요하다고는 생각되지 않았다. 기억할 만한 혁명을 성취한 그 애국자들은,

2) [옮긴이] 1215년 영국 귀족들은 존 왕을 압박해 왕권을 제한하는 대헌장(마그나카르타)에 서명하게 했다. 이는 신민의 자유를 문서로 확인한 것이었다. 13세기 중반부터 영국의 자유의 기초로 간주되기 시작했고, 제한 정부 원리를 상징하게 되었다.

3) [옮긴이] 영국 내전(1642~51)으로 폐지된 왕정이 크롬웰 사후 다시 복구되면서 1660년 찰스 2세가 왕위에 올랐고, 뒤이어 1685년 제임스 2세가 즉위했다. 이들의 폭정에 저항해 발발한 명예혁명(1688~89)의 결과, 의회파의 주도로 제임스 2세의 딸인 메리와 그 남편인 네덜란드의 오라녜 공이 메리 2세와 윌리엄 3세로 공동 왕위에 추대된다. 이들은 의회가 제시한 권리장전을 승인했다. 1689년 권리장전은 수 세기에 걸친 의회와 국왕 간의 투쟁을 종식하고, 왕에 대한 의회의 우위를 확립했다.

너무나 박식하고 절도가 있었기에, 입법부의 재량에 대해서까지 제한해야 한다는 생각은 하지 않았다. 그들은 수비대나 요새에 배치할 일정 수의 병력은 필수 불가결하며, 국가 긴급 사태의 한도를 정확히 설정하기란 불가능하고, 가능한 모든 사태를 감당할 수 있는 권력이 정부 어딘가에는 존재해야 한다는 것을 인식하고 있었다. 그리고 그런 권력의 행사를 입법부의 판단에 맡겼을 때, 공동체의 안전과 조화될 수 있는 예방 조치의 최적 지점에 이르렀다고 인식했던 것이다.

아메리카 인민들은 동일한 근거로부터 평화 시 상비군으로 인한 자유의 위협이라는 생각을 물려받았다. [독립] 혁명의 상황은 인민의 권리를 보장하는 것과 연계된 모든 문제에서 공중의 감수성을 자극했고, 어떤 경우에는 정체의 적정 체온에 알맞은 정도 이상으로 열의를 격앙시켰다. 군 상비 체제에 관한 입법부의 권한을 제한한 두 개 주[즉 펜실베이니아주와 노스캐롤라이나주]의 시도는 이런 사례에 속한다. 세습 군주의 권력을 경계하도록 우리를 이끌었던 원리는, 무절제하게도, 인민들의 대중적 의회 내의 인민 대표에게까지 연장되었던 것이다. 심지어 이런 오류를 범하지 않은 주들 중에서도, 입법부의 동의 없이 평화 시에 상비군이 유지되어서는 안 된다는 불필요한 선언이 발견된다. 그것이 불필요하다고 말한 이유는, 영국의 권리장전에 비슷한 규정을 넣게 된 이유가 주 헌법에는 해당되지 않기 때문이다. 주 헌법에서 군대 모집 권한은, 어떤 해석을 따르더라도, 입법부 자신이 아닌 다른 어떤 곳에 속한다고 판단될 수 없기 때문이다. 그 일을 할 수 있는 권한을 유일하게 가지고 있는 조직의 동의 없이 그 일을 해서는 안 된다고 선언하는 것은, 어리석은 것이 아니라면 과잉인 것이다. 따라서 몇몇 주 헌법, 그중에서도 이 나라에 수립된 정부 형태들 중 최고의 하나로 유럽과 아메리카에서 정당하게 칭찬받고 있는 뉴욕주의 헌법은, 이 문제에 대해 전혀 언급하지 않고 있다.

심지어 평화 시의 군 상비 체제의 금지를 달성하려고 한 것 같은 두 개 주[4]에서도 금지보다는 경고하는 표현 방식을 사용한 것은 주목할 만하다. 평화 시에 상비군을 유지해서는 안 된다가 아니라 상비군을 유지하지 말아야 한다고 쓰여 있는 것이다. 이렇듯 애매한 표현 방식은 경계심과 확신 간의 충돌, 또한 어쨌든 그런 상비 체제를 배제하려는 욕구와 절대적 배제는 어리석고 위험할 것이라는 설득이 충돌한 결과였던 것으로 보인다.

공적인 상황 때문에 그런 [금지] 규정으로부터 이탈할 필요가 있다고 생각될 때마다, 입법부는 그 규정을 단순한 경고로 해석하지 않을까? 또한 그럴 때마다, 그 규정은 주의 필요성 — 또는 가상의 필요성 — 에 굴복하게 되지 않을까? 펜실베이니아주와 관련해 이미 언급한 사실[6번, 25번 논설]로 하여금 판단하도록 하자. 만일 규정을 무시하고 싶은 생각이 드는 바로 그 순간 효력이 정지된다면, (이렇게 물을 수 있을 것이다.) 그런 규정이 도대체 무슨 소용이 있겠는가?

군사적 목적의 자금의 세출 승인을 2년으로 제한한 신헌법의 규정[5]과 전술한 규정 간에 효력의 측면에서 어떤 대조점이 있는지 검토해 보자. 후자는 너무 많은 것을 목표로 함으로써 아무 효과도 가져오지 못하리라 생각된다. 전자는 무모한 극단을 피함으로써 또한 국가 비상시를 위한 적절한 대비책에 완벽히 부응함으로

---

4) [옮긴이] 펜실베이니아주와 노스캐롤라이나주를 가리킨다. 24번 논설, 주 1 참조.

5) [옮긴이] 연방의회는 "육군을 모집하고 이를 유지한다. 다만 이 목적을 위한 세출의 승인은 2년을 초과하지 못한다"(제1조 8절 12항).

써 유익하고 강력한 효력을 갖게 될 것이다.

합중국의 입법부는, 그 규정에 따라, 적어도 매 2년에 한 번씩, 군사력 유지의 타당성을 심의하고, 이에 대한 새로운 결의안에 합의하고, 이 문제에 대한 자신들의 생각을 공식 표결을 통해 선거구민 앞에 공표할 의무를 지게 된다. 설령 입법부가 경솔해 집행부를 부당하게 신임한다고 해도, 군대 유지에 드는 상설 자금을 집행부에 자유롭게 부여하는 것은 불가능하다. 정도의 차이는 있지만 파당 의식이 모든 정치조직에 영향을 미칠 것으로 확실히 예상되기에, 연방 입법부 내에도 다수파의 법안과 견해를 비난하고 고발하려는 인사들이 틀림없이 존재할 것이다. 군대 유지 조항은 항상 그들이 선호하는 열변의 주제가 될 것이다. 의문이 제기될 때마다, 반대 당파에 의해 이 주제에 대한 공중의 관심이 환기되고 집중될 것이다. 그리고 다수파가 정말로 적절한 한계를 넘으려 한다면, 위험에 대한 경고가 공동체에 주어질 것이고, 공동체는 그에 대한 경계 조치를 취할 기회를 갖게 될 것이다. 논의가 시작되면, 연방의회 내의 당파와는 별도로, 주 의회 — 연방 정부에 의한 침해에 맞서는, 언제나 빈틈없고 의심 많고 경계심 많은 시민권의 보호자 — 가 연방 통치자들의 행위를 끊임없이 주시할 것이다. 만일 어떤 비정상적인 일이 발생하면, 주 의회는 인민들에게 경고를 울릴 것이고, 인민의 불만의 목소리가 될 뿐만 아니라 필요하다면 불만의 무기가 되는 것도 불사할 것이다.

거대한 공동체의 자유를 전복하려는 음모에는 실행되기까지 그것을 숙성할 시간이 필요하다. 그런 자유를 심각하게 위협할 만한 대규모 군대는 점진적인 증강을 통해서만 형성될 수 있는데, 이것이 가능하려면 입법부와 집행부의 일시적 결탁이 아닌 장기간의 지속적 공모가 필요할 것이다. 도대체 그런 결탁이 존속될 개연성이 있는가? 2년마다 양원의 선거로 자연스럽게 대의 기구가 지속적으로 변화하는 와중에 그런 결탁이 계속되고 전승될 수 있겠는가? 연방 상원 또는 하원 의원에 당선되자마자 모두가 자신의 선거구민과 나라에 대한 배신자가 되리라는 것이 있을 법한 일인가? 그렇게 극악한 음모를 감지할 정도의 분별력이나, 선거구민에게 위험을 알릴 정도의 용기나 정직함을 가진 사람이 [의원 중에] 단 한 명도 없으리라 추정하는 것이 과연 가능한가? 만일 이런 추정들이 타당할 수 있다면, 위임된 모든 권력은 즉시 종식되어야만 한다. 인민들은 지금까지 자신들이 직접 소유하지 않고 내주었던 모든 권력을 소환하기로 결심해야 한다. 그리고 자신들의 관심사를 직접 관리할 수 있도록 카운티만큼이나 많은 주들로 스스로를 나누기로 결의해야 한다.

설령 그런 추정들이 합리적으로 가능하다고 하더라도, 그런 기획을 얼마간이라도 은폐한다는 것은 실현 불가능할 것이다. 그 기획은, 태평한 시기에 그렇게 막대한 규모로 군대를 증강하는 상황 그 자체에 의해 드러날 것이다. 그런[즉 평화로운] 상황에 있는 나라에서, 그렇게 막대한 군사력 증강에 대해, 그럴듯한 어떤 근거가 부여될 수 있겠는가? 인민들은 오랫동안 기만당할 리가 없다. 기획이 발각되면 곧 기획과 기획자들의 파멸이 뒤따를 것이다.

군대 유지 자금의 세출 승인을 2년 기한으로 제한하는 규정이 소용없을 것이라는 주장이 있어 왔다. 집행관이 인민을 위압해 굴복시키기에 충분한 대규모 무력을 일단 보유하게 되면, 입법부의 결의에 따른 [자금] 공급 없이도 힘을 행사하기에 충분한 무력 그 자체에서 자원을 찾을 수 있을 것이기 때문이라는 것이다. 하지만 다시 의문이 제기된다. 집행관은 어떤 구실로 평화 시에 그렇게 막대한 무력을 보유할 수 있을까? 만일 그런 무력이 어떤 내란이나 대외 전쟁의 결과로 만들어졌다고 가정한다면, 그것은 반대파의 기본적 논리의 범주에 속하지 않는 사례가 된다. 왜냐하면 반대파는 평화 시에 병력을 유지하려는 권력을 겨냥하기 때문이다. 반란을 진압하거나 침략에 맞서기 위해 군사력을 모집하는 것도 안 된다고 진지하게 주장할 정도로 몽상적인 사람은 거의 없을 것이다. 그리고 그런 상황에서 공동체를 방어하기 위해 공동체의 자유를 위협할 정도의 대규모 군대를 갖는 것이 불가피해진다면, 이는 예방이나 치료가 불가능한 재앙의 하나가 아닐 수 없다. 가능한 어떤 형태의 정부도 이에 대비할 수는 없다. 만일 언제든 연합이나 동맹이 공동방위를 위해 군대를 형성할 필요가 생긴다면, 단순한 공수 연합으로부터도 그런 군대는 생길 수 있을 것이다.

하지만 그것은, 우리가 분열된 상태가 아닌 단결된 상태에 있다면, 우리에게 일어날 가능성이 거의 없는 재앙이다. 아니, 그것은 더 나은 상태에서는 우리에게 일어날 가능성이 전혀 없는 재앙이라고 확실히 주장할 수 있다. 우리의 자유를 적어도 위태롭게 할 만큼 큰 무력을 요구하는 엄청난 위험이 전 합중국을 덮칠 가능성을 생각하기는 쉽지 않다. 항상 소중하고 강력한 보조자로 기대받는 민병대로부터 나올 지원을 고려하면 특히 그러하다. 하지만 (다른 곳[8번]에서 충분히 설명했듯이) 분열의 상태에서는, 이런 추정과 반대되는 상황이 가능할 뿐만 아니라 거의 불가피하게 될 것이다.

푸블리우스

연방주의자 27번

[해밀턴] 1787. 12. 25.

제헌회의에서 발의한 그런 종류의 헌법은 그 규정들을 집행하기 위한 군사력의 도움 없이는 작동될 수 없다는 주장이 여러 형태로 제기되어 왔다. 하지만 이 역시, 반대파 쪽에서 제기해 온 대부분의 다른 주장과 마찬가지로, 정확하고 명료한 근거 제시를 통해 입증되지 않은 단순한 일반적 단정에 기초하고 있다. 반대파들이 말하려는 바를 간파해 본다면, 그들의 주장은 인민들은 대내적 사안에 대해 그것이 어떤 것이든 연방의 권위가 행사되는 것을 싫어하리라는 가정에 근거를 두고 있는 듯하다. 대내적인 것과 대외적인 것의 구별이 부정확하고 모호하다는 이의 제기는 차치하더라도, 사람들이 [대내적 사안에 대한 연방 권위의 행사를] 싫어하리라는 가정에 도대체 어떤 근거가 있는지 살펴보기로 하자. 그와 동시에, 연방 정부의 권한이 주 정부의 권한보다 더 엉망으로 운영될 것이라고 추정하지 않는 한, [연방 정부에 대한] 인민들의 반감과 불만, 반대 등을 추정할 여지는 존재하지 않는 듯하다. 정부에 대한 인민들의 신뢰나 복종은 일반적으로 정부 운영의 우량함과 불량함에 비례하리라는 것이 하나의 보편적 원칙으로서 제시될 수 있으리라 생각된다. 이 원칙에 예외가 존재한다는 것이 인정되어야 하지만, 그런 예외는 전적으로 우연한 이유로 좌우될 것이기에, 그것이 헌법의 고유한 장단점과 조금이라도 관계있다고 간주할 수는 없을 것이다. 헌법의 장단점은 오직 보편적이고 일반적인 원칙에 의해서만 판단될 수 있다.

지금까지의 여러 논설에서 우리는, 중앙정부[즉 연방 정부]가 개별 정부들[즉 주 정부]보다 더 잘 운영될 개연성을 추론할 수 있는 여러 근거들을 제시했다. 그 주요 내용은, 선거 권역의 확대는 인민에게 더 광대한 선택지 또는 선택의 범위를 제공하리라는 점, 선출된 자들의 조직인 주 의회가 연방 상원 의원을 지명하게 되는 중개[1]를 거치기 때문에 일반적으로 이 부[즉 연방 상원]는 특별히 조심스럽고 사려 깊게 구성되리라고 기대할 수 있는 근거가 있다는 점, 이런 환경은 중앙 의회[즉 연방의회]에 더 많은 지식과 광범위한 정보를 약속한다는 점, 중앙 의회는 당파 의식에 오염되는 경향이 적을 것이며 우발적인 불쾌감이나 일시적인 편견과 편파성의 영향을 덜 받으리라는 점 등을 들 수 있다. 더 작은 사회일수록, 그런 편견과 편파성이 공적인 의회를 자주 오염시키고 공동체 일부에 대한 억압과 불법행위를 야기하며 또한 음모와 책략을 불러일으킬 것이며, 이는 비록 일시적 기분이나 욕망은 만족시키겠지만 전체의 고통과 불만, 혐오로 종결될 것이다. 우리가 건립하고 싶은 대건축물의 내부 구조를 좀 더 비판적인 눈으로 조사해 본다면, 그런[즉 중앙정부가 개별 정부보다 더 잘 운영될] 개연성을 뒷받침할 상당히 강력한 추가적인 근거들이 발견될 것이다. 하지만 여기에서는 다음과 같은 언급만으로 충분할 것이다. 즉 연방 정부가 인민들에게 경멸받을 만큼 끔찍한 방식으로 운영되리라는 견해를 뒷받침할 만족스러운 근거가 제시될 때까지는, 합중국의 법률이 개별 구성원들[즉 주]의 법률보다 인민들로부터 더 큰 반발에 부닥치게 되거나 또는 그 집행을 강제할 어떤 다른 수단이 필요하게 되리라는 가정의 합리적 근거는 전혀 존재하지 않는다는 것이다.

처벌받지 않고 무사하리라는 희망은 폭동을 부추기는 강력한 동기가 된다. 처벌에 대한 두려움은 그 크기에 비례해 폭동을 저지하는 강력한 요소가 된다. 합중국 정부가 만일 적절한 정도의 권한을 가지게 된다면, 연방 전체의 집합적 자원에 지원을 요구할 수 있을 것이기에, 자체의 자원밖에 이용할 수 없는 단일 주 정부에 비해, 전자[즉 무사하리라는 희망]의 정조를 억누르고 후자[즉 처벌의 두려움]를 불러일으킬 가능성이 더 크지 않겠는가? 불온한 파당

---

1) [옮긴이] 1913년 수정 조항 제17조를 통해, 상원 의원은 주의 인민들이 직접 선출하게 되었다.

은 한 주 내에서라면 그 주의 정부 지지자들과 겨뤄 볼 만하다고 쉽게 생각할 수 있을 것이다. 그러나 그들이 합중국의 연합 활동에 맞설 수 있다고 생각할 만큼 어리석지는 않을 것이다. 이런 의견이 타당하다면, 개인들로 이루어진 불법 단체가 연방의 권위에 저항할 위험은, 단일 주의 권위에 저항할 위험보다 낮을 것이다.

여기에서 나는 타당성이 결코 적지 않은 한 가지 의견을 과감히 말하고자 한다. 일부에게는 새로운 것처럼 보일 수도 있을 그 의견이란, 연방 정부의 기능이 정부의 일상적 활동과 더 많이 연관될수록, 시민들이 그들의 일상적 정치 생활에서 연방 정부를 만나는 데 익숙해질수록, 중앙정부가 시민들의 시야와 정서에 친숙해질수록, 인간 감정의 가장 민감한 부분을 건드리고 가장 적극적인 동기를 움직이게 할 그런 대상에 중앙정부가 더 깊이 관여할수록, 중앙정부가 공동체의 존경과 애착을 얻을 개연성도 커지리라는 것이다. 인간은 단연 습관의 피조물이다. 그의 감각에 와닿지 않는 것은 대체로 그의 마음에 거의 영향을 미치지 못한다. 계속해서 멀리 떨어져 있고 보이지도 않는 정부가 인민들의 감각에 흥미를 일으키기를 기대하기란 불가능할 것이다. 이런 추론의 결론은, 합중국의 권한을 대내적 관심사[즉 내정]라고 불리는 것에까지 확장하게 되면, 합중국의 권한과 합중국에 대한 시민들의 애착이 약화되기보다는 오히려 강화되리라는 것이다. 또한 합중국 정부 기관의 포괄성 및 친밀성이 높아지면, 합중국이 물리력에 의존해야 할 경우도 감소하리라는 것이다. 인간의 정념들이 자연스럽게 흐르는 그런 경로와 조류 속으로 합중국이 침투할수록, 폭력적이고 위험한 강제적 수단의 지원을 덜 필요로 하게 될 것이다.

여하튼 한 가지 분명한 것은, 제헌회의에서 제안한 것과 같은 정부가, 그 반대파들 대부분이 주장하는 그런 종류의 연합 정부보다 무력 사용의 필요성을 막아 줄 가능성이 더 크다는 것이다. 그들이 주장하는 연합 정부의 권한은, 정치적 또는 집합적 단위로서의 주에 대해서만 효력을 미친다. 앞서 설명했듯이[15번, 16번 논설], 그런 연합 체제에서는 무력 이외에는 법에 대한 구속력이 있을 수 없고, 정부의 구조 그 자체의 자연스러운 결과로서 구성원들[즉 주]의 빈번한 의무 불이행이 나타날 것이며, 이런 일이 발생할 때마다 그것의 시정은, 설령 시정된다 하더라도, 오직 전쟁이나 폭력으로만 가능할 것이다.

제헌회의에서 보고한 안은 연방 정부의 권한을 각 주의 개개 시민에게까지 확장하고 있다. 이렇게 됨으로써 연방 정부는 연방 법률을 집행하는 데 각 주의 법원을 이용할 수 있을 것이다. 쉽게 이해할 수 있듯이, 이렇게 되면 사회 일반의 인식에서 법률의 출처에 대한 구분[즉 연방법과 주법의 구분]이 모두 사라질 것이고, 또한 권위에 대한 정당한 복종을 확보하는 데서 각 주 정부가 누리는 것과 동일한 이점을 연방 정부도 누릴 것이다. 또한 전체 합중국의 자원을 자신에 대한 지원과 지지에 동원할 수 있는 권한을 연방 정부가 갖고 있다는 것이 중요하게 고려됨으로써 여론에도 영향을 미칠 것이다. 여기에서 특히 주목할 만한 것은, 연방의 법률은 그 관할로 열거된 합법적 대상에 대해 이 나라의 최고법이 될 것이며, 각 주의 모든 입법·집행·사법의 공직자들은 선서의 불가침성에 따라 연방 법률을 준수할 의무를 진다는 점이다. 따라서 각 주들의 입법부·집행부·법원은 중앙정부의 정당하고 합헌적인 권한이 미치는 범위 내에서는 중앙정부의 운영에 통합될 것이며, 연방 법률의 집행을 보조할 것이다.[2] 이런 상황이 가져다줄 결과

2) 이것이 주 정부의 파괴를 가져오기 쉬울 것이라는 궤변에 대해서는 적절한 곳[31번, 44번 논설]에서 충분히 그 궤변의 정체를 지적할 것이다.

를 스스로 심사숙고해 본다면, 합중국의 권한이 다른 곳만큼 신중하게 운영될 경우, 합중국의 법률이 규칙적이고 평화적으로 집행되리라고 추정할 타당한 근거가 있음을 누구라도 인식하게 될 것이다. 만일 자의적으로 그 반대 경우를 가정한다면, 원하는 어떤 결론도 그 가정에서 연역할 수 있을 것이다. 왜냐하면, 설립되었던 또는 설립될 수 있는 그 어떤 최상의 정부의 권한도 부적절하게 행사되면 인민을 난폭하게 만들 수 있기 때문이다. 헌법안 반대자들은 국가 통치자들이 공익의 동기나 의무의 준수에 무관심하리라고 추정할 것이다. 그러나 나는 여전히 그들[즉 반대파]에게, 그런 행위에 의해 어떻게 야망의 사리사욕이나 [권리]침해의 의도가 조장될 수 있는지 묻고자 한다.

푸블리우스

연방주의자 28번

[해밀턴] 1787. 12. 26.

중앙정부가 불가피하게 무력에 의지하지 않을 수 없는 경우가 발생할 수 있음은 부인할 수 없다. 다른 나라의 사례들이 가르쳐 주고 우리 자신의 경험으로 확인된 교훈에 따르면, 이런 종류의 비상사태는 모든 사회 — 어떻게 구성된 것이든 — 에서 가끔씩 발생할 것이고, 종양과 발진이 인체에서 떼어 낼 수 없는 질병이 듯이 선동과 반란 역시 불행히도 정체로부터 분리할 수 없는 병폐일 것이다. 또한 항상 온전히 법의 힘으로 통치한다는 이상(이는, 우리가 들어 왔던, 유일하게 인정되는 공화정부의 원칙이다)은, 너무 총명해 경험적 가르침의 충고를 무시하는 정치학 박사들의 몽상에서만 가능할 것이다.

중앙정부에서 그런 비상사태가 언제든 발생하면, 무력 이외에는 해결책이 있을 수 없다. 이에 이용될 수단은 위험의 정도에 비례해야 한다. 만일 그것이 한 주의 작은 지역 내의 경미한 소요라면, 그 주의 나머지 지역의 민병대로도 충분히 진압될 것이다. 그들은 기꺼이 자신들의 의무를 다하리라고 당연히 추정할 수 있다. 직접적 원인이 무엇이든 반란은 결국 모든 정부를 위험에 빠뜨린다. 합중국의 권한[이 위협받는 것]에 대한 염려가 아니라면 공공의 안전에 대한 염려가, 아직 [반란에] 전염되지 않은 시민들로 하여금 폭도에 맞서 싸우도록 이끌 것이다. 그리고 중앙정부가 실제로 인민들의 번영과 행복에 이바지하는 것으로 알려진다면, 인민들이 정부에 대한 지지를 꺼릴 것이라는 생각은 비합리적일 듯하다.

만일 그와 반대로 반란이 한 주의 전부 또는 주요 지역을 휩쓴다면, 다른 종류의 무력의 사용이 불가피해질 것이다. 매사추세츠주는 그 주에서 발생한 소요[즉 셰이즈의 반란]를 진압하기 위해 병력을 모집할 필요가 있다고 판단했던 듯하다. 또한 펜실베이니아주는 일부 시민들 사이에 소요가 일어날 우려가 있다는 것만으로 동일한 조치를 취하는 것이 적절하다고 생각했던 듯하다.[1] 만일 뉴욕주가 버몬트 주민에 대한 잃어버린 관할권을 재확립할 의향이 있었다면,[2] 민병대의 노력만으로 그런 기획에서 성공을 기대할 수 있었을까? 그런 기획을 실행하기 위해서는 좀 더 정규적인 무력[즉 정규군]을 모집하고 유지해야만 하지 않았을까? 이와 같이, 특별한 경우에는 민병대가 아닌 다른 종류의 무력에 의지해야 할 필

---

1) [옮긴이] 6번 논설, 주 21 참조.
2) [옮긴이] 뉴욕주와 버몬트 간의 경계선 분쟁에 대해서는 7번 논설, 주 3 참조.

요성이 주 정부 자신들에게 적용될 수 있음을 인정해야 한다면, 중앙정부도 유사한 극한 상황에서 그와 비슷한 필요에 처하게 될 수 있으리라는 가능성이 왜 중앙정부의 존재에 대한 반대의 이유가 되어야 하는가? 추상적으로는 합중국에 대한 지지를 표명하면서도, 자신들이 주장하는 안에는 10배나 더 해당되는 사항을 우리가 제안한 헌법안에 대한 반대의 이유로 내세우다니 놀랍지 않은가? 또한, 그것[즉 상비군에 의존해야 할 가능성]이 어느 정도 사실에 근거하는 한, 확장된 규모의 시민사회에서 불가피하게 발생하는 것을 헌법안에 대한 반대의 이유로 내세우다니 놀랍지 않은가? 누가 소규모 공화국의 거듭되는 골칫거리인 끊임없는 소요와 빈번한 [체제] 전복보다 그 가능성[즉 상비군 의존 가능성]을 선호하지 않겠는가?

다른 관점에서 계속 검토해 보자. 만일 단일의 보편적 체제 대신에 두세 개, 심지어 네 개의 연합이 구성된다고 하면, 이런 연합들 가운데 어느 것이든 운영에서 비슷한 어려움에 직면하지 않겠는가? 각 연합들은 동일한 사고에 노출되지 않겠는가? 그리고 그런 일이 발생하면, 각 연합들은 자신의 정부를 유지하기 위해, 자신들이 단일 정부 — 모든 주들을 대표하는 — 에 반대하는 이유로 내세웠던 바로 그 조치[즉 상비군]에 의존해야만 하지 않겠는가? 이럴 경우에 민병대는, 하나의 보편적 합중국이 존재하는 경우보다, 각 연합의 정부를 더 기꺼이 또는 더 유능하게 지원할까? 솔직하고 총명한 사람이라면, 충분히 숙고한 뒤에, 반대의 원칙은 두 경우 어느 쪽이든 동일하게 적용되어야 함을 인정할 것이다. 또한 우리가 모든 주를 대표하는 단일의 정부를 갖든, 또는 여러 묶음의 주들을 대표하는 별개의 여러 정부를 갖든, 심지어 주들이 완전히 분리되든 간에, 공동체의 평화를 유지하기 위해서는, 또한 법률에 대한 폭력적 침해 — 이는 소요와 반란에 이를 것이다 —

에 맞서 법의 정당한 권위를 유지하기 위해서는, 민병대와 다르게 구성된 무력을 사용할 필요성이 가끔씩 존재하리라는 것을 인정할 것이다.

이 주제에 대한 다른 모든 추론과 별도로, 평화 시의 군 상비 체제를 금지하는 좀 더 단호한 규정을 요구하는 자들에게 제시할 완벽한 대답이 존재한다. 우리가 제안하는 정부의 모든 권력은 인민의 대표들의 수중에 있게 되리라는 점이 그것이다. 이것이야말로 시민사회에서 획득할 수 있는, 인민의 권리와 기본권에 대한 필수적인 동시에 결국에는 유일하게 효과적인 방어 수단이다.[3]

만일 인민의 대표들이 자신의 유권자를 배신한다면, [인민에게는] 그런 본래적 자위권의 행사 외에는 다른 자원이 남지 않게 된다. 이런 자위의 권리는 어떤 긍정적 정부 형태보다 중요하다. 그리고 자위권은, 개별 주의 통치자의 권리침해에 맞서 행사될 때보다 국가적 통치자의 권리침해에 맞서 행사될 때 훨씬 성공의 전망이 높아질 것이다. 단일 주의 경우, 만일 최고 권력을 위임받은 자들이 [기본권의] 침해자가 된다면, 그 주의 여러 부분, 구역, 지구 등은 각기 어떤 명확한 정치체제를 갖고 있지 못하기에 방어를 위한 질서 있는 대책을 전혀 강구할 수 없다. 시민들은, 용기와 절망을 제외하면 협조도, 체계도, 자원도 없이 무질서하게 무기를 집으려고 몰려 갈 것이 틀림없다. 침해자들은 합법적 권위라는 외형을 걸쳤기에 대개의 경우 저항을 초기 단계에 진압할 수 있을 것이다. 지역의 규모가 작을수록, 인민들이 질서 있는 또는 체계적인 저항 방법을 구상하기가 더 어려울 것이고, 그들의 초기 시도는 무산되기 쉬울 것이다. 인민들의 준비와 움직임에 대한 정보는 좀 더 신

---

[3] 그것의 완전한 효력에 대해서는 뒤에서 검토할 것이다.

속하게 입수될 수 있고, 침해자들이 보유한 군사력은 저항이 시작된 지역으로 더 신속히 배치될 수 있을 것이다. 이런 조건에서는, 여러 상황들이 특이하게 일치해야만 대중들은 저항에 성공할 수 있다.

만일 시민들이 자신들의 권리를 이해하고 그것을 방어할 마음을 갖고 있다면, 주의 규모가 증가함에 따라 권리침해의 장애 요소와 함께 저항의 촉진 요소도 증가하게 된다. 소규모 공동체보다 대규모 공동체에서, 정부의 인공적 힘에 대비한 인민들의 자연적 힘은 더 커지게 되고, 당연히 전제정을 수립하려는 정부의 기도에 맞서 싸울 인민들의 능력도 더 커진다. 그런데 인민들은 연방 안에서 완벽하게 자기 자신의 운명의 주인이 된다고 말할 수 있다. 이는 결코 과장이 아니다. 권력은 거의 항상 [다른] 권력의 경쟁자이기에, 연방 정부는 항상 주 정부들의 권리침해를 저지할 준비가 되어 있고, 주 정부들도 연방 정부에 대해 동일한 의향을 갖고 있을 것이다. 인민들은 어느 한쪽을 지지함으로써 그쪽을 확실히 우세하게 만들 수 있다. 인민들은 자신들의 권리가 어느 한쪽에 의해 침해될 경우, 이에 대한 구제책으로 다른 한쪽을 이용할 수 있다. 인민들이 합중국을 소중히 함으로써, 아무리 높이 평가해도 모자랄 장점을 유지한다면 얼마나 지혜롭겠는가!

가능한 모든 사태에서, 중앙정부에 의한 공공 자유의 침해를 막아 줄 완벽한 방어 수단을 주 정부가 제공하리라는 것은 우리 정치체제에서 하나의 자명한 이치로 확실히 받아들여질 수 있다. 권리침해의 기도를, 인민 대다수의 눈을 피한 것처럼 인민의 선발된 집단의 눈도 피할 수 있는 그런 가면 뒤에 은폐하기는 불가능하다. 주 입법부는 더 뛰어난 정보 수단을 가질 것이다. 그들은 멀리 떨어진 위험을 알아낼 수 있고, 인민의 신임과 함께 시민 권력의 모든 기관을 보유하고 있기에, 공동체의 모든 자원을 통합할 수 있는 확고한 저항 방안을 즉각 채택할 수 있다. 그들은 다른 주의 입법부와 언제든 서로 연락할 수 있고, 그들의 공동 자유를 보호하기 위해 공동의 힘을 통합할 수 있다.

　이 나라의 광대한 규모는 추가적인 방어 수단이 된다. 우리는 이미 외부 세력의 공격을 막아 주는 규모의 유용성을 경험한 바 있다. 그것은 연방의회 내의 야심 찬 지도자들의 [권리침해] 기도에 대해서도 정확히 동일한 효과를 갖게 될 것이다. 만일 연방군이 한 주의 저항을 진압할 수 있다고 하더라도, 멀리 떨어져 있는 주들이 새로운 무력을 일으킬 수 있을 것이다. 한 곳에서 획득한 이점은 다른 곳의 저항을 진압하기 위해 포기되어야 한다. 그리고 진압해 항복시킨 지역을 방치하는 순간 활동은 재개되고 저항이 되살아날 것이다.

　여하튼 군사력의 규모는 그 나라의 자원에 따라 제한될 수밖에 없다는 사실을 우리는 기억해야 한다. 앞으로 오랫동안, 대규모 군대를 유지할 수는 없을 것이다. 그렇게 할 수 있는 수단이 증가하는 만큼, 공동체의 인구와 자연적 힘도 그에 비례해 증가할 것이다. 인민들이 주 정부라는 매개체를 통해 독립국가와 같은 민첩함과 정규적 질서 및 체계 등을 갖추고서 자신을 방어할 수단을 확보하고 있는 상황에서, 거대한 제국의 대규모 인민들 위에 군림하는 전제정의 수립을 가능케 할 정도의 능력을 가진 군대를 연방 정부가 모집하고 유지할 수 있는 시기가 과연 언제쯤 도래하게 될까? 이에 대한 불안과 우려는, 토론과 논증을 통해서는 치유책을 찾을 수 없는 하나의 질병으로 간주해도 좋을 것이다.

푸블리우스

연방주의자 29번

[해밀턴] 1788. 1. 9.

민병대에 대한 통제권과 내란이나 외침 시 민병대에 대한 지휘권은, 연방의 대내적 평화를 보호하고 공동의 방위를 지휘하는 [연방 정부의] 권한에 자연스럽게 뒤따르는 권한이다.

국가 방위를 위해 민병대가 소집될 때는 항상 규율과 편제의 통일성이 있어야만 최대의 효과를 거둘 수 있을 것이다. 이를 이해하는 데는 전쟁학의 어떤 능력도 필요하지 않다. 그런 통일성이 있을 때, 민병대는 군 작전 시에 특히 중요한 정보 교환과 상호 협력을 이루면서 주둔지와 전장에서 임무를 수행해 갈 수 있을 것이다. 또한 그런 통일성이 있을 때 민병대는 군 직무에 빨리 숙련될 수 있을 것이고, 일정한 숙련도는 민병대의 유용성에 필수적이다. 이처럼 중요한 규율과 편제의 통일성은, 민병대에 대한 통제를 중앙정부의 지시에 위임함으로써만 달성될 수 있다. 따라서 제헌회의의 헌법안이, "민병대 장교를 임명하고 연방의회가 정한 규율에 따라 민병대를 훈련시키는 권한은 각 주에 유보하지만, 민병대의 조직, 무장 및 훈련에 관한 규칙과 민병 중에서 합중국의 군무에 복무하는 자들을 다스리는 규칙을 정하는"[제1조 8절 16항] 권한을 합중국에 부여하도록 제안한 것은 극히 적절한 것이었다.

제헌회의의 안에 대한 반론으로 제시된 여러 반대 이유들 가운데, 특히 이 조항을 비판한 이유만큼 예상치 못했고 또 근거 없는 것도 없다. 잘 통제된 민병대가 자유로운 나라의 가장 자연스러운 방어 수단이라면, 그것은 마땅히 국가 안보의 수호자로 설립된 조직[즉 연방 정부]의 통제 및 재량하에 있어야만 할 것이다. 만일 상비군이 자유에 위협적이라면, 주를 보호할 책임을 맡은 조직[즉 연방 정부]이 민병대에 대한 효과적인 권한을 갖도록 함으로써 그런 불순한 제도[즉 상비군]를 이용하려는 유인이나 핑계를 되도록 제거해야 할 것이다. 시민 집행관을 지원할 군사적 수단이 요구되는 그런 비상시에 연방 정부가 민병대라는 조력자를 지휘할 수 있다면, 연방 정부가 다른 종류의 무력을 이용할 필요성은 사라질 것이다. 연방 정부가 전자를 이용할 수 없게 되면, 후자에 의존하지 않을 수 없을 것이다. 군대를 불필요하게 만드는 것이야말로, 문서상의 수천 개 금지 조항보다 더 확실히 군대의 존재를 막을 수 있는 방법이 될 것이다.

합중국 법의 집행을 위한 민병대 소집 권한에 대한 신뢰를 떨어뜨리기 위해, 반대파들은 다음과 같이 주장해 왔다. 즉 집행관의 직무 수행을 돕도록 민병대[1]를 소집할 수 있는 규정이 [제헌회의의] 헌법안 어디에도 없는 것으로 봐서, 군대를 집행관의 유일한 보조자로 삼으려는 의도로 추정된다는 것이다. 지금까지 제기된, 심지어 때로는 동일한 진영에서 나온 이런 반론들은, 논리의 일관성을 전혀 갖추지 못했을 뿐만 아니라, 그런 주장을 하는 자들의 진실성이나 공정성에 대한 호의적 여론을 불러올 것 같지도 않다. 동일한 사람들이 한 번은 연방 정부의 권력이 전제적이고 무제한적이 될 것이라고 말하고, 다음번에는 연방 정부가 민병대를 소집할 권한조차 갖고 있지 못하다고 말하고 있는 것이다. 다행히 전자가 사실을 부풀린 것처럼 후자는 사실에 많이 못 미치고 있다. 세금

---

1) [옮긴이] 영국과 미국의 보통법에서, 지방의 집행관 또는 치안관은 건장한 남성들로 구성된 민병대에 자신의 법 집행을 보조하도록 명령할 권한을 가졌다. 이렇게 평화 유지나 특정한 법질서의 집행을 위해 지방 집행관이나 치안관에 의해 소집된 지역 주민을 포세 코미타투스Posse Comitatus라고 한다. 이는 "카운티의 [치안관이 유사시에 사용하는] 무장력"force of the county이라는 의미이다.

의 부과와 징수에 필요하고 적절한 법률을 제정할 수 있는 권한에, 부동산 상속과 양도에 관한 규칙을 변경할 권한 또는 그에 관한 소송에서 배심재판을 폐지할 권한이 포함된다고 믿는 것이 터무니 없듯이, 공표된 권한의 집행에 필요하고 적절한 모든 법률을 제정할 수 있는 권한에,[2] 그 법률의 집행을 위임받은 공직자에 대한 시민[즉 민병대]의 지원을 명할 수 있는 권한이 포함된다는 사실을 의심하는 것 또한 터무니없는 일이 아닐 수 없다. 따라서 민병대의 지원을 명령할 권한이 [헌법안에] 결여되어 있다는 추정은 전혀 근거 없다는 사실이 명백하기 때문에, 당연히 그런 추정을 민병대에 대한 연방 정부의 권한에 적용해 도출한 결론은 비논리적인 만큼이나 부정직한 것이다. 필요할 때 군대를 사용할 수 있는 권한이 존재한다는 단지 그 이유만으로, 군대를 권위의 유일한 수단으로 삼으려 한다고 추론할 근거가 어디에 있는가? 도대체 어떤 동기에서 지각 있는 사람들이 이런 식의 추론을 하는 것일까? 우리는 [이들에 대한] 관용과 비판 간의 충돌을 어떻게 막아야 할까?

[군사력에 대한] 공화주의적 경계심이 기이하게 극단화된 결과,[3]

---

2) [옮긴이] '필요하고 적절한 모든 법률을 제정할 수 있는 권한'은 헌법 제1조 8절 18항에 규정되어 있다. 이에 따르면, '연방의회는 위에 기술한 권한들(즉 헌법 제1조 8절 1항에서 17항까지에 기술된 권한)과 이 헌법이 합중국 정부 또는 그 부처나 그 부처의 공무원에게 부여한 모든 기타 권한을 행사하는 데 필요하고 적절한 모든 법률을 제정할 권한을 갖는다.' 반대파들은 이 조항이 연방 정부에 전제적 권력을 부여하는 백지 위임장이 될 것이라고 비판했다. 이 조항에 대한 논의는 33번 및 44번 논설을 참조.

3) [옮긴이] 헌법안 반대파들은, 신헌법이 광대한 국가, 강한 연방 정부, 강한 집행부, 상비군 등을 추구함으로써 결국 공화정을 몰락시키고 전제정을 가져올 것이라고 비판한다. 이들에 따르면 공화정은 소규모 국가, 약한 중앙정부, 지역공동체 단위의 자치, 지역 단위의 민병대 등이 존재하

그들은 심지어 우리에게, 연방 정부의 수중에 있는 민병대에 대해서까지도 그 위험성을 두려워해야 한다고 가르치고 있다. 열정적인 젊은이들로 구성된 선발 부대가 조직되어 전제 권력의 목적에 복종하는 수단이 될 것이라는 의견도 나오고 있다. 중앙정부가 민병대를 관리하기 위해 어떤 계획을 추구할지를 예견하기는 불가능하다. 하지만 나는 선발 부대를 위험하다고 반대하는 그런 자들의 관점에서 이 문제를 바라보지 않는다. 헌법이 비준된다면, 그리고 이 주[즉 뉴욕주] 출신의 연방 의원에게 민병대 창설 문제에 대한 의견을 전하게 된다면, 나는 기본적으로 다음과 같이 말할 것이다.

합중국의 모든 민병대를 훈련시킨다는 계획은, 설령 실행 가능하다고 하더라도, 해로운 만큼이나 쓸모없는 일이 될 것이다. 군사 작전에서의 상당한 숙련도는 시간과 훈련을 필요로 하는 일이다. 그것을 달성하는 데는 하루나 한 주로는 충분치 못하다. 자작농이나 여타 시민계급들로 이루어진 대규모 인원에 대해, 필요할 때마다 군사훈련과 기동연습을 위해 무장을 갖추게 하고, 잘 통제되는 민병대라는 명성에 걸맞는 숙련도를 달성하도록 의무화하는 것은 인민들에게 정말 불만의 원인이 될 것이고, 공적으로도 심각한 폐해와 손실이 될 것이다. 그에 따라 발생할 전국적인 생산적 노동의 연간 감소치는, 현재의 인구수를 기준으로 계산하면, 모든 주의 시민 정부의 총 비용에 거의 필적하는 액수가 될 것이다. 노동과 산업을 그렇게 큰 규모로 축소할 일을 시도하는 것은 현명하지 못할 것이다. 또한 그

는 곳에서만 가능하다. '공화주의적 경계심이 기이하게 극단화되었다'라는 해밀턴의 표현은, 국가권력에 대한 헌법 반대파들의 이런 경계심이 과도하다고 지적한 것이다.

실험은 설령 시도한다 해도 성공하지 못할 것이다. 왜냐하면 인민들이 그것을 오랫동안 감수하지 않을 것이기 때문이다. 전체 인민에 대해서는, 적절한 무장과 준비를 갖추도록 하고, 이에 소홀하지 않는지 확인하기 위해 1년에 한두 차례 소집하는 것은 필요하겠지만, 그 이상을 목표로 하는 것은 합리적이지 못하다.

그러나, 전 국민에 대한 훈련 계획은 해롭거나 실현 불가능하기에 포기되어야 하지만, 민병대를 제대로 확립하기 위한 적절한 계획을 되도록 빨리 채택하는 것은 아주 중요한 일이다. 특히 정부의 관심은, 유사시의 복무에 정말 적합하도록 만든다는 원칙하에, 적정 규모의 선발 부대를 구성하는 데 맞추어져야 한다. 이처럼 계획을 한정함으로써, 주의 방어를 위해 필요할 때는 언제든 전투를 치를 수 있는 잘 훈련된 탁월한 민병대 조직을 확보할 수 있을 것이다. 이는 군 상비 체제에 대한 수요를 감소할 것이다. 그뿐만 아니라, 만일 언제든 사정상 [연방] 정부가 대규모 군대를 구성하지 않을 수 없게 되더라도, 규율이나 무기 사용에서 군대에 거의 뒤지지 않는 — 설령 뒤진다 하더라도 — 대규모 시민 집단이 언제든 자신들과 동료 시민들의 권리를 지킬 준비가 되어 있는 한, 그 군대는 결코 인민의 자유에 위협적이지 않을 것이다. 내가 보기에 이것이 우리가 고안할 수 있는 유일한 상비군의 대용물이며, 상비군에 대한 가장 가능성이 높은 방어 수단 — 그것이 존재해야 한다면 — 인 듯하다.

이렇게 하여 나는, 동일한 주제에 대해 헌법안 반대자들과 다르게 추론해, 그들이 파멸과 위험이 가득하다고 주장한 바로 그 원천으로부터 안전의 논거를 찾아냈다. 하지만 연방 입법부가 이 문제에 대해 어떻게 판단할지는 그들도 나도 예견할 수 없는 일이다. 민병대가 자유에 위협이 된다는 발상에는 너무나 억지스럽고 과장된 무엇이 있기에, 그것을 진지하게 다루어야 할지 아니면 장난스럽게 다루어야 할지 당황하게 된다. 또한 그것을 수사법 전문가들의 역설과 같은 단순한 솜씨 겨루기로 간주해야 할지, 아니면 어떤 대가를 치르더라도 편견을 주입하려는 음흉한 책략으로 간주해야 할지, 그도 저도 아니면 정치적 광신의 심각한 산물로 간주해야 할지 당황하게 된다. 상식적으로 생각할 때, 우리가 우리의 아들, 형제, 이웃, 동료 시민을 신뢰하지 못한다면, 우리의 두려움은 어디까지 이르게 될까? 매일 자신의 동포들과 어울려 지내고, 그들과 감정, 정서, 습관, 이해관계를 같이하는 사람들에게 어떤 위험의 기미가 있을 수 있는가? 개별 주들이 장교들에 대한 유일하고 배타적인 임명권을 갖고 있는데, 민병대의 규칙을 정하고 필요한 경우 그 임무를 지휘하는 합중국의 권한으로부터 도대체 어떤 합리적인 불안의 근거를 추론할 수 있는가? 가능한 어떤 편제이든, 연방 정부하에 있는 민병대에 대해 정말 경계심이 든다고 할지라도, 각 주가 장교들을 임명하는 상황에서 그런 경계심은 즉각 사라질 것이다. 그런 상황은 주에게, 민병대에 대한 압도적 영향력을 항상 보증할 것이 확실하기 때문이다.

헌법안에 반대하는 수많은 출판물을 읽으면서, 사람들은 자연스럽고 기분 좋은 이미지가 아니라 끔찍하고 일그러진 형상 — 그리는 것은 무엇이든 퇴색시키고 망가뜨리며, 만지는 모든 것을 괴물로 변형하는 고르곤, 히드라, 무시무시한 키메라[4] — 만 연상시

---

[4] [옮긴이] 고르곤Gorgon은 그리스신화에 나오는, 머리카락이 뱀으로 되어 있는 세 자매로서 이 괴물을 보는 사람은 누구나 돌로 변했다 한다. 히드라는 머리가 아홉 개 달린 뱀으로 하나를 잘라도 금방 다시 생겼다고 한다. 키메라는 염소 몸통에 사자 머리와 뱀 꼬리를 단 그리스신화 속 괴물이다.

키는, 어떤 서투른 소설이나 모험담을 읽는 듯한 느낌을 받게 될 것이다.

[연방 정부의] 민병대 소집 권한과 관련해 그들이 제기하는, 과장되고 기발한 암시들에서 이런 사례는 잘 드러난다. [그들의 비판에 따르면, 연방 정부에 의해] 뉴햄프셔 민병대는 조지아로, 조지아 민병대는 뉴햄프셔로, 뉴욕 민병대는 켄터키로, 켄터키 민병대는 샘플레인 호수로 보내질 것이다. 그뿐만 아니라, 프랑스와 네덜란드에 지불해야 하는 부채는 루이도르[5]와 더컷[6] 대신에 민병대원으로 지불될 것이다. 어떤 때는 인민의 자유를 굴복시킬 거대한 군대가 존재하게 될 것이고, 다른 때는 [연방 정부의 억압에 맞서는] 매사추세츠의 공화주의적 불복종을 굴복시키기 위해 버지니아의 민병대가 그들의 고향에서 500~600마일이나 끌려 나오게 될 것이고, 매사추세츠의 민병대는 귀족주의적 버지니아인들의 다루기 힘든 오만함을 진압하기 위해 같은 거리만큼 이송될 것이다. 이런 식으로 열변을 토하는 사람들은, 어떤 공상이나 불합리한 주장도 자신들의 기예나 웅변을 통해 아메리카 인민들에게 무오류의 진리로 강요할 수 있다고 생각하는 것일까?

만일 전제정의 수단으로 이용할 군대가 존재한다면, 민병대는 왜 필요할까? 만일 군대가 존재하지 않는다면, 자신들의 동포 중 일부에게 예속의 사슬을 채우기 위해 멀고도 절망적인 원정에 동원된 것에 격분한 민병대들이 진로를 변경해, 그렇게 사악하고도 어리석은 기획을 꾀한 독재자의 권좌로 향하지 않을까? 그리하여 독재자들이 꾀한 권력의 성채에서 그들을 짓이겨, 학대받고 분노

---

[5] [옮긴이] 루이도르Louis d'ors. 대혁명 때까지 통용된 프랑스 금화.

[6] [옮긴이] 더컷ducat. 과거 여러 유럽 국가들에서 사용된 금화.

한 인민들의 정당한 복수의 본보기로 삼지 않을까? [자유에 대한] 침해자들이, 엄청난 규모의 계몽된 국민들을 지배하기 위해 이런 식으로 나아갈까? 그들은 시작부터, 자신들이 의도하는 침탈에 사용될 바로 그 도구의 증오심을 자극할까? 대체로 그들은, 만인의 미움과 저주를 초래하는 것을 제외하면 어떤 목적에도 부합하지 않을 것 같은 방자하고 역겨운 권력 행위로 자신의 경력을 시작할까? [앞서 본] 그런 부류의 생각들[즉 민병대를 동원해 인민을 탄압하리라는 주장]이 과연 분별 있는 애국자들이 분별 있는 인민들에게 진지하게 하는 충고일까? 아니면 격분한 선동가나 병적인 광신자들의 선동적인 헛소리인가? 가장 통제되기 힘든 야망에 따라 국가 통치자들이 행동한다고 가정하더라도, 그들이 자신의 의도를 달성하기 위해 그렇게 터무니없는 수단을 이용하리라고 생각하는 것은 불가능하다.

외침이나 반란이 일어날 경우에 공동의 적을 격퇴하기 위해 또는 내분이나 선동의 폭력에 맞서 공화국을 보호하기 위해, 이웃 주의 민병대가 다른 주로 행군해 들어가는 것은 자연스럽고 적절한 일일 것이다. 첫 번째 목적과 관련된 사례는 지난 전쟁[즉 독립전쟁] 과정에서 빈번히 있었다. 그리고 이런 상호 원조는 정말 우리 정치 연합의 주된 목표이다. 만일 그런 상호 원조를 가능케 하는 권한을 합중국이 통솔하게 된다면, 합중국이 가까이 다가옴으로써 의무와 공감이라는 너무나 연약한 추진력에 자위의 동기를 추가할 것이며, 그 결과 이웃의 위난에 대한 게으르고 무기력한 무관심이라는 위험은 더는 존재하지 않게 될 것이다.

푸블리우스

연방주의자 30번

[해밀턴] 1787. 12. 28.

연방 정부는 연방군의 유지에 필요한 것을 공급할 수 있는 권한을 보유해야 한다고 이미 말한 바 있다. 여기에는 군대의 모집, 함대의 건조 및 무장 등에 드는 비용을 비롯해 군대의 배치 및 운용과 관련된 일체의 비용이 포함된다. 하지만 이것들이, 세입과 관련해, 합중국의 관할권에 반드시 포함되어야 할 유일한 대상은 아니다. 연방 공무원의 유지에 필요한 것의 공급, 기존의 국가 채무나 앞으로 지게 될 국가 채무를 상환하는 데 필요한 것의 공급, 그리고 전반적으로 국고에서 지출해야 하는 모든 것의 공급 등이 합중국의 관할 대상에 포함되어야 한다. 결론을 말하면, 어떤 형태이든 보편적 징세권이 정부 체제 안으로 들어와야 한다는 것이다.

돈이 정치체의 사활이 걸린 본질적 요소로 간주되는 것은 당연하다. 돈은 정치체의 생명과 활동을 지탱하며, 정치체가 그것의 가장 본질적 기능을 수행할 수 있도록 해주기 때문이다. 따라서 공동체의 자원이 허용하는 한, 규칙적이고 충분한 자금 공급을 확보할 수 있는 완전한 권한은 모든 정치체의 필수 불가결한 구성 요소로 간주될 수 있다. 이 같은 사항에 결핍이 발생하면, 다음 두 가지 폐해 중 하나가 반드시 발생한다. 공적 수요를 좀 더 바람직하게 조달하는 방식을 대신하는 끊임없는 약탈이 인민들에게 가해지거나, 아니면 정부가 치명적인 퇴화 상태에 빠져 얼마 못 가 소멸할 것이 틀림없다.

오스만제국[1] 또는 터키제국에서 군주는, 다른 측면에서는 백

---

1) [옮긴이] 오스만제국(1326~1923)은 최고 번성기에 중동, 북아프리카, 동유럽 등에 이르는 광대한 영토를 지배했지만, 18세기 들어 급격히 쇠락하

성들의 생명과 재산의 절대적 지배자였지만, 새로운 세금을 부과할 권한은 없었다. 그 결과 그는, 버쇼Bashaws[2)또는 지방 총독들에게 백성들을 무자비하게 약탈할 수 있도록 허용한 다음, 자신이나 국가의 요구 충족에 필요한 금액을 그들로부터 받아 냈다. 아메리카에서도 비슷한 이유로, 합중국 정부는 거의 소멸에 이를 정도로 점점 쇠퇴해 왔다. 공공의 수요에 필요한 재원을 공급할 수 있는, 적절히 관리되는 유능한 정부가 존재한다면, 그런 정부에 의해 두 나라 국민들의 행복이 증진될 수 있으리라는 것을 누가 의심할 수 있겠는가?

현재의 연합은, 비록 취약하긴 하지만, 합중국의 재정적 수요를 공급할 수 있는 무제한의 권한을 합중국에 부여하고자 했다. 하지만 잘못된 원칙에 따라 운용됨으로써, [원래의] 의도를 완전히 좌절시키는 그런 방식으로 사태가 전개되었다. 협정을 구성하는 규약[즉 연합 헌장]에 따르면, 연합회의는 (이미 말했듯이) 자신들의 판단에 따라 합중국 업무에 필요한 자금의 총액을 정하고 요구할 권한을 위임받았다. 그리고 합중국의 징발은, 할당 규칙에 부합하는 한, 모든 헌법적 의미에서 주들에 구속력을 가졌다. 주들은 요구의 적절성에 대해 이의를 제기할 권리가 없었다. 요구된 금액을 제공할 방법과 수단을 생각해 내는 것 이상의 재량권은 없었다. 그러나 이것이 엄밀하고 정확한 사실임에도, 또한 그런 [이의 제기] 권리를 상정하는 것이 연합 헌장의 위반임에도, 나아가 그런 권리가 공공연히 주장된 적은 좀처럼 또는 결코 없을지 모르지만, 실

고 있었다.

2) [옮긴이] 터키어로 파샤라 불리는데, 터키나 북아프리카 지방에서 징세권을 가진 오스만제국의 군 또는 민간 고위 관리(대개 세습직)를 말한다.

제로는 그런 권리가 지속적으로 행사되어 왔다. 또한 연합의 세입이 그 구성원들[즉 주]의 매개 기능에 의존하는 상태에서 벗어나지 못하는 한, 계속해서 그렇게 될 것이다. 이 같은 체제의 결과가 어떠했는지는 모든 사람이, 심지어 우리의 공적 업무를 전혀 모르는 사람도 알고 있으며, 이 논설들의 여러 부분에서 충분히 밝힌 바 있다. 그 체제는, 우리 자신들에게는 굴욕의 원인이 되고 적들에게는 승리의 원인이 된 그런 상황으로 우리를 몰아넣은 주역이다.

이런 상황을 만들어 낸 체제를 변화시키는 것 외에, 즉 불합리하고 기만적인 할당과 징발의 체제를 변화시키는 것 외에, 어떤 해결책이 있을 수 있는가? 중앙정부가, 질서정연한 모든 시민 정부의 헌법에서 허용되고 있는 통상적인 과세 수단을 통해 자체적으로 재원을 조달할 수 있도록 허용하는 것 외에, 우리를 미혹시키는 재정상의 헛된 기대를 대체할 수 있는 어떤 것이 고안될 수 있겠는가? 기발한 사람들은 어떤 문제에 대해서도 그럴듯하게 열변을 토할 수 있을 것이다. 하지만 인간의 어떤 기발함도, 국고의 공급 부족으로 말미암아 자연스럽게 발생하는 애로나 궁핍으로부터 우리를 구해 줄 다른 대책을 가르쳐 줄 수는 없을 것이다.

신헌법에 대한 좀 더 이성적인 반대자들은 이 같은 논리가 설득력이 있음을 인정한다. 하지만 그들은 자신들이 내국세와 대외세라고 부른 것을 구분함으로써 그런 인정에 조건을 달고 있다. 그들은, 전자는 주 정부에 남겨 두고, 그들이 상업 관세, 더 정확히 말하면 수입품에 대한 세금으로 설명하는 후자는 연방 정부에 양보할 의향임을 밝히고 있다. 하지만 이런 구분은, 모든 권한은 그 목표에 비례해야 한다는, 건전한 상식과 올바른 정책의 근본원리에 반하는 것이다. 또한 그런 구분은, 주 정부와의 관계에서 중앙정부를 여전히 일종의 후견의 지위에 머물도록 하는 것으로서, [연방 정부의] 활력과 능력을 지향하는 어떤 발상과도 부합하지 않는다. 합중국에 지금 필요한 것 또는 앞으로 필요할 것을 상업 관세만으로 감당할 수 있다거나 또는 감당할 수 있을 것이라고 그 누가 주장할 수 있는가? 모든 당파들이 필요하다고 인정하는 기관들[에 드는 비용]뿐만 아니라 기존의 대내외 부채까지 고려 — 공적 정의와 신용의 중요성을 그나마 이해하는 사람이 승낙할 수 있는 상환 계획에 입각해 — 할 경우, 그 재원[즉 관세]의 규모가 아무리 증대된다고 하더라도 그것만으로 합중국의 현재 수요를 충분히 감당할 수 있다고 자신하는 것은 전혀 합리적이지 못할 것이다. 합중국의 미래 수요는 계산될 수 없고 제한될 수 없다. 따라서 수차례 언급했던 원리대로, [장차] 발생할 그런 필요품을 공급할 수 있는 권한 역시 제한되지 않아야 한다. 세상사의 통상적 진행에 따르면, 국가가 존속해 가는 모든 단계에서 국가에 필요한 것은 적어도 국가의 자원과 대등한 정도의 것이기 마련이다. 이런 견해는 인류의 역사가 보증하는 것으로 간주될 수 있으리라고 나는 생각한다.

[연방 정부가 관세에만 의존할 경우 발생하는] 부족분은 주에 대한 징발을 통해 제공받을 수 있으리라고 말하는 것은, 한편으로는 이 체제[즉 주에 대한 징발 체제]에 의존할 수 없음을 인정하는 것이고, 다른 한편으로는 일정 한도를 초과하는 모든 것을 이 체제에 의존하겠다는 것이다. 경험에 의해 드러났고 앞의 논설[15~23번]에서도 설명했던 이 체제의 결함을 주의 깊게 살펴본 사람이라면, 국익을 조금이라도 이 체제의 기능에 맡기는 데 완강히 반대할 것이다. 만일 그 체제가 운영된다면, 그것은 필연적 경향으로서 합중국의 약화를 불러올 것이고, 연방 정부와 그 구성원 사이에 또한 구성원 자신들 사이에 불화와 분쟁의 씨앗을 뿌릴 것이다. 지금까지 이 방식[즉 주에 대한 징발의 방식]으로 합중국의 모든 필요품을 공급받았던 것에 비해, 똑같은 방식으로 부족액만을 공급받게 되면 이

전보다 더 낮게 공급받을 수 있으리라 기대할 수 있을까? 상기해야만 할 것은, 주에 대해 적게 요구하면, 주들도 요구에 응할 수단을 그에 비례해 적게 마련한다는 점이다. 만일 앞서 언급한 [내국세와 대외세의] 구분을 주장하는 자들의 의견을 사실로 받아들인다면, 우리는 다음과 같은 결론, 즉 국사를 경영하는 데는 그 정도에서 멈추는 것이 무난한 어떤 주지의 지점이 존재하기에, 그 정도까지는 정부의 필요품을 공급함으로써 공공의 행복이라는 목표를 촉진하지만, 그 지점을 넘어서는 것은 우리가 배려하거나 걱정할 가치가 전혀 없다는 결론에 이를 것이다. 하지만, [필요품의] 절반밖에 공급받지 못해 항상 궁핍한 상태에 있는 정부가, 어떻게 그런 목표를 달성할 수 있겠는가? 그런 정부가 어떻게 연방의 안전을 제공하고, 번영을 촉진하며, 명성을 뒷받침할 수 있겠는가? 그런 정부가 어떻게 국내에서 활력이나 안정, 품위나 신용, 신뢰를 갖추며, 해외에서 체면을 갖출 수 있겠는가? 그런 정부의 운영이 어떻게, 무력하고 수치스러운 임시변통의 연속에서 벗어날 수 있겠는가? 어떻게 번번이 정부의 일을 당장의 필요에 희생하는 데서 벗어날 수 있겠는가? 그런 정부가 어떻게 공공선을 위해 개혁적이거나 확장된 계획에 착수해 집행할 수 있겠는가?

우리가 치르게 될지도 모르는 최초의 전쟁에서 이런 상황이 어떤 결과를 가져올지 주목해 보자. 논의를 위해, 수입관세에서 걷는 세입이 공공 부채 상환 및 합중국의 평시 체제 유지 등의 목표에 부응하고 있다고 가정해 보자. 이런 상황에서 전쟁이 발생하게 되면, 그런 위기 시에 [연방] 정부가 취할 법한 조치는 무엇일까? [주에 대한] 징발[체제]의 성공[적 운영]에 온전히 의존할 수 없음을 경험을 통해 배운 바 있고, 또한 자체의 권한으로 새로운 자원을 확보할 수도 없는 상태에서, 국가 위기라는 이유가 압박을 가한다면, 정부는 이미 사용처가 책정된 자금을 원래의 목적에서 국가를 방어하는 용도로 전용하는 편법을 사용해야만 하지 않겠는가? 이런 조치를 피할 수 있는 방안을 찾기란 쉽지 않다. 그리고 만일 그런 [전용] 조치가 취해진다면, 그것은 확실하게 공적 신용의 붕괴를 드러낼 것이다. 공적 신용이 공공의 안전에 필수적이 되는 바로 그 순간에 말이다. 그런 위기 시에는 신용이 필요 없을 수 있다고 상상하는 것은 지극히 어리석은 일이다. 현대의 전쟁 체제에서는 가장 부유한 국가라도 대규모 국채에 의존하지 않을 수 없다. 우리처럼 부유하지 못한 나라는 분명 그 필요성을 훨씬 강하게 느낄 것이다. 하지만 상환 조치의 일관성에 대한 의지 결핍을 보여주는 그런 조치를 취하면서 대출 교섭을 시작하는 정부에 누가 돈을 빌려주겠는가? 설령 정부가 국채 조달에 성공하더라도, 그 조건이 부담스러울 것이고 규모도 제한적일 것이다. 고리대금업자들은 대개, 사기 치는 파산한 채무자에게는 막대한 이자를 붙여 마지못해 대출해 준다. 정부의 국채 발행도 이와 동일한 방침으로 이루어질 것이다.

설령 중앙정부가 아무 제한 없는 과세권을 가지고 있더라도, 앞서 가정한 그런 경우에는 국가 자원의 부족 탓에 기존의 자금을 전용할 필요가 있으리라고 생각할지 모른다. 그러나 두 가지 점을 고려하면 이 문제에 대한 우려는 모두 해소될 것이다. 첫째는 [그런 과세권이 있다면] 합중국을 위한 활동에 공동체의 자원이 최대한 동원되리라고 확신할 수 있다는 것이고, 둘째는 어떠한 부족분이라도 국채를 통해 어려움 없이 공급될 수 있다는 것이다.

자신의 권한으로 새로운 과세 대상을 근거로 새로운 자금을 만들 수 있는 권한을 가지고 있으면, 중앙정부는 필요할 때 언제든 돈을 빌릴 수 있을 것이다. 그때는 아메리카의 시민들뿐만 아니라 외국인들도 정부의 약속을 합리적으로 신뢰할 수 있을 것이다. 하지만, [현재의 연합과 같이] 계약 이행의 수단을 13개의 다른 정부에 의존해야 하는 그런 정부를 신뢰한다는 것은, 일단 이런 상황을 분명히 이해한 사람이라면, 타인을 쉽게 믿는 성향이 없이는 불가능한 일이다. 그리고 이런 성향은 사람들의 금전 거래에서는 좀처럼 만나 보기 힘들고, 통상적인 탐욕의 예리한 눈빛과 조화될 가능성도 거의 없다.

이상과 같은 생각들은, 낭만적인 또는 전설적인 시대의 실현을 아메리카에서 목도하기를 원하는 사람에게는 별로 중요하지 않겠지만, 우리도 다른 모든 나라들이 겪는 통상적 수준의 우여곡절과 고난을 경험하리라고 믿는 사람에게는 진지하게 주목받을 만할 것이다. 그런 사람들은 틀림없이 자기 나라의 현실을 걱정스럽게 바라볼 것이고, 야망이나 복수심이 너무나 쉽사리 나라에 끼칠지 모를 해악을 면할 수 있도록 기원할 것이다.

푸블리우스

연방주의자 31번

[해밀턴] 1788. 1. 1.

모든 종류의 연구에는, 뒤이은 모든 추론이 그에 의존하는 근본적 진리들 또는 제1의 원리들이 존재한다. 내재적 증거도 그중 하나인데, 그것은 모든 성찰과 [논리의] 조합에 앞서 마음의 승복을 요구한다. 내재적 증거가 이런 효과를 만들어 내지 못한다면, 그것은 분명 인식 기관의 결함이나 혼란 또는 어떤 강력한 이해관계나 정념, 편견 때문이다. 다음과 같은 기하학의 격률은 그런 종류에 속한다. 즉 "전체는 그것의 부분보다 크다. 동일물과 동일한 것들은 서로 동일하다. 두 개의 직선은 공간을 둘러싸지 못한다. 모든 직각은 서로 동일하다." 윤리학과 정치학 분야에서 다음과 같은 격률도 같은 종류의 것들이다. 즉 원인 없는 효과는 있을 수 없다. 수단은 목적에 비례해야 한다. 모든 권한은 그 목표에 상응해야 한다. 그 자체 제한이 불가능한 목표를 달성하려 하는 권력에 제한이 있어서는 안 된다. 그리고 이 두 학문에는, 공리와 같은 수준이라고는 주장할 수 없지만, 그것으로부터 직접 추론된 진리들이 존재한다. 이런 진리는 그 자체로 너무나 명백하며 또한 자연스럽고 소박하게 상식에 부합하기에, [공리들과] 거의 동일한 정도의 압도적인 설득력을 갖고서, 건전하고 편견 없는 정신에 대해 동의를 촉구한다.

기하학적 탐구의 대상들은, 인간의 마음에 통제 불가능한 정념을 불러일으키는 그런 일들로부터 완전히 분리되어 있다. 따라서 사람들은 기하학의 단순한 정리뿐만 아니라 난해한 역설까지도 어려움 없이 받아들인다. 그런 역설은, 비록 입증 가능한 것처럼 보일지 모르지만, 형이상학의 도움 없이 납득될 수 있는 해당 주제의 자연스러운 관념들과 상충된다. 예를 들면, 물체의 무한한 분할 가능성, 환언하면 유한한 것의 무한한 — 극미한 원자에까지 이르는 — 분할 가능성은 그런 역설에 속한다. 이는 어떤 종교적 불가사의의 이해 불가능성 — 이에 대해서는 믿음이 없다는 혐의가 꾸준히 씌워졌다 — 에 못지않게 상식적으로는 이해 불가능하지만, 기하학자들 사이에서는 받아들여지고 있다.

그러나 도덕과학과 정치과학 분야에서는 사람들이 [근본적 진리나 원리에] 결코 쉽게 이끌리지 않음을 알 수 있다. 어느 정도까지는 그래야 하는 것이 옳고 또 유익하다. 경계해 꼼꼼히 살펴보는 것은 실수와 기만을 예방하는 데 필요한 보호 수단인 것이다. 그러나 이런 완고함은 지나칠 수 있고, 고집과 괴팍함, 부정직으로 흐르기 쉽다. 도덕적·정치적 인식이 수학적 인식과 같은 정도의 보편적 확실성을 일반적으로 가지고 있다고 주장할 수는 없지만,

특정 상황에서의 인간 행위에 근거해 판단해 보면 우리가 생각하는 것보다 확실성이 높다고 할 수 있다. 모호함과 불명료함은 [추론의] 주제와 대상에 존재하기보다는 추론하는 사람의 정념과 편견에 존재하는 경우가 훨씬 많다. 대체로 사람들은, 자신이 이해하고 있는 것들이 서로 공정한 경기를 하도록 허용하지 않는다. 대신에 그들은 비뚤어진 편견에 굴복해, 스스로를 논쟁에 얽어매고 [중요치 않은] 세부 사항에 빠져 혼란을 자초한다.

합중국 정부의 보편적 징세권의 필요성을 입증한 견해처럼, 의심할 여지 없이 명백한 그런 견해에 대해 도대체 어떻게 지각 있는 사람들 가운데 (반대자들이 진심으로 반대한다는 것을 인정한다면) 반대자가 있을 수 있는가? [합중국에 보편적 징세권이 필요하다는] 견해는 이미 다른 곳[30번 논설]에서 충분히 제시한 바 있다. 하지만 그동안 제기되어 온 반론들을 검토하기 위한 예비 작업으로, 여기에서 [다시 한 번] 그 개요를 제시하는 것이 부적절하지는 않을 것이다. 그 내용은 다음과 같다.

정부는, 자신이 관리를 맡은 목표를 충분히 수행하고 또한 자신이 책임지고 있는 의무를 완전히 실행하는 데 필요한 모든 권한을 그 자체 내에 보유해야 한다. 그리고 공익과 여론에 대한 고려를 제외한 그 어떤 통제로부터도 자유로워야 한다.

국방을 관리하고 대내외의 폭력에 맞서 공공의 안전을 지키는 의무에는 재난과 위험에 대비하는 것도 포함되는데, 그런 재난과 위험에는 어떤 한계가 설정될 수 없다. 따라서 그런 대비를 하는 권한에는 국가의 긴박한 필요성과 공동체의 자원 외에 그 어떤 한계도 있어서는 안 된다.

세입은 국가적 위기에 대응하기 위한 수단을 조달하는 데 필수적인 도구이므로, 그런 위기에 대비하는 권한에는 세입을 충분히 조달할 수 있는 권한이 반드시 포함되어야 한다.

세입을 조달하는 권한이 집합적 단위로서의 주에 대해 행사될 경우 효력이 없다는 것은 이론과 경험 모두를 통해 입증되었다. 따라서 연방 정부는 반드시 통상적인 방식의 무제한적 징세권을 부여받아야 한다.

만일 우리가 정반대 상황[즉 반대파의 반발]을 경험하지 않았더라면, 우리는 자연스럽게 다음과 같은 결론을 내렸을 것이다. 즉 [앞서 개요를 살펴본] 그런 주장들에 근거해, 중앙정부의 포괄적 징세권의 타당성이, 어떠한 추가적 주장이나 예시의 도움 없이도 무난하게 수용되리라고 말이다. 그러나 우리가 실제 마주하고 있듯이, 헌법안 반대자들은 우리 주장의 타당성이나 진실성을 인정하기는커녕 헌법안의 이 부분을 가장 주되게 그리고 열성적으로 반대하고 있다. 따라서 그들의 반대 주장을 분석해 보는 것이 적절할 것이다.

[반대자들이] 그런 반대 견해를 가지고서 애써 만들어 낸 주장의 핵심은 이런 것 같다. "합중국의 긴박한 필요성은 한정될 수 없을 것이기에 징세권도 제한받지 않아야 한다는 것은 정당하지 않다. 세입은 합중국의 운영에 필요한 만큼이나 지방정부가 목표하는 바를 위해서도 필요하다. 후자는 인민의 행복에 적어도 전자만큼 중요하다. 따라서 주 정부는 자신들의 필요품을 충족할 수단을 요구할 수 있어야 한다. 이는 중앙정부가 합중국의 필요품과 관련해 비슷한 능력을 보유해야 하는 것만큼이나 필수적이다. 그러나 중앙정부의 무제한적 징세권은, 머지않아 주 정부들로부터 그들의 필요품의 공급 수단을 박탈할지 모르고 또 아마 그렇게 할 것이며, 주 정부를 완전히 중앙 입법부의 처분에 종속시킬 것이다. 합중국의 법률이 이 나라의 최고법이 될 것이므로, 또한 합중국에 부여하려는 권한의 실행에 필요한 모든 법을 통과시킬 권한을 합중국이 가질 것이기에, 중앙정부가 언제든지 자신들에게 방해가 된다

는 구실로 주 정부용으로 도입된 세금을 폐지할지 모른다. 중앙정부는 중앙 세입의 효율성을 위해 이런 조치가 불가피하다고 주장할 수 있다. 그리하여 징세의 모든 자원은 점차 연방이 독점하는 대상이 되고, 주 정부는 완전한 배제와 파멸에 이를지 모른다."

　이런 식의 추론은, 어떤 경우는 [주 정부에 대한] 중앙정부의 권리 침탈이 있으리라는 가정에 기초한 것 같고, 또 다른 경우는 장차 중앙정부 권한의 합헌적 운용으로부터 단지 연역적으로 추론한 것처럼 보이기도 한다. 그런 추론이 공정하다는 주장을 그나마 인정할 수 있는 것은 오직 후자의 경우이다. 연방 정부의 권리 침탈에 대한 추측을 시작하는 순간, 우리는 불가해한 심연으로 빠져들게 되고, 그 어떤 논증의 힘도 미치지 않는 상태에 빠질 것이다. 상상은 마음대로 나래를 펼쳐, 마법의 성의 미로에서 길을 잃게 될 것이고, 혼란으로부터 벗어나려면 어디로 가야 할지 모르게 될 것이다. 합중국의 권한에 어떤 한계나 제한이 [설정되어] 있더라도, 어렵지 않게 그럴듯한 위험을 끝없이 상상해 낼 것이다. 과도한 경계심과 소심함으로 말미암아 우리는 절대적 회의주의와 우유부단한 상태에 빠질 것이다. 나는 다른 곳에서[23번] 했던 이야기의 핵심을 거듭 말하고자 한다. 즉 권리 침탈의 위험에 근거한 모든 주장은 정부의 권한의 성격이나 범위가 아니라 정부의 구성과 구조에 주목해야 한다는 것이다. 주 정부들은 그들의 원래 헌법에 의해 완전한 통치권을 부여받고 있다. 그렇다면 그 방면[즉 주 정부]으로부터의 권리 침탈에 맞설 우리의 방어 수단은 어디에 있는가? 분명 그 수단은, 주 정부들의 구성 방식과 주 정부를 운영하는 자들의 인민에 대한 의존에 존재한다. 편견 없이 연방 정부 헌법안을 검토한 결과, 연방헌법안도 그와 동일한 종류의 방어 수단을 적절히 제공하는 것으로 드러난다면, 권리 침탈에 대한 우려는 모두 버려야 할 것이다.

합중국의 권리에 대한 주 정부의 침해 경향은 주 정부 권리에 대한 합중국의 침해 경향만큼이나 그 개연성이 높다는 것을 잊어서는 안 된다. 그런 분쟁에서 어느 쪽이 우세할지는, 분쟁 당사자들이 성공을 확보하기 위해 사용할 수 있는 수단에 따라 좌우될 것이 틀림없다. 공화국이기에 힘은 항상 인민 쪽에 있고, 또한 통상적으로 주 정부가 인민들에게 가장 큰 영향력을 갖게 되리라고 믿을 만한 유력한 근거가 있기 때문에, 그런 다툼이 합중국에 불리하게 끝날 공산이 매우 크고, 연방 정부가 구성원[즉 주 정부]을 침해할 개연성보다 구성원들이 연방 정부를 침해할 개연성이 더 크리라는 결론이 자연스럽게 나올 것이다. 하지만 분명한 사실은, 이런 부류의 모든 추측은 극히 애매하고 부정확할 수밖에 없다는 것이다. 따라서 그런 추측은 완전히 제쳐 두고, 우리의 관심을 전적으로 헌법에 기술된 그대로의 [연방 정부와 주 정부의] 권한의 성격과 범위로 제한하는 것이 가장 안전한 방향이 될 듯하다. 이를 넘어서는 것은 모두, 인민의 사려 깊음과 견실함에 맡겨야 한다. 희망컨대 인민들은 손수 잣대를 들고서, 항상 중앙정부와 주 정부 간의 헌법적 균형이 유지되도록 주의를 기울일 것이다. 명백하게 진실된 이런 입장에 따른다면, 합중국의 무제한적인 징세권에 제기되었던 반대 이유들은 어렵지 않게 제거될 수 있을 것이다.

푸블리우스

연방주의자 32번

[해밀턴] 1788. 1. 2.

돈[즉 세금]의 징수와 관련된 주 정부에 대한 합중국의 통제권이, 주 정부가 우려할 만한 결과를 가져올 실질적 위험은 없으리라는 것이 내 생각이다. 왜냐하면 인민들의 의식, 주 정부의 분노를 유발할 심각한 위험성, 그리고 지역적 목표에 부합하는 지방정부의 유용성과 필요성 등등은 [합중국에 의한] 그런 권한의 억압적 사용을 막아 줄 충분한 방벽이 되리라고 확신하기 때문이다. 그럼에도 불구하고 나는, 개별 주들이 자신의 필요품을 공급받기 위해 자체적으로 세입을 조달할 수 있는 독자적이고 통제받지 않는 권한을 가져야 한다는 논리의 타당성을 충분히 인정하고자 한다. 그리고 나는, 이렇게 양보함으로써, (수출입품에 대한 관세만을 제외하고) 각 주들이 그런 권한 — 가장 절대적이고 무제한적인 의미에서 — 을 제헌회의의 안에 따라 보유하는 것을 지지한다. 또한 나는, 주 정부가 가진 그런 권한의 행사를 약화하려는 중앙정부의 시도는, 연방헌법의 그 어떤 조항에 의해서도 용납되지 않는 폭력적인 권한 침탈이 될 것이라고 단언한다.

　단일의 완전한 국가 주권으로 주들을 완전히 통합하면 부분들은 완전히 종속될 것이다. 그리고 어떤 권한이 주에 남더라도 그것은 전적으로 일반의지에 종속될 것이다. 그러나 제헌회의의 안은 오직 부분적인 결합 또는 부분적인 통합을 목표로 하기에, 주 정부들은 그들이 이전에 소유했고 또한 그 결의[즉 헌법]를 통해 합중국에 배타적으로 위임하지 않은 모든 주권적 권리들을 계속 보유할 것이 틀림없다. 배타적 위임, 더 정확히 말하면 주의 주권의 양도는 오직 다음 세 경우에만 이루어질 것이다. 헌법이 명문으로 배타적 권한을 합중국에 부여한 경우, 헌법이 한편으로는 합중국에 권한을 부여하고 다른 한편으로는 주들의 비슷한 권한 행사를 금지한 경우, 헌법이 합중국에 어떤 권한을 부여했는데 그것이 주들의 비슷한 권한과 절대적이고 전면적으로 모순되고 상충되는 경우 등이 그것이다. 내가 세 가지 조건을 든 것은 마지막 경우를, 그와 닮은 듯하지만 사실은 근본적으로 다른 어떤 것과 구분하기 위해서이다. 무슨 말인가 하면, [주 정부와 연방 정부에 의한] 공동 관할권의 행사가, 정부의 어떤 부 — 어느 부이든 — 의 정책을 둘러싼 간헐적 충돌을 야기할 수는 있지만, 헌법적 권한의 관점에서 볼 때 직접적으로 상호 모순되거나 상충되는 것은 아니라는 점이다. 연방 정부가 배타적 관할권을 갖는 세 가지 경우의 사례로는 다음을 들 수 있다. [헌법안] 제1조 8절 끝에서 두 번째 조항[17항]은 정부의 소재지로 승인된 지역에 대해 의회는 "배타적 입법"을 행한다고 명확히 규정하고 있다. 이는 첫 번째 경우와 일치한다. 같은 절의 첫 번째 조항은 "조세, 관세, 수입세 및 소비세를 부과, 징수"할 권한을 연방의회에 부여하고 있고, 같은 조의 10절 두 번째 조항은 "어떠한 주도 연방의회의 동의 없이 수입품 또는 수출품에 대하여, 그 주의 검사법을 집행하기 위한 것을 제외하고는, 어떠한 수입세 또는 관세도 부과하지 못한다"고 선언하고 있다. 따라서 언급된 특별한 경우를 예외로 하면, 수출입품에 대해 관세를 부과할 배타적 권한이 합중국에 있는 것으로 귀결될 것이다. 하지만 이런 배타적 권한은, 주에서 수출하는 물품에 대해 [연방의회가] 조세 또는 관세를 부과하지 못한다고 선언한 다른 조항[제1조 9절 5항]에 의해 축소된다. 이런 단서 조항으로 말미암아, 그 권한은 이제 수입품에 대한 관세까지만 미칠 것이다. 이는 두 번째 경우와 일치한다. 세 번째 경우는, 의회는 "합중국 전역에 걸쳐 균일한 시민권 부여 규칙을 제정"할 권한을 가진다고 선언한 조항[제1조 8절 4항]에서 발견된다. 이 권한은 필연적으로 배타적일 수밖에 없다. 만일 각 주가 별개의 규칙을 정할 권한을 갖는다면, 균일한 규칙은 존재할 수 없기 때문이다.

　　마지막 사례와 닮은 것처럼 생각될 수 있지만 사실은 아주 다른 [다음의] 사례는 지금 우리가 검토하고 있는 문제에 바로 영향을 미친다. 내가 말하고자 하는 것은, 수출입품을 제외한 모든 물품에 세금을 부과하는 권한 그것이다. 주장컨대, 이 권한은 명백히 합중국과 개별 주들 공동의 동등한 권한이다. [연방의회의 권한을] 부여한 조항들에는 그런 권한을 합중국의 배타적 권한으로 규정한 어떤 표현도 존재하지 않는다. 주로 하여금 그런 권한을 행사하지 못하도록 금지한 별도의 조항이나 문장도 전혀 없다. 사실은 오히려 그 반대여서, 수출입품에 대한 관세와 관련해 주에 부과한 제한으로부터 분명하고 결정적인 그 반대의 주장이 연역될 수 있다. 즉 그런 제한 규정은, 제한 규정이 부과되어 있지 않을 경우, 제한 규정에서 제외된 권한을 주가 보유할 수 있다는 인정을 함축하고 있다. 나아가 제한 규정은, 다른 모든 세금에 대한 주의 권한은 약화되지 않고 그대로 유지된다는 인정을 함축하고 있다. 만일 이와 다른 견해를 취한다면, 제한 규정은 불필요하고 위험한 것이 될 것이다. 그것이 불필요한 것이 되리라는 이유는, 만일 그런 관세를 부과할 권한을 합중국에 부여한 것이 이 사항[즉 관세]에서의 주의 배제나 종속까지 의미한다면, [관세에 관한] 그런 제한 규정을 따로 둘 필요가 없을 것이기 때문이다. [앞서 말한 견해와 다른 견해를 취할 경우] 그것[즉 제한 규정]이 위험한 것이 되리라는 이유는, [그럴 경우] 제한 규정의 도입이 지금까지 거론되어 왔던 결론 — 반대파들의 추론이 옳다면, 결코 그 조항이 의도한 바일 수 없는 결론 — 으로 곧바로 이어질 것이기 때문이다. 내가 말하고자 하는 것은, 제한 규정이 적용되지 않는 모든 경우에 주는 합중국과 동등한 과세권을 가질 것이라는 점이다. 문제가 되는 제한 규정은 법률가들이 말하는 함축 부정[1]에 해당한다. 즉 한 가지는 부정하고 다른 것

---

1) [옮긴이] 함축 부정negative pregnant이란, 진술 자체가 아니라 진술의 조건만을 부정함으로써 그 반대 진술에 대한 긍정을 함축하는 부정을 말한다.

은 긍정하는 것으로, 수출입품에 대한 주의 과세권은 부정하고, 다른 모든 물품에 대한 주의 과세권은 긍정하는 것이다. 제한 규정의 의도가, 전자와 같은 종류의 세금은 주들이 부과하지 못하도록 절대적으로 배제하고, 다른 종류의 세금은 주들이 마음대로 중앙의회의 통제에 맡길 수 있도록 하려는 것이었다는 주장은 그야말로 궤변에 불과하다. 제한 규정 또는 금지 규정이 말하는 것은 단지, 주는 연방의회의 승인 없이 그런 세금을 부과해서는 안 된다는 것이다. [그렇지 않고] 바로 앞에서 언급한 의미대로 제한 규정을 이해한다면, 아주 터무니없는 결론을 위한 형식적 규정을 헌법에 도입해야 할 것이다. 즉 주들은 연방의회의 동의가 있으면 수출입품에 대해 과세할 수 있고, 연방의회가 통제하지 않는다면 다른 모든 물품에 대해서도 과세할 수 있다는 규정이 그것이다. 만일 이런 의미를 의도했다면, 원래 규정 — 포괄적 징세권을 합중국에 부여한 규정 — 의 당연한 효력이라고 할 수 있는 바에 그것 [즉 제한 규정]을 맡기면 되지 않겠는가? 그런 것을 [그 규정이] 의도했을 리가 없으며, 그 규정을 그런 식으로 해석해서는 안 된다는 것은 명확하다.

연방의 과세권과 주의 과세권이 충돌한다는 가정과 관련해서도, [그렇기에] 주를 배제할 필요가 있다는 의미라면 그 가정은 지지할 수 없다. 물론 특정 물품에 대한 주의 과세가 같은 물품에 대한 합중국의 추가적 과세에 불편을 초래할 가능성은 존재한다. 그러나 이것이 추가적 세금 부과가 헌법적으로 불가능함을 의미하지는 않을 것이다. 과세의 액수, [세금] 증액이 어느 쪽에 편리할지 또는 불편할지 등은 상호 이해타산의 문제이지, 직접적인 권력 상충이 수반되지는 않을 것이다. 연방과 주들 각각의 재정 정책들은 때로는 정확히 일치하지 않을 수 있고, 상호 인내를 필요로 할지 모른다. 하지만, 함축된 의미를 따져 볼 때, 기존의 [주의] 주권적 권한을 양도하게 하고 무효화할 수 있는 것은, 권한 행사에서 단순한 불편의 가능성이 아니라, 직접적인 헌법적 불일치이다.

일정한 경우에 공동 관할이 불가피한 것은 주권적 권력의 분할에서 연유한다. 그리고 명백하게 주에서 분리되어 합중국에 양도되지 않은 모든 권한은 전적으로 유효하게 주에 계속 남게 된다는 원칙은, 그런 분할의 이론적 귀결일 뿐만 아니라, 헌법안 문서의 전반적 취지에 의해 명백히 인정되고 있다. 헌법안을 보면, [연방의회에] 일반적 권한을 확정적으로 부여하고 있음에도, 비슷한 권한이 주에 속하는 것이 부적절하다고 생각되는 경우에는 구체적으로 지목하여 주가 그런 권한을 행사하지 못하도록 하는 금지 조항이 들어 있음을 알 수 있다. 제1조 10절은 모두 그런 규정[즉 주에 금지된 권한]으로 구성되어 있다. 이 정황이야말로 제헌회의의 의견을 가장 명확히 보여 주는 것이고, 결의문[즉 헌법안]을 해석할 원칙 — 내가 주창해 온 견해를 뒷받침하고, 그에 반하는 모든 가정을 논파하는 — 을 제공해 주고 있다.

푸블리우스

연방주의자 33번

[해밀턴] 1788. 1. 2.

조세와 관련된 헌법 규정에 반대하는 나머지 주장들은 다음의 조항을 문제 삼는다. 헌법안의 제1조 8절 마지막 조항[18항]은, "헌법에 의해 합중국 정부 또는 그 정부의 어떤 부나 그 부의 공무원에게 부여된 권한들을 집행하는 데 필요하고 적절한 모든 법률을 제정할" 권한을 연방 입법부에 부여하고 있다. 그리고 제6조 두 번째 조항은 "이 헌법, 이 헌법에 의거하여 제정된 합중국의 법률,

그리고 합중국의 권한에 의하여 체결된 조약은, 어떤 주의 헌법이나 법률 중에 이에 배치되는 규정이 있을지라도, 이 나라의 최고 법이다"고 선언한다.

이 두 조항은, 헌법안에 반대하는 악의적인 독설과 맹렬한 비난의 근거가 되어 왔다. 두 조항은 최대한 과장되고 왜곡된 상태로 인민들에게 제시되었다. 마치 그들의 지방정부를 파괴하고 자유를 말살할 치명적인 무기인 것처럼. 마치 그 게걸스러운 입으로 성과 나이, 지위 고하, 성과 속을 막론하고 모든 것을 집어삼킬 끔찍한 괴물인 것처럼. 그런데, 이렇게 생각하지 않는 사람에게는 이상하게 들리겠지만, 그 조항들이 전부 삭제된다 해도 우리가 의도하는 정부의 헌법적 운용은 그 조항들이 [헌법의 전체 여덟 개 조 가운데] 모든 조에서 되풀이될 경우와 정확히 동일할 것이라고 확실히 단언할 수 있다. 그 조항들은, 연방 정부를 구성하고 그 정부에 일정한 권한을 부여한 바로 그 행위로부터 필연적이고 불가피하게 발생하는 사실을 단지 확인한 것에 지나지 않기 때문이다. 이는 너무나 명백한 문제이기에, 헌법안의 이 부분에 대해 쏟아지는 폭언에 대해서는 아무리 침착한 사람이라도 평정심을 잃지 않을 수 없다.

권력이란, 어떤 것을 할 수 있는 능력이 아니면 무엇인가? 무엇을 할 수 있는 능력이란, 그것을 실행하는 데 필요한 수단을 이용할 수 있는 권한이 아니면 무엇인가? 입법의 권한이란, 법률을 만들 권한 이외에 무엇인가? 입법의 권한을 실행하는 수단은, 법률 이외에 무엇인가? 세금을 부과하고 징수하는 권한은, 세금을 부과하고 징수할 법을 만들 권한, 곧 입법권 이외에 무엇인가? 그런 권한을 집행할 적절한 수단은, 필요하고 적절한 법률 이외에 무엇인가?

이 단순한 일련의 질문은, 항의의 대상이 된 그 조항들의 진정한 본질을 판단할 수 있는 기준을 우리에게 즉각 제공한다. 세금을 부과하고 징수하는 권한은, 그 권한을 집행하는 데 필요하고 적절한 일체의 법률을 통과시킬 수 있는 권한임에 틀림없다는 명백한 사실을, 앞선 질문들을 통해 우리는 마주하게 된다. 그리고 비방의 대상이 된 불운한 문제의 조항 역시, 바로 이와 동일한 사실을 표명한 것 이상의 무엇을 했단 말인가? 더 정확히 말하면, 그 조항은 세금 부과 및 징세 권한을 이미 부여받은 연방 입법부가 그 권한을 집행하는 데서 권한의 실행에 필요하고 적절한 모든 법률을 통과시켜도 좋다는 것을 표명한 데 불과한 것이다. 나는 이런 견해를 이처럼 특히 징세권에 적용했는데, 그것은 징세권이 당면한 관심 주제이고 또한 합중국에 부여하도록 제안된 권한 중에서 가장 중요한 것이기 때문이다. 하지만 헌법에서 표명된 다른 모든 권한들과 관련해서도, 동일한 [추론] 과정은 동일한 결론으로 이어질 것이다. 그럴듯하게 포괄 조항이라 불리는 그 조항이 연방 입법부에 필요하고 적절한 모든 법률을 통과시킬 권한을 부여한 것은, 이 같은 권한들을 명확하게 실행하기 위한 것이다. 만일 비난할 만한 무언가가 있다면, 그것은 이런 포괄적 선언의 근거가 되는 구체적 권한에서 찾아야 할 것이다. [포괄적] 선언 그 자체는, 설령 동어반복이나 불필요한 중복이라 비난받을 수는 있겠지만, 적어도 전혀 해롭지 않은 것이다.

하지만 의심 많은 사람들은 그렇다면 그것이 왜 삽입되었느냐고 질문할 것이다. 이에 대해서는, 더욱 조심하기 위해, 그리고 장차 합중국의 정당한 권한을 축소하거나 그것에서 벗어나려고 할지 모를 사람들의 교묘한 트집에 맞서기 위해서라고 대답할 것이다. 제헌회의는 아마, 우리의 정치적 복리에 대한 최대의 위협은 주 정부들이 합중국의 기반을 결정적으로 약화하는 데 있다고 예상했을 것이고, 따라서 가장 기본적인 사항에서 해석의 여지를 없앨 필요가 있다고 생각했을 것이다. 이 논설들의 주된 목적도 바로 이런 점을 이해시키는 데 있다. 그 동기가 무엇이었든 [헌법 반대파들이] 합중국에 반대해 질러 대는 구호들을 보면, 예방 조치의 현명함이 분명히 드러난다. 바로 그런 구호들은, [포괄적] 선언 조항의 분명한 목적인 가장 중요한 근본적 사실을 문제 삼으려는 의도를 드러내고 있기 때문이다.

하지만 다시 이런 질문이 제기될지 모른다. 합중국의 권한들을 실행하기 위해 통과될 법률의 필요성과 적절성은 누가 판단하는가? 나는 먼저, 이런 질문은 [포괄적] 선언 조항에 대해서뿐만 아니라 그런 권한의 부여 바로 그 자체에 대해 제기된 질문이라고 답하고자 한다. 다음으로 나는, 다른 모든 것과 마찬가지로 우선 중앙정부가 그런 권한의 적절한 행사를 판단해야 하고, 최종적으로는 중앙정부의 유권자들이 판단할 것이라고 대답하고자 한다. 만일 연방 정부가 권한의 정당한 한계를 침범해 권한을 전제적으로 사용한다면, 그 정부를 만든 인민들은 자신들이 만든 기준에 호소해 헌법에 가해진 침해를 바로잡을 조치 — 긴박한 사정이 제안하고 사려 깊음이 정당화할 — 를 취할 것이 분명하다. 헌법의 관점에서 법률의 적절성은, 그 법률이 기초하고 있는 권한의 성격에 따라 항상 결정되어야 한다. 연방 입법부가 그 권한을 억지로 해석해(이런 예를 쉽게 상상하기는 쉽지 않지만), 어떤 주에서 예로부터 내려온 법률을 변경하려고 시도한다면, 연방 입법부가 자신의 관할권을 초월해 주의 관할권을 침범한 것이 명확히 드러나지 않겠는가? 연방 입법부가 자신의 세입을 방해한다는 구실을 내세워 주 당국이 도입한 지세를 폐지하려 한다면, 이런 종류의 세금과 관련한 공동 관할권을 침해했음이 마찬가지로 명백히 드러나지 않겠는가? 연방헌법은 주 정부에 공동 관할권이 있다고 명백히 상정하고 있다. 이런 점에 대해 아직도 의문이 있다면, 그것은 전적으로 그렇게 판단하는 사람 탓일 것이다. 그들은 제헌회의의 안에 대한 무모한 적개심에 빠져 가장 명백하고 단순한 사실까지도 덮어 감추려 해왔다.

합중국의 법률은 이 나라의 최고법이 된다고 한다. 그런데 이로부터 어떤 추론을 이끌어 낼 수 있는가? 만일 그것이 최고법이 아니라면, 어떤 것이 되는가? 그것은 아무것도 아닌 것과 마찬가지임에 분명하다. 법률은 용어 그 자체의 의미에서 최고성을 내포한다. 법률은 그 대상이 되는 사람들이 준수해야만 하는 규칙이다. 이는 모든 정치적 결사[행위]에서 기인한다. 만일 개인들이 [결사 행위를 통해] 사회 상태로 들어간다면, 그 사회의 법률은 개인들의 행위에 대한 최고의 단속자가 되어야 한다. 만일 다수의 정치사회들이 더 큰 단일의 정치사회로 들어간다면, 후자의 헌법이 위임한 권한에 따라 후자가 제정할 법률은, 필연적으로 그런 여러 정치사회들 위에 존재하는, 또한 그런 정치사회들을 구성하는 개인들 위에 존재하는 최고[법]이 되어야 한다. 그렇지 못하면, 그것은 당사자들의 선의에 의존하는 단순한 약정일 뿐이고, 또한 하나의 정부가 아닐 것이다. 정부란 정치권력과 최고 권한의 또 다른 표현일 뿐이다. 그러나 이런 원칙으로부터, 더 큰 사회의 법률들이, 그 사회의 헌법적 권한에서 벗어나, 더 작은 사회들에 남겨질 권한을 침해하는 경우에도 이 나라의 최고법이 될 것이라는 논리가 도출되지는 않는다. 그것은 단지 [주에 대한] 권리 침탈 행위일 뿐이고, 또한 그렇게 취급당해 마땅하다. 따라서 합중국 법률의 최고성을 선언한 그 조항은, 방금 앞에서 고찰한 것처럼, 연방 정부라는 제도에서 직접적으로 그리고 필연적으로 뒤따라 나오는 사실을 단지 선언한 데 불과함을 우리는 인식하고 있다. 그리고, 그 조항이 이런 최고성을 헌법에 따라 만들어진 법률로 명백히 제한하고 있다는 사실은 조금만 주의하면 바로 알 수 있을 것이다. 그런 제한은 설령 표현되지 않더라도 이해될 것이기 때문이다. 내가 이를 굳이 거론하는 것은, 그것이 단지 제헌회의의 신중함을 보여 주는 한 가지 사례이기 때문이다.

따라서 합중국이 사용할 세금을 부과하는 법률은 그 본질상 최고의 것이며 또한 법률적으로 이를 저지하거나 통제할 수 없다. 하지만 주 당국에 의한 세금 부과 및 (수출입품이 아닌 것에 대한) 징수를 저지하거나 금지하는 법률은, 이 나라의 최고법이 아니라 헌법에 의해 인정되지 않는 권한 침탈일 뿐이다. 동일한 대상에 대해 [연방과 주의] 세금이 부적절하게 누적되면 세금 징수가 어려 워지거나 불안정해질 수 있을 것이다. 이런 상호 폐해는 어느 쪽 의 권한이 우월하거나 또는 결함이 있어서 발생하는 것이 아니라, 양쪽에 똑같이 불리하게 어느 한쪽이 부적절한 권한을 행사함으로 써 발생할 것이다. 하지만, 상호 이익에 대한 고려에 따라, 물질적 폐해를 방지할 수 있는 이 부문의 협조가 이루어질 것으로 예상되 고 또 기대된다. 전반적으로 추론하면, 제안된 헌법하에서 각 주들 은 수출입품에 대한 관세를 제외한 모든 종류의 조세를 통해 그들 이 필요로 하는 정도의 세입을 징수할 수 있는 독자적이고 자유로 운 권한을 보유할 것이다. 다음 논설에서는, 조세 조항에서의 이런 공동 관할권은 이 부문의 권력과 관련해 주 정부가 연방 정부에 완 전히 종속되지 않도록 해줄 유일하게 수용 가능한 대안임을 밝히 게 될 것이다.

푸블리우스

연방주의자 34번

[해밀턴] 1788. 1. 5.

제안된 헌법 아래에서 각 주는, 수입관세만 제외하면, 세입 조항에서 합중국과 동등한 권한을 누릴 것임이 바로 앞 호의 논설에서 명백히 입증되었다고 나는 자부한다. 이렇게 되면 공동체의 재원은 최대한 주에 개방될 것이다. 따라서 각 주가 외부 통제로부터 벗어나 자신들의 필요품을 원하는 만큼 충분히 공급받을 수 있는 수단을 확보하지 못할 것이라는 주장의 근거는 더는 존재할 수 없을 것이다. 공공 지출 가운데 주 정부가 부담해야 할 몫이 미미하리라는 점을 고려하면, 주 정부의 활동 무대는 충분히 넉넉하다는 사실이 한층 분명해질 것이다.

이런 대등한 권한의 존립 가능성을 추상적 원리에 근거해 부정하는 것은, 사실과 실제에 반하는 가정과 이론을 세우는 것과 다름없다. 어떤 것이 존립할 수 없음을 증명하는 그런 추론은, [논리적으로] 아무리 타당하더라도, 사실 그 자체의 증거에 반해 그것이 존립하지 않음을 증명하는 데 이용되었다면, 전적으로 폐기되어야 마땅하다. 주지하듯이, [고대] 로마 공화국에서 오랫동안 입법 권한은 최종적으로 두 개의 상이한 정치조직에 속했다. 그것들은 동일한 입법부의 원이 아니라 별개의 독립된 입법부였다. 각 입법부에서는 적대적 이익이, 즉 하나에서는 귀족적 이익이, 다른 하나에서는 평민적 이익이 지배했다. 각각 상대방이 제정한 법을 무효화하거나 폐지할 권한을 가진, 겉보기에 그렇게 모순적인 두 권한[의 병립]의 부적절성을 입증하는 많은 주장들이 제시되었을지도 모른다. 그러나 로마에서 그것의 존재를 반증하려고 시도한 사람이 있었다면, 그는 미친 것으로 간주되었을 것이다. 내가 백인대 민회[켄투리아 민회]와 트리부스 민회에 대해 언급하고 있음은 바로 이해될 것이다.[1] 인민들이 백인대별로 투표하는 전자는 귀족의 이

---

1) [옮긴이] 백인대 민회Comitia Centuriata는 로마군의 최소 단위인 백인대(켄

익이 우세하도록 배치되었고, 수가 압도하는 후자에서는 평민의 이익이 완전히 우세했다. 이런 두 입법부가 오랫동안 공존했지만, 로마 공화국은 인간의 위대함의 가장 높은 지점에 이르렀다.

특히 우리가 검토하고 있는 사례[즉 연방의회와 주 의회]에서는, 앞서 인용한 예에 보이는 그런 모순은 존재하지 않는다. 어느 쪽도 다른 쪽에서 통과시킨 법을 무효화할 권한은 없다. 그리고 실제로 어떤 불편도 걱정할 이유가 거의 없다. 왜냐하면, 얼마 안 가 주의 필요품은 아주 좁은 범위 내로 축소될 것이기 때문이다. 그리고 그사이에 합중국도, 개별 주들이 의지하게 될 대상[즉 주의 과세 대상]에서는 완전히 손을 떼는 것이 편리하다는 사실을 깨달을 개연성이 높기 때문이다.

이 문제의 실태를 좀 더 정확히 판단하려면, [합중국 전체에 필요한] 세입과 관련해 연방이 제공해야 할 몫과 주가 제공해야 할 몫의 비율을 살펴보는 것이 적절할 듯하다. 전자는 대체로 무한정이고, 후자는 적정한 범위 내로 한정됨을 알 수 있을 것이다. 이런 조사에서 명심해야 할 것은, 우리의 시야를 현재에 국한하지 말고 먼 미래를 내다봐야 한다는 것이다. 시민 정부의 헌법은, 기존의 수요에 대한 추산에만 기초해 만들어서는 안 되고, 오랫동안 인간사의 자연스러운 — 또한 인간에 의해 시도될 — 경과에 따라 제기될 듯한 수요까지 함께 고려해 만들어야 한다. 따라서 중앙정부에

투리아) 단위로 구성되고 투표가 이루어졌는데, 귀족 및 부유층에 압도적으로 유리한 구조였다. 법안 의결, 선전포고, 고위 관직 선출, 중죄에 대한 항소법원 등의 기능을 수행했다. 트리부스 민회Comitia Tributa는 로마 행정 단위인 트리부스별로 한 표가 행사되었다. 호민관을 선출하고 평민 결의를 통과시키는 등 귀족에 맞서 평민의 이익을 보호하는 기능을 했기에 평민회라고 불린다.

부여할 적정 권한의 범위를, 그 정부의 당면 필요에 대한 추산으로부터 추론해 내는 것보다 더 잘못된 것은 없다. [중앙정부는] 장차 발생할 수도 있는 만일의 사태에 대비할 능력도 갖추어야 하는데, 그런 수요는 본질상 한정될 수 없기에, 아무 문제 없이 그런 능력에 한도를 정하기란 불가능하다. 아마 합중국의 기존 채무를 상환하고 또 앞으로 한동안 지속될 평화 시에 [군] 상비 체제를 유지하는 데 충분한 세입 규모는 충분히 정확하게 계산해 낼 수 있을지 모른다. 그러나 그 정도에서 멈춘다면, 또한 국방의 책임을 맡은 [중앙]정부를, 대외 전쟁과 내부 동란에 의한 공공 평화의 침해로부터 공동체 방어 능력이 전무한 상태로 내버려 둔다면, 그것이 현명한 일일까? 더 정확히 말하면, 그것은 어리석음의 극치가 아닐까? 그와 반대로 그 정도를 넘어서야 한다면, 우리는 어느 정도에서 멈출 수 있을까? 발생할 수 있는 위기에 대비할 수 있는 무제한의 권한 외에는 없지 않을까? 있음 직한 위험에 대한 적절한 대비의 수준을 합리적으로 판단할 수 있다고 막연히 주장하기는 쉽다. 하지만 우리는 이런 주장을 하는 자들에게 근거 자료를 제시하라고 신중하게 요구할 수 있다. 그리고 그 자료들은, 지구의 존속 가능 기간을 규명하는 데 제시될 자료만큼이나, 막연하고 불확실하리라고 단언할 수 있다. 단지 [외적의] 국내 침공 가능성만을 대상으로 한 관측은, 비록 이것도 만족스럽게 추정하기는 불가능하겠지만, 그다지 중요하지 않을 수 있다. 우리가 상업적 국민이 되고자 한다면, 언젠가는 그런 교역을 방어할 능력을 갖추는 것이 우리 정책의 하나가 되어야만 한다. [이를 위해] 해군을 유지하고 해전을 뒷받침하는 일은, 국정을 산술적으로 계산하려는 모든 시도를 불가능하게 만들 것이 틀림없다. 국가이성에 근거한 공격 전쟁을 하지 못하도록 정부의 손발을 묶는 새롭고 어리석은 정치 실험을 우리가 시도해야만 한다는 것을 인정하더라도, 타국의 야망과 적대감에 맞서 정부가 공동체를 방어하는 것도 불가능하게 만들어서는 절대 안 될 것이다. 당분간 유럽 세계 위로 먹구름이 덮일 것이다. 그 구름이 갑자기 폭풍우로 변한다면, 그 과정에서 폭풍의 한 자락이 우리에게 쏟아부어지지 않을지 누가 장담할 수 있는가? 합리적인 사람이라면, 우리는 폭풍의 영향을 전혀 받지 않으리라고 성급하게 단언하지 않을 것이다. 현재 쌓여 가고 있는 것처럼 보이는 가연성 물질들이 발화되기 전에 흩어져 사라진다고 해도, 또는 불길이 붙지만 우리에게 미치지 않는다 해도, 우리의 평온이 다른 어떤 원인이나 다른 지역으로부터 교란받지 않고 오랫동안 유지되리라고 어떻게 보장할 수 있는가? 전쟁과 평화가 항상 우리의 선택에 맡겨지지는 않으리라는 것, 그리고 우리가 아무리 온건하고 야망이 없을지라도 상대방의 온건함까지 기대하거나 야망의 소멸을 희망할 수는 없다는 것을 상기하도록 하자. 지난 [독립] 전쟁이 끝나 갈 무렵에 누가 다음과 같은 상상을 할 수 있었을까? 기진맥진하던 프랑스와 영국이 곧바로 서로를 그렇게 적대적으로 겨뤄 보게 되리라고 말이다. 인류 역사로부터 판단해 보면, 맹렬하고 파괴적인 전쟁의 격정이 온화하고 자비로운 평화의 감정보다 인간의 가슴을 훨씬 더 강력하게 지배하고 있으며, 또한 평온이 영속하리라는 추측 위에 정치체제를 수립하는 것은 인간의 특징 가운데 아주 취약한 동기에 의지하는 것이라고 결론 내리지 않을 수 없다.

모든 정부에서 지출의 주원인은 무엇일까? 유럽의 여러 국가를 압박하고 있는 막대한 부채를 야기한 원인은 무엇이었는가? 있는 그대로 대답하면, 그것은 전쟁과 반란이다. 즉 가장 치명적인 이들 두 가지 사회 병폐로부터 정체를 지키기 위한 조직의 유지에 그 원인이 있다. 한 나라의 단순한 내정, 입법부·집행부·사법부 및 그 부속물, 농업과 제조업의 내적 장려 등등에 관련된 기관들로 인해 발생하는 지출(이는 국가 지출의 거의 모든 대상을 포괄한다)은 국방 관련 지출에 비하면 사소한 것에 불과하다.

군주제의 모든 과시적 기구를 갖춘 영국 왕국에서 국가의 연수입의 15분의 1 미만이 앞서 언급한 종류의 지출로 책정되었다. 나머지 15분의 14는, 그 나라가 관여한 전쟁 때문에 발생한 채무의 이자를 지불하거나 함대와 군대를 유지하는 데 들어갔다. 만일, 군주제의 야심 찬 기획이나 허영심을 추구하느라 발생한 경비는, 공화국의 필요 경비를 판단하는 적절한 기준이 되지 못한다는 의견을 개진한다면, 부유한 왕국의 내정의 사치나 화려함과 공화국 정부의 내정의 수수한 소박함에 어울리는 절약과 검소 간에도 그만큼 큰 불균형이 존재할 것이라는 의견을 제시하고자 한다. 한 측면[즉 내정]에서의 적절한 감소치를 다른 측면[즉 국방]에서 생기리라 예상되는 감소치와 견줘 보면, 그 비율[즉 내정 1 대 국방 14의 비율]은 여전히 유효하리라고 생각된다.

그런데 단 한 번의 전쟁에서 우리 자신이 지게 된 대규모 부채로 주의를 돌려보자. 국가의 평화를 깨뜨릴 대사건에서 공동으로 부담해야 할 몫을 추산해 보도록 하자. 그러면, 어떤 정교한 설명의 도움이 없더라도, 연방의 지출 대상과 주의 지출 대상 간에 엄청난 불균형이 항상 존재할 수밖에 없음을 바로 인지하게 될 것이다. 몇몇 주들은 지난 전쟁에서 발생한 상당히 많은 부채를 개별적으로 지고 있는 것이 사실이다. 그러나 이것을 갚고 나면, 주 정부가 지속적으로 안게 될 유일한 중요한 재원 수요는 단지 각 주의 공무원을 유지하기 위한 것밖에는 없을 것이다. 여기에 임시 지출을 모두 더하더라도, 각 주의 [지출] 총액은 20만 파운드를 초과하지 않을 것이다.

우리 자신뿐만 아니라 후손을 위한 정부를 구성함에 있어, 우리는 영속적인 것으로 기획된 그런 규정들[즉 헌법]에 따라, 일시적 근거가 아닌 영속적 근거에 기초해 비용을 추산해야 한다. 이런 원칙이 정당하다면, 우리의 관심은 주 정부에 연간 총액으로 약 20만 파운드를 제공하는 쪽으로 모아져야 할 것이고, 반면에 합중국의 요구에는 상상 속에서라도 한도를 부과할 수 없을 것이다. 문제를 이런 관점에서 본다면, 총액 20만 파운드 이상을 보장하는 배타적인 세입원이 지방정부에 영속적으로 제공되어야 한다는 주장이 어떤 논리에 의해 지지될 수 있겠는가? 합중국의 권한을 배제하면서 주 정부의 권한을 더 확대하는 것은, 공동체의 재원을, 그것을 요구할 정당한 또는 적절한 근거가 전혀 없는 사람들의 손에 넘겨주기 위해, 공공복리를 위해 그것이 필요한 사람들로부터 빼앗는 일이 될 것이다.

제헌회의가 합중국과 그 구성원들의 상대적 필요에 비례한다는 원칙에 따라 세입 대상을 배분하고자 했다면, 주들이 사용할 용도로 너무 많지도 않고 너무 적지도 않게, 즉 그들의 현재 필요에 너무 적지 않게, 미래 필요에 너무 많지 않게, 어느 정도의 자금을 선택할 수 있었을까? 만일 내국세와 대외세라는 구분에 따라 배분한다면, 대략 계산해서 공동체 지출의 10분의 1에서 20분의 1을 부담할 주들이 공동체 재원의 3분의 2를 차지할 것이고, 공동체 지출의 10분의 9에서 20분의 19를 부담할 합중국이 공동체 재원의 3분의 1을 차지하게 될 것이다. 이런 구분을 버리고, 주택과 토지에 대한 배타적 과세권을 주들에 맡기는 선에서 만족한다고 해도, 여전히 수단과 목표 간에 심각한 불비례가 나타날 것이다. 즉 [주들은] 공동체 재원의 3분의 1을 소유하면서, 공동체가 필요로 하는 것들 가운데 많아야 10분의 1을 공급하게 되는 것이다. [이와 달리] 만일 [주 정부의] 목표와 대등하거나 또는 그보다 많지 않은 재원을 선택해 책정할 수 있다고 하면, 개별 주들로서는 그것으로 기존의 부채를 갚아 나가는 데 불충분할 것이고, 또 그 용도의 재원을 마련하기 위해 계속 합중국에 종속적인 상태로 남게 될 것이다.

지금까지 살펴본 일련의 고찰은, 다른 논설[33번]에서 단언했던 견해, 즉 "조세 조항에서의 공동 관할권은 이 부문의 권력과 관련해 주 정부가 연방 정부에 완전히 종속되지 않도록 해줄 유일하게 수용 가능한 대안"임을 입증할 것이다. 세입 대상을 [연방과 주로] 분할하는, 생각해 낼 수 있는 어떤 방안도 합중국의 중대한 관심사를 개별 주들의 권한에 희생하게 될 것이다. 제헌회의는 공동 관할권이 그런 종속보다 더 바람직하다고 생각했다. 공동 관할권은, 헌법상 연방 정부의 무제한적 조세권과 자체 필요품을 공급하는 주들의 적절한 독자적 권한 양자를 조화시키는 장점을 가지고 있음이 분명하다. 과세라는 이 중요한 주제에 대해 추가적 고찰이 필요한 몇 가지 다른 견해들이 남아 있다.

푸블리우스

연방주의자 35번

[해밀턴] 1788. 1. 5.

합중국의 무제한적 과세권에 대한 다른 반대 이유를 검토하기 전에, 한 가지 일반적 의견을 말하고자 한다. 세입과 관련된 중앙 정부의 관할권이 특정 [과세] 대상으로 한정되면, 공적 부담 가운데 과도하게 많은 몫이 그 대상에 쏠리는 결과를 자연스럽게 야기하리라는 것이다. 이로부터 두 가지 폐해가 발생할 것이다. 특정 산업 부분에 대한 압박과, 각 주들 간에 그리고 동일 주 시민들 간에 세금의 불공평한 배분이 그것이다.

앞서 논쟁의 대상이 되었던 수입관세로 연방의 과세권을 국한하면, [연방] 정부는 다른 재원을 사용할 수 없기 때문에 그런 관세를 종종 부당할 정도로 과도하게 늘리려고 할 것이다. 관세가 너무 과도하게 치솟는 일은 결코 없을 것이라고 생각하는 사람들도 있다. 왜냐하면 관세가 높아질수록, 그들의 주장에 따르면, 과도한 소비를 억제하고 무역수지 흑자를 만들어 내며 국내 생산을 촉진할 것이기 때문이다. 그러나 모든 극단적 수단은 여러모로 피해를 불러오기 마련이다. 수입품에 대한 과도한 관세는 전반적인 밀수 풍조를 불러일으킬 수 있는데, 이는 공정한 무역업자에게는 물론이고 궁극적으로 [정부의] 세입 자체에도 손해를 끼친다. 과도한 관세는 제조업 계급에 때 이른 시장 독점을 제공할 것이고, 공동체의 다른 계급들로 하여금 비정상적으로 이 계급의 이익에 기여하도록 만들 것이다. 과도한 관세는 때로는 제조업을 더 자연스러운 경로에서 벗어나 수익률이 낮은 쪽으로 떠밀기도 한다. 과도한 관세는 결국 무역상들을 압박하는데, 그들은 소비자로부터 어떤 보상도 받지 못하고, 종종 높은 관세를 어쩔 수 없이 스스로 지불해야 한다. 시장에서 상품의 수량이 수요와 동일할 때는 일반적으로 소비자들이 관세를 지불하게 되지만, 시장에 재고가 쌓이게 되면 관세의 대부분이 무역상에게 떨어질 것이고, 이는 무역상들의 이윤을 고갈시킬 뿐만 아니라 자본까지 잠식할 것이다. 관세가 판매자와 구매자 사이에 배분되는 경우가, 일반적으로 생각하는 것보다 더 자주 발생할 것이라 생각된다. 상품에 부과되는 모든 추가적 세금에 정확히 비례해 [판매자가] 상품의 가격을 올리는 일이 항상 가능하지는 않을 것이다. 특히 상업 자본이 영세한 국가의 무역상들은 종종, 더 신속한 판매를 위해 불가피하게 상품 가격을 낮추어야 할 것이다.

　　[그렇지만] 소비자가 [세금의] 납부자라는 일반적 원칙이 사실인 경우가 그 반대의 경우보다 훨씬 더 많을 것이다. 따라서 수입품

에 부과되는 관세가 수입 주의 배타적 이익으로 돌아가기보다 공동의 자산[즉 연방 세입]에 산입되면 훨씬 더 공평할 것이다. 그러나 [이처럼] 이익을 공평하게 나누는 것은 보편적으로 정당하지만, 그런 관세가 유일한 국고의 원천이 되는 것은 정당하지 못하다. 무역상들이 관세를 지불하게 되면, 관세는 [결국 무역상이 있는] 수입 주에 대한 추가적 부담으로 작용하게 되고, 또한 그 주의 시민들은 소비자로서 관세 가운데 그들의 몫을 지불하게 된다. 이렇게 볼 때, 관세는 주들 간에 [조세 부담의] 불평등을 야기하는데, 관세의 규모가 커질수록 이런 불평등도 증가할 것이다. 국가 세입을 이런 종류의 수입세로 국한하면, 또 다른 이유로, 제조업이 발전한 주와 그렇지 못한 주 사이에 불평등이 뒤따를 것이다. 주의 필요품을 대부분 그 주의 제조업으로 자체 공급할 수 있는 주들은, 그들의 인구수나 부에 비추어 볼 때, 그와 같이 유리한 상황에 있지 못한 주들만큼, 수입품 중에서 그렇게 많은 비중을 소비하지 않을 것이다. 따라서 이 부문만 보면, 제조업이 발전한 주는 그 능력이 뛰어날수록 [연방 정부의] 공공 재정에 덜 기여할 것이다. 그들이 [공공 재정에] 기여하도록 하기 위해서는 [연방의 세입원으로] 소비세에 [더 많이] 의지할 필요가 있지만, 그 적절한 대상은 특정 종류의 상품[으로 한정]이 될 것이다. 뉴욕주는 이 문제와 깊이 연관되어 있다. 합중국의 권한을 대외세로 제한할 것을 주장하는 뉴욕주의 시민들이 인식할 수 있는 정도보다 훨씬 더 그러하다. 뉴욕은 수입 주이고, 빠른 시일 내에 상당한 정도의 제조업 주가 될 가능성은 없다. 합중국의 관할권을 교역 수입세로 제한하면 뉴욕은 당연히 이중으로 고통받을 것이다.

이상의 논의는 수입관세를 부당하게 극단적으로 높일 경우의 위험성에 대해 알려 준다. 다른 한편, 앞의 논설[21번]에서 지적했던 바와 같은 맥락에서, 세입에 대한 관심 그 자체가 그런 극단적 과세를 막는 충분한 안전판이 되리라는 지적도 가능하다. 다른 재원이 열려 있는 한 그러하리라는 것을 나는 기꺼이 인정한다. 그러나 다른 재원에 이르는 길이 막혀 버리면, 필요성이 부추기는 기대감이 [높은 관세 부과] 시도를 하게 만들 것이다. 그런 시도는 [밀수를 막는] 엄격한 경계 조치와 추가적 벌금으로 보강될 것이며, 사람들이 새로운 경계 조치를 피해 갈 편법을 고안해 내기 전까지는 의도한 효과를 가져다줄 것이다. 처음의 성공은 잘못된 견해를 부추기기 마련이고, 이것이 교정되기까지는 뒤이은 오랜 경험이 필요할 것이다. 특히 정치에서 필요는 종종 잘못된 기대와 추론, 그에 상응하는 잘못된 평가 체계를 만들어 낸다. 그러나 이와 같이 예상되는 [관세 징수의] 과다함이 설령 연방 정부의 징세권을 제한한 결과가 아니라 할지라도, 주목받아 온 다른 원인들로 말미암아 앞서 말한 불평등은, 그와 같은 규모는 아니지만, 여전히 발생할 것이다. 이제 [헌법안에 대한] 반대 주장에 대한 검토로 다시 돌아가 보자.

주장의 반복 횟수로 판단할 때 가장 많이 거론된 것 가운데 하나는, 하원의 의석수가 여러 계층의 모든 시민을 충분히 담을 정도로 많지 않다는 것이다. 공동체의 모든 부문의 이해관계와 의견을 통합하고, 대표 기구와 그 유권자들 사이에 충분한 일치를 만들어 내기 위해서는 규모가 커야 한다는 것이다. 이 주장은 아주 그럴듯하고 매혹적으로 제시되고 있으며, 듣는 사람들의 편견을 사로잡기에 아주 적합하게 되어 있다. 그러나 조심스럽게 분석해 보면, 단지 듣기 좋은 말들로 구성된 데 불과함이 드러날 것이다. 그런 주장이 지향하는 것으로 보이는 목표는 무엇보다 우선 실현 불가능하고, 또한 그것이 지향하는 의미에서 봐도 불필요하다. 대표 기구의 충분한 수적 규모에 대한 논의는 다른 곳[54번 논설]에서 하기로 하고, 여기에서는 특별히 그런 주장이 우리의 당면 주제[즉 조세]와 관련된 반대 이유로 이용되고 있는 것에 대해서만 분석하고자 한다.

인민의 모든 계층이 각각 그 계층의 사람들에 의해 실제로 대표된다는 발상은 완전히 공상적이다. 여러 직업이 각기 한 명 이상의 의원을 보내야 한다고 헌법에 명시적으로 규정하지 않는 한, 그런 일은 결코 실제로 일어날 수 없다. 직공들과 제조업자들은 예외 없이 항상, 그들의 표를 자신들과 같은 직종이나 사업 분야의 사람들보다 상인들에게 주려고 할 것이다. 분별력이 있는 이 시민들은 직공 및 제조업 기술이 상업과 산업의 재료를 제공한다는 것을 잘 알고 있다. 그들 중 다수는 사실 상업 활동과 직접 연관되어 있다. 그들은 상인이 자신들의 자연스러운 후원자이자 친구임을 알고 있다. 또한 그들은, 자신들의 양식과 분별력에 대해 아무리 자신감을 갖더라도, 자신들의 이익이 자신들보다 상인들에 의해 더 효과적으로 촉진될 수 있음을 인식하고 있다. 그들은, 자신들의 생활 습관 때문에 숙의적 의회에 반드시 필요한 후천적 자질 ― 이것 없이는 아무리 대단한 천부적 능력도 대부분 쓸모없게 되는 ― 을 갖추지 못했음을 의식하고 있다. 또한 그들은, 만일 제조업과 상업의 이해관계에 적대적인 태도가 공적 의회에 영향을 미친다면, 영향력과 뛰어난 재능을 가진 상인들이 그런 적대적 태도에 훨씬 더 대등하게 맞설 수 있으리라는 것을 인식하고 있다. 이런 점들을 비롯해 언급 가능한 기타 여러 사항들은, 직공들이나 제조업자들이 대개 상인이나 또는 상인들이 추천하는 자들에게 투표하리라는 점을 입증한다. 경험은 이를 확인해 준다. 따라서 우리는 상인을 공동체의 이런 모든 계층의 자연스러운 대표자로 간주해야 할 것이다.

학식 있는 전문가들에 대해서는 별로 말할 필요가 없다. 그들은 정말로 사회에서 어떠한 별도의 이해관계도 형성하지 않는다.

그들은 자신의 상황과 재능에 따라, 아무런 차별 없이, 공동체의 다른 부문의 그리고 서로서로의 신뢰와 선택의 대상이 될 것이다.

　이제 토지 소유자의 이해관계만 남았다. 이들은, 정치적 관점에서 특히 조세와 관련해서는, 가장 부유한 지주에서 가장 가난한 소작농에 이르기까지 완벽하게 단합되어 있다고 나는 생각한다. 토지에 부과되는 세금은 1에이커[약 4047제곱미터] 소유자뿐만 아니라 수백만 에이커 소유자에게도 영향을 미치지 않을 수 없다. 따라서 모든 토지 소유자들은 토지 세금을 되도록 낮게 유지시키려는 공통의 이해관계를 가질 것이다. 공통의 이해관계는 항상 가장 확실한 공감대가 되리라 예상할 수 있다. 하지만 그래도 부유한 지주와 중농 간 이해관계의 차이를 가정할 수 있다면, 전자가 연방의회 대표가 될 가능성이 후자보다 더 많다고 결론 내릴 근거가 어디에 있는가? 만일 사실을 지침으로 삼는다면, 그리고 우리 자신의 상·하원을 들여다본다면, 중간 규모의 토지 소유자들이 양원 모두에서 우세하다는 점을 발견할 것이다. 더 많은 수의 의원으로 구성된 하원은 물론이고 더 적은 수의 의원으로 구성된 상원에서도 사정은 마찬가지이다. 유권자의 자격이 동일하다면, 선출할 의원 수가 많든 적든 상관없이, 그들의 표는 자신들이 가장 신뢰하는 자들에게 주어질 것이다. 그것이 큰 자산가일 수도 있고, 중간 규모의 재산가일 수도 있고, 전혀 재산이 없는 자일 수도 있을 것이다.

　모든 계층의 시민들의 의견과 이해관계를 좀 더 잘 이해하고 돌보기 위해서는, 대의 기구 내에 자기 자신의 집단에 속하는 누군가를 확보해야 할 필요가 있다는 주장이 제기된다. 그러나 인민들이 자유롭게 투표하도록 하는 어떤 제도에서도 그것은 불가능할 것임을 우리는 보았다. 이런 상황에서, 대의 기구는 지주, 상인, 학자 등으로 구성될 것이며, 정부의 성격에 영향을 미칠 만한 예외적 경우는 거의 없을 것이다. 하지만, 이런 세 종류의 사람들에 의해 다른 계층의 시민들의 이해관계와 의견이 이해되지 못하거나 돌봐지지 못할 위험성이 도대체 어디에 존재하는가? 지주들은, 토지 재산의 이익을 촉진하거나 또는 훼손할 것은 무엇이든 이해하고 또 감지하지 않겠는가? 또한 그런 종류의 재산에 대한 자신의 이해관계가 있기에, 그런 재산에 손해를 끼치거나 지장을 가져올 어떠한 시도에 대해서도 기꺼이 저항하려 하지 않겠는가? 상인은 자신들의 교역과 밀접히 연관되어 있는 직공 및 제조업 기술의 이해관계를, 그것이 타당한 한, 이해하고 장려하려 하지 않겠는가? 여러 산업 부문 간의 경쟁 관계에 중립적인 학자들은, 사회의 일반 이익에 기여할 것처럼 보이는 한 어느 쪽이든 기꺼이 장려하는 공정한 중재자로 판명될 것 같지 않은가?

사회의 특정 구성원들 내에서 지배적인 여론이나 생각은 시시각각 변할 수 있고, 현명한 정부라면 이를 결코 등한시하지 않을 것이다. 이런 점들을 고려한다면, 자신이 처한 조건으로 말미암아 광범위한 조사와 정보를 필요로 하는 사람들이, 관측 범위가 이웃과 지인의 범위를 넘지 않는 사람들보다, 그런 사회집단들의 특징과 규모 및 기반 등을 더 잘 판단할 것 같지 않은가? 인민들의 지지를 구하는 후보자이고 또한 자신의 공적 명예의 유지를 동료 시민의 투표에 의존하고 있는 사람들이, 그런 사회집단들의 경향과 선호를 주의 깊게 파악하고 또한 그 집단들이 자신의 행위에 적절한 영향력을 미치도록 기꺼이 용납하는 것은 자연스러운 일이지 않은가? [유권자에 대한] 이런 의존성과 자신이 동의한 법에 그 자신과 후손도 구속될 수밖에 없는 필연성 등은 대표자와 유권자를 일치시키는 확실하고 강력한 끈이 아닐 수 없다.

정부 운영의 여러 부문 중에서 과세 업무만큼 광범위한 정보와 정치 경제 원리에 대한 철저한 이해가 필요한 부문은 없다. 억압적 수단에 의존하거나 또는 세입 조달을 위해 특정 계층의 시민을 희생할 개연성이 가장 낮은 사람은, 바로 그런 원리를 가장 잘 이해하는 사람이다. 가장 생산적인 재정 체계가 대개 가장 부담이 적음이 입증될 수 있을 것이다. 징세권의 신중한 행사를 위해서는 그런 권한을 가진 자가 인민 전반의 보편적 기풍과 기질, 사고방식에 대해, 그리고 국가의 재원에 대해 정통해야 할 것이다. 이는 인민들의 의견과 이해관계에 대해 알고 있다는 것이 합리적으로 의미할 수 있는 바의 전부와 다름없다. 그것이 어떤 다른 의미라면, 그 말은 아무런 의미도 없거나 아니면 터무니없는 의미가 될 것이다. 그런 의미에서, [징세권의] 자격 요건이 [주 정부나 연방 정부 가운데] 어디에서 발견될 개연성이 가장 높은지는 사려 깊은 시민들 모두가 스스로 판단하도록 하자.

푸블리우스

연방주의자 36번

[해밀턴] 1788. 1. 8.

앞 호[의 논설]에서 살펴본 바에 따르면, 공동체의 다양한 계층들의 여러 이해관계나 의견들의 자연스러운 작용에 따라, 인민의 대표는 그 수가 적든 많든 간에 거의 전적으로 토지 소유자, 상인, 학자 등으로 구성될 것이며, 이들은 그런 이해관계나 의견들을 모두 진정으로 대표할 것이다. 만일 지역의 입법부에서 다른 종류의 사람들을 목격했다는 반론이 제기된다면, 나는 법칙에는 예외가 있음을 인정하지만 그런 예외가 정부의 전반적 양상이나 특징에 영향을 미칠 정도는 아니라고 답할 것이다. 사회의 모든 계층에는, 환경의 불리함을 극복하고 자신의 능력으로 본인이 속한 계층뿐만 아니라 전체 사회로부터 존경받게 될 강인한 인물들이 존재한다. 기회는 모두에게 평등하게 열려 있을 것이다. 그리고 나는, 인간 본성을 신뢰하기에, 그런 강건한 묘목들이 주 입법부뿐만 아니라 연방 입법부라는 토양에서 무성히 자라나는 사례들을 보게 되리라 확신한다. 그러나 이따금씩 나타나는 이런 종류의 사례들 때문에, 세상사의 일반적 추이에 근거해 성립된 논리의 확실성이 약화되는 것은 아니다.

이 주제를 몇 가지 다른 관점에서 살펴보더라도, 그 결과는 동일할 것이다. 특히 목수와 대장장이, 리넨 제조업자, 또는 스타킹 직조공 사이의 이해관계의 유사성이나 연관성이, 이들 중 누군가와 상인 사이의 그것보다 훨씬 더 크리라고 생각할 수 있는지 질문해 볼 수 있을 것이다. 노동 및 산업의 여러 부문들 사이에 존재하는 경쟁 관계 못지않게 직공이나 제조업 기술의 여러 부문들 사이에도 종종 심각한 경쟁 관계가 존재하기로 악명 높다. 따라서 대표 기구를 질서 있고 사려 깊은 심의에 대한 고려와 양립할 수 없을 정도로 확대하지 않는 한, 반대론의 취지[즉 각 계층이 그 계층에 속한 의원에 의해 대표]가 실제로 실현되기란 불가능할 것이다. 하지만 나는, 지금까지 너무나 모호해 그 실태나 추세를 정확히 파악하기 어려웠던 문제에 대해 더는 숙고하지 않으려 한다.

우리의 관심이 필요한 좀 더 정교한 또 다른 반론이 있다. 연방의회의 내국세 징세권은, 합중국의 세입 법규와 개별 주의 세입 법규 사이의 혼선은 물론이고 지역 상황에 대한 충분한 정보의 결여로 말미암아, 결코 유효하게 행사될 수 없으리라는 주장이 그것이다. 적절한 정보의 결여라는 가정은 전혀 근거가 없어 보인다. 만일 지역의 세부 사정에 대한 정보가 필요한 어느 한 카운티와 관련된 문제가 주 입법부에 계류 중이라면, 그런 정보는 어떻게 획득될까? 틀림없이 그 카운티 소속 의원이 가진 정보로부터 얻을 것이다. 중앙 입법부는 각 주의 대표로부터 그와 유사한 정보를 획득할 수 없다는 말인가? 그리고 일반적으로 중앙 입법부에 보내질 사람이라면 그런 정보 소통에 필요한 이해력은 보유하고 있으리라고 추정할 수 있지 않겠는가? 과세에 사용될 지역 정보가 각 주의 모든 산과 강, 하천과 공공 도로, 샛길 등에 대한 정밀한 지형학적 정보인가, 아니면 각 주의 상황과 재원, 각 주의 농업·상업·제조업의 상태, 각 주의 생산물과 소비의 특징, 각 주의 부와 재산과 산업의 정도 및 종류 등등에 대한 일반적 정보인가?

국가들은 일반적으로 재정 운영을 성실한 사람들에게 맡기거나 또는 소수로 구성된 위원회에 맡긴다. 그들이 먼저 요약된 징세안을 마련하면, 그 뒤에 주권적 권위체나 입법부가 그 안을 법으로 통과시킨다. 좀 더 대중적인 성격의 정부에서도 그렇게 한다.

치밀하고 현명한 정치인들은 어디에서나, 세입에 적합한 대상을 신중하게 선택하는 데 가장 적임자로 간주된다. 이는, 이 문제에서 사람들의 상식이 중요할 수 있는 한, 징세를 위해 필요한 지역 상황에 대한 그런 유의 정보를 [그들이 가지고 있음을] 명백히 보여 주는 것이다.

내국세라는 일반 명칭으로 포괄되는 세금들은 직접적 유형의 세금과 간접적 유형의 세금으로 구분될 수 있다. 양자 모두에 대해 반론이 제기되고 있지만, 논거의 제시는 전자에 국한되어 있는 듯하다. 후자는 소비 물품에 대한 관세와 소비세로 이해되는데, 사실 이에 대해 [반대자들이] 염려하는 문제의 본질이 무엇인지 짐작하기 어렵다. 그런 세금에 대한 정보는, 물품 그 자체의 특징으로부터, 아니면 그에 정통한 사람, 특히 상업 계층으로부터 쉽게 입수할 수 있는 그런 부류의 것임에 틀림없다. 주별로 소비 물품의 상태에 차이를 야기하는 상황은 거의 없을 것이고, 있다고 해도 단순하고 쉽게 파악될 수 있을 것임에 틀림없다. 주의해야 할 사항은, 개별 주의 [과세] 용도로 이미 돌려져 있는 물품은 피해야 한다는 것이다. 그리고 각 주의 세입 체계를 확인하는 데는 별 어려움이 없을 것이다. 그것은 여러 주의 의원들이 가지고 있는 정보뿐만 아니라 각 주의 법전을 통해 언제든 알 수 있을 것이다.

[정보 부족 등에 근거한] 반론은 [전자에 속하는] 부동산이나 주택, 토지 등에 적용될 경우, 언뜻 보기에 더 근거가 있는 것처럼 보인다. 하지만 이런 측면에서도, 그런 반론은 면밀한 검토를 견디지 못할 것이다. 토지세는 대개 두 가지 방식으로 산출된다. 하나는 상설의 또는 정기적인 실제 평가액에 따른 것이고, 다른 하나는 비정기적 사정에 따른 것이다. 그리고 평가나 사정은 그런 직무를 맡은 특정 관리들의 최선의 판단 또는 그들의 재량에 따라 이루어진다. 어느 경우이든 이 업무의 집행에는 유일하게 지역의 세부 사정에 대한 정보가 요구된다. 그 업무는 감독관 또는 사정인의 자격을 가진 신중한 사람에게 맡겨져야 하며, 이들은 그 목적을 위해 인민들에 의해 선출되거나 또는 정부에 의해 임명될 것이다. 법에서 할 수 있는 일은, 그런 사람들을 지명하거나 또는 선출·임명하는 방법을 규정하고, 그들의 수와 자격을 정하며, 그들의 권한과 의무의 전반적 개요를 명시하는 것 등이 될 것이다. 이 모든 일에서, 중앙 입법부가 주 입법부만큼 잘 수행하지 못할 것이 어디에 있는가? 주 입법부나 연방 입법부 어느 쪽도 일반적 원칙까지만 주의를 기울일 수 있다. 이미 보았듯이, 지역적 세부 사항은 그 안을 집행할 사람에게 맡겨질 수밖에 없다.

그런데, 이 문제를 충분히 만족스럽게 해결할 간단한 견해가 존재한다. 중앙 입법부는 각 주마다 그 주의 체계를 이용할 수 있다. 이런 종류의 조세[즉 직접세]를 부과하고 징수하는 각 주의 방법을, 연방 정부가 그대로 채택해 이용할 수 있는 것이다.

이런 세금의 [주별] 할당은 중앙 입법부의 재량에 맡겨지는 것이 아니라, [헌법안] 제1조 2절에 기술되어 있듯이, 각 주의 인구수에 따라 결정될 것임을 상기하도록 하자. 인민에 대한 실제 인구조사는 [과세의] 편파성이나 억압을 효과적으로 막아 줄 원칙을 틀림없이 제공할 것이다. 징세권의 남용에 대한 대비가 신중하고 용의주도하게 이루어질 것이다. 방금 언급한 예방 조치에 더해, "모든 관세, 수입세 및 소비세는 합중국 전역에서 균일해야 한다"는 헌법 규정[제1조 8절]이 존재한다.

헌법을 지지하는 여러 연설가들이나 저술가들은, 만일 합중국에 의한 내국세 징세권의 행사가 시행 과정에서 정말 폐해가 있다고 발견된다면, 연방 정부는 그런 권한의 행사를 보류하고 대신 징발 방식을 사용할 수도 있다고 당연히 말해 왔다. 이에 대한 대응으로 반대파들은, 왜 처음부터 그런 애매한 권한을 배제하고 후자의 수단에 의존하지 않느냐는 질문을 의기양양하게 제기해 왔다. 두 가지 확실한 대답을 제시할 수 있다. 첫째, 무리만 없다면 그런 권한[즉 내국세 징세권]의 행사가 더 바람직할 것이다. 왜냐하면, 그것이 [징발 방식보다 연방의 세입 확보에] 더 효과적일 것이기 때문이다. 또한 시행해 보지도 않고 이론만으로 그것이 유효하게 행사될 수 없으리라고 입증하기란 불가능하며, 사실 그 반대의 경우가 더 개연성이 높을 듯하다. 둘째, 헌법상 그런 권한의 존재는 징발 효력을 높이는 데도 큰 효과가 있을 것이다. 합중국이 주들의 매개 없이도 자체적으로 수요를 충족할 수 있음을 주들이 알게 되면, 이는 주들에 대해 영향력을 발휘할 강력한 자극이 될 것이다.

합중국의 세입 법규와 주들의 세입 법규 사이의 충돌과 관련해서는, 권한의 충돌이나 모순은 존재할 수 없다는 점을 앞서 이미 살펴보았다. 따라서 법률적 의미에서, 법규들 사이의 충돌은 없을 것이다. 그리고 합중국과 주들이 각기 다른 방식의 정책을 취하는 데서 오는 충돌을 피하는 것도 불가능하지는 않다. 이를 위한 효과적 방책은, 양자 가운데 어느 한편이 가장 우선적으로 사용할 그런 대상에 대해서는 서로 자제하는 것이다. 어느 쪽도 다른 쪽을 통제할 수 없기에, 양쪽은 이 같은 상호 자제에 분명 합리적인 관심을 가질 것이다. 그리고 직접적인 공동의 이해관계가 있는 경우, 그런 상호 자제가 무사히 작동하리라 기대할 수 있을 것이다. 주들의 개별적 부채가 해결되어 지출이 정상 범위 내로 제한된다면, 충돌의 가능성은 거의 사라질 것이다. 주의 용도에 부합하는, 가장 간편하고 적합한 주의 재원은 소규모 토지세가 될 것이다.

사람들의 우려를 부추기기 위해, 정치적 속임수의 기발한 재주에 의해, [연방 정부의] 내국세 징수권으로부터 수많은 유령들이 만들어졌다. 이중의 세무 공무원, 이중 징세에 따른 인민들의 이중 부담, 무시무시한 형태의 끔찍하고 억압적인 인두세 등이 그것이다.

첫 번째 주장에 대해서는, 이중의 세무 공무원이 존재할 여지 자체가 없는 두 가지 경우가 있다. 하나는 징세권을 합중국에 배타적으로 부여하는 경우인데, 이는 수입품에 대한 관세에 적용된다. 다른 하나는 과세 대상을 주의 규제나 규정 아래에 두지 않[고 연방의 규제하에 두]는 경우로, 이는 다양한 물품에 적용될 수 있다. 개연성이 있는 또 다른 경우는, 지역의 용도로 이미 정해진 [과세] 대상에 대해서는 합중국이 완전히 포기하거나, 아니면 합중국의 추가적 세금 징수에 주의 공무원과 주의 법령을 이용하는 것이다. 이는 세입이라는 관점에서 볼 때 가장 적합한 방안일 것이다. 왜냐하면 세금 징수에 드는 경비를 줄이고, 나아가 주 정부나 주민들로 하여금 혐오의 계기를 갖지 않도록 할 최선의 방안이기 때문이다. 아무튼, 그런 폐해를 방지할 실용적인 방안들이 존재하고 있다. 그리고 예상되는 폐해가 그 안[즉 헌법안]으로부터 반드시 발생하지는 않을 것임을 증명하는 정도로 충분할 것이다.

[연방 과세권이 미칠] 영향에 대한 가설로부터 도출된 주장에 대해서는, 그런 영향을 [실질적 증거 없이] 추정해서는 안 된다는 언명만으로도 충분한 대답이 될 것이다. 하지만 그런 추정에 대해 좀 더 엄밀하게 대응할 수도 있다. 만일 [반대론이 추정하는] 그런 경향이 합중국 의회에 만연해 있다면, [연방의회가] 그 목표를 달성하는 가장 확실한 길은 주의 공무원들을 되도록 많이 고용하고, 추가 보수를 줌으로써 그들을 합중국에 배속하는 방안이 될 것이다. [그런데] 이는 [당초의 목표와 반대로] 연방의 영향력이 주로 흘러들어 가게 하는 것이 아니라 주의 영향력이 중앙정부 방면으로 흘러들어 가도록 흐름을 바꾸는 결과를 초래할 것이다. 하지만 이런 종류의 모든 추정은 불쾌한 것으로서, 인민들 앞에 놓인 중대한 문제를 고려하는 데서 배제되어야 한다. 그런 추정들은 진실을 흐리게 하는 것 외에 어떤 목적에도 부합할 수 없다.

이중 징세[가 나타날 것이]라는 주장에 대한 대답은 단순 명료하다. 합중국의 필요품은 다음 중 어느 한 방식으로 공급될 것이다. 연방 정부의 권한에 의해 공급되거나, 그것이 아니면 주 정부의 권한에 의해 공급될 것이다. [따라서 전체] 공동체가 부담할 세금의 양은 어느 경우에도 동일할 것임에 틀림없다. 만일 공급을 연방 정부가 한다면, 다음과 같은 이점이 있을 것이다. 즉 세입 중에서 가장 확보가 용이한 부문인 교역 수입세[즉 관세]의 주요 자원은 주의 규제보다 연방의 규제하에서 훨씬 더 신중하게 증진될 수 있고, 또한 불편한 방법에 의지해야 할 필요도 훨씬 줄어들 것이다. 이에 더해 추가적인 이점도 있다. 내국세 징세권을 행사하는 데 어떤 실제적 어려움이 있다면, 연방 정부는 수단의 선택 및 조정에 좀 더 많은 신경을 쓰게 될 것이다. 연방 정부는 자연스럽게, 가난한 다수 계층의 불만을 야기할 그런 세금의 필요성을 감소하기 위해, 되도록 부유층의 사치품이 공공 재정에 기여토록 하는 것을 연방 정부의 확고한 정책 주안점으로 삼게 될 것이다. 정부가 자신의 권력을 유지하기 위해 기울이는 관심이, 공적 부담의 적절한 배분에 부합할 뿐만 아니라 공동체의 가장 가난한 집단을 억압으로부터 보호하게 된다면, 얼마나 좋은 일인가!

　　인두세에 대해 나는 주저 없이 그에 대한 반감을 고백한다. 자신들의 권한을 한결같이 고집해 왔던 주들에서 인두세가 일찍부터 널리 유행했지만.[1] 그것이 중앙정부에서 도입되어 실행되는 것을 보게 된다면 한탄스러울 것이다. 그러나 인두세를 부과할 수 있는 권한이 있다고 해서 실제로 그것이 부과되는 결과가 뒤따를까? 합중국의 모든 주들이 이런 종류의 세금을 부과할 권한을 가지고 있지만, 여러 주에서 실제로 그것은 경험되지 않은 채 남아 있다. 주 정부들이 이런 권한을 가졌다고 해서 전제정으로 비난받아야 하는가? 그렇지 않다면, 어떻게 그와 비슷한 권한이 중앙정부에 대한 그런 비난을 정당화할 수 있는가? 심지어 중앙정부를 채택하는 데 대한 장애물이라고 주장할 수 있는가? 나는 그런 종류의 세금에 대해서는 조금도 찬성하지 않지만, 그것에 의지할 수 있는 권한은 연방 정부에 존재해야 한다고 여전히 확신한다. 정상적인 상태에서는 삼가야 할 방책들이 공공복리에 긴요해지는 국가적 긴급 상황들이 존재하기 마련이다. 그런 긴급 상황의 가능성 때문에, 국가는 그런 방책을 사용할 수 있는 선택권을 항상 가지고 있어야 한다. 이 나라에는 세입의 풍부한 원천으로 간주될 수 있는 대상이 정말 부족하다. 이는, 그런 방책과 관련된 중앙 의회의 재량권을

---

1) 뉴잉글랜드 주들이 그러하다[뉴잉글랜드는 메인주, 뉴햄프셔주, 버몬트주, 매사추세츠주, 로드아일랜드주, 코네티컷주 등 여섯 개 주를 포함하는 미국 북동부 지역을 말한다].

약화시켜서는 안 될, 이 나라의 고유한 이유가 된다. 인두세가 더 없이 귀중한 재원이 될 수도 있는 결정적이고 격렬한 위기 국면이 나타날지 모르는 것이다. 나는 지구상의 다른 지역들에 닥쳤던 흔한 재앙으로부터 이 지역을 벗어나게 할 어떤 방안도 알지 못한다. 따라서 가능한 어떤 위기에서도 보편적 방어와 안전을 위해 유용하게 이용할 수 있는 유일한 무기를 정부로부터 빼앗으려 하는 모든 시도에 대해 혐오감을 가지고 있음을 인정한다.

지금까지 나는, 연방 정부에 부여하도록 제안된 권한들 중에서, 특히 합중국의 주된 목표에 부응하기 위한 연방 정부의 활력 및 효율성과 관련된 권한에 대해 검토해 왔다. 여기에서는 빠졌지만, 이 주제에 대한 개관을 좀 더 완성하기 위해, 우리 탐구의 다음 항목에서 다루어질 권한들도 존재한다. 공동체의 솔직하고 현명한 구성원이라면 지금까지의 내용을 보면서, 헌법에 반해 활발히 주창되어 왔고 또 첫눈에 그럴듯했던 일부 반대론들이 전혀 내용이 없을 뿐만 아니라, 만일 그것이 헌법안 작성에 영향을 미쳤더라면 공공의 행복과 국가의 번영이라는 위대한 목표에 전혀 부응할 수 없는 헌법안이 만들어졌으리라는 데 충분히 동의하리라고 나는 자부한다. 마찬가지로 나는, 헌법안 체계에 대한 이후의 좀 더 엄밀한 탐구가, 좋은 정부를 지지하는 진실하고 객관적인 모든 사람으로 하여금 헌법안을 더욱더 마음에 들게 하는 데 기여하고, 또한 헌법 채택의 적합성과 편의성에 대한 모든 의문을 불식하는 데 기여할 것이라고 자신한다. 만일 우리가 이렇게 영광스러운 본보기를 인류에게 내보일 수 있는 지혜와 덕성을 가지고 있다면 우리 자신에게 얼마나 다행스러울 것이며, 또한 인간 본성에 가장 명예스러운 일이 아니겠는가!

푸블리우스

연방주의자 37번

[매디슨] 1788. 1. 11.

지금까지 우리는 기존 연합의 결함을 살펴보고, [헌법안에서] 대중 앞에 제시된 것보다 활력이 부족한 정부로는 그런 결함이 보완될 수 없음을 밝혔다. 헌법안의 가장 중요한 원리 가운데 몇 가지에 대해서도 물론 고찰해 보았다. 하지만 이 논설들의 궁극 목표는 헌법안의 장점과 헌법안 채택의 유리함을 명백하고 완전하게 밝히는 것이기에, 이런 계획을 완수하기 위해서는 제헌회의의 결과물을 좀 더 엄밀하고 철저하게 점검하고, 그것을 모든 측면에서 검토하고 모든 부분에서 비교하며, 또한 그것의 있음 직한 효과를 추정해 봐야 한다. 정당하고 공정한 결론에 기여한다는 생각으로 이런 과제를 수행하기 위해서는, 공평무사하게 심사숙고하는 자세가 요구된다. 공적 방안이 실제로 공공선을 촉진하는 성향을 가졌는지 아니면 방해하는 성향을 가졌는지를 정확히 평가하기 위해서는 절제와 중용의 자세가 필요하다. 하지만 이와 같은 자세로 공적 방안을 탐구한 사례가 거의 없다는 것은 인간사에서 떼어버릴 수 없는 불행이 아닐 수 없다. 또한 이 같은 자세의 전례 없는 실행을 요구하는 그런 계기들이, 그런 자세를 유도하기보다는 오히려 약화하기 쉽다는 것도 불행이 아닐 수 없다. 경험을 통해 이런 문제들에 주의를 기울여 온 사람이라면, 그렇게 많은 중요한 변화와 혁신 — 여러 관계와 관점에서 판단될 수 있고, 또한 수많은 정념과 이해관계의 동기들을 건드린 — 을 권고한 제헌회의의 결의가, 그것의 가치를 공정하게 토의하고 정확히 판단하기에 부적합한 성향들 — 이쪽과 저쪽 모두에서 — 과 맞닥뜨리거나 또는 그런 성향을 불러일으키더라도 전혀 놀랍게 여기지 않을 것이다. 어떤 사람들[즉 반대파]의 경우는, 단지 비난하려는 성향을 가진 것만

이 아니라, 사전에 이미 비난하기로 결정하고서 헌법안을 검토했음이 그들의 출판물에서 너무나 명백히 드러난다. 다른 편의 사람들[즉 찬성파]의 경우도, 그들의 용어에서 정반대의 편향성과 사전 결정이 드러난다. 이로 말미암아 그들의 의견 역시 이 문제에서 하등의 중요성을 갖지 못하고 있다. 하지만, 서로 다른 이들의 의견의 무게를 똑같은 수준에 놓음으로써, 그들이 가진 의도의 순수성에 아무런 본질적 차이가 없다는 투로 말하고 싶지는 않다. 후자의 입장을 지지하는 쪽에서 말해 본다면, 우리는 특별히 위태로운 상황에 처해 있고 위기의 경감을 위해 행동이 반드시 필요하다는 점에 보편적으로 동의하고 있다. 따라서 실제로 행해진 무엇[즉 헌법안]을 지지하기로 사전에 작정한 후원자가 갖는 그런 편향성은, 어떤 부정직한 동기 때문만이 아니라, 이런 [상황적] 고려 사항들의 무게에 따른 것이기도 하다. 반면에, [전자인] 미리 반대를 작정한 자들의 지배적 동기에는 용서받을 수 있는 그 어떤 것도 존재하지 않는다. 후자의 동기는 비난받을 수 있지만, 반대로 올바른 것일 수도 있다. 전자의 관점은 올바른 것일 수 없고, 비난받아야만 한다. 그러나 사실을 말하자면, 이 논설들은 이들 중 어느 한쪽에 속하는 사람들에게 보내는 것이 아니다. 이 논설들은, 자기 나라의 행운을 추구하는 진정한 열의를 가졌을 뿐만 아니라 그것을 촉진할 수단을 정당하게 평가하는 데 적합한 기질까지 갖춘, 오직 그런 사람들의 관심을 구하려고 한다.

이런 품성의 사람들은 제헌회의가 제출한 안을 검토하면서 결함[만]을 찾아내거나 그것을 과장하려고 의도하지 않을 것이다. 그뿐만 아니라 그들은, 결점 없는 안을 기대할 수는 없다는 생각의 타당성을 인정할 것이다. 그들은, 사람들의 조직이기에 피할 수 없는, 제헌회의의 불완전성에서 기인한 실수를 용인할 것이다. 또한 그들 자신도 단지 사람이기에, 타인의 실수 가능한 의견을 판단하는 데서 자신의 무오류성을 가정해서는 안 된다는 점을 명심할 것이다.

또한 그들은, 이처럼 허심탄회한 자세를 권할 뿐만 아니라, 제헌회의에 맡겨진 과제의 본질에 내재하는 어려움을 특별히 고려해야 한다는 점을 기꺼이 받아들일 것이다.

그 과제가 완전히 새로운 것임은 즉각적으로 우리의 주목을 끌었다. 앞의 논설들[특히 15~22번]에서 지적했듯이, 기존 연합은 잘못된 원리 위에 기초하고 있기에 우리는 먼저 그 기초를 바꾸어야 하고, 그런 기초 위에 얹혀 있는 상부구조를 바꾸어야만 한다. 또한 [18~20번 논설에서 보았듯이] 선례로서 참고할 수 있는 다른 연합들도 똑같이 잘못된 원리 탓에 망가졌고, 따라서 추구해야 할 경로를 알려 주는 것이 아니라 피해야 할 경로를 경고하는 신호 불빛 이상의 그 어떤 것도 제공하지 못하고 있다. 그런 상황에서 제헌회의가 할 수 있었던 최대치는, 우리의 경험뿐만 아니라 타국의 과거 경험이 시사해 주는 오류를 피하는 것이었고, 미래의 경험에서 잘못이 나타나면 스스로의 잘못을 교정할 수 있는 알맞은 방식을 제공하는 것이었다.

제헌회의가 직면한 난제 가운데 매우 중요한 한 가지는, 정부에 필요한 안정성과 활력을, 자유와 공화제적 [정부] 형태에 기울여야 할 주의 및 관심 — 절대 침해되어서는 안 될 — 과 결합하는 것이었다. 만일 그들의 과업 중에서 이 부분을 확실히 완수하지 못했더라면, 그들은 자신들이 임명된 목적이나 공중의 기대를 충족하지 못했을 것이다. 하지만 이 주제에 대한 무지가 드러나는 것을 원치 않는 사람이라면, 그것이 쉽게 달성될 수 없다는 것을 부정하지 않을 것이다. 정부의 활력은, 대내외적 위험에 맞서 안전을 보장하고, 좋은 정부의 정의 바로 그것에 속하는 신속하고 유익한 법의 집행을 위해 반드시 필요하다. 또한 시민사회가 제공하는 주된 축복 가운데 하나인 인민들의 마음의 평온과 신뢰[의 확보] 뿐만 아니라 국민성과 그에 수반하는 장점[의 육성]을 위해서는 정부의 안정성이 필수적이다. 불규칙적이고 변덕스러운 입법은 그 자체도 악이지만, 그 이상으로 인민들에게 끔찍한 것이 아닐 수 없다. 확실히 단언할 수 있는 것은, 이 나라의 인민들은 좋은 정부의 본질에 대해 잘 알고 있고, 또 인민 대부분이 좋은 정부의 효과에 관심을 가지고 있기 때문에, 주 정부의 특징이었던 빈번한 [법률의] 변동과 불확실성 등에 대한 개선책이 마련되기 전까지는 결코 만족하지 않으리라는 것이다. 하지만, [좋은 정부의] 이런 중요한 구성 요소들을 [공화제에] 필수 불가결한 자유의 원칙들과 비교하게 되면, 우리는 분명 이 양자를 적절한 비율로 조합하는 과제의 어려움을 바로 인식하게 될 것이다. 한 측면에서 공화제적 자유의 정신은, 모든 권력은 인민으로부터 나와야 할 뿐만 아니라 권력을 위임받는 자들이 짧은 임기로 말미암아 인민에게 종속된 상태로 있어야 하고, 그 짧은 기간 내에서도 신임이 소수가 아닌 다수의 손에 맡겨져야 한다고 요구하는 듯하다. 반면에 [정부의] 안정성은, 권력을 맡은 자들이 오랫동안 그대로 지속될 것을 요구한다. 유권자들이 빈번하게 선거하면 사람들[즉 대표들]이 빈번히 교체될 것이고, 사람들이 빈번히 교체되면 법령도 빈번히 변화할 것이다. 다른 한편, 정부의 활력은 권력의 일정한 지속성뿐만 아니라, 단 한 사람에 의한 권력 행사를 필요로 한다. 제헌회의가 그들의 작업에서 이 일에 어느 정도 성공했는지는 좀 더 정밀하게 살펴보면 더 잘 드러날 것이다. 여기에서 대강 살펴본 바로는, 그것이 매우 힘든 일이었음에 틀림없어 보인다.

중앙정부의 권한과 주 정부의 권한 사이에 적절한 구획선을 긋는 일도 그에 못지않게 힘든 일이었음에 틀림없다. 그 본질상 광범위하고 복잡한 그런 대상들을 관찰하고 식별해 본 사람일수록 이런 과제의 어려움을 민감하게 느낄 것이다. 가장 예리하고 꼼꼼한 철학자들의 온갖 노력에도 불구하고, 인간 정신의 여러 기능들은 만족스러울 만큼 예리하게 구분되거나 정의되지 못하고 있다. 감각, 지각, 판단력, 욕구, 의지, 기억, 상상력 등을 구분 짓는 차이점이 너무나 미묘하고 미세한 것으로 드러나기에, 가장 정밀한 연구도 그것들의 구획선을 파악하기 쉽지 않았고, 여전히 독창적인 논고와 논쟁의 근원으로 남아 있다. 자연의 거대한 왕국들과 그보다 더 큰 왕국들 간의 경계선, 다양한 지역들과 그 지역들이 세분화된 더 작은 부분들 간의 경계선 등도 마찬가지 사실[즉 구획선 설정의 어려움]을 보여 주는 또 다른 사례들이다. 가장 현명하고 근면한 박물학자들도, 식물 영역과 인접 무기물 영역을 구분하는, 또는 식물의 끝과 동물 제국의 시작을 표시하는 경계선을 확실히 찾아내는 데 아직 성공하지 못했다. 자연의 이런 거대 영역들 각각에 속해 있는 대상들을 정리하고 분류하는 기준이 되는 독특한 특징들은 훨씬 더 모호한 상태에 있다. 자연이 빚은 작품들은 그 윤곽이 완벽하게 정확하지만, 그것을 조사하는 시력의 불완전함 때문에 그와 달리 나타나고 있다. 이와 달리 인간의 제도의 모호함은, 그것을 바라보는 기관[즉 인간의 사고 기관]뿐만 아니라 대상 그 자체에서도 연유한다. 따라서 우리의 탐구가 전자에서 후자로 나아갈 때에는, 인간의 현명한 노력으로부터 기대하고 희망하는 바를 훨씬 낮출 필요가 있음을 인식해야 한다. 정부학의 그 어떤 기술도 아직 정부의 세 거대 영역인 입법부·집행부·사법부를 충분히 정확하게 구분하고 정의 내리지 못하고 있다. 입법부의 여러 원[즉 상·하원]의 특권과 권한 역시 정확히 정의되지 못하고 있다. [정부의] 실제 운영 과정에서 매일 의문점들이 발생함으로써, 이 주제의 모호성을 입증하는 동시에, 정치학의 위대한 대가들을 당혹시키고 있다. 오랜 기간의 경험과 계몽된 입법자들과 법학자들의 지속적인 협동적 노력에도 불구하고, 서로 상이한 여러 법체계들과 재판 법정들 각각의 목적과 한도를 정확히 그려내는 데 성공하지 못하고 있다. 관습법(보통법),[1] 성문법, 해사법海事法, 교회법, 회사법, 기타 지방법과 관습 등의 정확한 범위는, 지구상의 다른 어떤 지역보다 이 주제의 엄밀성을 꾸준히 추구해 온 영국에서도 아직 최종적으로 정확히 확립되지 않은 채 남아 있다. 일반 법원과 지방 법원, 보통법 법원, 형평법 법원,[2] 해사법 법원 등 영국의 여러 법원들의 관할권도 그에 못지않게 난해하고 빈번한 논란의 근거가 되고 있어서, 그 각각의 경계선의 불명료함을 여실히 보여 주고 있다. 모든 새로운 법률들은, 아무리 전문적 능력에 의해 작성되고 충분하고 신중한 숙의를 거쳐 통과된 것이라 하더라도, 일련의 개별 변론과 판결을 통해 그 의미가 분명해지고 확인될 때까지는 다소 불명료하고 애매하게 여겨진다. 대상의 복잡성 및 인간 능력의 불완전성에서 연유하는 모호함 외에, 사람들의 생각이 서로에게 전달되는 매개 수단에 따라서도 새로운 어려움이 추가된다. 말의 용도는 생각을 표현하는 것이다. 따라서 명쾌함에 도달하기 위해서는, 생각이 뚜렷하게 형성되어야 할 뿐만 아니라, 그 생각에만 명백하고 배타적으로 적용되는 단어에 의해 그것이 표현되어야 한

---

1) [옮긴이] 'statute law'(성문법)와 구분되는 것으로서 'common law'(관습법)는, 의회에서 제정한 법률보다, 고래의 관습과 관례 및 법원의 판례 등에서 연유하는 원칙과 규칙 등으로 구성된다. 1780년대 말 아메리카의 법체계에서 'common law'(보통법)는 영국 및 독립 혁명 이전 아메리카 식민지로부터 물려받은 판례법과 성문법(제정법)을 전부 합한 것을 말한다.

2) [옮긴이] 형평법equity은, 불가피성이 있을 경우에, 보통법이나 성문법의 경직된 원칙을 뛰어넘거나 또는 불충분한 구제책을 보충하기 위한 규칙이나 절차 등으로 구성된다.

다. 그러나 어떤 언어도 복잡한 모든 생각에 적합한 단어와 구절을 제공할 만큼 풍부하지 못하며, 서로 상이한 여러 생각들을 명백히 구분할 만큼 정확하지 못하다. 따라서 대상들 그 자체가 아무리 정확히 구분될 수 있다 하더라도, 그리고 그런 구분을 아무리 정확하게 생각할 수 있다 하더라도, 그것이 전달되는 용어가 부정확하면 그로 말미암아 대상들의 정의가 부정확해지는 일이 반드시 발생하게 된다. 그리고 이처럼 불가피한 부정확성은, 정의되는 대상이 복잡하고 새로운 것인지에 따라 좀 더 클 수도 작을 수도 있을 것이다. 전능하신 신이 스스로 자신을 낮추어 인간의 언어로 인간에게 이야기할 때, 그의 뜻은 분명히 명쾌하겠지만 그것이 전달되는 몽롱한 매개 수단에 따라 흐려지고 불확실해지는 것이다. 그러니까, 모호하고 부정확한 정의에는 세 가지 원인이 존재한다. 대상의 불명료함, 사고 기관의 불완전성, 생각을 전달하는 수단의 부적합성이 그것이다. 이 가운데 어느 하나만으로도 모호함이 발생할 수 있다. 제헌회의가 연방의 관할권과 주의 관할권 사이의 경계선을 설정할 때 이 세 가지 영향을 모두 받았음이 분명하다.

이미 언급한 어려움 외에, 큰 주들과 작은 주들의 상충하는 주장이 추가될 수 있다. 전자는 그들의 우월한 재화와 중요성에 완전히 비례하는 정부 참여를 주장할 것이며, 후자도 마찬가지로 그들이 [연합에서] 누리는 현재의 평등을 고수할 것이라고 가정한다면 절대 틀리지 않을 것이다. 어느 편도 상대방에게 전혀 양보하려 하지 않을 것이고, 그 결과 다툼은 타협으로만 종료될 수 있으리라 가정하는 것이 당연할 듯하다. 또한 대표의 비율이 조정되고 나면, 같은 편들 간에 새로운 다툼이 분명 시작될 것이다. 각자 자신들이 가장 큰 영향력을 지녔던 그런 부의 중요성을 증대하는 방향으로, 정부를 조직하고 권한을 분배하려는 다툼이 그것이다. 헌법의 여러 특징들은 이런 가정들을 뒷받침한다. 그리고 이런 가정들 가운데 어느 하나라도 충분한 근거가 있다면, 그것은 제헌회의가 이론적 타당성을 외부적 고려 사항의 영향력에 희생하지 않을 수 없었음을 보여 준다.

여러 면에서의 상호 대립과 충돌이 단지 큰 주들과 작은 주들 간의 문제로만 국한될 수는 없을 것이다. 지역적 위치나 정책의 차이에서 연유하는 다른 조합들이 추가적 문제를 만들어 낼 것이 틀림없다. 각 주는 여러 구역으로 나뉘고, 시민들 역시 서로 다른 여러 계층들로 나뉠 텐데, 이로 말미암아 경쟁적 이해관계와 지역 간 질시 등이 발생하기 마련이다. 그 결과 합중국의 여러 부문들은 여러 상황에 따라 서로 차이를 드러내게 되고, 이것이 더 큰 규모에서도 비슷한 효과를 산출할 것이다. 이런 이해관계의 다양성은, 앞의 논설[10번]에서 충분히 설명한 그런 이유들 때문에, 일단 형성된 정부의 운영에는 유익한 영향을 미치겠지만, 정부를 형성하는 과제에서는 그 반대의 영향을 미친다는 것을 깨달아야만 한다. 이는 분명 우리가 이미 경험했던 바이다.

이런 온갖 어려움이 가하는 압력을 고려한다면, 이 주제에 대해 추상적 관점에서 접근한 독창적인 이론가가 자신의 서재나 상상 속에서 헌법을 입안했을 경우에 갖출 수 있을 어떤 그럴듯한 구조나 조화로운 균형으로부터, 제헌회의가 어느 정도 벗어날 수밖에 없었다는 것이 과연 놀랄 만한 일인가? 정말 놀라운 것은, 그렇게 많은 어려움이 극복되었고, 그것도 예상 밖의 전례 없는 만장일치로 극복되었다는 것이다. 솔직한 사람이라면 놀라움 없이 이 상황을 되돌아볼 수 없을 것이다. 경건하게 성찰하는 사람이라면, [독립] 혁명의 여러 결정적 시기에 우리를 구원하기 위해 빈번하고 뚜렷하게 우리에게 내밀어졌던 신의 손가락을 그 상황에서도 분명 감지했을 것이다. 우리는 앞의 논설[20번]에서, 네덜란드 연합에서 악명 높은 헌법의 치명적 결함을 개혁하려는 시도가 계속 실패했던 사례에 주목한 바 있다. 갈등적 의견을 조화시키기 위해, 상호 질서를 누그러뜨리기 위해, 각자의 이해관계를 조정하기 위해 인류가 개최했던, 거의 모든 대人회의들이나 회담들은 파벌과 언쟁과 실망의 역사였다. 그것들은, 인간의 기질의 약점과 타락을 보여 주는 가장 어둡고 비열한 장면에 속하는 것으로 분류될 수 있다. 소수의 산발적 사례에서 좀 더 밝은 면이 제시되기는 하지만, 그것은 우리에게 보편적 진실을 깨닫게 해주는 예외로서 기능할 뿐이다. 또한 그런 예외적 사례의 광채는, 그와 대조되는 부정적 전망의 어둠을 더 짙게 만들 뿐이다. 그런 예외적 사례들을 만들어 낸 근거를 생각해 보고, 그것을 우리 앞에 놓인 특정 사례에 적용해 보면, 우리는 필연적으로 두 가지 중요한 결론에 이르게 된다. 첫째, 제헌회의는 아주 특이하게, 심의 기구에서 가장 흔히 나타나는 질병이자 그런 기구의 진행을 가장 오염시키기 쉬운, 정파적 적대감의 해로운 영향을 받지 않았음이 틀림없다. 둘째, 제헌회의 구성원들은 모두 최종 결의를 통해 만족스럽게 화해했거나, 아니면 사적 의견과 분파적 이익을 공공선에 희생해야 할 필요성에 대한 굳은 확신에서, 또한 이런 필요성이 지체와 새로운 시도로 약화되는 것을 바라보는 절망감에서, 최종 결의에 동의하게 되었다.

푸블리우스

연방주의자 38번

[매디슨] 1788. 1. 12.

고대 역사에서 숙의와 동의를 통해 정부가 수립된 것으로 알려진 모든 경우에, 정부의 틀을 잡는 과업이 사람들의 회의체에 맡겨진 것이 아니라 탁월한 지혜와 진실성을 인정받은 몇몇 개별 시민에 의해 수행되었다는 사실은 그리 놀라운 일이 아니다. 우리가 배우기로, 미노스[1]는 크레타 정부의 창립자였고, 잘로이쿠스는 로크리인들Locrians의 정부의 설립자였다.[2] 테세우스를 필두로, 드라콘과 솔론은 아테네 정부를 수립했다.[3] 리쿠르고스는 스파르타의 입법자였다.[4] 로마의 기원이 된 최초의 정부의 토대는 로물루스가 놓았지만, 그 일을 완성한 것은 두 명의 선출된 후임자인 누마와 호스틸리우스였다.[5] 왕정을 폐지하고 집정관 통치로 대체한 것은 브루투스였다.[6] 그는 개혁안을, 툴리우스가 이미 준비해 놓

---

1) [옮긴이] 신화에 따르면, 미노스는 제우스와 에우로페 사이에서 태어난 아들로, 크레타의 통치자가 되었다.

2) [옮긴이] 잘로이쿠스Zaleucus는 고대 그리스의 최초의 성문법인 로크리안 법Locrian Code의 입법자로 유명하다. 로크리Locri는 기원전 680년경 그리스인들이 이탈리아 남부에 세운 도시국가였다.

3) [옮긴이] 테세우스는 그리스 전설의 영웅 중 한 명이다. 아테네 왕 아이게우스의 핏줄을 받았고 온갖 괴물과 악당을 물리친 영웅이 되어 아테네의 왕위를 물려받았다. 드라콘은 기원전 7세기 아테네의 입법자이다. 가혹한 형사법으로 유명하다. 솔론(B.C.630?~B.C.560?)은 아테네의 정치인, 입법자이다. 기원전 594년 집정관으로 선출되어 '솔론의 개혁'이라 일컫는 정치·경제 개혁을 단행했다. 토지의 다과에 따라 시민을 네 계급으로 나누어 정치 참여의 권리를 제한했지만, 최하층에게도 민회 참석 및 재판 호소 권한을 부여하는 등 아테네 정체를 민주화하는 조치도 취했다.

4) [옮긴이] 18번 논설, 주 13 참조.

5) [옮긴이] 전설에 따르면, 로물루스는 로마 창건자이자 초대 왕으로 알려져 있다. 누마Numa Pompilius는 제2대 왕이며 사비니족 출신으로 로마에 시민 종교의 기반을 놓았다고 한다. 호스틸리우스Tullius Hostilius는 제3대 왕으로 알바롱가와의 전쟁에서 승리해 그 시민을 로마에 편입했다.

앗던 것이라고 주장하면서 추진했고, 연설을 통해 그에 대한 원로원과 인민들의 동의와 승인을 획득했다.[7] 이런 소견[즉 탁월한 소수에 의한 정부 틀 마련]은 연합 정부들에도 마찬가지로 적용될 수 있다. 우리가 듣기로, 암픽티온Amphictyon은 그의 이름을 딴 연합의 창설자였다.[8] 아카이아 연합은 아카이우스Achaeus에 의해 처음 창설되었고, 후에 아라토스에 의해 또다시 설립되었다.[9] 이 유명한 입법자들이 지배층 내에서 어느 정도의 대리권을 가졌는지, 또는 인민으로부터 합법적 권한을 어느 정도나 부여받았는지를 모든 사례에서 확인하기는 불가능하다. 하지만, 몇몇 경우에 그 방식은 분명히 정상적이었다. 드라콘은 아테네 인민들로부터 정부와 법을 개혁할 무제한의 권한을 부여받았던 듯하다. 그리고 플루타르코스

6) [옮긴이] 브루투스Lucius Junius Brutus는 기원전 509년경 로마의 마지막 왕 타르퀴니우스Lucius Tarquinius Superbus를 축출하고 로마 공화정을 창건했다. 기원전 44년 카이사르를 암살한 마르쿠스 브루투스Marcus Junius Brutus 와 혼동하지 않도록 주의해야 한다.

7) [옮긴이] 전설에 따르면, 툴리우스Servius Tullius는 로마의 7왕 중 제6대 왕 (B.C.578?~B.C.534?)으로, 마지막 왕이 된 그의 사위 타르퀴니우스에게 살해당했다. 백인대와 민회 등 로마 공화정의 기반이 된 정치 군사 조직의 기초를 놓았다고 알려져 있다.

8) [옮긴이] 그리스신화에 따르면 암픽티온은 아테네의 왕으로서 10~12년 정도 아테네를 통치했고 암픽티온 연합을 창설했다. 암픽티온 연합은, 그리스 역사에서 폴리스 등장 이전인 고대 시대의 종교적 연합으로 알려져 있다.

9) [옮긴이] 아카이아 연합은 고대 그리스 후기 시대, 펠로폰네소스반도 북부 해안 아카이아 지역 도시들 간에 이루어진 연합이다. 최초의 연합은 기원전 5세기에 이미 형성되어 있었는데, 제2차 아카이아 연합은 기원전 280년에서 기원전 146년까지 존재했다. 아라토스는 18번 논설, 주 14 참조.

에 따르면, 솔론은 헌법을 새로 설계할 유일하고 절대적인 권한을 떠맡도록, 동료 시민들의 보편적 선거에 의해 어느 정도 강요되었다고 한다.[10] 리쿠르고스의 방식은 이보다 덜 정상적이었다. 하지만 질서 있는 개혁을 지지하는 세력이 우세했는데, 그들은 시민들의 심의 기구의 개입을 통한 개혁을 추구하기보다는, 그 유명한 애국자이자 현인의 단독 시도에 시선을 돌렸다. 그리스인들처럼 자신들의 자유를 지키려고 애썼던 사람들이, 자신들의 운명을 한 사람의 손에 맡길 정도로 경계의 원칙을 포기한 것은 어떤 연유에서였을까? 10명 미만의 장군에게 군대가 통솔되는 것을 허용치 않으려 했고, 또한 단지 동료 시민의 걸출한 장점조차 자신들의 자유를 위협하는 증거로 삼았던 그런 아테네인들이, 공동 심의를 통해 더 큰 안전과 현명함을 기대할 수 있었을 선발된 시민 집단이 아니라, 한 사람의 걸출한 시민에게 자신들과 그 후손의 운명을 맡기는 것이 훨씬 바람직하다고 생각한 것은 무슨 까닭에서였을까? 다수의 조언자들 사이에서 발생할 불화와 분열에 대한 두려움이 한 개인의 배반이나 무능력에 대한 우려보다 컸다고 추정하지 않고는 이 질문에 충분히 답할 수 없을 것이다. 역사는 또한 이 유명한 개혁가들이 개혁을 실행하기 위해 취해야 했던 방책뿐만 아니라, 그들이 씨름해야 했던 문제를 우리에게 알려 준다. 더 타협적인 정책을 사용했던 듯한 솔론은, 그의 동포들에게, 그들의 행복에 가장 적합한 정부가 아니라, 그들의 편견에 가장 잘 견딜 수 있는 정부를 주었다고 고백했다. 그리고 자신의 목표에 좀 더 충실했던 리쿠르고스는, 불가피하게 약간의 무력과 미신의 위광을 결합해야 했고, 최종적 성공을 확보하기 위해 처음에는 자신의 조

---

10) [옮긴이] "Life of Solon", in Plutarch, *Lives of the Noble Grecians and Romans*.

국을, 다음에는 자신의 생명을 자발적으로 포기해야만 했다.[11] 이런 교훈들을 살펴보면, 적절한 정부의 설계도를 준비하고 수립하는 고래의 양식[즉 한 개인에 의한 설계]을 아메리카가 개선한 데 감탄하게 될 것이다. 하지만 다른 한편으로 과거의 교훈들은, 그런 시도에 수반하는 어려움과 위험에 대해, 그리고 그와 같은 시도를 불필요할 만큼 확대하는 지나친 무모함에 대해 경고하고 있다.

제헌회의의 [헌법]안에 들어 있을지 모르는 오류들은, 이런 복잡하고 어려운 문제들에 대한 탐구의 정확성과 세심한 주의가 부족해서라기보다는 이 문제에 대한 경험의 결핍 탓에 발생한 것이고, 따라서 실제 실험을 통해 드러나기 전까지는 확인될 수 없으리라고 추측하는 것이 비합리적인가? 이런 추측의 타당성은, 여러 일반적 사안뿐만 아니라 연합 헌장이라는 특정 사례를 통해서도 확인된다. 연합 헌장이 비준받기 위해 제출되었을 당시에 여러 주들이 제기했던 수많은 반론과 수정안 가운데, 이후 실제 시행 과정에서 드러난 중대하고 근본적인 오류를 지적했던 것은 하나도 없었다. 특별한 예지력에 의해서라기보다는 지역적 상황 때문에 뉴저지주가 제시했던 의견[12]을 제외하면, 그 체제의 수정을 정당

---

11) [옮긴이] 『플루타르크 영웅전』 등에 기초한 전설에 따르면, 리쿠르고스는 자신의 개혁에 확신을 갖게 되자 아폴로 신전에 제물을 바치려 델피로 떠나기 전에, 스파르타 왕과 시민들에게 자신이 돌아올 때까지 자신이 만든 법률을 준수할 것을 서약하도록 요구했다. 그는 델피에서 자신의 법률이 탁월하며 스파르타를 유명하게 만들어 줄 것이라는 신탁을 받은 이후 지상에서 자취를 감추었다. 한 해석에 따르면, 그는 스파르타 시민들이 한 약속을 강제하기 위해 귀향 대신 굶어 죽는 선택을 했다고 한다.

12) [옮긴이] 뉴저지주 의회가 연합 헌장 가운데 몇몇 조항에 반대해 1778년 6월 23일 연합회의에 제출했던 의견을 가리킨다. 합중국의 대외 교역을 통제할 배타적 권한을 연합회의가 가져야 한다는 내용 등이었다.

화할 만큼 중요했던 제안이 단 하나라도 있었는지 의문이다. 그 반론들은 실체가 없는 것들이었다. 하지만 자신들의 견해와 가상의 이해관계를 추구했던 몇몇 주들의 집착이 자기보존이라는 좀 더 강력한 정서에 의해 억제되지 않았더라면, 그 주들은 위험할 정도로까지 반대론을 완강하게 고집했을 것이다. 이런 추론에는 충분한 근거가 존재한다. 기억하겠지만, 어느 주[즉 메릴랜드주]는 수년 동안 연합 헌장에 동의하기를 거부했다. 그 기간 내내 적군이 우리 문 앞에, 아니 우리나라 내부에 여전히 남아 있었음에도 거부를 고집했다.[13] 결국 그 주를 순응하게 만든 동기는, 공공의 참화를 연장시키고 항쟁[즉 독립 전쟁]의 성과를 위기에 빠뜨린 책임을 [홀로] 져야 할 수 있다는 두려움이었다. 솔직하고 편견 없는 독자라면 이 중요한 사실들에 대해 올바른 생각을 할 것이다.

자신의 병이 날마다 악화되고 있고, 또한 효과적인 치료를 더 미룰 경우 심각한 위험에 빠지게 되리라는 사실을 알게 된 환자가 있다고 하자. 그는 먼저 자신의 상황과 여러 의사들의 특징을 냉정하게 살펴본 뒤에, 치료를 가장 잘하고 또 믿을 수 있다고 판단되는 의사들을 선택해 부를 것이다. 의사들이 와서 환자의 상태를 주의 깊게 진찰하고 상담을 할 것이다. 의사들은, 증상이 심각하지만 적절하게 적기에 치료하면 절망적인 상태는 아니며 환자의 건강이 호전될 수도 있다는 데 모두 의견을 같이했다. 또한 그들은 다행스러운 결과를 가져올 수 있는 치료약의 처방에도 모두 의견을 같이했다. 그러나 그 처방이 알려지자마자, 여러 사람들이 끼어

---

13) [옮긴이] 메릴랜드주는, 모든 주들이 서부 영토에 대한 주장을 포기할 때까지 연합 헌장 비준을 거부하다 최종적으로 1781년 3월 1일 연합 헌장을 비준했다.

들어, 질병의 실태나 위험성을 부인하지는 않지만, 그 처방약이 환자의 건강에 해로울 것이라고 장담하고 있다. 또한 그 처방약을 사용하면 틀림없이 죽을 것이라고 위협하면서 환자를 가로막고 있다. 그렇다면 그 환자는, 이런 조언을 무모하게 따르기 전에, 조언자들에 대해 적어도 대체 치료약에 대한 합의를 먼저 요구하는 것이 합리적이지 않을까? 그들이 첫 번째 조언자들과 의견이 다를 뿐만 아니라 서로들 간의 의견 차이도 그에 못지않게 크다는 것을 발견한다면, 조속한 치료가 필요함을 부인하지 않으면서도 일치된 치료약을 제시하지 못하는 사람들에게 귀를 기울이기보다는, 첫 번째 조언자들이 만장일치로 제시한 방법을 신중하게 시도해 보려고 하지 않겠는가?

이런 상황에 처해 있는 환자가 지금의 아메리카이다. 아메리카는 자신의 병을 느끼고 있으며, 자기 스스로 신중히 선택한 사람들로부터 만장일치의 질서정연한 조언을 받았다. 그리고 다른 사람들로부터, 최악의 결과가 초래될 테니 그런 조언에 따르지 말라는 충고를 받고 있다. 그 훈계자들은 아메리카가 처한 위험한 현실을 부인하는가? 그렇지 않다. 그들은 어떤 시급하고 강력한 해결책의 필요성을 부인하는가? 그렇지 않다. 제안된 해결책에 대한 자신들의 반대 이유에 대해, 또는 적절한 대안에 대해, 그들은 의견을 같이하는가? 그들 중 어떤 두 사람이라도 의견을 같이하는가? 그들 스스로 말하도록 해보자. 이들 가운데 한 명은, 제안된 정체는 주들의 연합이 아니라 개인들 위에 존재하는 정부이기 때문에 거부되어야 한다고 말한다. 또 다른 사람은, 어느 정도까지는 개인들 위에 존재하는 정부여야 한다고 인정하면서도 제안된 정도까지는 결코 아니라고 말한다. 세 번째 사람은, 개인들 위에 존재하는 정부에 대해서도, 제안된 정도에 대해서도 반대하지 않으면서, 권리장전이 없다고 반대한다. 네 번째 사람은, 권리장전의 절대적 필요성에 동의하지만, 그것은 개인들의 사적 권리가 아니라 정치적 단위로서의 주가 보유하는 권리의 선언이어야 한다고 주장한다. 다섯 번째 사람은, 어떤 종류의 권리장전도 불필요하고 부적절하며, 선거의 시기와 장소를 규제하는 [연방의회의] 치명적인 권한만 제외하면 헌법안은 별스럽지 않은 평범한 것이라는 견해이다. 큰 주에 속하는 반대자들은, 상원에서의 비합리적인 대표의 평등에 대해 소리 높여 반대한다. 작은 주에 속하는 반대자들은, 하원에서의 위험스러운 [대표의] 불평등에 반대해 마찬가지로 소리를 높인다. 이쪽 사람들은 신정부를 운영할 인원들에게 엄청난 경비가 들 것이라고 우리를 불안하게 만든다. 저쪽 사람들은, 때로는 같은 쪽 사람들이 다른 경우에, [정부 운영 인원의] 수와 경비가 배가되면, 의회는 단지 이름뿐인 대표가 될 것이며, 정부에 반대하기가 훨씬 어려워질 것이라고 외친다. 수출입을 하지 않는 주의 애국자는 직접세 부과에 대해 무적의 반대 이유를 찾아낸다. 그 상대편인, 대규모로 수출입을 하는 주의 애국자 역시 조세 부담이 모두 소비에 전가될 수 있는 것에 대해 그 못지않은 불만을 가지고 있다. 이 정치인은 헌법에서 군주정을 향한 직접적이고 불가항력적인 경향을 발견한다. 저 정치인은 헌법이 귀족정으로 귀결되리라고 똑같이 확신한다. 또 다른 정치인은, 헌법이 궁극적으로 어떤 양상을 띠게 될 것이라고 말해야 할지 곤혹스러워하면서도, 분명 둘 중 하나일 것이라고 예상한다. 반면에 네 번째 정치인은, 헌법은 그런 위험 가운데 어느 쪽으로도 편향되어 있지 않으며, 오히려 그쪽의 비중이 충분하지 못하기 때문에 반대 경향에 맞서 헌법을 똑바로 유지하기 어려울 것이라고 누구보다 확실히 단언한다. 헌법에 대한 또 다른 종류의 반대자들은, 입법부·집행부·사법부가, 정상적인 정부에 관한 모든 견해 및 자유의 모든 조건들과 상반되는 그런 방식으로 혼합되어 있다고 말한다. 이런 반론은 모호하고 개괄적인 표현으로 유포되고 있지만, 이에 찬성하는 자들도 상당하다. 각자 나와서 개별적으로 설명하도록 한다면, 이 주제에 대해 어느 두 사람의 의견도 정확히 일치하는 경우가 거의 없을 것이다. 어떤 사람이 보기에는, [관리 임명이라는] 집행권을 집행부에만 부여하지 않고, 상원이 대통령과 함께 관리 임명을 책임지게 한 것은 정부 조직 중에서 아주 잘못된 부분이다. 다른 사람에게는 하원을 배제한 것이 그와 똑같이 개탄스러운 일이다. 많은 인원으로 구성된 하원이야말로 그런 권한의 행사에서 부패와 편파성을 막아 줄 유일하게 적절한 안전판이 될 수 있다는 것이다. 또 다른 사람에게는, 최고 집행관의 수중에서 언제든 위험한 수단이 될 것이 틀림없는 그런 권한[즉 관리 임명권]을 어떤 형태로든 대통령이 공유할 수 있게 승인한 것은, [권력에 대한] 공화제적 경계의 근본원리에 대한 용서할 수 없는 위반이다. 어떤 사람들에 따르면, 탄핵권은 명백히 사법부에 속하는데, 번갈아 가면서 입법부와 집행부 양자의 구성원이 되는[14] 상원이 탄핵재판을 하는 것이야말로 헌법에서 가장 인정할 수 없는 부분이다. 또 다른 사람은, 헌법안의 이 부분에 대한 반대에는 완전히 동의하지만, 사법 당국에 탄핵을 위임하는 것이 오류에 대한 개선안이 되리라는 데 결코 동의할 수 없다고 응답한다. 주된 반대 이유는 사법부에 이미 위임된 광범위한 권한 때문이다. 국무 평의회[15]의 열렬한 후원자들 중에서도, 그것을 구성하는 방법과 관련해 가장 화해하기 힘든 차이

14) [옮긴이] 이는 상원의 조약 비준권, 관리 임명 동의권 등을 지적한 것으로 보인다.

15) [옮긴이] 국무 평의회council of state 또는 집행 평의회는 주요 정책에 관해 최고 집행관에게 권고 및 동의를 하는 통치기관이다. 연합하에서 로드아일랜드주, 코네티컷주, 뉴욕주를 제외한 모든 주에 설치되었다.

가 발견된다. 어떤 신사는, 입법부 가운데 가장 인원이 많은 원이 임명하는 소수로 국무 평의회를 구성해야 한다고 요구한다. 또 다른 신사는 더 많은 인원을 선호하는데, 대통령에 의해 직접 임명이 이루어지는 것을 기본 조건으로 간주한다.

연방헌법안에 반대하는 저술가들을 결코 불쾌하게 만들지 않을, 다음과 같은 가정을 해보도록 하자. 즉 그 반대자들은, 지난 제헌회의가 맡겨진 과제를 감당하기에 역부족이었고 또한 [제헌회의 헌법안은] 더 현명하고 나은 안으로 대체될 수 있고 그래야만 한다고 생각하는 사람들 가운데 가장 열성적이고 현명한 사람들이라고 말이다. 그리고 그들의 우수성에 대해 그리고 제헌회의에 대한 그들의 비판적 견해에 대해 이 나라 모두가 동의하고, 따라서 그들로써 두 번째 제헌회의를 구성해 첫 번째 작품[즉 헌법안]을 수정·변경하는 분명한 목표와 전권을 부여하기로 한다고 추가로 가정해보자. 비록 가상일지라도, 그것을 진지하게 검토하는 데 상당한 노력이 들겠지만, 만일 그런 시도가 진지하게 이루어진다고 하면, 지금 드러난 [반대파의] 대표적 견해들에 기초해 판단해 볼 때, 과연 그들이 어느 한 문제에서라도 자신들의 현재의 전형적 견해들 — 그들 간의 토의에서 불화와 소란을 보이고 있는 — 에서 얼마나 벗어날 수 있을까? 그들이 전임자들에 대한 적대 감정은 모두 [공통으로] 가지고 있지만 말이다. 만일 현재 공중 앞에 제시된 헌법을 즉각 채택하고 나서, 새로운 입법자들의 회합에서 다른 헌법 — 더 나은 것이 아니라도 — 에 대한 합의가 이루어질 때까지 계속 시행하기로 한다면, 헌법은 불멸을 누릴 수 있는 공정한 기회를 갖게 되지 않을까? 리쿠르고스가 헌법의 변경을 자신의 망명으로부터의 귀환과 죽음에 종속시킴으로써 스파르타 헌법에 그런 기회를 부여했던 것처럼 말이다.

신헌법에 대해 그렇게 많은 반론을 제기하는 사람들이, 신헌법과 교체될 것[즉 연합 헌장]의 결함에 대해서는 조금도 생각하지 않는다는 것은 놀랍고도 유감스러운 일이다. [헌법 채택의 이유로] 전자[즉 신헌법]가 완벽해야 한다는 것은 필수적이지 않지만, 후자가 더 불완전하다는 것은 충분하다. 금과 은에 합금이 조금 들어 있다고 해서, 놋쇠를 금과 은으로 바꾸는 데 반대할 사람은 없을 것이다. 새 건물에 현관이 없거나, 그가 상상했던 것보다 방 몇 개가 크거나 작거나, 천장이 약간 높거나 낮다는 등의 이유로, 부서지고 흔들거리는 집을 떠나 튼튼하고 편리한 건물로 가는 것을 거부하는 사람은 없을 것이다. 이런 유의 예시를 들지 않더라도, 신체제에 대한 대부분의 주요 반론들이 기존 연합 체제에 대한 것보다 10배는 과중하다는 것이 명백하지 않은가? 자금을 조달할 수 있는 무제한의 권한을 연방 정부가 갖는 것이 위험한가? 현재의 연합회의는 그들이 원하는 액수를 얼마든지 징발할 수 있고, 주들은 헌법적으로 그것을 제공할 의무가 있다. 연합회의는 지폐로 지불하려 하는 한 신용장을 발행할 수 있고,[16) 1실링이라도 대출받으려고 하면 국내외에서 차입할 수 있다. 군대를 모집할 무제한의 권한이 위험스러운가? 연합도 연합회의에 그런 권한을 마찬가지로 부여했고, 연합회의는 이미 그것을 사용하기 시작했다. 여러 사람들로 구성된 동일 기구[즉 연방의회] 안에 정부의 상이한 권한들을 혼합시킨 것이 부적절하고 위험한가? 여러 사람들로 구성된 단일 기구[즉 단원]인 연합회의는 연합이 가진 모든 권한의 유일한 수탁소이다. 국고의 열쇠와 군대의 통솔을 동일한 권력에 부여한

---

16) [옮긴이] 여러 주들이 화폐를 발행하고, 그 화폐들의 상대적 가치가 계속 변동함으로써 초래되는 위험성을 보면서, 헌법 기초자들은 주로부터 지폐 발행권을 박탈하고자 했다.

것이 특히 위험한가? 연합은 그 양자를 연합회의의 수중에 두었다. 권리장전은 자유에 필수적인가? 연합에는 그 어떤 권리장전도 없다. 집행부가 이 나라의 법률이 될 조약을 맺는 데 동의하는 권한을 상원에 부여한 것이 신헌법에 대한 반대 이유가 되는가? 기존 연합회의는 그 어떤 통제도 받지 않고서, 이 나라의 최고법이 될 것이라고 그들 스스로 선언하고 대부분의 주들이 인정하는 조약을 맺을 수 있다. 신헌법은 20년 동안 노예의 수입을 인정하고 있는가? 이전의 연합 헌장은 그것을 영원히 허용하고 있다.

누군가 나에게, 권력들의 이런 혼합이 이론적으로 아무리 위험하다고 해도 연합회의는 그런 권한을 실행할 수단을 주에 의존하기 때문에 무해하다고, 즉 권력들의 덩어리가 아무리 크다고 하더라도 그것은 [수단을 주에 의존하기에] 사실상 생명 없는 덩어리에 불과하다고 말할 수 있다. 그러면 나는 다음과 같이 말하고자 한다. 먼저, 연합은 연합 정부의 일정한 권한이 절대적으로 필수 불가결하다고 선언하면서도 동시에 그것을 완전히 쓸모없는 것으로 만든, 훨씬 큰 어리석음을 저질렀다는 비난을 받아야 한다. 다음으로, 어떤 개선된 정부로의 대체 없이 합중국이 지속된다면, 효과적인 권한이 기존 연합회의에 부여되거나 아니면 연합회의에 의해 장악되어야 하는데, 어느 경우이든 앞서 말한 그런 대비[즉 신헌법과의 비교]가 적용될 수 있을 것이다. 하지만 이것이 [문제의] 전부는 아니다. 이런 생명 없는 덩어리로부터 벌써 비정상적 권력이 발생하고 있으며, 이는 합중국의 최고 정부의 불완전한 구조 탓에 우려될 수 있는 모든 위험들을 현실화시키고 있다. 서부 영토가 합중국의 막대한 부의 보고라는 것은 이제 [단순한] 추측 사항이나 희망 사항이 아니다. 또한 서부 영토가, 비록 합중국을 현재의 고통에서 구해 주거나 또는 앞으로 한동안 공공 비용을 정기적으로 보급할 정도까지는 아니더라도, 장차 적절히 관리하면 국내 부채의 점진적 상환을 가능케 하고, 일정 기간 국고에 상당한 선물을 제공할 것이 틀림없다. 이런 재원의 상당 부분은 개별 주들에 의해 이미 [중앙정부에] 양도되었지만, 남은 주들이 그들의 공평과 관대함의 유사한 증거물을 끝까지 남겨 두지는 않으리라고 합리적으로 예측할 수 있다. 따라서 합중국의 거주지에 필적하는 면적을 가진 풍요롭고 비옥한 지역이 곧 국유지가 되리라고 추정할 수 있을 것이다. 연합회의는 이런 국유지의 관리를 떠맡아 왔다. 연합회의는 그것을 생산적으로 만들기 시작했고, 더 많은 일에 착수했다. 새로운 주의 수립을 향해 나아갔고, 임시적인 정부들을 설립했으며, 그 정부의 관리를 임명했고, 새로운 주들이 연합에 가입하는 조건들을 정했다.[17] 연합회의는 최소한의 헌법적 권한의 근거도 없이 이 모든 일들을 수행했다. 하지만 어떤 비난도 나오지 않았고, 어떤 경고도 울리지 않았다. [지금도] 여러 사람들로 구성된 단일 기구[즉 연합회의]의 수중에 막대한 독자적인 세입 자금이 들어가고 있는 중이다. 이 기구는 무제한의 수만큼 병력을 모집하는 것이 가능하고, 무제한의 기간 동안 그 병력을 지원하는 데 자금을 충당하는 것이 가능하다. 그런데, 이런 가능성에 대해 침묵하는 방관자로 지내 왔을 뿐만 아니라 이런 가능성을 드러내고 있는 체제를 지지하면서, 동시에 새로운 체제에 반대해 반론 — 우리가 지금까지 들어왔던 — 을 역설하는 사람들이 있다. 그렇다면 현행 연합회의의 무기력증이 초래하는 위험으로부터 합중국을 구하기 위해

---

17) [옮긴이] 연합회의는 1787년 북서부 영토령Northwest Ordinances을 통과시켰는데, 이는 오하이오 계곡 지역에 자치 구역을 만들고, 이어 주로 승격하기를 청원할 수 있는 자격을 정한 것이었다. 이후 이 지역에서 다섯 개 주(오하이오주, 인디아나주, 일리노이주, 미시간주, 위스콘신주)가 출현한다.

서뿐만 아니라, 기존 연합회의와 같은 구조에서 [점점 더 많은] 권력과 재원을 갖게 될 미래의 기구[즉 미래의 연합회의]로부터 합중국을 지키기 위해서라도, 후자[즉 신헌법 체제]의 설립을 주장하는 것이 그들로서도 더 일관성 있는 행동이 아니겠는가?

지금까지의 이야기가 연합회의에 의해 추진되어 왔던 조치들을 비난하려는 것은 아니다. 연합회의가 달리할 수 없었다는 것을 알고 있다. 공공의 이익과 상황적 필요성은 그들에게 헌법적 한계를 능가하는 과제를 부과했던 것이다. 하지만 이 사실이야말로, 정부가 그 목표에 상응하는 정상적 권한을 보유하지 못할 때 발생할 수 있는 위험의 두려운 증거가 아니겠는가? 해체이냐 아니면 권력의 불법 사용이냐, 이는 그런 정부가 끊임없이 직면하게 되는 무서운 딜레마이다.

푸블리우스

연방주의자 39번

[매디슨] 1788. 1. 16.

바로 앞 논설에서 우리는 제헌회의가 제시한 정부 설계도를 공정하게 검토하기 위한 예비적 관측을 마무리했다. 이제 우리가 맡은 바로 그 역할을 수행하고자 한다. 제기되는 첫 번째 질문은, 그 정부의 전반적 형태와 양상이 엄밀한 의미에서 공화제인가라는 것이다. 어떤 다른 정부 형태도 아메리카 인민들의 기질 및 개혁의 기본 원리와 조화될 수 없을 것이다. 또한 우리의 모든 정치 실험의 기초를 인간의 자치 능력에 두고자 하는, 모든 자유 신봉자들을 고무하는 고결한 결정과 조화될 수 있는 것은 그뿐일 것이다. 따라서 만일 제헌회의 안이 공화제의 특징에서 벗어난 것으로 밝혀진다면, 그 지지자들은 헌법안을 더는 옹호할 수 없는 것으로 포기해야만 한다.

그러면 공화제 형태의 독특한 특징은 무엇인가? 이 질문의 대답을 원리에 따라 구하지 않고, 정치 저술가들이 여러 다른 국가의 헌법에 적용해 왔던 그 용어의 용례에서 구한다면, 만족스러운 대답을 결코 구하지 못할 것이다. 최고 권력이 조금도 국민으로부터 나오지 않는 네덜란드는 거의 일반적으로 공화국이라는 명칭으로 통해 왔다. 소규모 세습 귀족 집단이, 절대 권력을 가장 절대적인 방식으로 거대한 인민 집단에 대해 행사하고 있는 베네치아에도 같은 명칭이 부여되어 왔다. 최악의 형태의 귀족정과 군주정의 혼합물인 폴란드도 동일한 명칭으로 그럴듯하게 불려 왔다. 오직 한 부[즉 하원]만 공화정인 채 세습 귀족정 및 군주정과 결합되어 있는 영국 정부도, 마찬가지로 부적절하게 공화정의 명단에 종종 올랐다. 진짜 공화정과 다를뿐더러 서로 닮지도 않은 이런 사례들은 정치 관련 연구에서 나타나는 용어 사용의 극단적인 부정확성을 보여 준다.

서로 다른 정부 형태는 서로 다른 원리에 따라 수립된다는 것을 판단 기준으로 삼는다면, 모든 권력을 인민의 대다수로부터 직접 또는 간접으로 이끌어 내며, 제한된 기간 내에서 본인이 원하는 동안 직위를 유지하거나 또는 적법행위를 하는 동안 그 직위를 유지하는 사람들에 의해 운영되는 정부를 공화정으로 정의할 수 있을 것이다. 또는 적어도 그런 이름을 부여할 수 있을 것이다. 사회의 아주 작은 부분이나 특혜받은 계급이 아니라 사회의 대다수에서 정부가 유래되어야 한다는 것은 그런 정부의 필수[조건]이다. 그렇지 않으면, 소수의 전제 귀족들이 자신들의 권력의 위임을 통해 억압을 행하면서도, 공화주의자라는 지위를 갈망해 그들의 정부에 공화정이라는 영광스러운 명칭을 요구할 수 있을 것이다. 정부를 운영하는 사람들이 인민에 의해 직접 또는 간접으로 임명되어야 하고, 그들은 방금 말한 임기[즉 제한된 기간 또는 적법행위를 하는 동안] 가운데 어느 하나에 의해 직책을 유지한다는 것은 그런 정부의 충분[조건]이다. 그렇지 않으면, 잘 조직되어 집행되어 왔거나 또는 그럴 수 있는 다른 모든 대중적 정부뿐만 아니라 합중국의 모든 정부가 공화제의 특징으로부터 벗어난 것이 될 수 있다. 합중국의 모든 주의 헌법에 따르면, 정부 공직자들 가운데 누군가는 인민에 의해 단지 간접적으로 임명되고 있다. 대부분의 주 헌법에 따르면, 최고 집행관 자신이 그렇게 임명되고 있다. 한 주의 헌법에 따르면, 입법부의 대등한 원들 가운데 하나에까지 이런 임명 방식이 적용되고 있다. 또한 모든 주의 헌법에 따르면, 최고위 공직자들의 임기는 일정 기간에 이르고, 많은 경우 입법부와 집행부 모두에서 수년에 이른다. 게다가 이 문제에 관해 가장 존중받고 널리 인정되는 견해뿐만 아니라 대부분의 주 헌법 규정에 따르더라도, 사법부 구성원은 적법행위라는 확실한 재임 자격에 따라 그 직위를 유지하게 된다.

제헌회의가 입안한 헌법을 지금 정한 [공화제의] 기준과 비교해 보면, 가장 엄격한 의미에서 기준에 부합함을 바로 알 수 있다. 하원은, 모든 주 의회의 최소한 한 원처럼, 대다수 인민에 의해 직접 선출된다. 상원은, 지금의 연합회의 및 메릴랜드주 상원처럼, 그 임명을 인민으로부터 간접적으로 이끌어 낸다. 대통령은, 대부분 주들의 사례에 따라, 인민의 선택으로부터 간접적으로 나온다. 심지어 판사도, 합중국의 모든 다른 공직자들과 함께, 여러 주에서처럼 인민 자신들의 선택 — 비록 간접적 선택이지만 — 의 대상이 될 것이다. 임기도 공화정의 기준 및 주 헌법들의 사례에 마찬가지로 부합한다. 하원은 모든 주에서처럼 정기적으로 선출되는데, 사우스캐롤라이나주에서처럼 2년 임기이다. 상원은 6년 임기로 선출되는데, 이는 메릴랜드주의 상원 임기보다 단 1년이 길고, 뉴욕주 및 버지니아주의 상원보다는 2년이 길다. 대통령은 4년 동안 직위를 유지하는데, 뉴욕주 및 델라웨어주에서는 최고 집행관이 3년 임기로 선출되고, 사우스캐롤라이나주에서는 임기가 2년이고, 다른 주의 경우 선거가 매년 이루어진다. 하지만, 몇몇 주에는 최고 집행관의 탄핵을 위한 헌법 규정이 없다. 델라웨어주와 버지니아주에서 최고 집행관은 직에서 물러날 때까지 탄핵 대상이 되지 않는다. 합중국의 대통령은 현직에 있을 때라도 언제든 탄핵 대상이 된다. 판사의 직위 유지의 준거가 되는 재임 자격은, 의심할 여지 없이 당연히, 적법행위의 유지이다. 장관직의 임기는 일반적으로, 사리에 부합하고 또한 주 헌법의 사례에 부합하도록, 법률에서 규정할 대상이다.

이 체제의 공화제적 성격을 보여 주는 추가적 증거가 요구된다면, 연방 정부와 주 정부 모두에서 귀족의 명칭을 완전히 금지하고 또한 각 주 정부들에도 공화제 형태를 명시적으로 보장한 데서 가장 결정적 증거를 찾을 수 있을 것이다.

그러나 헌법안 반대자들은, 제헌회의가 공화제 형태를 고수한 것으로는 충분하지 않다고 말한다. 제헌회의는, 그와 똑같은 노력을 기울여, 합중국을 주권적 주들의 연합체로 간주하는 연합 형태를 유지했어야 했는데, 그렇게 하지 않고 합중국을 주들의 통합체로 간주하는 단일국가의 정체를 만들었다고 그들은 말한다. 그리고 [제헌회의가] 무슨 권한으로 이렇게 대담하고 근본적인 혁신을 기도했느냐고 묻는다. 이런 반론에 대해서는 상당히 정밀한 검토가 있어야 할 듯하다.

이 반론이 근거하고 있는 [정체] 구분의 정확성에 대해 연구가 부재한 상태이기에, 그런 구분의 설득력을 공정하게 평가하기 위해서는, 첫째, 문제가 되는 정체의 진정한 특징에 대한 확인, 둘째,

제헌회의가 그런 정체를 제안할 권한을 어느 정도나 부여받았는지에 대한 조사, 셋째, 그들[즉 제헌회의 대표들]이 자신의 나라에 지고 있는 의무가, [제헌회의에] 공인된 권한의 부족을 어느 정도나 대신할 수 있는지에 대한 검토가 필요할 것이다.

먼저, 정체의 진정한 특징을 확인하기 위해서는, 정부 수립의 기초가 되는 토대, 정부의 정상적 권력이 나오는 근원, 그런 권력의 작동, 권력의 범위, 장차 정부의 변경을 시작할 수 있는 권한 등과 관련해 정체를 검토할 수 있다.

관련된 첫 번째 문제를 검토해 보자. 한편으로 헌법은, 특별히 그 목적[즉 헌법 비준]을 위해 선출된 대표들에 의해 제시되는 아메리카 인민들의 동의와 비준 위에 기초하겠지만, 다른 한편으로 이 같은 동의와 비준은, 단일한 전체 국민을 구성하는 개인으로서의 인민이 아니라 그들이 각자 속하는 개별적이고 독립된 주를 구성하는 개인으로서의 인민에 의해 주어질 것이다. 따라서 그것은, 각 주의 최고 권위, 즉 인민 자신의 권위에서 나오는, 개별적인 주들의 동의와 비준이 될 것이다. 그렇기에 헌법을 수립하는 행위는 단일 국민의 행위가 아닌 연방의 행위가 될 것이다.

그것[즉 헌법 수립 행위]이 단일 국민의 행위가 아니라 연방의 행위가 되리라는 사실, 반대자들이 이해하는 의미대로 하면, 단일의 집합적 국민을 구성하는 인민으로서가 아니라, 여러 독립적 주들을 구성하는 인민으로서의 인민의 행위가 되리라는 사실은, 동의와 비준이 합중국 인민의 다수의 결정이나 주들의 다수의 결정 그 어느 것을 통해서도 이루어지지 않으리라는 것만 생각해도 명백히 드러난다. 동의와 비준은 분명 그 당사자들인 개별 주들의 만장일치 동의로 이루어진다. 하지만 주들의 동의와 비준은, 입법부의 권위에 의해서가 아니라 인민 자신들의 권위에 의해 표현된다는 점에서, 주들의 통상적 동의와는 전혀 다른 것이다.[1] 만일 동의 문제를 처리함에 있어, 인민을 하나의 국민을 구성하는 것으로 간주한다면, 각 주에서 다수가 소수를 구속해야 하는 것과 같은 방식으로, 합중국 인민 전체 중에서 다수의 의사가 소수를 구속하게 될 것이다. 그리고 다수의 의사는, 개인의 개별적 표들을 비교하는 방식이나 아니면 주들의 다수 의사를 합중국 인민의 다수 의사의 증거로 간주하는 방식으로 결정되어야 할 것이다. 이 두 규칙 중 어느 것도 채택되지 않았다. 헌법 비준에 있어서 각 주는 모두 서로 독립적인 주권체로 간주되고 있으며, 자기 자신의 자발적 행동에 의해서만 구속될 뿐이다. 이런 점에서 새로운 헌법은, 만일 수립된다면, 단일국가의 헌법이 아니라 연방의 헌법이 될 것이다.

다음의 관련 문제는, 정부의 통상적 권한들이 유래하는 근원에 대한 것이다. 연방 하원은 아메리카 인민으로부터 그 권한을 이끌어 낼 것이다. 그리고 인민은, 개별 주 입법부에서 그들이 대표되는 것과 동일한 비율과 원리에 따라, 하원에서 대표될 것이다. 이 점을 보면, 정체는 연방적이지 않고 단일국가적이다. 반면에 상원은, 동등한 정치 공동체들인 주로부터 그 권한을 이끌어 낼 것이다. 그리고 주들은, 기존 연합회의에서처럼, 상원에서 평등의 원리에 근거해 대표될 것이다. 이 점을 보면, 정체는 단일국가적이지 않고 연방적이다. 집행 권력은 아주 복합적인 근원으로부터 유래할 것이다. 대통령을 최종 선출하는 것은, [연방의] 정치적 구성단위로서의 주들이 행하게 될 것이다. 주들에 할당되는 표의 수는,

---

1) [옮긴이] 헌법안은 13개 주 중에서 아홉 개 주의 비준으로 발효되도록 했지만, 그렇다고 해서 비준하지 않은 주에 대해서까지 헌법이 강제로 적용되는 것은 아니다. 한편 각 주의 비준은, 기존의 주 의회에 의해서나 또는 주민 직접투표에 의해 이루어지는 것이 아니라, 주민들의 직접선거에 의해 선출된 비준 회의에서 이루어지도록 했다.

주들을 부분적으로는 상호 동등한 개별적 사회로 간주하고, 부분적으로는 동일 사회의 동등하지 않은 구성원들로 간주하는 복합적인 비율에 따르게 된다.[2] 만일의 경우의 최종적인 선출은, 국민의 대표들로 구성되는 그런 입법부의 원[즉 하원]에 의해 다시 이루어지는데, 그러나 이 특별한 행위에서 국민의 대표들은 동등한 개별적 정치체를 각각 대표하는 대표단[즉 주의 대표]이라는 형태로 변화될 것이다.[3] 정체의 이런 측면을 보면, 그것은 적어도 단일국가적 특징만큼이나 많은 연방적 특징을 보여 주는 혼합적인 성격의 것으로 보인다.

정부의 작동[대상]과 관련된 연방 국가와 단일국가의 차이는 다음과 같은 점에 있다고 생각된다. 즉 전자의 경우 권력은, 연방을 구성하는 정치적 구성단위로서의 정치체들[즉 주]에 대해 작동한다. 후자의 경우 권력은, 국민을 구성하는 개별적 구성단위로서의 개별 시민들에 대해 작동한다. 이런 기준에 따라 헌법을 판단하면, 그것은 연방적 성격이 아니라 단일국가적 성격의 부류에 들어간다. 아마 이해하는 것처럼 전적으로 그런 것은 아니겠지만 말이다. 몇몇 경우에, 특히 주들이 당사자가 될 분쟁을 재판하는 데서, 주들은 집합적이고 정치적인 단위로 간주되어 고소의 대상이된다. 이런 측면에서, 정체의 단일국가적 모습은 정체의 몇몇 연방적 특징으로 말미암아 훼손되고 있는 듯하다. 그러나 이런 결점은 어떤 계획에서도 피할 수 없는 것이다. 또한 통치권의 통상적이고

---

2) [옮긴이] 헌법 제2조 1절 2항에 따르면, 각 주의 선거인 수는 상원 의원과 하원 의원의 총수와 같다.

3) [옮긴이] 헌법 제2조 1절 3항에 따르면, 선거인단 선거에서 동수가 나왔을 때에는 하원이 대통령을 선출하는데, 이때에는 주 단위로 투표하며 각 주의 대표는 한 표를 행사한다.

가장 기본적인 활동에 있어서, 통치권이 개별적 단위로서의 인민에 대해 작동하고 있는 것은 전반적으로 이 문제[즉 권력의 작동]와 관련해 정체가 단일국가적임을 보여 주고 있다.

그러나 권력의 작동이라는 면에서 단일국가적인 정체라고 하더라도, 권력이 미치는 범위와 관련해 정체를 고려하게 되면 그 양상은 다시 바뀌게 된다. 단일국가의 개념에는, 개별 시민에 대해 작동하는 권력[이라는 의미]뿐만 아니라, 모든 사람과 사물 — 그것이 합법적 통치권의 대상인 한 — 에 대한 무제한의 최고 권력[이라는 의미]까지 포함된다. 단일 국민으로 통합된 인민 사이에서 이런 최고 권력은 중앙 입법부에 전적으로 부여된다. 특정 목적을 위해 연합한 자치체들 사이에서 최고 권력은, 부분적으로는 중앙 입법부에, 그리고 부분적으로는 자치체의 입법부들에 부여된다. 전자의 경우, 모든 지역 권위체들은 최고 권위체에 종속되며, 그것에 의해 임의로 통제되고 지시받으며 폐지될 수도 있다. 후자의 경우, 지역의 또는 자치체의 권위체들은 최고 권력의 개별적이고 독자적인 일부분을 구성하며, 중앙 권위체가 그 고유의 영역에서 그들에게 종속되지 않는 것처럼 그들도 각자의 영역에서 중앙 권위체에 종속되지 않는다. 그래서 이[즉 권력이 미치는 범위]와 관련해 생각하면, 제안된 정체는 단일국가적인 것으로 간주될 수 없다. 왜냐하면 통치 권력의 관할권이 특정하게 열거된 대상에게만 미치고, 모든 다른 대상에 대한 나머지의 불가침의 최고권은 각 주들에 남겨 두기 때문이다. 두 관할권의 경계와 관련된 분쟁이 발생할 경우, 궁극적으로 [경계를] 결정할 법정이 중앙정부하에 확립될 것은 사실이다. 그러나 이 때문에 원칙이 변질되지는 않는다. 그 결정은 헌법의 규칙에 따라 공평하게 이루어질 것이고, 이런 공정성을 확보하기 위해 일상적이고 가장 효과적인 모든 예방책이 취해질 것이다. 그런 법정은 분명히 무력에의 호소와 협약의 해체를 막기 위해 필수적이기에, 지역 정부들 아래에 두기보다는 중앙정부 아래에 설치되어야 한다는 것, 좀 더 제대로 말하면 오직 중앙정부하에만 안전하게 설치될 수 있다는 것은 논쟁의 여지가 없는 견해일 것이다.

마지막으로 수정 권한과 관련해 헌법을 검토해 보면, 헌법은 완전히 단일국가적이지도 않고, 완전히 연방적이지도 않음을 발견하게 된다. 만일 헌법이 완전히 단일국가적인 것이라면, 최고의 궁극적 권한은 합중국 인민의 다수에게 있을 것이다. 그리고 모든 국가 공동체에서의 다수의 권한처럼, 그 권한은 언제든 그것이 수립한 정체를 변경 또는 폐지할 수 있을 것이다. 반면에 헌법이 연방적이라면, 모든 주를 구속할 어떤 변경에도 합중국 각 주의 동의가 필수적일 것이다. 제헌회의 안이 제시한 방식은 이 두 원칙 어디에도 기초하고 있지 않다. 과반 이상[의 찬성]을 요구한다는 점에서, 특히 시민들이 아니라 주들의 [찬성] 비율을 계산한다는 점에서, 그것은 단일국가적 특징에서 벗어나 연방적 성격을 향해 다가서 있다. 전체 주에 못 미치는 주들의 동의로써 충분하도록 한 점에서, 헌법은 그와 반대로 연방적 특징에서 벗어나 단일국가적 특징을 취하고 있다.[4]

따라서 엄격히 말하면, 헌법안은 단일국가 헌법도 연방헌법도 아닌 양자의 합성이다. 헌법은 그 토대에서 연방적이며 단일국가적이지 않다. 정부의 통상적 권한이 나오는 근원에서 헌법은 부분적으로 연방적이고 또 부분적으로 단일국가적이다. 그 권한의 작동에서, 헌법은 단일국가적이며 연방적이지 않다. 반면에 그런 권

---

4) [옮긴이] 헌법 제5조에 따르면, 헌법 수정은 4분의 3의 주 의회(또는 주 헌법 비준 회의)의 비준으로 확정된다.

한의 범위에서, 헌법은 연방적이며 단일국가적이지 않다. 끝으로, 헌법 수정을 시작하는 권위적 방식에서, 헌법은 전적으로 연방적이지도 전적으로 단일국가적이지도 않다.

푸블리우스

연방주의자 40번

[매디슨] 1788. 1. 18.

두 번째로 검토할 문제는 제헌회의가 이런 혼합 헌법을 만들고 제안할 권한을 부여받았는지 여부이다.

엄격히 말해 제헌회의의 권한은, [제헌회의] 구성원을 지명한 자들[1]이 그들에게 부여한 임무가 무엇인지를 조사함으로써 밝혀질 것이다. 하지만 그 임무들은 모두 1786년 9월 아나폴리스에서 개최된 회의[2]의 권고 또는 1787년 2월 연합회의의 권고와 관련되기 때문에, 이 특별한 결의들을 다시 살펴보는 것으로 충분할 듯하다.

---

1) [옮긴이] 제헌회의는 각 주 의회가 임명한 인사들로 구성되었다. 곧 여기에서 '제헌회의 구성원을 지명한 자'란 주 의회를 가리킨다.

2) [옮긴이] 아나폴리스 회의Annapolis Convention는 연합 헌장의 결함, 특히 교역, 세금 등에 관한 문제점을 논의하기 위해 버지니아주의 요청으로 소집되었다. 다섯 개 주들(뉴욕주, 뉴저지주, 델라웨어주, 펜실베이니아주, 버지니아주)만이 대표를 파견했다. 회의 결과, 연합 헌장은 광범위한 수정이 필요하므로, 이듬해 그 목적을 위한 회의를 필라델피아에서 소집하도록 연합회의에 청원할 것이 결의되었다. 연합회의는 마지못해 이에 동의했고, 5월에 필라델피아에 모인 대표들은 연합 헌장을 수정하는 대신에 전적으로 새로운 헌법을 기초했다.

아나폴리스에서 나온 결의는, "합중국 상황을 검토해 연합 정부의 헌법을 합중국의 긴박한 요구에 적합하도록 만드는 데 필요하다고 여겨지는 그런 추가 규정들을 입안할 위원들을 임명해 그런 목적의 결의안을 연합회의에 보고하도록 하고, 연합회의에서 그 결의안에 대해 동의하고 이후 모든 주의 주 의회에서 비준되면 헌법의 추가 규정으로서 효력을 갖도록 할 것"[3]을 권고했다.

연합회의의 권고적 결의는 다음과 같은 문구로 되어 있다. "연합 헌장에는 합중국의 연합회의 및 각 주 의회의 동의에 의해 헌장을 변경할 수 있는 규정이 있다. 그리고 현재의 연합에 결함이 있음이 경험에 의해 입증되었고, 그런 결함을 교정하기 위한 수단으로 몇몇 주들, 특히 뉴욕주가 그들의 연합회의 대표에게 내린 명시적 지시를 통해 아래 결의안에 적힌 목적의 회의를 제안했다. 그리고 그런 회의는 합중국에 견고한 중앙정부를 수립할 가장 확실한 수단으로 보인다."

"연합 헌장을 재검토해 그것의 수정 및 [추가] 규정 — 연합회의 내에서 합의되고 주에 의해 승인되면, 연합의 헌법을 정부의 긴박한 요구 및 합중국의 보존에 적합하도록 만들 — 을 연합회의와 각 주 의회에 보고하도록 할, 그런 유일하고 명백한 목적을 위해, 오는 5월 두 번째 월요일에, 각 주에 의해 임명될 대표들의 회의를 필라델피아에서 개최하는 것이 연합회의의 견해로서 적절하다는 것을 결의함."[4]

---

3) [옮긴이] "Proceedings of Commissioners to Remedy Defects of the Federal Government: 1786." 다음 홈페이지 참조. http://avalon.law.yale.edu/18th_century/annapoli.asp.

4) [옮긴이] "Report of Proceedings in Congress; February 21, 1787." 다음 홈페이지 참조. http://avalon.law.yale.edu/18th_century/const04.asp.

이 두 결의로부터 다음 사실이 드러난다. 첫째, 제헌회의의 목적은 합중국에 견고한 중앙정부를 수립하는 것이었다. 둘째, 이런 정부는 정부의 긴박한 요구와 합중국의 보존에 적합한 그런 것이어야 한다. 셋째, 이런 목적은, 연합회의의 결의에 표현되어 있듯이 연합 헌장의 수정과 [추가] 규정에 의해 달성되거나, 아니면 아나폴리스의 권고 결의에 있듯이 필요해 보이면 추가 규정에 의해 달성될 것이다. 넷째, 수정과 [추가] 규정은 동의를 받기 위해 연합회의에 보고되고, 승인을 받기 위해 주에 보고될 것이다.

제헌회의의 권한은, 이상과 같은 여러 방식의 표현들을 비교하고 공정하게 해석함으로써 연역할 수 있을 텐데, 그것은 정부와 합중국의 긴박한 요구에 적합한 중앙정부를 만들고, 연합 헌장을 이런 목적을 달성할 수 있는 형태로 바꾸는 것이었다.

법률적 공리에 부합할 뿐만 아니라 논리적으로 명료한, 두 가지 해석 원칙이 존재한다. 그 하나는, 표현된 모든 구절들에 되도록 어떤 의미를 부여해야 하고, 또한 그 구절들을 어떤 공통의 목표를 향해 결합되어 있게끔 해석해야 한다는 것이다. 다른 하나는, 몇몇 구절들이 서로 일치하지 않을 때에는, 덜 중요한 부분이 좀 더 중요한 부분에 양보해야 하고, 목적이 수단에 희생되는 것이 아니라 수단이 목적에 희생되어야 한다는 것이다.

그렇다면, 만일 제헌회의의 권한을 규정한 표현들이 양립 불가능할 정도로 서로 상충되고, 제헌회의가 보기에 연합 헌장의 수정과 [추가] 규정을 통해서는 적합한 중앙정부를 달성할 가능성이 없다고 판단된다면, [제헌회의의 권한을] 정의한 것 중에서 어떤 부분을 받아들이고, 어떤 부분을 버려야 하는가? 무엇이 더 중요한 부분이고 무엇이 덜 중요한 부분인가? 어느 것이 목적이고 어느 것이 수단인가? 위임된 권한에 대한 가장 양심적 해설자로 하여금, 또한 제헌회의 조치에 대한 가장 상습적 반대자로 하여금 이 질문에 답하도록 하자. 연합 헌장을 무시하고 적합한 정부를 제공해 합중국을 보존하는 것과 적합한 정부를 배제하고 연합 헌장을 보존하는 것 중에서 어느 것이 아메리카 인민의 행복에 중요한지에 대해 그들로 하여금 공표하도록 하자. 연합 헌장의 보존이 목적이고 이를 지키기 위한 수단으로 정부 개혁이 도입되어야 하는지, 아니면 국민 행복에 적합한 정부의 수립이 목적이고 헌장 자체도 원래 이 목적을 지향했기에 그것이 불충분한 수단일 경우 그 목적을 위해 희생되어야 하는지, 그들로 하여금 선언하도록 하자.

그러나 [제헌회의의 권한을 규정한] 그런 표현들이 서로 절대적으로 양립 불가능하다고 가정할 필요가 있는가? 연합 헌장을 어떻게 수정하고 [추가] 규정을 넣어도, 적합한 중앙정부를, 즉 제헌회의가 제안한 그런 정부를 만들 수 없다고 가정할 필요가 있는가?

이 경우 [연합 헌장이든 연방헌법이든] 명칭에 강조점을 두어서는 안 된다고 생각된다. 명칭 변경을 미승인된 권한의 행사로 간주할 수는 없다. 수단[즉 연합 헌장]의 본체의 수정은 명시적으로 허가되었다. 새로운 규정 역시 명시적으로 허가되었다. 그렇다면, 명칭을 변경하고, 새로운 조항을 삽입하고, 구조항을 수정할 권한이 있는 것이다. 구헌장의 일부가 남아 있는 한, 그런 권한이 침해되었다고 인정해야 하는가? 여전히 그렇다고 고집하는 사람들은 적어도, 위임된 혁신과 불법적 혁신을 명확히 구분할 수 있어야 할 것이다. 수정과 추가 규정의 범위를 벗어나지 않는 정도의 변화와 정체의 변형에 해당하는 변화 사이의 경계를 명확히 제시해야 할 것이다. 수정을 해도 연합의 본질은 건드리지 않았어야 했다고 말할 것인가? 만일 어떤 근본적 개혁을 예상하지 않았더라면, 주들은 결코 그렇게 엄숙하게 제헌회의[대표]를 지명하지 않았을 것이고, 제헌회의의 목적을 그렇게 폭넓게 기술하지 않았을 것이다. 연합의 근본 원칙들은 제헌회의의 권한을 벗어난 것이기에 변경해서는 안

되었다고 말할 것인가? 이에 대해 나는, 그런 원칙들이 무엇인지 묻고 싶다. 그리고 헌법 제정에서 주들이 별개의 독자적 주권으로 간주되어야 한다는 것이 그런 원칙이 요구하는 바인지 묻고 싶다. 제안된 헌법에서 주들은 그렇게 간주되고 있다. 그런 원칙에 따르면, [중앙]정부 구성원의 임명은 각 주의 주민이 아니라 주 입법부에 의해 이루어져야 하는가? 새로운 정부의 한 원[즉 상원]은 주 입법부에 의해 임명될 것이며, [기존의] 연합에서도 연합회의 대표는 인민들에 의해 모두 직접 임명될 수 있고 실제로 두 주⁵⁾에서 그렇게 임명되었다. [중앙]정부의 권한은 개인에 대해 직접 작용하는 것이 아니라 주에 대해 작용해야 한다고 그 원칙들은 요구하는가? 앞서 보았듯이, 몇몇 경우에 새로운 정부의 권한은 집합적 단위로서의 주에 대해 작용할 것이다. 또한 기존의 [연합]정부의 권한도 일부의 경우에는 개인에 대해 직접 작용하고 있다. 예를 들면, [지상 및 해상에서의] 포획, 해적 행위[에 대한 재판], 우편국[의 수립 및 규제], 주화[의 순도 및 가치 규제], 도량형[의 기준 설정], 인디언과의 교역[에 대한 규제], 각기 다른 주에서 교부받은 토지를 둘러싼 분쟁[의 해결],⁶⁾ 배심원단이나 심지어 민간 치안판사의 참가 없이 사형이 부과될 수 있는 육군과 해군의 군법회의 재판 등과 같은 경우에, 연합의 권한은 개별 시민의 신체와 이해관계에 대해 직접적으로 작용하고 있다. 연합의 근본 원칙은, 특히 주라는 중간 대행자 없이 세금이 부과되어서는 안 된다는 것을 요구하는가? [기존의] 연합도 어느 정도는 우편국에 대한 직접세[부과]를 인정하고 있다.

---

5) 코네티컷주와 로드아일랜드주.

6) [옮긴이] 이상의 내용은 연합 헌장 제9조에 열거되어 있는 연합회의의 관할 사항들이다.

화폐 주조권 역시 그것을 통해 세금을 직접 징수하는 것으로 연합회의는 해석해 왔다. 그러나 이런 사례들은 불문에 붙이도록 하자. 교역을 일반 세입의 직접적 원천으로 만들 수 있는 그런 형태로, 교역에 대한 규제를 중앙정부에 맡겨야 한다는 것이, 모두가 인정한 제헌회의의 목표이자 인민들의 보편적 기대가 아니었는가? 연합회의도 이런 조치를 연합의 근본 원칙에 모순되지 않는 것으로서 여러 차례 권고하지 않았던가? 한 주를 제외한 모든 주들이, 특히 뉴욕주 자신이 연합회의의 그런 안을 수용해 쇄신의 원칙으로 인정하지 않았던가?[7] 마지막으로 그 원칙은, 중앙정부의 권한은 제한되어야 하고, 이 제한을 벗어나면 주들이 자신의 주권과 독립을 계속 유지할 수 있어야 한다고 요구하는가? 앞서 보았듯이, 신정부에서도 구정부에서처럼 중앙 권력은 제한될 것이며, 열거되지 않은 모든 문제에서 주들은 자신의 주권과 독립적 관할권을 그대로 향유할 것이다.

사실 제헌회의가 제안한 헌법의 대원칙들은, 전적으로 새로운 것이라기보다는, 연합 헌장에서 발견되는 원칙의 확장으로 간주될 수 있다. 연합 헌장 체제에서는 불행하게도 그 원칙들이 너무나 허약하고 제한적이어서, 비효율적이라는 비판을 받기에 충분했다. 그 원칙들을 확장함으로써, 구체제의 전면적 변화의 양상을 신체제에 부여할 필요가 있는 것이다.

제헌회의가, 한 가지 사항에서, 그들이 위임받은 임무의 취지에서 벗어났음은 사실이다. 모든 주의 주 의회의 비준을 필요로 하는 안을 보고하는 대신에, 제헌회의가 보고한 안은 인민에 의해 승인되고 아홉 개 주[의 비준]만 받으면 효력이 발생될 수 있도록

7) [옮긴이] 이 논설의 주 10 참조.

한 것이다.[8] 이에 대한 반대는, 가장 타당할 것 같음에도 제헌회의를 비판한 수많은 출판물에서 가장 적게 제기되었다. 이런 비판의 자제는, 12개 주의 운명을 13번째 주의 심술과 부패에 종속시키는 것이 어리석은 일이라는 압도적 확신에서만 나올 수 있는 것이다.[9] 또한 그런 자제는, 아메리카 인민의 60분의 59를 구성하는 12개 주의 목소리가 요구하고 승인한 조치에 대해 인민의 60분의 1 중의 다수파가 완고하게 반대했던 사례, 또한 이 나라의 명예와 번영이 손상되고 있다고 느꼈던 모든 시민들이 아직도 생생하게 기억하고 분개하는 사례에 의해서만 나올 수 있는 것이다.[10] 따라서 제헌회의의 권한에 대해 비판하는 사람들이 어느 정도 이런 반론을 펴고 있지만, 더 살펴보지 않고 묵살하고자 한다.

검토할 세 번째 문제는, 상황 자체에서 발생하는 의무감이 공인된 권한의 부족을 어느 정도나 대신할 수 있는가이다.

지금까지의 탐구에서는, 마치 제헌회의가 합중국 헌법을 수립하는 실질적이고 최종적인 권한을 가졌던 것처럼 엄격하게, 또 그런 원칙에 따라, 제헌회의의 권한을 분석하고 검토해 왔다. 그런

---

8) [옮긴이] 연합 헌장에 따르면, 13개 주 의회 모두의 동의로만 연합 헌장은 수정될 수 있다. 하지만 제헌회의는 각 주에 대해 기존의 주 의회가 아닌 별도의 비준 회의를 새로이 선출해 여기서 비준 여부를 결정하도록 요구했고, 더욱이 13개 주 모두의 동의가 아니라 아홉 개 주 동의만으로도 연방헌법이 성립될 수 있도록 했다.

9) [옮긴이] 매디슨이 언급한 대상은, 필라델피아 제헌회의에 대표 파견을 거부한 유일한 주인 로드아일랜드주이다.

10) [옮긴이] 이는 아마 1781년 관세 안건을 지적한 것으로 보인다. 연합은 직접 조세권이 없었기에 이에 따른 재정 문제를 해결하고자 모든 수입품에 5퍼센트의 관세를 부과하려 했다. 이를 위한 연합 헌장 개정에 12개 주가 찬성했지만 로드아일랜드주의 거부로 결국 무산되었다.

가정 위에서 진행된 검토에서도 제헌회의가 행사한 권한은 문제가 없었음을 우리는 확인했다. 이제 제헌회의 권한이란 단지 자문과 권고의 권한에 불과했고, 주들도 그렇게 계획했으며, 제헌회의도 그렇게 이해하고 그에 따라 헌법을 입안하고 제안했으며, 만일 그것[즉 헌법안]을 받게 될 사람들의 승인을 얻지 못한다면 그것은 종이쪽지에 불과하게 되리라는 사실을 기억해 낼 때이다. 이런 점을 생각하면, 문제가 전혀 다른 관점에서 보일 것이고, 제헌회의가 취했던 행동 방침의 적절성을 제대로 판단할 수 있을 것이다.

제헌회의의 기본 입장을 살펴보자. 회의 기록을 통해 추측해 보면, 그들은 국가적 위기 상황 — 이 위기를 초래한 [기존] 체제의 결함을 고치기 위해, 거의 한목소리로, 유례없이 중대한 시도를 하도록 이끈 — 으로부터 모두 심각한 충격을 받았던 듯하고, 또한 자신들이 임명된 목적을 달성하려면 그들이 제안한 개혁이 절대적으로 필요하다고 굳게 그리고 만장일치로 확신했던 듯하다. 그들은 이 거대한 제국 전역의 대다수 시민들의 희망과 기대가 간절하게 자신들이 심의 결과에 의지하고 있음을 모를 리 없었다. 그들은 이와 상반되는 정서가, 합중국의 자유와 번영에 대한 모든 대내외 적대자들의 마음을 선동하고 있다고 믿을 만한 충분한 근거를 가지고 있었다. 그들은 [개혁] 시도의 기원과 진행에 있어, 한 주(버지니아주)가 제시한 연합 체제의 부분적 수정 제안이 기꺼이 주목받고 추진되는 것을 보았다. 그들은 거대하고 중대한 목표를 권고할 권리를 아나폴리스에 모인 아주 소수의 주들의 아주 소수의 대표들이 떠맡는 것을 보았다. 그들이 권고한 목표는 자신들의 임무와 완전히 동떨어진 것이었지만, 여론에 의해 승인되었을 뿐만 아니라 13개 주 가운데 12개 주에 의해 실제로 실행되었다. 그들은 [기존의] 연합회의도 다양한 경우에 권고적 권한뿐만 아니라 실행적 권한을 가졌고, 또한 자신들이 처한 상황과 목표보다 훨씬 덜 긴급했던 상황과 목표에 의해서도 그런 권한이 공중의 평가 속에서 정당화되었던 사례들을 봐왔다. 그들은, 이미 수립된 국가를 대폭 개조함에 있어서는 형식보다 본질을 우선해야 한다고 생각했음이 틀림없다. 또한 형식에 대한 완고한 집착은, "그들의 안전과 행복을 가장 잘 달성할 것처럼 보이는 것으로 그들의 정부를 폐지하거나 변경"[11]할 수 있는 인민의 비상하고 귀중한 권리를 명목상의 하찮은 것으로 만들어 버릴 것이라고 생각했음이 틀림없다. 인민들이 자신들의 목표를 향해 자발적이고 보편적으로 일제히 움직이는 것은 불가능하기 때문에, 그런 변화는 애국적이고 존경받는 몇몇 시민이나 시민 집단이 제시한 어떤 비공식적이고 비인가된 제안에 의해 시작될 수밖에 없다고 그들은 분명 생각했을 것이다. 그들은, 구정부[즉 영국]가 자신들에게 가했던 위협에 맞서 주들이 처음으로 단결했던 것도, 그들의 안전과 행복을 위한 계획을 인민들에게 제안했던 이런 불법적인 가상의 특권에 의한 것임을 떠올렸음에 틀림없다. 또한 그들은, 자신들의 노력을 집중하고 권리를 방어하기 위해 여러 위원회와 회의가 형성되었으며, 현재 자신들을 통치하고 있는 헌법을 제정하기 위한 회의들이 각 주에서 선거를 통해 수립되었던 사실을 떠올렸음에 틀림없다. 시의에 맞지 않는 망설임이나 통상적 형식에 대한 집착은, 그런 가면 뒤에서 다툼의 원인인 실질적 내용에 대한 은밀한 적대감에 몰두했던 자들에게서만 찾아볼 수 있었다는 사실을 그들은 잊을 수 없었을 것이

---

11) 독립선언서[인용한 부분의 원문은 다음과 같다. "…… 어떠한 형태의 정부라도 이 목적을 파기할 때는, 인민은 언제든지 정부를 바꾸거나 폐지할 권리가 있으며, 가장 효과적으로 인민의 안전과 행복을 가져다줄 수 있는 원칙에 기초를 두고, 그 형태의 권력 기구를 갖춘 새로운 정부를 조직할 권리를 가진다. ……"].

다. 그들은, 자신들이 만들고 제안할 안은 인민들에게 직접 제시될 것이기에, 이런 최고 권위가 인정하지 않는다면 영원히 무효가 될 것이고, 인정한다면 앞선 실수나 변칙도 모두 지워질 것이라고 생각했음에 틀림없다. 심지어 그들은, 트집 잡는 성향이 지배적인 상황에서는 자신들에게 부여된 만큼의 권한을 집행하지 않더라도, 더 나아가 인가받은 임무가 아닌 다른 어떤 조치를 권고하더라도, 국가의 긴급 상황에 완전히 부합하는 조치를 즉시 제안하는 것 못지않게 비난을 불러일으킬 것이라고 생각했을 수도 있다.

온 나라의 신임을 받아 유명해진 제헌회의가 이상과 같이 생각하고 검토했음에도, 자기 나라에 대한 굳건한 신뢰를 실행하거나 나라의 행복을 지킬 수 있다고 판단되는 체제를 확실히 제시하지 않고, 나라의 열렬한 기대를 실망시키는, 본질을 형식에 희생하는, 자기 나라의 소중한 이익을 지체의 불확실성과 사태의 운에 맡기는 그런 무관심하고 무뚝뚝한 결의안을 채택했더라면, 공정한 세상 사람들이, 인류의 친구들이, 덕성 있는 시민들이 과연 이 회의의 행동과 역할에 대해 어떤 판단을 표명했을지, 고결한 생각과 애국적 감성을 가진 사람들에게 물어보도록 하자. [제헌회의 결정에 대한] 비난을 아직도 자제하지 못하는 사람이 있다면, 그들 각 주의 헌법에는 전혀 없는 기구인 제헌회의에 대표를 파견하는 권한을 불법적으로 행사한 12개 주에 대해, 마찬가지로 연합 체제에는 없는 이 기구의 임명을 권고한 연합회의에 대해, 특히 이런 공인되지 않은 개입을 처음 주장하고 동의한 뉴욕주[12])에 대해, 어떤 판결을 마련하고 있는지 묻고자 한다.

---

12) [옮긴이] 이는 1782년 7월 뉴욕주 의회가 연합회의에 보낸 연합 헌장 수정을 위한 회의를 요청한 청원서를 가리킨다.

반대파들의 의도를 가리고 있는 위장과 거짓을 벗겨 내지 못한다면, 우리는 제헌회의가 자신들의 나라를 위해 헌법을 제안한 것은 그들의 임무에 의해 인가된 것도 아니었고 상황에 따라 정당화되는 것도 아니라고 잠정적으로 인정해야 할 것이다. 오직 그 이유만으로, 헌법은 기각되어야 한다고 결론 내려야 하는가? 고결한 규범에 따르면, 적의 조언이라도 훌륭하다면 수용하는 것이 정당하다고 한다. 그렇다면, 친구가 제안한 그런 훌륭한 조언을 거부하는 수치스러운 본보기를 우리가 보여야 하는가? 어떤 경우에도 사려 깊은 질문자라면, 누가 그 조언을 했는지보다는 그 조언이 좋은 것인지를 따질 것이다.

지금까지 주창되고 입증된 바를 종합하면, 제헌회의가 자신의 권한에서 벗어났다는 비판은, 비판자들이 거의 강조하지 않는 한 가지 경우를 제외하면 근거가 전혀 없다. 만일 제헌회의가 권한을 벗어났다고 하더라도, 그들은 자기 나라의 신뢰받는 공복으로서 그들이 놓인 상황에 의해 그들이 가진 권리를 행사하도록 허가받았을 뿐만 아니라 그렇게 하도록 요구받았다. 최종적으로, 만일 헌법을 제안하면서 제헌회의가 권한과 의무 모두를 위반했다고 하더라도, 헌법이 아메리카 인민들의 기대와 행복을 이루는 데 적합하게 되어 있다면 수용되어야 할 것이다. 헌법이 어느 정도나 이런 특징에 부합하는지가 [이후의] 탐구의 주제이다.

푸블리우스

연방주의자 41번

[매디슨] 1788. 1. 19.

제헌회의가 제안한 헌법에 대해 두 가지 일반적 관점에서 고찰해 볼 수 있다. 첫째는 주에 부과된 제약을 포함해, 헌법이 정부에 부여한 권력의 총량에 관한 것이다. 둘째는 정부의 특정한 구조 및 정부의 여러 부 사이의 권력의 배분에 관한 것이다.

첫 번째 관점에서는 두 가지 중요한 질문이 제기된다. 1. 중앙정부로 이전된 권한 가운데 어떤 불필요하거나 부적절한 것은 없는가? 2. 이전된 권한의 총 규모가 개별 주에 남겨진 관할권 부분에 위협적이지는 않은가?

중앙정부에 적정 수준보다 더 많은 권한이 부여되었는가? 이것이 첫 번째 질문이다.

정부의 포괄적 권한에 반대해 온 사람들은, 정부의 그런 권한이 [정부의] 필수적 목표를 달성하는 데 얼마나 필수적인 수단인지를 전혀 고려하지 않고 있다. 그들의 주장을 치우침 없이 관찰해 온 사람들이라면 누구나 이런 사실을 간파할 수 있을 것이다. 그들은 그와 같은 고려 대신에, 어떤 정치적 장점에도 불가피하게 섞여 있기 마련인 불편함을 강조하고, 유익하게 이용될 수 있는 모든 권력과 신임에 뒤따르기 마련인 남용의 가능성만을 역설해 왔다. 문제를 이렇게 다루는 방식은 아메리카 인민들의 양식을 속일 수 없다. 그런 방식은 필자 자신의 교묘함을 과시할 수 있고, 수사와 웅변이 장황하게 펼쳐지는 무대를 열 수도 있으며, 지각없는 자들의 정념을 부추기고, 오해의 편견을 강화할 수도 있다. 그러나 냉정하고 진솔한 사람이라면, 인간의 가장 순수한 장점에도 일부 불순물이 포함될 수밖에 없다는 것, 항상 우리의 선택은 만일 차악이 아니라면, 완벽한 선이 아니라 적어도 좀 더 큰 선이 될 수밖에 없다는 것, 어떤 정치제도에서도 공공의 행복을 추진하는 권한에는 오남용될 수 있는 재량권이 수반되기 마련이라는 것 등을 바로 상기하게 될 것이다. 따라서 그런 사람이라면, 권한을 부여하려고 하는 모든 경우에 우선 결정해야 할 것은 그런 권한이 공익에 필요한지 여부이고, 그에 대한 긍정적 판단이 내려질 경우, 그다음으로 결정해야 할 사항은, 그런 권한이 공중에게 해로운 것으로 타락하지 못하도록 충분히 효과적으로 감시할 방법이 되리라는 점을 인정할 것이다.

이 문제에 대한 올바른 판단을 내리기 위해서는, 합중국 정부에 부여되는 개별 권한들을 검토하는 것이 적절할 것이다. 그리고 이를 더 편리하게 하기 위해, 정부의 권한을 다음의 여러 목표와 관련된 것으로 유형화할 수 있을 것이다. 1. 외부 위협으로부터의 안전. 2. 외국과의 교류의 규제. 3. 주들 간의 조화와 적절한 교류의 유지. 4. 일반적으로 유용한 여러 목표들. 5. 주의 불법행위에 대한 규제. 6. 이런 모든 권한을 효율적으로 만들 대책.

첫 번째 종류에 속하는 것은, 전쟁을 선포하고, 나포 인허장[1]을 수여하고, 군대와 함대를 준비하고, 민병대를 규제하고 소집하고, 자금을 징수하고 차입하는 권한 등이다.

외부 위협으로부터의 안전은 시민사회의 근본적 목표의 하나이다. 그것은 아메리카합중국이 공언한 필수적 목표이다. 안전을 획득하기 위해 필요한 권한은 연방의회에 완전히 위임되어야 한다.

전쟁 선포권이 필요한가? 누구도 이 질문에 부정적으로 답하지 않을 것이다. 따라서 왜 그런지 입증할 필요는 없을 것이다. 기

---

1) [옮긴이] 나포 인허장이란, 주권국가가 개인(대개 선장)에게 외국 상선을 나포할 수 있는 권한을 부여하는 문서를 말한다.

존 연합은 이 권한을 가장 넓게 설정하고 있다.

군대를 소집하고 함대를 갖출 수 있는 권한이 필요한가? 이는 전술한 권한에 포함된다. 자위의 권한에 포함된다.

하지만, 전시뿐만 아니라 평시에도 병력을 소집하고 함대를 준비할 수 있는 그리고 양자를 유지할 수 있는 무제한의 권한을 부여할 필요가 있었는가?

이 질문의 대답은 오래전에 다른 곳[예를 들면, 8번, 24번, 29번 논설]에서 이미 이루어졌기에 여기에서 장황하게 논의할 여지는 없는 듯하다. 공격하는 군대를 제한할 수 없는 자들이, 어떤 적절한 구실을 가지고서, 방어에 필요한 군대를 제한할 수 있겠는가? 연방헌법이 다른 모든 국가들의 야망을 속박할 수 있거나 힘의 행사를 제한할 수 있다면, 그렇다면 정말 자기 정부의 재량권을 신중하게 속박하거나 자기의 안전을 위한 힘의 행사에 제한을 가해도 좋을 것이다.

적대적인 모든 국가들의 전쟁 준비와 [군] 상비 편제를 마찬가지로 금지할 수 없는 한, 어떻게 평화 시의 전쟁 대비를 아무런 문제 없이 금지할 수 있는가? 안전의 수단은 공격의 수단과 위협에 의해서만 규제될 수 있다. 그것은 사실상, 다른 어떤 것도 아닌 이 원칙에 의해 결정될 것이다. 자기 보존의 욕구를 헌법적 방벽으로 막으려는 것은 부질없는 짓이다. 부질없다기보다 해로운 짓이다. 왜냐하면 그런 방벽은 [전쟁 대비] 권한의 불법적 사용의 불가피성을 헌법 그 자체 내에 심는 것이기 때문이다. 그리고 그런 권한의 불법적 사용의 선례는, 이후 더 많이 그리고 불필요하게 그것이 되풀이되는 단초가 되기 마련이다. 만일 어떤 국가가 야심과 보복을 위해 잘 준비되고 훈련된 군대를 항상 유지한다면, 그 나라의 모험적 기획의 대상에 들어갈 수 있는 모든 평화 국가들은 그에 상응하는 예방 조치를 취하지 않을 수 없다. 15세기는 평화 시에도 군 상비 편제를 갖추어야 했던 불행한 시대였다. 그런 상비 편제는 프랑스의 샤를 7세[2]에 의해 시작되었고, 모든 유럽이 그 예를 따르거나 따라야만 했다. 만일 다른 국가들이 그 예를 따르지 않았더라면, 모든 유럽이 오래전에 보편 군주의 지배하에 들어갔을 것이 틀림없다. 지금도 만일 프랑스를 제외한 모든 국가들이 평시의 상비 편제를 해제한다면, 동일한 사태가 뒤따를지 모른다. 전투로 단련된 로마의 군인들은 다른 모든 나라들의 오합지졸을 압도했고, 로마를 세계의 지배자로 만들었다.

하지만, 로마의 자유는 로마의 군사적 승리의 최종적 희생자가 되었고, 유럽의 자유는 그것이 존재했던 한에서는 거의 예외 없이 군 상비 편제의 희생물이 되었음도 그에 못지않은 사실이다. 따라서 상비군은 필요한 대책이 될 수 있는 동시에 위험하다. 너무 작은 규모이면 애로가 있을 것이고, 너무 큰 규모이면 그 결과가 치명적일 수 있다. 어떤 규모일지라도 상비군은 건전한 경계와 조심의 대상이다. 현명한 국가는 이 모든 사항을 종합적으로 고려할 것이며, 국가의 안전에 필수적인 것이 될 자원을 무모하게 배척하지 않으면서도, 자유에 불길할 수 있는 것에 의존해야 할 필요성과 위험성 양자를 모두 줄이는 데 신중함을 다할 것이다.

헌법안에는 이런 신중함의 명백한 흔적들이 새겨져 있다. 헌법에 의해 강화된 합중국의 존재 그 자체가, 위험할 수 있는 [규모로]

---

2) [옮긴이] 샤를 7세(1403~61)의 재임 기간은 1422년부터 1461년까지이다. 즉위 당시 프랑스는 백년전쟁 중이었는데, 수도 파리를 비롯한 북부 프랑스는 모두 잉글랜드 왕 헨리 6세가 장악하고 있었다. 샤를 7세는 잔 다르크의 활약을 계기로 프랑스 왕국의 영토를 되찾았고, 프랑스군을 개혁한 1439년, 1445년, 1448년 포고를 통해 상비군과 관료제에 기반을 둔 강력한 왕권을 구축해 갔다.

군 상비 편제를 추구할 모든 구실들을 파기한다. 전투태세를 갖춘 수십만의 숙련된 군인이 있지만 분열되어 있는 아메리카보다는, 소규모 병력밖에 없거나 또는 한 명의 군인도 없지만 단결되어 있는 아메리카가, 야심을 가진 외부 세력에게 훨씬 강력하고 무섭게 보일 것이다. 그런[즉 대규모 상비군을 갖출] 구실이 없었기에 자유가 지켜졌던 유럽의 한 국가의 사례는 앞[8번]에서 언급한 바 있다. 섬이라는 상황과 인접국의 군대에 무적이었던 해양 수단을 갖추고 있었기에, 영국의 통치자들은 실제의 위험에 의해서든 가상의 위협에 의해서든 대중들을 속여서 대규모의 평시 상비 편제를 받아들이도록 할 수 없었다. 세계의 강대국들로부터 떨어져 있는 합중국의 위치도 그와 마찬가지로 다행스러운 안전장치를 대중들에게 제공해 준다. 그들이 단결된 인민으로 계속 남아 있는 한, 위험스러운 [군] 상비 편제는 결코 필요하거나 타당할 리가 없다. 하지만 이런 이점은 오직 합중국에 빚지고 있음을 한순간도 잊어서는 안 된다. 합중국이 해체되는 순간 전혀 다른 사태가 전개될 것이다. [그럴 경우 등장할] 여러 연합체들 중에서 약한 주들의 공포나 강한 주들의 야심은, 구세계에서 샤를 7세가 했던 것과 동일한 사례들을 신세계에서 만들어 낼 것이다. 구세계에서 모든 나라들로 하여금 [상비 편제를] 모방하게 만들었던 바로 그 동기 때문이다. [만일 그렇게 된다면] 우리가 처한 환경으로부터 과거 영국이 자신들의 환경으로부터 이끌어 냈던 그런 귀중한 장점을 이끌어 내기는커녕, 아메리카의 운명은 바로 유럽 대륙의 운명의 복사판이 될 것이다. 자유는 상비군과 끊임없는 세금 사이에서 산산조각 날 것이다. 분열된 아메리카의 운명은 유럽의 그것보다 훨씬 더 처참할 것이다. 유럽에서 해악의 근원은 그 자신의 경계 내로 국한된다. 세계의 다른 지역의 초강대국들이 유럽의 경쟁 국가들 사이에서 음모를 꾸미거나, 그들의 상호 적대감을 부채질하고, 그들을 외부의 야욕과 질시, 복수의 수단이 되도록 만들 가능성은 전무하다. 아메리카의 경우, 내부의 질서와 분쟁, 전쟁 등에 따른 고통은 단지 아메리카의 운명의 일부만을 구성하게 될 것이다. 수많은 추가적 해악들이 유럽과 이 지역 사이의 관계에서 나타날 것이다. 분열의 결과에 대한 이런 묘사는 아무리 강조해도, 아무리 자주 제시되어도 모자랄 것이다. 평화를 사랑하고 자신의 나라를 사랑하고 자유를 사랑하는 사람이라면, 아메리카합중국에 대한 정당한 애착을 마음속에 간직할 것이고 그것을 유지할 수단에 대해 정당한 가치를 부여할 수 있을 것이다.

합중국을 확고히 수립하는 것 다음으로, 상비군의 위험에 대비할 수 있는 최선의 방책은 상비군 유지를 위해 책정될 재원의 기간을 제한하는 것이다. 헌법[제1조 8항]은 이런 예방 수단을 신중하게 추가하고 있다. 이 주제는 [26번에서] 정확하고 충분하게 설명했다고 자부하기에 여기에서는 다시 검토하지 않을 것이다. 하지만 헌법의 이 부분을 영국의 정책과 관행에 근거해 비판하는 주장에 대해서는 논평하더라도 부적절하지는 않을 것이다. 그 왕국에서는 육군의 존속에 입법부의 연례 표결이 요구되는 데 반해, 아메리카 헌법은 이 결정적 기간을 2년으로 늘렸다고 그들은 말한다. 이것이 일반적으로 대중들 앞에 제시되는 비교의 방식이다. 하지만 이것이 정당한 방식이고, 정당한 비교인가? 영국 헌법이 의회의 재량권을 1년으로 제약하고 있는가? 아메리카 헌법은 의회에 2년 기한의 세출 승인을 부과하는가? 기만하고 있는 자들이 모를 리 없는 반대의 사실이 있다. 영국 헌법은 입법부의 재량권에 어떠한 한계도 정하지 않고 있는 반면에, 아메리카 헌법은 최대 허용 기간 2년으로 입법부를 구속하고 있다는 것이다.

영국 사례에 기초해 사실대로 논한다면, 다음과 같은 내용이 될 것이다. 육군 상비 편제에 충당될 세출의 기한은 영국 헌법에 따르면 무기한이지만 실제로는 의회의 재량권에 따라 1년으로 제한되어 왔다. 그렇다면 7년마다 하원이 선출되고, 하원 의원의 대다수가 인민의 소수에 의해 선출되며, 유권자들이 대표들에 의해 부패해 있고, 대표들은 왕권에 의해 타락해 있는 그런 영국에서도 의회가 육군 세출을 무기한으로 승인할 수 있는 권한을 보유 — 하지만 기한을 1년 이상으로 연장하려 하거나 또는 감히 그렇게 하지 않는다 — 할 수 있는데, 매 2년마다 인민 전체에 의해 자유롭게 선출되는 합중국 대표들에게, 2년이라는 짧은 기간으로 명시적으로 제한되어 있는 세출 승인의 재량권을 안전하게 위임할 수 없다고 주장한다면, 그런 의심 자체를 부끄러워해야 하지 않겠는가?

불순한 동기는 반드시 속셈을 드러내기 마련이다. 연방 정부에 대한 반대 술책은 이런 진리의 전형적인 사례이다. 지금까지 [반대파들이] 저지른 실책 중에서 가장 충격적인 것은, 상비군에 대한 인민들의 신중한 경계심을 그들 편으로 동원하려고 시도한 것이다. 이로 말미암아 이 주요 문제에 대해 대중들이 본격적으로 관심을 갖게 되었고 연구가 촉발되었다. 그리고 그런 탐구는 필연적으로 다음과 같은 철저하고 보편적인 확신으로 귀결되었다. 즉 헌법안은 병영의 위협에 대한 가장 효과적인 보호 장치를 제공하고 있다. 그뿐만 아니라, 국가를 방어하고 합중국을 보존하는 데 적합한 헌법이 없다면, 아메리카는 합중국이 여러 주나 연합들로 분열될 경우처럼 대규모 상비군의 필요성에서 벗어날 수 없을 것이고, 또한 이런 상비 편제의 점진적 증강을 피할 수 없을 것이다. 그렇게 증강된 상비 편제는 인민의 재산에 부담이 되고 자유를 위협할 것이다. 단결되고 효과적인 정부에서도 상비 편제는 필요할 수 있지만, 그것은 분명 인민의 재산으로 감당할 수 있고 또 인민의 자유에 안전한 것이 될 것이다.

해군을 준비하고 유지할 권한의 필요성은 너무나 명백하기에,

헌법의 다른 부분을 가차 없이 비난했던 자들도 이 부분은 비판하지 않았다. 아메리카합중국이 아메리카의 해상 세력 중 유일한 근원이 될 것이며, 이런 힘이 외부 위협으로부터 아메리카의 안전을 지킬 주된 원천이 되리라는 사실은 정말 아메리카에 다행스러운 일 가운데 하나임이 틀림없다. 이런 점에서도 우리의 상황은 영국이 섬으로서 가지는 이점과 닮은 면이 있다. [해군의] 포대는 우리의 안전을 노리는 외부 세력의 기도를 격퇴하는 데는 가장 뛰어나지만, 실로 다행스럽게도, 불순한 정부에 의해 우리의 자유를 억압하는 용도로 전용될 가능성은 전무하다.

대서양 연안의 주민들은 모두 해군의 방위[능력]을 확보하기 위한 이 조항에 깊은 관심을 가지고 있다. 만일 그들이 지금까지 평온하게 잠자리에 들 수 있었다면, 약육강식의 무법 행동으로부터 자신들의 재산이 안전하게 유지되어 왔다면, 해변의 마을들이 아직까지 대담하고 급작스러운 침략자들의 강요에 굴복당하지 않고 대참화의 공포로부터 벗어날 수 있었다면, 그런 행운은 그들을 보호하고 그들로부터 충성을 요구하는 기존 정부의 능력 덕분이 아니라, 일시적이고 믿을 수 없는 원인들 덕분이었다. 동쪽 변경이 특히 취약한 버지니아주와 메릴랜드주를 제외한다면, 합중국의 어느 지역도 뉴욕주만큼 이 문제에 대해 불안감을 느끼는 주는 없을 것이다. 뉴욕주는 해안이 광대하고, 주의 아주 주요한 구역이 섬으로 되어 있다. 배가 다닐 수 있는 큰 강이 50리그[3] 이상 주 깊숙이 들어와 있다. 주의 번영의 보고인 대규모 상업 중심지가 우발적 사건에 의해 언제든 휘둘릴 수 있는 상태에 놓여 있다. 수치스럽게도 외부 적들의 요구, 심지어 해적이나 야만인의 약탈적 요구에

---

3) [옮긴이] 리그league는 거리의 단위로서, 1리그는 약 4킬로미터에 해당한다.

대해서까지 순종하는 인질로 여겨질 지경에 이르고 있다. 불안정한 유럽 사태의 결과로 전쟁이 일어날 경우, 그리고 그에 따른 무법적 정념들이 대양으로 풀려나올 경우, 대양뿐만 아니라 그와 접해 있는 다른 모든 지역들에 대한 공격과 약탈로부터 우리가 벗어날 수 있다면 정말 기적이 될 것이다. 현재의 아메리카 상태에서 이런 참화에 좀 더 직접적으로 노출되어 있는 주들은, 이름뿐인 기존의 중앙정부로부터 어떤 기대도 할 수 없는 상태이다. 그리고 각 주들의 개별적 자원이 그런 위협에 대비해 자체 방비를 강화해야 하는 과제를 충분히 감당할 정도가 된다고 하더라도, 보호해야 할 대상물들이 그것을 보호하는 수단으로 거의 소모되어 버릴 것이다.

민병대를 규율하고 소집하는 권한은 이미 충분히 그 정당성이 입증되었고 설명되었다[29번].

국방 분야에서 행사될 권한의 핵심인, 자금을 징수하고 차입할 수 있는 권한은 그와 동일한 범주에 넣는 것이 적절할 것이다. 이 권한 역시 이미 상당히 주의 깊게 검토되었고[30~36번], 헌법이 제시하는 그런 형태와 규모의 권한이 필요하다는 점이 명백히 설명되었으리라 믿는다. 다만 그 권한이 대외세 — 그들에 따르면 외국으로부터 수입되는 물품에 대한 세금 — 에 국한되어야 한다고 주장하는 자들에 대해, 한 가지 추가로 생각해야 할 문제를 제기하고자 한다. 그것이 항상 소중한 세입원이 될 것이며, 상당한 기간 동안은 주된 세입원이 될 것이 틀림없고, 지금 현재 필수적 세입원이라는 것은 의심의 여지가 없다. 하지만 다음 사항을 계산에 넣지 않는다면, 이 문제에 대해 큰 실수를 범하게 될 것이다. 즉 외국과의 교역으로부터 끌어 낼 세입의 규모는 수입품의 규모와 종류가 변화함에 따라 변화될 것이 분명한데, 그런 변화가 대중들의 필요 물품의 일반적 척도인 인구의 증가와 조응하지만은 않는다는 점이다. 농업이 노동의 유일한 현장으로 지속되는 한에서는, 소비자가 증가함에 따라 제품의 수입도 증가할 것이다. 농업에 필요하지 않은 노동자들에 의해 국내 제조업이 시작되자마자, 인구가 증가해도 수입 제품은 감소할 것이다. 더 먼 시기에 수입품은 상당 부분 수출품에 이용될 원자재로 구성될 것이다. 따라서 수입품은, [수입을] 저지하기 위한 관세의 부담을 지는 것이 아니라, [수입을] 고무하는 장려금을 요구하게 될 것이다. 지속성을 염두에 둔 정부 체계는 이런 대변화를 고려해야 하고, 그런 변화에 적응할 수 있어야 한다.

몇몇 사람들은 과세 권한의 필요성은 부정하지 않으면서도, 그것을 규정하는 용어를 문제 삼아 헌법을 맹렬히 공격해 왔다. 그들은, "합중국의 채무 지불 및 공동방위와 일반 복리를 위하여 조세, 관세, 수입세 및 소비세를 부과, 징수"[제1조 8절]할 수 있는 권한이란, 공동방위나 일반 복리를 위해 필요하다고 주장될 수 있는 모든 권한을 행사할 무제한의 위임에 해당한다고 거듭 주장해 왔다. 이런 그릇된 해석에 매달리는 것이야말로, 그 저술가들이 반대를 위해 얼마나 힘들게 애쓰고 있는지를 보여 주는 가장 강력한 증거라 할 수 있다.

만일 방금 인용한 포괄적 표현 이외에 의회의 권한에 대한 다른 목록이나 명확한 정의가 헌법에서 발견되지 않는다면, 반대자들이 그럴듯한 반대의 구실을 얻을 수 있을지 모르겠다. [그들이 주장하는] 가능한 모든 경우의 입법권을 모두 기술하는 아주 어색한 방식을 선택해야 하는 이유를 찾기가 어렵겠지만 말이다. [그들의 주장에 따르면] 언론 자유와 배심재판을 부정할 수 있는, 심지어 상속 과정이나 양도 형태를 규제할 수 있는 권한까지 "일반 복리를 위한 자금 조달"이라는 용어로 아주 기묘하게 표현되었음이 틀림없다는 것이다.

그런데, 이런 일반적 용어가 시사하는 [구체적인] 대상들의 자세한 세목이 바로 뒤따라 이어진다면, 또한 그런 세목이 구두점이 아니라 세미콜론으로 분리되어 있다면, 반대파들은 어떤 [반대의] 구실을 가질 수 있을까?[4] 하나의 문서를 해석할 때, 의미를 지닐 수 있는 모든 부분에 의미를 부여하는 그런 식으로 문서의 각 부분들을 해석해야 한다면, 한 문장의 어떤 부분을 의미의 몫에서 완전히 배제해도 좋을까? 더 의문스럽고 불명확한 용어는 온전히 [그 의미가] 유지되고, 명백하고 정확한 표현은 그 어떤 의미도 부정되어야 할까? 개별적 권한들에 대해 열거하고 있음에도, 그것을 포함한 다른 모든 권한들이 앞에 나오는 일반적 권한에 포함되는 것으로 여겨진다면, 어떤 목적으로 그런 열거가 삽입되었을까? 처음에는 일반적 구절을 쓰고, 그다음에 자세한 사항을 상술함으로써 그 일반적 구절을 설명하고 한정하는 것만큼 자연스럽고 일반적인 것은 없다. 자세한 사항에 대한 열거가 일반적 의미를 설명하거나 한정하기는커녕 그 의미를 혼란시키고 현혹시키는 효과밖에 가질 수 없다고 생각하는 것은 어리석기 짝이 없는 일이다. 반대론의 입안자와 헌법의 입안자 중 어느 한쪽에는 이런 어리석음을 전가해야만 하는 상황이기에, 우리는 실례를 무릅쓰고 그것이 후자에서 비롯된 것은 아니라고 추정하지 않을 수 없다.

제헌회의에서 사용한 용어들은 연합 헌장에서 본뜬 듯하기에, [용어와 관련된] 이런 반론은 더욱더 기이하다. 연합 헌장 제3조에

---

4) [옮긴이] 제1조 8절에서는, 연방의회 권한에 대한 일반적 서술에 이어, 구체적 권한의 세부적 내용이 세미콜론으로 구분되는 형태로 열거되어 있다. 구두점은 문장의 끝을 표시하는 데 반해, 세미콜론은 한 문장 안에서 연속적으로 항목을 나열할 때 사용된다. 즉 연방의회 권한을 규정한 제1조 8절 전체가 하나의 문장인 것이다.

서술되어 있는 합중국의 목적은, "그들의 공동방위, 그들의 자유의 보장, 그리고 공동의 일반 복리"이다. 연합 헌장 제8조의 용어는 훨씬 더 일치한다. "공동방위 또는 일반 복리를 위해 발생될 그리고 연합회의에서 합중국에 의해 승인될 모든 전쟁 비용 및 모든 기타 비용은 공동 자금 등에서 지불되어야 한다." 비슷한 표현이 연합 헌장 제9조에서 다시 발견된다. 신헌법에 대한 [반대파들의] 해석을 뒷받침했던 그 원칙을 가지고 연합 헌장의 이런 조문들을 해석한다면, 그 조문들은 기존 연합회의에 모든 경우에 어떤 것도 입법할 수 있는 권한을 부여한 것이 된다. 그런데, 만일 그 연합회의가 이런 일반적 표현을 중시해, 일반적 표현의 의미를 확정·제한한 세부 규정을 무시하면서 공동방위와 일반 복리를 제공하기 위한 무제한의 권한을 행사했다면, 그들은 연합회의에 대해 어떻게 평가했을까? 나는 반대자들에게 호소하고자 한다. 그들은, 지금 헌법을 반대하는 데 사용하는 것과 동일한 논리를, 그 경우에는 연합회의를 정당화하는 데 사용했을 것이라고. 오류가 그 자신에 대한 비난에서 벗어나기란 얼마나 어려운 일인가?

푸블리우스

연방주의자 42번

[매디슨] 1788. 1. 22.

　중앙정부에 위임될 권한 중 두 번째 종류는 외국과의 교류를 규제하는 권한들로 구성된다. 조약의 체결, 대사, 그 밖의 외교사절 및 영사의 파견 및 접수[제2조 2절], 공해상에서 발생한 해적 행위와 중죄 그리고 국제법에 위배되는 범죄에 대한 규정 및 처벌, 대외 통상을 규제하는 권한[제1조 8절], 1808년 이후부터 노예 수입을 금지하고, 그때까지는 그런 수입에 대한 억제책으로 1인당 10달러의 중간 관세를 부과하는 권한[제1조 9절] 등이 그것이다.

이런 종류의 권한은 분명히 연방 정부의 필수적인 한 분야를 이룬다. 어떤 측면에서든 우리가 하나의 국가가 되려면, 다른 국가와의 관계에서도 분명히 하나의 국가가 되어야 한다.

조약을 체결하고 대사를 파견하고 접수하는 권한의 타당성은 자명하다. 이 두 권한은 모두 연합 헌장에도 포함되어 있는데, 다만 다음과 같은 차이점이 존재한다. 먼저, 제헌회의의 안은, 연합 헌장에서 주의 법규가 조약을 실질적으로 무력화할 수 있도록 예외를 인정한 구절을 삭제했다. 다음으로, 대사에 관한 연합 헌장의 규정에 "그 밖의 외교사절 및 영사"를 임명하고 접수할 권한을 명시적으로 아주 적절하게 추가했다. 연합 헌장 제2조에서 요구하는 대로 엄격히 해석하면, 대사라는 용어에는 최고위급 외교사절만이 포함되고, 재외 공관이 필요한 곳에서 합중국에 가장 긴요할 수 있는 직급을 배제하게 된다. 그리고 해석의 여지를 아무리 넓혀도 그 용어로는 영사를 포함할 수 없다. 하지만, 하위 직급의 외교사절을 고용하고 또 영사를 파견·접수하는 것이 편리함을 알게 되었고, 의회 또한 관행적으로 그렇게 해왔다. 사실, 통상과 관련된 역할을 수행할 영사의 상호 임명을 규정한 통상조약이 존재할 경우, 외국의 영사를 승인해 받아들이는 것은 통상조약을 체결할 권한의 범위 내에 속할 것이다. 또한 설령 그런 조약이 존재하지 않더라도, 아메리카의 영사를 대외에 파견하는 것은 연합 헌장 제9조 — 합중국의 일반적 사무들을 관리하는 데 필요한 공무원의 임명 — 에 의해 주어진 권한에 아마 포함될 수 있을 것이다. 하지만, 그런 통상조약이 존재하지 않는 경우에 외국의 영사를 합중국이 승인해 받아들이는 권한은 어디에도 규정되어 있지 않은 듯하다. 누락된 이 부분을 보충한 것은, 제헌회의가 이전 모델[즉 연합 헌장]을 개선한 작은 사례라 할 수 있다. 하지만, 점차적으로 눈에 띄지 않게 권한을 불법적으로 사용해야 할 필요성이나 또는 그런 구실을 이런 사소한 규정이 미연에 방지한다면, 이런 규정의 중요성은 커질 것이다. 연합 헌장의 결함 탓에 연합회의가, 인가된 권한을 무심코 또는 어쩔 수 없이 위반해 왔던 사례들의 목록을 보게 된다면, 이 문제에 주의를 기울이지 않았던 사람들은 적지 않게 놀랄 것이다. 또한 그 목록은 신헌법을 지지하는 사소하지 않은 논거가 될 것이다. 신헌법은 연합 헌장의 명백하고 현저한 결함에 대비한 것 못지않게, 그보다 덜 명백하고 현저한 결함에 대해서도 신중하게 대비한 것처럼 보인다.

공해상에서 발생한 해적 행위와 중죄 그리고 국제법에 위배되는 범죄를 규정하고 처벌할 권한이 중앙정부에 속하는 것은 [앞의 권한과] 마찬가지로 타당하다. 그리고 이 역시 연합 헌장에 비해 크게 개선되었다. 연합 헌장에는 국제법 위반 사건에 대한 규정이 없었고, 따라서 경솔한 어느 한 구성원[즉 주]이 그 권한으로 연합을 외국과의 분쟁에 휘말리게 할 수 있었다. 해적 행위 및 중죄 문제에 관한 연합 헌장의 규정은 이들 위법행위를 재판할 법정의 설치까지만 다루었다. 해적 행위에 대한 정의는, 대부분의 주 입법부에서 정의한 것이 있지만, 국제법에 맡기면 불편함이 없을 것이다. 공해상의 중죄에 대한 정의가 필요함은 명백하다. 중죄라는 용어는 영국의 관습법에서도 그 의미가 불명확하고, 그 왕국[즉 영국]의 성문법에서는 여러 의미를 띠고 있다. 그런데 영국이나 기타 다른 어떤 국가의 관습법이나 성문법도, 사전에 입법을 통해 [우리가 그것을] 채택하지 않는 한, 중죄에 대한 법적 절차의 기준이 될 수 없다. 또한 그것[즉 외국의 입법례에 따르는 것]은 창피스럽고 불합리한 지침이 될 것이다. 각 주의 법규에서 정의하고 있는 그 용어의 의미도, 그에 못지않게 비현실적이다. 주마다 정의가 다르고,

주 안에서도 형법이 개정될 때마다 그 의미가 변한다. 따라서 확실성과 균일성을 확보하기 위해서는, 공해상의 중죄가 무엇을 의미하는지를 정의하는 [연방의] 권한이 모든 면에서 필요하고 적절하다.

대외무역에 대한 규제는, 여기에서 다루는 주제의 여러 내용 가운데 포함되지만, [11번과 22번 논설에서] 이미 충분히 논의되었기에, 연방 정부에 위임하는 것이 적절함을 보여 주는 추가적 증거를 보탤 필요는 없다.

노예 수입을 금지하는 권한이 1808년까지 연기될 것이 아니라 즉각 시행되도록 하는 것이 좋으리라는 데는 의문의 여지가 없다. 하지만, 왜 중앙정부에 이런 제약을 가했고 조문을 그렇게 표현했는지에 대해 설명하기가 어렵지는 않다.[1] 현대의 야만적 정책이라고 오랫동안 강하게 비난받아 왔던 거래를 이들 주에서 20년 뒤에 영원히 종식할 수 있다는 것, 또한 그 기간에도 거래는 연방 정부로부터 상당한 제약을 받을 것이고, 비인도적 거래를 계속하는 소수의 주들이 합중국의 절대 다수가 제시하는 금지 사례에 동의할 경우 완전히 폐지될 수도 있다는 점 등은 인도주의를 향해 나아가는 결정적 순간으로 간주되어야 할 것이다. 그들의 유럽 형제들이 가하는 억압으로부터 모두 같이 벗어날 수 있다는 전망이 자신들 앞에 놓인다면, 불행한 아프리카인들이 얼마나 행복하겠는가! 이 조문을 헌법에 대한 반대 이유로 악용하려는 시도가 있어

---

1) [옮긴이] 제1조 9절 1항은 다음과 같이 표현되어 있다. "연방의회는 기존의 주들 중에서 어느 주가 허용함이 적당하다고 인정하는 사람들의 이송 또는 수입을 1808년 이전에는 금지하지 못한다. 다만 그러한 수입에 대하여 1인당 10달러를 초과하지 아니하는 한도 내에서 조세나 관세를 부과할 수 있다."

왔다. 한쪽에서는 이 조문을 불법적 관행을 묵인하는 범죄행위라고 주장하고, 다른 쪽에서는 유럽에서 아메리카로의 자발적이고 유익한 이민을 고의적으로 차단하려 한다고 주장하고 있다. 내가 이처럼 잘못된 해석을 거론하는 것은, 그에 대해 답하려는 의도에서가 아니라(그것은 그럴 만한 가치가 없다), 우리가 제안한 정부에 대해 반대하는 사람들이 적절하다고 생각하는 반대의 방식 및 태도의 견본을 보여 주기 위함이다.

세 번째 종류에 포함될 권한은, 주들 간의 조화와 적절한 교류를 지원하는 것들이다.

주의 권한에 대한 특정한 제한 및 사법부의 일정한 권한 등이 이 항목에 포함될 수 있는데, 전자는 별도의 종류로 따로 다룰 것이고, 후자는 정부의 구조 및 조직을 다룰 때 특별히 검토할 것이다. 따라서 여기에서는 세 번째 종류에 포함되는 나머지 권한들에 대한 개괄적 검토에 그치고자 한다. 주 상호 간의 그리고 인디언 부족과의 통상을 규제하는 권한, 화폐를 주조하고 그 화폐와 외국 화폐의 가치를 규정하는 권한, 합중국의 통화 및 유가증권의 위조에 관한 벌칙을 정하는 권한, 도량형의 기준을 정하는 권한, 균일한 시민권 부여 규정 및 균일한 파산 법률을 제정하는 권한[이상 제1조 8절], 각 주의 공법, 기록 및 사법절차를 증명하는 방법 및 그것들이 다른 주에서 갖는 효력을 규정하는 권한[제4조 1절], 우편국 및 우편 도로를 건설하는 권한[제1조 8절] 등이 그것이다.

기존 연합 체제에서 개별 구성원[즉 주]들 사이의 교역을 규제할 수 있는 연합의 권한에 결함이 있다는 것은 여러 경험을 통해 명백히 드러난 바 있다. 이 주제와 관련해 앞의 논설[11번, 22번]에서 살펴보았던 증거나 견해에 추가할 것은, 이런 보충 규정이 없으면 대외 교역을 규제하는 중대하고 본질적인 권한이 불완전해지고 효력을 상실할 수 있다는 점이다. 이 권한의 중요한 실질적 목적은, 다른 주를 통해 수출입을 하는 주들을 부적절한 부담금 — 전자가 그들에게 부과하는 — 으로부터 벗어나게 하는 것이다. 만일 이들이 마음대로 주들 사이의 교역을 규제할 수 있게 된다면, 자신들의 관할구역을 통과하는 수출입품에 대해 관세를 부과하는 길이 열릴 것이고, 이런 세금은 결국 수출품 제조자와 수입품 소비자에게 전가될 것이다. 과거 경험에 비추어 확신할 수 있는 것은, 장차 [각 주의] 책략에 의해 그런 악습이 도입될 수 있다는 것이다. 또한 과거의 경험과 인간사의 보편적 지식에 비추어 볼 때, 그런 악습은 끊임없는 적대감을 조장하고, 결국 공공의 평안의 심각한 침해로 귀결되리라고 확신할 수 있다. 정념이나 이해관계에서 벗어나 이 문제를 바라보는 사람에게는, 무역을 하는 주들이 그렇지 않은 이웃 주들로부터 어떤 형태로든 간접적 수익을 걷으려는 것이 부당할 뿐만 아니라 어리석은 일로 보일 것이다. 왜냐하면 그것은 손해를 입은 측으로 하여금, 이해관계뿐만 아니라 적의 때문에도, 더 멀고 덜 편리한 대외 교역 통로를 이용하도록 자극할 것이기 때문이다. 하지만 좀 더 확장되고 영속적인 이해관계의 동기에 호소하는 온건한 이성의 목소리는, 개인은 물론 공적 집단들 앞에서 대개의 경우 즉각적이고 극단적인 이익을 추구하는 조급한 탐욕의 외침에 의해 묻혀 버리곤 한다.

연합한 주들의 상호 교역을 관리·감독할 권위의 필요성은, 우리 자신뿐만 아니라 다른 나라의 사례에서도 입증되어 왔다. 연방이 아주 취약했던 스위스에서도 각 주들은, 통행료의 추가 부담 없이 상품이 자신의 관할 권역을 통과해 다른 주로 갈 수 있도록 허용해야만 했다. 독일의 경우에도, 제국법에 따르면 작은 군주나 나라는 황제와 의회의 동의 없이 교량이나 강, 통행로 등에 통행료나 관세를 부과할 수 없다. 하지만, 앞의 논설에서 인용한 바[2]에 따르면, 그 연합의 다른 많은 경우처럼 이 경우에도, 실제는 법대로 이루어지지 않았고 그 결과 내가 앞서 예견했던 폐해들이 나타났던 듯하다. 네덜란드 연합이 그 구성원들에게 부과한 규제 가운데 하나는, 보편적 승인 없이는 인접 주에 불리한 부과금을 제정해서는 안 된다는 것이었다.

인디언 부족과의 교역에 관한 규정은, 연합 헌장 규정을 애매모호하고 모순적으로 만든 두 가지 문제점을 아주 적절하게 해소했다. 연합 헌장에 따르면, [연합 정부의] 권한은 어느 주의 구성원에도 속하지 않는 인디언에게 한정되었고, 또한 각 주들이 그 자체 경계 내에서 갖는 입법권을 침해하거나 침범하면 안 되었다.[3] 어떤 인디언들이 주의 구성원으로 간주될지는 아직 정해지지 않았고, 따라서 이 문제는 연합회의에서 빈번히 혼란과 논쟁을 불러왔다. 주의 구성원이 아님에도 주의 입법 관할권 내에 거주하는 인디언과의 교역을, 외부[즉 연방]의 권위가 내부[즉 주] 입법권에 대한 침범 없이 어떻게 규제할 수 있는지 도저히 이해할 수 없다. 이는 연합 안에서의 부분적 주권을 주 안에서의 완전한 주권과 조화시키려는 시도로서, 연합 헌장이 경솔하게 달성하려고 시도했던 여러 불가능한 것 가운데 하나였다. 그것은 일부분을 삭제하면서도 전체가 그대로 유지되도록 하려는 것으로, 수학적 공리에 반하는 시도라 할 것이다.

화폐를 주조하고 그 화폐와 외국 화폐의 가치를 규정하는 권

---

2) [옮긴이] 아마 19번 논설을 가리키는 듯하다. 그가 지적한 인용은 실제로는 앞의 논설 어디에도 존재하지 않는다.

3) [옮긴이] 연합 헌장 제9조에는, "…… 합중국은 …… 주의 구성원이 아닌 인디언과의 교역을 규제할 …… 유일하고 배타적인 권리와 권한을 갖는다. 단, 주가 그 자체 경계 내에서 갖는 입법권이 침해되거나 침범되어서는 안 된다"라고 규정하고 있다.

한에 대해서는, 헌법이 마지막 경우[즉 외국 화폐 가치의 규정]를 가능하게 함으로써 연합 헌장에서 빠뜨린 중요한 부분을 보완했음을 언급하는 것으로 충분할 듯하다. 기존 연합회의의 권한은, 연합회의 자체의 권한이나 각 주의 권한에 의해 주조된 화폐에 대한 규제에 국한되어 있었다. 만일 외국 화폐의 가치를 각 주의 각기 다른 규정에 맡긴다면, 의도된 통화가치의 균일성이 파괴되리라는 점은 바로 알 수 있을 것이다.

통화뿐만 아니라 유가증권 위조에 대한 처벌권은, 그 양자의 가치를 보호하는 권한에 당연히 주어지는 것이다.

도량형에 대한 규제는 연합 헌장에서 그대로 가져온 것인데, 앞서 본 화폐 규제 권한과 같은 이유에 근거하고 있다.

시민권 부여 규정의 차이는 우리 체제의 결함으로서 복잡하고 미묘한 문제를 야기한다고 오랫동안 지적되어 왔다. 연합 헌장 제4조는, "극빈자, 부랑자 및 도망한 범죄인을 제외한, 각 주의 자유 거주민은 다른 모든 주에서 그 주의 자유 시민이 향유하는 모든 기본권과 면책권을 가진다. 그리고 각 주의 인민은 다른 모든 주에서 거래와 통상 등에 관한 모든 기본권을 가진다. ……"라고 규정하고 있다. 여기에는 주목할 만한 용어의 혼란이 존재한다. 왜 조항의 어떤 부분에서는 자유 거주민이라는 용어가 사용되고, 다른 곳에서는 자유 시민, 또 다른 곳에서는 인민이라는 용어가 사용되고 있는지, "자유 시민이 향유하는 모든 기본권과 면책권"에 "거래와 통상에 관한 모든 기본권"을 다시 덧붙인 것이 무엇을 의미하는지 쉽게 밝혀 낼 수 없다. 하지만 다음과 같은 해석은 거의 피할 수 없을 듯하다. 즉 어느 주의 시민은 아니지만 그 주의 자유 거주민이라는 범주에 들어가는 자들에게는, 모든 다른 주에서 그 주의 자유 시민이 갖는 모든 기본적 권리를 누릴 권리 — 즉 자기 자신의 주에서 주어질 수 있는 기본권보다 더 큰 기본권 — 가 주어진다. 따라서 어느 주에서 시민권 부여의 대상이 되는 자들뿐만 아니라 그 관할 권역 내에 거주민이 될 수 있는 자들에 대해, 다른 주에서 시민권을 부여할 수 있는 권한을 가질 뿐만 아니라 반드시 그렇게 해야만 하는 것이다. 규정된 기본적 권리는 시민에게만 국한된다는, "거주민"이라는 용어에 대한 자세한 설명이 받아들여진다고 해도, 난점은 단지 감소할 뿐 제거되지 않는다. 각 주는, 모든 다른 주의 외국인 체류자에게 시민권을 줄 수 있는 아주 부적절한 권한을 여전히 갖게 되는 것이다. 만일 어느 주에서는 단기간의 거주로도 시민권상의 모든 권리를 부여받을 수 있는데, 다른 주에서는 더 중대한 자격 요건이 필요하다고 하면, 후자의 주에서 그런 권리를 받을 법적 자격이 없는 외국인 체류자가 전자의 주에서 사전에 거주함으로써 자신의 무자격 문제를 해결할 수 있을 것이다. 이렇게 하여, 한 주의 법이 터무니없게, 다른 주의 관할 권역 내에서 그 주의 법보다 우월한 것이 될 것이다. 이 문제와 관련해 아주 곤란한 상황이 아직까지 발생하지 않았던 것은 단지 우연 덕분이었다. 일정 부류의 혐오스러운 외국인 체류자들은, 각 주의 법에 의해, 시민권상의 권리뿐만 아니라 거주의 기본적 권리에도 부합하지 않는 금지 대상으로 규정되어 왔다. 만일 그런 사람들이 거주 등을 이용해 다른 주의 법이 규정하는 시민권의 자격을 획득한 다음에, 그들을 배척했던 주에서 거주 및 시민권에 대한 자신들의 권리를 주장했더라면, 그 결과는 어떻게 되었을까? 법적 결론이 어떻게 났든, 대비하기 어려운 아주 심각한 유형의 결론으로 귀결되었을 개연성이 높다. 따라서 신헌법이 중앙정부에 합중국 전역에 균일한 시민권 부여 규정을 확립할 권한을 부여함으로써, 이런 문제를 비롯해 연합의 결함으로 야기될 이와 관련된 모든 다른 소송에 대비한 것은 아주 적절했다고 할 만하다.

　균일한 파산 법률을 제정하는 권한은 교역에 대한 규제와 긴밀히 연계된 것이고, 당사자나 그들의 재산을 사취하거나 다른 주로 이전하는 수많은 사기 행위를 막아 줄 것이기에, 이 권한의 편의는 의문의 여지가 없을 듯하다.

각 주의 공법, 기록 및 사법절차를 증명하는 방법 및 그것들이 다른 주에서 갖는 효력을 연방 법률로 규정하는 권한은, 이 문제와 관련된 연합 헌장 조항[제9조]을 분명하고 유익하게 개선한 것이다. 연합 헌장의 조항은 그 의미가 극히 모호해, 어떻게 해석해도 아무런 뜻을 지닐 수 없었다. 헌법에서 확립한 이 권한은 아주 편리한 정의의 도구가 될 것이다. 특히 다른 주의 관할 권역으로 가면 재판의 결과가 소송 절차의 어떤 단계에서 갑작스럽고 비밀스럽게 변경될 수 있는, 인접한 주들의 경계 지역에서 유익할 것이다.

우편 도로를 설립하는 권한은 어떤 면에서 봐도 무해한 권한임에 틀림없고, 아마 현명하게 운영된다면 아주 많은 공공의 편익을 가져다줄 것이다. 주 사이의 교류를 촉진하는 데 도움이 되는 것은, 그 어떤 것이라도 공적 관심을 받을 만하다.

푸블리우스

연방주의자 43번

[매디슨] 1788. 1. 23.

네 번째 유형은 다음과 같은 여러 다양한 권한을 포함한다.

1. "저작자와 발명자에게 그들의 저술과 발명에 대한 독점적 권한을 일정 기간 보장해 줌으로써 과학과 유용한 기술의 발달을 촉진"하는 권한[제1조 8절].

이런 권한의 유용성은 의문의 여지가 없을 것이다. 저작자의 저작권은 영국에서 보통법상 권리로 엄숙히 판결되어 왔다. 유용한 발명품에 대한 권리도 마찬가지 근거로 발명가에게 속하는 듯하다. 이 두 경우에 공익은 개인의 요구와 완전히 일치한다. 주들이 개별적으로 이 두 경우에 효과적으로 대비하기란 불가능하기에, 대부분의 주들은 연합회의가 발의해 통과시킨 법률에 의해 이에 대한 결정이 내려지기를 기대해 왔다.

2. "특정 주가 양도하고 연방의회가 이를 수령함으로써 합중국 정부 소재지로 되는 지역(10평방마일[약 25.6제곱킬로미터]을 초과하지 못함)에 대해서는 어떠한 경우를 막론하고 독점적인 입법권을 행사하며, 요새·무기고·조병창·조선소 및 기타 필요한 건물을 세우기 위하여 주 의회의 승인을 얻어 구입한 모든 장소에 대해서도 이와 동일한 권한을 행사"할 권한[제1조 8절].

정부 소재지에 대한 완전한 권한이 [연방 정부에] 반드시 필요한 것은 자명하다. 그것은 말하자면 세상의 모든 연방의 입법부가, 자신의 보편적 지배권에 의거하여 행사하는 권한이다. 그런 권한이 없다면, [연방의] 공적 권위는 [주에 의해] 침해당할 수 있고, 그 권위의 행사도 방해받을 것이다. 그뿐만 아니라, 중앙정부의 구성원들이 자신들의 직무 수행 과정에서 보호받기 위해 정부 소재지가 있는 주에 의존해야 한다면, 그것은 중앙 의회의 위력과 지배력에 손상을 초래할 것이다. 이는 중앙정부에 불명예스러울 뿐만 아니라 연방의 다른 구성원들에게 불만의 원인이 될 것이다. 고정된 중앙정부 소재지에서 공적 발전이 점점 누적됨에 따라, [중앙정부가] 어느 한 주의 관리하에 있다는 것은 너무나 큰 공적 저당물이 될 것이다. 또한 정부의 이전을 어렵게 하는 장애물도 점점 더 늘어나 중앙정부에 요구되는 독립성이 더욱 축소될 것이다. 이런 점들을 고려하면, 이 문제의 중요성은 한층 커진다. 연방 구역의 크기는 반대자들의 경계심을 누그러뜨리기에 충분할 만큼 제한적이다. 그리고 연방 구역은 그것을 양도하는 주의 동의를 받아 그 용도로 전용될 것이며, 그 주는 분명히 계약을 통해 거기에 거주하는 시민들의 권리와 동의를 보장할 것이다. 또한 거주자들은 기꺼이 그곳을 양도할 만한 충분한 반대급부를 받을 것이고, 자신들에 대해 권한을 행사할 정부를 선출하는 데 자신의 목소리를 낼 수 있을 것이며, 자신들이 직접 선출하는 지역 자치 의회가 당연히 그들에게 허용될 것이다. 나아가 주 의회 — 또한 연방에 양도될 구역 내 거주자들의 주 의회 — 의 양도 동의권도, [궁극적으로는] 헌법의 채택 과정에서 주의 전체 인민으로부터 도출될 것이다. 이상의 사항들은 이 문제와 관련해 생각할 수 있는 모든 반대를 일소할 것이다.

중앙정부에 의해 수립될 요새와 무기고 등에 대한 비슷한 권한[즉 연방 정부의 완전한 지배권]의 필요성도 다른 것 못지않게 명백하다. 그런 장소에 들어간 공공 자금과 그곳에 놓여 있는 공공 자산을 감안하면, 그곳을 특정 주의 권한하에 두어서는 안 된다. 전체 합중국의 안전을 좌우할 수 있는 장소가 합중국의 특정 구성원에 의해 조금이라도 좌우될 수 있다는 것은 바람직하지 않다. 이 문제와 관련된 반대나 이의는, 그런 것을 설치하는 데 관련 주들의 동의를 얻는 방식으로 해소될 것이다.

3. "반역죄의 형벌을 선고하는 권한. 다만 반역죄로 인한 사권박탈 선고는 그 선고를 받은 자의 생존 기간을 제외하고 혈통 오손이나 재산 몰수를 초래하지 아니한다"[제3조 3절].

합중국에 대한 반역이 행해질 수 있기에, 합중국의 권한으로 그것을 처벌할 수 있어야 한다. 하지만 자유 정부의 자연스러운 파생물인 극단적 파당들이 번갈아 가면서 서로를 악의적으로 파멸시키는 수단이 되어 온 것이 새롭게 꾸며낸 가짜 반역죄이다. 따라서 헌법은, 탁월한 판단력으로 이런 특유의 위험을 막기 위해 반역죄에 대한 헌법적 정의를 삽입하고, 반역죄의 유죄판결에 필요한 증거를 확정했으며,[1] 의회가 그 죄를 처벌함에 있어서도 유죄의 결과가 장본인을 벗어나서까지 미치지 못하도록 제한했다.

4. "연방에 새로운 주를 가입시킬 수 있는 권한. 다만 어떠한 주의 관할구역에서도 새로운 주를 형성하거나 설치할 수 없다. 또 관련된 각 주의 주 의회와 연방의회의 동의 없이 두 개 또는 그 이상의 주나 주의 일부를 합병하여 새로운 주를 형성할 수 없다"[제4조 3절].

연합 헌장에는 이 중요한 문제에 대한 규정이 없다. [연합 헌장에 따르면] 캐나다는 합중국의 조치에 가담할 권리가 인정되었고, 다른 식민지들 — 명백히 다른 영국 식민지들을 의미하는 — 은 아홉 개 주의 재량에 따르도록 했다.[2] 새로운 주가 성립될 수 있다는 것을 그 문서[즉 연합 헌장]의 편찬자들은 간과했던 듯하다. 우리는 이런 누락이 가져온 불편함과 그로 말미암아 연합회의가 권력을 전유하게 되는 것을 목격했다.[3] 따라서 새로운 체제가 이 결함을 보완한 것은 아주 적절한 일이다. 연방 당국과 관련 주들의 동의 없이 새로운 주를 형성해서는 안 된다는 일반적 조치는

---

1) [옮긴이] 연방헌법 제3조 3절 1항에 따르면, "합중국에 대한 반역죄는 합중국에 대하여 전쟁을 일으키거나, 또는 적에게 가담하여 원조 및 편의를 제공할 경우에만 성립한다. 누구라도 명백한 위의 행동에 대하여 증인 두 명의 증언이 있거나 또는 공개 법정에서 자백하는 경우 이외에는 반역죄의 유죄 선고를 받지 아니한다".

2) [옮긴이] 연합 헌장 제11조에 따르면, "이 연합에 동의하고, 합중국의 조치에 가담하는 캐나다는 합중국에 받아들여져야 하고 합중국의 모든 이점을 누릴 권리를 가진다. 그러나 다른 식민지는, 아홉 개 주가 동의하지 않는 한 그와 같이 받아들여질 수 없다".

3) [옮긴이] 38번 논설, 주 17 참고.

그런 문제를 처리하는 원칙으로 적합하다. 당해 주의 동의 없이 하나의 주를 분할해 새로운 주를 수립하지 못하도록 한 개별적 조치는 규모가 큰 주의 경계심을 잠재울 것이다. 마찬가지로 당해 주들의 동의 없이 주들을 병합하지 못하도록 금지한 조치는 작은 주들의 경계심을 잠재울 것이다.

5. "합중국에 속하는 영토나 그 밖의 재산을 처분하는 권한 및 이에 관한 모든 필요한 규칙 및 규정을 제정하는 권한. 다만 이 헌법의 어떠한 조항도 합중국 또는 어느 주의 권리를 훼손하는 것으로 해석되어서는 안 된다"[제4조 3절].

이는 아주 중요한 권한이다. 앞의 권한의 적절성을 뒷받침한 것과 유사한 이유로 이 권한 역시 필요하다. 부가된 단서 조항은 그 자체로 타당할 뿐만 아니라, 아마 대중적으로 잘 알려진 서부 영토에 관한 경계심과 의문 때문에 절대적으로 필요했을 것이다.

6. "이 연방 내의 모든 주에 공화정체를 보장하며, 각 주를 침략으로부터 보호하며, 각 주의 주 의회 또는 집행부(주 의회를 소집할 수 없을 때)의 요구가 있을 때에는 주 내의 폭동으로부터 각 주를 보호"하는 권한[제4조 4절].

공화제 원리에 기초해 수립되고 공화정체의 구성원들[즉 주]로 이루어진 연방에서, 감독 정부[즉 연방 정부]는 [주들의] 귀족정 또는 군주정으로의 변경에 맞서 체제를 방어할 권한을 분명히 보유해야 한다. 그런 [공화제적] 연방의 속성이 더 깊을수록 구성원들은 서로의 정치제도에 대한 관심과 이해관계를 더 많이 갖게 될 것이고, 또한 협정 체결 당시의 정부 형태가 본질적으로 유지되어야 한다고 주장할 권리를 더 많이 갖게 될 것이다. 하지만 권리는 구제책을 수반하는데, 헌법에 의해 그런 구제책이 위탁되어 있는 곳[즉 연방 정부] 외에 다른 어떤 곳에 그런 구제책을 맡길 수 있겠는가? 상이한 원리와 형태로 이루어진 정체들은, 비슷한 성격의 정체들에 비해, 연방 체제[를 형성 및 유지하는 데]에 훨씬 덜 적합한 것으로 드러났다. 몽테스키외에 따르면, "독일 연합 공화국은 각양각색의 제후들의 지배를 받는 소국들과 자유도시들로 구성되어 있기에, 네덜란드나 스위스 연합 공화국보다 훨씬 불완전하다는 것을 경험을 통해 알 수 있다". 그는 또한, "마케도니아 왕이 암픽티온[연합]의 일원이 되자마자, 그리스는 파멸되었다"고 덧붙이고 있다.[4] 후자의 경우, 새로 연합에 가입한 나라가 군주정체였을 뿐만 아니라 압도적인 힘을 가졌다는 사실이 그런 결과에 영향을 미쳤음이 분명하다. [그렇다면] 왜 그런 예방책이 필요하며, 또한 그것이 당해 주의 동의 없이 [연방이] 주의 정체 변경을 추구할 구실이 되지 않느냐는 질문이 제기될 수 있을 것이다. 이 질문에는 바로 답할 수 있다. 중앙정부의 개입이 필요하지 않다면, 그런 경우에 대비한 규정은 다만 헌법상의 무해한 잉여물이 될 것이다. 하지만, 개별 주들의 변덕에 의해, 모험적인 지도자의 야망에 의해, 또는 외부 세력의 음모와 영향력에 의해, 어떤 시도가 이루어질지 누가 장담할 수 있겠는가? 두 번째 질문에는 다음과 같이 답할 수 있다. 즉 만일 중앙정부가 이런 헌법적 권한에 의해 개입한다면, 중앙정부는 당연히 그 권한을 실행해야 할 것이다. 하지만, 그 권한은 공화제 정부 형태를 보증하는 선에서 그쳐야 하며, 또한 그런 보증은 보장되어야 할 형태의 기존 정부를 가정하고 있다. 따라서 기존의 공화제 [정부] 형태가 주에 의해 유지되는 한, 그것은 연방헌법으로 보장될 것이다. 주들이 다른 형태의 공화제로 바꾸려 할 때에도 언제든지 그렇게 할 권리가 있고, 또한 후자에 대한 연방의 보증을 요구할 권리를 갖는다. 그들에게 부과되는 유일한

4) [옮긴이] Montesquieu, *Spirit of Laws*, vol. I, bk. IX, ch. 2.

제약은, 공화제 헌법을 반공화제 헌법으로 바꾸어서는 안 된다는 것인데, 이는 결코 불만거리로 간주되기 어려운 제약이라고 생각한다.

침략으로부터의 보호는, 한 사회를 구성하는 부분들이 그 사회로부터 마땅히 받아야 할 권리이다. 여기에서 말하는 [보호의] 범위에는, 외부의 적대 행위뿐만 아니라 자신보다 강력한 이웃 주의 야심이나 보복으로부터 각 주를 보호하는 것까지 포함되는 듯하다. 합중국에서 힘이 약한 구성원들은 이 조항이 현명한 것임을 감지하지 못할 리 없다. 이는 고대와 현대의 연합체들의 역사가 입증한다.

주 내의 폭동으로부터의 보호가 추가된 것은 전자와 마찬가지로 적절하다. 앞[19번 논설]에서도 언급했듯이 사실은 하나의 정부 하에 있지도 않은 스위스의 주들 사이에도 이런 목적을 위한 규정이 제정되어 있다. 그리고 그 연합의 역사를 보면, 가장 민주적인 주들도 그렇지 않은 주들과 마찬가지로 상호 지원을 빈번히 요구하고 또 제공하고 있다. 우리 사이에서 최근에 발생한 잘 알려진 사건[즉 셰이즈의 반란]도, 비슷한 성격의 비상사태에 대비하도록 우리에게 경고해 주었다.

다수파라도 정부를 전복할 권리는 없다는 가정, 소수파라도 정부를 전복할 힘을 가질 수 있으리라는 가정, 결과적으로 연방의 개입은 비정상적인 경우에만 요구되리라는 가정은 언뜻 보기에는 공화정 이론에 부합하지 않는 듯하다. 그러나 대부분의 다른 경우처럼 이 경우에도, 이론적 추론은 실제 교훈으로 수정·보완되어야 한다. 폭력을 목적으로 하는 불법적 결사들이 단일 주의 카운티나 디스트릭트의 다수파에 의해, 나아가 주의 다수파, 특히 작은 주의 다수파에 의해 왜 결성될 수 없겠는가? 그리고 전자의 경우에 주 당국이 지역[즉 카운티나 디스트릭트] 행정관을 보호해야 한다면, 후자의 경우에도 연방 당국이 주 당국을 지원해야 하지 않겠는가? 그 외에도, 주 헌법 가운데 일정 부분은 연방헌법과 밀접히 연계되어 있어서, 전자에 대한 타격은 후자에까지 손상을 끼치지 않을 수 없다. 주에서 발생한 반란에 연방이 개입하게 되는 것은, 반란에 가담한 세력이 정부 우호 세력에 비해 큰 규모일 경우로 한정될 것이다. 그런 경우, [반란 세력의] 다수파가 끈질긴 유혈 항쟁을 통해 자신들의 명분을 계속 유지하게 되는 상황보다는, 감독 권력이 폭력을 진압하는 편이 훨씬 나을 것이다. 개입할 권한의 존재는 일반적으로 그것이 실제 행사될 필요성을 없앤다.

공화제 정부에서는 힘과 정의가 반드시 같은 편이라는 것이 사실일까? 소수파가 금전적 자원, 군사적 재능이나 경험, 외부 세력의 은밀한 도움 등에서 우위를 점하기 때문에 무력에 호소하는 데서도 우세하지 않겠는가? 같은 측면에서 볼 때, 더 유리한 지위에 있는 소수가, 그 힘을 신속하고 집단적으로 행사하기에 불리한 상황에 있는 다수 집단보다 우세하지 않겠는가? 실제 힘이 시험될 경우, 주민 인구조사에 적용되는 규칙이나 선거 결과를 결정하는 규칙을 가지고서 승리를 추정할 수 있으리라 상상하는 것보다 터무니없는 생각은 없을 것이다. 외부 거주자의 가담, 용병이나 주 헌법상 참정권이 없는 자들의 일시적 합류 등에 따라, 결국 시민들 중의 소수파가 인민들 중의 다수파가 될 수도 있지 않겠는가? 나는, 평상시 정부가 안정된 시기에는 인간 수준 이하로 무시당하다가, 시민 폭력의 난폭한 현장에서 인간의 지위를 찾고서는 자신들이 지지하는 편 — 그것이 누구든 — 의 세력을 우세하게 만드는, 몇몇 주들에 다수 존재하는 불행한 부류의 사람들은 논외로 하고자 한다.[5]

어느 쪽이 정의인지 불확실한 상황에서 무력에 호소해 주를 산산조각 내 분열시키고 있는 폭력적인 두 분파가 요구할 수 있는 심판관으로서, 지역적 격정에 휩쓸리지 않은, 연합한 주들의 대표[즉 연방의회]보다 더 나은 것이 어디 있겠는가? 그 대표들은 친구의 애정과 심판의 공정함을 겸비할 수 있다. 자유로운 모든 정부가 자신의 결점에 대해 그런 구제책을 가질 수 있다면, 또한 똑같이 효과적인 기획이 인류의 보편적 평화를 위해 확립될 수 있다면, 얼마나 다행스러울 것인가.

만일 모든 주를 뒤덮은 반란 세력이, 헌법적 권한까지는 아니지만 전체 힘의 우위를 차지하게 되는 그런 사태가 일어날 경우, 그에 대한 시정책은 무엇이냐고 묻는다면, 다음과 같이 답해야 할 것이다. 그런 경우는 인간의 구제책의 범위를 벗어나는 것인데, 다행히도 인간의 개연성의 범위에서도 벗어나 있다고, 또한 연방헌법의 충분한 장점은, 어떤 헌법도 해결책을 제공할 수 없는 그런 재앙의 위험을 줄여 주는 데 있다고 말이다.

몬테스키외가 열거한 연방 공화국의 장점 가운데 중요한 하나는, "어느 한 주에서 대중 폭동이 발생할 경우 다른 주들이 그것을 진압할 수 있고, 악폐가 한 지역에 스며들면 건전하게 남아 있는 지역들에 의해 그것이 개선되리라는 것"[6]이다.

7. "이 헌법이 채택되기 전에 계약된 모든 채무와 체결된 모든 계약은 이 헌법하에서도 연합 헌장하에서와 마찬가지로 합중국에 대하여 효력을 가진" 것으로 간주하는 권한[제6조 1항].

이는 단지 선언적 명제로 간주될 수 있다. 이 조항이 삽입된 것은, 다른 이유보다도, 시민사회의 정체의 변화는 [외부에 대한]

---

5) [옮긴이] 이는 인종 문제에 대한 언급이다. 즉 흑인들이 기회가 생기면 자신들의 해방을 위해 투쟁하리라는 것을 암시하고 있다.

6) [옮긴이] Montesquieu, *Spirit of Laws*, vol. I, bk. IX, ch. 1.

그 정체의 도덕적 의무를 무효화하는 마법 같은 효과를 갖는다는 잘못된 학설에 접했을 것이 분명한, 합중국의 외국 채권자들을 안심시키기 위해서일 것이다.

헌법에 가해진 사소한 비판으로서, 합중국에 대한 [외부 채권자들의 채권이나] 계약의 유효성뿐만 아니라, 합중국을 위한 [합중국 국민의 채권이나] 계약의 유효성도 천명되었어야 한다는 지적이 있어 왔다. 또한 옹졸한 비판에서 대개 특징적으로 나타나듯이, 반대자들은 이 부분이 생략된 것을 국민의 권리를 제약하려는 음모로 변형·확대해 왔다. 다른 사람이라면 이런 말을 일러 줄 필요도 없겠지만, 이런 발견을 한 사람들에게는, 계약은 본질상 상호적이기에 한편에 대해 계약의 유효성을 주장하는 것은 필연적으로 다른 편에 대한 유효성을 포함한다는 것, 또한 그 조항은 선언적인 것이기에 한 경우에 대해 원칙을 확립하면 다른 모든 경우에도 충분히 해당된다는 것을 일러 줄 수 있다. 나아가 헌법상의 예방 조치는 가상이 아닌 [실제적] 위험에 대비하는 것으로 제한되어야 한다는 것, 그리고 이런 헌법적 선언에서 또는 설령 이런 선언이 없더라도 정부가 국민에게 정당하게 지불해야 하는 부채를 어떤 구실 — 지금 비난의 대상이 되었던 — 을 내세워 감히 면제받으려고 시도할 위험은 실재할 수 없다는 것 등을 그들에게 추가적으로 충고해 줄 수 있을 것이다.

8. "두 가지 경우를 예외로 하고, 주들의 4분의 3에 의해 비준될 [헌법] 수정안을 준비"[7]하는 권한[제5조].

---

[7] [옮긴이] 이는 제5조 원문 그대로가 아니라 내용을 요약한 것이다. 예외가 되는 두 가지 경우란 제5조의 단서 조항을 말하는데, 그 내용은 이 논설의 주 8 및 9 참조.

[헌법을] 경험해 가면서 [헌법에 대한] 유용한 수정이 제안되리라는 것은 예상 가능하다. 따라서 수정안을 제출하는 방식을 규정할 필요가 있다. 제헌회의가 선택한 방식은 모든 면에서 적절하고 타당한 듯하다. 그 방식은 지나치게 수월해 헌법이 끊임없이 개정되도록 만드는 것도 경계하고, 또는 너무 어려워 헌법에서 발견된 결함이 영속되도록 만드는 것도 마찬가지로 경계하고 있다. 나아가 그것은, 경험을 통해 드러나는 [헌법의] 결함의 수정을 발의할 수 있는 권한을 중앙정부와 주 정부에 똑같이 부여하고 있다. [헌법 수정의] 예외가 되는 두 경우 중 하나는 상원에서 주의 평등한 투표권을 지지하는 것이다.[8] 이는 아마, 입법부의 한 원[즉 상원]의 대표의 원리가 함축하고 보호하고 있는, 주의 잔여 주권을 보호하려는 의도로 보이며, 특별히 그런 평등에 집착하는 주들이 요구했을 듯하다. 또 하나의 예외[9]도, 주의 잔여 주권에 의해 방어되는 특권을 만들어 낸 바로 그 이유에서 인정되었음이 틀림없다.

9. "이 헌법이, 이를 비준하는 각 주 간에 확정되는 데는 아홉 개 주의 주 헌법 회의의 비준으로 충분하다"[제7조].

이 조문은 스스로를 변호한다. 명백한 인민의 재가만이 헌법에 정당한 효력을 부여할 수 있을 것이다. 13개 주의 만장일치 비준을 요구하는 것은, 전체의 기본 이익을 어느 한 구성원의 변덕이

---

8) [옮긴이] 그 내용은 "어느 주도 그 주의 동의 없이는 상원에서의 동등한 투표권을 박탈당하지 아니한다"는 것이다(헌법 제5조).

9) [옮긴이] 그 내용은, 헌법 제1조 9절 1항["연방의회는 기존의 주들 중에서 어느 주가 허용함이 적당하다고 인정하는 사람(즉 흑인 노예)의 이송 또는 수입을 1808년 이전에는 금지하지 못한다"]을 1808년 이전에는 수정할 수 없게 한 것이다. 즉 향후 20년 동안 흑인 노예 수입을 인정한 조항에 대해 향후 20년 동안 수정을 금지한 것이다.

나 부패에 종속시킬 것이다. 그것은 제헌회의의 통찰력의 결여를 드러내게 될 것이고, 우리의 경험에 비추어 볼 때 결코 용납할 수 없는 것이다.

이 경우에 아주 미묘한 두 가지 질문이 제기된다. 1. 주들 간의 엄숙한 형태의 계약으로 세워진 연합이 어떤 원칙에 의해 그 당사자들의 만장일치 동의 없이 대체될 수 있는가? 2. 헌법을 비준한 아홉 개 또는 그 이상의 주들과 그에 가입하지 않은 나머지 몇 개 주 사이에는 어떤 관계가 잔존하는가?

첫 번째 질문에는, 그 상황[즉 만장일치 동의 없는 대체]의 절대적 필요성과 자기보존의 대원칙에 호소함으로써, 그리고 사회의 안전과 행복은 모든 정치제도가 추구하는 목표이기에 그런 모든 제도는 그 목표를 위해 희생되어야 함을 선언하는, 자연과 자연의 신의 초월적 법칙에 호소함으로써 즉각 대답할 수 있다. 또한 계약의 원리 그 자체에서 대답을 찾을 수도 있을 듯하다. 앞서 연합의 결함들을 논의하면서 이미 언급했듯이[22번], 연합은 여러 주에서 단지 입법 절차에 따른 승인 이상의 재가를 받지 않았다. 상호성 원칙이 요구하는 바에 따라, 다른 주의 입장에서도 연합에 대한 의무는 그와 동일한 수준으로 격하될 것이다. 독립된 주권체들 간에 입법 당국의 통상적 결의에 기초해 맺은 계약은, 당사자 간의 연합이나 조약 이상의 효력을 주장할 수 없다. 조약 문제와 관련해 확립된 원칙에 따르면, 모든 조문들은 서로의 전제 조건이기에 어느 한 조문의 위반은 조약 전체의 위반이 된다. 또한 당사자들 가운데 누군가가 조약을 위반하면, 나머지 당사자들은 [조약에서] 면제되며, 그들이 원한다면 조약의 위반과 무효화를 선언할 권리를 갖게 된다. 개별 주들의 동의 없는 연합 계약의 해체를 정당화하기 위해 불행히도 이런 곤혹스러운 사실에 호소해야 한다면, 항의하는 측에서도 자신들 앞에 제시될 복합적이고 중대한 [자신들의 연합 헌장] 위반 행위에 대해 해명하기가 어려운 과제가 되리라는 것을 깨닫게 되지 않을까? 이 단락에서 표출된 생각을 우리 모두가 감추어야만 했던 시기가 있었다. 이제 상황이 변화됨에 따라, 동기는 같지만 그 역할도 변화된 것이다.

두 번째 질문도 까다롭다. 그 질문은 단지 가설에 불과한 것이 되리라고 유력하게 전망되기에, 지나치게 세심히 논의할 필요는 없다. 그것은 스스로 대비하도록 맡겨져야 할 그런 경우의 하나이다. 일반적으로, 헌법을 승인한 주와 반대한 주 사이에 정치적 관계는 존재할 수 없지만 도덕적 관계는 취소되지 않고 유지될 것으로 관측된다. 양측 모두에게 정의에 대한 요구는 유효할 것이고 또 실현되어야 한다. 모든 경우에 인간의 제반 권리는 정당하게 그리고 상호 간에 존중되어야 한다. 공동의 이해관계에 대한 고려, 무엇보다도 친밀했던 과거에 대한 기억, 그리고 재결합의 장애물을 곧 극복하리라는 기대감 등이 한편에 대해서는 절제를, 다른 편에 대해서는 신중함을 촉구할 텐데, 그 결과는 헛되지 않으리라 기대된다.

푸블리우스

연방주의자 44번

[매디슨] 1788. 1. 25.

연방의 권한을 옹호하는 다섯 번째 유형의 규정은, 개별 주들의 권한에 대한 다음과 같은 제한들로 구성된다.

1. "어떠한 주라도 조약, 동맹 또는 연합을 체결하거나, 나포 인허장을 수여하거나, 화폐를 주조하거나, 신용증권을 발행하거나, 금화 및 은화 이외의 것으로서 채무 지불의 법정 수단으로 삼거나,

사권 박탈법, 소급 처벌법 또는 계약상 의무를 침해하는 법률 등을 제정하거나 또는 귀족의 칭호를 수여할 수 없다"[제1조 10절].

조약, 동맹 그리고 연합에 대한 금지는 기존 연합 헌장의 일부를 구성하는데, 신헌법에 그대로 들어왔다. 그 이유는 설명이 필요하지 않을 것이다. 나포 인허장 금지는 구제도의 또 다른 일부인데, 신제도에서 다소 확대되었다. 구제도에 따르면, 전쟁 선포 이후에는 주가 나포 인허장을 교부할 수 있었다. 신제도에 따르면, 전쟁 선포 이전과 마찬가지로 전쟁 중에도 이런 인허장은 합중국 정부로부터 획득해야만 한다. 이 같은 수정은 외부 세력과 관련된 모든 사안에서 일관성을 가질 수 있다는 이점에 의해, 또한 결국 국가 자체가 책임져야 하는 모든 행동에 대해 국가가 직접 책임질 수 있다는 이점에 의해 전적으로 정당화된다.

연합 헌장에 따르면, 주화의 순도 및 가치를 규제하는 권한은 연합회의가 배타적으로 갖지만, 주화의 주조권은 연합 정부와 공동으로 주가 계속 보유하게 된다. 신헌법에서는 주의 이런 권한이 박탈되었다. 이 경우에도 신조항은 구조항을 개선한 것이다. 순도 및 가치가 중앙정부에 의해 좌우되는 한, 개별 주들의 주조권은 비용이 많이 드는 조폐창 수를 증가시키고 유통되는 동전의 형태와 무게를 다양화하는 것 이외에는 어떤 효과도 거둘 수 없다. 그런 다양성이 초래한 불편함은 당초 우리가 권력을 연합 지도부에 위임한 목표를 무산시켰다. 조폐창이 곳곳에 많이 있어서 재주조를 위해 금은을 중앙 조폐창으로 보내야 하는 불편함을 막을 수 있었다면, 그런 목적은 중앙정부하에 지방 조폐창을 설립함으로써 달성될 수 있을 것이다.

금지를 신용증권[즉 지폐]에까지 확대한 것에 대해서는 모든 시민들이 기뻐할 것이다. 그들이 정의를 사랑할수록, 그리고 공적 번영의 진정한 원천을 이해할수록 더 기뻐할 것이 틀림없다. 강화

조약 이래로 [주들이 발행한] 지폐는 사람들 사이에 필요한, 그리고 공적 의회에 필수적인 신뢰에 치명적 영향을 미쳤고, 인민들의 근면성과 도덕 및 공화제 정부의 명성에도 유해한 영향을 미쳤다.[1] 그런 무분별한 조치에 책임이 있는 주들은 그로 말미암아 합중국이 입은 손실에 대해 큰 부채를 안고 있다고 할 것이다. 이 부채는 변제되지 못한 채 오랫동안 남게 되거나, 아니면 그 책임이 오히려 축적될 것이 틀림없다. 따라서 [주들로서는] 그 수단이 되어 온 권한을 자발적으로 정의의 재단에 바침으로써만 속죄가 가능할 것이다. 설득력 있는 이런 사항에 추가할 것은, 주들이 자유롭게 주화 대신 지폐를 대용할 수 있어서는 안 된다는 점이다. 이는 주화에 대한 주의 통제권을 부정할 필요가 있었던 것과 같은 이유이다. 만일 모든 주들이 그 주의 주화의 가치를 규정할 권한을 갖는다면, 주의 수만큼 많은 각양각색의 통화가 나타날 것이고, 그 결과 그 통화들 사이의 거래는 가로막힐 것이다. 통화가치를 소급해 변동하는 조치가 이루어질 것이고, 이는 다른 주의 시민들에게 피해를 입힐 것이며, 주들 사이에 적대감을 부채질할 것이다. 외부 열강의 국민들도 같은 이유로 피해를 입을 것이기에, 합중국은 일개 구성원[즉 주]의 무분별한 행동으로 말미암아 신용을 잃고 분규에 휘말릴 것이다. 주의 지폐 발행권은, 금화 또는 은화 주조권 못지않게 그런 모든 피해를 수반할 것이다. 지폐 발행권을 회수한 것과 같은 원리에 의해, 금화 및 은화 이외의 것을 채무 지불의 법정 수단

---

1) [옮긴이] 영국으로부터 수입품을 사들이기 위해 정화正貨가 해외로 유출되고 농산물 가격 하락 등으로 농민들이 세금과 채무를 지불할 수 없게 되자, 펜실베이니아주와 노스캐롤라이나주를 비롯한 여러 주에서 신용화폐인 지폐를 발행했다.

으로 삼을 수 있는 권한도 회수되었다.

사권 박탈법,[2] 소급법, 그리고 계약상의 채무를 침해하는 법률 등은 사회계약의 제1 원리와 올바른 입법의 모든 원리에 반한다. 앞의 두 가지는 몇몇 주 헌법의 전문에서 명시적으로 금지되어 있다. 이런 기본 헌장들[즉 주 헌법들]의 정신과 의도는 세 종류의 법을 모두 금지하고 있다. 하지만 우리가 겪은 경험들은 이런 위험 요소들에 대한 추가적 보호 장치가 누락되어서는 안 된다고 가르쳐 주었다. 따라서 제헌회의는 적절하게도 개인의 안전과 사적 권리를 지키는 헌법적 방벽을 추가했다[제1조 9~10절]. 그렇게 하는 데서 제헌회의는 선거구민들의 확실한 이해관계와 진실한 정서를 충실히 참고했다고 나는 확신한다. 건전한 아메리카 인민들은 공적 의회를 지배해 온 변덕스러운 정책에 진저리치고 있다. 그들은, 개인의 권리에 영향을 미치는 사안들에 대한 입법적 개입과 급격한 [정책] 변경이 모험적인 유력 투기꾼들에게는 한몫 잡을 기회가 되는 반면, 근면하지만 정보에 어두운 공동체 일원에게는 올가미가 되는 것을 목격해 왔고, 이에 대해 한탄하고 분개해 왔다. 또한 그들은 입법적 개입이, 지속적인 연쇄적 반복의 첫걸음에 지나지 않음을 봐왔다. 앞선 개입의 영향으로 후속 개입이 자연적으로 만들어지는 것이다. 따라서 그들은, 공적 조치를 악용하는 투기를 근절하고, 보편적인 검약과 근면을 고무하며, 일반 사회의 업무가 통상적으로 진행될 수 있도록 하는 근본적 개혁이 필요하다는 결론을

---

2) [옮긴이] 사권 박탈법Bill of Attainder은 의회가 제정한, 개인의 권리를 박탈하는 법을 말한다. 즉 의회가 어떤 집단이나 개인이 범죄자임을 선언하고 재판 없이 처벌하고 재산을 몰수하는 것이다. 1459년 영국 의회에서 처음 통과되어 튜더 및 스튜어트 왕조 시기에 통용되었고, 심지어 미국 독립 전쟁 중에 주 의회들이 토리파(왕당파)에 대해 사용하곤 했다.

올바르게 내린 것이다. 귀족 칭호에 대한 금지는 연합 헌장에서 그대로 가져왔기에, 더 언급할 필요가 없을 것이다.

2. "어떠한 주도 연방의회의 동의 없이 수입품 또는 수출품에 대하여, 그 주의 검사법을 집행하기 위한 것을 제외하고는, 어떠한 수입세 또는 관세도 부과하지 못한다. 주가 수입품 또는 수출품에 부과하는 모든 관세나 수입세의 순수입은 합중국 국고의 용도에 귀속되어야 한다. 또한 그러한 법은 모두 연방의회의 수정 및 통제를 받아야 한다. 어떠한 주도 연방의회의 동의 없이 선박에 톤세를 부과할 수 없고, 평화 시에 군대나 군함을 보유할 수 없으며, 다른 주나 외국과 협정이나 조약을 체결할 수 없고, 실제로 침공당하거나 지체할 수 없을 만큼 급박한 위험에 처하지 아니하고는 교전할 수 없다"[제1조 10절].

교역에 관한 법규는 필히 연방의회에 위임되어야 함을 입증하는 모든 주장들은, 수입품과 수출품에 대한 주의 권한 역시 제한되어야 함을 강력히 요구한다. 따라서 이 문제에 대해 추가적으로 언급하는 것은 불필요하다. 다만 그런 제한을 가하는 방식이, 주들의 수출입의 편의를 제공하는 합리적 재량권을 주에 보장하는 다른 한편으로 이런 재량권이 남용되지 않도록 하는 합리적 견제 수단을 합중국에 보장하는 식으로 잘 설계된 듯하다는 점만 언급하고자 한다. 이 구절의 나머지 세부 사항과 관련된 논증은 너무나 명백하거나 또는 지금까지 너무나 충분히 개진되어 왔기에 더 언급하지 않고 지나가도 될 것이다.

여섯 번째이자 마지막 유형은, 모든 나머지 권한과 규정에 효력을 부여하는 몇 가지 권한과 규정들로 구성된다.

1. 그중 첫째는, "위에 기술한 권한들과, 이 헌법이 합중국 정부 또는 그 부처나 그 부처의 공무원에게 부여한 모든 기타 권한을 행사하는 데 필요하고 적절한 모든 법률을 제정"할 권한이다

[제1조 8절 18항].

　헌법에서 이것보다 더 과도하게 공격받아 온 부분은 없다. 하지만 공정하게 검토해 보면, 이보다 더 반박 불가능한 부분은 없는 듯하다. 이런 권한의 내용이 없다면 헌법 전체는 죽은 문자가 될 것이다. 따라서 이 조항이 헌법의 일부가 되는 것에 반대하는 자들도 다만 규정의 형태가 부적절하다는 뜻으로 말할 뿐이다. 하지만 그들은 정말 이것이 더 나은 형태로 대체될 수 있다고 생각하는가?

　제헌회의는 이 문제에 대해 다음과 같은 네 가지 다른 방식을 취할 수도 있었을 것이다. 즉 제헌회의는, 명백히 위임되지 않은 그 어떤 권한의 행사도 금지하는 기존 연합 헌장 제2조[3]를 그대로 복사할 수 있었다. "필요하고 적절한"이라는 일반적 용어에 포괄되는 권한들을 긍정적으로 열거할 수도 있었다. 일반적 정의에서 제외되는 권한들을 명시하는 식으로, 그것을 부정적으로 열거할 수도 있었다. 이 문제에 대해 완전히 침묵을 지킴으로써 필요하고 적절한 권한을 해석과 추론에 맡길 수도 있었다.

　제헌회의가 연합 헌장 제2조를 차용하는 첫 번째 방식을 취했더라면, 새로운 의회는 그 전신[즉 연합회의]이 그러했듯이 "명백히"라는 용어의 해석을 둘러싸고 계속 두 가지 대안에 마주치게 될 것이다. 아주 엄격히 해석해 정부에서 모든 실질적 권한을 빼앗거나, 아니면 아주 폭넓게 해석해 제한의 효력을 완전히 무력하게 만드는 것이 그것이다. 연합회의는 연합 헌장에 의해 위임된

---

3) [옮긴이] 연합 헌장 제2조는 다음과 같다. "각 주는, 이 연합 헌장에 의해 연합회의에 명백히 위임되지 않은, 각 주의 주권과 자유, 그리고 독립과 모든 권한, 관할권과 권리를 계속 보유한다."

그 어떤 중요 권한도, ["명백히"의 의미에 대한] 해석이나 함의의 방책에 다소라도 의존하지 않고서는, 집행하지 못했거나 집행할 수 없는 상태에 처해 있다. 필요하다면 이는 손쉽게 입증해 보여 줄 수 있다. 새로운 체제에서는 위임될 권한이 훨씬 광범위할 것이다. 따라서 그것을 운영하게 될 정부는, 아무것도 하지 않음으로써 공익을 배반할 것인가, 아니면 반드시 필요하고 적절하지만 동시에 명백히 승인되지 않은 권한을 행사함으로써 헌법을 위반할 것인가라는 두 대안을 놓고 훨씬 더 고통스러운 처지에 처할 것이다.

　다른 권한을 집행하는 데 필요하고 적절한 권한을 긍정적으로 열거하는 [두 번째] 방식을 제헌회의가 택했더라면, 헌법에서 언급되는 모든 주제와 관련된 법률들 — 현재 상황뿐만 아니라 미래의 모든 가능한 변화에도 대응할 — 의 완벽한 개요를 헌법에 담아야 했을 것이다. 왜냐하면, 포괄적 권한을 새로운 대상에 적용하기 위해서는, 그 권한의 목표를 달성하는 수단이 되는 개별적 권한을 그 목표에 맞추어 항상 변경해야 하기 때문이다. 심지어 목표가 동일하게 유지되더라도 종종 적절하게 변경해야 할 것이다.

　포괄적 권한을 집행하는 데 필요하거나 적절하지 않은 개별적 권한 또는 수단들을 [부정적으로] 열거하는 [세 번째] 방식을 제헌회의가 시도했더라도, 그 과제는 전자 못지않게 비현실적이었을 것이고, 다음과 같이 한층 더한 반대에 직면했을 것이다. 즉 [부정적] 열거에서 누락된 모든 것이 권한의 긍정적 승인과 같은 의미가 되리라는 것이다. 이런 결과를 방지하려면, 제외되는 권한들을 부분적으로 열거하고, 나머지를 필요하거나 적절하지 않은이라는 포괄적 용어로 묘사해야 할 것이다. 그렇게 되면, 제외되는 권한만을 어느 정도 열거하게 될 텐데, 이런 방안이 받아들여질 가능성은 가장 낮다. 왜냐하면, 이 경우 가장 덜 필요하고 적절한 것만 열거 대상에 들어갈 것이기 때문이다. 나머지 범주에 포함될, 불필요하고 부적절한 권한을 강력히 배제하기란 부분적 열거가 없을 때보다 더 어려워질 것이다.

[네 번째 방식을 택해] 헌법이 이 문제에 대해 침묵했더라면, 포괄적 권한을 집행하는 수단으로서 필수적인 모든 개별적 권한들이 불가피하게 정부에 귀속되리라는 데는 의문의 여지가 있을 수 없다. 요구되는 목표가 있는 곳에는 수단이 승인되어야 하고, 무엇을 행할 포괄적 권한이 주어지면 그것을 행하는 데 필요한 모든 개별적 권한도 그에 포함되어야 한다는 것보다 법이나 논리에서 더 확고한 공리는 없다. 따라서 제헌회의가 이 마지막 방식을 추구했더라도, 지금 헌법에 대해 제기되는 모든 반론들이 여전히 그럴듯해 보일 것이다. 나아가 결정적 순간에 합중국의 필수적 권한에 대해 의문을 제기하는 데 이용될 수 있는 구실을 제거하지 못했다는 현실적 불편이 야기될 것이다.

연방의회가 헌법의 이 부분을 잘못 해석해 헌법이 인가한 진의와 다르게 권한을 행사할 경우 그 결과는 어떻게 될 것인지를 묻는다면, 나는 다음과 같이 답할 것이다. 연방의회에 부여된 다른 어떤 권한을 잘못 해석하거나 또는 확대 해석한 경우와 마찬가지일 것이라고. 또한 보편적 권한을 개별적 권한으로 변형하고, 그중 어느 것을 위반했을 경우와 마찬가지일 것이라고. 간단히 말해, 주 입법부가 그들 각자의 헌법적 권한을 위반했을 경우와 마찬가지일 것이라고. 첫 번째의 경우, [연방의회에 의한] 불법적 권한 행사의 성공 여부는 의회에서 제정한 법률을 해석하고 실행하는 집행부와 사법부에 의해 좌우될 것이고, 궁극적으로는 인민들로부터 해결책이 구해질 것이 틀림없다. 인민들은 좀 더 신뢰할 만한 대표를 선출함으로써 권력 강탈자들의 행위를 무효화할 수 있기 때문이다. 이 궁극적 구제책은, 주 의회의 위헌적 행위보다 연방의회의 위헌적 행위를 막는 방안으로 더 신뢰가 가는 것이 사실이다. 왜냐하면, 연방의회의 그런 행위는 주 의회의 권한에 대한 침해가 될 것이기에, 주 의회는 항상 기꺼이 [연방의회의] 새로운 법률에 주의를 기울이고 인민들에게 경보를 울리며 자신들의 지역적 영향력을 행사해 연방 의원들을 교체하려 할 것이기 때문이다. 주 의회와 인민 사이에는 전자의 행위를 감시하는 데 관심을 갖는 그런 중간 조직이 없기 때문에, 주 헌법에 대한 침해는 감지되거나 시정되지 않은 채 지속될 가능성이 높다.

2. "이 헌법, 이 헌법에 의거하여 제정되는 합중국 법률, 그리고 합중국의 권한에 의하여 체결되었거나 체결될 모든 조약은 이 나라의 최고법이다. 어떤 주의 헌법이나 법률 중에 이에 배치되는 규정이 있을지라도, 모든 주의 법관은 이 최고법에 따라야 한다" [제6조].

헌법 반대자들은 무분별한 열성에 사로잡혀 헌법의 이 부분에 대해서까지 공격한다. 이 부분이 없다면 헌법은 명백하고 근본적인 결함을 안게 될 것이다. 이 점을 충분히 이해하기 위해서는, 그들이 선호하는 유보 조항에 따라 주 헌법의 최고성이 기존대로 완벽히 유지된다고 잠시 동안 가정해 볼 필요가 있다.

첫째로, 주 헌법들은, 기존 연합 헌장에 의해 [주의 관할 사항에서] 제외되지 않은 모든 사안에 대해 주 의회에 절대적 주권을 부여하고 있다. 따라서 헌법안에 포함된 모든 권한들은 연합 헌장에 열거된 권한을 넘어서는 한 무효화될 것이고, 새로운 연방의회는 이전의 연합회의와 똑같이 무력한 상태로 전락하게 될 것이다.

다음으로, 몇몇 주의 헌법들은 심지어 연합의 기존 권한을 명시적으로 그리고 완전하게 인정하지도 않고 있다. 따라서 그런 주들에서 주 헌법의 최고성이 명시적으로 존속된다면, 헌법안에 포함된 모든 권력이 의문시될 것이다.

셋째로, 주의 헌법들은 서로서로 많이 다르기 때문에, 주들에 똑같이 중요한 조약이나 국가 법률이 어떤 주 헌법과는 충돌하고 다른 주 헌법과는 충돌하지 않는 경우가 발생할 수 있다. 그 결과 조약이나 법률이 어떤 주에서는 유효한데 다른 주에서는 효력이 없는 상황이 나타날 수 있다.

끝으로 세상 사람들은, 모든 정부의 기본 원리와 상반되는 원리에 기초한 정부 체제를 최초로 목격하게 될 것이다. 전체 사회의 권위가 모든 곳에서 부분의 권위에 종속되는, 지도부가 구성원의 지시하에 놓이는 기이한 체제를 목도하게 될 것이다.

3. "상원 의원 및 하원 의원, 각 주 의회의 의원, 합중국 및 각 주의 모든 집행관 및 사법관은 선서 또는 확약에 의하여 이 헌법을 지지할 의무가 있다"[제6조].

주의 최고 집행관이 연방헌법을 지지할 의무가 왜 필요한가, 주 헌법들을 지지하도록 합중국의 관리들에게도 비슷한 서약이 부과될 필요는 없는가라는 질문이 제기되었다.

이 구분에는 여러 이유를 들 수 있지만, 분명하고 결론적인 한 가지 이유로 족하다고 나는 생각한다. 연방 정부의 구성원들은 주 헌법의 실행에 아무런 작용을 미치지 못하는 반면, 주 정부의 구성원과 관리들은 연방헌법의 실행에 필수적인 작용을 미칠 것이기 때문이다. 대통령과 상원 의원의 선출[과정]은 모든 경우에 개별 주의 의회에 의존할 것이다. 연방 하원 의원의 선출[과정]도 마찬가지로 우선 주 의회에 의존하게 될 것이고, 아마 영원히 주의 법에 따라 주의 관리들에 의해 수행될 것이다.

4. 연방의 권한을 유효하게 하는 규정들 중에는 집행부와 사법부에 속하는 것들도 추가될 수 있지만, 그 부분은 다른 곳[65~85번]에서 별도로 검토할 것이기에, 여기에서는 넘어가기로 한다.

우리는 지금까지 헌법안에 의해 연방 정부에 위임된 권한의 전부 또는 상당수를 구성하는 모든 조문들을 자세히 검토했다. 그리고 그 권한들 중에서 합중국에 필요한 목표를 달성하는 데 불필요하거나 부적절한 것은 하나도 없다는 명백한 결론에 도달했다. 따라서 이런 규모의 권한이 허용되어야 하느냐는 질문은 이제 다른 질문으로 바뀌어야 한다. 합중국의 본질적 요구에 상응하는 정부가 수립되어야 하는가, 즉 합중국 그 자체가 보존되어야 하는가라는 질문이 그것이다.

푸블리우스

연방주의자 45번

[매디슨] 1788. 1. 26.

연방 정부에 양도된 권한들 가운데 불필요하거나 부적절할 것은 하나도 없음을 밝혔으니, 이제 다음으로 검토해야 할 질문은 연방 정부의 그런 권한들이 개별 주에 남겨진 권한 부분에 대해 위협이 될 것인지의 여부이다.

제헌회의 안에 반대하는 자들은, 연방 정부의 목표를 실현하기 위해 어느 정도의 권한이 절대적으로 필요한지를 우선적으로 검토하기보다는, [헌법에서] 제안된 정도의 연방 권력이 개별 주 정부에 미칠 수 있는 영향을 조사하는 부차적인 연구에 몰두해 왔다. 그러나 앞서 입증했듯이, 외부 위협으로부터 아메리카 인민의 안전을 지키는 데 합중국이 필수적이라면, 각 주들 사이의 분쟁과 충돌에 맞서 인민들의 안전을 기키는 데 합중국이 필수적이라면, 자유의 은총을 괴롭히는 폭력적이고 억압적인 파벌들과 또한 합중국의 기초, 바로 그것을 점차 부식시킬 군 상비 체제로부터 인민을 보호하는 데 합중국이 필수적이라면, 한마디로 말해 아메리카 인민의 행복에 합중국이 필수적이라면, 그런 합중국의 목표를 달성하는 데 필수 불가결한 정부에 대해 반대하는 이유로서 그 정부가 개별 주 정부들의 중요성을 훼손할 것이라고 주장하는 것은 본말이 전도된 터무니없는 주장이 아닌가? 아메리카 인민들이 평화와 자유 그리고 안전을 누리기 위해서가 아니라, 개별 주 정부들이 그리고 개별 자치 기관들이 일정 정도의 권한을 누리고 일정한 주권의 위엄과 속성을 갖추기 위해, 아메리카 혁명을 수행하고 아메리카 연합을 결성했으며, 수천의 고귀한 피를 흘리고 힘들여 번 수백만의 자산을 투입했던가? 인민을 위해 왕이 만들어진 것이 아니라 왕을 위해 인민이 만들어졌다는 구세계의 사악한 교의에 대해 우리는 들어 왔다. 다른 형태의 정치제도의 목적을 위해 인민의 확고한 행복이 희생되어야 한다니, 동일한 교의가 또 다른 새로운 형태로 되살아나려는 것인가? 공공선과 인민 대다수의 진정한 복리는 우리가 추구해야 할 최고의 목표이다. 그리고 그 어떤 형태의 정부도, 이 목적의 달성에 적합해야 한다는 것 이상의 다른 어떤 가치를 가질 수 없다. 이에 대한 망각을 정치인들이 이용하려 한다면 그것은 시기상조가 될 것이다. 제헌회의의 안이 공공의 행복에 반하는 것이라면, 그것을 폐기하라고 나는 외칠 것이다. 합중국 그 자체가 공공의 행복과 모순된다면, 합중국을 폐지하라고 나는 선언할 것이다. 같은 식으로, 주의 주권이 인민의 행복과 조화될 수 없는 한, 후자를 위해 전자가 희생되어야 한다고 모든 선량한 시민들은 외쳐야 한다. 어느 정도의 희생이 필요한지는 지금까지 입증했다. 희생되지 않는 나머지 부분들이 어느 정도 위협받을 것인지가 우리 앞에 남겨진 질문이다.

지금까지의 논설에서는, 연방 정부의 활동이 점점 주 정부에 치명적인 것으로 판명되리라는 가정을 반박하는 몇 가지 중요한 사항들을 다루었다. 나는 이 주제에 대해 생각하면 할수록, 연방 정부보다는 주 정부에 우세한 쪽으로 균형이 기울 가능성이 훨씬 높다고 확신하게 된다.

고대와 근대의 모든 연합들의 사례에서, 연합의 구성원들은 중앙정부의 권한을 훼손하는 강한 경향성을 끊임없이 드러낸 반면, 그런 침해에 맞서 스스로를 방어하는 중앙정부의 능력은 아주 비효율적이었음이 드러났다. 그런 사례들 중에서 대부분은 지금 논의 중인 [우리] 체제와 아주 상이하기 때문에, 그 사례들의 운명으로부터 우리 체제에 관해 추론하는 것은 큰 의미가 없을 수 있다. 하지만, 제안된 헌법하에서도 주들은 실질적인 주권 가운데 아주 많은 부분을 유지할 것이기에, 그런 추론이 전적으로 무시되어서는 안 될 것이다. 아카이아 연합에서 연합의 지도부는, 제헌회의에서 입안한 정부와 상당 부분 유사한 정도와 종류의 권한을 가졌던 듯하다.[1] 리키아 연합은, 전해지는 원리와 형태상으로는, 제헌회의에서 입안한 정부와 훨씬 더 유사했음이 틀림없는 듯하다.[2] 하지만 역사를 통해 우리가 알고 있는 바에 따르면, 그들 가운데 어느 것도 하나의 통합된 정부로 변질되었거나 또는 그런 경향을 보였던 적이 없다. 그와 반대로, 그들 가운데 하나의 붕괴는, 해체를 막을 수 없었던 연방 권위체의 무능력에 따른 것이었고, 궁극적으로는 하위 권위체들의 분쟁에 따른 것이었음을 우리는 알고 있다. 이 사례들의 경우, 연합의 구성 부분들을 결속하는 외부 요인이 우리보다 훨씬 많고 강력했기에, 그리 강하지 않은 내부 유대로도 구성원들을 충분히 지도부에 결속하고 또 상호 응집시킬 수 있었을 것이다. 이런 점에서 위의 사례들은 우리가 더 큰 관심을 가질 만하다.

1) [옮긴이] 16번 논설, 주 2 참조.
2) [옮긴이] 9번 논설, 주 7 참조.

봉건 체제에서 우리는 앞서 예시한 것과 유사한 경향을 봐왔다. 지역적 주권체와 인민 사이에는 어떤 차원에서도 적절한 공감대가 부재했고, 보편적 주권체와 인민 사이에는 여러 차원에서 공감대가 있었음에도, [서로를] 침식하려는 경쟁에서 대개 지역적 주권체가 승리했다. 외부의 위협이 내부의 화합과 복종을 강제하지 않았더라면, 특히 지역적 주권체가 인민들의 애정을 사로잡았더라면, 지금 유럽의 위대한 왕국들은 이전의 봉건 귀족들처럼 수많은 독립적인 작은 군주들로 구성되어 있을 것이다.

주 정부와 연방 정부가 서로에 대해 갖는 직접적 의존성, 주 정부와 연방 정부의 인적 영향력의 크기, 주 정부와 연방 정부 각각에 부여된 권한, 인민들의 애정과 예상되는 지지, 서로의 조치를 방해하고 좌절시키려는 성향과 능력 등과 같은 여러 측면들 중 어느 것을 비교해도, 주 정부는 연방 정부에 비해 강점을 가질 것이다.

주 정부는 연방 정부를 구성하는 필수적 부분으로 간주될 것이다. 반면에 연방 정부는 주 정부의 작동이나 조직에 전혀 필수적이지 않다. 주 의회의 개입 없이 합중국의 대통령은 선출될 수 없다. 주 의회는 모든 경우에서 대통령을 임명하는 데 큰 역할을 할 것이며, 아마 대부분의 경우 그들이 대통령 임명을 결정할 것이다.[3] 상원은 절대적이고 배타적으로 주 의회에 의해 선출될 것이다.[4] 인민으로부터 직접 도출되는 하원도, 인민들에 대한 자신

---

[3] [옮긴이] 헌법 제2조 1절에 따르면, 각 주는 그 주 의회가 정하는 바에 따라 그 주가 연방의회에 보낼 수 있는 상원 의원과 하원 의원의 총수와 동수의 대통령 및 부통령 선거인을 임명한다.

[4] [옮긴이] 헌법 제1조 3절에 따르면, 상원은 각 주에서 두 명씩 그 주의 주 의회에서 선출한 6년 임기의 상원 의원으로 구성된다(이 규정은 1913년 수정 헌법 제17조에 따라 주민에 의한 직선으로 수정된다).

들의 영향력을 통해 주 의회에 선출되는 그런 부류의 사람들[즉 주 의원들]의 강력한 영향하에서 선출이 이루어질 것이다. 따라서 연방 정부에서 가장 중요한 부[즉 대통령, 의회] 각각이 그 존속을 다소간 주 정부의 지원에 의지할 것이고, 그 결과 주 정부에 대해 의존성을 느끼게 될 것이 틀림없다. 이로 말미암아 그들은 주 정부에 대해 고압적이기보다는 순종적인 성향을 갖게 될 가능성이 높다. 이와 달리, 주 정부의 구성 요소들[즉 주지사나 주 의회 의원]의 임명이 연방 정부의 직접적 작용에 의존하는 경우는 전무할 것이고, 설령 있다고 하더라도 연방 정부 구성원의 지역적 영향력에 아주 미약하게 의존할 것이다.

합중국 헌법에 따라 고용될 사람들의 수는, 개별 주들에 고용될 사람들보다 훨씬 적을 것이다. 따라서 인적 영향력도 개별 주들보다 연방 측이 작을 것이다. 13개 주와 [이후] 추가될 주들의 입법부·집행부·사법부의 구성원들, 그리고 300만 명 이상의 인민을 대상으로 한 치안판사와 민병대 장교들, 치안판사 보조 관리들, 카운티와 타운의 관리들은 서로 혼재되어 있고 인민의 모든 부류 및 집단들과 특별히 친밀한 관계에 있다. 따라서 이들은 수와 영향력 모두에서, 연방 체제를 운영하는 데 고용될 모든 부류의 사람들을 압도할 것이 틀림없다. 13개 주의 3부의 구성원 — 사법부에서 치안판사는 제외하고 — 을 합중국의 단일 정부의 3부의 구성원과 비교해 보자. 300만 명의 인민의 민병대 장교를 [군] 상비 체제 — 있음 직한 범위 내의, 또는 추가한다면, 가능한 범위 내의 어떤 상비 편제이든 — 의 육해군 장교들과 비교해 보자. 이런 일람만으로도, [연방에 대한] 주의 우세가 결정적이라고 단언할 수 있을 것이다. 만일 연방 정부가 세입 징수원을 갖게 된다면, 주 정부 역시 그런 징수원을 갖게 될 것이다. 그리고 연방 정부의 징수원은 주로 해안가에 배치될 것이고 수가 그리 많지 않을 것임에 반해, 주

정부들의 징수원은 나라 전역에 퍼질 것이고 그 수도 아주 많을 것이다. 이런 견지에서도 역시 강점은 주 정부 측에 있다. 연방이 모든 주들에서 대외세뿐만 아니라 내국세를 징수할 권한을 가질 것이고 행사할 수도 있는 것은 사실이다. 그러나 이런 권한은 세입 보충이라는 목적을 제외하면 활용되지 않을 개연성이 높다. 주들은, 자신들이 먼저 직접 징세한 것을 가지고 [연방 정부에] 할당액을 제공하는 대안을 갖게 될 것이다. 합중국이 직접적 권한을 갖지만, 일반적으로 궁극적인 징수는 개별 주들이 임명한 관리들에 의해 개별 주들의 규칙에 따라 이루어질 것이다. 다른 경우, 특히 사법부 조직에서는, 합중국의 지역 주재원으로서의 권한이 주의 관리들에게 부여될 개연성이 아주 높다. 연방 정부가 별도의 내국세 징수원을 임명한다고 해도, 그 전체 인원의 영향력은 그 반대편인 주의 대규모 징세 관리들에 비교가 안 될 것이다. 주의 징수원이 배치될 모든 디스트릭트에는 적어도 30~40명 또는 그보다 많은 다양한 종류의 관리들이 있을 것이고, 지위와 영향력을 가진 그런 사람들의 대다수의 영향력은 주의 편으로 기울 것이다.

헌법안에 의해 연방 정부에 위임된 권한들은 소수이고 명시되어 있다. 주 정부에 남을 권한들은 다수이고 분명히 규정되지 않은 것들이다. 전자의 권한들은 주로 외부 대상들 — 전쟁, 평화, 협상, 그리고 대외 교역 같은 — 에 대해 행사될 것이다. 징세권은 대부분 마지막 대상과 연관될 것이다. 개별 주들이 보유할 권한들은, 일상적 상황에서 인민들의 생명, 자유, 재산과 관련된, 그리고 주의 대내적 질서, 진보, 번영 등과 관련된 모든 대상에 미칠 것이다.

연방 정부의 기능은 전쟁과 위기 시에 가장 광범위해지고 중요해질 반면, 주 정부의 기능은 평화롭고 안전한 시기에 그럴 것이다. 전자의 기간은 후자에 비해 짧을 것이기에, 이 점에서도 주 정부는 연방 정부에 비해 또 다른 강점을 누릴 것이다. 사실 연방의 권한이 국가 방위에 적합하게 만들어질수록, 개별 주 정부에 대해 연방 정부가 우위를 갖는 데 유리한 그런 위기 상황이 나타날 빈도는 줄어들 것이다.

신헌법을 정확하고 공평하게 검토한다면, 그것이 제안하는 변경은 새로운 권한을 합중국에 추가하기보다는 원래의 권한을 활성화하는 데 있음이 드러날 것이다. 교역에 대한 규제가 새로운 권한인 것은 사실이지만, 그것을 추가한 데 대한 반대나 불안은 거의 없는 듯하다. 전쟁과 평화, 육군과 해군, 조약과 재정 등에 관한 권한은, 더 중요한 다른 권한들과 함께, 모두 연합 헌장에 의해 기존 연합회의에 부여되어 있던 것들이다. 신헌법이 제안한 변경은 이런 권한들을 확대한 것이 아니고, 그것을 좀 더 효과적으로 집행할 방식으로 대체했을 뿐이다. 징세와 관련된 변경은 가장 중요한 것으로 간주될 수 있다. 그렇지만, 현재의 연합회의가 공동방위와 일반 복리를 위한 자금의 무제한적 제공을 주에 요구할 완전한 권한을 가지고 있듯이, 미래의 연방의회도 그것을 개별 시민들에게 요구하게 될 것이다. 그리고 주들이 자신들에게 각각 부과된 할당액을 납부해야 하는 의무를 졌듯이, 개별 시민들도 그 정도의 의무를 지게 될 것이다. 주들이 [연합 체제에서] 연합 헌장을 정확히 준수했다면, 또는 개인들에 대해서도 성공적으로 이용될 수 있을 그런 평화적 수단을 통해 주들의 [연합 헌장] 준수가 강제될 수 있었다면, [신헌법 아래에서] 주 정부가 자신의 입헌적 권한을 상실하고 [연방에] 점차 완전히 통합되리라는 견해는 우리의 과거 경험에 결코 부합하지 않는 것이다. 그런 사태가 뒤따르리라고 주장하는 것은, 주 정부는 합중국의 필수적 목표를 달성할 그 어떤 체제와도 양립 불가능하다고 주장하는 것과 같다.

푸블리우스

연방주의자 46번

[매디슨] 1788. 1. 29.

앞의 논설에서 다룬 주제를 이어받아, 인민들의 애착 및 지지와 관련해 연방 정부와 주 정부 가운데 어느 쪽이 유리할지 검토해 보도록 하자. 정부 임명 방식이 상이함에도, 그 양자는 모두 근본적으로 합중국의 대다수 시민에게 종속된 것으로 간주되어야 한다. 이런 견해는 여기에서는 당연한 것으로 가정하는데, 이에 대한 입증은 다른 곳[52~62번 논설]에서 수행될 것이다. 사실 연방 정부와 주 정부는 서로 다른 권한을 부여받고 서로 다른 목적을 위해 임명된, 인민의 서로 다른 대리인이자 수탁자이다. 헌법의 반대자들은 이 주제에 대해 판단하면서 인민의 존재를 완전히 망각했던 듯하다. 또한 서로 다른 이 기구들을 상호 경쟁자이자 적대자로 간주했을 뿐만 아니라, 서로의 권한을 빼앗으려는 시도가 그 어떤 공동의 상급 권위에 의해서도 통제받지 않는 존재로 간주했던 듯하다. 그들은 이 점에서 자신들의 실수를 상기해야만 할 것이다. 또한 그들은, 그 파생물이 어디에서 발견되든 궁극적 권위는 오직 인민에게 있다는 점, 그런 궁극적 권위[의 향배]는 단순히 서로 다른 정부들의 상대적 야망이나 수완 — 즉 어느 쪽이 상대편을 희생해 자신의 관할 영역을 확대할 수 있는가 — 에 의해 좌우되는 것이 아니라는 점 등을 경청해야 할 것이다. 모든 경우에 결과는 그들[즉 연방 정부와 주 정부]의 공통의 유권자들의 생각과 재가에 의해 좌우된다고 여겨야 할 것이다. 이는 법 못지않게 사실이 요구하는 바이다.

앞[17번]에서 제시한 것을 포함한 여러 사항들을 고려할 때, 인민들이 가장 우선적으로 자연스럽게 애착을 가질 대상은 그들 각자의 주 정부가 되리라는 사실은 의문의 여지가 없는 듯하다.

더 많은 개인들이 주 정부 운영에 진출하기를 기대할 것이다. 더 많은 공직과 보수가 주 정부의 선물로부터 생길 것이다. 인민들의 관심사 가운데 비교적 국내적이고 사적인 모든 것은 주 정부의 관리·감독에 따라 조정될 것이고 또한 준비될 것이다. 인민들은 주 정부의 업무를 좀 더 친숙하고 세밀하게 알게 될 것이다. 인민들 중에서 더 많은 부분이 주 정부 구성원들과 개인적 친분이나 교우 관계, 가문과 당파적 애착 등의 유대 관계를 갖게 될 것이다. 따라서 대중들의 편향은 주 정부 쪽으로 강하게 기울 것으로 충분히 예상할 수 있다.

경험에 비추어 봐도 같은 사실이 확인된다. 비록 더 나은 체제 아래에서 기대할 수 있는 것과 비교하면 결함이 많았지만, 지금까지 연합 정부는 전시에, 특히 독자적인 지폐 발행 자금이 있던 동안에는, 미래의 어떤 환경에서 할 수 있을 것만큼이나 훌륭한 활약상과 무게를 보여 주었다. 또한 연합 정부는 소중한 모든 것을 보호하고, 전체 인민이 원하는 모든 것을 획득하기 위한 일련의 조치들을 취했다. 하지만 연합회의에 대해 가졌던 초기의 일시적 열정이 지나간 뒤에, 인민들의 관심과 애착은 언제나 그들 자신의 개별 정부로 다시 돌아갔음을 볼 수 있다. 연합회의는 결코 대중적 인기를 얻는 우상이 되지 못했다. 동료 시민들의 호감에 근거해 정치적 영향력을 구축하려 했던 자들은 일반적으로 연합 정부의 권한과 중요성을 확대하자는 제안에 반대했다.

따라서 다른 곳[27번]에서 이미 언급했듯이, 만일 인민들이 앞으로 주 정부보다 연방 정부를 더 좋아하게 된다면, 그런 변화는 오직 연방 정부가 [주 정부보다] 더 잘 운영되고 있다는 확실하고 압도적인 증거를 보여 줌으로써 인민들의 그런 이전 성향을 극복할 수 있을 때에만 가능할 것이다. 또한 그 경우에, 인민들은 자신들에게 가장 적합하다고 생각하는 것에 신뢰를 부여하는 데서 어떤 방해도 받지 않아야 할 것이다. 하지만 그 경우에도 주 정부는 전혀 염려할 것이 없다. 왜냐하면 그런[즉 연방 정부를 더 좋아하는] 일은, 사안의 성격상 연방 권력이 유리하게 운영될 수 있는 특정 영역 내에서만 가능하기 때문이다.

연방 정부와 주 정부를 비교하는 기준이 되는 나머지 사항은, 서로의 조치를 방해하고 좌절시키려는 각자의 성향과 능력이다.

앞[17번]에서 이미 입증되었듯이, 주 정부 구성원이 연방 정부 구성원에게 의존하는 것보다는, 연방 정부 구성원이 주 정부 구성원에게 훨씬 더 의존하게 될 것이다. 또한 연방 정부와 주 정부 모두가 의존하게 될 인민들의 호감 역시 연방 정부보다는 주 정부 쪽으로 더 기울 것으로 드러났다[특히 17번 참조]. 각자가 상대편에 대해 갖는 의도가 이런 요인들에 의해 영향을 받을 것이기에, 주 정부가 분명히 강점을 갖게 될 것이 틀림없다. 그런데 좀 더 명백하고 중요한 측면에서 봐도, 강점은 주 정부 측에 있다. 연방 정부 구성원들의 애정은 일반적으로 주에 호의적일 것인 데 반해, 주 정부 구성원들이 공적 의회에서 연방 정부에 호의적인 편향을 갖는 경우는 좀처럼 발생하지 않을 것이다. 국가적 의식이 개별 주 의회 내에서 압도적이 되기보다는, 지역적 의식이 연방의회 구성원들 사이에 훨씬 더 만연해질 것이 확실하다. 주지하듯이 주 의회가 범하는 잘못의 대부분은, 포괄적이고 영속적인 주의 이익을 자신이 거주하는 카운티나 디스트릭트의 특수하고 개별적인 관점에 희생하는 그 구성원들의 성향에서 연유한다. 그리고 그들이 자신의 주의 집단적 복리를 포괄할 정도로도 정책을 충분히 확장하지 못하는데, 합중국 전체의 복리와 연방 정부의 지위와 위엄을 위해 애착을 가지고 협의해 갈 것이라고 어떻게 기대할 수 있겠는가? 주 의원들이 국가적 목표에 충분히 애착을 가질 것 같지 않은 바로 그 이유로, 연방 의원들은 지역적 목표에 너무나 큰 애착을 가지게 될 것이다. 주와 연방의회의 관계는, 카운티나 타운과 주 의회의 관계처럼 될 것이다. 너무나 빈번하게, 국가적 번영이나 행복이 아니라 개별 주의 정부나 주민들의 편견과 이해관계, 일 등에 미칠 수 있는 영향에 따라 정책이 결정될 것이다. 전반적으로 연합회의의 진행을 특징지었던 정신이 무엇이었던가? 의원들이 솔직히 인정했을 뿐만 아니라 의사록을 정독해 보면 알 수 있듯이, 의원들은 공동 이익의 공정한 수호자라기보다는 각자의 주의 열렬한 지지자로서의 특징을 너무나 자주 보여 주었다. 어쩌다 한 번 연합 정부를 강화하기 위해 지역적 고려 사항이 희생되었다면, 백 번은 특정 주의 지역적 편견과 이익 및 목적 등에 대한 부당한 관심으로 말미암아 국가의 큰 이익이 손상되었다. 이런 반성을 통해 내가 말하고자 하는 것은, 기존 정부가 추구할 수 있었을 것보다 더 확장된 정책 방안을 새로운 연방 정부가 채택할 수 없으리라는 것은 아니다. 신 연방 정부의 관점이 주 의회의 그것만큼이나 제한적이 되리라는 것은 더욱더 아니다. 단지 말하고자 하는 것은, 신 연방 정부도 기존의 두 정부[즉 주 정부 및 연합 정부]와 같은 태도, 즉 개별 주의 권리나 주 정부의 권한을 침해하지 않으려는 기질을 충분히 띠게 되리라는 점이다. 연방 정부 자금을 오남용해 자신들의 권한을 확대하려는 주 정부 측의 동기가, 그와 상반되는 연방 정부 구성원들의 성향에 의해 제압되지 않을 것이다.

그런데 연방 정부도 주 정부와 마찬가지로 적절한 한계를 넘어 자신의 권한을 확대하려는 의향을 가질 수 있을 것이다. 하지만 이를 인정한다고 하더라도, 주 정부는 연방 정부의 이 같은 권리침해를 저지할 수단에서 여전히 이점을 가질 것이다. 개별 주의 법령은, 그것이 설령 중앙정부에 대해 비우호적일지라도, 당해 주에서 대체로 인기가 있고 또한 주의 공직자의 선서와 심하게 충돌하는 것이 아니라면, 주 자체의 현장의 수단에 의해 바로 집행될 것이다. 이에 대한 연방 정부의 반대나 연방 공직자의 개입은 주를 편드는 모든 당사자들의 열의를 격앙시키기만 할 것이다. 또한 [연방 정부로서는] 의지하기 어렵고 꺼려지는 수단을 이용하지 않고는 [주의] 폐해를 막거나 교정하기가 불가능할 것이다. 반면에 연방 정부의 부당한 조치가 주에서 인기가 없거나(항상 그럴 것이다), 또는 정당한 조치이지만 주에서는 인기가 없을 경우(가끔 그럴 것이다), 그에 대한 주들의 저항 수단은 강력하고 용이할 것이다. 인민들의 동요, 합중국 공직자들과의 협력에 대한 반감과 어쩌면 거부, 주의 최고 집행관의 불만, 그런 경우에 종종 추가되는 입법 수단에 따라 야기되는 곤란한 상황 등등은 모든 주에서 무시할 수 없는 반대를 낳을 것이며, 큰 주에서는 상당히 심각한 장애물에 직면할 것이다. 나아가 인접한 몇몇 주들의 정서가 일치할 경우에는, 연방 정부도 함부로 대응하지 못할 저항을 낳을 것이다.

그런데 연방 정부가 야심을 품고서 주 정부의 권한을 침해한다면, 그것은 단지 한 주 또는 몇몇 주의 반발을 자극하는 데 그치지 않을 것이다. 그것은 포괄적인 공포의 신호가 될 것이다. 모든 주 정부들이 공동의 목적을 지지할 것이다. [주들 간의] 교신이 시작될 것이고, 저항의 계획이 협의될 것이다. 단일한 정신이 모두를 고무하고 지휘할 것이다. 요약하면, 외세의 지배에 대한 두려움이 연합체를 만들어 냈듯이, 연방의 지배에 대한 불안으로부터 그와 동일한 연합체가 생겨날 것이다. 그리고 연방 정부가 기획한 신체제를 자발적으로 포기하지 않는다면, 전자의 경우와 마찬가지로 [주 정부들은] 물리력에 호소할 것이다. 하지만, 도대체 어느 정도의 광기가 연방 정부를 그런 극단으로 몰아갈 수 있겠는가? 영국과의 싸움에서는 제국의 한 부분이 다른 부분에 대항했다. 좀 더 다수인 측이 소수인 측의 권리를 침탈했다. 그런 [다수 측의] 시도는 부당하고 현명하지 못했지만, 생각해 보면 전혀 터무니없는 것은 아니었다. 하지만 우리가 가정하고 있는 이 경우의 싸움은 어떤 것이 될 것인가? 싸움의 당사자는 누가 될 것인가? 몇 사람에 불과한 인민의 대표들이 인민 그 자체의 반대편에 서게 될 것이다. 더 정확히 말하면, 대표들 한 집단[즉 연방의회]이 대표들 13개 집단[즉 13개 주 의회]에 맞서, 그리고 후자를 편드는 그들의 공통 유권자들 전체와 맞서 싸우게 될 것이다.

[신헌법하에서] 주 정부의 몰락을 예언하는 자들에게 남은 유일한 도피처는, 연방 정부가 야심을 품고 군사력을 사전에 축적할 수 있다는 공상적 가정이다. 만일 지금도 이런 위험의 실체를 논박할 필요가 있다면, 지금까지의 논설들에서 제시되었던 논거들은 정말 아무 성과가 없었음이 틀림없다. 그들의 가정에 따르면, 인민들과 주들은 그들 모두를 언제든 배반하려는 자들을 충분한 기간 동안 연속적으로 선출할 것이고, 그 기간에 반역자들은 일관되고 체계적으로 군 상비 체제를 확대하기 위한 확고한 계획을 추구할 것이며, 각 주의 정부와 인민들은 점점 모여드는 폭풍우를 조용히 끈기 있게 바라보면서 그것이 자신의 머리 위에서 터질 준비를 마칠 때까지 재료를 계속 공급할 것이다. 모든 사람들에게 이런 가정은, 참된 애국심에서 나온 진지한 걱정이라기보다는, 광적인 경계심에서 나온 앞뒤 맞지 않는 망상이거나 거짓된 열의에서 나온 과장된 오판으로 보일 것이 틀림없다. 터무니없는 것이지만, 그럼에도 일단 그렇게 가정해 보도록 하자. 이 나라의 자원에 상응하는 정규군이 편성되고, 그것이 연방 정부에 전적으로 충성한다고 하더라도, 여전히 주 정부들은 그들 편에 있는 인민들과 함께 이런 위험을 물리칠 수 있다. 이는 결코 지나친 주장이 아니다. 최선의 계산법에 따르면, 어떤 국가이든 정규군의 최대 규모는 전체 인구의 100분의 1, 또는 전투 가능 인구의 25분의 1을 넘지 못한다. 이 비율에 따르면, 합중국에서 군대는 최대 2만 5천 명 또는 3

만 명이 될 것이다. 이들에 맞서 거의 50만 명에 이르는 무장 시민들로 구성된 민병대가 대적할 것이다. 공동의 자유를 위해 싸우는 이들은, 자신들 속에서 선출된 자들에 의해 지휘될 것이고, 자신들의 애정과 신뢰를 받는 정부에 의해 결속되고 지휘될 것이다. 이런 조건의 민병대가 그런 규모의 정규군에게 정복될 수 있을지 정말 의문스럽다. 최근에 이 나라가 영국군에 성공적으로 저항했던 사실을 잘 알고 있는 자라면, 그런 가능성을 당연히 부정할 것이다. 거의 모든 다른 나라 인민에 비해 아메리카인들이 갖는 우월성인 무장의 장점 외에도, 인민들의 애착을 받으면서 민병대 장교를 임명하는 하위 정부[즉 주 정부]의 존재는 [연방 정부의] 야심 찬 기획을 저지하는 또 하나의 방벽을 형성한다. 이는 모든 유형의 단일 정부가 제공할 수 있는 그 어떤 것보다 더 막강한 방벽이다. 유럽의 몇몇 왕국에서 정부는, 공공 재원이 감당할 수 있는 최대한의 군 상비 체제를 갖추고 있음에도, 무장한 인민을 신뢰하기를 두려워한다. 인민들이 그런 수단만으로 자신들의 굴레에서 벗어날 수 있을지는 확실치 않다. 그러나 만일 인민들이, 전 국민의 의지를 모을 수 있고 전국적 세력을 지휘할 수 있는, 그들 스스로 선택한 지역 정부들과 이런 정부들이 민병대 중에서 임명한 장교 — 정부와 민병대 모두에 부속된 — 라는 추가적 이점을 확보하게 된다면, 유럽의 모든 전제정은 그것을 에워싼 군사력에도 불구하고 바로 전복될 것이라고 확실히 단언할 수 있다. [그런 조건이라면] 나락으로 떨어져 있는 전제 권력의 신민들도 압제자의 지배로부터 자신들의 권리를 되찾을 수 있을 텐데, 자유롭고 용감한 아메리카의 시민들은 자신들이 실제로 소유한 권리조차 제대로 지켜 내지 못할 것이라고 의심함으로써 그들을 모욕하는 일은 그만두도록 하자. 더 정확히 말하면, 아메리카 시민들이 장기간의 은밀한 일련의 조치들에 맹목적이고 무기력하게 복종함으로써 그런 시도의 필연성에 줄곧 스스로를 복종시킬 것이라고 가정함으로써 그들을 모욕하는 일은 이제 하지 않도록 하자.

이 항목의 주장은 다음과 같은 최종적이고 간결한 형태로 정리될 수 있을 것이다. 연방 정부는 그것이 구성되는 방식에 따라 인민에게 충분히 의존적이 될 수도 있고, 그렇지 않을 수도 있다. 전자의 경우에, 연방 정부는 그런 의존성으로 말미암아 자신의 유권자들이 싫어하는 책략을 꾸밀 수가 없다. 후자의 경우에, 연방 정부는 인민의 신뢰를 확보하지 못할 것이고, 연방 정부의 권력 침탈 책략은 인민의 지지를 받을 주 정부들에 의해 쉽게 패퇴당할 것이다.

이번과 지난 번 논설에서 언급된 사항들을 정리하면, 다음과 같은 사실을 납득시키는 가장 좋은 증거가 될 것이다. 즉 연방 정부에 위임하도록 헌법에서 제안한 권한들은, 합중국의 목표를 달성하는 데 필요 불가결할 뿐만 아니라, 개별 주에 남겨질 권한들에게 전혀 위협적이지 않다. 주 정부의 계획적 또는 결과적 소멸에 대한 경고는, 가장 호의적으로 해석해도 그런 주장을 하는 자들의 터무니없는 두려움에서 기인한 것임에 틀림없다.

연방주의자 47번

[매디슨] 1788. 1. 30.

[신헌법이] 제안한 연방 정부의 일반적 형태와 그 정부에 할당된 권력 전반에 대한 검토를 마쳤으니, 이제 그 정부의 세부 구조에 대해, 나아가 그 정부를 구성하는 여러 부분 사이에 권력이 어떻게 배분될지에 대해 검토해 보자.

[신]헌법에 대한 좀 더 존경할 만한 반대자들이 역설하는 주요

반대 이유 중의 하나는, 입법부와 집행부와 사법부가 서로 분리되고 구분되어야 한다는 정치의 기본 원칙이 훼손되었다는 것이다. 연방 정부를 구성하면서, 자유를 위한 이런 필수적 예방 조치에 전혀 관심을 기울이지 않은 듯하다고 그들은 주장한다. [정부] 형태의 모든 균형과 장점이 바로 파괴되고, 나아가 정부 체계의 핵심 부분 중 일부가 다른 부분의 압도적 무게 탓에 짓밟힐 위험에 직면하게 될 그런 방식으로 권력의 각 부들이 배분되고 혼합되어 있다는 것이다.

이 같은 반대론이 기초하고 있는 것보다 더 본질적 가치를 지닌 정치적 진리는 존재하지 않는다. 또한 이보다 더, 자유에 대한 계몽된 후원자들의 권위가 인장으로 새겨져 있는 정치적 진리는 어디에도 존재하지 않는다. 입법과 집행과 사법의 모든 권한들이, 한 명이든, 소수이든, 다수이든, 또는 세습이든, 스스로에 의해 임명되든, 선출되든 상관없이, 동일한 세력에게 집적된 것은 전제정의 정의 그 자체라고 정확히 선언할 수 있을 것이다. 따라서 연방 헌법이 권력 집적이라는 비판, 또는 그런 집적으로의 위험한 경향을 가진 권력 혼합이라는 비판을 정말로 받을 만하다면, 그 체제에 대한 만인의 반대를 고취할 그 어떤 추가적 주장도 불필요할 것이다. 하지만 나는, 그 비판은 입증될 수 없는 것이고, 또한 그 비판이 근거한 기본 원칙도 완전히 잘못 이해되고 잘못 적용되어 왔음을 누가 봐도 알 수 있으리라 확신한다. 이 중요한 주제를 정확히 파악하기 위해서는, 자유의 보존을 위해 권력의 거대한 3부는 서로 분리되고 구분되어야 할 필요가 있다는 그 말의 의미를 탐구해 보는 것이 적절할 것이다.

이 주제와 관련해 항상 참조되고 인용되는 조언자는 저 유명한 몽테스키외이다. 비록 정치 과학의 이 귀중한 지침을 그가 최초로 만들지는 않았다 하더라도, 최소한 그것을 가장 효과적으로 제시하고 권고함으로써 인류가 관심을 갖도록 만든 공로는 인정해야 한다. 우선 이 문제에 대해 그가 말한 바의 의미를 확인해 보도록 하자.

영국 헌법이 몽테스키외에 대해 갖는 의미는, 호머[호메로스]가 교훈적인 서사시 작가들에 대해 갖는 의미와 같다. 그 작가들이 이 불멸의 시인의 작품을 서사 예술의 원리와 규칙의 원천이자 모든 유사 작품의 판단 기준이 될 하나의 완벽한 모델로 간주했던 것처럼, 이 위대한 정치 비평가는 영국의 정체를 정치적 자유의 기준으로, 또는 그 자신의 표현을 빌리자면, 정치적 자유의 거울로 생각했던 듯하다. 그리고 바로 그 특정 체제의 여러 특징적 원리들을 근본적인 진리의 형태로 전해 주었던 듯하다. 이 경우에 그가 의미한 바를 오해하지 않도록 하기 위해, 그런 기본 원칙이 도출된 근원으로 되돌아가 보도록 하자.

영국 정체를 얼핏 보기만 하더라도 입법부, 집행부, 사법부가 결코 서로 완전히 분리되거나 구분되어 있지 않다는 것을 알 수 있다. 최고 집행관[즉 국왕]은 입법부의 통합된 일부를 이루고 있다. 그만이 외국과 조약을 체결할 특권을 가지고 있다. 그리고 체결될 조약은, 일정한 제약하에서, 입법부에서 제정된 법률의 효력을 갖는다. 사법부의 모든 구성원은 그에 의해 임명되고, 의회 양원의 법관 파면 청구에 따라 그에 의해 해임될 수 있다. 또한 사법부 구성원은, 그가 자문을 원할 경우 그의 입헌적 자문위원회들 가운데 하나를 구성한다. 입법부의 한 원 역시 최고 집행관의 입헌적 대*자문위원회를 구성하는데, 다른 한편으로 그 원은 탄핵 소송에서 사법권의 유일한 수탁자가 되며, 다른 모든 소송에서 최고 상소심의 재판권을 부여받고 있다. 재판관은 다시 입법부와 연계되어 있는데, 비록 표결은 허용되지 않지만 종종 [의회에] 참석하고 또한 심의에도 참여한다.

몽테스키외를 인도했던 이런 사실들로부터 명백히 추론되는 바는 다음과 같다. 즉 "입법권과 집행권이 동일한 최고 집행관 또는 동일한 최고 집행 조직에 통합되어 있을 경우 또는 재판권이 입법권 및 집행권으로부터 분리되지 않을 경우, 자유는 존재할 수 없다"[1]고 했을 때, 그가 말하고자 했던 의미는, 이 부들이 서로의 행위에 대해 어떠한 부분적 작용을 가해서도 어떠한 통제를 해서도 안 된다는 것은 아니었다. 그 자신의 말에서 나타나듯이, 좀 더 결정적으로는 그가 염두에 두었던 본보기가 예증하듯이, 그가 의도한 것은 다만 한 부의 모든 권한이 다른 부의 모든 권한을 소유한 바로 그 세력에 의해 행사될 경우 자유 정체의 근본 원칙이 파괴된다는 것이라고 할 수 있다. 만일 그가 검토한 정체에서, 유일한 최고 집행관인 왕이 완전한 입법권이나 최고 사법권까지 보유했더라면, 또는 전체 입법부가 최고 사법권 또는 최고 집행권을 보유했더라면 그렇게 되었을 것이다. 하지만 그 정체는 이런 결함을 가지고 있지 않다. 전체 집행권을 가지고 있는 최고 집행관은 모든 법에 대해 거부할 수 있지만 그 자신이 직접 법을 제정할 수는 없으며, 재판을 하는 자를 임명할 수 있지만 직접 재판을 할 수는 없다. 재판관은 집행권에 의해 선택되었지만 집행권을 행사할 수는 없으며, 의회에 자문을 할 수 있지만 그 어떤 입법 기능도 행할 수 없다. 의회의 양원의 합동 결의로 재판관이 해임될 수 있고, 양원 가운데 한 원이 최종적 사법권을 보유하지만, 전체 입법부가 사법 행위를 할 수는 없다. 입법부의 한 원[즉 하원]이 최고 집행관들[즉 내각]을 구성하고, 다른 원[즉 상원]은 3분의 1의 표결로 탄핵을 한 뒤에 집행부의 모든 하위 공직자들을 심리하고 판결할 수

---

1) [옮긴이] *Spirit of the Laws*, vol. I, Bk. XI, ch. 6.

있지만, 전체 입법부가 집행권을 행사할 수는 없다.

몽테스키외가 자신의 기본 원칙을 수립하는 근거로 삼았던 논거들을 살펴보면 그의 의도가 좀 더 뚜렷이 드러난다. "입법권과 집행권이 동일인 또는 동일 조직으로 통합되면 자유는 존재할 수 없다. 왜냐하면 동일체인 군주 또는 상원이 전제적 방법으로 법을 집행하기 위해 전제적 법률을 제정하지 않을까라는 두려움이 생길 수 있기 때문이다." 또한 "사법권이 입법권과 결합되어 있으면, 신민의 생명과 자유는 자의적 통제에 노출될 것이다. 그렇게 되면 재판관이 입법자가 될 것이기 때문이다. 사법권이 집행권에 결합되면, 재판관은 압제자의 모든 폭력을 행사할지도 모른다."[2] [3권이 분리되어야 하는] 이런 이유들은 다른 구절들에 더 자세히 설명되어 있다. 하지만 여기에서 간략히 제시한 이유들만으로도 이 유명한 저자의 유명한 기본 원칙의 의미는 충분히 확인되었을 것이다.

[다른 한편] 각 주들의 헌법을 살펴봐도, 이 기본 원칙을 단호하고 때로는 절대적인 용어로 말하고 있지만, 각 부의 권력이 절대적으로 분리되고 구분되어 있는 경우는 단 하나도 없음을 발견할 수 있다. 헌법을 가장 늦게 만든 뉴햄프셔주[3]는, 어떤 것이든 이 부들의 혼합을 방지하기란 일절 불가능하고 부적절하다는 것을 충분히 인식했던 듯하다. 그리고 그 원칙을 수정해, "자유로운 정부의 특징과 부합하는 한, 또는 정체의 모든 구조를 분해될 수 없는

---

[2] [옮긴이] 같은 책.

[3] [옮긴이] 뉴햄프셔주 헌법은 1784년에 제정되었다. 매사추세츠주 헌법은 1780년, 뉴욕주 헌법은 1777년에 각각 제정되었고, 뒤이어 나오는 나머지 주들의 헌법은 모두 1776년과 1777년에 채택되었다. 로드아일랜드주와 코네티컷주는 식민지 인허장을 그대로 유지하는 방식으로 헌법을 제정했다.

단일한 통일성과 연대의 끈으로 묶어 주는 바로 그런 연계 구조와 양립하는 한, 입법권과 집행권 및 사법권은 서로 분리되고 독립되어야 한다"고 선언했다. 따라서 그 주의 헌법은 이 부들을 여러 측면에서 혼합했다. 입법부의 한 원인 상원은 탄핵재판을 담당할 사법재판소이기도 하다. 집행부의 수반인 대통령은 상원의 의장이기도 하고, 모든 경우에 동등한 한 표를 행사하는 것 외에 동수일 경우에는 결정 투표권을 갖는다. 집행부 수반은 궁극적으로 입법부에 의해 매년 선출되며, 그의 [집행] 평의회는 매년 입법부에 의해, 입법부 구성원 중에서 선출된다. 또한 주의 공직자 중 일부는 입법부에 의해 임명된다. 사법부 구성원은 집행부에 의해 임명된다.

매사추세츠주의 헌법은 자유의 이 기본 조항[즉 권력 분리 조항]을 표현함에 있어, 비록 덜 적확하긴 하지만 충분한 주의를 기울여 다음과 같이 선언했다. "입법부는 집행권과 사법권을, 또는 그중 어느 하나라도 행사해서는 안 된다. 집행부는 입법권과 사법권을, 또는 그중 어느 하나라도 행사해서는 안 된다. 사법부는 입법권과 집행권을, 또는 그중 어느 하나라도 행사해서는 안 된다." 이 선언은 앞서 설명했던 몽테스키외의 이론에 정확히 부합한다. 또한 제헌회의의 안은 단 한 점에서도 이 선언과 배치되지 않는다. 이 선언은 전체 부들 중에서 그 어떤 부이든 다른 부의 권한을 행사해서는 안 된다고 금지한 것과 다름없다. 이 선언에 뒤이은 헌법 본문에서는 권력의 부분적 혼합이 허용되어 있다. 최고 집행관은 입법부에 대한 제한적 거부권을 가지고 있고, 입법부의 한 부분인 상원은 집행부와 사법부 구성원에 대한 탄핵재판소이다. 사법부의 구성원은 집행부에 의해 임명 가능하고, 입법부의 양원의 해임 청구에 기초해 집행부에 의해 해임 가능하다. 마지막으로 다수의 정부 공직자들은 매년 입법부에 의해 임명된다. 공직, 특히 집행부 공직의 임명은 그 성격상 집행 기능이기에, 적어도 이 마지막 문제에서 매사추세츠주 헌법 편찬자들은 그들 자신이 수립한 규칙을 위반했다.

로드아일랜드주와 코네티컷주의 헌법은 [독립] 혁명 이전에 만들어졌고, 심지어 우리가 검토하고 있는 원칙이 정치적 주목의 대상이 되기 이전에 만들어졌기에, 여기에서는 다루지 않기로 한다.

뉴욕주의 헌법은 이 문제에 대한 명시적 선언을 담고 있지 않지만, 서로 다른 여러 부를 부적절하게 혼합할 경우의 위험성에 주의해 만들어졌음에 틀림없어 보인다. 하지만 그 헌법은 최고 집행관에게 입법부에 대한 부분적 통제권을 부여했고, 나아가 사법부에도 그와 비슷한 통제력을 부여했으며, 심지어 이런 통제력을 행사하는 데서 집행부와 사법부를 혼합하고 있다. 그 헌법은 임명 평의회를 두고 있는데, 여기에서 입법부 구성원들은 집행부 당국과 함께 집행부와 사법부의 공직자를 임명한다. 또한 탄핵심판 및 상고심 재판소는 입법부의 한 원과 사법부의 주요 구성원들로 이루어진다.

뉴저지주의 헌법은 앞에 나온 그 어느 사례보다 더 정부의 각기 다른 권력들을 혼합했다. 최고 집행관인 지사는 입법부에 의해 임명되는데, 그는 주의 형평법 재판소장이자 유언 검인 판사이고 대법원의 일원이며, 입법부의 한 원의 의장인 동시에 결정 투표권을 행사한다. 입법부의 바로 그 원은 다시 지사의 집행 평의회로 기능하며, 지사와 함께 상소법원을 구성한다. 사법부 구성원은 입법부에 의해 임명되는데, 입법부의 한 원의 탄핵 소추에 따라, 다른 원에 의해 해임될 수 있다.

펜실베이니아주 헌법에 따르면, 집행부 수반인 대통령은 입법부가 압도하는 투표를 통해 매년 선출된다. 대통령은 집행 평의회와 함께 사법부 구성원을 임명하고, 또한 집행부뿐만 아니라 사법부의 모든 공직자에 대한 재판을 담당할 탄핵재판소를 구성한다.

대법관 및 치안판사도 입법부에 의해 해임될 수 있는 듯하고, 일정한 경우에 사면을 실행할 수 있는 권한도 입법부에 부여되어 있는 듯하다. 집행 평의회의 구성원은 주 전역에서 당연직 치안판사가 된다.

델라웨어주의 경우, 최고 집행관은 입법부에 의해 매년 선출된다. 입법부의 양원의 의장들은 집행부의 부지사를 겸한다. 최고 집행관은, 입법부의 각 원에서 세 명씩 임명한 6인과 함께 대법원을 구성한다. 또한 그는 입법부와 함께 다른 법관들을 임명한다. 여러 주들에서 입법부 의원들은 동시에 치안판사를 겸한 것 같은데, 델라웨어주에서는 입법부의 한 원의 의원이 당연직 치안판사를 겸하고, 또한 집행 평의회의 구성원이 되었다. 집행부의 주요 공직자는 입법부에 의해 임명되고, 입법부의 한 원이 탄핵재판소를 구성한다. 모든 공직자는 입법부의 파면 청구에 따라 해임될 수 있다.

메릴랜드주는 그[즉 몽테스키외의] 기본 원칙을 가장 무조건적인 용어로 채택해, 정부의 입법·집행·사법권은 영원히 서로 분리되고 구분되어야 한다고 선언했다. 그럼에도 불구하고 헌법은 입법부가 최고 집행관을 임명하고, 집행부가 사법부 구성원을 임명할 수 있도록 했다.

버지니아주는 이 주제에 대해 훨씬 더 명백히 표현하고 있다. 주 헌법은, "입법부, 집행부, 사법부는 분리되고 구분되어야 한다. 어느 부도 본래 다른 부에 속한 권한을 행사해서는 안 된다. 어느 사람도 그중에서 하나 이상의 권한을 동시에 행사해서는 안 된다. 카운티 법원의 판사들이 의회의 양원 가운데 어느 쪽이든 피선거 자격을 갖는 것은 예외로 한다"고 선언하고 있다. 하지만 하급법원 판사와 관련한 이런 명시적 예외뿐만 아니라, 다른 예외 사항들도 발견된다. 즉 최고 집행관은 집행 평의회와 함께 입법부에 의해 임명되며, 집행 평의회의 구성원 두 명은 입법부의 뜻에 따라 3년마다 대체되며, 집행부와 사법부의 모든 주요 공직자는 입법부에 의해 충원된다. 집행부의 사면권도, 한 가지 문제에서는 입법부에 부여되어 있다.

노스캐롤라이나주의 헌법은 "정부의 입법·집행·최고사법권은 영원히 서로 분리되고 구분되어야 한다"고 선언하고 있지만, 그와 동시에 최고 집행관뿐만 아니라 집행부와 사법부의 모든 주요 공직자들의 임명을 입법부에 위임하고 있다.

사우스캐롤라이나주의 경우, 헌법은 입법부가 최고 집행관을 선출하도록 하고 있다. 또한 입법부에 사법부 구성원 임명을 맡기고 있는데, 여기에는 치안판사 및 보안관까지 포함된다. 또한 주의 육군 및 해군의 대위에 이르기까지 집행부의 공직자들에 대한 임명도 입법부에 맡기고 있다.

조지아주의 헌법은 "어느 부도 원래 다른 부에 속하는 권한을 행사하지 못하도록, 입법부와 집행부 및 사법부는 분리되고 구분되어야 한다"고 선언하고 있는데, 여기에서도 집행부는 입법부에 의한 임명에 의해 충원되며, 집행부의 사면권은 최종적으로 입법부에 의해 행사됨을 볼 수 있다. 심지어 치안판사도 입법부에 의해 임명된다.

입법부와 집행부 및 사법부가 완전히 분리·구분되어 있지는 않은 이런 경우를 인용함에 있어서, 나는 그것이 개별 주 정부들의 특정 구조에 대한 지지로 간주되지 않기를 바란다. 그런 주 정부 조직들에서 드러나는 여러 탁월한 원칙들 중에는, 그것을 만들 당시의 시간과 경험의 부족을 보여 주는 뚜렷한 흔적들이 담겨 있다. 그러나 우리가 검토하고 있는 기본 원칙이, 여러 사례에서 상이한 권한들의 심대한 혼합과 실질적 통합에 의해 침해되었다는 것은 분명하다. 또한 문서에 기술된 [3부의] 분리를 실제로 유지시킬 수 있는 규정이 만들어진 경우가 단 한 번도 없다는 사실 역시 너무나 명백하다. 내가 분명히 밝히고자 하는 것은, [제헌회의] 헌법안이 자유 정부의 신성한 기본 원칙을 침해했다는 비난은, 그 원칙의 저자가 첨부해 놓은 그것의 진짜 의미에 의해서도, 아메리카에서 지금까지 이해되어 온 그것의 의미에 의해서도 정당화되지 않는다는 것이다. 이 흥미로운 주제는 다음 논설에서 계속될 것이다.

푸블리우스

연방주의자 48번

[매디슨] 1788. 2. 1.

앞의 논설에서 입증된 바에 따르면, [몽테스키외의] 정치적 잠언은 결코 입법부와 집행부 및 사법부 상호 간의 완전한 분리를 요구하지 않는다. 나는 이제 다음 단계로, 각 부에게 다른 부에 대한 헌법적 통제력을 부여할 정도로 이 부들이 연결되고 혼합되지 않는다면, [몽테스키외의] 기본 원칙이 자유 정부의 필수 요소로서 요구하는 그 정도의 분리가 실제로는 결코 적절히 유지될 수 없다는 것을 밝히고자 한다.

원래 어느 한 부에 속하는 권한을 다른 부들 가운데 어느 하나가 직접 그리고 완전히 행사해서는 안 된다는 것은 모두가 동의하는 바이다. 어느 부도 그들 각자의 권한을 집행하면서 다른 부에 대한 압도적 영향력을 직접적이든 간접적이든 행사해서는 안 된다는 점 역시 마찬가지로 명백하다. 권력은 침해하는 속성이 있으며, 또한 권력은 그에 부과된 한계를 넘지 못하도록 효과적으로 억제되어야 한다는 사실은 누구도 부인하지 못할 것이다. 따라서 권력의 여러 종류를 그 속성에 따라 입법, 집행, 사법으로 이론적으로 구분한 다음에 이어지는 가장 어려운 과제는, 각 권력에 다른 권력의 침해에 맞설 실질적 방어 수단을 제공하는 것이다. 이런 방어 수단은 무엇이 되어야 하느냐가 해결해야 할 중대 문제이다.

정부의 헌법에서 각 부들의 경계를 정확하게 지정하고 나서 그런 [내용을 적은] 양피지 방벽에 의지하는 것으로, [서로를] 침해하는 권력의 기질을 방비하는 데 충분할까? 대부분의 아메리카 [주] 헌법의 편찬자들은 주로 이런 방어 수단에 의지해 온 듯하다. 하지만 경험을 통해 확실히 드러나듯이, 그 대책의 효과는 지나치게 높이 평가되어 왔다. 정부의 더 약한 구성원들이 더 강한 구성원들에 맞서기 위해서는 좀 더 적절한 방어물이 반드시 필요하다. 입법부는 모든 곳에서 자신의 활동 영역을 확장하고 있으며, 자신의 격렬한 소용돌이 속으로 모든 권력을 끌어당기고 있다.

우리 공화국들[즉 주 정부들]의 설립자들은 엄청난 지혜의 공적을 보여 준 바 있기에, 그들이 저지른 실수를 지적하는 것은 결코 유쾌한 일이 되지 못한다. 하지만 우리는 진리를 존중하기에 다음과 같이 지적하지 않을 수 없다. 즉 그들은 세습적 최고 집행관의 과대하고 탐욕스러운 권한 — 세습적 입법부에 의해 지지되고 강화되는 — 이 자유에 가하는 위협으로부터 감시의 눈을 잠시도 [다른 곳으로] 돌리지 못했던 듯하다. 그들은 입법부에 의한 권리 침해로 인해 야기될 위험은 생각하지 못했던 듯하다. 동일한 세력에 모든 권력이 결집된다면, 입법부에 의한 권리 침해도, 집행부에 의한 권리 침해가 위협하는 것과 똑같은 전제정으로 이어질 것이 틀림없다.

한 명의 세습 군주가 수많은 그리고 광범위한 특권을 장악하고 있는 그런 정부에서는 너무나 당연히 집행부가 위협의 근원으로 간주되며, 또한 자유를 향한 열의가 고무하는 경계와 감시의 대상이 된다. 다수의 인민들이 직접 입법 기능을 수행하는 민주정의 경우는, 인민들의 일상적 토의 능력 및 정책 합의 능력의 결여로 말미암아 최고 집행관들의 야심 찬 음모에 끊임없이 직면하게 되고, 전제정에 유리한 어떤 위기 상황이 닥치면 바로 그 최고 집행관들로부터 전제정이 시작될 우려가 존재한다. 그러나 대의제 공화국의 경우, 최고 집행관의 권력은 그 범위와 기간 양면에서 신중히 제한되어 있는 반면, 입법권은 하나의 회의체에 의해 행사된다. 이 회의체는 자신의 능력에 대한 대담한 확신을 갖고서 인민들에 대해 영향력을 행사할 수 있으리라는 생각으로 고무되어 있는데, 군중을 자극하는 모든 정념의 작용을 받기에 충분할 만큼 많은 사람들[즉 의원들]로 구성되어 있지만, 그런 정념의 목표를 이성이 처방하는 수단을 통해 추구하기가 불가능할 만큼 많은 사람들로 구성되어 있지는 않다. 바로 이 부의 모험적 야심이야말로, 인민들이 자신들의 모든 경계심을 집중시키고 모든 예방 조치를 다해야 할 대상이다.

우리 정부들[즉 주 정부들]에서 입법부의 우위는 다른 상황에서 연유한다. 입법부의 입헌적 권한은 [다른 부에 비해] 더 광범위한 반면 엄밀히 한계 짓기는 더 어렵기 때문에, 입법부가 다른 대등한 부에 가하는 권리침해는 복잡하고 간접적인 조치하에 아주 용이하게 감추어질 수 있다. 특정 조치의 시행이 입법부의 범위를 벗어나는지 아닌지의 여부는 입법부가 드물지 않게 직면하는 정말 미묘한 문제이다. 반면에 집행 권력은 좀 더 협소한 범위 내에 제한되어 있고, 그 특징도 더 단순하다. 사법 권력에는 더욱 명확한 경계표지가 그어져 있다. 따라서 집행부와 사법부에 의한 권리 침탈의 시도는 즉시 노출되고 좌절될 것이다. 이것이 전부는 아니다. 오직 입법부만이 인민들의 호주머니에 접근할 수 있다. 입법부는 모든 주에서 다른 부의 공직자들의 보수에 대해 지배적인 영향력을 가지고 있다. 일부 주에서는 그에 관한 전권을 행사한다. 그 결과 입법부에 대한 의존성이 다른 부에서 일어나게 되고, 이는 입법부에 의한 권리침해를 더욱 용이하게 만든다.

이 문제에 대해 주창해 온 바가 사실임을 보여 주기 위해 나는 그동안 우리 자신의 경험에 의존해 왔다. 이런 경험을 특정한 증거물을 통해 입증할 필요가 있다면, 그런 증거들은 무한히 늘어날 수 있다. [정부의] 공적 운영 과정에 참여했던 또는 그 과정을 주시했던 모든 시민들 중에서 목격자를 발견할 수도 있고, 합중국의 모든 주의 기록과 공문서에서 풍부한 증거를 모을 수도 있을 것이다. 하지만 더 간명하면서도 만족스러운 증거로서, 두 명의 뛰어난 권위자가 증언한 두 주의 사례를 참조하고자 한다.

첫 번째 사례는 버지니아주이다. 앞서 보았듯이 버지니아주 헌법은, 거대한 3부가 혼합되어서는 안 된다고 명백히 선언하고 있다. 이를 지지한 권위자는 제퍼슨 씨였다. 그 정부의 운용에 대해 논평하는 데서 그가 갖는 다른 장점들은 차치하더라도, 그는 자신이 직접 버지니아주의 최고 집행관이었다. 그가 경험을 통해 이 주제와 관련해 느꼈던 생각을 온전히 전달하기 위해서는, 그의 흥미로운 저작인 「버지니아주에 대한 비망록」(P. 195)으로부터 꽤 긴 문장 하나를 인용할 필요가 있다. "입법, 집행, 사법이라는 정부의 모든 권한들은 입법부에 귀속된다. 이 권한들을 동일 세력의 수중에 집중시키는 것은 정확히 전제 정부를 의미한다. 이 권한들이 한 명이 아니라 여러 명에 의해 행사된다고 해서 완화되는 것은 아니다. 173명의 폭군은 한 명의 폭군만큼이나 억압적일 것이 확실하다. 이에 의심이 가는 사람은 베네치아공화국을 보길 바란다. 그들이 우리 자신들에 의해 선출된다는 사실은 조금도 도움이 되지 못한다. 선출된 독재는 우리가 투쟁해 얻고자 한 정부가 아니었다. 우리가 추구한 정부는, 자유로운 원칙에 근거할 뿐만 아니라, 정부의 권한들이 여러 관할 조직들 간에 분할되고 균형을 이룸으로써, 어느 조직도 다른 조직에 의한 효과적 견제나 제약에서 벗어나 자신들의 법적 한계를 벗어날 수 없는 그런 정부였다. 따라서 정부법을 통과시켰던 [혁명]회의[1]는, 입법부와 집행부 및 사법부는 분리되고 구분되어야 하고 어느 누구도 그중 하나 이상의 권한을 동시에 행사해서는 안 된다는 원리 위에 정부의 토대를 놓았다. 그러나 이들 각 권력들 사이에 어떤 장벽도 준비하지 않았다. 사법부와 집행부의 구성원들은 직위의 존립을 위해, 일부는 직위의 지속을 위해, 입법부에 의존적인 상태로 남겨졌다. 따라서 입법부가 집행권이나 사법권을 장악하더라도 그 어떤 반대도 일어날 것 같지 않으며, 반대가 있더라도 효과적이지 못할 것이다. 왜냐하면 그런 경우에 입법부는 자신들의 일련의 행위를 의회의 법률이라는 형태로 행할 것이고, 그에 따라 그 행위들은 다른 부에 대해 구속력을 갖게 될 것이기 때문이다. 따라서 의회는 많은 경우에 사법 쟁송에 맡겨졌어야 할 권리들을 결정해 왔고, 회기 내내 집행부에 지시하는 일이 상습적이고 익숙한 것이 되고 있다."[2]

예로 들려는 다른 한 주는 펜실베이니아주이다. 그리고 [이를 증언할] 다른 한 권위는 1783년과 1784년에 개최된 감찰 평의회[3]이다. 이 기구의 임무 가운데 하나는, 주 헌법에 정해져 있듯이,

---

1) [옮긴이] 1774년 버지니아주에서는 식민 정부를 대체하는 혁명회의Revolutionary convention가 조직되었다. 혁명회의는 1776년 6월 12일 인권선언을, 29일에 버지니아 헌법을 각각 채택했다.

2) [옮긴이] Thomas Jefferson, *Notes on the State of Virginia*. 1781년 편집되어, 1785년 파리에서 처음 출판되었다.

3) [옮긴이] 감찰 평의회Council of Censors는 1776년 펜실베이니아주 헌법에 의해 설립되었다. 감찰 평의회는 각 카운티에서 보낸 두 명의 대표로 구성되며, 7년마다 개최해, 집행부 및 입법부의 활동을 검토하고 헌법 수정을 제안하게 되어 있다. 실제 감찰 평의회는 1783~84년 겨울과 1784년 여름에 개최되었다.

"헌법이 모든 면에서 침해되지 않고 지켜지고 있는지, 그리고 정부의 입법부와 집행부가 인민의 수호자로서 그들의 의무를 수행하고 있는지 아니면 헌법이 부여한 것보다 더 큰 권한이나 또는 그 외의 다른 권한을 장악하거나 행사하지는 않는지 등을 조사"하는 것이었다. 이 임무를 수행하면서 감찰 평의회는 필연적으로 입법부와 집행부의 일련의 행위들을 그 부의 헌법적 권한들과 비교하게 되었는데, 평의회에서 열거한 사실들 — 이 사실들 대부분이 진실이라고 양측이 동의했다 — 에 따르면, 여러 중요한 사례에서 입법부가 헌법을 심각하게 침해했던 듯하다.

규정에 따르면 공공 성격의 모든 법안은 인민들이 숙고할 수 있도록 미리 인쇄되어야 했다. 이는 입법부의 부적절한 조치를 막기 위해 헌법이 주로 의존했던 안전장치의 하나였다. 하지만 어떤 명백한 필요가 없음에도 수많은 법률들이 이 규정을 어기면서 통과되었다.

배심원단에 의한 헌법재판은 지켜지지 않았고, 헌법에 의해 위임되지 않은 권한들이 [입법부에 의해] 장악되었다.

집행부의 권한은 침해되었다.

법관의 봉급은, 헌법에서는 명백히 고정되도록 요구했지만, 수시로 변경되었다. 또한 사법부에 속하는 사안들이 빈번하게 입법부에 의한 심리 및 결정의 대상이 되었다.

이 항목들 하나하나에 속하는 개별 사항들을 보고픈 사람들은 출판된 감찰 평의회 회의록을 찾아보면 될 것이다. 그중[즉 위반 사항들 중] 일부는 [독립] 전쟁과 관련된 특별한 상황 때문임을 알 수 있다. 하지만 대부분은 정부 구성의 문제로부터 자연스럽게 생겨난 것으로 간주될 수 있다.

또한 집행부도 빈번히 헌법을 위반했던 것처럼 보인다. 이와 관련해서는 세 가지 관찰 결과가 언급되어야 한다. 첫째, 그런 사례의 대부분은, 직접적으로 전쟁의 긴급한 상황이 초래한 것이었거나 아니면 의회나 최고 사령관이 권고한 것이었다. 둘째, 그 외 사례의 대부분은 입법부의 의견이라고 알려진 또는 그렇게 천명된 바에 따랐던 것이었다. 셋째, 펜실베이니아주의 집행부는, 집행부 구성원의 수에서 다른 주의 집행부와 달랐다.[4] 이 점에서 그 집행부는, 집행 평의회와 유사했던 만큼이나 입법부 의회와도 유사했다. 또한 [그런 특징으로 말미암아] 그 조직의 행위에 대한 개인적 책임의 압박을 받지 않기 때문에, 또한 서로가 서로에게 견본이 되고 공동으로 영향력을 행사하는 상황에서 나오는 대담함으로 말미암아, 한 명이나 소수에 의해 집행부가 운영되는 경우보다 훨씬 더 자유롭게 권한 밖의 조치가 감행될 수 있었을 것이다.

이런 관찰 결과로부터 확실히 도출될 수 있는 결론은 다음과 같다. 각 부의 헌법적 한계를 단순히 종이 위에 표시하는 것으로는 [각 부의 권한에 대한] 침해를 막을 충분한 방어물이 되지 못한다. 그런 침해는 정부의 모든 권한이 동일한 세력에게 전제적으로 집중되는 결과로 이어질 것이다.

푸블리우스

---

4) [옮긴이] 1776년 펜실베이니아주 헌법은, 주지사의 권력을 약화하기 위해, 최고 집행 평의회Supreme Executive Council라는 복수의 집행부를 구성했다. 이는 각 카운티와 펜실베이니아시의 대표 한 명씩으로 구성된다.

연방주의자 49번

[매디슨] 1788. 2. 2.

앞의 논설에서 인용한 「버지니아주에 대한 비망록」의 저자는 그 소중한 저술 뒤에 헌법 초안을 첨부했다. 이 초안은, 그 주의 헌법 확립을 위해 1783년에 주 의회가 소집할 예정이었던 [헌법] 회의에 제출하고자 준비된 것이었다. 그 헌법안은, 그 저자의 다른 저작처럼, 독창적이고 포괄적이며 정확하고 새로운 사고를 보여 주고 있다. 또한 공화제 정부에 대한 강렬한 애착과 더불어, 그런 정부를 지키기 위해 맞서야 할 위험한 경향들에 대한 계몽된 견해를 동시에 보여 주기 때문에 더욱더 주목할 만하다. 권력이 좀 더 약한 부가 더 강한 부의 침해에 맞설 방어물로서 그가 제안했던, 그리고 그가 궁극적으로 의존했던 듯한 예방 수단 가운데 하나는 아마 완전한 그의 독창물인 듯한데, 지금 우리가 탐구하는 주제와 직접 연관된 것이기에 결코 간과해서는 안 된다.

그의 제안은 다음과 같다. "정부의 세 부 가운데 어느 두 부가, 각각 그 전체 구성원의 3분의 2의 목소리로, 헌법 개정을 위한 또는 헌법 침해를 바로잡기 위한 [헌법] 회의가 필요하다는 의견에 동의할 때에는 언제든지, 그 목적을 위한 [헌법] 회의가 소집되어야 한다."

인민은 권력의 유일한 합법적 원천이고, 또한 정부의 각 부가 자신의 권력을 유지하는 근거가 되는 입헌적 헌장도 인민으로부터 기원한다. 따라서 정부의 권한을 확대·축소하거나 개조할 필요가 있을 때뿐만 아니라 어느 한 부에 인가된 권한이 다른 부에 의해 침해받을 때에도, [이를 바로잡기 위해] 바로 그 원래의 권위에 호소하는 것은 공화제 이론에 정확히 부합하는 것처럼 보인다. 각 부는 그들의 공동의 임무와 관련해 완전히 동등하기 때문에, 그들 각자의 권한들 사이의 경계선을 설정하는 데서 어느 한 부가 배타적이거나 우월한 권리를 주장할 수 없다는 것은 명백한 사실이다. 임무의 부여자인 인민만이 그 임무의 진정한 의미를 언명할 수 있고, 임무의 준수를 강제할 수 있다. 따라서 인민 자신들에게 호소하지 않고서 어떻게 더 강한 부의 침해를 막을 수 있으며, 더 약한 부의 피해를 시정할 수 있는가?

이 같은 논리에는 분명 강력한 설득력이 있다. 그리고 중대하고 비상한 사안에 대해 인민이 [직접] 결정할 수 있는 헌법적 수단이 채택되어야 하고 또 그런 길이 열려 있어야 한다는 주장을 입증하는 것이 허용되어야 한다. 그러나 각 부를 자신들의 입헌적 한계 안으로 묶어 두기 위한 대책으로서 모든 경우에 인민에게 의지하자는 제안에 대해서는 강력한 이견이 존재하는 듯하다.

첫째, 그 대책은 그 부들 중에서 두 부가 연합해 어느 한 부에 맞서는 경우에는 효과가 없다. 다른 부의 동기에 영향을 끼칠 수 있는 수많은 수단을 보유한 입법부가 다른 두 부 가운데 어느 한 부, 또는 어느 한 부의 구성원 중 3분의 1만이라도 자기편으로 끌어들일 수 있다면, 남은 부는 이 구제 방안으로부터 어떤 편의도 얻지 못할 것이다. 하지만 나는 이제 이 반론에 대해서는 설명하지 않을 것이다. 왜냐하면 그것은 그 원칙[즉 인민에 호소] 자체에 대한 비판이 아니라 그 원칙의 세부 내용에 대한 비판으로 생각될 수 있기 때문이다.

다음으로, 인민에 호소하는 것은 모두 정부에 어떤 결함이 있다는 암시를 수반할 것이기 때문에, 빈번한 호소는 정부에 대한 존중 — 이는 시간이 부여하는 것으로서, 이것 없이는 아무리 현명하고 자유로운 정부라도 필수적인 안정을 확보할 수 없을 것이다 — 을 크게 약화할 것이다. 이는 그 원칙의 내재적 결함으로 간주될 수 있다. 모든 정부는 여론에 의존한다는 것 못지않게 사실인 것은, 각 개인에 대한 여론의 영향력이나 개인의 행동에 여론이 미치는 실제적 영향력은, 바로 그런 동일한 견해를 갖고 있다고 각 개인이 추정하는 사람들의 숫자에 따라 크게 좌우된다는 점이다. 인간 그 자체처럼 인간의 이성도, 홀로 있을 때는 소심하고 조심하지만, 어울리는 사람의 수에 비례해 확고함과 자신감을 얻게 된다. 의견을 뒷받침하는 사례들이 많을 뿐만 아니라 오래된 것이면 그 효과는 배가되는 것으로 알려져 있다. 철학자들의 나라라면, 이런 고려 사항들은 무시될 수 있다. 계몽된 이성의 목소리가 법에 대한 존중을 충분히 고취할 것이기 때문이다. 그러나 철학자의 나라는 플라톤이 희망한 철인왕[1]만큼이나 기대하기 어렵다. 그렇지 못한 모든 나라에서, 대부분의 합리적 정부는 공동체의 편애를 받는 것을 과분한 이점이라고 여기지 않을 것이다.

헌법적 문제를 빈번하게 전체 사회의 결정에 회부하는 데 반대하는 좀 더 중요한 이유는, 그것이 공중의 정념에 너무나 강한 영향을 미침으로써 공공의 평온을 깨뜨릴 위험이 있다는 것이다. 우리는 기존 정부 형태들을 성공적으로 개정했고,[2] 이는 아메리카 인민의 덕성과 지성의 명예가 되고 있다. 하지만 그런 시도를 불필요하게 자주 하는 것은 너무나 불안한 것임을 인정해야 한다. 우리가 기억해야 할 것은, 기존의 모든 [우리의] 헌법들은, 질서와 화합에 해로운 정념들을 억제하는 위기 상황에서, 또한 애국적 지도자들에 대한 인민들의 열렬한 신뢰가 중대한 국가 문제에 대한 평범하고 잡다한 의견들을 억제하는 분위기에서, 나아가 옛 통치

---

1) [옮긴이] Plato, *Republic*, Books, V-VII.

2) [옮긴이] 여기에서 말하는 '성공적 개정'이란 혁명 시기에 수립된 새로운 주 헌법을 말한다.

체제에 대한 보편적 적의와 분노가 만들어 내는, 새로운 그 반대 [통치] 형태에 대한 보편적 열정이 존재하는 상황 속에서, 그뿐만 아니라 폐단을 개선하고 변화를 만들어 내는 작업과 관련해 어떠한 파당적 기질도 끼어들 수 없는 환경에서 만들어졌다는 사실이다. 우리가 장차 직면할 것으로 예상되는 상황에서는, 우려되는 위험 요소들을 막아 줄 만한 그 어떤 안전장치도 제공되지 않을 것이다.

그러나 가장 큰 반대 이유는, 그런 [인민에 대한] 호소로부터 나올 결정이 정부의 입헌적 균형을 유지하려는 목적에 도움이 되지 못하리라는 것이다. 공화제 정부는 다른 부를 희생하면서 입법부를 강화하는 경향이 있음을 앞[48번 논설]에서 보았다. 따라서 인민에 대한 호소는 대개 [입법부를 상대로] 집행부와 사법부에 의해 이루어질 것이다. 그러나 어느 쪽이 호소했든 간에, 그 심리에서 쌍방이 과연 동등한 이점을 누릴 수 있을까? 그들이 처할 상이한 처지를 살펴보도록 하자. 집행부와 사법부의 구성원은 수가 적고, 그들을 사적으로 알 수 있는 인민들은 소수에 불과하다. 사법부 구성원은 종신직이라는 관직의 특징뿐만 아니라 임명 방식에서도 인민들로부터 너무나 멀리 떨어져 있기에 인민들과 호감을 많이 나눌 수가 없다. 집행부 구성원들은 대체로 경계의 대상이며, 그들의 행정은 항상 신뢰와 인기를 잃기 쉽다. 반면에 입법부의 구성원들은 수가 많으며, 인민 전체 속에 분포되어 있고 그 속에 머무른다. 그들의 혈족, 교우, 지인 등은 그 사회에서 가장 영향력 있는 일원들을 대부분 포괄한다. 공중의 수탁자라는 특성은, 그들이 인민들 사이에 개인적 영향력을 갖고 있으며 또한 더 직접적으로 그들이 인민의 권리와 자유의 신뢰받는 수호자임을 함축하고 있다. 입법부의 이런 이점을 고려할 때, 상대편[즉 집행부와 사법부]도 자신들에게 유리한 결과를 얻을 수 있는 대등한 기회를 확보할 수 있으리라고 추정하기란 거의 불가능하다.

그런데 입법부 측은 인민들에게 자신들의 대의명분을 가장 성공적으로 변호할 수 있을 뿐만 아니라, 그들 스스로가 재판관을 구성할 수도 있다. 그들은 입법부에 선출될 수 있었던 바로 그 영향력을 통해 [헌법] 회의에도 선출될 수 있을 것이다. 모두가 그럴 수는 없겠지만, 많은 경우 그럴 것이며, 특히 그런 기구를 주도하는 지도적 인물들의 경우 분명히 그럴 것이다. 간단히 말하면 그 [헌법] 회의는, 자신들의 행위로 말미암아 소환당한 그 부의 구성원들 — 과거에 구성원이었거나, 현재 구성원이거나 또는 미래에 구성원일 — 인 바로 그 사람들로 주로 구성될 것이다. 그들은 결과적으로, 자신들이 결정할 바로 그 문제의 당사자가 될 것이다.

하지만 때로는 집행부와 사법부에 덜 불리한 상황에서 [인민에 대한] 호소가 이루어질 수도 있을 것이다. 입법부에 의한 권한 침탈이 너무 노골적이고 급작스러운 것이어서 그럴듯하게 윤색할 여지가 없을 수 있는 것이다. 그 두 부[즉 집행부와 사법부] 가운데 강한 쪽이 다른 부를 편들 수도 있을 것이다. 인민들에게 특히 인기 있는 인물이 집행권을 장악하고 있을 수도 있다. 이런 상황에서는 공중의 결정이, 입법부에 유리한 선입견에 의해 덜 좌우될 수도 있다. 그러나 여전히 그 결정이 문제의 시시비비를 진정 밝혀 주리라고 기대할 수는 없다. 그 결정은 불가피하게 기존 당사자들 또는 문제의 직접 당사자들의 태도와 연계될 것이다. 그 결정은 공동체에서 광범위한 영향력을 갖는 유명 인사들과 연계될 수도 있고, 그 결정과 관련된 조치에 앞섰거나 반대했던 바로 그 사람들에 의해 발표될 수도 있다. 따라서 공중의 이성이 아니라 정념이 판결하게 될 것이다. 그러나 정부를 통제하고 규제하는 것은 오직 공중의 이성이어야 한다. 정념은 정부에 의해 통제되고 규제되어야 한다.

앞의 논설에서 우리가 발견한 것은, 각 부들을 그들의 법적 한계 안으로 묶어 두기 위해서는 성문헌법에 담긴 선언만으로 충분하지 않다는 것이었다. 이번 논설에서 살펴본 것은, 그 목적을 달성하기 위한 대책으로서 인민에게 부정기적으로 호소하는 방식은 적절하지도 효율적이지도 못한 것 같다는 사실이다. 앞서 인용했던 안[즉 제퍼슨의 헌법안]에 담긴 다른 여러 규정들이 얼마나 적절한지에 대해서는 검토하지 않겠다. 그중 일부는 분명 건전한 정치 원칙에 근거하고 있으며, 모든 규정들이 뛰어난 독창성과 정확성을 갖추고 있다.

푸블리우스

연방주의자 50번

[매디슨] 1788. 2. 5.

부정기적으로 인민에게 호소하는 방식은 비판받을 결점이 많기에, 그 대신에 인민에게 정기적으로 호소하는 것이 헌법에 대한 침해를 방지하고 교정하는 적절하고 충분한 수단이 된다는 주장이 아마 제기될 수 있을 것이다.

이 수단에 대해 검토함에 있어서 나는 논의를, 그것[즉 정기적인 헌법 회의]이 권력의 각 부들을 그들의 정당한 범위 내에 억제함으로써 헌법을 강제하는 데 얼마나 적합한가라는 문제로 국한하고자 한다. 특히 그것을 헌법 자체를 개정하는 수단으로 간주하지는 않을 것이다. 먼저, 일정한 주기로 인민에 호소하는 것은, 필요성이 발생한 특별한 경우에 호소하는 것만큼이나 부적절한 것처럼 보인다. 만일 [검토의] 주기가 짧다면, 검토 및 시정의 대상이 되는 조치들은 최근의 일이 될 것이다. [그 결과] 그것은 부정기적 검토의 효과를 손상·왜곡하는 경향이 있는 그런 모든 환경들[의 영향]에서 벗어나지 못할 것이다. 설령 [검토의] 주기가 길다고 하더라도, 최근에 벌어진 조치들[에 대한 검토]일 경우 동일한 문제점이 지적될 수 있고, 시간이 경과한 다른 조치들[에 대한 검토]일 경우에는 정념에 좌우되지 않는 냉정한 검토에는 유리하겠지만 그에 비례해 [다음과 같은] 여러 가지 애로가 따르기 때문에 이런 이점이 상쇄될 것이다. 우선, 먼 미래에 예상되는 공중의 견책은 권력의 월권을 제어하는 매우 허약한 억제력에 불과하다. 권력은 현재적 동기라는 강력한 힘에 의해 무절제해지도록 자극받게 될 것이다. 100명 또는 200명의 의원으로 구성되어 있고, 선호하는 어떤 목적에 골몰해 그것을 추구하기 위해 헌법의 통제마저 깨뜨리는 입법부가, 10년, 15년 또는 20년 이후 그들의 행위가 비판적으로 검토될 것을 고려해 자제하리라고 상상할 수 있겠는가? 다음으로, [권력의] 남용은 종종 교정책이 적용되기도 전에 폐해를 완결 짓곤 한다. 마지막으로, 설령 그렇지 않다 하더라도[즉 폐해가 지속되고 있다고 하더라도], 그런 폐해는 오랫동안 지속되고 깊이 뿌리내린 상태라서 쉽게 제거되지 않을 것이다.

다른 목적과 함께, 최근의 헌법 침해를 바로잡기 위해 헌법을 개정한다는 계획이 실제로 한 주에서 시도되었다. 펜실베이니아주에서 1783년과 1784년에 열렸던 감찰 평의회의 목적 가운데 하나는, 앞[48번 논설]에서 보았듯이, "헌법이 침해되었는지, 그리고 입법부와 집행부가 서로를 침해했는지"를 조사하는 것이었다. 정치 영역에서 새롭고 중요한 이 실험은 몇 가지 관점에서 특별히 주목할 만하다. 어떤 측면에서 보면 그것은, 다소 특수한 상황에서 이루어진 단 한 번의 실험이기에 절대적으로 결정적인 것은 아니라고 생각할 수도 있다. 하지만 그 실험을 우리가 현재 검토하고 있는 사안에 적용할 경우, 그것은 내가 말했던 논리를 완벽하게 입증해 주는 만족스러운 실제 사례로서 내가 과감하게 주장할 어떤 사실을 포함하고 있다.

첫째, 그 평의회를 구성했던 신사들의 이름을 보면, 적어도 평의회에서 가장 적극적이고 주도적이던 구성원들의 일부는 역시 그 주의 기존 파당들에서 적극적이고 주도적이던 인물들인 듯하다.

둘째, 그 평의회에서 적극적이고 주도적이던 바로 그 구성원들이, 검토의 대상이 된 그 기간에 입법부와 집행부에서 적극적이고 영향력 있는 구성원들이었던 듯하다. 심지어 헌법 조사에 회부된 바로 그 조치들의 지지자 또는 반대자이기도 했던 듯하다. 평의회 구성원 가운데 두 명은 주의 부통령을 지냈고, 다른 몇몇은 앞선 7년 동안 집행 평의회의 구성원들이었다. 구성원들 가운데 한 명은 의장을 지냈고, 다수가 같은 기간 동안 입법부의 유명한 의원들이었다.

셋째, 이런 상황들이 심의의 분위기에 미친 영향은 회의록의 모든 쪽에서 목격된다. 감찰 평의회 내내, 평의회는 두 개의 확고하고 격렬한 파당으로 나뉘었다. 그들 스스로 이 사실을 인정하고 개탄했다. 그렇지 않은 경우에도, 마찬가지로 충분한 증거들이 회의록 곳곳에 나타나고 있다. 모든 문제에서, 심지어 그 자체로 별 중요성이 없거나 서로 연관성이 없는 문제에서도, 동일한 이름들이 반대편에서 언제나 맞서고 있다. 공정한 관찰자라면 누구라도, 불행하게도 이성이 아니라 정념이 그들의 결정을 주도했음이 틀림없다고 추론하게 될 것이다. 실수의 위험 없이, 또한 어느 한 파당이나 개인을 비난하려는 의도 없이 그렇게 추론하게 될 것이다. 사람들이 다양한 개별 문제들을 두고 냉정하고 자유롭게 이성을 발휘할 경우에는, 그중 일부에 대해 불가피하게 서로 다른 의견으로 나뉘게 된다. [그와 달리] 공동의 정념에 의해 지배될 경우, 그들의 의견 — 이렇게 부를 수 있다면 — 은 [모든 문제에서] 동일해질 것이다.

넷째, 여러 사례에 대해 이 기구가 내린 결정이, 입법부와 집행부를 헌법상 그들의 위치로 환원하고 제한한 것이 아니라, 각 부에 규정된 경계를 잘못 해석한 것은 아닌지 의심스럽다.

다섯째, 나는 헌법 문제에 대한 평의회의 판단 — 옳았든 틀렸든 간에 — 이, 입법부의 [헌법] 해석에 근거해 실행된 것을 고치는 데 어떤 효과를 발휘했는지 결코 이해할 수 없다. 내가 틀리지 않았다면, 한 사례에서는 당시의 입법부가 평의회의 해석을 거부했고, 실제로 논쟁에서 이겼던 듯하다.

따라서 이 감찰 기구는, 그 기구에서 조사한 바를 통해 질병의 존재를 입증하는 동시에, 그 기구의 사례를 통해 구제책의 비효율성을 입증하고 있다.

그 실험이 행해졌던 주가 위기 상황에 처해 있었고, 이전부터 오랫동안 격심한 파당에 의해 격분되고 혼란스러운 상태였다는 변명을 댄다고 하더라도, 내가 내린 결론이 무효화되지는 않을 것이다. 바로 그 주가, 미래의 7년 주기의 어느 시점에는 파당으로부터 자유롭게 되리라고 상상할 수 있는가? 어떤 다른 주가, 동일한 어느 시점 또는 다른 어떤 시점에 파당으로부터 벗어날 것이라고 상상할 수 있는가? 그런 일은 상상할 수 없을 뿐만 아니라 바람직하지도 않을 것이다. 왜냐하면, 파당의 종식은 필연적으로 공공의 안전에 대한 보편적 경고를 내포하거나 아니면 자유의 절대적 소멸을 수반하기 때문이다.

지난 정부의 운영을 검토하도록 인민들이 선출할 회의체로부터, [지난] 일정 기간 동안 정부에 관계했던 사람들을 모두 배제하는 예방 조치를 취한다 하더라도, 난점은 제거되지 않을 것이다. [그런 조치가 취해진다면] 능력이 모자랄 뿐만 아니라, 다른 측면에서의 자격도 전혀 나을 것이 없는 그런 사람들에게 중대한 과제가 맡겨질 것이다. 그들이 정부 운영에 개인적으로 연관되지 않았다고 하더라도, [조사 대상이 된] 그 조치들과 관련된 파당들에 아마 연루되었을 것이고, 그런 파당의 지원을 받아 선출되었을 것이다.

푸블리우스

연방주의자 51번

[매디슨] 1788. 2. 6.

각 부 사이에 필요한 권력의 분할을 헌법 규정대로 실제로 유지하기 위해 우리는 마지막으로 어떤 방책에 의지할 수 있을까? 주어질 수 있는 유일한 대답은 다음과 같다. 즉 이런 모든 외부적 대책은 부적절한 것으로 확인되었기 때문에, 정부의 각 구성 부문들이 그들의 상호 관계에 의해 서로를 본래의 위치에 묶어 두는 수단이 되도록 정부의 내부 구조를 고안함으로써 결함이 보완되어야만 한다는 것이다. 이 중요한 발상을 충분히 발전시키겠다고는 약속할 수 없지만, 나는 몇 가지 일반적 견해를 과감히 제시하고자 한다. 이를 통해 그 발상이 더 분명히 드러날 것이고, 또한 제헌회의에서 입안한 정부의 원리와 구조에 대해 더 정확한 판단을 내릴 수 있을 것이다.

자유의 보존에 필수적인 것으로서 모두가 일정 부분 인정하는 것은, 정부의 각기 다른 권한들은 서로 분리되어 별개로 행사되어야 한다는 것이다. 그리고 이에 필요한 적절한 토대를 놓기 위해서는, 각 부가 자기 나름의 독자적 의지를 가져야 하며, 따라서 각 부의 구성원이 다른 부의 구성원의 임명에 되도록 힘을 미칠 수 없도록 구성되어야 한다는 것은 확실하다. 이 원칙이 엄격히 고수되려면, 집행부와 입법부 및 사법부의 최고위직이 서로 완벽히 단절된 경로를 통해, 권위의 동일한 원천인 인민으로부터 도출될 것이 요구된다. 각 부를 수립하는 그런 방안은 실제로는 아마 예상만큼 어렵지 않을지도 모른다. 하지만 그것을 실행하는 데는 몇 가지 어려움과 함께 추가적인 비용이 수반될 것이다. 따라서 그 원칙으로부터 약간의 이탈이 수용되어야 한다. 특히 사법부를 설립하는 데서 그 원칙을 엄격히 주장하는 것은 다음과 같은 두 이유에서 적절하지 못할 것이다. 첫째, [사법부] 구성원에게는 특수한 자격이 필수적이기 때문에, 그런 자격을 가장 확실히 보증하는 선발 방식을 선택하는 것이 일차적인 고려 사항이 되어야 한다. 둘째, 그 부의 직위는 종신직으로 유지되기 때문에, 그 직위를 부여해 준 권위에 대한 종속 의식은 얼마 못 가 사라질 것이다.

각 부의 구성원들이 그들의 공직에 따르는 보수를 받기 위해 다른 부의 구성원들에게 되도록 의존하지 않아야 한다는 것도 마찬가지로 명백하다. 이 측면[즉 보수]에서 최고 집행관이나 판사들이 입법부로부터 독립적이지 못하면, 다른 모든 측면에서 그들의 독립성은 단지 명목적인 데 불과해질 것이다.

그러나 각 권력들이 동일한 부에 점점 집중되는 것을 막는 강력한 안전장치는, 각 부를 운영하는 자들에게 다른 부의 침해에 저항하는 데 필요한 헌법적 수단과 개인적 동기를 부여하는 데 있다. 다른 모든 경우처럼 이 경우에도, 방어를 위한 대책은 공격의 위험에 상응하는 것이어야 한다. 야심에 대항하려면 야심이 불러일으켜져야 한다. 개인의 이익이 그 자리의 헌법적 권한과 연계되어야만 한다. 그런 장치가 정부의 [권력] 남용을 통제하기 위해 필요하다는 것은 인간 본성의 불명예일 수 있다. 그러나 정부 그 자체가 인간 본성의 모든 불명예 중 가장 큰 불명예가 아닌가? 만일 인간이 천사라면, 어떤 정부도 필요하지 않을 것이다. 만일 천사가 인간을 통치한다면, 정부에 대한 그 어떤 외부적 또는 내부적 통제도 필요하지 않을 것이다. 인간에 대해 인간에 의해 운영될 정부를 구성하는 데서 최대의 난점은 여기에 있다. 먼저 정부가 피치자를 통제할 수 있도록 해야 하고, 그다음으로는 정부가 그 자체를 통제하게 해야 한다. 인민에 대한 종속은, 의문의 여지 없이, 정부에 대한 일차적 통제이다. 하지만 경험은 인류에게 보조적 예방책의 필요성을 가르쳐 주었다.

더 나은 동기의 결핍을, 상반되고 경쟁하는 이해관계를 이용해 보충하는 이런 방책은 인간사의 모든 공적·사적 체계 속에서 찾아볼 수 있다. 우리는 특히 권력을 하위[직급]에 배분하는 데서 그런 방책이 발현되고 있음을 볼 수 있다. 여기에서 불변의 목표는 각자가 서로에 대한 견제 수단이 될 수 있고, 모든 개인의 사적 이익이 공적 권한의 파수꾼이 될 수 있는 그런 방식으로 각각의 직책을 배분하고 조정하는 것이다. 이처럼 빈틈없는 고안물은 국가의 최고 권력들을 배분하는 데도 마찬가지로 필수 불가결하다.

그러나 각 부에 동등한 자기 방어 권한을 부여하는 것은 가능하지 않다. 공화제 정부에서는 필연적으로 입법부가 지배적이기 마련이다. 이 폐단에 대한 구제책은 입법부를 각기 다른 원으로 나누는 것이다. 그리고 그것들을, 그들의 공동의 기능과 사회에 대한 공동의 의존성이라는 특징이 허용하는 한에서, 서로 다른 선출 방식과 서로 다른 작동 원리를 이용해 되도록 서로 연결되지 않게 만드는 것이다. 계속해서 추가적인 예방 수단을 통해 [입법부에 의한] 위험한 침해를 경계할 필요가 있다. 입법부가 그 영향력으로 말미암아 이처럼 분할될 필요가 있듯이, 다른 한편에서 집행부는 그 취약함으로 말미암아 강화될 필요가 있다. 언뜻 보기에 입법부에 대한 절대적 거부권이 최고 집행관에게 주어져야 할 자연스러운 방어 수단인 것처럼 보인다. 하지만 그 수단이 전적으로 안전하지는 않을 것이고, 그것만으로는 충분하지도 못할 것이다. 통상적인 경우에 그 수단은 필요한 만큼 확고하게 행사되지 않을 수 있고, 특별한 경우에는 불성실하게 남용될 수 있다. 절대적 거부권의 이런 결함은, 취약한 부[즉 집행부]와 강력한 부의 취약한 원[즉 상원] 사이에 어떤 제한적 연계를 만들고,[1] 이를 통해 후자가 전자의 입헌적 권한을 지지 — 자신이 속한 부의 권한으로부터 너무 많이 괴리되지는 않으면서 — 하도록 유도하는 방식을 통해 보충될 수 있지 않을까?

이런 견해들이 기초하고 있는 원리가 내가 확신하는 것처럼 적절하다면, 그리고 그런 원리를 각 주의 헌법과 연방헌법의 [평가] 기준으로 적용한다면, 다음과 같은 사실이 밝혀질 것이다. 즉 만일 연방헌법이 그 원리에 완전히 부합하지 않는다면, 주 헌법들이 그런 검증을 통과하기는 훨씬 더 어려울 것이다.

이에 더해 특별히 아메리카의 연방 체제에 적용될 수 있는 두 가지 고려 사항이 있다. 이는 그 체제를 아주 흥미로운 관점에서 파악할 수 있게 해줄 것이다.

첫째, 단일 공화국에서는 인민이 양도한 모든 권력이 단일 정부의 운영에 맡겨진다. 그리고 이 [단일] 정부를 별개의 분리된 여러 부로 분할함으로써 권력의 불법적 행사에 대해 경계한다. 아메리카의 복합 공화국의 경우, 인민이 양도한 권력은 먼저 별개의 두 정부[즉 연방 정부와 주 정부] 간에 분할되고, 다음으로 각 정부에 할당된 몫은 별개의 분리된 여러 부로 다시 분할된다. 따라서 인민의 권리에는 이중의 안전장치가 생긴다. 각기 다른 정부들이 서로를 통제할 것이고, 동시에 각 정부들은 스스로에 의해 통제될 것이다.

---

[1] [옮긴이] 상원의 관리 임명 동의권, 조약 비준권 등을 지적하는 듯하다.

둘째, 공화국에서는 사회를 통치자들의 억압으로부터 보호하는 것뿐만 아니라 사회의 한 부분을 다른 부분의 침해로부터 보호하는 것도 매우 중요하다. 상이한 계급의 시민들 사이에는 상이한 이해관계가 필연적으로 존재한다. 만일 공통의 이익에 의해 다수파가 결합될 경우, 소수파의 권리는 불안해질 것이다. 이런 폐해에 대비하는 데는 오직 두 가지 방법만이 존재한다. 하나는 공동체 내에 다수파로부터 독립된, 즉 사회 그 자체로부터 독립된 하나의 의지를 형성하는 것이다. 다른 하나는 수많은 종류의 시민들을 사회 내에 포괄함으로써 전체 시민 중의 다수파가 부당하게 결합하는 일이, 전혀 불가능하지는 않더라도, 일어날 것 같지 않도록 만드는 것이다. 첫 번째 방법은 세습적 권위 또는 스스로 임명된 권위를 가진 모든 정부에서 지배적이다. 그러나 이 방법은 기껏해야 불확실한 안전장치에 불과하다. 왜냐하면 사회로부터 독립된 권력은 소수 당파의 정당한 이해관계뿐만 아니라 다수 당파의 부당한 견해를 지지할 수도 있고, 양측 모두에게 적대적이 될 수도 있기 때문이다. 두 번째 방법의 좋은 예는 합중국의 연방 공화국이 될 것이다. 연방 공화국에서 모든 권위는 사회로부터 나오고 사회에 종속되겠지만, 사회 그 자체는 수많은 부분·이해관계·계급의 시민들로 나뉠 것이기에, 다수파의 편파적인 단체행동에 따라 개인들이나 소수파의 권리가 위협받는 일은 없을 것이다. 자유로운 정부에서 시민적 권리에 대한 보호 장치는 종교적 권리에 대한 보호 장치와 같은 수준이어야 한다. 전자[의 장치]는 이해관계의 다양성에 존재하고, 후자[의 장치]는 종파의 다양성에 존재한다. 두 경우 모두, 안전의 정도는 이해관계와 종파의 수에 따라 좌우될 텐데, 이는 [결국] 나라의 크기와 동일 정부에 포괄될 사람들의 수에 따라 좌우될 것이라고 생각할 수 있다. 문제를 이런 관점에서 보게 되면, 진지하고 사려 깊은 공화제 정부 지지자에게는 적절한 연방 체제가 마음에 들게 될 것이다. 왜냐하면 그런 관점에 따르면, 합중국의 영역이 한층 제한된 연합체들이나 주들로 구성될수록, 그에 정확히 비례해 억압적인 다수파의 결합은 용이해지고, 공화제 [정부] 형태에서 모든 계급의 시민들의 권리를 지키는 최선의 안전장치는 약화될 것이기 때문이다. 그리고 그 결과, 남은 유일한 안전장치인, [사회로부터 독립된] 정부의 몇몇 구성원의 안정성과 독자성이 그에 비례해 강화될 것이 틀림없기 때문이다. 정의는 정부의 목표이다. 그것은 시민사회의 목표이다. 정의가 획득될 때까지 또는 그것을 추구하다 자유를 상실하게 될 때까지, 정의는 추구되어 왔고 또 추구될 것이다. 강력한 파당이 손쉽게 결속해 약한 파당을 억압할 수 있는 그런 유형의 사회에서는, 약자가 강자의 폭력으로부터 보호받지 못하는 자연 상태에서 그러하듯이, 무정부 상태가 지배할 것이라고 말할 수 있다. 그리고 자연 상태에서는 강자조차도 그들이 처한 상황의 불확실성 때문에 정부 — 그들뿐만 아니라 약자도 보호해 줄 — 에 순종하게 되는 것처럼, 전자의 상태[즉 강력한 파당이 약한 파당을 억압하는 상태]에서도 강력한 파당 또는 파벌들은 비슷한 동기에 의해 점차 모든 파당 — 더 강한 파당과 함께 약한 파당도 — 을 보호할 [강력한] 정부를 원하게 될 것이다. 만일 로드아일랜드주가 연합으로부터 분리되어 홀로 남겨진다면, 그렇게 좁은 영역에 한정된 대중적 정부 형태에서 파당적인 다수파들의 거듭되는 억압으로 말미암아 권리의 불안정성이 노정될 것이고, 그에 따라 얼마 못 가 바로 그 파당들 스스로가 인민으로부터 완전히 독자적인 어떤 권력을 요구하게 될 것이다. 파당들의 무정부 상태가 그런 권력의 필요성을 입증하는 셈이다. 합중국의 광대한 공화국에서는, 그리고 그것이 포괄하고 있는 이해관계와 파당과 종파의 엄청난 다양성 속에서는, 정의와 보편적 선의 원리 이외의 다른 어떤 원리에 기초해 전체 사회의 다수파 연합이 형성될 가능성은 결코 없을 것이다. 그리하여 다수 당파의 의지로부터 소수 당파에게 위협이 가해질 위험이 적을 것이기에, 다수파에 종속되지 않은 의지 — 다시 말하면, 사회 그 자체로부터 독립된 의지 — 를 정부에 도입함으로써 소수파의 안전을 제공해야 한다는 구실 역시 적을 것이 틀림없다. 어떤 실현 가능한 범위 내에서라면, 사회가 광대하면 할수록 자치를 더 적절히 할 수 있으리라는 것은 중요하고 확실한 사실이다. 비록 이에 반하는 견해들이 환대받아 왔지만 말이다. 그리고 공화제의 이상을 위해서는 다행스럽게도, 연방 원리를 신중하게 변용·혼합함으로써, [공화제의] 실행 가능 영역을 엄청나게 광대한 범위로 확대할 수 있을 것이다.

푸블리우스

연방주의자 52번

[매디슨] 1788. 2. 8.

앞의 네 논설에서는 좀 더 일반적인 문제를 탐구했는데, 이제 정부의 각 부분들에 대해 더 세밀한 검토를 진행하고자 한다. [연방] 하원에서부터 시작해 보자.

정부의 이 부분에 대해 첫 번째로 고찰할 것은 선거인과 피선거인의 자격에 관한 것이다. 선거인의 자격은, 주 입법부에서 가장 인원이 많은 원[즉 하원]의 선거인의 자격과 동일하다[제1조 2절 1항]. 투표의 권리에 대한 정의定義가 공화제 정부의 근본적 규정으로 간주되는 것은 지극히 타당하다. 따라서 이 권리를 헌법에서 규정하고 확립하는 것은 제헌회의에 부과된 의무였다. 만일 [연방] 의회로 하여금 수시로 이에 대해 규정할 수 있도록 맡겼더라면, 방금 언급한 이유에서 부적절했을 것이다. 그것을 주의 입법적 재량권에 맡겼더라도 동일한 이유로 부적절했을 것이다. 주에 맡기는 것이 부적절한 또 다른 이유는, 오직 인민에게만 의존해야 할, 연방 정부의 그 원을 주 정부에 너무 의존적이게 만들 것이기 때문이다. 만일 각기 다른 주의 각기 다른 자격을 하나의 균일한 규칙으로 환원했더라면, 제헌회의로서는 몹시 어려운 과제가 되었을 것이고, 몇몇 주에는 불만의 원인이 되었을 것이다. 따라서 제헌회의가 만든 규정은 최선의 선택이었던 듯하다. 모든 주는 그것에 대해 만족스러워할 것이다. 왜냐하면 주가 자체적으로 설정한 또는 설정할 기준과 일치할 것이기 때문이다. 그것은 합중국에도 안전할 것이다. 왜냐하면 주 헌법에 의해 정해져 있기 때문에 주 정부가 마음대로 바꿀 수 없고, 또한 주의 인민들이, 연방헌법이 자신들에게 보장하고 있는 권리를 축소하는 식으로, 그들 주 헌법의 이 부분을 변경할 리 없기 때문이다.

피선거권자의 자격은, 주 헌법에서 그다지 면밀하고 적절하게 규정하지 않고 있을 뿐만 아니라 [연방헌법에서] 균일하게 규정하기가 좀 더 쉽기 때문에, 제헌회의에서 검토해 정했던 것은 아주 적절했다. 합중국의 대표자는 25세는 되어야 하고, 7년간은 합중국의 시민이었어야 하며, 선출 당시에 자신이 대표할 주의 주민이어야 하고[제1조 2절 2항], 봉직 기간 동안 합중국에서 어떤 [다른] 공직을 맡아서도 안 된다[제1조 6절 2항]. 이런 합리적 제약하에서, 연방 정부의 이 부분에 이르는 길은 아메리카 태생이든 아메리카 태생이 아니든, 젊었든 늙었든, 그리고 빈부와 무관하게, 또는 어떤 특정한 종교적 신앙 고백과 무관하게 모든 종류의 뛰어난 자들에게 열려 있다.

하원에 대해 두 번째로 살펴볼 것은 대표의 임기이다. 이 조항의 적절성을 판단하기 위해서는 두 가지 문제를 고려해야 한다. 첫째, 이 경우 격년제 선거로 안심할 수 있는지,[1] 둘째, 격년제 선거가 필요한지 또는 유용한지의 여부이다.

첫 번째[문제부터 살펴보자]. 정부가 일반적으로 인민과 공통의 이해관계를 갖는 것이 자유에 필수적이듯이, 우리의 고려 대상인 하원이 인민에 직접적으로 의존하고 또한 인민과 친밀히 공명하는 것은 특히나 중요하다. 이런 의존과 공명을 효과적으로 확보할 수 있는 유일한 방책이 빈번한 선거인 것은 의심할 나위 없이 분명하다. 그러나 이런 목표를 달성하는 데 정확히 어느 정도의 빈도가 절대적으로 필요한지는 엄밀히 계산하기 힘든 듯하다. 따라서 그와 관련된 여러 다양한 정황들에 의존할 수밖에 없다. 찾기만 하면 항상 따라야 할 지침이 되는, 경험에 상의해 보도록 하자.

시민들의 직접적 모임의 대체물인 대표 제도는 고대 정체에는 기껏해야 아주 불완전하게 알려졌기에, 좀 더 근대 시대에서만 유익한 본보기를 기대할 수 있을 것이다. 그리고 이 시기에서도, 조사가 너무 막연하고 산만해지는 것을 피하기 위해 가장 많이 알려져 있고 특히 우리 실정과 가장 유사성이 큰 몇몇 사례에 논의를 국한하는 것이 적절할 듯하다. 이런 특징이 적용될 첫 번째 사례는 영국의 하원이다. 대헌장[2] 이전의 영국 정체에서 하원의 역사는 너무 모호해 어떤 교훈도 찾아내기 어렵다. 그것의 존재 자체가 정치적 골동품 연구자들 사이에서 의문시되어 왔다. 그다음 시기의 가장 빠른 기록들에 따르면, 의회는 매년 개회는 되었지만 매년 선출된 것은 아니었다. 그리고 이런 연례 회기조차 군주의 재량에 맡겨졌기에, 대체로 국왕의 야심에 따라 여러 핑계하에 아주 장기간 위태롭게 중단되곤 했다. 이런 불만을 개선하기 위해,

---

1) [옮긴이] 반연방주의자들은 1년마다의 선거를 주장했다.

2) [옮긴이] 26번 논설, 주 2 참조.

찰스 2세[3] 통치 시대에 그런 휴지기가 3년을 초과해 연장되지 못하도록 법령에 의해 규정되었다.[4] 정체의 혁명[즉 1688~89년 명예혁명]이 발생했던 윌리엄 3세[5] 즉위 시에 이 문제가 한층 더 심각하게 다시 제기되었고, 의회의 빈번한 개최가 인민의 기본적 권리 가운데 하나로 천명되었다.[6] "빈번히"라는 용어는, 찰스 2세 시대에 3년마다를 말하는 것으로 정착되었는데, 윌리엄 3세 즉위 수년 뒤에 통과된 또 다른 법령에 의해 엄밀한 의미를 갖게 되었다. 즉 전기 의회의 종료 이후 3년 이내에 새로운 의회가 소집되어야 한다고 명확히 규정된 것이다.[7] 금세기 초 하노버가의 왕위 계승[8]에 대한 불안 속에서 3년에서 7년으로 마지막으로 변경된 것은 잘 알려진 사실이다.[9] 이런 사실들로부터 다음과 같은 점을 알 수 있을 듯하다. 즉 그 왕국에서 대표들을 그들의 선거구민에게 묶어 두는

---

3) [옮긴이] 찰스 2세는, 영국 내전으로 폐지된 왕정이 크롬웰 사후 다시 복구됨에 따라, 내전 당시 처형당한 아버지 찰스 1세의 뒤를 이어 1660년에 왕위에 올랐다(재위 기간 1660~85). 말년에 가면서 그 역시 전제정치에 가까운 모습을 보였다. 이에 대항해 1679년에 의회는 자유에 관한 중요한 법안인 '인신 보호 영장'Habeas Corpus Act을 통과시켰다.

4) [옮긴이] 영국 내전(1642~51) 발발 이전에 장기 의회에서 통과시킨 1641년 3년 주기법Triennial Act은 1664년 3년 주기 의회법Triennial Parliament Act으로 대체되었다. 1664년 법은 의회가 적어도 3년에 한 번은 소집될 것을 요구했지만, 이를 강제할 방법을 제공하지는 못했다.

5) [옮긴이] 26번 논설, 주 3 참조.

6) [옮긴이] 1689년 권리장전은, 군주에 대해 의회를 "빈번히" 소집하도록 요구했다.

7) [옮긴이] 1694년 3년 주기법에 의해, 의회는 매년 소집되고 선거는 3년마다 실시하게 되었다.

8) [옮긴이] 하노버가의 첫 영국 왕인 조지 1세(재위 기간 1714~27) 시기를 말한다.

데 필요하다고 생각한 선거의 최대 빈도는, 3년마다 선출하는 것이상을 넘지 않았다는 점이다. 의회제 정체에서 7년 주기의 선거를 포함해 매우 불합리한 여러 조건들에서 유지되었던 자유의 정도에 근거해 논한다면, 필요한 다른 개혁과 함께 주기를 7년에서 3년으로 단축한 것은 대표에 대한 인민의 영향력을 크게 확장할 것임에 틀림없다. 이런 사례로부터 우리가 확신할 수 있는 것은, 연방 체제에서 격년제 선거가 선거구민에 대한 하원의 필수적 의존을 결코 약화하지 않으리라는 것이다.

아일랜드에서 선거는 최근까지도 전적으로 국왕의 재량으로 통제되었고, 새로운 군주의 즉위나 기타 어떤 우발적 상황을 제외하고는 결코 반복적으로 이루어지지 않았다. 조지 2세와 함께 시작된 의회는 그의 재위 기간인 약 35년 동안 내내 지속되었다.[10] 대표들을 유일하게 인민에게 의존하게 만드는 계기는, 가끔씩 발생하는 공석을 새로운 의원 선출을 통해 보충할 수 있는 인민의 권리나 새로운 총선거를 초래할 어떤 뜻밖의 사건이 일어날 가능성뿐이었다. 유권자들의 권리를 지킬 수 있는 아일랜드 의회의 능력 — 그럴 의향이 있는 한에서 — 도, 의회의 심의 주제에 대한 국왕의 통제 탓에 심하게 제약당했다. 내가 착각하지 않고 있다면, 최근에 이런 속박이 해체되었을 뿐만 아니라 8년 주기의 의회가

---

9) [옮긴이] 1716년 7년 주기법Septennial Act은 의회기(의원 임기 개시부터 종료까지의 기간)를 3년에서 7년으로 연장했다. 선거 빈도를 줄인 것은, 1714년 하노버가의 첫 군주인 조지 1세 즉위 이후의 정치적 안정을 촉진하기 위함이었다.

10) [옮긴이] 영국 하노버왕조의 두 번째 왕으로, 재위 기간은 33년(1727~60)이다. 공식 직함은 대영국과 아일랜드의 국왕King of Great Britain and Ireland이다.

확립되었다. 이런 부분적 개혁으로 어떤 효과가 나타날지는 앞으로의 경험에 맡겨야 할 것이다. 이런 관점에서 볼 때 아일랜드 사례는 우리 문제를 규명하는 데 별 도움을 주지 못한다. 하지만, 아일랜드로부터 어떤 결론을 도출할 수 있다면, 그것은 분명 다음과 같은 사실이 될 것이다. 즉 만일 그 나라의 인민들이 이런 모든 불리한 조건에서도 어떤 것이든 얼마간의 자유를 유지할 수 있었다고 하면, 격년제 선거의 장점은, 대표와 인민 자신들 간의 적절한 연계에 따라 좌우될, 충분한 정도의 자유를 그들에게 보장했으리라는 것이다.

좀 더 가까운 우리의 경우를 살펴보도록 하자. 영국 식민지 시대의 주들의 사례는, 말이 필요 없을 정도로 잘 알려져 있지만, 특별한 관심을 요한다. 적어도 입법부의 한 원에는 대표의 원리가 모든 주에서 확립되었다. 그러나 선거의 주기는 1년에서부터 7년에 이르기까지 제각기 달랐다. 혁명 이전 인민의 대표들이 보여준 정신과 행동으로부터, 격년제 선거가 공공의 자유에 위협이 되리라고 추론할 어떤 근거를 찾아낼 수 있는가? 투쟁이 시작되었을 때 도처에서 발휘되어 독립의 모든 장애물을 분쇄했던 그런 정신은, 충분한 자유가 모든 곳에서 향유됨으로써 자유의 가치에 대한 인식과 함께 그것을 제대로 확장하려는 열의를 고취했음을 보여주는 최고의 증거이다. 이런 지적은, 당시 선거가 가장 빈번했던 식민지뿐만 아니라 가장 뜸했던 식민지에도 적용된다. 버지니아는 영국 의회에 의한 권리 침해에 맞서 최초로 저항했던 식민지였다. 또한 공법으로 독립 결의안을 채택한 첫 번째 식민지였다. 하지만 버지니아에서 선거는, 내가 잘못 알고 있는 것이 아니라면, 이전 정부[즉 식민지 정부]에서 7년에 한 번씩 있었다. 내가 이 특정 사례를 살펴보는 것은, 그것이 어떤 고유한 가치를 지닌 증거이기 때문은 아니다. 여러 경우에 버지니아가 선두에 섰던 것은 아마 우연한 것일 수 있고, 7년마다의 선거가 어떤 장점이 있는 것은 더욱 더 아니다. 더 빈번한 선거와 비교할 때 그것은 용납될 수 없을 것이다. 다만 내가 버지니아 사례를 살펴본 것은, 격년제 선거로 말미암아 인민의 자유가 위태롭게 될 리 없음을 보여 주는 증거이기 때문이다. 그리고 나는 그것이 아주 실질적인 증거라고 생각한다.

이런 사례들에서 얻은 결론은 다음 세 가지 정황들로서 훨씬 강화될 수 있다. 첫째, 영국 의회에 완전히 부여되었던 최고 입법권과 비교할 때, 그리고 일부 예외는 있었지만 식민지 의회 및 아일랜드 의회에 의해 행사되었던 최고 입법권과 비교할 때, 연방의회는 단지 그런 권한의 일부만을 보유하게 될 것이다. 다른 상황이 영향을 미치지 않는다면, 권력이 클수록 권력의 지속 기간은 짧아야 하고, 그 반대로 권력이 작을수록 그 기간은 더 안전하게 늘어날 수 있다. 이는 충분한 근거가 있고 일반적으로 인정되는 교훈이다. 둘째, 앞[46번 논설]에서도 보았듯이, 연방 입법부는 다른 입법 기구와 마찬가지로 인민에 대한 의존으로 인해 제약받게 될 뿐만 아니라, 더 나아가 다른 입법 기구와 달리 병립하는 각 입법부들[즉 주 의회들]에 의해 감시되고 제어될 것이다. 셋째, 연방 정부의 더 지속적인 원[즉 상원]이 하원을 인민에 대한 의무로부터 벗어나게끔 유혹하고자 할 경우에 사용할 수 있는 보유 수단과, 앞서 인용한 정부들의 다른 원[즉 영국, 아일랜드 등의 상원]이 대중적 원에 대해 갖는 영향력의 수단 간에는 비교가 불가능하다. 연방 하원은 남용할 권한이 적기 때문에 한편으로는 유혹을 덜 받을 수 있고, 다른 한편으로는 이중으로 감시될 것이다.

푸블리우스

연방주의자 53번

[매디슨] 1788. 2. 9.

여기에서 아마 누군가가 나에게, "연례 선거가 끝나는 곳에서 전제정이 시작된다"[1]는, 널리 유포된 의견을 상기시킬지 모른다. 널리 알려진 경구들은 일반적으로 근거가 있다는 것이 흔히 이야기하듯 사실이라면, 일단 만들어진 경구들은 그 근거를 벗어난 사례에까지 종종 적용되곤 한다는 것 역시 그에 못지않게 사실이다. 그 증거는 우리 앞에 놓인 사례로 충분할 것이다. 널리 알려진 그 경구가 기초하고 있는 근거는 무엇인가? 인간의 덕성이 권력의 유혹에 견딜 수 있는 기한과 해[年] 또는 계절 사이에 어떤 자연적인 연관성이 존재한다는 주장을 하여 조롱을 자초할 사람은 아무도 없을 것이다. 인간에게 다행스럽게도, 자유는 이 점에서 어떤 단일한 시점에 한정되지 않고 양극단 내에 [폭넓게] 위치하기에, 시민사회의 다양한 상황들이 요구하는 모든 변이들을 수용할 수 있다. 최고 집행관 선거는, 몇몇 경우에 실제로 그러했듯이, 합당하다면 매년은 물론이고 매일, 매주, 또는 매월 할 수도 있을 것이다. 상황에 따라 어느 한 끝단에서 통례로부터 벗어날 필요가 있다면, 다른 끝단에서도 그렇게 하면 왜 안 되는가? 주 입법부에서 가장 인원수가 많은 원의 선거와 관련해 우리가 정한 선거 주기를 살펴보면, 다른 문관 집행관 선거의 경우보다 편차가 더 큰 것을 알 수 있다. 코네티컷주와 로드아일랜드주의 경우 주기는 반년이고, 사우스캐롤라이나주를 제외한 다른 주에서는 매년이다. 사우스캐롤

---

1) [옮긴이] 이 구호는 식민지 시대 말기에 크게 유행했는데, 심지어 신문 제호 밑에 등장하기도 했다.

라이나주는 격년으로서, 연방 정부에 대해 [헌법안이] 제안하는 것과 같다. 가장 긴 주기와 짧은 주기 사이에는 4 대 1의 차이가 있다. 하지만 코네티컷주나 로드아일랜드주가, 사우스캐롤라이나주보다 더 잘 통치되고 있다거나 합리적 자유를 더 많이 누리고 있다고 입증하기란 쉽지 않을 것이다. 또한 그 양쪽 가운데 어느 쪽이든, 다른 주들 — 선거[주기]가 이들 양쪽 모두와 다른 — 에 비해, 이런 면에서 그리고 이런 이유로 어떤 차이를 보인다는 것을 입증하기도 쉽지 않을 것이다.

이런 신조[즉 자유를 위해 연례 선거가 필요하다]의 근거를 찾는 과정에서 나는 단 한 가지 근거를 발견했는데, 그것은 우리와 전혀 맞지 않는 것이다. 인민에 의해 제정되어 정부가 [마음대로] 변경할 수 없는 헌법과, 정부에 의해 제정되고 정부가 변경할 수 있는 법률 간에는 중대한 차이가 있다. 아메리카에서는 이 점이 잘 이해되고 있지만, 다른 나라에서는 이에 대한 이해가 거의 없고, 또 잘 지켜지지도 않는 듯하다. [그곳에서는] 입법의 최고 권력이 존재하는 곳에는 언제나 정부 형태를 변경할 모든 권한이 마찬가지로 존재한다고 추정되어 왔다. 영국은 정치적·시민적 자유의 원리가 가장 많이 토의되어 왔던 곳이고 또한 우리가 헌법상 권리의 대부분을 전해 들은 곳임에도, 여기에서조차 의회의 권한은 통상적인 입법의 대상에 대해서뿐만 아니라 헌법과 관련해서도 초월적이고 통제받지 않는다고 주장되고 있다. 따라서 그들은 실제로 정부의 가장 근본적 조항 가운데 일부를 의회 제정 법률을 통해 여러 차례 변경했다. 그들은 특히 여러 번 선거 주기를 변경했는데, 가장 최근에는 3년 주기의 선거 대신에 7년 주기의 선거를 도입했을 뿐만 아니라, 같은 법률에서, 자신들의 임기를 4년 더 연장하기로 결정했다. 이런 위험한 관행들을 바라보면서, 빈번한 선거에 토대를 두고 있는 자유 정부의 신봉자들은 자연스럽게 불안을 갖게 되었고,

직면한 위험으로부터 자유를 지킬 어떤 안전장치를 추구하게 되었다. 정부보다 우위에 있는 헌법이 존재하지 않거나 또는 헌법을 확보할 수 없는 곳에서는, 합중국에서 제정한 것과 유사한 헌법적 안전장치들이 시도될 수 없을 것이다. 따라서 다른 안전책이 추구되어야 했다. 이 경우 [선거 주기] 변경의 위험을 측정하기 위한 기준으로서, 또한 국민적 의견을 확정하고 애국적 노력들을 통합하기 위한 기준으로서, 시간이라는 익숙하고 단순한 부분을 선택하고 이에 호소하는 것보다 더 나은 안전책이 어디에 있겠는가? 이 문제에 대해 적용될 수 있는 가장 단순하고 익숙한 시간의 분량은 1년이었다. 따라서 [기한의] 제한이 없는 정부를 조금씩 변경[해 연장]하는 것을 저지할 방벽을 수립하려는 기특한 열의에 의해서, 그런 이론 — 연례 선거의 고정된 시점으로부터 멀어지는 거리로써 전제정을 향한 진전을 측정할 수 있다는 — 이 고취되었던 것이다. 그러나 장차 [수립될] 연방 정부처럼, 가장 중요한 헌법의 권위에 의해 [기한이] 제한될 정부에 대해 이런 방책을 적용할 필요가 무엇이겠는가? 또는, 격년제 선거가 헌법에 의해 불변으로 고정되어 있는 아메리카 인민의 자유가, 연례 또는 그보다 더 빈번히 선거가 있지만 정부의 통상적 권한에 따라 언제든 변경될 수 있는 다른 어느 나라의 자유보다 더 안전하지 못할 것이라고 누가 감히 주장할 것인가?

앞[52번 논설]에서 제시한 두 번째 문제는 격년제 선거가 필요한지 또는 유용한지의 여부였다. 이 질문에 대한 긍정적 답변의 타당성은 몇 가지 아주 분명한 고려 사항들로부터 도출될 듯하다.

올바른 의도와 건전한 판단력이 있어도 자신이 입법할 문제들에 대한 일정한 정도의 지식을 갖추지 못한다면 어느 누구도 유능한 입법자가 될 수 없을 것이다. 이런 지식의 일부는 사람들이 공적 일터뿐만 아니라 사적 일터에서 접하는 정보 수단들을 통해 획득할 수 있을 것이다. 하지만 다른 일부는, 그런 정보의 사용이 필요한 곳에서의 실제 경험을 통해서만 획득할 수 있다. 또는 그런 경험을 통해서만 완벽하게 획득될 수 있다. 따라서 그런 경우에 봉직 기간은, 그 직의 적절한 수행에 필요한 실제 지식의 정도에 비례하는 어떤 것이 되어야 할 것이다. 앞서 보았듯이 대부분의 주에서 정한, 인원이 더 많은 원의 의원 임기는 1년이었다. 그렇다면 다음과 같이 단순하게 질문할 수 있다. 주의 입법에 필요한 지식 대비 1년이라는 기간과 연방 입법에 필요한 지식 대비 2년이라는 기간을 비교할 때 후자가 더 길다고 할 수 있는가? 이런 형태의 질문법은 그 자체로, 질문에 주어져야 할 답변을 제시하고 있다.

한 주에서 필요한 지식은, 그 주 전역에 걸쳐 균일하고 또한 모든 시민들이 어느 정도 알고 있는 기존 법률들에 관한 것이다. 또한 그것은 좁은 범위에 국한되어 그리 다양하지 않은, 그리고 모든 계층의 인민들의 관심과 대화의 대부분을 차지하는, 주의 일반적 사안에 관한 것들이다. 합중국의 광대한 무대는 전혀 다른 현장을 제시한다. 법률들은 균일성과는 거리가 멀어서 주마다 각기 다르다. 합중국의 공적 업무는 매우 광범위한 지역에 미치며, 그와 연관된 지역 사정들로 말미암아 극히 다양한 모습을 띤다. 따라서 제국의 모든 지역의 대표들이 지역 상황에 대한 지식을 가지고 모이는 연방의회가 아니면 다른 곳에서는 제대로 익히기 힘든 것들이다. 그렇지만 각 주에서 모인 의원들은 분명히 모든 주들의 사안과 법률에 대해 어느 정도의 지식을 가지고 있어야 할 것이다. 각기 다른 주들의 교역과 항구 및 관행과 규정들에 대한 다소의 지식이 없다면, 어떻게 일관된 법률로써 대외무역을 적절히 규제할 수 있겠는가? 이런 것들을 포함한 여러 문제에서 각 주들이 놓여 있는 상대적 상황에 대한 다소간의 지식이 없다면, 어떻게 각기 다른 주들 사이의 교역을 바르게 규제할 수 있겠는가?

징세와 관련된 각 주의 상이한 법률이나 현지의 여러 상황들에 적응하지 못한다면, 어떻게 세금을 사려 깊게 부과하고 효과적으로 징수할 수 있겠는가? 주들 간에 서로 다른 여러 내부 상황들을 비슷하게 알지 못한다면, 어떻게 민병대에 대한 통일된 규칙을 제대로 마련할 수 있겠는가? 연방 입법의 주요 대상인 이상의 사안들은, 대표들이 광범위한 정보를 습득해야만 한다는 것을 강력히 시사하고 있다. 중요도가 낮은 기타 대상들도 그에 비례하는 정도의 관련 정보를 요구할 것이다.

이런 모든 난점들이 점차 크게 감소하리라는 것은 사실이다. 가장 어려운 과제는 정부의 적절한 출범 및 연방 법규의 초기 편성이다. 최초의 초안에 대한 개선 작업은 매년 점점 쉬워지고 그 양도 줄어들 것이다. 이전 정부의 의사록은, 신참 의원들에게 언제든 이용 가능한 정확한 정보원이 될 것이다. 합중국의 업무는 점점 더 시민 대중들 사이에서 호기심과 대화의 대상이 될 것이다. 또한 각 주의 시민들 간의 교류 증대는 각 주의 사안에 대한 상호 지식을 크게 확산하는 데 이바지할 것이며, 이는 다시 각 주의 양식과 법률의 전반적 동질화에 기여할 것이다. 이처럼 모든 난점들이 완화되기는 하겠지만, 연방의 입법 업무는 단일 주의 입법 업무에 비해 그 새로움이나 난도가 계속 높을 것이 분명하다. 따라서 그런 업무를 처리하는 자들에게는 더 긴 봉직 기간을 부여하는 것이 타당하다.

연방의 대표들이 습득해야 할 것에 속하는, 지금까지 언급되지 않은 지식의 한 분야는 외교 업무에 관한 것이다. 대표들은, 우리 자신의 교역을 규제할 때에도, 합중국과 외국 간의 조약뿐만 아니라 다른 나라들의 통상 정책과 법률에 대해 알고 있어야 한다. 그는 국제법에 대해 완전히 무지해서는 안 된다. 왜냐하면 그것이 국내 입법의 적절한 대상인 한 연방 정부[즉 연방의회]에 제출되기 때문이다. 또한 하원이 대외 협상이나 협정에 직접 참여하지는 않지만, 공적 업무의 각 분야들은 필연적으로 연계되어 있기 때문에 통상적인 입법 과정에서 그런 특정 분야에 대해서도 종종 관심을 가져야 하고, 때로는 입법적인 재가나 협조가 요구되기도 한다. 이런 지식의 일부는 사적으로 습득할 수도 있지만, 그 일부는 오직 공적인 정보원으로부터만 나올 수 있고, 입법부에서 실제 봉직하는 기간 동안 그 주제에 대한 실천적 관심을 통해 효과적으로 습득할 수 있을 것이다.

그 외에도 고려할 사항들이 있다. 아마 중요성은 덜하겠지만 언급할 가치가 없지는 않다. 많은 대표들이 이동해야 하는 거리 및 그런 상황에 필요한 채비 등은, 만일 [임기가] 2년으로 연장되지 않고 1년으로 제한된다면, 이 직에 적합한 사람들이 봉직을 거부할 더 심각한 이유가 될 것이다. 기존 연합회의 대표들의 사례를 보면 이 문제에 대해 논란의 여지가 없을 것이다. 그들이 매년 선출되는 것은 사실이지만, 이들의 재선은 여러 의회들[즉 주 의회들]에 의해 거의 당연한 일로 간주되고 있다.[2] 인민들이 대표를 선출하게 되면, 더는 그와 같은 원칙이 지배적이지 않게 될 것이다.

그런 모든 의회에서 발생하듯이, 몇몇 의원들은 뛰어난 재능을 지닐 수 있고, 잦은 재선을 통해 다선 의원이 될 것이며, 공적 업무에 정통한 자가 될 것이다. 그리고 아마 이런 이점을 이용하기를 꺼리지 않을 것이다. 신참 의원들의 비중이 클수록, 의원들 대부분이 가진 정보가 적을수록, 그들은 자신들 앞에 놓인 유혹에 쉽게 빠질 것이다. 이런 지적은 장차 하원과 상원 간의 관계에도

---

2) [옮긴이] 연합 헌장 제5조에 따르면, 연합회의의 각 주의 대표는 주 의회가 정하는 방식에 따라 매년 지명된다.

적용될 수 있을 것이다.

우리가 현재 택하고 있는 빈번한 선거의 이점과 뒤섞여 있는 한 가지 폐단이 존재한다. 하나의 주일지라도 주의 규모가 크고 1년에 한 번 회기를 갖는 곳에서는, 부정 선거를 제때 조사해 무효화할 수 있도록 판결이 효과적으로 이루어지지 못한다는 점이 그것이다. 어떤 불법적 수단을 사용하더라도 일단 당선만 되면, 의석을 차지한 불법적 의원이 자신의 목표를 이루기에 충분한 시간 동안 자리를 지키게 되는 것이다. 따라서 불법적 당선을 확보하기 위해 불법적 수단을 사용할 치명적인 동기가 주어지고 있다. 만일 연방의회 선거가 연례로 있게 되면, 이런 관행은 아주 심각하게 남용될 수 있다. 특히 멀리 떨어진 주들에서 그럴 것이다. 당연히 그러해야 하지만, 의원들의 선거와 자격, 당선 등에 대한 심판자는 각 원이다. 그리고 논란이 되는 경우에 그 심판 과정을 단순화하고 촉진하기 위한 개선안들이 경험을 통해 제안되겠지만, 불법적 의원이 자리에서 추방되기까지는 불가피하게 거의 1년이 걸릴 것이다. 결과에 대한 이런 전망은, 부당하고 불법적인 의석 획득 수단[즉 불법 선거]을 전혀 억제하지 못할 것이다.

이런 모든 고려 사항들은, 격년제 선거가 앞서 보았듯이 인민의 자유에 안전하리라는 것과 함께 공적 업무에도 유용하리라는 우리의 주장을 보증하고 있다.

푸블리우스

연방주의자 54번

[매디슨] 1788. 2. 12.

하원에 대해 다음으로 살펴볼 것은 각 주별 의원[숫자] 할당에

관한 것이다. 이는 직접세 할당에 관한 것과 동일한 규칙에 따라 결정될 것이다.[1]

　각 주의 인민의 숫자가, 각 주의 인민을 대표할 자들의 비율을 정하는 기준이 되어서는 안 된다고 어느 누구도 주장하지 않는다. 세금 할당에 대해서도 같은 규칙을 정한다면 아마 거의 반대는 없을 것이다. 하지만 이 경우에 규칙 그 자체가 근거하는 원리는 결코 동일하지 않다. 전자의 경우, 그 규칙은 인민의 개인적 권리에 관련된 것으로 해석된다. 그 규칙은 개인적 권리와 자연스럽고 보편적으로 관련되어 있다. 후자의 경우, 그 규칙은 부의 비율에 관련된다. 그 규칙은 결코 정밀한 [부의] 척도가 못 되며 통상적인 경우 아주 부적합한 척도이다. 하지만 그 규칙은, 주들의 상대적 부와 분담금[을 정하는 데]에 적용하기에는 결점이 많음에도, 실현 가능한 규칙들 중에서 가장 반대가 적은 것이 분명하다. 또한 최근에 아메리카에서 일반적으로 승인되기에 이르렀고, 제헌회의에서 신속히 선택되었다.

　이런 점들을 모두 인정한다고 해도, 아마 다음과 같은 주장이 제기될 것이다. 대표의 척도로 [인민의] 수를 받아들인다고 해서, 또는 자유 시민과 노예의 합을 징세의 비율로 받아들인다고 해서, 수에 기초한 대표의 규칙에 노예가 포함되어야 한다고 말할 수 있는가? 노예는 사람이 아니라 재산으로 간주된다. 따라서 노예는 재산에 기초해 세금을 추산할 때는 포함되어야 하지만, 인구조사

---

1) [옮긴이] "하원 의원 수와 직접세는 연방에 가입하는 각 주의 인구수에 따라 각 주에 할당한다. 각 주의 인구수는 연기 계약 노동자를 포함한 자유인의 총수에, 과세 대상이 아닌 인디언을 제외하고, 그 밖의 인구수의 5분의 3을 가산하여 결정한다"(헌법 제1조 2절 3항). 여기에서 "그 밖의 인구"란 흑인 노예를 가리킨다.

에 따라 대표[의 수]를 정할 때는 제외되어야 한다. 내가 이해하기로는, 이것이 강력히 제기되고 있는 [의원 수 할당 규칙에 대한] 반대의 이유이다. 나도 똑같이 솔직하게 [이런 반론에] 대적하는 편에서 제기할 수 있는 논리를 개진하고자 한다.

우리의 남부 친구들 가운데 누군가는 이렇게 말할 것이다.[2] 대표는 사람과 좀 더 직접적으로 관련되고, 조세는 재산과 좀 더 직접적으로 관련된다는 원칙에 동의하며, 이런 구분을 우리의 노예의 경우에 적용하는 데 동의한다. 그러나 노예가 단지 재산으로 간주되고, 어떤 점에서도 사람으로 간주되지 않는다는 점은 인정할 수 없다. 실상을 말하자면 노예는 이런 두 가지 특징을 모두 띠고 있다. 우리의 법에 따르면, 노예는 어떤 측면에서는 사람으로, 다른 측면에서는 재산으로 간주된다. 자신이 아니라 주인을 위해 일하도록 강제되고, 한 주인에게서 다른 주인에게로 팔릴 수 있고, 항상 자유를 제한당하고 타인의 변덕스러운 의사에 따라 체벌을 당하는 상태에 있기 때문에, 노예는 인간보다 하위 등급에 속하는 듯이 보이며, 또한 법적으로 재산의 종류에 속하는 그런 비이성적 동물로 분류되는 것처럼 보인다. 다른 한편으로, 타인의 폭력으로부터, 심지어 그의 노동과 자유를 마음대로 하는 주인의 폭력으로부터도 생명과 신체를 보호받고, 타인에 대해 행한 폭력으로 인해 그 스스로 형에 처해질 수 있다는 점에서, 노예는 비이성적 피조물의 일부가 아니라 법에 의해 명백히 사회의 일원으로 간주되고

---

2) [옮긴이] 이 문단을 포함해 다음 여섯 문단(즉 "이상의 내용은, 이 주제와 관련해 남부의 이익을 주장하는 자들이 사용할 수 있는 논리이다."라는 문장으로 시작되는 문단 이전까지)은, 매디슨의 논리가 아니라 남부 노예주들이 주장하는 논리라는 점에 유의해야 한다.

있다. 단순히 재산의 한 품목이 아니라 도덕적 인간으로 간주되고 있다. 따라서 연방헌법이 노예를 인간과 재산의 혼합적 특성을 가진 것으로 간주한 것은 우리의 노예의 실정에 대해 아주 적절하게 판단한 것이라 할 수 있다. 사실 이것이 노예의 진정한 특성이다. 이것이, 그들이 살고 있는 곳의 법률이 그들에게 부여한 특성이다. 법률이 적절한 기준이라는 점은 누구도 부인하지 못할 것이다. [비노예 주들이] 수의 계산에 노예를 포함하는 것에 반대하는 유일한 이유는, 흑인들은 법률에 의해 소유의 대상으로 되어 있다는 것이다. 따라서 박탈되었던 권리가 법률에 의해 회복된다면, 다른 주민들과 동등한 대표의 몫에서 흑인들이 배제될 수 없음도 명백하다.

이 문제를 다른 견지에서 볼 수도 있다. [인구]수가 유일하게 적절한 대표의 척도이듯이, 부와 과세의 가장 좋은 척도이기도 하다는 사실은 모든 측면에서 인정된다. 만일 제헌회의가, 대표의 몫을 계산할 때는 노예를 주민 목록에서 제외하면서, [주별] 분담금의 비율을 조정할 때는 노예를 목록에 포함했더라면, 과연 제헌회의가 공정하고 일관적이었을까? 부담을 부과할 때는 노예를 어느 정도 사람으로 간주하지만 이익을 부여할 때는 노예를 같은 관점에서 간주하기를 거부하는 체제에 대해 남부 주들이 동의하리라고 합리적으로 기대할 수 있을까? 형제인 인간의 일부를 재산으로 간주하는 야만적 정책을 취한다고 남부 주들을 비난해 온 바로 그 사람들이, 모든 주들을 포괄할 [연방] 정부에 대해서는 자신들이 비판한 바로 그 법보다 더 완벽하게 재산이라는 이상한 관점에서 이 불운한 인종을 간주할 것을 요구한다면, 사람들이 경악하고 놀라워하지 않겠는가?

이런 질문에 [비노예 주들은] 아마 다음과 같이 대응할 것이다. 즉 노예를 소유한 주들 가운데 어디에서도 [주 의회의] 대표를 추산하는 데 노예를 포함하고 있지 않다. 노예들은 자신들이 투표하는 것도 아니고, 주인들의 투표권을 늘리지도 않는다. 그렇다면, 어떤 원칙에 따라 연방의 대표를 추산하는 데 그들이 포함되어야 하는가? 노예를 완전히 배제했더라면, 헌법은 이 점에서 [노예 소유 주들이] 적절한 지침으로 여겨 의지해 왔던 바로 그 법률을 따르는 결과가 되었을 것이다.

이 같은 반론에 대해서는 다음과 같은 한마디로 일축할 수 있다. 각 주에 할당되는 대표의 총수는 주민 총수에 근거해 연방 규칙에 의해 정해지지만, 각 주에 할당된 수만큼의 인원을 선택할 권리[즉 선거권]는, 주민들 중에서 각 주가 자체적으로 지명하는 일정 부분에 의해 행사된다는 것이 헌법안의 기본 원칙이다. 선거권 자격 조건은 아마 주마다 상이할 것이다. 어떤 주의 경우에 그 차별은 매우 본질적이다. 모든 주에서 주민 가운데 일정 비율은 주 헌법에 의해 이런 권리[즉 선거권]가 박탈되어 있다. 하지만 그들은, 연방헌법이 [주별로] 대표를 할당하는 기준이 되는 인구조사에는 포함될 것이다. 이런 관점에 기초해, 남부 주들은 [자신들에 대한] 항의에 대해 다음과 같이 대꾸할 것이다. 즉 제헌회의가 정한 원칙이 요구하는 것은, 개별 주들이 그들의 주민에 대해 취하는 정책에는 [연방 정부가] 관여해서는 안 된다는 것이다. 따라서 다른 주에서 당해 주의 방침상 시민의 권리가 온전히 인정되지 않는 그런 주민들과 마찬가지로[즉 그런 주민도 연방 대표의 할당 기준이 되는 인구수에는 포함되듯이], 노예도 주민으로서 그들의 인원수 그대로[즉 인원수의 5분의 3이 아니라] 인구조사에 포함되어야 한다. 그러나 이 같은 원칙으로 이득을 볼 수익자들[즉 노예 소유 주들]은 이 원칙의 엄격한 고수를 포기하고 있다. 이들이 요구하는 것은 단지 다른 쪽에서도 그와 같은 절제를 보이라는 것이다. 노예의 경우는 하나의 특이한 사례로 간주하도록 하자. 헌법에서는 노예를 주민으로 간주하고 있지만, 자유로운 주민과 동급이 아니라 노예 상태인 탓에 그보다 낮은 수준에 있는 주민으로 간주하고 있다. 노예를 인간에서 5분의 2가 박탈된 존재[3]로 간주하고 있는 것이다. 헌법의 이런 타협적 처방을 서로 받아들이도록 하자.

그런데 헌법의 이 조항을 좀 더 쉽게 방어할 수 있는 다른 근거를 택할 수도 있지 않을까? 우리는 지금까지, 대표는 오직 사람하고만 관련되며 재산과는 전혀 무관하다는 생각에 따라 논의를 진행해 왔다. 하지만 그것이 타당한 생각인가? 정부는 개인의 보호 못지않게 재산의 보호를 위해 설립되어 있다. 따라서 개인뿐만 아니라 재산도, 정부를 맡고 있는 자들에 의해 대표된다고 간주할 수 있다. 이런 원리에 근거해, 몇몇 주, 특히 뉴욕주에서는 정부의 한 원[즉 상원]이 특히 재산의 수호자로 기획되어 있고, 이에 따라 정부의 이런 목표에 가장 관심이 많은 사회집단에 의해 선출되고 있다. 연방헌법에서는 이런 방침이 관철되지 못했다. 재산권은 개인의 권리를 맡은 바로 그 사람들[즉 대표들]에게 같이 위탁되어 있다. 따라서 그런 사람들을 선택할 때는 재산에 대해서도 상당한 관심을 기울여야 한다.

연방 입법부에서 각 주의 인민들에게 할당되는 표의 수가 주의 상대적 부에 어느 정도 비례해야만 하는 또 다른 이유가 있다. 주는 개인들처럼 재산이 많은 이점을 이용해 서로에게 영향력을 미칠 수 없다. 법은 부유한 시민이라도 자신의 대표를 선택할 때는 단지 한 표만을 부여한다. 하지만 그는 너무나 빈번하게, 자신이 가진 좋은 환경으로부터 이끌어 내는 영향력이나 존경 등을 통해 타인으로 하여금 자신이 선택한 대상에게 표를 던지도록 이끈

---

3) [옮긴이] 헌법 제1조 2절 3항에 따르면, 노예는 사람의 5분의 3으로 계산된다.

다. 눈에 보이지 않는 이런 수단을 통해 재산권은 공적 대표자들 안에 전달된다. 주는 다른 주에 대해 그런 영향력을 행사할 수 없다. 연방 내에서 가장 부유한 주일지라도 다른 주의 대표 선택 — 단 한 명이라도 — 에 영향력을 미친다는 것은 불가능하다. 크고 부유한 주의 대표들은 연방 입법부 내에서 다른 주의 대표들에 비해, 단지 숫자가 많은 데서 나오는 이점 이외에는 어떤 다른 이점도 누릴 수 없다. 따라서 그들의 우월한 부나 세력에 따라 그들이 어떤 이점을 누릴 자격이 있다고 하더라도, 그런 이점은 할당된 대표의 수가 많은 점을 통해 확보되어야 할 것이다. 이런 점에서 새로운 헌법은, 네덜란드 연합을 비롯해 기타 유사한 연합체들의 헌법뿐만 아니라 기존의 우리 연합과도 근본적으로 다르다. 후자의 경우, 연합의 결정의 효력은 합중국을 구성하는 주들의 자발적인 후속 결정에 따라 좌우되었다. 따라서 주들은 연합회의에서 동등한 표를 행사하지만 그 영향력은 동등하지 않았다. 그들의 자발적인 후속 결정이 갖는 무게가 동등하지 않기 때문이다. 제안된 헌법에서는 개별 주들의 필수적 개입 없이도 연방 법률이 효력을 갖게 될 것이다. 연방 법률은 연방 입법부 내에서의 다수표에 의해서만 좌우될 것이다. 따라서 큰 주의 표든 작은 주의 표든, 부유하고 강력한 주의 표든 그렇지 못한 주의 표든, 한 표는 모두 동등한 무게와 효력을 가질 것이다. 이는 주 의회의 경우와 동일한 방식이다. 즉 주 의회에서 카운티나 디스트릭트의 대표가 개별적으로 행사하는 표들은, 그 카운티나 디스트릭트가 설령 동등하지 않을지라도, 각각 정확히 동등한 가치와 효과를 지닌다. 설령 어떤 차이가 있다고 하더라도 그것은 대표들의 출신 디스트릭트의 규모와 관련된 것이 아니라 개별 대표들의 개인적 특징의 차이에 따른 것이다.

이상의 내용은, 이 주제와 관련해 남부의 이익을 주창하는 자들이 사용할 수 있는 논리이다. 이런 논리는, 설령 어떤 면에서는 일부 불편한 점이 있는 것 같지만, 전체적으로 제헌회의에서 결정했던 대표의 비율을 나로 하여금 완전히 받아들이지 않을 수 없게 한다는 점을 고백해야 할 듯하다.[4]

　　대표와 과세에 대해 공통의 척도를 확립하는 것은 어떤 면에서 아주 유익한 효과를 발휘할 것이다. 의회가 달성할 수 있는 인구조사의 정확성은, 필연적으로 상당 정도 주들의 처분 — 협조까지는 아니더라도 — 에 의존하지 않을 수 없다. 따라서 주들이 자신들의 인구 규모를 부풀리거나 줄이려는 편향성을 되도록 갖지 않아야 한다는 점이 극히 중요하다. 그 척도[즉 인구]가 대표의 지분만을 결정한다면 주들은 주민 수를 과장하는 데 관심을 갖게 될 것이다. 그 척도가 과세의 몫만을 결정한다면, 그 반대의 유혹이 지배할 것이다. 그 척도를 두 가지 목표 모두에 확대 적용함으로써, 주들은 서로 상반된 이해관계를 갖게 될 것이다. 상반된 이해관계들은 서로를 통제하고 상쇄할 것이며, 필요한 공정성을 산출할 것이다.

푸블리우스

---

4) [옮긴이] 매디슨의 헌법 구상에 기초해 작성된 버지니아 안은 원래 각 주의 자유민의 수에 기초한 의원 수 할당을 제안했는데, 타협 과정에서 노예 수의 5분의 3을 가산하기로 수정되었다. 이는 남부 주들의 이탈을 방지하기 위한 타협이었다. 따라서 이 조항에 대한 매디슨의 태도는 다른 조항과 사뭇 다름을 알 수 있다.

연방주의자 55번

[매디슨] 1788. 2. 13.

하원을 구성할 인원수는, 연방 입법부의 이 원을 바라보는 또 하나의 아주 흥미로운 관점을 만들어 낸다. 이 조항[1]을 비판하는 사람들의 영향력이나 그 주장의 외형적 설득력으로 말미암아, 이 조항은 헌법의 전체 내용 가운데 그 어느 것보다 높은 관심을 받을 만한 것으로 되어 있는 듯하다. 이 조항에 대해 제기되어 온 비판은 다음과 같다. 첫째, 대표의 수가 너무 적어서 공공의 이익의 위험한 수탁자가 될 것이다. 둘째, [대표의 수가 적기 때문에] 자신들의 수많은 선거구민들의 현지 상황을 대표들이 제대로 파악하지 못할 것이다. 셋째, 인민 대중의 정서와 거의 교감할 수 없는, 그리고 다수에 대한 억압 위에서 소수의 영속적 향상을 추구할 가능성이 매우 높은 그런 계급의 시민들로부터 대표들이 선택될 것이다. 넷째, 인원수가 처음에도 모자라지만, 인구 증가에 따라, 그리고 그에 상응하는 대표의 증가를 가로막을 장애물 때문에, 인원수는 점점 더 [인구수에 비해] 불균형적으로 적어질 것이다.

이 주제에 대해서는 일반적으로 다음과 같이 말할 수 있을 것

---

1) [옮긴이] 헌법 제1조 2절 3항에 따르면, '하원 의원의 수는 인구 3만 명당 1인의 비율을 초과하지 못하며, 각 주는 적어도 한 명의 하원 의원을 가져야 하는데, 최초의 합중국 의회 개회 이후 3년 이내에 인구수의 산정이 있을 때까지는 뉴햄프셔주는 세 명, 매사추세츠주는 여덟 명, 로드아일랜드주와 프로비던스 플랜테이션은 한 명, 코네티컷주는 다섯 명, 뉴욕주는 여섯 명, 뉴저지주는 네 명, 펜실베이니아주는 여덟 명, 델라웨어주는 한 명, 메릴랜드주는 여섯 명, 버지니아주는 10명, 노스캐롤라이나주는 다섯 명, 사운스캐롤라이나주는 다섯 명, 그리고 조지아주는 세 명의 의원을 각각 선출'한다.

이다. 대의제 입법부에 가장 알맞은 인원수에 관한 문제보다 정확한 해답을 찾기 어려운 정치적 문제는 없다. 각 주 의회[의원 수]를 직접 서로 비교하든, 또는 각 주 의회[의원 수]와 유권자 수 사이의 비율을 고려하든, 각 주의 방침이 이보다 더 각양각색인 사항은 존재하지 않는다. 가장 인원이 많은 원[즉 하원]의 경우, 21명의 대표로 구성된 델라웨어주와 300~400명에 이르는 매사추세츠주처럼, 가장 소규모인 주와 가장 대규모인 주의 차이를 무시한다고 하더라도, 인구수가 거의 비슷한 주들 간에도 아주 큰 차이가 관찰된다. 펜실베이니아주의 대표 수는 매사추세츠주의 5분의 1에 미치지 못한다. 뉴욕주의 인구는 사우스캐롤라이나주의 대여섯 배에 달하지만, 대표의 수는 3분의 1에 지나지 않는다. 조지아주와 델라웨어주, 또는 로드아일랜드주 사이에도 그 정도로 큰 격차가 존재한다. 펜실베이니아주에서는 유권자 4000~5000명당 대표 한 명의 비율을 넘지 못하지만, 로드아일랜드주에서는 적어도 유권자 1000명당 대표 한 명의 비율을 보인다. 그리고 조지아주의 헌법에 따르면 그 비율은 유권자 10명당 한 명의 대표가 될 텐데, 그 결과 다른 어떤 주의 비율보다 훨씬 높아질 수밖에 없다.

또 하나 말해야 할 것은, 인민의 수가 아주 적은 곳과 아주 많은 곳 사이에 대표와 인민의 비율이 동일해서는 안 된다는 것이다. 만일 로드아일랜드주의 기준에 따라 버지니아의 주의 대표 수를 정한다면, 지금도 400~500명에 달하게 될 것이고, 20~30년 뒤에는 1000명에 이를 것이다. 다른 한편, 펜실베이니아주의 비율을 델라웨어주에 적용한다면 의회는 일고여덟 명으로 축소될 것이다. 우리의 [의원 수에 대한] 정치적 고려의 근거를 산술적 원리에 두는 것보다 더 잘못된 일은 없다. 예닐곱 명보다는 60~70명이 일정한 정도의 권력을 맡기는 데는 적절할 것이다. 그러나 600~700명이 되면, 그 수에 비례해 더 나은 수탁자가 될 것이라는 결론은 도출되지 않는다. 만일 우리가 이런 가정을 6000~7000명에 이르기까지 계속해 간다면, 모든 추론은 역전될 것이다. 사실 모든 경우에, 자유로운 협의와 토론의 이점을 확보하기 위해 그리고 부적절한 목적의 도당이 쉽게 형성되는 것을 막기 위해, 일정한 최소한의 인원수는 필요한 듯하다. 그러나 다른 한편으로, 대중의 무절제와 혼란을 피하기 위해 그 수는 일정 한도 안에서 유지되어야 한다. 어떤 인물들로 구성되든 너무 많은 인원이 모인 집회에서는 항상 정념이 이성으로부터 주도권을 빼앗게 된다. 모든 아테네 시민들이 소크라테스였다고 할지라도, 아테네인 모두가 모인 집회는 한 무리의 군중에 불과했을 것이다.

격년제 선거 사례에 적용했던 견해[52번 논설]를 여기서도 상기할 필요가 있다. 연방의회의 제한된 권력과 주 의회에 의한 통제는, 그렇지 않을 경우 공공의 안전을 위해 필요한 정도보다 더 낮은 빈도의 선거를 정당화했다. 이와 동일한 근거에서, 의원들이 입법의 전권을 가지면서 다른 입법 기구[즉 상원]의 통상적 제한 이외에는 어떤 제한도 받지 않을 경우에 비해, [권한이 제한되고 주 의회의 통제도 받는] 연방의회의 의원 수는 더 적어도 되는 것이다.[2] 이런 대략적인 인식을 갖고서, 현재 제안되어 있는 하원 의원 수에 대한 반론들을 검토해 보자. 첫째, [반대론자들은] 그렇게 많은 권력을 그렇게 적은 인원에게 안전하게 맡길 수 없다고 한다.

정부 출범 시에 입법부의 이 원을 구성하게 될 의원 수는 65명

---

2) [옮긴이] 연방의회의 권력 오남용을 막기 위해서는 선거 주기를 빈번히 하고 또 의원 수도 크게 늘려야 한다는 것이 반연방주의자들의 주장이다. 이에 대해 매디슨은, 연방의회는 그 권한이 제한적이고 또 주 의회의 감시도 받을 것이므로 선거를 격년으로 하고 의원 수를 더 적게 해도 공공의 안전(즉 인민의 자유)을 침해할 위험이 없으리라고 주장하고 있다.

이 될 것이다. 3년 안에 인구조사가 이루어지면, 그 수는 주민 3만 명당 한 명으로 증가될 것이다. 그리고 뒤이어 매 10년마다 인구 조사가 다시 이루어지면, 앞서 말한 한도 내에서 의원 수는 계속 증가할 것이다. 주민 3만 명당 한 명의 비율이라면 첫 번째 인구조사 결과 대표의 수가 적어도 100명으로 증가하리라는 추정은 지나친 것이라 생각되지 않는다. 5분의 3의 비율로 흑인을 추산하면, 합중국의 인구가 그때까지 300만 명에 이르리라는 것 — 이미 그 수준에 이르지 않았다면 — 은 의심의 여지가 없다. 증가율 추정에 따르면, 25년 이후에 대표의 수는 200명에 이르고, 50년 뒤에는 400명에 달할 것이다. 이는 입법부가 소규모이기에 일어나는 모든 두려움을 종식할 만한 숫자라고 생각된다. 나는 여기에서 대표의 수가 헌법이 규정한 방식에 따라 때때로 증가할 것으로 가정하고 있는데, 이에 대해서는 뒤[58번]에서 네 번째 반론에 답하면서 입증하고자 한다. 만일 그와 반대로 가정한다면, 반론이 상당히 유력함을 인정해야 할 것이다.

　그렇다면 해결해야 할 진짜 문제는, 잠정적 규정인 적은 대표의 수가 공공의 자유에 위험한지의 여부이다. 몇 년 동안은 65명, 그 뒤로 몇 년 동안은 100~200명에 이를 대표자들은, 제한되고 잘 감시받을 합중국 의회의 권한을 맡을 안전한 수탁자가 될 것인가? 현재의 아메리카 인민들의 기질, 주 입법부를 움직이는 정신, 모든 계급의 시민들의 정치적 품성에 배어 있는 원칙 등과 관련해 내가 받았던 인상을 모두 지우지 않는다면, 이 질문에 부정적으로 답할 수 없음을 나는 고백하지 않을 수 없다. 나는 아메리카 인민들이, 현재와 같은 기질에서 또는 곧 나타날 수 있는 어떤 상황에서, 전제정이나 반역의 계획을 꾸미고 추구할 경향이 있는 65명 또는 100명의 사람을 선택하리라고는 상상할 수 없다. 또한 매 2년마다 그런 선택을 되풀이하리라고 도저히 상상할 수 없다. 연방 입법부를 감시하려는 동기와 대응 수단을 그렇게 많이 갖고 있는 주 입법부가, 그들의 공동의 유권자들의 자유에 반하는 연방 입법부의 음모를 감지하지도 또는 물리치지도 못하리라고는 도저히 상상할 수 없다. 그들에게 위임된 엄숙한 신탁을 2년이라는 짧은 기간 안에 배반하려는 의도나 용기를 가지고서, 인민 대중의 선택 앞에 자신을 내세울 수 있는 65명 또는 100명의 사람이 지금 현재 아메리카에 존재하거나 또는 가까운 미래에 존재할 수 있으리라고 상상할 수 없다. 시간이 지나 우리나라에 인구가 가득해졌을 때 어떤 상황의 변화가 나타날지를 단언하려면 예언가가 필요할 것이다. 나는 그렇게 할 생각은 전혀 없다. 그러나 지금 우리 앞에 놓인 상황이나 적당한 기간 안에 있음 직한 사태 등을 놓고 판단한다면, 연방헌법이 제안하는 인원수로 인해 아메리카의 자유가 위태로워질 일은 없다고 단언할 수밖에 없다.

어떤 방면에서 위험이 비롯될 수 있는가? 우리는 외국의 돈을 두려워하는가? 외국의 돈이 연방 통치자를 그렇게 쉽게 타락시킬 수 있다면, 그리고 그들로 하여금 자신들의 유권자를 함정에 빠뜨리고 배신하도록 만들 수 있다면, 지금 우리가 자유롭고 독립된 나라에 있는 것이 어떻게 가능했겠는가? 혁명 기간 내내 우리를 지휘했던 회의[3]는, 뒤를 이을 후속 기구[즉 연방의회]보다 인원수가 적었고, 동료 시민 전체에 의해 선출되지도 않았고 그들 전체에게 책임지지도 않았다. 그것은 매년 지명되고 언제든 소환될 수 있었지만 일반적으로 3년간 지속되었고, 연합 헌장 비준 이전에는 더 장기간 지속되기도 했다. 협의는 항상 비공개로 진행되었고, 외

---

[3] [옮긴이] 제1차 대륙회의(1774)와 제2차 대륙회의(1775~81), 그리고 연합회의(1781~89)를 지칭하는 듯하다.

국과의 업무는 단독으로 처리되었다. 전쟁 기간에는, 미래의 우리 대표들이 그럴 것으로 기대되는 것보다 훨씬 더 많이 나라의 운명을 그들이 좌우했다. [전쟁에] 걸린 전리품의 중대성과 그것을 상실한 측이 보인 난폭함을 생각해 보면, 그들[즉 대표들]은 폭력 이외의 그 어떤 수단도 주저 없이 사용할 수 있었다고 생각된다. 하지만 다행스러운 경험을 통해 알고 있듯이, 그들은 공공의 신임을 배반하지 않았다. 특히 우리의 공적 회의의 순수성에 대해 비방 중상하는 그 어떤 소문도 없었다.

연방 정부의 다른 부로부터의 위협이 염려되는가? 하지만 대통령이나 상원이 어디에서 그런 위협 수단을 발견하겠는가? 그들의 봉급은 다른 용도로 사용하기에 충분할 정도가 되지 못할 것이고, 또한 [그것을 결정하는] 하원의 사전 부패 없이는 그 정도에 이를 수 없을 것이라 생각된다. 그들은 모두 아메리카 시민이어야 하기 때문에, 그들의 개인 재산이 위협의 근원이 될 가능성은 아마 없을 것이다. 그렇다면 그들이 가질 수 있는 유일한 수단은 직위의 배분이 될 것이다. 의심을 두는 곳이 바로 여기인가? 대통령이 상원의 힘을 약화하는 데 이런 매수 자원이 모두 소모될 것이라는 이야기를 가끔 듣곤 한다. 이제 다른 원의 신의가 제물이 되는 것이다. 공화제 원리에 따라 서로 다른 기반에 근거하고 또한 자신들이 놓인 사회에 책임져야만 하는 정부의 각 구성원들이 돈을 위해 신의를 저버리고 결탁할 개연성은 전무하므로, 이제 그런 불안은 그만두어도 될 것이다. 그런데 다행스럽게도 헌법은 추가적인 안전장치를 제공하고 있다. 연방의회 의원은 임기 중에 신설되거나 봉급이 인상된 어떤 공직에도 임명될 수 없도록 한 것이다 [제1조 6절]. 따라서 통상적 사고로 생긴 공석을 제외하고는 어떤 공직도 기존 의원들에게 배분될 수 없다. 이것으로도 인민의 수호자들 — 인민 자신들에 의해 선택된 — 을 매수하기에 충분하다고 가정한다면, 그것은 [앞으로의] 일들을 예측하는 수단이 되는 모든 통례에 대한 부정이고, 모든 논증이 무의미해지는 무차별적이고 무한한 경계심으로의 대체와 다름없다. 이런 과도한 정념에 열중하는 자유의 순진한 지지자들은, 자신들이 스스로의 대의명분을 해치고 있음을 인식하지 못하고 있다. 인간에게는 어느 정도 타락과 부패의 속성이 있기에 일정한 정도의 경계와 불신은 필요하다. 그와 마찬가지로 인간의 본성에는, 일정한 정도의 존중과 신뢰를 정당화하는 또 다른 특징이 존재한다. 공화제 정부는 다른 어떤 정부 형태보다도, [인간에게] 이런 특징이 많이 존재한다고 전제한다. 만일 우리 가운데 일부가 정치적 경계심으로 그려 낸 [인간의] 모습이 인간의 특징을 그대로 빼닮은 것이라고 하면, 인간에게는 자치를 하기에 충분한 덕성이 없으며 전제정의 사슬 외에는 그 어떤 것도 인간의 상호 파괴와 공멸을 막을 수 없다는 결론에 이르지 않을 수 없을 것이다.

푸블리우스

연방주의자 56번

[매디슨] 1788. 2. 16.

하원에 대한 두 번째 비판은, 그것이 너무 작아 선거구민들의 이해관계를 적절히 숙지할 수 없으리라는 것이다.

이런 비판은, 합중국의 거대한 규모와 주민들의 수 및 그들의 다양한 이해관계 등을 [헌법에] 제안된 대표의 수와 비교한 데 근거하고 있다. 하지만 그 비판은 연방의회와 다른 입법 기구[즉 주 의회] 간의 상황의 차이를 고려하지 않고 있다. 따라서 이런 특색을 간략히 설명하면 그 비판에 대한 최선의 대답이 될 것이다.

대표가 자신의 선거구민들의 이해관계와 상황을 잘 알고 있어야 한다는 것은 타당하고 중요한 원칙이다. 하지만 대표의 권한 및 책임과 무관한 상황이나 이해관계에까지 이 원칙이 적용될 수 있는 것은 아니다. 입법 범위 내에 있지 않은, 미세하고 특수한 여러 대상들에 대한 무지는 입법 의무를 적절히 수행하는 데 필요한 자질과 조금도 상충되지 않는다. 따라서 특정 권한을 행사하는 데 필요한 정보의 범위를 정하기 위해서는 그런 권한의 범위 내에 있는 대상이 무엇인지를 살펴봐야 한다.

무엇이 연방 입법의 대상이 될 것인가? 가장 중요하고 또 지역 정보를 가장 필요로 하는 대상은 교역과 징세, 그리고 민병대이다.

상업을 적절하게 규제하기 위해서는, 다른 곳[53번 논설]에서 이미 말했듯이, 많은 정보가 필요하다. 그러나 이런 정보가 각 주의 법률 및 지역 사정에 관한 것인 한, 그것을 연방의회에 전하는 데는 소수의 대표들로도 충분할 것이다.

징세는 대부분 상업의 규제와 관련된 업무가 될 것이다. 따라서 앞서 말한 내용은 이 대상에도 적용된다. 그것이 내국세 징세로 이루어지는 한, 주의 상황에 대한 좀 더 광범위한 정보가 필요할지도 모른다. 그러나 주 전역에서 선출된 소수의 총명한 자들이 이런 정보를 충분히 보유할 수 있지 않을까? 가장 큰 주라도 10개 또는 12개 구역[즉 선거구]으로 나눈다고 하면, 구역의 대표는 자신의 구역의 독특한 지역적 이해관계를 충분히 알 수 있으리라 생각된다. 이런 정보원 외에도, 주의 모든 지역에서 나온 대표들[즉 주 의회 의원들]이 만든 주의 법률은 그 자체로 충분한 지침이 될 것이다. 모든 주에는 이 문제에 대한 법규들이 만들어져 있고 또한 계속 만들어질 것이다. 많은 경우에 연방 입법부는, 이 각양각색의 법규를 검토해 하나의 보편적 법률로 정리하는 것 이상의 할 일이 없을 것이다. 능숙한 사람이라면, 자신의 서재에서 모든 지역 법규들을 이용해, 어떤 구두 정보의 도움 없이도, 전 합중국에 적용할 여러 과세 문제에 대한 법률을 편찬할 수 있을 것이다. 또한 내국세가 필요할 경우, 특히 모든 주들에 걸친 통일성이 요구될 경우에는, 더 단순한 대상이 선호될 것이다. 주의 법규가 이 분야의 연방 입법에 얼마나 편리한 도움을 제공할 것인지를 충분히 이해하기 위해, 이 주[즉 뉴욕주]나 또는 어떤 다른 주가 여러 지역으로 분할되어 있고, 그 지역들 각각이 지역 입법의 권한을 자체적으로 행사한다고 잠시 가정해 보도록 하자. 각 지역 [의회의] 의사록을 보면 상당한 지역 정보와 준비 작업의 내용을 알 수 있을 것이고, 그에 따라 주 입법부의 수고는 크게 경감될 것이고 또한 주 입법부는 훨씬 적은 수의 의원들로도 충분하지 않겠는가? 연방의회에 커다란 이점을 제공해 줄 또 다른 상황 조건이 있다. 각 주의 대표들은 그 주의 법률에 대한 상당한 지식과 자신들 각각의 선거구에 대한 지역 정보를 가지고 있을 뿐만 아니라, 아마 주 입법부의 의원이었거나 바로 그 당시[즉 선출 당시]에 주 의원인 경우가 대부분일 것이다. 주 입법부는 그 주의 모든 지역 정보와 이해관계가 모이는 곳이며, 그런 정보와 이해관계는 소수의 사람들에 의해서도 주 입법부에서 합중국 입법부로 용이하게 전달될 것이다.

징세 문제와 관련해 내린 이런 판단은 민병대의 경우 더 설득력 있게 적용될 수 있다. 주에 따라 규율에 관한 규정이 아무리 다를지라도, 그런 규정은 각각의 주 내에서는 동일하다. 그것은 같은 주 내의 지역들 간에는 차이가 있을 수 없는 조건에 놓여 있는 것이다.

주의 깊은 독자라면, 적당한 숫자의 대표로도 [정보 획득에] 충분함을 증명하기 위해 여기에서 사용하는 논리가, 대표들이 알고 있어야 하는 광범위한 정보 및 그것을 습득하는 데 필요한 기간과 관련해 다른 곳[53번]에서 강조했던 논리와 전혀 상충되지 않는다는 것을 이해할 것이다. 그런 정보가 필요하고 또 습득이 어려운 것은, 그것이 지역적 대상에 관한 것인 한, 단일 주 내에서의 법규나 현지 상황들의 차이 때문이 아니라, 주들 사이의 법규나 상황의 차이 때문이다. 각 주를 개별적으로 보면, 한 주의 법규들은 동질적이며 이해관계도 다양화되지 않은 상태에 있다. 따라서 그것을 적절히 대표하는 데 필요한 정보는 소수의 사람이라도 충분히 알 수 있을 것이다. 만일 각각의 개별 주 내에서 이해관계나 사정이 완전히 균일하고 단순하다면, [그 주의] 한 지역의 이해관계나 사정에 대한 정보에 다른 모든 지역의 정보가 포함될 것이고, 따라서 그 주의 한 지역 출신의 단 한 명의 대표가 전체 주를 완벽히 대표할 수도 있을 것이다. 그러나 각기 다른 주들을 함께 비교해 본다면, 연방 입법의 대상과 관련되어 있는 주들의 법규나 기타 여러 상황들에서 상당히 큰 차이점이 발견될 것이다. 연방 대표들은 이 모든 것에 대해 어느 정도 숙지하고 있어야 한다. 따라서 각 주 출신의 소수의 대표들은 그들 자신의 주에 대한 적절한 정보를 가지고 올 것이지만, [연방의회에 모인] 모든 대표들은 다른 모든 주들에 관해 습득해야 할 수많은 정보를 확보하게 될 것이다. 앞[53번]에서 말했듯이, 시간의 변화는 각 주들의 상대적 상태에 동질화 효과를 발휘할 것이다. 개별 주들의 내부 상황에 미치는 시간의 효과는 정반대일 것이다. 현재 몇몇 주들은 농부들로 구성된 사회에 지나지 않는다. 소수의 주에서만 산업 분야의 상당한 진보가 이루어졌고, 이것이 국가의 업무에 다양성과 복잡성을 부여하고 있다. 그러나 [시간이 흐르면] 주민들의 발전의 결과로 모든 주들에서 다양성과 복잡성이 나타날 것이고, 각 주 내에서 이런 부분들은 더욱 완전한 대표를 요구할 것이다. 따라서 이를 예견한 제헌회의는, 인구 증가에 따라 정부의 대의 부문의 적절한 증대가 뒤따르도록 주의를 기울였던 것이다.

인류에게 많은 정치적 교훈 — 경계할 것과 모범적인 것 모두 — 을 제공해 왔고, 또한 우리의 탐구 과정에서도 자주 참조되었던 영국의 경험은, 바로 앞에서 심사숙고해 내린 결론을 뒷받침한다. 잉글랜드와 스코틀랜드 두 왕국의 주민 수는 800만 명 이하로는 말할 수 없다. 영국 하원에서 이들 800만 명의 대표는 558명에 이른다. 이 숫자 중에서 9분의 1은 364명에 의해 선출되고, 2분의 1은 5723명에 의해 선출된다.[1] 이렇게 [소수에 의해] 선출되고 심지어 인민 대중 속에 거주하지도 않는 [하원 의원의] 2분의 1이, 정부에 맞서 인민의 안전에 어떤 도움을 주거나 또는 인민의 상황이나 이해관계에 대한 정보를 의회에 추가할 수 있다고는 생각되지 않는다. 반대로 그들은, 대중의 권리의 수호자나 주창자라기보다는, 최고 집행관[즉 국왕]의 대표이거나 수단인 적이 훨씬 많다. 이는 널리 알려진 사실이다. 따라서 그들은 국민의 진정한 대표에서 제외될 대상 이상의 그 무엇[즉 국민의 권리에 반하는 것]으로 간주되어야 마땅할 것이다. 하지만 우리는 단지 그들을 이런 관점에서만 [즉 제외 대상으로만] 고려할 것이다. 또한 우리는, 선거구민들 사이에 거주하지도 않고 그들과의 연계도 아주 희박하며, 그들의 사정에 대한 상세한 정보도 거의 갖고 있지 못한, 상당수의 다른 대표들[즉 대표의 9분의 1]까지 제외하지는 않을 것이다. 모든 면에서 이렇게 양보하더라도, 단지 279명의 사람들이 800만 명의 생명과

---

1) Burgh's *polit. disquis*[James Burgh, *Political Disquisitions: Or, an Enquiry into Public Errors Defects and Abuses*, 3 vols. (London and Philadelphia, 1774), I, pp. 45-48. 제임스 버그James Burgh(1714~75)는 교육학자이자 저술가로서 1760~70년대 아메리카 식민지 주민들의 대의에 대한 지지자였다. 이 책은 영국 군주제에 맞서 인민의 권리를 주장한 급진 휘그파의 강령을 담고 있었는데, 독립 전쟁 기간에 아메리카에 큰 영향을 미쳤다].

이익과 행복의 수탁자가 되고 있는 것이다. 집행권의 위력에 완전히 노출된 상태에서, 고도로 업무가 분화되고 복잡한 국가의 모든 입법 대상에 대해 권한을 행사하는 그런 의회에서, 단 한 명의 대표가 선거구민 2만 8670명의 권리를 지키고 그들의 상황을 [의회에서] 설명하는 셈이 되는 것이다. 이런 모든 상황에서도 자유의 소중한 부분이 유지되어 왔을 뿐만 아니라, 영국 법규의 결함 가운데 아주 작은 부분만이 인민의 상황에 대한 의회의 무지 탓으로 돌려지고 있음은 주지의 사실이다. 이런 영국의 사례를 제대로 평가하고 또한 그것을 앞서 설명한 아메리카 하원의 경우와 비교하면, 주민 3만 명당 한 명의 대표는 아메리카 하원을 그것에 위임된 이해관계의 안전하고 유능한 보호자가 되도록 해줄 것이 확실한 듯하다.

푸블리우스

연방주의자 57번

[매디슨] 1788. 2. 19.

하원에 대한 세 번째 비판은, 시민들 중에서 인민 대중과 공감대가 가장 적을 그런 계급에서 [의원이] 충원될 것이기에 소수의 지위를 강화하기 위해 다수를 대대적으로 희생하는 것을 지향할 공산이 아주 크다는 것이다.

연방헌법에 씌워진 반대 이유들 가운데 아마 가장 기이한 것이 바로 이것일 것이다. 반론 그 자체는 위장된 과두제를 겨누고 있지만, 반론의 본질은 공화제 정부의 근원 자체를 공격하고 있다.

모든 정체의 목표는, 우선 사회의 공익을 파악해 낼 최고의 지혜와 그것을 추구할 최고의 덕성을 가진 사람들을 통치자로 확보하고, 다음으로 그들이 공적 책임을 맡고 있는 동안에 덕성을 계속 유지하도록 가장 효율적인 예방 조치를 취하는 것이다. 또는 그런 것이어야 한다. 선거를 통해 통치자를 확보하는 것은 공화제 정부를 특징짓는 방침이다. 이런 형태의 정부에서 통치자의 타락을 막기 위해 의존하는 수단은 매우 많고 또 다양하다. 가장 효과적인 수단은 인민에 대한 적절한 책임성을 유지시켜 줄 임기의 제한이다.

그렇다면 나는, 하원에 관한 헌법 내용 중 어떤 사항이 공화제 정부의 원리를 침해하고 다수의 피해 위에서 소수의 향상을 촉진하는지 묻고자 한다. 그 반대로 모든 세부 사항이 그런 원리에 엄격히 부합하지 않는지, 그리고 모든 계급과 종류의 시민들의 권리와 요구에 철저히 공평하지 않는지 묻고자 한다.

누가 연방 대표를 선출하는 선거인이 될 것인가? 빈자보다 부자가, 무식한 사람보다 배운 사람이, 미천하고 불운한 자들의 하찮은 자녀보다 명문가의 고귀한 후계자가 선거인이 되는 것은 아니다. 합중국의 인민 대부분이 선거인이 될 것이다. 각 주에서 주 입법부의 하원 선출권을 행사하는 바로 그 사람들이 선거인이 될 것이다.

누가 대중들의 선택 대상이 될 것인가? 그가 가진 장점으로 지역에서 존경과 신뢰를 받을 수 있는 모든 시민이다. 부, 출생, 종교적 신념, 직업 등의 그 어떤 제한도 인민의 판단을 구속하거나 의향을 방해하도록 허락되지 않는다.

동료 시민들의 자유로운 투표로부터 대표의 책임을 부여받은 자들을 둘러싼 환경을 살펴보면, 선거구민에 대한 그들의 의무 준수를 확보하기 위해 고안할 수 있는 또는 그것을 위해 바랄 수 있는 모든 안전장치들이 구비되었음을 알 수 있다.

첫째, 그들은 동료 시민들의 선택에 의해 두드러지게 될 것이지만, 그들은 또한 일반적으로 선택받을 만한 자질에서, 또한 그들의 업무의 특징에 대한 성실한 관심을 보증할 그런 자질에서 어느 정도 두드러진 사람일 것이라고 생각된다.

둘째, 그들은 최소한 일시적일지라도 자신의 선거구민에 대한 애착을 가질 수밖에 없는 그런 상황에서 공직에 들어설 것이다. 모든 사람들의 가슴속에는 [타인이 보여 준] 존경과 호의, 존중과 신뢰의 표시를 감지할 수 있는 감수성이 있다. 이런 감수성은, 이해관계에 대한 고려를 떠나서, [그런 표시에 대해] 감사해하고 또 호의적으로 보답하도록 이끄는 일정한 담보물이 된다. 배은망덕함은 인간 본성에 대한 비판의 공통된 주제이다. 그런 사례는 유감스럽게도 공적·사적 생활 모두에서 너무나 빈번하고 악명이 높다. 그러나 그것이 극도의 보편적 의분을 불러일으키는 것은 그 반대 정서가 강하고 일반적임을 보여 주는 증거이기도 하다.

셋째, 대표를 자신의 선거구민과 결속하는 유대는 좀 더 이기적인 동기에 의해 강화된다. 그의 자부심과 허영심은 그의 야심에 유리한 통치 형태, 그에게 통치의 명예와 명성의 일부를 제공할 그런 통치 형태에 애착을 갖게 만든다. 소수의 야심가들이 아무리 다른 어떤 기획이나 기대를 품을지라도, 인민에 대한 영향력에서 출세의 원천을 이끌어 내는 사람들은 대부분 인민의 권한을 파괴하는 정부 변혁보다는 [인민의] 호의를 유지함으로써 기대할 수 있는 점이 더 많을 것이 분명하다.

하지만 이런 모든 예방 조치는, 빈번한 선거라는 구속 수단이 없다면 아주 불충분한 조치로 밝혀질 것이다. 따라서 넷째로, 하원은 의원들로 하여금 자신들이 인민에 의존하고 있음을 끊임없이 상기하게끔 만들어졌다. 그들의 등용 방식[즉 선거]이 그들의 마음에 각인시킨 생각[즉 인민에 의존한다는 생각]이 권력 행사 과정에서 사라지기 전에, 그들은 자신의 권력이 종식될 순간을, 자신의 권력 행사가 심사받게 될 순간을, 자신이 출세하기 전의 수준으로 다시 내려가야 할 순간을 예상하도록 강요받을 것이다. 그리고 자신이 받은 신임을 성실하게 이행해 직위가 갱신되도록 하지 못한다면, 영원히 그곳[즉 출세하기 전의 곳]에 머물게 될 것임을 예상하도록 강요받을 것이다.

[인민에 대한] 억압적 조치를 취하지 못하도록 억제하는, 하원이 처한 다섯 번째 상황 조건은, 그들이 만들 법은 사회의 대부분뿐만 아니라 그들 자신 및 그들의 친구들에 대해서까지 완전한 효력을 갖는다는 점이다. 이것이야말로 항상, 인간의 지략으로 통치자를 인민과 결합할 수 있는 가장 강력한 속박의 하나였다고 생각된다. 이는 통치자와 인민 사이에 이해관계의 공유와 정서의 공감을 만들어 낸다. 그 본보기를 보여 준 정부는 거의 없었지만, 어떤 정부도 이것 없이는 전제정으로 타락한다. 자신들과 사회의 특정 계급에 유리한 차별적인 법을 만들지 못하도록 하원을 제어하는 것이 무엇이냐고 묻는다면, 전체 체제의 특징, 공정하고 합헌적인 법률의 특징, 그리고 무엇보다도 아메리카 인민을 움직이게 하는 단호한 경계심 — 자유를 길러 왔고, 이제는 자유에 의해 길러지는 태도 — 등이라고 나는 답할 것이다.

만일 이런 태도가 약화되어, 인민을 구속하는 것과 똑같이 입법부를 구속하지 못하는 그런 법률을 용인하게 되는 상태가 된다면, 인민은 자유를 제외한 모든 것을 언제든 경험하게 될 것이다.

하원[의원]과 선거구민 사이의 관계는 이러할 것이다. 의무, 감사하는 마음, 이해관계, 야심 그 자체 등의 감정에 의해 그들[즉 하원 의원들]은 의무를 준수하고 인민 대다수와 공감하게 될 것이다. 이런 것을 모두 합쳐도 인간의 변덕과 사악함을 통제하기에는 부족할 수 있다. 하지만 그런 것들이, 정부가 수용하려 하고 인간의 신중함이 고안해 낼 수 있는 전부가 아닌가? 그것들이 공화제 정부가 인민에게 자유와 행복을 제공하는 특징적 수단이 아닌가? 합중국의 모든 주 정부들이 이 중요한 목적을 달성하기 위해 의존하는 바로 그 수단이 아닌가? 그렇다면 이 논설에서 우리가 반박했던 반대론을 어떻게 이해할 수 있는가? 공화제 정부에 대한 가장 뜨거운 열의를 공언하면서도 그것의 근본 원리를 대담하게 비난하는 사람들에 대해 무엇이라 말할 것인가? 통치자를 선택할 인민의 권리와 능력을 옹호하는 척하면서도, 자신에게 위임된 의무를 바로 확실히 배반할 그런 사람만을 인민들이 선호할 것이라고 계속 주장하고 있는 사람들에 대해 무엇이라 말할 것인가?

헌법에서 규정한 대표 선출 방식을 접하지 못한 누군가가 반론을 읽는다면, 어떤 불합리한 재산 자격이 선거권에 첨부되어 있거나, 또는 피선거권이 특정 가문이나 재산 소유자에게 제한되어 있거나, 아니면 적어도 주 헌법에서 규정한 방식과 일부 사항에서 아주 많이 다를 것이라고 생각할 수 있다. 우리는 앞의 두 사항[즉 선거권, 피선거권]과 관련해 그런 생각이 얼마나 잘못된 것인지를 살펴보았다. 마지막 사항[즉 주 헌법과의 차이]과 관련해서도 그 생각은 마찬가지로 오류이다. 두 사례[즉 연방헌법과 주 헌법] 사이에서 발견할 수 있는 유일한 차이점은 합중국의 대표는 5000~6000명의 시민들에 의해 선출될 것인 반면, 개별 주에서 대표의 선출은 대략 몇 백 명에게 맡겨지리라는 점이다. 이런 차이가 주 정부에 대한 애착과 연방 정부에 대한 혐오를 정당화하기에 충분하다고 주장할 것인가? 이것이 반론의 요점이라면, 검토의 대상이 되어야 마땅할 것이다.

그 반론은 이성에 의해 뒷받침되는가? 5000~6000명의 시민들이, 500~600명보다, 적절한 대표를 선택할 수 있는 역량이 떨어진다거나 또는 부적합한 대표에 의해 좀 더 쉽게 타락할 수 있다고 주장하지 않고는 그렇게 말할 수 없을 것이다. 그 반대로 이성이 보장하는 바에 따르면, 좀 더 대규모 집단이 되면 그 속에서 적절한 대표가 발견될 가능성이 높아지는 것처럼, 야심가의 음모나 부자의 매수 때문에 [유권자의] 선택이 적절한 대표를 비켜 갈 가능성 역시 줄어들 것이다.

그런 [반대파들의] 논리의 결과는 수용 가능한가? 자신들의 선거권을 [한 선거구에서] 함께 행사할 수 있는 시민의 최대 규모가 많아야 500~600명이라고 하면, 500~600명의 시민당 한 명에 해당할 만큼 많은 관리들이 정부 운영에 필요하지 않을 경우에는, 관리들을 직접 선택할 권리를 인민으로부터 박탈해야만 하지 않는가?

그런 [반대] 논리는 사실에 의해 보증되는가? 영국 하원에서 진짜 대표는 주민 3만 명당 한 명의 비율에 지나지 않는다는 것을 앞의 논설[56번]에서 보았다. 그 나라에서 지위와 부라는 자격을 선호하는, 아메리카에는 존재하지 않는 여러 강력한 이유는 논외로 하도록 하자. 그렇다고 하더라도, [영국의 경우] 연간 600파운드의 확실한 가치가 있는 부동산을 보유하고 있지 않으면 카운티의 대표로서 후보 자격이 없고, 연간 그 절반 정도의 재산이 없으면 시나 버러borough의 대표로서 후보 자격을 가질 수 없다. 카운티 대표 부분에 대한 이런 자격 제한에 더해, 카운티 유권자 부분에 대해서도 또 다른 자격 제한이 존재한다. 현 시세로 연간 20파운드 이상의 가치가 있는 자유 보유권 부동산을 가진 사람에게만 선거권이 부여되는 것이다. 이와 같이 불리한 환경에도 불구하고, 또한 영국 법전의 아주 불평등한 일부 법률들에도 불구하고, 그 나라의 대표들이 다수에게 피해를 가하면서 소수를 향상했다는 말은 듣지 못했다.

그런데 이 주제에 대해서는 굳이 외국 경험에 의존할 필요가 없다. 명백하고 결정적인 우리 자신의 경험이 있기 때문이다. 뉴햄프셔주의 경우, 인민들이 직접 선출하는 [주] 상원 의원 선거구는 거의 연방의회 대표 선출에 필요할 선거구만큼 크다. 매사추세츠주의 [주 상원] 선거구도 그것[즉 연방 의원 선출]에 필요할 선거구보다 크다. 뉴욕주의 경우는 더 그러하다. 뉴욕주의 경우, 뉴욕과 올버니의 시 및 카운티 출신의 주 의회 의원들은, 거의 연방의회 대표 선출권을 가질 유권자만큼 많은 유권자들에 의해 선출되고 있다. 하원 의원 수를 65명으로만 계산해도 그러하다. 이들 [주] 상원 선거구와 카운티에서, 각 유권자가 여러 명의 대표들에 대해 동시에 투표하는 것도 문제가 되지 않는다. 동일한 유권자가 넷 또는 다섯 명의 대표를 동시에 선택할 수 있다면, 한 명을 선택하는 것이 불가능할 리가 없다. 펜실베이니아주 사례도 있다. 주 의원을 선출하는 카운티 중 몇몇은 거의 연방 하원을 선출할 선거구만큼 크다. 필라델피아시는 인구가 5만~6만 명에 이를 것으로 예상된다. 따라서 거의 두 개의 연방 의원 선거구를 형성할 것이다. 그러나 필라델피아시는, 유권자들이 각자 자신의 대표에게 투표하는 주 의회 선거에서는 하나의 카운티를 이루고 있다. 우리의 논점과 더 직접 연관된 듯 보이는 것은, 필라델피아시 전체가 [주 정부의] 집행 평의회에 보낼 단 한 명의 위원을 선출하고 있다는 점이다. 펜실베이니아주의 다른 모든 카운티에서도 마찬가지이다.

검토 중인, 연방 정부의 이 원[즉 연방 하원]에 대한 반대론의 오류를 이상의 사실들이 충분히 증명해 주고 있지 않은가? 시행해 본 결과, 뉴햄프셔주, 매사추세츠주, 뉴욕주의 주 상원 의원이나 펜실베이니아주의 집행 평의회[위원], 또는 뉴욕주와 펜실베이니아주의 주 의원 등이 다수를 소수에 희생하는 어떤 이상한 성향을 드러낸 적이 있었던가? 또는 다른 주에서 아주 소규모의 인민에 의해 선출된 대표나 집행관들보다, 어떤 점에서든 그들이 그 지위에 있을 자격이 모자랐던가?

하지만 지금까지 인용했던 그 어느 것보다 강력한 사례가 있다. 코네티컷주 의회의 한 원은, 각 의원들이 모두 주 전체에 의해 선출되는 방식으로 구성된다. 코네티컷주, 매사추세츠주, 뉴욕주의 지사 및 뉴햄프셔주의 대통령도 그러하다. 이런 시도들의 결과를 볼 때, 인민의 대표를 넓은 지역에서 선출하는 방식은 배신자를 등용하고 공공의 자유를 침식하기 쉽다는 의혹이 근거가 있다고 과연 말할 수 있는지, 그 판단은 모두에게 맡기고자 한다.

푸블리우스

연방주의자 58번

[매디슨] 1788. 2. 20.

하원에 대한 비판 가운데 아직 검토하지 않은 비판은, 인구 증가에 따라 요구되는 의원 수의 증가가 수시로 이루어지지 않으리라는 가정에 기초하고 있다.

이런 반론이 충분히 입증된다면 상당한 중요성을 갖게 되리라는 것은 인정한다. 하지만 나는 이하의 검토를 통해, 헌법에 대한 대부분의 다른 반론들처럼, 이 반론 역시 단지 이 주제에 대한 당파적 시각이나 또는 보이는 모든 대상을 변색·변형하는 경계심에서 비롯되었음을 밝히고자 한다.

1. 연방헌법은 의원 수의 점진적 증가를 보장하는 데서 주 헌법에 비해 열등하지 않을 것이다. 반대론자들은 이 점을 생각하지 않는 듯하다. 우선 처음에 채택된 인원수는 잠정적인 것이라고 공표된 바 있고, 3년이라는 짧은 기간 동안에만 지속될 것이다.

이후 10년마다 주민 인구조사가 반복될 것이다. 이런 규정의 명백한 목표는 다음과 같다. 첫째, 대표의 [주별] 할당을 수시로 주민 수에 다시 맞추는 것이다. 유일한 예외는 각 주는 적어도 한 명의 대표를 가져야 한다는 것이다. 둘째, 그와 동시에 대표의 수를 증가시키는 것이다. 유일한 제약은 [대표의] 총수가 주민 3만 명당 한 명을 초과해서는 안 된다는 것이다. 각 주의 헌법을 검토해 보면, 그중 일부는 이 문제에 대해 명확한 규정을 갖고 있지 않고, 나머지는 연방헌법과 부합하는 내용을 갖고 있지만, 그 헌법들에 들어 있는 가장 효과적인 보증 수단도 단순한 지시적 규정으로 용해되어 버릴 수 있음이 발견된다.

2. 이 문제와 관련된 실제 경험에 따르면, 주 헌법하에서 대표의 수는 적어도 선거구민의 증가에 맞추어 점진적으로 증가했다. 또한 선거구민이 그런 조치[즉 대표 수의 증가]를 요구하면 대표들은 기꺼이 동의했던 듯하다.

3. 연방헌법에는, 인민의 다수파뿐만 아니라 그들의 대표의 다수파로 하여금, 헌법에 따른 대표의 증원에 항상 관심을 기울이도록 만들 독특한 점이 존재한다. 입법부의 한 원은 시민의 대표이고, 다른 원은 주의 대표이기 때문에, 전자[즉 하원]에서는 큰 주들이 가장 큰 영향력을 가질 것이고, 후자[즉 상원]에서는 작은 주들이 유리하리라는 점이 그것이다. 이런 상황에서 확실히 추론할 수 있는 것은, 큰 주들은 입법부 중에서 자신들의 영향력이 압도적인 쪽[즉 하원]의 인원과 영향력의 증대를 완강하게 주장하리라는 것이다. 그리고 가장 큰 네 개 주만으로도 하원에서 과반을 점할 수 있을 것이기에, 합리적인 인원수의 증가에 작은 주들의 대표나 인민들이 반대할 경우에는, 아주 소수 주들의 제휴만으로도 그런 반대를 충분히 극복할 수 있을 것이다. 평상시에는 경쟁의식이나 지역적 편견으로 말미암아 [큰 주들 간의] 그런 제휴가 불가능하겠지만, 공통의 이익에 의해 촉진될 뿐만 아니라 공정성 및 헌법 원리에 의해 정당화될 경우에는 그런 제휴가 성사되지 않을 리 없다.

상원에서도 비슷한 동기에 의해 그에 맞서는 제휴가 촉발될 것이고, 또한 [법 개정에는] 상원의 동의가 필수적이기 때문에, 다른 원[즉 하원]의 정당하고 합헌적인 견해는 무산될 것이라는 주장이 제기될지도 모른다. 아마 이것은, 많은 대표자들[로 하원이 구성되어야 한다는 주장]의 열렬한 주창자들이 가장 심각하게 걱정해 온 장애물일 것이다. 다행스럽게도 이는, 외견상으로만 존재할 뿐, 면밀하고 정확하게 검토할 경우 사라질 장애물에 속한다. 내가 실수하지 않는다면, 아래의 내용은 이 문제에 대한 결정적이고 만족스러운 설명으로 인정될 수 있을 것이다.

재정 법안의 발의를 제외한 모든 입법 문제에 대해 양원은 동등한 권한을 가질 것이다.[1] 하지만 더 많은 구성원으로 이루어진 원[즉 하원]이 강력한 주들의 지지를 받으면서 인민 다수의 확고하고 익숙한 견해를 대변한다면, 양원 가운데 어느 쪽의 의지가 더 단호한지에 따라 좌우될 문제에서 그 원이 적지 않은 이점을 누리게 되리라는 데는 의심의 여지가 없다.

한편, [대표의 증원을 지지하는] 바로 그편에서는 자신들의 요구가 정의와 이성, 그리고 헌법에 부합함을 의식할 것이고, 반대편에서는 그런 중대한 이유들 — 설득력 있는 — 에 자신들이 반대하고 있음을 의식할 것이다. 이런 [상반된] 의식은 이 원[즉 하원]의 이점을 증대할 것이 분명하다.

더욱이, 가장 작은 주와 가장 큰 주 사이에는, 대체로 작은 주에 속할 것 같지만 규모나 인구 면에서 큰 주와 가까운 여러 주들이 존재한다. 때문에 이들은 큰 주들의 정당한 주장에 대한 [작은 주들의] 반대에 동의하지 않을 것이다. 따라서 상원 표결에서도 다

---

1) [옮긴이] 연방헌법 제1조 7절 1항에 따르면, "세입 징수에 관한 모든 법률안은 먼저 하원에서 발의되어야 한다".

수파가 대표 수의 적절한 증가에 결코 비우호적이지 않을 것이다.

추가한다면 [합중국에 새로 가입한] 신생 주 출신의 상원 의원들은, [다음과 같은] 무시할 수 없는 명백한 이유로, 하원의 정당한 견해에 포섭될 것이다. 이는 결코 너무 멀리 내다본 말이 아니다. 상당한 시간이 지나 신생 주들의 인구가 급증하게 되면, 그들은 주민의 수에 맞춘 빈번한 의원 재할당에 관심을 갖게 될 것이다. 따라서 하원에서 우위를 점하게 될 큰 주들은 재할당과 증원을 서로의 필요조건으로 만들기만 하면 될 것이고, 인구가 크게 증가한 주 출신의 상원 의원들은 자신들의 주가 재할당에 얽힌 이해관계로 말미암아 분명 [하원 의원] 증원을 주장하게 될 것이다.

이런 사항들은 이 문제[즉 의원 증원]에 대한 충분한 보증 수단을 제공해 주는 듯하다. 또한 이런 사항들만으로도, 이 문제와 관련해 그동안 난무했던 모든 의혹과 두려움은 해소될 것이 분명하다. 하지만, 이것으로도 작은 주들의 부당한 수법이나 상원에서 그들의 우세한 영향력을 진압하기에 여전히 불충분하다면, 큰 주들에는 아직 절대적인 헌법적 수단이 남아 있다. 이를 이용해 큰 주들은 자신들의 정당한 목표를 언제든 달성할 수 있다. 하원은 정부 유지에 필요한 경비를 거부할 수 있을 뿐만 아니라, 오직 그들만이 그것을 발의할 수 있다.[2] 한마디로 하원은 돈지갑을 장악하고 있다. 영국 헌정사에서 보듯이, 미숙하고 변변찮았던 인민의 대표[즉 하원]는 이 막강한 수단을 이용해 그들의 활동 영역과 지위를 점진적으로 확대했고, 끝내는 그들이 원하는 정도까지 정부의

---

[2] [옮긴이] 국고금도 법률에 따른 세출 승인에 의해서만 지출할 수 있으며 (제1조 9절 7항), 세입 징수에 관한 모든 법률안은 하원에서만 발의할 수 있다(제1조 7절 1항).

다른 부들의 과다한 모든 특권을 축소했다. 돈지갑에 대한 권한은 사실, 모든 헌법이 불만의 모든 원인을 일소하고 정당하고 유익한 조치를 실행하기 위해, 인민의 직접 대표들을 무장시킬 수 있는 가장 완벽하고 효과적인 무기로 간주될 수 있다.

그러나 하원도 정부의 적절한 기능 유지에 상원만큼이나 큰 관심을 갖지 않을까? 따라서 상원의 순종을 얻고자 정부의 존속이나 명성을 힘겨루기 수단으로 삼는 것은 하원도 꺼리지 않을까? 또는 두 원 가운데 누구의 의지가 더 단호한지를 둘러싼 대결이 벌어진다면, 전자도 후자처럼 먼저 양보하려 하지 않을까?[3] [그런데] 모든 경우에, 수가 더 적고 지위가 더 항구적이며 눈에 잘 띄는 권력자일수록, 정부와 관련된 사안에 대해 개인적으로 느낄 이해관계도 더 강력하리라는 점을 생각하면, 이 질문은 전혀 어렵지 않을 것이다. 다른 나라가 보기에 그 나라의 존엄과 품위를 대표하는 자들은, 공적 업무의 수치스러운 정체나 공중의 위험이 예상될 때 특히 민감하게 반응할 것이다. 재정 법안이라는 수단이 사용될 때마다 영국 하원이 정부의 다른 부들에 대해 계속 승리할 수 있었던 것은 이런 이유들 때문이라 할 수 있다.[4] 다른 부들에서도 절대 굽히지 않는다면 나라의 모든 부가 총체적 혼란에 빠질 수 있었겠지만, 그런 것을 두려워하거나 실제 경험한 적은 한 번도 없었다. [합중국에서도] 연방 상원이나 대통령이 보여 줄 수 있는 최고 수준의 단호함은 [하원의] 저항 — 헌법의 원리와 애국적 원

---

3) [옮긴이] 하원도 정부의 적절한 기능 유지에 상원만큼 관심을 가질 것이기에, 하원 의원 증원안에 동의하도록 상원을 압박하는 수단으로 세출 승인을 거부해 정부 운영을 중단하는 일은 쉽게 하지 않으리라는 논리이다.

4) [옮긴이] 영국에서 재정 법안money bill은 하원에서 발의되며, 상원에선 이에 대한 부결권이 없다.

칙에 의해 지지받을 ― 과 대등한 정도 이상은 되지 못할 것이다.

하원에 관한 헌법 내용을 검토하면서 나는 경제 상황을 다루지 않았다. 현재의 경제 상황은 대표의 잠정적 인원수를 축소하는 데 일정한 영향을 미쳤을 수 있다. 소규모 대표를 제안한 것이 헌법에 대한 비난의 논지를 제공한 것만큼이나, 이런 경제적 측면을 경시한 것이 아마 반론의 여지를 풍부하게 했을 수 있다. 현재의 [경제] 상황에서, 인민들이 아마 선출하려고 할 그런 다수의 인사들을 연방 업무에 고용할 경우 직면할 수 있는 난점에 대해서는, 나 역시 언급을 생략하고자 한다. 하지만 이 주제에 대해 한 가지 추가해야 할 견해가 있다. 내 판단으로 이는 아주 신중하게 주목해야 할 내용이다. 입법 기능을 하는 모든 의회에서, 그것을 구성하는 인원수가 많아질수록 실제 의사를 주도하는 사람은 적어지리라는 것이 그것이다. [그 이유는] 우선, 어떤 인물들로 구성되든, 의회의 구성원이 많아질수록 이성에 대한 정념의 우세가 더 강해진다고 알려져 있다. 다음으로, 인원수가 많을수록 정보가 제한되고 능력이 취약한 구성원들의 비율도 더 높아질 것이다. 바로 이런 종류의 사람들에게 소수의 웅변과 연설이 강력한 영향을 미치는 것으로 알려져 있다. 인민 전체가 직접 집회에 모였던 고대의 공화정에서는 대개 한 명의 웅변가나 교묘한 정치인이, 마치 주권이 그 한 사람의 손에 맡겨진 것처럼 완벽한 지배권을 갖고서 통치한 것으로 보인다. 같은 원리에 따라, 대의제 의회가 다수로 구성될수록 인민의 집단적 모임에 따르는 약점들을 더 많이 지니게 될 것이다. 무지는 간계의 손쉬운 먹잇감이 될 것이다. 정념은 궤변과 열변의 노예가 될 것이다. 인민들이 자신들의 대표를 일정 한도 이상으로까지 증가시킴으로써 소수의 통치를 막는 방벽을 강화할 수 있다고 생각한다면, 그보다 더 큰 실수는 없을 것이다. 그 반대로, 안전과 지역 정보 [획득] 및 사회 전체와의 폭넓은 공감 등을 위해 필요한 충분한 인원수를 확보한 뒤에는, 대표를 더 추가할수록 그들 스스로의 목적을 좌절시키게 될 것임을 경험을 통해 깨달을 것이다. 정부의 외양은 더 민주적으로 되겠지만, 정부를 움직이는 지도자는 더 과두적이 될 것이다. 기구는 확대되겠지만, 그것의 작동을 지시하는 동력은 더 소수가 되고 종종 더 은밀해질 것이다.

대표의 수에 대한 반대론과 연관된 것으로서, 입법부의 의사 정족수에 대한 반대론을 간략하게 다루는 것이 적절할 듯하다. 정족수로서 과반 이상[즉 가중 다수결]이 필요하고, 모든 경우가 아니라면 특별한 경우에는 의결 정족수로서 과반 이상이 필요하다는 주장이 있어 왔다. 그런 예방 조치로부터 몇 가지 이점이 생길지 모른다는 것은 부인할 수 없다. 그것은 일부 특수 이익들을 보호하는 추가적 장치가 될 수 있고, 일반적으로 성급하고 편파적인 조치를 막는 또 다른 방벽이 될 수도 있을 것이다. 그러나 이런 동기에 비해 그 반대편의 폐해가 훨씬 크다. 정의나 공중의 이익을 위해 새로운 법률을 통과시키거나 또는 적극적 조치를 추진할 필요가 있을 때마다, 자유 정부의 근본 원리는 전복될 것이다. 통치하는 것은 이제 다수파가 아니게 될 것이며, 권력은 소수파로 이전될 것이다. 방어적인 권리가 특별한 경우로 제한된다고 할지라도, 편향된 소수파들이 보편적 복리를 위한 공평한 희생으로부터 스스로를 보호하기 위해 그런 권리를 이용할 수도 있고, 또는 특히 긴급 시기에 비이성적 방종을 위해 그런 권리를 이용할 수도 있다. 끝으로 그것은 치명적인 분리 독립 행위를 촉진하고 조장할 수도 있다. 그런 행위는 우리 사이에 지금까지 나타났던 그 어떤 것보다도 직접적으로 공중의 동요와 대중적 정부의 파멸을 초래할 수 있는 행위로서, 심지어 [의사 결정에] 단지 과반수가 필요한 주에서도 나타났던 적이 있다.

푸블리우스

연방주의자 59번

[해밀턴] 1788. 2. 22.

주제의 자연스러운 순서에 따라 여기에서는, 그 자체 구성원의 선출에 대한 최종적 통제권을 연방의회에 부여한 헌법 규정에 대해 검토하고자 한다. 그 규정은 다음과 같다. "상원 의원과 하원 의원을 선거할 시기, 장소 및 방법은 각 주에서 그 주 의회가 정한다. 그러나 연방의회는 언제든지 법률에 의하여 그러한 규정을 제정 또는 개정할 수 있다. 다만 상원 의원의 선거 장소에 관하여는 예외로 한다."[1] 이 규정은 헌법을 총체적으로 비난하는 자들에 의해 비판받아 왔을 뿐만 아니라, 비판의 범위와 강도가 덜했던 자들에 의해서도 혹평받아 왔다. 헌법 체제의 다른 부분은 모두 지지한다고 선언한 한 신사조차, 이 규정에 대해서는 바람직하지 않다고 판단했다.

그럼에도 불구하고, 전체 헌법안에서 이 규정보다 더 완벽하게 옹호할 수 있는 규정이 하나라도 있다면, 내가 크게 잘못 판단한 셈이 될 것이다. 이 규정의 타당성은, 모든 정부는 스스로를 보존할 수단을 자체적으로 가지고 있어야 한다는 단순한 명제의 명료한 논리에 기초하고 있다. 공평한 추론가라면 제헌회의가 그 작품[즉 헌법]에서 이 원칙을 지지한 데 곧바로 동의할 것이고, 이 원칙으로부터의 그 어떤 이탈에 대해서도 찬성하지 않을 것이다. 만일 그런 이탈이, 이 원칙에 정확히 부합하지 않는 어떤 특수한 것을 헌법에 포함해야만 할 필연성에서 기인한 것처럼 보인다면, 예외를 인정할 수도 있을 것이다. 하지만 그런 필연성을 받아들인다고

---

1) 제1조 4절 1항.

하더라도, 그는 그렇게 근본적인 원칙으로부터의 이탈을 계속해서 체제의 결함의 일부 — 미래의 약점이나 어쩌면 무정부적 혼란의 싹으로 판명될지 모르는 — 로 간주할 것이다.

국가의 모든 가능한 상황 변화에 적용될 수 있는 선거법을 헌법에서 틀 짓거나 헌법에 삽입할 수 있었다고는 누구도 주장하지 않을 것이다. 따라서 선거에 대한 재량권이 어딘가에 존재해야 한다는 것은 부정할 수 없으며, 이 권한을 합리적으로 조절해 배치할 수 있는 방법은 다음 세 가지뿐이라는 데도 쉽게 동의하리라 생각된다. 전적으로 연방의회에 위임하거나, 주 의회에 전적으로 위임하거나, 아니면 일차적으로는 주 의회에 위임하지만 궁극적으로는 연방의회에 위임하는 것이 그것이다. 제헌회의가 마지막 방식을 선호한 것은 당연했다. 제헌회의는 연방 정부 선출 규정을 우선 지방정부에 위임했다. 보통의 경우에 그리고 부적절한 견해가 우세하지 않은 경우에는, 그런 방식이 더 편리하고 만족스러울 것이다. 그러나 제헌회의는, 예외적 상황에서 연방 정부의 안전을 위해 개입이 필요한 경우 언제든 그렇게 할 수 있는 권한을 연방 정부에 유보했다.

연방 정부 선거를 규제하는 배타적 권한을 주 의회가 갖게 된다면 연방의 존속이 전적으로 주 의회들의 재량권에 맡겨지리라는 것은 너무나 명백하다. 주 의회는 연방 정부의 직무를 수행할 자들[즉 연방 의원들]을 선출하지 않음으로써 언제든 연방 정부를 무력화할 수 있을 것이다. 그런 종류의 방치나 태만이 발생할 가능성이 없다는 말은 아무 소용이 없다. 어떤 일이 헌법상 가능하지만 [실제로] 그럴 위험은 없다는 것은 무책임한 반론이 아닐 수 없다. 그런 위험을 자초할 어떤 만족스러운 이유도 아직 제시된 바없다. 병적인 경계심에서 나온 터무니없는 추측[즉 연방 정부의 권력 남용]은 결코 그런 식으로 그럴듯하게 꾸며질 수 없다. 권력의 남용을 가정한다면, 연방 정부에 대해 그러하듯이, 주 정부에 대해서도 그런 가정을 하는 것이 공정하다. 그리고 연방의 존속에 관한 관리·감독을 타인의 손에 넘기는 것보다는 연방 자신에게 맡기는 것이 이론적으로 더 타당할 것이기에, 만일 이쪽이든 저쪽이든 권력의 남용이 우려된다면, 권력의 비정상적 위탁자보다는 정상적 위탁자에게 그런 위험을 거는 것이 좀 더 합리적일 것이다.

만일 개별 주의 선거에 대한 규제 권한을 합중국에 부여하는 조항이 헌법에 도입되었다고 하면, 어느 누가 그것을 권력의 부당한 이전인 동시에 주 정부 파괴를 위한 계획적 수단이라고 비판하기를 주저하겠는가? 이 경우 원칙이 침해되었음은 논평할 필요가 없을 것이다. 비슷한 관점에서, 중앙정부의 존속을 주 정부의 의사에 종속시키려는 기획은 공정한 관찰자에게는 그에 못지않게 명백한 원칙의 침해임이 분명할 것이다. 이 문제를 편견 없이 바라본다면, 각자는 되도록 그 자신의 보존을 스스로에 의존해야 한다는 확신에 이르지 않을 수 없다.

[반대파들은] 이런 견해에 대한 반박으로서, 연방 선거에 대한 주 의회의 배타적 통제권으로부터 발생할 수 있다고 주장되는 모든 위험들은 연방 상원의 구성 방식에도 포함되어 있다고 지적할지 모르겠다. 그들은 다음과 같이 주장할 것이다. 즉 주 의회는 상원 의원 지명을 거부함으로써 연방에 언제든지 치명적 타격을 가할 수 있다는 것, 그리고 이로부터 추론할 수 있듯이, 그렇게 본질적인 문제에서 연방의 존속이 주 의회에 의존하게 될 텐데, 검토 중인 이 특정 문제[즉 선거 방법 및 시기, 장소]에서 그에 대한 통제권을 주 의회에 맡기는 데 반대할 이유는 존재하지 않는다고. 반대파들은 또한, 연방의회에서 자신의 대표를 유지하려는 각 주의 이해관계가 [연방 의원 선출] 의무의 오남용을 막는 완벽한 안전장치가 될 것이라고 주장할 수도 있다.

이런 주장들은 그럴듯하지만 검토해 보면 근거가 없음이 발견될 것이다. 주 의회가 상원 의원을 지명하지 않음으로써 연방 정부를 붕괴시킬 수 있다는 것은 분명 사실이다. 그러나 그들이, 어느 한 경우[즉 연방 상원 선거]에 그렇게 할 수 있는 권한을 가지고 있기 때문에, 다른 모든 경우[즉 연방 하원 선거]에도 당연히 그렇게 할 권한을 가져야 하는 것은 아니다. 제헌회의가 상원의 구성과 관련해 주 의회의 개입을 제안했던 것은 설득력 있는 어떤 이유가 있어서였다. 하지만 그와 같은 이유가 전혀 없으면서, 그런 권한의 파괴적 경향이 훨씬 더 중대한 영향을 미칠 수 있는 경우[즉 하원]가 있다. 상원의 구성[방식]이 합중국을 주 의회에 의한 위해 가능성에 노출하는 한, 그것은 해악이다. 그러나 그것은, 연방 정부 조직 내에서 정치적 구성단위로서의 주를 완전히 배제하지 않고는 피할 수 없는 해악이다. 만일 주를 완전히 배제했더라면, 그것은 분명 연방 원칙의 완전한 포기로 해석되었을 것이고, 이 헌법 조항 아래에서 주들이 누릴 절대적 안전장치를 주 정부로부터 박탈하게 되었을 것이 분명하다. 필요한 이점을 획득하기 위해 또는 더 큰 선을 확보하기 위해, 이 경우에는 해악을 감수한 것이 현명했다고 할 수 있다. 그렇다고 하더라도, 어떤 필요성이 강요하지도 않고, 더 큰 어떤 선이 요청하지도 않는 곳[즉 연방 하원]에 [그런 방식을 도입해] 해악이 누적되는 것을 지지하는 논리를 앞의 경우로부터 도출해 내는 것은 불가능하다.

또한, 연방 하원 선거에 대한 주 의회의 [통제] 권한은, 주 의회의 연방 상원 의원 지명권보다 연방 정부에 훨씬 더 큰 위험이 되리라는 것은 쉽게 이해할 수 있다. 상원 의원은 임기가 6년이고, 매 2년마다 의석의 3분의 1이 공석이 되고 다시 채워지는 식으로 교체될 것이다. 그리고 어느 주도 상원 의원을 두 명 이상 가질 권리는 주어지지 않는다. 상원의 정족수는 16명으로 이루어진다. 이런 조건들 때문에, 몇몇 주들이 상원 의원 지명을 중단하기로 일시적으로 담합한다고 해도 상원의 존속을 중단시키거나 활동을 약화할 수는 없을 것이다. 만일 그런 중단이 주들의 포괄적이고 지속적인 연합에서 연유하는 것이라면, 그것은 우리가 염려할 수 있는 것이 아니다. 주들의 일시적 담합은 몇몇 주 의회의 주도적 의원들의 사악한 기획에서 연유할 것이다. 포괄적이고 지속적인 연합은 인민 대다수의 확고하고 뿌리 깊은 불만을 전제로 한다. 그런 일은 결코 일어나지 않거나, 그렇지 않다면 연방 정부가 인민들의 행복을 증진하는 데 부적합함을 경험한 데 따른 것일 가능성이 아주 높다. 이런 경우에는 선량한 시민 누구도 연방 정부의 존속을 원하지 않을 것이다.

그러나 연방 하원에 대해서는 2년에 한 번, 의원 전원에 대한 선거가 예정되어 있다. 만일 이 선거를 규제할 배타적 권한이 주 의회에 부여된다면, 매 선거 시기가 국가적으로 허약한 위기 상황이 될 것이다. 가장 중요한 몇몇 주들의 지도자들이 선거를 막기 위해 앞서 말한 음모를 시작한다면, 그런 위기는 합중국의 해체로 귀결될지도 모른다.

연방의회에서 대표될 각 주의 이해관계가, 연방 선거에 대한 주 의회의 권한 오남용을 막아 줄 안전장치가 되리라는 관측이 상당한 의미가 있음은 부인하지 않는다. 그러나 공공의 행복에 대한 인민들의 이해관계와 자기 지위의 권한과 영향력에 대한 지역 지도자들의 이해관계 사이의 뚜렷한 차이가 미칠 효과에 주목하는 자들은 그런 안전장치를 완전하다고 간주하지 않을 것이다. 타고난 권력 경쟁의식을 가지고 있고 개인적 지위의 확대를 희망하는 개별 주들의 각 통치자들이 각 주에서 강력한 파벌의 지지를 받을 경우 [인민의 이익과] 정반대되는 성향을 보일 수도 있다. 이런 경우 아메리카의 인민들은 합중국 정부에 열렬한 애착을 가질 수 있다.

그들의 의회[즉 주 의회]에서 최고 세력을 가진 개인들과 인민의 다수 사이의 이 같은 정서의 괴리는, 지금 이 순간 당면한 문제를 둘러싸고 몇몇 주에서 실제 사례로 나타나고 있다. 각기 분리된 복수의 연합체를 만들려는 계획은 야망의 기회를 크게 증대할 것이기에, 공공의 복리보다 자신의 보수와 승진을 선호할 수 있는 그런 주 정부의 유력가들에게는 언제나 확실한 유혹이 될 것이다. 그런 유혹을 항상 가장 강하게 느낄 주요한 몇몇 주에서, 연방 정부 선거에 대한 배타적 통제권이라는 효과적 무기를 손에 넣은 소수의 인사들이 담합할 경우, 인민들 사이의 어떤 우발적 불만의 기회를 포착해(그리고 아마 그들 스스로가 그런 불만을 불러일으킬 수도 있다) 연방 하원 의원 선출을 중단시킴으로써 연방의 파괴를 이뤄 낼지도 모른다. 효과적인 정부를 갖춘 굳건한 이 나라의 연방은, 유럽의 한 국가만이 아니라 더 많은 국가에 점점 더 경계의 대상이 될 것임을 잊어서는 안 된다. 그리고 연방을 전복하려는 계획은 때로는 외부 강대국의 음모에서 연유할 수도 있고, 그중 몇몇은 그런 계획을 기필코 후원하고 사주할 것이다. 따라서 자신이 처한 상황으로 말미암아, 위임된 바를 한결같이 충실하고 빈틈없이 완수하는 데 직접적 이해관계를 갖게 될 그런 사람들이 아닌 누군가의 보호하에 연방의 보존이 맡겨지는 일은 되도록 없어야 할 것이다.

푸블리우스

연방주의자 60번

[해밀턴] 1788. 2. 23.

연방 정부[즉 연방의회] 선거에 관한 무제한의 권한을 주 의회에 위임하는 것은 위험을 수반할 수밖에 없다는 것을 살펴보았다. 이제 다른 측면의 위험, 즉 그 자신의 선출에 대한 궁극적 통제 권한을 연방 스스로에게 위임할 때 나타날 수 있는 위험은 무엇인지 살펴보기로 하자. 이 권한이 어떤 [특정한 일부] 주를 대표의 몫에서 배제하는 데 사용되리라고는 누구도 주장하지 않는다. 이런 점에서 모두의 관심은 적어도 모두의 안전일 것이다. 그런데 이 권한이, 투표소를 특정 지역으로 국한해 일반 시민의 선거 참여를 불가능하게 만듦으로써, 선호하는 어떤 계급의 사람들의 선출을 조장하고 다른 사람들을 배제하는 식으로 이용될 것이라는 주장이 제기되고 있다. 티무니없는 모든 추측들 중에서 이것이야말로 가장 터무니없는 듯하다. 한편으로, 개연성을 합리적으로 추정한다면, 그렇게 극단적이고 기이한 일[즉 부적절한 투표소 배치]을 할 성향[의 인물]이 연방의회에 진입할 수 있으리라고 상상하기란 불가능하다. 다른 한편으로, 만일 그렇게 부적절한 의도를 가진 자가 연방의회에 들어온다고 하면, [그런 의도를 실현하기 위해] 전혀 다른 그리고 훨씬 더 결정적인 방식을 추진할 것이라고 단언할 수 있다.

그런 시도[즉 부적절한 투표소 배치]는, 주 정부가 이끌고 지휘할 인민 대다수의 즉각적 저항을 초래하지 않고는 이루어질 수 없을 것이다. 바로 이 한 가지 사항만 생각해 봐도 그 시도의 실현 불가능성은 충분히 추론할 수 있다. 당파적 대립이 격렬한 시기에, 승리를 거둔 횡포한 다수파가 특정 계급의 시민들을 대상으로 자유의 전형적 권리[즉 투표권]를 침해할 수 있다고 상상하기란 어렵지 않다. 그러나 이런 상태에 있고 또 이렇게 계몽된 나라에서, 대중봉기를 야기함 없이, 정부가 고의적 수단을 이용해 그렇게 기본적인 권리를 침해해 인민 대다수에게 피해를 끼치리라고는 도저히 생각할 수 없고 또 믿을 수 없다.

이런 일반적 견해에 더해, 이 문제와 관련된 모든 우려를 불식할 좀 더 명쾌한 고려 사항들이 있다. 연방 정부를 이룰 구성원들 [즉 연방 의원들]의 상이함, 더 중요하게는 그들이 연방 정부의 여러 원[즉 상·하원]에 들어오게 될 방식의 상이함 등은, 어떤 편파적인 선거 방식에 대한 그들 간의 의견 일치를 저지할 강력한 장애물이 될 것이다. 합중국의 각기 다른 지역의 인민들 사이에는 재산 상태를 비롯해 기질과 태도, 습속 등에서 충분한 다양성이 존재한다. 이로 인해 사회의 여러 상이한 신분과 지위 등에 대한 인민의 대표들의 생각과 성향에도 실질적인 다양성이 생길 것이다. 같은 정부에서 긴밀한 상호 교류는 점진적으로 기질 및 정서의 동질화를 촉진하겠지만, 이 사안에서는 서로 상이한 성향과 기호를 영구히 조장할 물질적·도덕적 동기들이 정도의 차이는 있지만 존재한다. 이와 관련해 가장 큰 영향을 미칠 법한 조건은, 정부의 각 구성 부문을 설립하는 방식의 차이가 될 것이다. 하원은 인민에 의해 직접 선출될 것이다. 상원은 주 의회에 의해 선출될 것이다. 대통령은, 인민이 그 목적으로 선택한 선거인들에 의해 선출될 것이다. 이렇게 각기 다른 부들을, 특정 계급의 유권자를 편애하는 쪽으로 결속할 공통의 이해관계가 존재할 개연성은 거의 없다.

상원에 대해서는, "시기 및 방법"에 관해서만 연방 정부 규정에 따르도록 헌법에서 제안하고 있다. 그런 규정[즉 선거 시기 및 방법에 관한 연방 규정]이 상원 의원을 선출할 인사들[즉 주 의원들]에게 영향을 미칠 수 있다는 것은 불가능하다. 그런 종류의 외적 조건은 주 의회의 집단적 의식에 결코 영향을 미칠 수 없다. 이 점만 고려해도, 우리가 염려하는 [투표 장소에 의한] 차별은 결코 시도되지 않을 것이라고 안심할 수 있다. 상원이 무슨 동기에서 그 자신과 무관한 [하원 투표 장소에 관한] 편파적 규정에 동의할 수 있겠는가? 만일 그런 편파적 규정이 다른 원[즉 상원]에 영향을 미치지 못한다면, 어떤 목적을 위해 입법부의 한 원[즉 하원]과 관련해서만 그런 편파적 규정을 제정하겠는가? [왜냐하면] 그럴 경우 전자[즉 상원]의 구성이 후자[즉 하원]의 구성을 중화할 것이기 때문이다. 그리고 [상원 의원을 편파적으로 선출하는 데] 주 입법부가 자발적으로 협조하리라고 동시에 가정할 수 없는 한, 상원 지명까지 편파적으로 이루어질 것이라고는 생각할 수 없기 때문이다. 만일 주 입법부가 자발적으로 협조하리라고 가정한다면, 문제가 되는 권한을 어디에 둘지, 즉 주의 수중에 둘지 합중국의 수중에 둘지는 사소한 일이 될 것이다.

그런데 연방의회의 이런 공상적인 편파성의 대상은 무엇이 될까? 서로 다른 산업 부문, 서로 다른 종류의 재산, 서로 다른 정도의 재산 등을 차별하는 쪽으로 편파성이 행사될까? 토지 이익을 위해, 아니면 화폐 이익이나 상업 이익, 또는 제조업 이익에 유리한 쪽으로 편파성이 기울 것인가? 헌법 반대자들이 즐겨 쓰는 용어로 말하면, 편파성은 "부유하고 집안 좋은 자들"의 향상을 추구해 사회의 모든 나머지 사람들을 배제하고 하락시키게 될까?

만일 이런 편파성이 특정 종류의 산업이나 재산에 관계된 자들에게 유리하게 행사된다면, 그것을 둘러싼 경쟁은 지주와 상인 사이에 전개될 것이다. 이 점은 누구나 인정하리라고 생각된다. 그리고 그들 가운데 어느 한쪽이 의회에서 우위를 장악할 가능성은, 지역 의회보다 중앙 의회 쪽이 훨씬 낮을 것이라고 주저 없이 단언할 수 있다. 그들 가운데 어느 한편에 부당한 특혜가 베풀어질까 염려된다면, 그럴 가능성은 지역 의회보다 중앙 의회 쪽이 훨씬 덜할 것이라고 추론할 수 있다.

각 주들은 각기 다른 정도로 농업과 상업에 몰두하고 있는데, 모두는 아니지만 대부분의 경우 농업이 지배적이다. 하지만 몇몇 주에서는 상업이 지배권을 거의 반분하고 있고, 대부분의 주에서도 상당한 영향력을 갖고 있다. 둘 중 어느 쪽이 우세한지에 비례해 그 영향력이 연방 대표에게 전달될 것이다. 그리고 연방 대표는 훨씬 다양한 이해관계들로부터 나올 것이기 때문에, 그리고 어떤 단일 주에서 발견될 수 있는 것보다 훨씬 다양한 부분들로 이루어질 것이기 때문에, 연방 대표가 확실한 편파성을 갖고서 그들 가운데 어느 한편을 지지할 개연성은 단일 주의 대표보다 훨씬 낮을 것이다.

주로 토지 경작자들로 구성되어 있고, 평등한 대표의 규칙이 존재하는 나라에서는, 대체로 토지 이익이 정부 내에서 우위를 점할 것이 분명하다. [아메리카에서도] 토지 이익이 대부분의 주 의회에서 우세한 한, 연방 상원에서도 그에 상응하는 우위가 유지될 것이 틀림없다. 연방 상원은 대체로 주 의회 다수파들의 충실한 복제일 것이기 때문이다. 따라서 지주계급을 상인商人 계급에 희생하는 것이 연방 입법부의 이 원[즉 상원]이 선호하는 목표가 되리라고는 생각할 수 없다. 이 나라의 상황에 대한 일반적 관측 결과를 상원에 적용해 본 결과, 나는 다음과 같은 생각에 이르지 않을 수 없다. 즉 주의 권력을 신뢰하는 지지자들은, 그들 자신의 원칙에 따른다면, 주 입법부가 어떤 외부적 영향력 때문에 자신의 의무로부터 일탈하리라고 의심할 수 없을 것이다. 하지만, 사실 동일한 환경은 적어도 연방 하원의 최초 구성에 동일한 영향을 미칠 것이 분명하기 때문에, 저쪽에서든 이쪽에서든[즉 상원에서든 하원에서든] 상인 계급을 향한 부적절할 편향은 거의 예상하기 어려울 것이다.

그래도 아마 일부는 [헌법안에 대한] 반대론을 펀들기 위해, 다음과 같은 질문을 제기할 것이다. 즉 지주계급이 연방 정부를 독점하도록 보장하려는 그런 정반대 편향의 위험이 연방 정부에 존재하지 않는가? 그런 편향에 대한 가정은 그로부터 직접 피해를 입을 자들[즉 상인들]에게 어떤 두려움도 될 가능성이 희박하기에,

이 질문에 공들여 대답할 필요는 없을 것이다. 다만 다음과 같은 언급으로 충분할 것이다. 첫째, 확실한 편파성이 합중국의 의회를 지배할 가능성은 합중국의 어떤 구성원[즉 주]의 의회에서 그럴 가능성보다 훨씬 낮을 것이다. 그 이유는 다른 곳[35번 논설]에서 언급한 바 있다. 둘째, 지주계급에 유리하게 헌법을 훼손하려는 유혹은 나타나지 않을 것이다. 왜냐하면 그 계급은 자연스럽게 원하는 만큼의 큰 우월성을 누릴 것이기 때문이다. 셋째, 공공의 번영의 원천을 광범위하게 조사해 온 사람이라면 분명 상업의 효용성을 잘 납득하고 있을 것이다. 따라서 그런 번영의 원천을 관리하는 역할[즉 연방의회]로부터 상업의 이해관계를 가장 잘 이해하는 자들을 완전히 배제함으로써 초래될 그런 심각한 손상을 상업에 가하려고 하지 않을 것이다. 세입이라는 한 측면만 고려해도, 상업의 중요성은 그 조직[즉 연방의회]의 적대감으로부터 상업을 효과적으로 보호해 줄 것이다. 그 조직은, 공적 필수품들에 대한 절박한 필요로 말미암아 상업을 후원하도록 끊임없이 압박당할 것이기 때문이다. 나는 차라리 상이한 종류의 산업 및 재산 간의 차별에 근거한 편애의 가능성에 대해 간략히 논하고자 한다. 왜냐하면 내가 반대론자들의 취지를 이해하기로는, 그들이 주목하는 것은 다른 종류의 차별이기 때문이다. 우리에게 경고하려는 편애의 대상으로 그들이 염두에 두는 것은, 그들이 "부유하고 집안 좋은 자들"이라고 이름 붙인 자들인 듯하다. 이들은 나머지 동료 시민들 위에 혐오스러울 만큼 우월하게 격상되어 있는 듯하다. 그런데, [반대론에 따르면] 그들이 이렇게 격상된 것은 언제는 대표 기구의 규모가 작기 때문에 나타나는 필연적 결과이고, 다른 때는 인민 대다수가 그 기구를 선발하는 데서 자신들의 투표권 행사 기회를 박탈당하기 때문이라고 한다.

그런데 [특정 계층을 위해] 의도된 편애의 목적을 이루려면 어떤 원리에 근거한 투표 장소의 차별이 있어야 할까? 이른바 부유하고 집안 좋은 자들은 각 주에서 특정한 곳에 몰려 있는가? 그들이 어떤 불가사의한 본능이나 예지력에 의해 각 주에서 공통의 거주지에 따로 떨어져 살고 있는가? 타운이나 시에서만 그들을 만날 수 있는가? 또는 그 반대로, 탐욕이나 행운에 따라 그들 자신이나 그들 선조의 운명이 우연히 결정되었듯이, 그들은 나라 곳곳에 흩어져 있는가? 만일 후자라면, (이성적인 사람이라면 모두가 그렇게 생각하듯이[1]) 투표 장소를 특정 지역으로 국한하는 정책은, 다른 모든 측면에서 바람직하지 않은 것처럼, 그들 자신의 목적까지 파괴하리라는 것이 명백하지 않은가? 사실 선거인이나 피선거인의 재산 자격을 규정하는 것 이외에는, 반대론자들이 염려하는 편애를 부자에게 확보해 줄 방법이 존재하지는 않는다. 그러나 연방 정부에 부여된 권한의 어떤 부분에도 그런 규정은 들어 있지 않다. 연방 정부의 권한은 선거의 시기, 장소, 그리고 방법에 대한 규제로 명백히 제한되어 있다. 선택할 또는 선택받을 사람의 자격은, 다른 곳[59번]에서 언급했듯이 헌법에서 규정해 확정하고 있으며, 입법부가 변경할 수 없다.

하지만 논쟁을 위해, 반대론자들이 주장하는 편법이 성공할지 모른다고 인정해 보자. 동시에, 그런 시도의 위험성에 대한 우려나 또는 의무감이 불러올 양심의 가책이 국가 통치자들의 가슴속에서 모두 무력화된다고 인정해 보자. 그렇다 하더라도, 인민 대다수의 저항을 진압하기에 충분한 군사력의 지원 없이, 그런 기획을 실행하려 할 수 있다고는 주장할 수 없을 것이다. 그런 목적을 감당할 만한 무력이 존재할 개연성이 없다는 것은 이미 다른 곳[24~29번]

---

1) 특히 남부 주들 및 이 주[즉 뉴욕주]에서 그러하다.

에서 검토하고 검증한 바 있다. 검토 중인 반대론의 공허함은 이미 극명히 드러난 듯하지만, 그런 무력이 존재할 수 있다고 잠시 인정해 보자. 또한 중앙정부가 그것을 실제 보유하고 있는 상태라고 가정해 보자. 그렇다면 그 결과는 어떻게 될 것인가? 공동체의 기본적 권리를 침해하려는 의향을 갖고 있고, 또 그런 의향에 따라 추동되는 사람들이, 그것을 충족할 수단[즉 무력]까지 가지고 있으면서, 그들이 총애하는 계급에 대한 편애를 보증할 선거법 조작이라는 우스꽝스러운 일을 기꺼이 하리라는 것이 과연 있음 직한 일인가? 그들은 자기 자신의 직접적 권력 강화에 더 적합한 행동을 선호하지 않겠는가? 그들은, 동반될 모든 예방책에도 불구하고 결국 입안자들의 해임, 불명예, 파멸 등으로 귀결될 그런 불안한 방책을 믿기보다는, 차라리 결정적인 권력 찬탈을 통해 자신들의 자리를 영속화하려고 결심하지 않겠는가? 그들은, 자신들의 권리를 자각하고 고수하려는 시민들이 먼 오지에서부터 투표 장소로 몰려와 독재자를 타도하려 할 것이고, 또한 인민의 침해된 주권을 복수해 줄 사람으로 [그들을] 교체하려 할 것이라고 두려워하지 않겠는가?

푸블리우스

연방주의자 61번

[해밀턴] 1788. 2. 26.

　　제헌회의 헌법안의 선거 관련 규정에 대한 좀 더 솔직한 반대자들은, 논쟁에서 궁지에 몰릴 경우, 때로는 그 규정이 적절함을 인정하면서 한 가지 단서를 달곤 한다. 즉 모든 투표는 유권자가 거주하는 카운티에서 행해져야 한다는 선언이 규정에 포함되어야 한다는 것이다. 그들은 이것이 권력의 남용을 막을 필수적 예방 조치라고 말한다. 이런 종류의 선언은 분명 무해할 것이다. 그것이 우려를 진정시키는 효과가 있는 한, 나쁘지 않을지도 모른다. 그러나 사실 그런 선언은, 반대자들이 우려하는 위험에 대해 조금의 또는 그 어떤 추가적 안전보장도 제공해 주지 못할 것이다. 그리고 공정하고 신중하게 검토하는 자라면, 그런 선언의 부재를 결코 헌법안의 진지한 결함으로 간주하지 않을 것이다. 극복할 수 없는 결함이라고는 더욱더 간주하지 않을 것이다. 이 주제에 대해 앞의 두 논설에서 우리가 제시한 상이한 견해들을 접한다면, 냉정하고 분별력 있는 사람이라면 누구라도, 공공의 자유가 연방 통치자들의 야망에 희생당하게 된다고 하더라도 그것이 적어도 검토했던 권한[즉 연방의회 선거에 관한 권한] 때문은 아니리라는 점을 충분히 납득하게 될 것이다.

경계심에 사로잡힌 사람들이 각 주의 헌법을 세밀히 조사·검토한다면, 대부분의 주 헌법이 [주 정부에] 인정한 선거 관련 재량의 범위가 [헌법안에서] 중앙정부에 인정하도록 제안한 재량의 범위에 비해 불안의 여지가 결코 적지 않다는 사실을 발견하게 될 것이다. 이와 관련된 각 주의 상황을 검토한다면, 이 문제와 관련해 여전히 남게 될 부적절한 인상을 완전히 불식하는 데 크게 도움이 될 것이다. 하지만 그런 검토를 위해서는 세부 사항들을 지루하고 장황하게 다루어야 하기에, 이 주[즉 뉴욕주]의 사례 하나만을 다루는 데 만족하고자 한다. 뉴욕주의 헌법에는, 하원 의원은 카운티에서 선출되어야 하고, 상원 의원은 더 큰 디스트릭트 — 주는 이 디스트릭트들로 나뉘어 있거나 나뉠 것이다 — 에서 선출되어야 한다는 규정 외에 선거 장소에 대한 규정은 없다. 현재 뉴욕주에는 네 개의 디스트릭트가 있고, 각 디스트릭트는 두 개에서 여섯 개의 카운티로 이루어져 있다. 뉴욕주 의회가 투표를 특정 장소로 국한함으로써 뉴욕주 시민의 투표권을 무산시키는 일이, 합중국 의회가 비슷한 편법을 통해 합중국 시민의 투표권을 무산시키는 일보다 더 어렵지 않음을 손쉽게 인지할 수 있을 것이다. 예를 들어, 올버니시를 그 시가 소재한 카운티와 디스트릭트의 유일한 투표 장소로 지명한다고 가정해 보자. 그렇다면 올버니시 거주민은 곧바로 그 카운티나 디스트릭트의 하원 의원과 상원 의원을 선출하는 유일한 유권자가 되지 않겠는가? 올버니, 사라토가, 케임브리지 카운티 등의 외진 지역에 거주하는 유권자나 몽고메리 카운티 전역의 유권자들이, 연방 하원 선거에 참여하기 위해 뉴욕시까지 가는 수고에 비해, 주 상·하원 투표를 위해 올버니시까지 가는 수고는 아끼지 않을 것이라고 상상할 수 있을까? 모든 편의를 제공하는 기존 법률하에서, 그렇게 중요한 기본권의 행사와 관련해 발견되는 우려스러운 무관심은 질문의 대답을 바로 제시해 주고 있다. 그리고 이 문제와 관련된 경험에 따르면, 투표 장소가 유권자로부터 불편한 거리에 있으면, 그 거리가 20마일이든 2만 마일이든 유권자의 행동에 미치는 효과는 마찬가지일 것이라고 결론 내릴 수 있다. 따라서 선거에 대한 연방의 규제 권한 가운데 특정 내용에 대한 반대는, 본질적으로 뉴욕주 헌법의 비슷한 부분에 대해서도 똑같은 강도로 적용될 듯하다. 이런 이유로, 어느 하나에 대해서는 무죄 방면하면서 다른 하나를 비난하기란 불가능할 것이다. 다른 대부분의 주 헌법과 관련해서도 비슷한 비교는 비슷한 결론으로 이어질 것이다.

만일 주 헌법의 결함이 [제헌회의] 헌법안에서 발견되는 결함을 옹호하는 것은 아니라고 주장한다면, 나는 다음과 같이 대꾸하겠다. 헌법안에 가해지는 비난이 주 헌법에도 명백히 적용될 수 있음에도, 지금까지 누구도 주 헌법이 자유의 보호에 무관심하기 때문에 비난받을 만하다고 생각하지 않았다. 따라서 이로부터 추정한다면, 헌법안에 대한 비난들은, 편견 없이 진실을 탐구한, 사실에 입각한 결론이라기보다는, 예정된 반대를 세련되게 표현한 트집 잡는 논리에 불과하다고 생각된다. 제헌회의 헌법안에서는 용서 못 할 결점으로 간주했던 것을 주 헌법에서는 단순 누락이라고 여기는 자들에 대해서는 할 수 있는 말이 아무것도 없다. 대응을 한다면 우리는 그들에게, 어째서 합중국 인민의 대표보다 단일 주 인민의 대표가 권력욕이나 기타 사악한 동기에 흔들리지 않고 더 굳건히 버틸 것이라 생각하는지 그 실제적 근거를 제시하라고 요구할 수 있을 것이다. 이 질문에 근거를 제시하지 못한다면, 그들은 적어도 우리에게, 자신들의 저항을 이끌 지방정부라는 이점을 가진 300만 인민의 자유를 전복하는 것이 그런 이점도 없는 20만 인민의 자유를 전복하는 것보다 어떻게 더 용이할 수 있는지 입증해야 할 것이다. 또한 방금 검토한 문제와 관련해 그들은 우리에게, 광대한 지역에 걸쳐 있고 다양한 지역적 환경과 선입관 및 이해관계로 말미암아 여러 측면에서 서로 구별되는 13개 주 대표들이 비슷한 경향에 사로잡힐 개연성보다, 한 개 주의 지배적인 파벌이 자신들의 우위를 유지하기 위해 특정 계급의 유권자를 편애하는 쪽으로 기울 개연성이 어떻게 더 낮을 수 있을지 납득시켜야 할 것이다.

지금까지 나는 문제가 된 규정을 변호하는 것만을 목표로 해왔다. 변호의 근거는 이론적 타당성, 권한을 다른 곳에 맡길 경우의 위험성, [헌법안에서] 제안한 방식에 따른 권한 부여의 안전성 등이었다. 하지만 아직 언급하지 않은 부분이 남아 있다. 그런 권한 부여에 따른 긍정적 이점이 그것이다. 그리고 이런 이점은 다른 어떤 것으로부터도 획득될 수 없을 것이다. 내가 말하고자 하는 것은 연방 하원 선거 시기의 획일성이다. 이 같은 획일성은, 하원에서 동일한 경향이 영속되는 것을 막아 줄 안전장치로서, 또한 파벌의 병폐에 대한 치유제로서, 공공복리에 매우 중요한 의미가 있음이 경험을 통해 드러날 것이 분명하다. 만일 각 주가 자신의 선거 시기를 선택할 수 있다면, 적어도 1년의 개월 수만큼 각기 다른 여러 [선거] 기간이 존재할 것이다. 각 주에서 기존의 지역적 선거의 시기는 3월에서 11월까지 광범위하게 걸쳐 있다. 선거 시기의 이 같은 다양성은 결과적으로, 연방 하원을 한꺼번에 총체적으로 해산하거나 혁신하는 것을 불가능하게 만들 것이다. 만일 어떤 부적절한 경향이 하원에서 지배적이 된다면, 그런 경향은 뒤이어 들어오는 신참 의원들에게 스며들게 될 것이다. 단계적으로 들어오는 신참 의원들을 계속 동화시킴으로써 의원의 대부분은 거의 동일하게 그대로 유지될 것이다. 선례가 전염될 것이고, 이에 저항할 만한 정신력을 가진 이는 거의 없을 것이다. 나는 하원이 동시에 총체적으로 해산되는 조건에서 임기를 세 배로 늘리는 것이, 점진적으로 순서에 따라 의원을 교체하는 조건에서 임기를 3분의 1로 줄이는 것보다, 자유에 덜 위협적일 것이라고 생각하고 있다.

상원에서 [의원을] 정기적으로 교체하려는 계획을 실행하기 위해서도 선거 시기의 획일성은 필요할 듯하다. 매년 지정된 시기에 의회를 편리하게 소집하기 위해서도 그것은 필요할 듯하다.

그렇다면 왜 헌법에서 선거 시기를 고정할 수 없었는지를 질문할 수도 있다. 이 주[즉 뉴욕주]에서 제헌회의 헌법안에 대한 가장 열렬한 적대자는 대체로 그에 못지않게 주 헌법의 열렬한 숭배자이므로, 그에게 다음과 같은 반박 질문을 할 수 있을 것이다. 왜 이 주의 헌법에서는 동일한 목적을 위해 선거 시기를 고정하지 않았는가? 이에 대한 최선의 대답은 다음과 같을 것이다. 즉 그것은 입법부의 재량에 안전하게 위임할 수 있는 문제이며, 만일 시기를 고정한다면, [선거] 시행 결과 다른 시기보다 덜 편리하다고 드러날 수도 있다는 것이다. 다른 쪽[즉 연방헌법]에 제기된 질문에도 같은 대답을 할 수 있을 것이고, 그에 더해 다음과 같은 점을 추가할 수 있을 것이다. 즉 점진적 교체가 초래하리라 여겨지는 위험성이 단지 추론에 근거한 것이라 할지라도, 그런 추론에 따를 때, 각 주들이 그들 자신의 정부와 중앙정부 선거를 동시에 실시하는 편리성을 박탈하는 조치를 근본적 항목[즉 헌법 조문]으로 제정하는 것은 결코 바람직하지 않으리라는 점이다.

푸블리우스

연방주의자 62번

[매디슨] 1788. 2. 27.

하원의 구성에 대해 고찰하면서, 언급할 만하다고 생각되는 반론에 대해 응답했다. 이제 다음으로 상원에 대해 검토하고자 한다. 상원에 대해 고찰할 항목은 다음과 같다. I. 상원 의원의 자격. II. 주 의회에 의한 상원 의원 임명. III. 상원에서 대표의 평등성. IV. 상원 의원의 수 및 임기. V. 상원에 부여되는 권한.

I. [헌법안에서] 제안한 상원 의원의 자격으로 하원 의원 자격과 다른 것은 더 많은 나이, 더 긴 시민권 기간 등이다. 상원 의원은 적어도 30세가 되어야 하는데, 하원 의원은 25세가 되면 된다. 상원 의원은 9년간 시민이었어야 하는데, 하원 의원에게는 7년이 요구된다[제1조 3절 3항]. 이런 차이의 타당성은 상원 의원의 책무의 성격에 의해 설명된다. 상원 의원의 책무에는 좀 더 광범위한 정보와 안정된 인품이 요구되며, 그와 함께 이런 장점을 갖출 만한 나이에 이를 것이 요구되는 것이다. 또한 상원 의원은 외국과의 계약에 직접 참여하게 되는데, 외국에서 출생해 교육받은 데 따른 선입관이나 습속에서 완전히 벗어나지 못한 사람이 그런 책무를

수행해서는 안 될 것이다. 9년이라는 기간은, 귀화한 시민을 완전 배제하는 것과 그들을 차별 없이 신속하게 받아들이는 것 사이의 신중한 중간인 것처럼 보인다. 장점과 재능을 지닌 귀화 시민들은 자신들에 대한 공중의 신임을 요구할 수 있겠지만, 그들을 무차별적이고 신속하게 수용할 경우 연방의회에 외국의 영향력이 들어올 통로를 만들게 될지도 모르는 것이다.

II. 주 의회가 상원 의원을 지명하는 것에 대해서도 역시 상술할 필요가 없을 것이다. 정부의 이 원을 구성하기 위해 생각할 수 있는 여러 모델 중에서 제헌회의가 제안했던 것이 아마 여론에 가장 부합하는 듯하다. 이 안이 선호되는 것은 두 가지 이점 때문이다. 하나는 엄선된 선정에 유리하다는 것이다. 다른 하나는 연방 정부를 구성하는 데 주 정부가 기능할 수 있도록 함으로써, 주 정부의 권한을 확실히 보장하고 또한 두 제도[즉 연방 정부와 주 정부] 사이의 적절한 연계를 형성할 수 있다는 것이다.

III. 상원에서 대표의 평등성은, 명백히 큰 주와 작은 주들의 상반된 주장 간의 타협의 결과물로서, 많은 논의를 필요로 하지는 않는다. 하나의 국가로 완전히 통합된 인민들 사이에서는 모든 디스트릭트가 정부 안에서 [그 인구수에] 비례하는 몫[즉 의석]을 가져야 하고, 단순 연합에 의해 결합된 독립적이고 주권적인 주들 사이에서는 아무리 크기가 다르더라도 당사자[즉 주]들이 공동의 의회에서 동등한 몫을 가져야 한다는 것이 타당하다면, 단일국가적 특징과 연방적 특징을 모두 가지고 있는 복합 공화국에서는 비례적 대표와 동등한 대표의 원리의 혼합 위에 정부가 수립되어야 한다는 것은 일부 근거가 없어 보이지 않는다.[1] 그러나 모두가 받아

1) [옮긴이] 매디슨은 원래 상·하원 모두 주별 인구수에 비례한 의석 배분을

들인 헌법 조항을, 이론적 기준을 적용해, 이론의 산물이 아니라 "우리 정치 상황의 특수성 때문에 불가피한 상호 존중과 양보 및 우호 정신"[2)의 산물이라고 평가하는 것은 불필요할 것이다. 아메리카의 목소리는, 좀 더 크게는 아메리카의 정치 상황은, 자신의 목적에 부합하는 권한을 가진 공동의 정부를 요구하고 있다. 큰 주들의 의도에 더 부응하는 원칙에 기초한 정부는 작은 주들로부터 수용될 가능성이 없다. 그렇다면 전자[즉 큰 주]의 유일한 대안은, 훨씬 더 불만족스러운 정부와 현재 제안된 정부 사이의 어딘가에 위치할 것이다. 이런 선택에서 신중함이 조언하는 것은 차악의 수용이 될 것이다. 또한 어떤 폐해가 따를 것이라고 쓸데없이 예단하는 데 몰두할 것이 아니라, 희생을 감수할 만한 유익한 결과를 신중히 생각해 볼 필요가 있을 것이다.

이런 의미에서 볼 때, 각 주에 동등한 표를 주는 것은, [주의] 주권 가운데 개별 주에 남게 될 몫에 대한 헌법적 인정인 동시에, 그런 잔여의 주권을 보호하기 위한 수단이라고 말할 수 있다. 그렇다면 평등성은 작은 주 못지않게 큰 주에도 수용될 수 있을 것이다. 왜냐하면 하나의 단일 공화국으로 주들을 부당하게 통합하지 못하도록 모든 가능한 수단을 동원해 경계하는 것은 큰 주들도 마찬가지이기 때문이다.

지지하는 입장이었다. 또한 하원은 인구 비례로 하되 상원에는 인구 비례 대신 주별 동등 투표권을 부여하는 타협안에 대해 끝까지 반대했다. 다른 부분과 달리 이 구절에서 "일부 근거가 없어 보이지 않는다"는 식의 유보적 표현을 사용한 것은 이런 사정의 반영으로 보인다.

2) [옮긴이] George Washington, "Letter from the Constitutional Convention to the President of Congress"(September 17, 1787). 다음 홈페이지 참조. https://www.usconstitution.net/pre spres.html.

상원의 이런 구성 요소[즉 주의 동등한 대표]가 가져다줄 또 다른 이점은, 그것이 분명 부적절한 입법 행위를 막아 줄 추가적 방벽이 되리라는 것이다. 어떤 법률이나 결의도 우선은 인민[즉 하원]의 다수의, 다음으로는 주들[즉 상원]의 다수의 동의 없이는 통과될 수 없다. 입법에 대한 이 같은 복잡한 견제가 유익할 수 있지만, 어떤 경우에는 해로울 수도 있다는 점은 인정되어야 한다. 즉 그런 견제 장치에 담겨 있는, 작은 주들에 유리한 고유의 방어 수단은, 만일 그것이 없다면 다른 주들의 이익과 구분되는 작은 주들의 공통의 이해관계가 특유의 위험에 노출될 수 있을 경우에는, 더 합리적일 수 있을 것이다. 하지만, 만일 작은 주들이 이런 기본적 권리를 불합리하게 행사할 경우, 큰 주들은 국비에 대한 자신들의 권한[3]을 이용해 언제든 그것을 물리칠 수 있을 것이다. 또한 입법의 용이함과 과도함이야말로 우리 정부가 가장 쉽게 빠질 수 있을 병폐처럼 보인다. 이런 점들을 고려한다면, 헌법의 이 부분이 많은 사람들이 생각하는 것보다 실제로는 훨씬 적절할 가능성이 없지 않다.

IV. 다음으로 상원 의원의 수 및 임기에 대해 살펴보자. 이 두 가지 사항에 대한 정확한 판단을 내리기 위해서는 상원의 목적이 무엇인지를 알아보는 것이 적절할 것이다. 이를 밝히기 위해서는 그런 기구가 없을 경우 공화국이 반드시 겪게 될 불편을 검토해 볼 필요가 있다.

첫째, 정부를 운영하는 자들이 유권자에 대한 의무를 망각하고 중요한 책무에 소홀해질 수 있는 것은, 다른 [형태의] 정부보다 그 정도는 덜하지만, 공화제 정부에도 따르기 마련인 불행이다. 이런

---

3) [옮긴이] 이는 세입 법안 발의권을 하원이 장악하고 있음을 지적한 것이다.

관점에서, 입법권을 가진 의회의 두 번째 원으로서, 첫 번째 원과 별도로 권력을 나누어 갖는 상원은, 모든 경우에 정부에 대한 건전한 억제 수단이 될 것이 분명하다. 상원은, [의회가 인민에 대한] 배신이나 권리 침탈을 획책할 경우에 별개의 두 기구의 의견 일치가 필요하도록 만듦으로써, 인민의 안전장치를 배가한다. 그렇지 않다면 한 기구의 야망이나 부패로도 충분할 것이다. 이는 그런 명백한 원칙에 근거한 예방 조치로서, 이제는 합중국에서 충분히 이해되고 있기 때문에 그에 대해 더 상세히 말할 필요는 없을 것이다. 다만 한 가지만 언급하고자 한다. 사악한 결탁의 개연성은 두 기구가 가진 특성의 유사성에 비례할 것이기 때문에, 적절하게 조화되고 또한 공화제 정부의 참된 원칙과 일치하는 모든 조건을 이용해, 양자를 서로 다르게 하는 것이 현명할 것이다.

둘째, 많은 의원들로 구성된 모든 단원제 의회는 급작스럽고 폭력적인 정념의 충동에 굴복하거나, 파당적 지도자의 부추김에 따라 과격하고 파괴적인 결정을 하는 성향을 보여 왔다. 이는 [첫 번째 이유] 못지않게 상원의 필요성을 말해 준다. 이런 사례는, 다른 나라의 역사는 물론이고 합중국 내의 [주 의회] 의사록에서도 무수히 많이 인용할 수 있다. 그러나 반박당하지 않을 입장을 입증할 필요는 없을 것이다. 다만 언급할 필요가 있는 것은, 이런 약점을 바로잡을 기구는 그 자체 이런 약점으로부터 자유로워야 한다는 것이다. 따라서 이 기구의 인원수는 많지 않아야 할 것이다. 나아가 이 기구는 높은 안정성을 지녀야 하기 때문에 상당한 기간의 임기 동안 그 권한을 유지해야 한다.

셋째, 상원이 보충하게 될 [단원제 의회의] 또 다른 결함은 입법의 목적과 원칙에 대한 충분한 지식의 부족이다. 대부분 사적 활동에 종사했던 사람들이고, 임기가 짧으며, 또한 공직 기간 동안에 자기 나라의 법률과 사무 및 포괄적 이해관계 등을 공부하는 데 전력할 어떤 항구적 동기도 가지고 있지 않은 사람들로 구성된 회의체를 전적으로 그들 자신에게만 맡겨 놓을 경우, 입법 의무를 수행하면서 중대한 실수를 범하지 않는다는 것은 불가능하다. 현재 아메리카가 처한 곤경의 적지 않은 부분은 우리 정부의 실책에 책임이 돌려질 수 있고, 그런 실책은 그 입안자 대부분의 가슴보다는 머리에서 연유한다고 확실히 단언할 수 있다. 두꺼운 우리 법전을 수치스럽게 가득 매우고 있는, 법률을 폐지·해석·수정하는 모든 내용들은 지혜 부족의 수많은 기념비가 아니면 무엇이겠는가? 후속 회기[의 의회]가 이전 회기[의 의회]에 대해 제기하는 수많은 문책이 아니면 무엇이겠는가? 또한 잘 구성된 상원으로부터 기대할 수 있는 도움의 중요성을 사람들에게 보여 주는 수많은 충고가 아니면 무엇이겠는가?

좋은 정부에는 반드시 다음 두 가지가 필요하다. 첫째는 국민의 행복이라는 정부의 목적에 대한 충실성이다. 둘째는 이 목적을 달성할 수 있는 수단에 대한 지식이다. 몇몇 정부들에는 이 두 자질이 모두 부족하고, 대부분의 정부에는 전자가 부족하다. 아메리카의 정부들은 후자에 대해 너무 관심을 기울이지 않아 왔다고 나는 서슴없이 주장한다. 연방헌법은 이런 실수를 피하고 있다. 특히 언급할 만한 것은, 연방헌법은 전자에 대한 보장을 증대하는 방식으로 후자를 제공한다는 점이다.

넷째, 새로운 구성원[즉 의원]들로 빠르게 대체됨에 따른 공적 의회의 변화무상함은, 그 구성원들이 아무리 적임자라고 하더라도, 정부에 어떤 안정된 제도가 필요함을 강력히 시사한다. 주의 경우 선거가 새로 있을 때마다 의원의 절반이 교체되는 것으로 나타난다. 이 같은 사람의 교체로부터 의견의 교체가 발생하고, 의견의 교체로부터 법령의 교체가 발생할 것이 분명하다. 하지만 거듭되는 법령의 교체는, 설령 그것이 좋은 법령일지라도, 신중함의 원칙이나 성공의 전망에는 부합하지 않는다. 이는 개인의 삶에서도 입증되는데, 국사에 있어서는 더 중요할 뿐만 아니라 더 타당할 것이다.

변덕스러운 정부가 미치는 악영향을 찾아낸다면 책 한 권을 가득 채울 것이다. 나는 단지 몇 가지 악영향만 언급하려 하는데, 그 각각은 수많은 폐해를 낳은 원인이 된다는 점을 깨달을 것이다.

우선 변덕스러운 정부는 다른 나라의 존경과 신뢰, 그리고 국가의 특성과 관련된 모든 이점을 상실하게 된다. 신중한 사람들이 보기에, 계획의 변덕이 심하거나 또는 아무 계획 없이 일을 추진하는 사람들은 그 스스로의 변덕과 무지에 곧바로 희생당할 제물로 각인된다. 그에게 좀 더 우호적인 이웃은 그를 동정할지 모르지만, 누구도 자신의 운세를 그와 연계하려 하지 않을 것이다. 그로부터 한몫 볼 기회를 잡으려는 사람도 적지 않을 것이다. 한 국가와 다른 국가 사이의 관계는 한 개인과 다른 개인 사이의 관계와 같다. 아마 음울한 차이점이 있다면, 국가는 개인보다 자애심이 적기 때문에 상대방의 경솔함을 부당하게 이용하는 것을 훨씬 덜 자제한다는 것이다. 따라서 국사에서 지혜와 안정성의 부족을 드러내는 국가는, 더 현명한 이웃의 한층 체계적인 정책에 따라 피해를 입으리라 예상할 수 있다. 하지만 불행히도 이 문제와 관련해 아메리카에게 가장 좋은 가르침을 주는 사례는 그 자신이 처한 상황이다. 아메리카는 우방에게 존경받지 못하고 있으며, 적국의 조롱거리가 되고 있다. 갈팡질팡하는 의회와 어려운 상황을 이용하는 데 관심이 있는 모든 나라들의 먹잇감이 되고 있다.

변덕스러운 정책이 국내에 미치는 영향은 더욱더 참혹하다. 그것은 자유 그 자체가 주는 축복을 타락시켜 버린다. 법률이 너무 방대해 읽을 수 없다면, 너무 일관성이 없어서 이해할 수 없다면, 공포되기도 전에 폐지되거나 개정된다면, 끊임없이 변경되어 오늘의 법을 아는 사람이 내일의 법을 짐작할 수 없다면, 자기 자신의 선택으로 법을 제정한다는 것이 인민에게 무슨 소용이 있겠는가? 법은 행위의 준칙으로 정의된다. 그러나 알려지지 않고 고정되지 않은 것이 어떻게 준칙이 될 수 있겠는가?

공적 불안정성이 미치는 또 다른 영향은, 근면하고 무지한 인민 대중들보다 기민하고 적극적인 소수 부유층에게 부당한 이익을 가져다준다는 것이다. 상업과 세입에 관한 규정을 포함해 어떤 방식으로든 다양한 종류의 재산의 가치에 영향을 미칠 새로운 규정들은, 그런 변화를 주시하면서 결과를 추적할 수 있는 자들에게 새로운 수확을 제공할 것이다. 하지만 그런 수확은 그들 스스로 기른 것이 아니라, 그들의 동료 시민 대다수의 노고와 돌봄 덕분에 길러진 것들이다. 이런 상태에서는, 다수를 위해서가 아니라 소수를 위해 법이 만들어진다는 지적이 상당한 진실성을 가질 것이다.

또 다른 관점에서의 엄청난 피해가 불안정한 정부로부터 야기된다. 공적 의회에 대한 신뢰의 결핍은, 그 성공과 수익이 기존 제도의 존속에 달려 있는 모든 유용한 투자를 위축시킨다. 자신의 구상을 실행하기도 전에 불법이 될 수도 있다는 사실밖에 아는 것이 없다면, 어떤 신중한 상인이 새로운 교역 분야에 자신의 재산을 걸겠는가? 변덕스러운 정부 때문에 준비 작업이나 대출금이 희생당하는 일이 없으리라 확신할 수 없다면, 어떤 농부나 제조업자가 특정 품목에 대한 경작이나 시설을 증대하는 데 전력을 다하겠는가? 한마디로, 어떤 위대한 개선이나 훌륭한 사업도 진전될 수 없다. 그러기 위해서는 안정적인 국가정책 체계의 보호가 요구된다.

하지만 가장 개탄스러운 결과는, 정체에 대한 인민들의 애착과 존경심의 약화이다. 정체는 너무나 많은 유약함의 흔적을 드러내고 있고, 인민들의 유망한 희망을 너무나 많이 좌절시키고 있다. 어떤 개인도 진정으로 존경할 만하지 못하면 오랫동안 존경받을

수 없고, 일정 부분 질서와 견실성을 갖추어야 진정으로 존경할
만하다. 정부도 그러하다.

푸블리우스

연방주의자 63번

[매디슨] 1788. 3. 1.

상원의 필요성을 보여 주는, [상원 부재 시의] 다섯 번째 아쉬운
점은 국가의 평판과 명성에 대한 충분한 인식의 결여이다. 안정성
을 가진 엄선된 구성원이 정부에 없으면, 이미 언급한 이유들에서
기인한 어리석고 변덕스러운 정책들 때문에 외국의 존경을 잃게
될 뿐만 아니라, 연방의회가 세계 여론에 대한 감수성을 확보할
수 없게 될 것이다. 그런 감수성은, 세계의 존경과 신뢰를 확보하
기 위해서뿐만 아니라 그것을 받을 만한 자격을 갖추기 위해 더욱
더 필요하다.

모든 정부가 다른 나라의 판단에 주의를 기울여야 할 두 가지
중요한 이유가 있다. 하나는, 어떤 특정 방안이나 조치의 장점과는
별도로, 그런 것이 현명하고 훌륭한 정책의 소산으로 다른 나라에
게 비치는 것이 여러 이유로 바람직하다는 것이다. 둘째는, 불확실
한 경우, 특히 연방의회가 강력한 정념이나 일시적 이해관계에 사
로잡힐 경우, 편견 없는 외부 세계의 여론으로 추정되거나 또는
그렇게 알려진 것이, [연방 정부가] 따를 수 있는 최선의 지침이 될
수 있다는 것이다. 아메리카가 외국과의 관계에서 명성의 결핍으
로 말미암아 어떤 것을 잃어버리지는 않았던가? 아메리카가 취했
던 조치들의 정당성이나 적절성을, 편견 없는 사람들이 취했을 것
같은 그런 관점에서 미리 평가해 보았더라면, 수많은 실수와 어리

석음을 피할 수 있지 않았을까?

그러나 국가의 명성에 대한 의식이 아무리 필요하다 할지라도, 인원수가 많고 쉽게 교체되는 기구에서는 결코 그런 의식이 충분히 보지될 수 없다. 그런 의식은, 공적 조치에 대한 칭찬과 비난이 민감하게 각 개인의 몫이 될 수 있을 만큼 아주 작은 집단 속에서만, 또는 그 구성원의 자부심과 긍지가 공동체의 명성 및 번영과 민감하게 결합될 수 있을 정도로 그렇게 장기간 공적 책임을 위임받은 의회에서만 발견될 수 있다. 로드아일랜드주의 임기 반년짜리 대표들은, 그 주의 사악 무도한 조치들을 심의하면서, 외국에서 또는 이웃한 자매 주에서 그런 조치를 어떻게 바라볼지 전혀 고려하지 않았을 것이다.[1] 그러나 만일 안정성을 가진 엄선된 기구의 동의가 필요했더라면, 국가의 명성에 대한 고려만으로도 재앙 — 잘못 인도된 인민들이 현재 겪고 있는 — 이 예방될 수 있었으리라는 점은 의심의 여지가 없다.

[상원 부재 시의] 여섯 번째 결함은, 어떤 중요한 상황에서, 인민에 대한 정부의 적절한 책임성의 결여이다. 이런 책임성의 결핍은, 다른 상황에서는 책임성을 낳는 요인이 되는 빈번한 선거에 기인한다. 이 견해는 아마 새로울 뿐만 아니라 모순적으로 여겨질 것이다. 그러나 설명을 듣고 나면, 중요하고 부인할 수 없는 사실로 분명 받아들여질 것이다.

책임성은, 합리적인 것이 되려면, 책임지는 당사자의 권한 범위 내에 있는 대상에 한정되어야 한다. 또한 책임성은, 효과적인 것이 되려면, 유권자들이 그에 대해 언제든 적절한 판단을 내릴 수 있는 그런 권한의 운영에 대한 것이어야 한다. 정부의 목표는

---

1) [옮긴이] 7번 논설, 주 5 참조.

다음과 같은 두 가지 종류로 대체로 구분될 수 있다. 하나는 눈에 띄게 즉각적으로 실시되는 개별적 조치에 의존하는 목표이고, 다른 하나는 눈에 잘 띄지 않게 점진적으로 실시되는 일련의 정선되고 상호 연결된 조치들에 의존하는 목표이다. 후자가 모든 나라의 항구적인 집합적 복리에 미치는 중요성은 설명을 필요로 하지 않는다. 아주 짧은 임기로 선출되었기 때문에, [인민의] 일반 복리를 기본적으로 좌우할 일련의 조치들 가운데 단지 한두 단계밖에 대비할 수 없는 의회가 최종 결과에 책임질 수 없음은 명백하다. 이는 1년간 계약한 관리인이나 임차인에게 6년 이내에는 달성될 수 없는 일이나 개선책에 대해 책임지도록 하는 것이 타당하지 않은 것과 마찬가지이다. 수년간의 조치들이 혼합된 결과로 나타난 어떤 사태에 대해 연례 의회들이 각각 미쳤을 영향력의 몫을 인민들이 추산하기는 불가능하다. 그뿐만 아니라 인원수가 많은 기구에서는, 유권자들에 대해 그 기구가 직접적이고 명백하게 그리고 독자적으로 실시한 조치에 대해서도, 그 구성원들 내부에서 개인적 책임성을 유지하기가 아주 어렵게 된다.

이런 결함에 대한 적절한 해결책은 입법부 내의 추가적 기구[의 설치]임에 틀림없다. 이 기구는, 지속적인 관심과 일련의 연속적 조치를 필요로 하는 그런 목표에 대비할 수 있을 만큼 충분한 지속성을 확보하고 있기에, 그런 목표의 달성에 타당하고 효과적으로 책임질 수 있을 것이다.

지금까지 나는, 인민의 대표와 관련되는 한도 내에서, 잘 구성된 상원의 필요성을 보여 주는 상황들을 고찰해 보았다. 이에 더해 나는, 독자들처럼 편견에 눈멀지 않고 감언이설에 매수당하지 않는 이들에게 다음과 같이 주저 없이 말하고자 한다. 인민들을 그들 자신의 일시적 실수나 착각으로부터 보호하는 방어 수단으로서도 그런 기구가 때로는 필요할 수 있다고 말이다. 모든 정부에서는 궁극적으로, 냉정하고 신중한 공동체의 의견이 통치자의 견해보다 우위에 있어야 하며, 실제로 모든 자유 정부에서 그럴 것이다. 그렇기에, 공적 사안에서 어떤 비정상적 정념이나 불법적 이해관계에 따라 고무되거나 불순한 자들의 교묘한 거짓말에 오도당한 인민들이 나중에 그들 스스로 크게 후회하고 자책할 그런 조치를 요구할 수도 있는 특수한 경우들이 존재하는데, 이런 위험한 시기에 이성과 정의 및 진리가 공중의 마음을 다시 장악할 수 있을 때까지, 오도된 사태의 진행을 저지하기 위해 또한 인민들이 스스로에 대해 꾀하는 타격을 일시 정지시키기 위해, 어떤 절제되고 존경받는 시민 집단이 있어서 개입한다면 얼마나 유익하겠는가? 아테네 인민 스스로의 정념의 전제를 막을 수 있는 그런 신중한 안전장치를 아테네 정부가 가지고 있었더라면, 그들은 많은 경우에 쓰라린 고통을 피할 수 있지 않았을까? 그랬더라면 민중의 자유가, 같은 시민에게 하루는 독미나리를 명하고 다음 날에는 조각상을 [세우기로] 결정한, 지워지지 않는 불명예를 피할 수 있지 않았을까?[2]

광범위한 지역에 퍼져 있는 인민들은, 좁은 구역에 모여 있는 주민들처럼 난폭한 정념에 감염당하거나 또는 결합해 부당한 조치를 추구할 위험에 사로잡히지 않을 것이라고 주장할 수 있다. 이것이 특히 중요한 차이점이라는 것을 나는 결코 부인하지 않는다. 그 반대로 나는 앞의 논설[10번]에서, 그것이 연방 공화국의 주요한 장점 가운데 하나임을 보여 주려 노력했다. 그와 동시에, 이런 장점이 보조적 예방책[즉 상원]의 이용을 대체하는 것으로 간주되

---

[2] [옮긴이] 매디슨은, 많은 아테네인들이 곧 후회했던, 소크라테스에 대한 재판과 사형 집행에 대해 말하고 있다.

어서는 안 될 것이다. 오히려 다음과 같은 점이 지적될 수 있다. 즉 광대한 환경은 협소한 공화국에 따르는 위험으로부터 아메리카 인민을 벗어나게 해줄 것이지만, 바로 그런 환경 때문에 인민들이 또 다른 폐해 — 불순한 자들이 담합해 인민들 사이에 성공적으로 퍼뜨릴 거짓 이야기의 영향을 인민들이 좀 더 오랫동안 계속 받게 되는 — 에 노출될 수도 있다는 것이다.

상원 없이 오래 존속한 공화국이 없었다는 역사적 사실을 상 기해 보면, 이상의 고려 사항이 가진 중요성이 더욱 크게 느껴질 것이다. 스파르타, 로마, 그리고 카르타고는 그런 특징을 적용할 수 있는 사실상 유일한 국가들이다. 스파르타와 로마에서는 종신 직 원로원이 존재했다. 카르타고의 원로원의 구성은 덜 알려져 있 지만, 상황적 증거를 보면 이 점에서 다른 두 사례와 다르지 않았 던 듯하다. 적어도 분명한 것은, 카르타고의 원로원은 조변석개하 는 인민들에 맞서는 안정추로서의 어떤 특징을 가지고 있었다. 또 한 원로원에서 도출된 좀 더 소규모의 평의회가 종신직으로 임명 되었고, 그들은 결원을 스스로 보충했다. 이런 사례들은 비록 아메 리카의 정신에 맞지 않아 모방하기에는 부적절하지만, 다른 고대 공화국들이 불안정하게 일시적으로 존속했던 것과 비교할 때, 안 정과 자유를 융합하는 어떤 기구의 필요성에 대한 아주 유익한 증 거물이 될 것이다. 아메리카를 고대나 현대의 다른 대중적 정부와 구별해 주는 상황들을 내가 모르는 것은 아니다. 그런 상황들은 한 사례로부터 다른 사례를 추론하는 데서 세심한 주의를 필요하 게 한다. 그러나 이런 점을 충분히 고려하더라도, 앞의 사례들에 주의를 기울일 가치가 있는 여러 유사점들이 존재한다. 이미 보았 듯이 상원으로만 보완될 수 있는 결함들 대부분이, 인민에 의해 빈번히 선출되는 다수의 의원들로 구성된 의회에 공통적으로 존재 하며, 또한 인민 자신들에게 공통적으로 존재한다. 특히 전자에는,

그런 기구[즉 상원]에 의한 통제를 필요로 하는 또 다른 결함이 존재한다. 인민들은 결코 그들 자신의 이익을 고의적으로 배반할 수 없지만, 인민의 대표는 그렇게 할 수 있다는 점이 그것이다. 그리고 모든 공공 법률에 서로 다른 별개의 기구의 동의가 필요한 경우보다 한 기구의 수중에 입법 책임이 전적으로 위임된 경우에, 그런 배반의 위험이 훨씬 커질 것은 분명하다.

아메리카의 공화국들과 다른 공화국들 간에 가장 많이 거론되는 차이점은 대표의 원리에 있다. 이는 아메리카 공화국들이 작동하는 중심축이며, 다른 공화국 또는 적어도 고대 공화국에는 알려지지 않았다고 생각된다. 앞의 논설들[특히 9번, 10번, 14번]에서 이런 차이점을 논거로 활용했던 사실은, 내가 그런 차이점의 존재를 부정하거나 그것의 중요성을 경시할 생각이 없음을 보여 준다. 따라서 나는 일반적 허용 범위에서 볼 때, 고대 정부가 대표의 문제에 무지했다는 견해가 엄밀한 의미에서 사실인 것은 아니라고 약간은 자유롭게 말하고자 한다. 여기에서 이에 대해 논하는 것은 부적절하기에 생략하기로 하고, 내가 제기한 주장을 뒷받침할 어느 정도 알려진 사실에 대해서만 언급하고자 한다.

그리스의 순수 민주정들 대부분에서, 집행 기능의 대다수는 인민 자신들에 의해서가 아니라 인민들에 의해 선출되고 또한 집행 기능에서 인민을 대표하는 관리들에 의해 수행되었다.

솔론[3]의 개혁 이전에 아테네는, 매년 인민 일반에 의해 선출되는 아홉 명의 집정관Archon[4]에 의해 통치되었다. 그들에게 위임된

---

3) [옮긴이] 38번 논설, 주 3 참조.

4) [옮긴이] 아르콘Archon은 그리스 도시국가들의 최고 집행관이다. 기원전 7세기 중반부터 아홉 명의 아르콘이 집행권을 행사했다.

권한의 정도는 상당히 모호한 채로 남아 있다. 그 시기 이후에 우리가 발견한 것은 매년 인민들에 의해 선출되는 입법기관이다. 이는 처음에는 400명, 뒤에는 600명으로 구성되었고, 입법 기능에서 인민을 부분적으로 대표한다. 왜냐하면 그들은 법률 제정 기능에서 인민과 연계되어 있었을 뿐만 아니라, 인민에게 입법안을 발의하는 배타적 권한을 가지고 있었기 때문이다. 카르타고의 원로원도, 그 권한이나 임기가 어찌되었든, 인민의 투표로 선출되었던 듯하다. 고대의 민중 정부 전부가 아니라면 대부분에서, 비슷한 사례를 찾아낼 수 있을지도 모른다.

마지막으로 스파르타에서는 집행관들ephori[5]을 만날 수 있고, 로마에서는 호민관tribunes[6]을 만나게 된다. 두 기구는 인원수에서 정말 소규모였지만 매년 인민 전체에 의해 선출되었고, 거의 전권을 부여받은 인민의 대표로 간주되었다. 크레타의 코스미Cosmi[7] 역시 매년 인민에 의해 선출되었는데, 몇몇 학자들은 이를 스파르타나 로마의 그것과 유사한 기구로 생각해 왔다. 유일한 차이점은 그 대표 기구를 선출하는 투표권이 인민의 일부에게만 나누어졌다는

---

[5] [옮긴이] 에포르ephor는 스파르타의 집행관으로서 왕과 함께 집행권을 구성했다. 항상 다섯 명으로 구성되는데, 이들이 집단적으로 집행·사법권을 행사했다. 이들은 매년 모든 성인 남성 시민들에 의해 선출되었기에, 에포르는 왕 및 귀족에 대한 견제 수단으로 기능했다.

[6] [옮긴이] 트리뷴Tribune은 로마 관리들의 총칭이다. 'tribuni militum'(군사담당관), 'tribuni aerarii'(재무관), 'tribuni plebis'(호민관) 등이 있었는데, 매디슨은 마지막 것을 지칭한 듯하다. 기원전 450년경 평민 집회에서 10명의 호민관을 선출했고, 이들은 평민들의 이익을 대변했다.

[7] [옮긴이] 크레타에서는, 소수의 가문에 의해 선출된 10명의 코스미Cosmi로 구성된 위원회가 집행권을 행사했다. 아리스토텔레스에 따르면 그 기능은 스파르타의 에포르와 유사했다.

점이다.

다른 여러 사례를 추가할 수 있는 이런 사실들에 따르면, 대표의 원리가 고대인들에게 알려지지 않았다거나 그들의 정체에서 완전히 간과되었던 것이 아님이 명백해진다. 고대의 정부들과 아메리카의 정부들 간의 진정한 차이점은, 전자의 운영에서 인민의 대표가 완전히 배제된 데 있는 것이 아니라, 아메리카 정부들 내의 어떤 역할로부터도 집단으로서의 인민이 완전히 배제된 데 있는 것이다. 하지만 이렇게 수정된 차이점은 합중국에 가장 유익한 우월성을 부여하는 것으로 받아들여져야 한다. 이런 이점을 충분히 실현하기 위해서는, 그것을 광대한 영토라는 또 다른 이점과 분리시키지 않도록 주의해야 한다. 그 어떤 대의 정부 형태도 그리스의 민주정체들이 영유한 협소한 경계 내에서 성공할 수 있으리라고는 생각할 수 없기 때문이다.

헌법을 질시하는 반대자들은, 이성으로 제안되고, 사례로 예증되었으며, 또한 우리 자신의 경험으로 강화된 이런 모든 주장에 대해 아마 다음과 같은 반론을 되풀이하면서 자족해할 것이다. 즉 인민에 의해 직접 지명되지 않은 임기 6년의 상원은 점점 정부 내에서 위험스러운 우월성을 차지해 결국 정부를 전제적인 귀족정으로 변형할 것이 틀림없다고 말이다.

이 같은 일반적 대응에 대해서는 다음과 같은 일반적 응답으로 족할 것이다. 즉 자유는 권력의 남용뿐만 아니라 자유의 남용으로도 위협받을 수 있고, 전자뿐만 아니라 후자의 경우도 수없이 많으며, 전자보다는 후자가 분명 합중국이 가장 우려할 바가 될 것이라고 말이다. 하지만 우리는 다음과 같이 좀 더 자세하게 대응할 수도 있다.

그런 정변[즉 귀족정으로의 변형]을 달성하기 전에, 상원은 먼저 그 스스로를 매수해야 하고, 다음으로 주 입법부를 매수해야 하고,

이어 하원을 매수해야 하고, 최종적으로 인민 전체를 매수해야 한다. 상원이 전제정 수립을 시도할 수 있으려면, 그 전에 상원이 먼저 변질되어야 하는 것은 분명하다. 상원은 주 입법부를 매수하지 않고서는 그런 시도를 추진할 수 없다. 그렇지 않을 경우 주 의원의 정기적 교체가 전체 조직[즉 상원]을 회생시킬 것이기 때문이다. 하원에 대해서도 똑같이 성공적으로 매수의 수단을 발휘하지 못한다면, 대등한 그 원의 반대 탓에 시도는 필연적으로 좌절될 것이다. 또한 인민 자체를 매수하지 못한다면, 새로이 들어오는 하원 의원들이 모든 것을 재빨리 원래 질서로 되돌려 놓을 것이다. [헌법에서] 제안하고 있는 상원이, 인간이 부릴 수 있는 모든 가능한 수단을 이용해, 이런 모든 장애를 뚫고서 불법적인 야망의 목표에 도달할 수 있으리라고 진지하게 확신할 수 있는 사람이 과연 몇이나 있을까?

이성이 그런 의심은 잘못된 것이라고 판결을 내린다면, 경험도 같은 선고를 내리고 있다. 메릴랜드주의 헌법은 가장 적절한 사례를 제공한다. 그 주의 상원은, 연방 상원이 그럴 것처럼, 인민에 의해 간접적으로 선출된다. 그리고 연방 상원보다 단지 1년 짧은 임기를 가진다. 특히 구별되는 것은, 임기 중에 [발생한] 그 자신의 결원을 충원할 비상한 특권을 가진다는 점이다. 또한 연방 상원에 대해 규정되어 있는 그런 교체[즉 2년마다 3분의 1 교체]에 의한 통제도 받고 있지 않다. 덜 중요한 몇 가지 다른 차이점도 있는데, 연방 상원에 대해서는 없는 겉치레식 장애물이 메릴랜드주 상원 앞에는 놓여 있다는 것이다. 따라서 그렇게 요란하게 공언되어 왔던 위험이 정말 연방 상원에 내포되어 있다면, 적어도 비슷한 위험의 몇몇 징후가 지금쯤이면 메릴랜드주 상원에서 드러났어야 했을 것이다. 그러나 그런 어떤 징후도 나타나지 않았다. 연방헌법의 상원 규정을 두렵게 여기는 사람들과 비슷한 유의 사람들이 처음에는 [메릴랜드주 상원에 대해서도] 경계심을 품었지만, 그런 경계심은 실험이 진행됨에 따라 점차 해소되었다. 그리고 메릴랜드주 헌법은, 이 부분[즉 상원]의 유익한 작동 덕분에 합중국의 어떤 주의 헌법도 필적하지 못할 명성을 날마다 얻고 있다.

그러나 이 문제에 대한 경계심을 잠재울 수 있는 어떤 것이 있다면, 그것은 영국 사례일 것이 틀림없다. 영국에서 상원은 6년의 임기로 선출되지도 않는다. 또한 특정 가문이나 부에 한정되지 않기는커녕 부유한 귀족들의 세습 의회이다. 하원은, 인민 전체에 의해 2년 임기로 선출되기는커녕, 7년 임기로 선출되며 또한 의원 대부분이 인민의 아주 작은 부분에 의해 선출된다. 의문의 여지 없이, 미래의 어느 시기에 합중국에서 드러날 귀족제적인 권한 찬탈과 전제정이 여기에서 전면적으로 목격되었어야 할 것이다. 그러나 반연방주의적 주장에는 유감스럽게도, 영국 역사가 우리에게 알려 주는 바에 따르면, 이 세습 의회는 하원에 의한 지속적인 침식에 맞서 스스로를 지킬 수조차 없었고, 군주의 지지를 잃자마자 실제로 대중적 원의 영향력에 압도되어 버렸다.

이 문제와 관련해 고대 세계로부터 우리가 알 수 있는 한, 그 사례들은 우리가 택한 논고를 뒷받침하고 있다. 스파르타의 경우, 인민의 연례 대표인 집행관들은 종신제 원로원을 압도했는데, 줄곧 원로원의 권한을 앞섰고, 결국에는 모든 권한을 자신들의 수중에 장악했다. 인민의 대표인 로마의 호민관은, 잘 알려져 있듯이, 종신제 원로원과의 거의 모든 경쟁에서 이겼고 결국에는 거의 완전한 승리를 거두었다. 그 수가 10명으로 늘어난 이후에 호민관들의 모든 행위에는 만장일치가 요구되었기에 이 사실은 더욱 주목할 만하다. 이는 인민을 자신의 편에 둔, 자유 정부의 그 부문이 가진 압도적 힘을 입증해 준다. 이런 사례들에 카르타고의 사례를 추가할 수 있을 것이다. 폴리비우스[8]의 증언에 따르면, 카르타고의 원로원은, 모든 권력을 자신의 소용돌이 속으로 끌어당기기는 커녕, 제2차 포에니 전쟁[9]이 시작되자 원래의 권력도 거의 모두 상실했다.

이상의 사실들에서 나온 결정적 증거는, 연방 상원이 점진적인 권력 찬탈을 통해 스스로를 독자적인 귀족제 기구로 변형할 수 없음을 보여 준다. 이 외에도 우리는, 만일 인간의 예지력이 막아 낼 수 없는 원인들로부터 그런 격변이 발생한다면, 인민을 자신의 편에 둔 하원이 언제든 정체를 다시 최초의 형태와 원칙으로 되돌릴 수 있을 것이라고 믿을 충분한 근거를 갖고 있다. 만일 인민의 직접적 대표의 힘에 반해 어떤 것을 추구한다면, 상원의 입헌적 권한조차 유지할 수 없을 것이다. 계몽된 정책의 제시나 공공선에 대한 애착을 추구할 때에만, 상원은 전체 인민의 사랑과 지지를 입법부의 그 원[즉 하원]과 나누어 가질 수 있을 것이다.

푸블리우스

8) [옮긴이] 폴리비우스Polybius(B.C.200?~B.C.118?)는 그리스 출신의 역사가이다. 아티카의 메갈로폴리스에서 태어났는데, 기원전 167년 인질로 로마에 보내졌고, 그곳에서 기원전 220년에서 기원전 146년까지 역사를 기술한 아홉 권짜리 『로마사』를 저술했다.

9) [옮긴이] 지중해 패권을 둘러싸고 로마와 카르타고 사이에는 세 차례의 전쟁(포에니전쟁)이 있었다. 기원전 218년에서 기원전 201년까지 치러진 제2차 포에니전쟁에서 한니발은 알프스를 넘어 이탈리아를 침공해 반도를 거의 장악하기에 이르렀지만, 결국 북아프리카 자마 전투에서 스키피오에게 패배당했다.

연방주의자 64번

[제이] 1788. 3. 5.

특정 개인에 적대적이거나 특정 조치에 반대하는 사람들은, 자신들의 비판을, 비판받을 만한 대상에만 결코 국한하지 않는다. 이는 타당하고 또 그리 새롭지 않은 견해이다. 이런 이치가 아니라면 그들[즉 헌법 반대자들]이 왜 헌법안을 총체적으로 비난하면서 그리 별스럽지 않은 조문까지 신랄하게 다루는지 설명하기 곤란할 것이다.

[헌법안 제2조] 2절은, "상원의 출석 의원 3분의 2가 찬성한다면, 상원의 조언과 동의를 얻어 조약을 체결할" 권한을 대통령에게 부여하고 있다.

조약 체결권은 중요한 권한인데, 전쟁과 평화 및 교역에 관한 것일 경우 특히 그러하다. 이 권한은, 가장 안전한 방식으로 또 그런 예방 조치와 함께 위임되어야 한다. 그렇기에 이 권한은, 그 목적에 가장 적격인 사람에 의해, 그리고 공익에 가장 도움이 되는 방식으로 행사되어야 한다. 제헌회의는 이 두 가지 사항 모두에 주의를 기울였던 듯하다. [먼저, 그런 권한 행사에 가장 적격인 사람을 확보하기 위해] 제헌회의는 선거인단 — [대통령 선출이라는] 명확한 목적을 인민으로부터 위임받은 — 으로 하여금 대통령을 선택하도록 했고, 또한 상원 의원 지명을 주 입법부에 맡겼다. 이런 방식은, [하원에 적용되는] 집합적 단위로서의 인민에 의한 선출 방식에 비해 엄청난 이점을 가지고 있다. 집단으로서의 인민이 공직자를 선출하는 방식에서는, 종종 경솔하고 타산적인 자들의 나태와 무지, 희망과 두려움 등에 편승해 열성적인 파당적 활동을 통해 유권자 일부의 표를 얻어 공직에 진출하는 것이 가능하다.

[이와 달리] 상원 의원을 지명할 주 입법부뿐만 아니라 대통령을 선출할 선거인단은 대체로 가장 현명하고 존경할 만한 시민들로 구

성될 것이기에, 이들은 오직 능력과 덕성이 두드러진 사람, 그리고 신뢰를 보낼 만한 타당한 근거가 있다고 인민들이 생각하는 사람들이 누구인지 예의 주시해 그들에게 표를 던지리라 생각된다. 이렇게 추론할 근거는 충분하다. [특히] 헌법은 이를 위해 특별히 주의를 기울이고 있다. 즉 헌법은 35세 이하는 대통령직에서 배제하고, 또한 30세 이하는 상원 의원직에서 배제함으로써, 인민들이 그들에 대해 판단할 시간을 가질 수 있었던 사람 — 또한, 스쳐 가는 유성이 때로는 우리를 현혹하고 오도하듯이, 화려하게 겉으로 드러난 재능과 애국심으로 인민을 기만할 개연성이 적은 사람 — 으로 유권자[의 선택]을 한정시키고 있다. 현명한 왕은 항상 유능한 대신들의 보좌를 받으리라는 견해가 근거 있는 주장이라면, 선거인단은 [그들이 선출할] 사람과 인물들에 관해 왕보다 훨씬 광범위하고 정확한 정보 수단을 보유할 것이기에 그들이 행하는 지명 역시 적어도 [현명한 왕과] 동일한 정도의 신중함과 안목을 보여 주리라는 주장 역시 타당할 것이다. 이런 점들을 고려하면 자연스럽게 다음과 같은 결론이 도출될 것이다. 즉 그렇게 선출된 대통령과 상원 의원은, 우리의 국가 이익 — 각 주와의 관계에서 고려하든, 아니면 외국과의 관계에서 고려하든 — 을 가장 잘 이해하고 그것을 가장 잘 증진할 수 있는 사람일 것이며, 또한 진실하다는 명성으로 신뢰를 불러일으키고 또 신뢰를 받을 만한 사람일 것이다. 그런 사람이라면 조약 체결권을 안전하게 위임할 수 있을 것이다.

어떤 일이든 그것을 수행하는 데는 체계가 절대적으로 필요하다. 이는 보편적으로 이해되고 또 인정되는 사실이다. 하지만, 국사에서 체계가 고도로 중요하다는 사실은 아직까지 대중들의 마음에 충분히 각인되지 못한 듯하다. 지금 검토 중인 이 권한을, 구성원들이 계속해서 빠르게 교체되는 대중적 의회[즉 하원]에 맡기고자 하는 자들은, 그런 중대한 목표[즉 조약 체결권의 적절한 행사]를 달성하는 데는 그 기구가 부적합할 수밖에 없음을 상기하지 못하는 듯하다. 왜냐하면 그런 목표를 추진하고 달성하기 위해서는, 모든 관계와 상황을 고려하는 지속적인 심사숙고가 필요하며, 또한 계획과 집행에 재능뿐만 아니라 정확한 정보 및 많은 시간이 요구되는 그런 조치들이 필요하기 때문이다. 따라서 제헌회의는 현명하게도, 조약 체결권이 유능하고 정직한 사람들에게 위임되도록 했을 뿐만 아니라, 그들이 완벽하게 국사를 숙지하고서 국사의 운영 체계를 수립·경험할 수 있는 충분한 시간 동안 자리를 유지하도록 했던 것이다. 제헌회의에서 규정한 [상원의] 임기는, 그들에게 정치 정보를 크게 확장할 기회를 제공할 것이며, 또한 자신들이 축적한 경험을 나라에 더 유익하게 활용될 기회를 제공할 것이다. 제헌회의는 빈번한 상원 의원 선거[의 기회]를 제공하면서도 신중함을 놓치지 않았는데, 그런 중대한 업무를 전적으로 새로운 구성원에게 정기적으로 이양하는 폐단을 미연에 방지하는 방식을 고안했던 것이다.[1] 즉 기존 구성원 가운데 상당수를 자리에 남겨 둠으로써 공적 정보의 지속적 승계뿐만 아니라 일관성과 질서가 보존되도록 한 것이다.

교역과 항해 문제는, 신중하게 수립되어 지속적으로 실행되는 체계로 통제되어야 하고, 우리의 조약과 법률은 그런 체계와 조응하고 또 그것을 촉진할 수 있도록 만들어져야 한다. 이런 사실을 인정하지 않을 사람은 거의 없다. 이런 조응과 일치를 주의 깊게 유지하는 것은 아주 중요하다. 그리고 이런 입장의 타당성을 인정하는 사람이라면, 조약과 법률에 상원의 동의가 필요하도록 만듦으로써 [헌법안이] 그에 잘 대비하고 있음을 인정하게 될 것이다.

어떤 종류이든 조약을 둘러싼 협상에서 완벽한 기밀과 즉각적

---

1) [옮긴이] 임기 6년의 상원 의원은 2년마다 3분의 1씩 교체된다.

인 신속함이 가끔 필요하지 않은 경우는 거의 없다. 종종 가장 유용한 정보는 그것을 가진 사람이 신분 노출의 두려움에서 벗어날 수 있는 경우에 획득될 것이다. 그런 두려움은 금전적 동기에 좌우되는 사람이나 선의의 동기에 좌우되는 사람 모두에게 영향을 미칠 것이다. 어느 쪽이든 그들 가운데 대다수는 분명, 대통령에 대해서는 비밀을 유지해 주리라고 믿겠지만, 상원은 신뢰하지 않을 것이고, 인원이 많은 대중적 의회는 더 믿지 못할 것이다. 따라서 제헌회의가 조약 체결권을 배치하면서, 조약을 맺을 때는 대통령이 상원의 조언과 동의에 따라 결의하도록 했지만, [그에 필요한] 정보를 다루는 업무는 신중함이 제안하는 그런 방식대로 처리할 수 있도록 한 것은 현명한 처사였다.

인간사에 주의를 기울였던 사람들은, 그 속에 썰물과 밀물이 존재함을 인식하지 않을 수 없었다. 조류는 지속 시간이나 세력과 방향이 아주 불규칙해, 정확히 똑같은 방식이나 강도로 두 번 몰려오는 경우란 결코 없다.[2] 국사에서도 그런 조류를 파악해 임기응변하는 것이 국사를 통할하는 자들의 직무이다. 이런 일에 경험이 많은 사람들은 며칠, 아니 몇 시간이 소중한 경우가 흔히 있다고 우리에게 알려 준다. 전투의 패배, 군주의 사망, 각료의 해임, 기타 여러 상황들이 불쑥 끼어들어 사태의 형세나 국면을 변화시킴으로써, 가장 유리한 조류를 우리의 바람과 정반대 방향으로 돌려버릴지도 모른다. 전장에서처럼 내각에서도, 움켜잡아야 할 흘러가는 기회들이 있다. 전장이든 내각이든 그것을 통할하는 자들에게는 그런 기회를 활용할 수 있는 권능이 주어져야 한다. 지금

---

[2] [옮긴이] 이 구절은 셰익스피어의 연극 『줄리우스 시저』*Julius Caesar*의 제4막, 3장, 218~224번째 대사를 원용하고 있다.

까지 우리는 기밀과 신속함이 결여된 탓에 너무나 빈번하게 심각한 어려움을 겪어 왔다. 따라서 헌법이 그런 목표에 주의를 기울이지 않았다면 용납될 수 없는 결함을 안게 되었을 것이다. 협상에서 대개 최고의 기밀과 신속함이 필요한 사안은 예비적이고 보조적인 조치들이다. 이런 조치들은 협상의 목적 달성을 촉진하는 데 도움이 되기에 국가적 견지에서 중요하지 않을 수 없다. 대통령은 그런 조치들에 대비하는 데 어떤 곤란도 겪지 않을 것이며, 상원의 조언과 동의가 필요한 상황이 발생하면 언제든 상원을 소집할 것이다. 따라서 우리가 보기에 헌법은, 조약 [체결을 위한] 협상과 관련해, 한편에서는 재능과 정보 및 진실성과 신중한 조사 등으로부터 얻을 수 있는 이점을, 다른 한편에서는 기밀과 신속함으로부터 얻을 수 있는 이점을 모두 활용할 수 있도록 규정하고 있다.

그러나 기존의 다른 안들에 대해 그러했듯이, 이 안[즉 제2조 2절]에 대해서도 반대론이 획책되고 주장되고 있다.

몇몇 사람들이 이 안에 불만을 갖는 것은, 그것의 오류나 결함 때문이 아니라, 조약은 법의 효력을 가질 것이기에 입법권을 위임받은 자들에 의해서만 체결되어야 한다는 이유에서이다. [그런데] 이 신사들은, [주]지사들이 합헌적으로 내리는 명령이나 법원의 판결도 입법부에서 통과한 법률만큼이나 유효하며, 또한 모든 관련자들에게 법적 구속력을 갖는다는 사실을 생각하지 못한 듯하다. 집행부에 속하든 사법부에 속하든 모든 합헌적 권력 행위는, 입법부에서 비롯된 것 못지않게 법적 효력을 갖고 [인민에게] 의무를 부과한다. 따라서 조약 체결권에 어떤 이름을 붙이든, 체결된 조약이 어떤 구속력을 갖든, 인민들이 입법부와 전혀 다른 별개의 기구 — 집행부 또는 사법부 — 에 적절하게 [조약 체결] 권한을 위임할 수 있다는 데는 의심의 여지가 없다. 인민이 법률 제정권을 입법부에 부여했기 때문에, 시민을 구속하고 시민에 영향을 미칠 모든 다른 주권적 행위를 행할 권한까지 마찬가지로 입법부에 부여해야 하는 것은 분명 아닌 것이다.

　다른 사람들은, 헌법에서 제안한 방식에 따라 조약을 체결하는 것에는 찬성하지만, 조약이 이 나라의 최고법이 되는 것에 반대한다. 그들은 조약도 의회의 법률처럼 마음대로 폐지할 수 있어야 한다고 주장하며 또 그런 신념을 공언한다. 이는 이 나라에 특유한 그리고 새로운 생각처럼 보인다. 하지만 [그런 생각에는] 새로운 진리뿐만 아니라 새로운 오류도 종종 나타난다. 이런 신사는 조약이란 단지 거래의 다른 이름일 뿐이라는 점을 상기해야 할 것이다. 또한 상대방에 대해서는 절대적인 구속력을 갖지만 우리에 대해서는 우리가 적절하다고 생각하는 기간과 한도 내에서만 구속력을 갖는, 그런 거래를 우리와 맺으려는 국가를 발견하기란 불가능하리라는 사실을 상기해야 할 것이다. 물론 법을 만드는 사람들은 법을 수정하거나 폐지할 수 있다. 그리고 조약을 체결하는 사람들이 그것을 개정하거나 취소할 수도 있다는 데 이의를 제기할 수는 없을 것이다. 그럼에도 불구하고, 조약은 계약 당사자 가운데 어느 한편에 의해서만 만들어지는 것이 아니라 양편에 의해 만들어지며, 따라서 당초 조약 체결 시에 양자의 동의가 필수적이었듯이 이후에 그것을 수정하거나 취소하는 것도 그러해야 한다는 점을 잊지 않도록 하자. 따라서 제안된 헌법이 조약의 의무를 확대한 것은 전혀 아니다. [헌법안에서] 조약은 미래의 어떤 시기의 어떤 정부 형태하의 조약과 같은 정도의 구속력을 가지며, 또한 그런 조약과 마찬가지로 현재의 의회 제정 법률이 적법하게 미치는 [권한] 범위를 넘어서는 구속력을 가지는 것이다.

　공화국에서 [권력에 대한] 경계심이 아무리 유용하더라도, 그것이 정체를 가득 채우게 되면 마치 생체에 증오가 가득 찰 때처럼 환영 — 아플 때 주변 물체에 나타나는 — 에 미혹당하기 쉽다. 대통령이나 상원이 모든 주의 이익을 동등하게 고려하지 않고서 조약을 체결할지 모른다는 일부의 걱정과 우려는 아마 이런 데서 연유할 것이다. 또 다른 사람들은 상원 의원 3분의 2가 나머지 3분의 1을 억압할 것이라 의심한다. 또한 의원들이 그들의 행위에 대해 충분히 책임지게 되어 있는지, 그들이 부정한 행동을 할 경우 처벌할 수 있는지, 그들이 불리한 조약을 맺을 경우 우리가 그런 조약을 어떻게 해소할 것인지 등의 질문을 제기한다.

모든 주들은 상원에서 동등하게, 그리고 자신의 선거구민의 이익을 가장 유능하고 적극적으로 촉진할 사람들에 의해 대표될 것이다. 따라서 모든 주는 상원에서 동등한 영향력을 미칠 것이다. 특히 주들이 계속해서 적절한 인물을 지명하는 데 주의하고 또한 그들이 꼬박꼬박 [의회에] 참석하도록 하는 한 그럴 것이다. 합중국이 국가적 형태와 특징을 띠게 됨에 따라, 점점 더 전체의 선이 관심의 대상이 될 것이다. 그리고 전체의 선은 그것을 구성하는 각 부분이나 구성원들의 선을 증진함으로써만 촉진될 수 있다는 사실을 [연방] 정부가 망각한다면, [연방] 정부는 정말 취약해질 수밖에 없다. 공동체의 나머지 구성원들에 대한 것과 똑같은 구속력 및 영향력을 그들과 그들의 가족 및 재산에는 미치지 않는 조약을 체결할 수 있는 권한은 대통령과 상원에 없다. 대통령과 상원은, 국가 이익과 다른 별도의 사적 이익을 가지고 있지 않기에, 국익을 도외시할 어떤 유혹도 받지 않을 것이다.

부패와 관련해서는, 대통령과 상원의 3분의 2가 [조약 체결과 관련해] 그런 어울리지 않는 행동을 할 여지가 있다고 생각할 수 있는 사람은, 세상과의 관계에서 아주 불운했거나 아니면 그런 느낌을 예민하게 받아들이는 사람임에 틀림없다. 그런 경우를 상상하기란 불가능하다. 그런 생각은 너무나 역겹고 불쾌한 것이어서 용납될 수 없다. 그러나 만일 그런 일이 발생한다면, 그 조약은 비록 우리로부터는 획득되었지만 다른 모든 사기 계약과 마찬가지로 국제법에 따라 무효화될 것이다.

그들의 책임성과 관련해서는, 어떻게 그것을 강화할지를 생각해 내기란 쉽지 않다. 명예, 서약, 명성, 양심, 나라에 대한 사랑, 가족에 대한 애정과 애착 등과 같이 인간의 정신에 영향을 미칠 수 있는 모든 고려 사항들이 그들의 진실성에 대한 안전장치를 제공할 것이다. 간략히 말하면, 헌법은 그들이 재능과 진실성을 갖춘 사람이도록 최대한 주의를 기울이고 있다. 따라서 우리는, 그들이 만들 조약이 모든 상황을 고려하면서 만들 수 있는 그런 조약만큼의 장점을 지닌 것이 되리라고 믿을 충분한 근거를 갖게 된다. 그리고 처벌과 불명예에 대한 두려움이 작동할 수 있는 한, 탄핵 조항에 의해 적법행위의 동기가 충분히 공급될 것이다.

푸블리우스

연방주의자 65번

[해밀턴] 1788. 3. 7.

제헌회의의 안이 별개의 기능으로 상원에 할당한 나머지 권한은, 집행부와 함께 공직 임명에 참여하는 것과 탄핵심판의 재판소로서의 사법적 역할이다. 임명 업무에서는 집행부가 주된 행위자이기에 그와 관련된 규정은 그 부를 검토하는 부분[67~77번 논설]에서 논의하는 것이 적절할 것이다. 따라서 상원의 사법적 역할에 대해 고찰함으로써 이 항목[즉 상원에 관한 항목]을 마치고자 한다.

탄핵심판을 위한 재판소를 적절히 설치하는 것은, 완전한 선출제 정부에서 요구되는 달성하기 힘든 목표이다. 그 재판소의 관할 대상은 공인의 불법행위에서 연유하는 범죄, 다른 말로 하면 공적 책무의 남용이나 위반에서 연유하는 범죄이다. 그런 범죄는 특별하게 정치적이라고 부를 만한 성격의 것이다. 왜냐하면 그것은 주로 사회 그 자체에 직접적으로 가해진 위해에 관련되기 때문이다. 이런 이유로, 그에 대한 소추는 전체 공동체의 정념을 불러일으키며, 또한 공동체를 피고에 다소 우호적인 파당과 적대적인 파당으로 분열시킬 것이 분명하다. 많은 경우에, 소추는 기존의 파당들과 연계될 것이며, 이쪽 또는 저쪽에서 그들의 모든 적대감과 편견, 영향력과 이해관계가 동원될 것이다. 그럴 경우에는 항상, 유무죄의 진정한 입증에 따라서가 아니라 파당들의 상대적 힘에 따라 판결이 좌우될 심각한 위험이 존재할 것이다.

공직에 종사하는 모든 사람들의 정치적 평판과 생존에 깊은 영향을 미칠, 이 책무의 민감성과 중요성은 자명하다. 전적으로 정기적 선거라는 기반에 의존하는 정부에서, 그 책무를 올바른 곳에 위임하기란 매우 어려운 과제이다. 왜냐하면, 그런 상황에서, 정부의 가장 저명한 지위는 대개 가장 노련한 파당이나 가장 다수인 파당의 지도자가 맡거나 또는 그런 파당의 앞잡이가 맡을 것이고, 따라서 [탄핵의] 조사 대상이 된 사람에 대해 요구되는 중립성을 그런 파당의 지도자들이 지니고 있으리라고 기대하기란 극히 어렵기 때문이다.

제헌회의는 상원을 이 중대한 책무의 최적의 수탁소로 생각했던 듯하다. 이 일의 본질적 어려움을 가장 잘 이해할 수 있는 사람이라면, 제헌회의의 견해를 성급히 비난하지 않을 것이다. 또한 그런 견해를 뒷받침한다고 추정되는 논거를 마땅히 존중하려 할 것이다.

다음과 같은 질문이 제기될 수 있다. 이 제도의 진정한 정신은 무엇인가? 그것은 공인의 행위에 대한 국민의 심문 방법 중의 하나로 고안된 것이 아닌가? 의도가 그러하다면, 국민 스스로의 대표만큼 국민을 대신할 심문관으로 적절한 사람이 어디 있는가? 심문을 시작할 권한, 달리 말하면 탄핵을 제기할 권한이 입법부의 한 원의 수중에 위임되어야 한다는 데는 누구도 이의를 제기하지 않는다. 이 방식이 타당함을 말해 주는 논거들은, 입법부의 또 다른 원이 심문에 관여하는 것을 수용하도록 강력히 주장하지 않는가? 이런 제도의 발상을 빌려 준 모델은 제헌회의에 그런 방침을 알려 주었다. 즉 영국에서는 탄핵을 제기하는 것은 하원의 소관이고, 그것을 결정하는 것은 상원의 소관이다. 몇몇 주의 헌법은 이런 예를 따랐다. 전자처럼 후자도 탄핵의 실행을 정부의 집행부 공무원에 대한 입법부의 제어장치로 간주했던 듯하다. 이는 탄핵을 바라보는 올바른 관점이지 않은가?

충분히 위엄 있고 충분히 독립적인 재판소를 상원이 아닌 다른 어떤 곳에서 발견할 수 있겠는가? 다른 어떤 기구가, 피고인인 개인과 고발자인 인민의 대표 사이에서 요구되는 공정성을 두려움이나 편견 없이 스스로 유지할 수 있을 만한 대담성을 가질 수 있겠는가?

묘사한 이런 특징에 대법원이 부합하리라고 기대할 수 있을까? 그 재판소의 구성원들이, 그렇게 힘든 과제를 수행하는 데 필요한 불굴의 정신을 항상 갖추고 있을지는 심히 의심스럽다. 또한 만일 인민의 직접 대표들이 기소한 바와 상충될 수 있는 결정을 하게 될 경우, 인민들로 하여금 그런 결정을 받아들이게끔 하는 데 필요한 상당한 정도의 신뢰와 권위를 그들이 지니고 있을지는 더욱 의문이다. 전자[즉 불굴의 정신]의 부족은 피고에게 치명적일 것이며, 후자[즉 신뢰와 권위]의 부족은 공공의 평안을 위태롭게 할 것이다. 이런 두 측면의 위험을 방지할 수 있는 방법은, 정말 그렇게 하려면, 효율성을 뛰어넘을 정도로 그 재판소의 인원을 확대하는 것뿐이다. 탄핵 절차의 특성을 고려해도 탄핵심판을 위해서는 대규모 재판소가 필수적임을 알 수 있다. 보통의 경우 법정의 재량권은 개인의 보호를 위해 제한된다. 그러나 탄핵 절차는, 소추자에 의한 범죄의 서술 및 묘사에 있어서도, 재판관에 의한 그것의 해석에 있어서도, [개인 보호를 위한] 그런 엄격한 규칙에 의해 결코 구속당하지 않는다. 법에 따라 선고할 재판관과 그것을 받거나 당해야 할 당사자 사이에 배심원도 존재하지 않을 것이다. 공동체에서 가장 신뢰받는 뛰어난 인물에게 명예를 부여할지 아니면 오명을 부여할지 그 운명을 결정짓는, 탄핵재판소가 필연적으로 가질 수밖에 없는 그 무시무시한 재량권을 고려하면, 소수의 사람들에게 그 책무를 위임하는 것은 용납되기 어렵다.

이런 사항들만 고려해도, 대법원이 탄핵재판소로서 상원을 대체하기에 부적절하리라는 결론은 충분히 정당화되는 듯하다. 하지만 이런 결론을 더욱 강화해 줄 다음과 같은 추가적 고려 사항들이 아직 남아 있다. 먼저, 탄핵에 대한 유죄판결의 결과가 될 형벌은 위법자에 대한 징벌을 종결시키지 않는다. 그의 나라의 존경과 신뢰 그리고 명예와 보수로부터 영구적 추방이 선고된 뒤에도, 그는 여전히 통상적인 사법 과정에 따라 기소되고 처벌받을 수 있다. 한 재판에서 그의 명성과 가장 귀중한 시민적 권리를 처분했던 바로 그 사람들이 또 다른 재판에서 동일한 범죄에 대해 그의 생명과 재산을 마찬가지로 처분하게 된다면, 그것이 과연 적절할까? 첫 번째 선고의 실수가 두 번째 선고의 실수로 이어지는 기원이 될 수 있다는 우려에는 충분한 근거가 있지 않은가? 앞선 판결의 강한 선입견이, 또 다른 판결의 양상을 바꿀지도 모르는 새로운 관점의 효과를 제압해 버릴 것이라는 우려에는 충분한 근거가 있지 않은가? 인간 본성에 대해 조금이라도 아는 사람이라면 이런 질문에 긍정적으로 답하기를 주저하지 않을 것이다. 또한 그런 사람이라면, 두 소송 모두에서 동일인들이 재판관이 된다면, 소추의 대상이 된 사람은 이중의 재판이 의도하는 이중의 방어 수단[의 권리]을 심대하게 박탈당하리라는 사실을 바로 인식할 것이다. 용어상으로는 단지 현직에서의 해임과 미래의 직위에 대한 자격 박탈만을 의미하는 판결이라도 실질적으로는 종종 생명과 재산의 상실을 내포할 수 있다. 두 번째 소송에는 배심원이 개입하기 때문에 위험이 방지될 것이라고 말할 수 있을지 모른다. 하지만 배심원은 종종 재판관의 견해에 영향을 받곤 한다. 배심원들은 때로는 주된 심문을 법정의 결정에 맡기는 특별 평결을 내리도록 유도되기도 한다. 자신의 유죄를 이미 결정했던 재판관들의 후원하에 있는 배심원단의 평결에 자신의 생명과 재산을 기꺼이 맡기려 할 사람이 어디 있겠는가?

대법원과 상원을 합쳐 탄핵재판소를 구성하면 기존 안에 대한 개선이 될까? 이 통합 조직에는 분명 몇 가지 장점이 있을 것이다. 하지만, 위반자가 받아야 할 이중의 기소에 동일한 재판관들이 작용하는 데서 연유하는, 전술했던 현저한 불이익은 그런 장점을 압도할 것이다. 그런 통합 조직의 이점은 일정 정도, 제헌회의의 안에서 제안하는 대로 대법원장을 탄핵 법정의 의장으로 삼음으로써 확보될 수 있을 것이다.[1] 이럴 경우, 대법원을 탄핵 법정에 완전히 포함할 경우의 폐단은 사실상 방지될 것이다. 이는 아마 신중한 중용이었을 것이다. 나는 그것이 사법부 권한의 상당한 증대를 가져올 것이라는, 사법부에 반대하는 주장의 추가적 이유들에 대해서는 언급을 유보하고자 한다.

---

1) [옮긴이] 상원의 탄핵 심판 중 대통령을 심판할 경우에는 연방 대법원장이 의장이 된다(제1조 3절 6항).

정부의 다른 부와 완전히 별개의 사람들로 탄핵심판 재판소를 구성하면 바람직할까? 이 안에 대해서는 찬성 쪽만큼이나 반대쪽에도 중요한 주장들이 있다. 그것은 정치기구의 복잡성을 증가시키고 정부에 새로운 활력을 추가하겠지만 효용은 기껏해야 의문스러울 텐데, 이는 몇몇 사람들에게는 사소한 반론으로 보이지 않을 것이다. 그런데 주목할 가치가 없다고 누구도 생각하지 않을, 다음과 같은 또 다른 반론이 있다. 즉 그런 안에 따라 구성될 재판소는 상당한 비용이 들 것이며, 실제로 여러 가지 손실과 불편이 따를 수밖에 없다. 그것은 정부에 상근하면서 당연히 정규 보수를 받는 정규직 공직자들로 구성되거나 아니면 탄핵이 실제 현안이 될 때마다 소집되는 주 정부의 특정한 공직자들로 구성될 것이 틀림없다. 합리적으로 제안할 수 있는, 현저히 다른 어떤 제3의 방식을 생각하기란 쉽지 않다. 전술한 이유로 그 재판소는 인원이 많아야하기 때문에, 공적 필요의 정도와 그것을 제공할 수단을 비교할 수 있는 사람이라면 첫 번째 방식은 거부할 것이다. 두 번째 방식은, 다음과 같은 난점을 진지하게 고려하는 사람이라면 지지하는데 조심하게 될 것이다. 즉 합중국 전역에 흩어져 있는 사람들을 소집해야 하는 난점, 기소된 혐의에 대한 판결 지연으로 말미암아 무고한 자가 입을 피해, [판결] 지연이 가져다줄 음모와 매수의 기회로부터 범죄자가 얻을 이점, 또한 확고하고 충실하게 의무를 수행할 경우 과격하거나 교활한 하원 다수파의 괴롭힘에 노출될 수있기 때문에 행동을 계속 미루는 데 따라 주가 입을 손해 등등. 마지막 가정은 너무 심하게 보일 수도 있고 흔하게 확인할 수 없을 것 같기도 하다. 하지만 어떤 시기에는 파당의 악령이 다수로 이루어진 모든 인간의 조직 위에 군림하게 되리라는 사실을 잊어서는 안 될 것이다.

지금까지 검토한 대안 중의 어떤 것이나 또는 새로 고안할 수 있는 어떤 다른 대안이, 제헌회의에서 제출했던 방안보다 더 좋게 생각될 수도 있을 것이다. 하지만, 헌법안이 그런 이유로 기각되어야 하는 것은 아니다. 만일 정부의 모든 부분이 완벽함의 기준에 정확히 부합할 때까지 정부의 어떤 제도에도 합의하지 않기로 결의한다면, 사회는 곧 전면적인 무정부의 현장이 될 것이며, 이 세계는 불모지가 되어 버릴 것이다. 어디에서 완벽함의 기준을 발견할 수 있는가? 공동체 전체의 갈등적 이견들을 완벽함에 대한 하나의 동일한 판단으로 통합하는 일을 누가 맡아 할 것인가? 또한 자부심 강한 어떤 기획자에게, 자신의 무오류의 기준을 그보다 더 자부심이 강한 이웃의 오류투성이 기준을 위해 포기하라고 설득하는 일을 누가 맡아 할 것인가? 헌법 반대자들이 자신들의 목표를 이루기 위해서는, 단지 헌법의 개별 규정들이 상상할 수 있는 최선의 것이 아님을 입증할 것이 아니라, 헌법안이 전체적으로 나쁘고 치명적임을 입증해야 할 것이다.

푸블리우스

연방주의자 66번

[해밀턴] 1788. 3. 8.

제안된 탄핵심판 재판소에 대한 주된 반론들을 검토했는데, 이것만으로는 이 문제와 관련해 아직 남아 있을지 모를 부정적 생각들이 불식되지 않을 수도 있다.

그런 반대 이유 가운데 첫 번째는, 문제의 규정이 입법권과 사법권을 동일 기구[즉 상원] 안에 혼합함으로써, 권력의 상이한 부사이의 분리를 요구하는 [공화제의] 확고부동한 기본 원칙을 침해했다는 것이다. 이 기본 원칙의 진정한 의미는 다른 곳[47~52번 논설]에서 논의해 확인한 바 있다. 즉 주요하게는 각 부를 독립적으로 별개로 유지하지만, 특별한 목적을 위해 부 간에 부분적 혼합을 하는 것은 그 원칙에 완전히 부합한다는 것을 입증한 바 있다. 심지어 어떤 경우에는, 이런 부분적 혼합이 적절할 뿐만 아니라 정부 각 구성원들 간의 서로에 대한 상호 방어를 위해 필요하기도 하다. 입법부 제정 법률에 대한 집행부의 절대적 또는 제한적 거부권은, 후자에 대한 전자의 침해에 맞서기 위해 요구되는 필수적 방어 수단임을 정치학의 최고 대가들이 인정하고 있다. 그에 못지 않은 근거에 입각해, 탄핵권은 앞서도 시사했듯이 집행부의 침해에 대해 입법부가 가진 필수적 견제 수단이라고 주장할 수 있을 것이다. 탄핵권을 입법부의 두 원 사이에 분리한 것, 즉 한 원에는 기소권을 맡기고 다른 원에는 재판권을 맡긴 것은, 동일한 사람들을 고소인이자 재판관으로 삼을 때 나타날 폐해를 방지한 것이고, 또한 양원의 어느 쪽이든 당파심의 만연에 따른 기소의 위험에 대비한 것이다. 유죄 선고에는 상원 의원 3분의 2의 동의가 필요할 것이기 때문에, 그런 특별한 상황으로부터 무고한 자의 보호도 원할 수 있는 만큼 완벽할 것이다.

이 주[즉 뉴욕주]의 헌법을 예외 없이 높이 평가한다고 자칭하는 사람들이, 우리가 여기서 주목했던 그 원칙[즉 권력분립 원칙]에 기초해, 헌법안의 이 부분을 그렇게 맹렬히 공격하는 것을 바라보면 기이하다는 생각이 든다. 뉴욕주 헌법은 상원을, 대법원의 대법원장 및 법관과 함께, 탄핵재판소로 삼았을 뿐만 아니라 모든 민형사 소송사건에서 주의 최고 재판소로 삼고 있기 때문이다. 대법원장과 법관의 수는 상원 의원에 비하면 미미하기 때문에, 궁극적으로 뉴욕주의 사법권은 사실상 상원에 있다. 제헌회의 안이 이 문제에서 유명한 그 기본 원칙 — 그렇게 자주 언급되어 왔지만, 거의 이해되지 못했던 듯한 — 에서 벗어났다고 비난받을 만하다면, 뉴욕주 헌법은 얼마나 더 비난받아야 할 것인가?[1]

탄핵재판소로서의 상원에 대한 두 번째 반대 이유는, 그것이 상원의 과도한 권력 축적의 원인이 됨으로써 지나치게 귀족제적인 정부를 촉진한다는 것이다. 그들의 말에 따르면, 상원은 조약 체결 및 공직 임명에서 집행부와 같은 권한을 가질 것이다. 이런 특권에 더해 모든 탄핵 소송을 판결하는 권한이 추가된다면 상원의 영향력이 결정적으로 우세해질 것이라고 반대자들은 말한다. 본질적으로 이렇게 엄밀하지 않은 반대 이유에 대해 엄밀한 대답을 찾기란 쉽지 않다. 그것이 상원에 너무 많거나 너무 적은, 또는 적절한 정도의 영향력을 제공하게 될 것이라고 판정하기 위해 우리가 기댈 수 있는 기준이나 척도가 어디에 존재하는가? 그렇게 모호하고 불확실하게 추정하기보다는, 각 권한을 그 자체로 검토해, 일반적 원칙에 입각해 그것을 어디에 맡기는 것이 가장 유리하고 가장 덜 불편할지를 결정하는 것이 훨씬 더 간단할 뿐만 아니라 더 안전하지 않을까?

만일 우리가 그런 방침을 취한다면, 설령 더 확실한 결론이 아니더라도, 더 이해하기 쉬운 결론에 이를 것이다. 그러면 제헌회의의 안에서 정한 조약 체결권의 배치는, 만일 내가 착각하지 않았다면, 앞의 논설[64번]에서 언급한 사항들로 그리고 다음 항목[즉 집행부 항목]에서 등장할 다른 논설들[68번과 75번]로 그 타당성이 충분히 입증될 듯하다. 상원과 집행부의 결합상 유리함도 동일한 항목의 논설에서 만족스럽게 제시되리라 믿는다. 또한 나는, 탄핵

---

1) 뉴저지주의 헌법에서도 최종적인 사법권은 입법부에 있다. 뉴햄프셔주, 매사추세츠주, 펜실베이니아주, 사우스캐롤라이나주에서도 입법부의 한 원은 탄핵심판 재판소이다.

을 판결할 권한을 맡길 곳으로서 우리의 선택보다 더 적합한 곳을 발견하기란, 설령 가능하다고 하더라도, 쉽지 않을 것임을 입증하는 데서 앞선 논설의 관찰들이 상당히 도움이 되리라고 자부한다. 정말 그렇다면, 상원이 지나치게 큰 영향력을 가지게 되리라는 가상의 위험은 우리의 추론에서 폐기되어야 한다.

그런데 대단치 않은 그런[즉 상원이 과도한 권력을 가질 것이라는] 추정은, 상원 의원 임기에 관해 언급했던 부분[63번]에서 이미 논박한 바 있다. 즉 사물의 이치뿐만 아니라 역사적 사례에 따르면, 공화제의 진수[즉 직접선거]를 취하고 있는, 모든 정부의 가장 대중적인 부[즉 하원]는 인민이 보편적으로 가장 총애하기 때문에 정부의 모든 다른 구성 부분에 대해, 압도적 강자가 아니라면, 대체로 충분한 호적수가 되리라는 것이다.

그러나 제헌회의의 안은, 가장 현실적이고 효과적인 이런 원리 외에도, 연방 하원에 [상원과] 대등한 힘을 보장하기 위해, 상원에 부여되는 추가적 권한에 맞설 수 있는 몇 가지 중요한 균형추를 하원에 제공했다. 재정 법안을 발의하는 배타적 특권이 하원에 속할 것이다. 하원은 탄핵을 시작하는 권한을 단독으로 가질 것이다. 이는 탄핵을 심판할 권한에 대한 완벽한 균형추가 아닌가? 하원은 전체 선거인 가운데 과반의 찬성을 모으지 못한 대통령 선거에 대한 판정자가 될 것이다. 이런 경우는 빈번히는 아니겠지만 간혹 발생할 수 있으리라 확신한다. 이런 일의 일정한 가능성은 분명 이 기구가 갖는 영향력의 유리한 원천이 될 것이다. 합중국의 가장 저명한 시민들 간의, 합중국의 제1 공직을 향한 경쟁을 결정할 최종적 권한 — 비록 조건부 권한이지만 — 은, 생각하면 할수록 더욱 중요하게 여겨질 것이다. 그것은 영향력의 수단으로서, 상원에만 속하는 권한들 모두보다 더 중요한 것으로 드러날 것이다.

탄핵재판소로서의 상원에 대한 세 번째 반대 이유는 상원이 수행할 공직 임명 역할에서 근원한다. 반대자들은, 상원이 공직 임명 시에 [자신들이] 관여했던 바로 그 사람들의 행위에 대한 재판관이 된다면, [그들에게] 너무 관대해질 것이라고 가정한다. 이런 반대론의 논리에 따른다면, 우리가 알고 있는 모든 주 정부들 ── 만일 모든 정부가 아니라면 ── 에서 목격될 수 있는 관행들이 비난받을 것이다. 내가 말하는 관행이란, 자신의 의지에 따라 재직하고 있는 사람들을 임명자의 의지에 예속되게 만드는 것이다. 이 경우, 후자의 정실주의가 항상 전자의 부정행위의 보호처가 될 것이라는 주장도 타당성을 가질 수 있다. 그러나 기존의 관행은, 이런 [반대론자들의] 논리와 달리, 다음과 같은 추정에 따르고 있다. 즉 임명권자는 자신이 선택한 자의 적합성과 능력에 대해 책임지고 있으며 또 훌륭하고 순조로운 업무 관리에 관심을 갖기 때문에, 신뢰받지 못할 행위를 한 자들을 해고하려는 의향을 충분히 갖게 되리라는 가정이 그것이다. 물론 현실이 이런 추정과 항상 일치하는 것은 아니다. 하지만 그것이 대체적으로 타당하다면, 상원에 대해 반대론자들이 가졌던 가정, 즉 상원은 집행부의 선택을 그냥 승인만 할 것이고, 또한 그 선택의 대상에 대해 강한 편애 ── 국민의 대표가 기소할 만큼 현저한 유죄 증거에 대해서도 눈감을 정도의 ── 를 갖게 되리라는 가정은 분명 붕괴될 것이다.

그런 편애의 개연성이 없음을 입증할 추가적 논거가 필요하다면, 그것은 임명 작업에서 상원이 행하는 기능의 본질에서 발견할 수 있다. [공직자를] 지명하는 것, 그리고 상원의 조언과 동의를 얻어 임명하는 것은 대통령의 임무이다. 사실, 상원으로서는 선택권을 행사할 여지가 있을 수 없다. 상원은 집행부의 어떤 선택을 파기할 수 있고, 다른 선택을 하도록 강요할 수 있지만, 스스로 선택할 수는 없다. 상원은 단지 대통령의 선택을 승인하거나 거부할 수만 있는 것이다. 그들은 심지어, 다른 어떤 사람에 대한 선호를 품고 있으면서도, 대통령이 제안한 누군가를 승인하게 될 것이다. 왜냐하면 그에 반대할 명확한 이유가 없을 수도 있고, 또한 동의를 보류한다고 해도 그 뒤의 지명이 자신들의 마음에 드는 사람에게 떨어질지, 또는 그들이 판단하기에 거부된 사람보다 더 공적이 있는 사람에게 지명이 떨어질지 등을 확신할 수 없기 때문이다. 상원의 다수파가 임명 대상에 대해 느낄 수 있는 것은, [그의] 장점이 드러나면 만족감을 느끼고 그런 장점이 없다고 밝혀지면 만족감도 사라지는 그 이상일 수가 없을 것이다.

탄핵재판소로서의 상원에 대한 네 번째 반대 이유는, 상원이 집행부와 함께 조약 체결권을 행사하는 데서 유래한다. 반대파들은, 이렇게 되면 그 책무[즉 조약 체결권]의 부도덕하고 불성실한 집행을 다룰 모든 소송사건에서 상원 의원들이 그들 자신의 재판관이 될 것이라고 주장해 왔다. 그들은 다음과 같이 질문한다. 상원이 집행부와 결탁해 [국가에] 파멸적인 결과를 가져올 조약으로 국익을 배신했을 경우, 만일 자신들이 저지른 반역 혐의에 대해 상원 스스로가 판결을 내리게 된다면, 그들이 처벌받을 가능성이 도대체 존재할까?

이 반대론은 헌법안의 이 부분에 대해 제기되었던 어떤 다른 반대론보다 더 진지하고 그럴듯하게 유포되어 왔다. 하지만 그런 반대론이 기초하고 있는 근거가 잘못된 것이 아니라면, 나 자신이 속고 있는 셈이 될 것이다.

조약 체결 시에 매수와 내통을 막기 위해 헌법이 기본적으로 의도한 안전장치는, 그것을 체결할 사람들의 수와 특징에서 구해진다. 즉 각 주 의회의 집합적 지혜에 힘입어 선출된 기구[즉 상원]의 구성원의 3분의 2와 합중국의 최고 집행관의 합동 작용이, 이 사안에서 연방의회의 충성을 보장하는 담보물이 되도록 구상한 것이다. 제헌회의는, 집행부가 그에게 위임된 협상을 수행하면서 정직과 청렴을 결여하거나 또는 상원의 지시에서 벗어날 경우 처벌하도록, 타당하게 계획했을지 모른다. 또한 상원의 소수 지도급 인사들이 자신의 영향력을 대외적 독직의 돈벌이 수단으로 악용할 경우, 그에 대한 처벌을 고려했을지 모른다. 그러나 부당한 조약에 동의한 상원 의원 3분의 2를 탄핵하고 처벌하는 방안을 적실성 있게 구상할 수는 없었다. 치명적이거나 위헌적인 법률에 동의한 상원의 과반수나 연방의회의 다른 원[즉 하원]을 탄핵·처벌하는 방안 역시 구상할 수 없었다. 내가 생각하기로 이런 원리는 어떤 정부에도 수용된 적이 없다. 사실 하원의 과반수가 어떻게 스스로를 탄핵할 수 있는가? 이는 상원의 3분의 2가 스스로를 재판하는 것과 다름없지 않은가? 그런데 부당하고 전제적인 입법 행위를 통해 사회의 이익을 희생한 하원의 과반수가, 부정한 대외 조약으로 같은 이익을 희생한 상원의 3분의 2보다, 처벌로부터 더 많은 면책을 받아야 할 어떠한 근거나 이유가 존재하는가? 이런 모든 경우에 진실은 이러하다. 즉 그 구성원들은, 그들이 집단으로서 행한 행동에 대해 처벌로부터 면제되어야 한다. 이는 그 기구의 자유와 그리고 심의에 필요한 독립성에 필수적이다. 그리고 사회에 대한 안전의 보장은, 그 책무를 적절한 사람들에게 위임하고, 그것을 성실하게 집행하는 것이 그들에게 이익이 되도록 만들고, 그들이 공익에 반하는 어떤 이익으로 결탁하는 것을 되도록 어렵게 만드는, 그런 주의와 노력에 달려 있음에 틀림없다.

상원의 지시나 견해를 왜곡하거나 위반하는 집행부의 부정행위가 우려될 수는 있다. 하지만 자신들의 신임을 악용하는 집행부의 행위를 처벌하려는 의향이, 또는 자신들의 권한을 회복하려는 의향이, 상원에 부족하지 않을까 걱정할 필요는 없다. 그 기구의 장점에 기대지 않더라도, 지금까지처럼 그 기구의 자존심에 의존할 수 있을 것이기 때문이다. 또한 수완과 영향력을 이용해 의원

다수파를 공동체에 반하는 조치로 끌어들일 수 있는 지도급 구성원들의 부패가 우려될 경우에는, 만일 그런 부패의 증거가 충분하다면, 인간 본성의 일반적 성향이 다음과 같은 결론을 우리에게 보증할 것이다. 즉 일반적으로 자신들의 실수와 불명예를 만들어 낸 자를 기꺼이 희생함으로써 대중의 분노를 다른 곳으로 돌리려고 하는 성향이 그 기구 내에 결코 부족하지 않으리라는 것이다.

푸블리우스

연방주의자 67번

[해밀턴] 1788. 3. 11.

다음으로 우리의 주목을 필요로 하는 것은, 제안된 정부의 집행부 구성이다.

[정부의] 체계를 조정하는 데 이보다 더 어려운 부분은 없는 듯하다. 또한 이보다 더 부당하게 비난받거나 무분별하게 비판받는 부분도 없는 듯하다.

헌법에 비판적인 저술가들은 이 부문에서 자신들이 가진 허위 진술의 재주를 뽐내려고 무진장 애써 온 듯하다. 그들은, 군주제에 대한 인민들의 혐오에 의지해, 합중국의 미래 대통령을 그 혐오스러운 부모[즉 군주제]의 태아가 아닌 완전히 성숙한 계승자로 그리면서, 그에 대한 자신들의 경계심과 우려를 총동원해 왔다. 가짜 유사성을 만들어 내기 위해 허구에 의존하는 것도 서슴지 않았다. 집행관의 권한은, 아주 일부의 경우에만 뉴욕주 지사의 권한보다 크고 어떤 경우는 그보다 더 작음에도, 국왕의 대권보다 더 큰 것으로 과장되었다. 그는 영국 왕보다 더 위엄 있고 화려한 상징들로 장식되었다. 그는 이마 위에 빛나는 왕관을 쓰고 황제의 자주

색 옷자락을 늘어뜨린 모습으로 우리 앞에 제시되었다. 가신과 정부情婦들에 둘러싸인 채 왕좌에 앉아서, 거만하게 위엄을 과시하면서 외국의 군주가 보낸 특사를 만나 왔다. 아시아적 전제정과 관능의 이미지는 이 과장된 장면을 완성하는 데 적격이었다. 반대파들은 우리에게, 친위 보병이 일삼는 소름끼치는 살육 장면을 보면서 두려움에 떨고, 미래의 궁전에서 드러날 비사를 보며 부끄러워하도록 가르쳐 왔다.[1]

이런 과장된 비판은 대상[즉 최고 집행관]의 모습을 왜곡했다. 아예 변형해 버렸다고 할 수 있다. 따라서 그렇게 교활하고 꾸준하게 전파되어 온 허상의 오류를 폭로하고 거짓을 벗길 뿐만 아니라 그것의 진정한 모습을 확인하기 위해서는, 그것의 실제 특징과 형태를 정확히 살펴볼 필요가 있다.

이런 과제를 수행하는 사람은 그 누구라도, 반대자들이 여론을 호도하기 위해 획책한 장치들 ─ 사악한 것 못지않게 취약한 ─ 을 절제와 진지함을 가지고 대하기가 아주 힘들다는 점을 깨달을 것이다. 그 장치들은, 정당하지는 않지만 통상적으로 허용되는, 파당적 술책의 범위를 훨씬 넘어서고 있다. 그 결과 아무리 솔직하고 관용적인 사람일지라도, 정치적 적대자들의 행위에 대한 관대한 해석을 옹호하려는 생각이 자발적이고 전면적인 분개로 바뀌지 않을 수 없다. 합중국 대통령의 특징으로 부각된 그런 특징을 가진 집행관과 영국 국왕 사이에 유사성이 있다는 터무니없는 주장에 대

---

1) [옮긴이] 원문에 나오는 친위 보병janizary은 오토만 제국의 친위 보병, 궁전seraglio은 오토만제국의 옛 궁전이나 후궁(하렘)을 의미한다. 즉 이 부분은 오토만 제국의 궁정을 묘사한 것이다. 이런 이미지는 "The Address and Reasons of Dissent of the Minority of the Convention of Pennsylvania"에 나타난다. 78번 논설, 주 5 참조.

해서는 의도적 기만과 사기라고 비난하지 않을 수 없다. 자신들이 의도한 기만을 달성하기 위해 이용했던 무분별하고 뻔뻔한 편법을 보면 그런 비난을 억제하기가 더욱더 어렵다.

그들의 일반적인 태도를 보여 주는 한 가지 사례를 살펴보자. 그들은 뻔뻔하게도, 공표된 문서[즉 헌법안]에 의해 개별 주의 집행부에 명시적으로 할당되어 있는 권한을 합중국 대통령에게 속하는 것으로 돌리고 있다. 내가 말하는 것은 상원의 임시 결원을 충원하는 권한이다.

자신의 동포들의 분별력을 시험한 이 대담한 시도는, (그의 진짜 가치가 무엇이든) 그의 당파로부터 상당한 박수갈채를 받아 온 한 저술가가 감행한 것이다.[2] 그는 근거 없는 이 가짜 의견에 기초해, 똑같이 근거 없고 잘못된 일련의 의견을 수립해 왔다. 이제 그로 하여금 사실의 증거에 직면하게 하자. 그리고 그로 하여금, 가능하다면, 자신이 행한 수치스러운 비행을 해명하거나 아니면 진실의 명령과 공정의 규칙에 따라 그것을 변명하도록 하자.

제2조 2절 2항은 합중국 대통령에게, "대사, 그 밖의 외교사절 및 영사, 연방 대법원 판사, 그리고 그 임명에 관하여 이 헌법에 달리 규정이 없고 법률로써 정할 그 밖의 모든 합중국 관리를 지명하여 상원의 조언과 동의를 얻어 임명"할 권리를 부여한다. 그리고 이 구절 바로 뒤에 다음과 같은 다른 구절이 뒤따른다. "대통령은 상원의 휴회 중에 생기는 모든 결원을 위임장을 수여함으로

---

[2] Cato No. 5 참조[카토Cato는 필명으로 뉴욕주 지사였던 조지 클린턴George Clinton (1739~1812)이나 에이브러햄 예이츠Abraham Yates(1724~96)로 추정된다. 두 사람 모두 뉴욕주의 대표적인 반연방주의자였다. 카토는 『뉴욕 저널』*New York Journal*에 일곱 편의 「반연방주의 카토」Anti-Federalist Cato 서한을 발표했다. 여기 언급된 것은 대통령직의 위험성 및 그것과 영국 군주제의 유사성에 대해 논한 것이다].

써 충원할 권한을 가진다. 다만 그 위임장은 다음 회기가 종료될 때 효력을 상실한다." 상원의 결원을 충원할 대통령의 가짜 권한이 추론되는 것은 이 마지막 규정이다. 구절들의 연결과 용어의 명백한 의미에 조금이라도 주의를 기울이면, 그런 추론이 외견상 그럴듯하지도 못하다는 것을 충분히 알 수 있다.

두 구절 중 첫 번째 구절은 단지, "그 임명에 관하여 이 헌법에 달리 규정이 없고 이후에 법률로써 정할" 그런 관리를 임명하는 방법만을 규정하고 있음은 명백하다. 당연히 그것은 상원의 임명에 대해서까지 미칠 수 없다. 상원의 임명은 헌법에 달리 규정되어 있으며,[3] 상원은 헌법에 의해 수립되어 있고 미래의 법에 의한 수립을 필요로 하지 않는다. 이 견해에 이의를 제기하기란 거의 불가능할 것이다.

두 구절 중 마지막 구절이, 상원의 결원을 충원하는 권한을 포함하는 것으로 해석될 수 없다는 것도 마찬가지로 명백하다. 그 이유는 다음과 같다. 첫째, 합중국의 관리를 임명하는 일반적 방식을 언명한 앞의 구절과 마지막 구절의 관계를 보면, 마지막 구절은 앞의 구절을 보충하는 것에 불과함이 드러난다. 즉 일반적 방법이 부적당한 경우의 보조적 임명 방법을 정하기 위한 것에 불과하다. 보통의 임명 권한은 대통령과 상원에 공동으로 위임되며, 따라서 상원의 회기 중에만 행사될 수 있다. 그러나 관리 임명을 위해 상원이 계속해서 개회하도록 하는 것은 부적절할 것이고, 또한 상원의 휴회 중에 결원이 발생할 수 있고 공무를 위해 결원을 지체 없이 충원할 필요가 있을 수도 있다. 따라서 뒤의 구절의 의도는 명백하게, "상원의 휴회 중에, 다음 회기가 종료될 때 효력이

---

3) 제1조 3절 1항.

상실되는 위임장을 수여함으로써" 단독으로 임시 임명을 할 수 있는 권한을 대통령에게 부여하는 데 있다. 둘째, 이 구절이 앞의 구절에 대한 보충으로 간주된다면, 이 구절에서 말하는 결원은 앞의 구절에서 묘사한 "관리"에 관련된 것으로 해석되어야만 한다. 그리고 우리가 보았듯이, 이 관리의 종류에서 상원 의원은 제외된다. 셋째, "상원의 휴회 중"이라는 그 권한의 유효 기간과 상원의 "다음 회기가 종료될 때"까지라는 임명 기간을 함께 고려하면, 그 규정의 의미는 명료해진다. 만일 그 규정이 상원 의원을 대상으로 한 것으로 계획되었더라면, 당연히 결원을 충원할 임시 권한은 연방 상원의 휴회가 아니라 주 입법부의 휴회에 기인한 것으로 설정되었을 것이다. [상원 의원을] 정규 임명하는 것은 주 입법부이고, 연방 상원은 그 임명에 어떤 관여도 하지 않기 때문이다. 또한 그렇게[즉 그 규정이 상원 의원을 대상으로 한 것으로] 계획되었더라면, 임시 상원 의원의 임기를, 연방 상원의 다음 회기 종료 시에 만료되도록 할 것이 아니라, 자신들의 [연방] 대표에 결원이 발생한 바로 그 주의 입법부의 다음 회기까지로 연장했을 것이다. 정규 임명 권한을 가진 기구의 상황이 임시 임명에 관한 권한의 변용을 좌우할 것이고, 검토 대상인 [반대자들의] 의견이 근거하고 있는 그 구절에서 유일하게 그 상황에 대해 언급되고 있는 기구는 연방 상원이기 때문에, 그 구절에서 말하는 결원이란 그 기구[즉 연방 상원]가 대통령과 함께 공동으로 작용해 임명하는 그런 관리에 관한 것으로밖에 생각할 수 없다. 그런데 마지막으로, 헌법 제1조 3절 1항과 2항은 [이 문제와 관련된] 의혹의 가능성을 제거할 뿐만 아니라 오해의 핑계를 완전히 제거한다. 1항은 "합중국의 상원은 각 주에서 두 명씩 그 주의 주 의회에서 선출한 6년 임기의 상원 의원으로 구성"된다고 규정하고 있으며, 2항은 "만일 어떤 주에서든 주 의회의 휴회 중에 사직 또는 그 밖의 원인으로 상원 의원의 결원이 생길 때에는, 그 주의 집행부는 주 의회가 다음 회기에 그 결원을 보충할 때까지 임시로 상원 의원을 임명할 수 있다"고 지시한다. 이를 보면, 임시 임명을 통해 상원의 임시적 결원을 충원할 명백한 권한이 분명하고 확실한 용어로 주 집행부에 부여되어 있다. 이는 앞서 살펴본 그 구절[즉 제2조 2절]이 합중국 대통령에게 그런 권한을 부여하기 위한 것일 수 있다는 추정이 틀렸음을 입증할 뿐만 아니라, 그럴싸한 어떤 가치도 없는 그런 추정이 인민을 기만하려는 의도에서 비롯된 것이 틀림없음을 증명한다. 그 의도는 너무나 명백해 궤변술로도 가려질 수 없고, 너무나 흉악해 위선으로도 변명될 수 없다.

나는 조심스럽게 이런 허위 진술 사례를 선택했다. 그리고 인민의 검토 앞에 제시된 헌법의 진정한 장점에 대한 온당하고 공정한 판단을 가로막기 위해 자행된, 정당성을 인정하기 어려운 술책의 명백한 증거로 이 사례를 백일하에 공개했다. 나는 이처럼 노골적인 사례에 대해서는, 이 논설들의 일반적 경향과 맞지 않는 격렬한 혹평으로 일관하기를 주저하지 않았다. 아메리카 시민들을 기만하려는 그처럼 파렴치하고 추잡한 시도에 대해 지나치게 가혹하다고 할 수 있는 모욕적 어구가 과연 우리말에 있을지 그 가부에 대한 결정을, 제안된 정부에 대한 솔직하고 정직한 반대자들의 판단에 서슴없이 맡기고자 한다.

푸블리우스

연방주의자 68번

[해밀턴] 1788. 3. 12.

합중국의 최고 집행관을 임명하는 방법은, [정부] 체계 중에서 반대자들로부터 심하게 비판받지 않은, 또는 미미하지만 인정의 표시를 받은 유일한 주요 부분이다. 그중에서 출판되어 나온 가장 믿음직한 것은, 대통령 선출[방식]이 아주 신중하다고 황공하게 인정해 주기까지 했다.[1] 나는 더 나아가, 그 방식이 완전하지는 않더라도 최소한 탁월한 것이라고 주저 없이 단언하고자 한다. 그 방식은 [대통령 선출 방식에] 요구되는 모든 장점들을 탁월하게 융합하고 결합했다.

[대통령 선출 방식에] 요구되는 것은, 그렇게 중요한 책무를 맡길 사람을 선택하는 데 인민들의 기호가 영향을 미쳐야 한다는 것이다. 이 목표는, 이미 확립된 어떤 기구에 선택권을 위임하는 것이 아니라, 인민들이 특별히 그 목적을 위해 그리고 그 특정 시기에 선출한 사람들에게 선택권을 위임함으로써 이루어질 것이다.

마찬가지로 요구되는 것은, 직접적인 선거는, 대통령의 지위에 맞는 자질을 가장 잘 검토할 수 있는 사람들에 의해, 또한 그들의 선택을 좌우하기에 적합한 조건인, 이성과 유인의 신중한 결합 및 숙의에 유리한 그런 조건에서 결정을 내릴 수 있는 사람들에 의해 이루어져야 한다는 것이다. 그들의 동료 시민에 의해 일반 대중들로부터 선출될 소수의 사람들이야말로 그렇게 복잡한 탐색에 필요한 정보와 안목을 보유하고 있을 가능성이 가장 클 것이다.

[대통령 선출 방식에] 특히 요구되는 것은, 소란과 무질서의 여지

---

1) 연방 농부Federal Farmer 참조[*Observations leading to a fair examination of the system of government, proposed by the late Convention; and to several essential and necessary alterations in it. In a number of Letters from the Federal Farmer to the Republican* (New York, 1787)의 Letter III. 연방 농부는 뉴욕의 반연방주의자 멜랑턴 스미스 Melancton Smith(1744~98)나 버지니아의 리처드 헨리 리Richard Henry Lee(1723~94)로 추정된다].

를 되도록 허용하지 않아야 한다는 것이다. 이런 해악은, 합중국의 대통령처럼 정부의 운영에 그렇게 중요한 기능을 수행할 집행관을 선출하는 과정에서 특히 우려되는 것이다. 그러나 검토 중인 체제에서, 다행히도 타협이 이루어진 대응책은 이런 폐해를 막을 효과적인 안전장치를 약속한다. 대중의 열망의 최종 대상이 될 바로 그 한 사람을 선택하는 것보다 중간 선거인단을 구성할 여러 명을 선택하는 것은 비정상적이고 격렬한 [선거]운동으로 말미암아 공동체가 뒤흔들릴 경향을 크게 감소할 것이다. 그리고 각 주에서 선택된 선거인들은 자신이 선발된 주에 모여 투표할 것이다. 이렇게 분리되고 분할된 환경은, 동일 시간과 동일 장소에 선거인들이 모두 모일 경우와 비교할 때, 선거인들을 흥분과 소란 — 이는 그들로부터 인민들에게 전달될 것이다 — 에 훨씬 덜 노출할 것이다.

[대통령 선출 방식에] 무엇보다 가장 크게 요구되는 것은, 모든 실현 가능한 장벽들로 도당, 음모, 부패를 막아야 한다는 것이다. 공화제 정부의 가장 치명적인 이런 적들은 여러 방면에서 접근해 오리라 예상되지만, 가장 주된 것은 부적절한 세력을 우리나라 안에 확보하려는 외부 세력의 야망으로부터 나올 것이다. 그런 야망을 달성하는 데 자신들의 앞잡이를 합중국의 최고 집행관에 앉히는 것보다 더 좋은 방법이 어디에 있겠는가? 그러나 제헌회의는 이런 종류의 모든 위험을 막기 위해 가장 신중하게 또 선견지명을 갖고서 주의를 기울였다. 제헌회의는 대통령 지명을 기존에 존재하는 그 어떤 조직에도 의존하지 않도록 만들었다. 기존 조직들은 사전에 매수당해 그들의 표를 팔 수 있기 때문이다. 대신에 제헌회의는 대통령 지명을 첫 번째로는 아메리카 인민의 직접적 행동에 맡겼다. 이는 대통령 지명이라는 유일하고 일시적인 목적을 갖는 사람들을 [인민들이] 선택하는 형태로 나타날 것이다. 그리고 제헌회의는, 그들의 조건 때문에 현직 대통령에게 너무 헌신할 것으

로 여겨지는 사람들을 이런 책무[즉 대통령 지명]에 부적격인 자로 배제했다. 즉 상원 의원, 하원 의원, 기타 합중국에서 책임이나 이권이 얽힌 자리에 있는 그 어떤 사람들도 이 선거인단에 들어올 수 없도록 한 것이다. 따라서 인민 대부분을 매수하지 않는다면, 선거의 직접적 행위자들[즉 선거인단]은 적어도 어떤 유해한 편향으로부터도 자유롭게 [대통령 선출이라는] 과제에 착수할 수 있을 것이다. 이미 언급했듯이 그들은 일시적으로 존재하고 또한 분리된 상황에 놓여 있을 것이기에, 그 과제를 마칠 때까지 계속 그런 상태를 유지하리라고 충분히 예상할 수 있다. 매수 작업에는, 만일 그렇게 많은 사람을 포괄하려면, 수단뿐만 아니라 시간이 필요하다. 13개 주에 흩어져 있는 그들을, 본연의 임무로부터 벗어나게 할 어떤 유인 — 설령 정확히 부패라고 명명할 수는 없는 것이라고 해도 — 에 근거한 도당으로 갑작스럽게 끌어들이기는 쉽지 않을 것이다.

[대통령 선출 방식에] 또 하나 중요하게 요구되는 것은, 집행관은 그 직의 지속[즉 재선]을 추구하는 데서 인민 그 자체를 제외하면 누구로부터도 독립적이어야 한다는 것이다. 그렇지 못하면, 자신의 공적 영향력을 지속하는 데 지지가 필요한 자들의 비위를 맞추기 위해 자신의 직무를 희생하려고 할 것이다. 이런 장점[즉 대통령의 독립성]은, 대통령의 재선이, 그 중요한 선택을 행할 단일의 목표를 사회로부터 위임받은 특별한 대표단에 의해 결정되도록 함으로써, 역시 확보될 수 있을 것이다.

제헌회의가 고안한 안에는 이 모든 장점들이 만족스럽게 갖추어질 것이다. 각 주의 인민들은 그 주의 연방 상원 의원 및 하원 의원의 수만큼의 선거인단을 선출할 것이다. 이들 선거인은 그 주 안에서 회합해 대통령으로 적합한 누군가에게 투표할 것이다. 이렇게 주어진 그들의 표는 연방 정부의 소재지로 보내질 것이고,

전체 표 가운데 과반을 획득한 사람이 대통령이 될 것이다. 그러나 표의 과반이 항상 1인에게 집중되지 않을 수도 있고, 과반 이하 [의 지지]로 [대통령을] 확정하는 것이 불안할 수 있기에, 그런 만일의 경우에는 하원이 최다 득표한 5인의 후보 가운데 그 직에 가장 적임이라 생각되는 사람을 선택할 것이다.

이런 선거 과정은, 필요한 자질을 탁월하게 갖추지 못한 사람이 운 좋게 대통령직에 오르는 일이 결코 없을 것임을 확실히 보장해 준다. 하나의 주 안에서는 저열한 음모를 꾀하는 재주나 하찮은 인기 술책만으로도 최고 지위의 자리에 올라갈 수 있을지 모른다. 그러나 기품 있는 합중국 대통령직의 성공적 후보가 되는 데 필요한, 전 합중국의 또는 합중국의 상당 부분의 존경과 신뢰를 확보하기 위해서는, 다른 종류의 재능과 장점이 요구될 것이다. 능력과 덕성이 탁월한 인물들로 그 자리가 채워지는 것을 항상 목격하게 되리라고 말해도 과언은 아닐 듯하다. 선정이든 악정이든 모든 정부의 운영에서 집행관이 필연적으로 차지할 역할을 판단할 수 있는 사람이라면, 이상의 내용을 헌법에 대한 하찮은 추천장으로 생각하지는 않을 것이다. 어느 시인은 다음과 같이 말했다.

정부의 형태에 대해 바보들끼리 다투게 하라.
가장 잘 운영되는 것이 가장 좋은 것이거늘.[2]

이 시인의 정치적 이설에 동의할 수는 없지만, 좋은 정부에 대한 진정한 시험대는 유능한 운영을 만들어 내는 정부의 능력과 성

---

[2] [옮긴이] Alexander Pope, *An Essay on Man*(London, 1734), Epistle III, II, 302-304.

향이라고 단언할 수 있을 것이다.

부통령은 대통령과 마찬가지 방법으로 선출될 것이다. 차이점은, 대통령과 관련해 하원이 수행했던 바를, 부통령과 관련해서는 상원이 수행한다는 것이다.

비범한 인물을 부통령으로 임명하는 것이, 해롭지는 않을지라도, 과잉이라는 반대가 있어 왔다.[3] 그런 급에 부합하는 공직자를 상원이 자체 내에서 선출하도록 하는 것이 나을 것이라고 이들은 주장한다. 그러나 이 문제와 관련해서는 두 가지 고려 사항이 제헌회의의 구상을 정당화하는 듯하다. 하나는, 상원에서 확실한 결정이 항상 가능토록 보장하기 위해 의장은 결정투표만 하도록 할 필요가 있다는 것이다. 그리고 어떤 주의 상원 의원을 의원의 자리에서 발탁해 의장 자리에 앉힌다는 것은, 그의 출신 주로서는 항상적인 표를 일시적인 표로 바꾸는 셈이 될 것이다.[4] 다른 고려 사항은, 부통령은 때에 따라 최고 집행관으로서 대통령을 대신해야 할 수 있기에, 대통령 선출 방식을 권고한 모든 이유가 부통령 임명 방식에도 유력하게 — 똑같은 강도가 아니라면 — 적용된다는 것이다. 대부분의 다른 경우처럼 이 경우에도, 제기되는 반론이 이 주[즉 뉴욕주]의 헌법에 대한 것일 수도 있다는 점이 주목된다. 우리 주에서도 부지사는 전체 인민에 의해 선출되며, 상원의 의장이 된다. 또한 대통령 직무를 대행할 권한이 부통령에게 부여되는 그런 유고 상황과 비슷한 상황에서 부지사는 헌법에 의해 지사를 대신한다.

푸블리우스

---

3) [옮긴이] 예를 들면, The Federal Farmer, *Observations*, Letter III.
4) [옮긴이] 의장은 가부 동수일 경우 결정투표만 하기 때문이다.

연방주의자 69번

[해밀턴] 1788. 3. 14.

이제 나는, 제헌회의 안에서 설계된 대로, 제안된 집행관의 실제 특징을 추적해 가고자 한다. 그에 관해 지금까지 제기되었던 주장들의 부당함이 이를 통해 분명히 드러날 것이다.

우리의 주목을 끄는 첫 번째 사항은, 집행 권한은 거의 예외 없이 단일의 집행관에게 위임된다는 점이다. 하지만 이를, [다른 나라의] 어떤 [집행관과의] 비교도 가능한 근거로 간주해서는 안 될 것이다. 왜냐하면, 이 점에서 [대통령이] 영국 국왕과 닮은 점이 있다면,[1] 오토만의 술탄, 타타르의 칸, 일곱 산 출신의 남자, 또는 뉴욕주의 지사와도 그에 못지않게 닮은 점이 있을 것이기 때문이다.[2]

집행관은 4년마다 선출될 것이며, 합중국 인민이 그를 신뢰할

---

1) [옮긴이] 이는 반연방주의자들의 주된 비판이었다. 예를 들면, 패트릭 헨리Patrick Henry가 버지니아주 비준 회의에서 행한 연설(1788. 6. 5.; 1788. 6. 9.) 등이 대표적이다.

2) [옮긴이] 술탄Grand Seignior은 오토만제국 군주의 통칭이다. 당시 술탄은 압둘하미드 1세Abduhamid I(1725~89)였다. 타타르의 칸Khan of Tatary은 아마도 칭기즈칸을 말하는 듯하다. 타타르는 중앙아시아 유목민으로 터키, 몽골, 시베리아 혈통이 타타르족으로 알려져 있다. 일곱 산 출신의 남자man of seven mountains란 로마 황제를 의미한다. 로마는 일곱 개의 언덕 위에 세워진 도시국가에서 출발했기에, 로마 시민들은 "일곱 산 출신의 남자"de septem montibus virum로 불리곤 했다. 이 말은 로마 황제에도 적용될 수 있다. 이런 사례들에서 해밀턴의 표현은 반어적이다. 자신이 완전히 부적절한 지도자로 생각한 사례들과 대통령을 비교함으로써, 합중국 대통령직이 비교 불가능하게 유일무이하며 독특하다고 강조하고 있는 것이다. 사례에 포함된 당시 뉴욕주 지사는 조지 클린턴으로 뉴욕주에서 해밀턴의 정치적 적수였다.

만하다고 생각하는 한 재선될 수 있다.[3] 이 점에서 그와 영국 국왕은 완전히 다르다. 영국 국왕은 세습 군주로서, 그의 왕관은 후손에게 영원히 유전되는 세습 재산이다. 그러나 그와 뉴욕주 지사 사이에는 밀접한 유사점이 있다. 뉴욕주 지사는 3년마다 선출되며, 제한이나 중단 없이 재선될 수 있다. 한 주에서 위험한 세력을 확립하는 데 필요한 시간에 비하면, 합중국 전역에서 비슷한 세력을 확립하는 데는 훨씬 더 많은 시간이 요구될 것이다. 이 점을 고려하면, 합중국 최고 집행관의 4년 임기는 단일 주의 그에 상응하는 직위의 3년 임기에 비해, 그 직의 지속성이라는 면에서 훨씬 덜 두려운 것이라고 결론지어야 할 것이다.

합중국의 대통령은 탄핵되어 재판받을 수 있고, 반역죄, 수뢰죄, 그 밖의 중대 범죄와 비행 등으로 유죄판결을 받으면 면직된다[제2조 4절]. 그리고 이후에 통상적 사법 과정에 따라 기소되어 처벌받을 수 있다[제1조 3절 7항]. 영국의 국왕은 신성하며 불가침이다. 그가 복종할 의무가 있는 입헌적인 법정은 없으며, 국가적 혁명의 위기를 수반하는 경우를 제외하고는 그를 처벌할 수 없다. 이 미묘하고 중대한 사태나 개인적 책임성의 면에서, 아메리카 연방의 대통령이 서있는 기반은 뉴욕주 지사보다 나을 게 없고, 버지니아주나 델라웨어주 지사보다 오히려 못하다.

합중국의 대통령은 입법부의 양원을 통과한 법률안을 재의를 위해 [의회에] 환부할 권한을 가진다. 그러나 환부된 법률안이 재의에서 양원의 3분의 2의 찬성을 얻으면 법률이 된다[제1조 7절 2항]. 영국의 국왕은 의회 양원을 통과한 법률에 대해 절대적인 거

---

3) [옮긴이] 수정 헌법 제22조(1951)에 의해 개정되어 두 번까지로 임기가 제한되었다.

부권을 가지고 있다. 과거 상당한 기간 동안 그 권한이 사용되지 않았다고 그 존재의 실체가 영향을 받는 것은 아니다. 그 권한의 미사용은 전적으로, 국왕이 [그런] 권한 대신에 [다른] 영향력을 사용할 수단을 발견했거나, 또는 [입법 저지를 위해] 양원 가운데 어느 한 원에서 다수를 확보하는 책략을 발견한 데 따른 것이다. 그 권한의 미사용은, 어떤 수준의 국가적 소요를 무릅쓰지 않고는 그것을 행사할 수 없었던 불가피한 상황 때문이었던 것이다. 대통령의 제한적 거부권은 영국 군주의 이 같은 절대적 거부권과 크게 다르며, 이 주[즉 뉴욕주]의 수정 평의회 — 지사는 이 평의회의 한 구성 부분이다 — 의 수정 권한과 정확히 일치한다. 이 점에서 대통령의 권한은 뉴욕주 지사의 그것을 넘어설 것이다. 뉴욕주 지사가 대법원장 및 판사들과 공유하는 권한을 대통령은 단독으로 보유할 것이기 때문이다. 하지만 대통령의 권한은 매사추세츠주 지사의 그것과는 정확히 동일할 것이다. 매사추세츠주 헌법은, 이 조항에 관해서는, 제헌회의가 모방한 원본인 듯하다.

대통령은 "합중국 육해군의 총사령관이 되며, 또한 각 주의 민병이 합중국의 현역에 소집될 경우 그 민병대의 총사령관이 된다. 대통령은 합중국에 대한 범죄에 관하여, 탄핵의 경우를 제외하고, 형의 집행유예 및 사면을 명할 수 있는 권한[제2조 2절 1항], 필요하고 적절하다고 자신이 판단하는 조치의 심의를 연방의회에 권고하는 권한, 긴급 시에 상·하 양원 또는 그중 한 원을 소집하고, 휴회의 시기에 관하여 양원 간에 의견이 일치되지 아니하는 때에는 적당하다고 인정하는 때까지 양원의 휴회를 명할 수 있는 권한, 법률이 충실하게 집행되도록 유의하며, 합중국의 모든 관리들에게 직무를 위임할 권한 등을 가진다"[제2조 3절]. 이런 세목들 대부분에서 대통령의 권한은 영국 국왕 및 뉴욕주 지사의 그것과 닮았을 것이다. 가장 중요한 차이점은 이러하다. 첫째, 대통령은, 입법부가 정하는 규정에 따라 합중국의 현역에 소집되는, 국가의 민병대 부분에 대해서만 일시적인 통제권을 가질 것이다. 영국 국왕과 뉴욕주 지사는 그들의 관할권 내의 모든 민병대에 대한 총체적인 통제권을 항상 갖는다. 따라서 이 점에서, 대통령의 권한은 군주나 지사에 비해 취약할 것이다. 둘째, 대통령은 합중국의 육군과 해군의 통수권자가 된다. 이 점에서 그의 권한은 명목상 영국 군주의 그것과 동일할 것이지만 실제로는 훨씬 취약하다. 대통령의 권한은 연방의 사령관과 제독으로서 육군과 해군에 대한 최고의 통제권 및 지휘권 이상의 어떤 것은 아니다. 반면에 영국 국왕의 권한은 전쟁을 선포하고, 함대와 군대를 소집하고 통제하는 데까지 미친다. 이런 권한은 모두, 검토 중인 헌법에 따르면, 입법부에 속하게 될 것이다.[4] 다른 한편, 뉴욕주 지사는 주 헌법에 의해 민병대와 해군에 대한 통제권만 부여받고 있다. 그러나 몇몇 주의 헌법

[4] 펜실베이니아주의 한 신문에서 한 필자는, 타모니Tamony라는 필명으로, 영국 국왕은 연례 반란 조례annual mutiny bill에 근거해 총사령관으로서 특권을 가진다고 주장했다. 사실은 반대이다. 즉 이와 관련된 그의 특권은 먼 옛날부터의 것이며, 찰스 1세의 장기 의회에 의해, 블랙스톤이 그의 책 1권 262쪽에서 표현했듯이 "모든 이성과 선례에 반하는 것"이라고 반박이 제기되었을 뿐이다. 하지만 찰스 2세의 법령 제13의 6장에서는 그런 특권이 국왕에 전속한다고 선언했다. 국왕의 영토와 영역 내의 민병대에 대한, 바다와 육지의 모든 군대에 대한, 모든 진지와 요새에 대한 유일한 최고 통치권과 지휘권은 영국의 국왕과 그의 선대 국왕·여왕의 확고한 권한이었고 또 현재도 그러하며, 의회의 어느 원이나 양원이 그와 같은 권리를 주장할 수도 없고 주장해서도 안 되기 때문이다[윌리엄 블랙스톤 경 Sir William Blackstone은 18세기의 유명한 법학자이다. 인용된 책은 *Commentaries on the Laws of England* (Oxford, 1769, 4 vols.)이다. 연례 반란 조례란 반란 조례Mutiny Act를 가리킨다. 이는 영국 의회에서 매년 통과시켜 온 연례 법안(최초는 1688년)으로서 영국군의 통제, 규율, 공급, 자금 등에 대한 내용을 담고 있다].

은 명백히 지사가 해군뿐만 아니라 육군의 통수권자임을 선언하고 있다. 특히 이 항목에서 뉴햄프셔주와 매사추세츠주의 헌법은, 합중국 대통령이 주장할 수 있는 권한보다 더 큰 권력을 그들의 지사에게 부여하고 있지 않은지 의문이다. 셋째, 사면에 관한 대통령의 권한은 탄핵의 경우를 체외한 모든 사건을 포괄할 것이다. 뉴욕주 지사는 반역죄와 살인죄를 제외한 모든 사건에 대해, 심지어 탄핵 사건에서도 사면을 할 수 있다. 이럴 경우, 정치적 결과를 추정해 보면, 지사의 권한이 대통령의 권한보다 강력하지 않을까? [뉴욕주의 경우] 정부에 대한 모든 음모와 계략이, 실제 반역에 이르지 않았다면, [지사의] 사면권 개입을 통해 모든 종류의 처벌로부터 보호받을 수 있기 때문이다. 따라서 만일 뉴욕주 지사가 그런 음모의 수뇌부에 들어 있다면, 그런 구상이 실제 반란으로 무르익을 때까지, 그는 공범자와 지지자들에게 완전한 면책을 보장할 수 있을 것이다. 반면에 합중국의 대통령은, 통상의 사법 과정에 따라 기소된 반역죄는 사면할 수 있지만, 탄핵과 [그에 따른] 유죄판결의 결과로부터는 그 어떤 범죄자도 보호해 줄 수 없다. [뉴욕주 지사의 사면권이 제공하는] 모든 준비 조치들에 대한 완전한 면책의 전망은, [대통령의 사면권이 제공하는] 무력에 실제 호소한 음모의 최종 실행이 실패하더라도 죽음과 몰수로부터 면제되리라는 단순한 전망보다, 공공의 자유에 반하는 기획을 시작하고 지속할 훨씬 강력한 유혹이 되지 않을까? 후자[즉 대통령의 사면권]의 경우, 그런 사면을 부여할 사람 자신이 그 조치의 결과에 포함될 수 있기에 사면권을 박탈당할 수도 있다. 그런 개연성을 계산한다면, 후자의 전망이 도대체 어떤 효과를 발휘할 수 있을까? 이 문제를 더 잘 판단하기 위해서는 다음 사항을 상기할 필요가 있다. 즉 헌법안에 따르면, 반역죄는 "합중국에 대한 전쟁을 일으키는 것과 합중국의 적에게 가담하여 원조 및 편의를 제공하는 것"으로 한정되며, 뉴욕주의 법률에서도 그것은 비슷한 범위 내로 제한된다.[5] 넷째, 대통령은, 휴회의 시기에 관하여 [양원의] 의견이 일치되지 아니하는 경우에만 연방의회를 휴회할 수 있다[제2조 3절]. 영국의 군주는 의회를 휴회하거나 심지어 해산할 수도 있다. 뉴욕주 지사도 제한된 기간 동안 주 입법부를 휴회할 수 있는데, 이 권한은 어떤 상황에서는 아주 중요한 목적에 이용될 수 있다.

대통령은, 상원의 재석 의원 3분의 2가 찬성하면, 상원의 조언과 동의를 얻어 조약을 체결할 권한을 가진다[제2조 2절 2항]. 영국 국왕은 모든 대외 관계에서 국가의 유일하고 절대적인 대표이다. 그는 독자적으로 평화조약, 교역 조약, 동맹조약 등 모든 종류의 조약을 체결할 수 있다. [그런데] 이와 관련된 영국 국왕의 권한이 결정적인 것이 아니며, 그가 외국과 맺은 조약이 수정될 수 있고 의회의 승인이 필요하다는 주장이 있어 왔다. 그러나 그런 학설은, 본건과 관련해 제시되기 전까지는 결코 들어 본 적이 없다. 그 왕국의 법학자를 비롯해,[6] 영국 정체에 정통한 모든 사람들에 따르면, 조약 체결의 특권은 전적으로 군주에게 있으며, 국왕의 권한으로 맺은 협정은 다른 어떤[즉 의회의] 승인과 무관하게 가장 완벽한 법적 유효성과 완전성을 갖는다는 것이 확고한 사실이다. 의회가 가끔씩 새로운 조약의 조건에 맞추기 위해 기존 법률을 개정하는 것은 사실이다. 그리고 아마 이로 말미암아 조약이 구속력을 갖기 위해서는 의회의 협조가 필요하다는 착각이 만들어진 듯하다. 그

---

5) [옮긴이] 뉴욕주 지사의 사면권의 대상에는 반역죄 사건이 제외되어 있지만, 반역죄의 범위가 아주 협소하기 때문에, 뉴욕주 지사의 사면권이 대통령의 사면권보다 더 강력하다는 사실에는 변함이 없다는 논리이다.

6) Blackstone, *Commentaries*, vol. I, p. 257 참조.

러나 이 같은 의회의 관여는 다른 이유에서 기인한다. 즉 가장 인위적이고 복잡한 세입 및 상법 체계를 [새로운] 조약의 작동에 따른 변화에 맞출 필요성, 그 체계가 혼란에 빠지는 것을 막기 위해 새로운 규정과 예비책을 새로운 상황에 맞게 조정할 필요성 등이 그것이다. 따라서 이와 관련된, 미래의 대통령의 권한과 현재 영국 군주의 권한 사이에 유사함이란 조금도 존재하지 않는다. 전자는 입법부의 한 원의 동의가 있어야만 할 수 있는 것을, 후자는 단독으로 행할 수 있는 것이다. 조약의 경우에 연방 집행관의 권한이 어느 주의 집행관의 권한보다 크다는 것은 인정되어야 한다. 그러나 이는 조약과 관련된 주권 부분을 합중국이 배타적으로 보유함에 따른 자연스러운 결과이다. 만일 연방이 해체된다면, 민감하고 중요한 그 특권이 각 주 집행관에게 단독으로 부여되면 안 되는지가 문제가 될 것이다.

대통령은 또한 대사와 그 밖의 외교사절을 접수할 권한을 갖는다[제2조 3절]. 이는 비록 규탄의 대상이 되고 있지만,[7] 권한이라기보다는 위엄의 문제이다. 그것은 정부의 운영에 영향을 미치지 않는 부수적인 사안이다. 이런 방식대로 하는 것이, 외교사절 ─ 단지 떠나는 전직자를 대신할 ─ 이 도착할 때마다 의회 또는 양원 가운데 하나를 소집해야 하는 것보다 훨씬 편리할 것이다.

대통령은 대사, 그 밖의 외교사절 및 영사, 연방 대법원 판사, 그리고 그 임명에 관하여 이 헌법에 달리 규정이 없고 법률로써 정할 그 밖의 모든 합중국 관리를 지명하여 상원의 조언과 동의를

---

7) [옮긴이] 반연방주의자들이 대통령의 대사 접수 권한에 대해 반대한 것은, 대사는 관례상 군주가 다른 군주의 궁정에 파견해 왔다는 공화주의적 이유였다.

얻어 임명한다[제2조 2절 2항]. 영국 국왕은 단연코 그리고 정말로 명예의 근원으로 불린다. 그는 모든 관직에 [누구든] 임명할 수 있을 뿐만 아니라 관직을 창설할 수도 있다. 그는 임의로 귀족의 작위를 수여할 수 있고, 엄청난 수의 교회 고위직에 대한 처분권을 가진다. 이 점에서 대통령의 권한은 영국 군주에 비해 현저히 약하다. 또한 뉴욕주 헌법의 의미를, 주 헌법하에서 실제로 이루어진 내용을 가지고 해석한다면, 대통령의 권한은 뉴욕주 지사의 권한에도 필적하지 못한다. 우리[즉 뉴욕주]의 경우, [관리] 임명권은 의회가 선정한 상원 의원 4인과 주지사로 구성된 [임명] 평의회에 위임된다. 지사는 지명권을 주장하고 있고, 또 빈번히 행사해 왔다. 그리고 임명에서 결정투표의 권리가 주어진다. 그가 실제로 지명권을 갖는다면, 이 점에서 그의 권한은 대통령의 권한과 동등하며, 결정투표 항목에서는 대통령 권한을 넘어선다. 연방 정부의 경우, 만일 상원이 분열되어 있다면 어떤 임명도 행할 수 없을 것이다. 뉴욕주 정부에서 평의회가 분열된 경우 지사는 결정을 내려 자신의 지명을 확정할 수 있다.[8] 대통령과 연방의회의 한 원[즉 상원] 전체가 함께 행하는 임명은 필연적으로 공개적이기 마련이다. 반면에 뉴욕주 지사가 네 명과 함께, 종종 단 두 명과 함께, 은밀한 장소에서 은밀히 행하는 임명 방식은 비공개적이다. 이런 차이점과 함께, 연방 상원을 구성할 다수의 인원에게 영향을 미치는 것

---

8) 하지만 솔직히 말하면 다음과 같은 점은 인정될 수 있다. 즉 나는 지사가 지명권을 가지고 있다는 주장이 근거가 충분하다고는 생각하지 않는다. 하지만 그 타당성이 헌법에 비추어 문제시되기 전까지는, 정부의 관행으로부터 추론하는 것이 항상 정당화되고 있다. 또한 이런 주장과는 별도로, 다른 여러 사항들을 고려하고 그 귀결을 철저히 추적한다면, 거의 마찬가지 결론을 도출하게 될 것이다.

보다 임명 평의회를 구성하는 소수 인원에게 영향을 미치는 것이 훨씬 용이하리라는 점을 고려하면, 공직 임명에서 이 주의 최고 집행관의 권한이 합중국 최고 집행관의 권한보다 훨씬 우월하다고 주저 없이 선언할 수 있다.

따라서 조약 항목에서 대통령이 [상원과] 공동으로 갖는 권한을 제외하면, 그 집행관의 권한이 전체적으로 뉴욕주 지사보다 클지 작을지 판정하기는 어려울 듯하다. 그러나 대통령과 영국 국왕 간에 유사점이 있다는 일부의 주장이 전혀 근거가 없다는 사실은 더 명백해진 듯하다. 이에 관한 대비를 더 선명히 하기 위해, 주요한 차이점을 압축해 보여 주는 것이 유용할 것이다.

합중국의 대통령은 4년 임기로 인민에 의해 선출되는 공직자일 것이다. 영국 국왕은 종신의 세습 군주이다. 전자는 개인적으로 처벌받거나 면직당할 수 있을 것이다. 후자의 인격은 신성하며 불가침이다. 전자는 입법부가 제정한 법률에 대해 제한적 거부권을 가질 것이다. 후자는 절대적 거부권을 가지고 있다. 전자는 국가의 육군과 해군에 대한 통수권을 가질 것이다. 후자는 이런 권한에 더해 전쟁을 선포할 권한, 또한 그 자신의 권한으로 함대와 군대를 소집하고 통제하는 권한을 가지고 있다. 전자는 조약 체결의 권한을 입법부의 한 원[즉 상원]과 함께 공동으로 가질 것이다. 후자는 조약 체결권을 단독으로 보유하고 있다. 전자는 공직자 임명에서도 비슷한 공동 권한을 가질 것이다. 후자는 모든 직위를 단독으로 창설할 수 있다. 전자는 어떠한 특권도 부여할 수 없다. 후자는 외국인을 귀화인으로, 상인을 귀족으로도 만들 수 있고, 법인체에 딸린 모든 권리를 가진 법인을 설립할 수도 있다. 전자는 국가의 교역이나 통화에 관한 어떤 규칙도 지시할 수 없다. 후자는 여러 면에서 교역의 결정권자이고, 이런 능력으로 시장과 정기 장터를 수립할 수 있고, 도량형을 규제할 수 있고, 한정된 시간 동안 통상 금지령을 내릴 수 있고, 화폐를 주조할 수 있고, 외화의 유통을 허가 또는 금지할 수 있다. 전자는 영적 관할권을 조금도 가지고 있지 않다. 후자는 국교회의 최고 수장이자 통치자이다. 이렇게 서로 다른 것을 두고, 닮았다고 우리를 설득하려는 자들에게 어떤 대답을 해줄 수 있겠는가? 정부의 모든 권한이 인민에 의해 정기적으로 선출되는 고용인의 수중에 부여될 그런 정부를 귀족정, 군주정, 전제정이라고 단언하는 자들에게 해줄 수 있는 대답과 동일한 대답이 될 것이다.

푸블리우스

연방주의자 70번

[해밀턴] 1788. 3. 15.

강력한 집행부는 공화제 정부의 특징과 상반된다는 견해가 존재하며, 이를 지지하는 사람들도 없지 않다. 이런 유형의 정부를 원하는 계몽된 지지자라면 적어도 그런 가설이 근거 없는 것이기를 바라야 한다. 왜냐하면 그런 가설이 사실임을 인정하는 것은 곧 그들 자신의 원칙에 대한 비판을 인정하는 것이기 때문이다. 집행부의 활력은 좋은 정부를 정의하는 가장 중요한 특징이다. 그것은 외국의 공격으로부터 공동체를 보호하는 데 필수적이다. 또한 법률의 안정적인 집행을 위해, 통상적인 법의 실행을 가끔씩 방해하는 불법적이고 독단적인 도당들로부터 재산을 보호하기 위해, 야심과 파벌 그리고 무질서의 획책과 공격으로부터 자유를 보호하기 위해 그것은 필수적이다. 조금이라도 로마 역사에 대해 아는 사람이라면, 그 공화국이 전제정을 꿈꾸는 야심가의 음모나 공동체의 모든 계급들의 소요에 맞서기 위해, 또한 로마를 정복·파괴하겠다고 위협하는 외적의 침입에 맞서기 위해, 독재관[1]이라는 무시무시한 이름을 가진 한 사람의 절대적 권력에 얼마나 자주 의지해야만 했는지 잘 알고 있다.

하지만 이 문제와 관련된 논의와 사례를 장황하게 거론할 필요는 없을 것이다. 허약한 집행부는 정부[기능]의 허약한 집행을 의미한다. 허약한 집행은 나쁜 집행의 또 다른 표현에 불과하다. 또한 서투르게 집행되는 정부는, 이론적으로 무엇이 되더라도, 나쁜 정부이다.

따라서 양식이 있는 사람은 누구라도 활력 있는 집행부의 필요성에 동의하리라고 전제한다면, 남은 탐구 과제는 다음과 같은 사항들이 될 것이다. 이런 활력을 구성하는 요소는 무엇인가? 그것[즉 활력의 구성 요소]은 어느 정도까지, 공화제적 의미의 안전을 구성하는 다른 요소들과 [모순 없이] 결합될 수 있는가? 제헌회의에서 제시한 안은 어느 정도나 이 같은 결합을 특징적으로 보여 주고 있는가?

집행부의 활력을 구성하는 요소는, 첫째, 단일성, 둘째, 지속성, 셋째, 그 생활 기반의 적절한 제공, 넷째, 충분한 권한들이다.

공화제적 의미의 안전을 구성하는 사항은, 첫째, 인민에 대한 [집행부의] 적절한 의존, 둘째, 적절한 책임성이다.

올바른 원칙과 정당한 견해를 가졌다고 칭송받아 온 정치인들

---

1) [옮긴이] 독재관(딕타토르dictator)은 공화정 로마에서 국가 비상시에 임명되는 임시 독재 집정관이다. 처음에는 군사적 위기 시에만 임명되었는데, 점차 전염병 창궐 등과 같은 내정 위기 시에도 임명되었다. 다른 관직과 달리 선출되지 않고, 두 명의 집정관 중 한 명의 지명 및 원로원의 승인으로 임명되었다. 두 명의 집정관의 권한을 한 명이 단독으로 행사했다. 임기는 6개월이었는데, 임명된 임무가 완료되면 곧 사직했다.

은 1인의 집행관과 다수로 구성된 입법부를 지지한다고 밝힌 바 있다. 적절하게도 그들은 전자에 가장 필요한 자격은 활력이라고 생각했고, 그런 활력에 가장 부합하는 것은 권한이 1인에게 있는 상황이라고 생각했다. 반면에 그들은, 후자[즉 다수로 구성된 입법부] 는 숙의와 지혜에 가장 적합한 것으로, 또한 인민의 신뢰를 얻고 그들의 기본적 권리와 이익을 보호하는 데 가장 적합한 것으로 생 각했다.

단일성이 활력이 된다는 것은 누구도 반박하지 않을 것이다. 결정, 활동, 비밀, 그리고 신속함 등은 일반적으로 다수에 의한 일 처리보다 1인에 의한 일 처리의 특징이다. 그리고 인원수가 늘어 남에 비례해 이런 특징은 감소할 것이다.

단일성은 두 가지 방식에 의해 파괴될 수 있다. 하나는 권한을 동일한 위엄과 권한을 갖는 둘 이상의 집행관에게 부여하는 것이 다. 다른 하나는 권한을 표면적으로는 1인에게 부여하지만, 고문 역을 하는 타인들의 통제와 협력에 전체적으로 또는 부분적으로 의존하게 하는 것이다. 로마의 2인 집정관은 전자의 예일 것이 다.[2] 후자의 예는 몇몇 주의 헌법에서 찾을 수 있다. 내 기억이 맞 는다면, 뉴욕주와 뉴저지주는 집행권을 전적으로 1인에게 위임한 유일한 주들이다.[3] 집행관의 단일성을 파괴하는 이 두 방식 모두 열렬한 지지자들이 있지만, 집행 평의회 지지자들의 수가 훨씬 많

---

[2] [옮긴이] 집정관Consul은 로마 공화국의 최고 집행관이다. 원로원에 의해 지명되고, 백인대 민회에서 선출되는데, 임기는 1년이다.

[3] 뉴욕주에는 오직 공직자 임명을 위한 것[즉 임명 평의회]을 제외하면 [그 런] 평의회는 없다. 뉴저지주의 경우, 지사가 조언을 구하는 평의회가 있 지만, 헌법 조항으로 판단하면 그 평의회의 결정이 지사를 구속하는 것은 아니다.

다. 두 방식 모두, 똑같지는 않지만 비슷한 결함이 있기에, 함께 검토할 수 있을 것이다.

다른 나라들의 경험은 이 문제에서 아무런 교훈도 제공해 주지 못한다. 하지만 무언가를 가르쳐 준다면, 그것은 복수의 집행관 체제에 매료되지 말라는 것이다. 앞서 보았듯이[18번 논설], 두 명의 집정관praetor⁴⁾을 실험했던 아카이아인들은 한 명을 폐지하게 되었다. 로마의 역사를 보면, 두 명의 집정관 사이의 불화 및 가끔씩 그들을 대신했던 군사 담당관들⁵⁾ 간의 불화가 공화국에 미친 수많은 폐해 사례들이 기록되어 있다. 반면에 그런 복수의 집행관들로부터 얻어진 어떤 특별한 장점을 보여 주는 사례는 전혀 없다. 그들 간의 불화가 더 빈번하게 그리고 더 치명적으로 나타나지 않았다는 사실이 놀라울 뿐이다. 그것은, [로마] 공화국이 거의 항상 처해 있었던 독특한 상황 및 그런 국가 상황에 따라 집정관들이 추구했던 신중한 정책 — 그들 간에 정부[권한]을 배분한 — 과 같은 요인들 덕분이었다. 귀족들은 자신들이 오랫동안 누려 왔던 권한과 위계를 유지하기 위해 평민들과 끊임없이 투쟁했다. 일반적으로 귀족 집단 가운데서 선출된 집정관들은 자신이 속한 계층의 특권을 지키려는 사적 이해관계로 말미암아 대체로 단결했다. 이 같은 통합의 동기 외에 [집정관들의 불화를 막은 다른 요인도 있는데], 공화국의 군대가 그 제국의 경계를 크게 확장한 뒤로는, 집정관들

---

4) [옮긴이] 해밀턴은 'praetor'라는 용어를 집행관을 의미하는 일반적 용어로 사용하고 있다. 로마 공화국에서 'praetor'는 처음에는 전쟁터로 나간 집정관의 업무를 대신했는데, 점차 사법 책임자로 바뀌어 갔다.

5) [옮긴이] 로마는 기원전 449년부터 기원전 367년까지 2인 집정관 제도를 폐지하고 6인의 군사 담당관military tribunes으로 바꾸었다. 하지만 이는 지휘 계통의 혼란 등을 초래했다.

이 추첨으로 그들 사이에 행정을 분배해, 한 명은 로마에 남아 시와 그 주변을 통치하고 다른 한 명은 좀 더 멀리 떨어진 지방들을 통솔하는 것이 관행으로 확립되었다. 이런 처방은 분명 그들 간의 충돌과 경쟁을 막는 데 지대한 영향을 미쳤음에 틀림없다. 그렇지 않았더라면, 그런 충돌과 경쟁이 공화국의 평화를 휩쓸어 버렸을 것이다.

그런데 불분명한 역사적 조사를 중단하고 이성과 양식이 가리키는 바에 따르기로 하더라도, 복수의 집행관을 두는 방안 — 어떻게 수정된 것이라도 — 을 지지하기보다는 폐기할 훨씬 많은 이유를 발견하게 될 것이다.

둘 이상의 사람이 어떤 사업이나 일에 공동으로 관여할 경우, 항상 의견 다툼의 위험이 존재한다. 만일 그것이 공적 책임이거나 임무이고 그 속에서 그들이 동등한 지위와 권한을 부여받고 있다면, 개인적 경쟁심과 심지어 적대감이라는 특유의 위험이 나타나게 된다. 이 가운데 어느 하나라도, 특히 두 이유 모두가 작동할 경우, 가장 심각한 충돌이 발생하기 쉽다. 그럴 때마다, 그들의 체통은 무너지고 권위는 약화된다. 또한 그로 인해 분열된 사람들의 계획과 사업 역시 망가진다. 불행하게도, 복수의 인물들로 구성된 최고 집행관의 자리마저 그런 경쟁심과 적대감에 사로잡히게 되면, 가장 결정적인 국가 위기 상황에서 정부의 가장 중요한 대책이 지연 또는 좌절될 수 있다. 더 나쁜 것은, 그로 인해 공동체마저 각기 다른 최고 집행관을 지지하는 가장 폭력적이고 양립 불가능한 파당으로 분열될 수 있다는 점이다.

사람들은 종종, 어떤 일을 기획하는 과정에 자신이 관여하지 않았거나, 또는 자신이 싫어하는 자들이 그 일을 기획했으리라는 단지 그 이유에서, 그 일에 대해 반대하곤 한다. 자신이 자문을 했지만 찬성하지 않았다면, 그 일에 반대하는 것은 자신이 판단하기에 자기애의 필수적 의무가 된다. 그들은 도의상 그리고 개인적 무오류의 동기에 의해, 자신의 의견과 달리 결정된 일의 성사를 무산시켜야 할 의무가 있다고 스스로 생각하는 듯하다. 올바르고 유순한 사람들은, 그와 같은 성향이 때로는 너무나 극단적인 정도로까지 나아가는 것을 보면서 번번이 두려움을 느끼곤 한다. 또한 [공동체의] 신망 — 자신들의 정념과 변덕을 인류에 대한 관심으로 보이게 만들 만큼의 — 을 받고 있는 그런 개인들의 허영심과 자만심·고집에 사회의 막대한 이익이 빈번히 희생당하는 것을 목도하면서 전율하곤 한다. 아마 지금 대중 앞에 놓인 이 문제[즉 헌법 비준]가 결과적으로, 인간 본성의 이런 비열한 약점, 아니 그보다는 혐오스러운 악덕이 미치는 영향의 우울한 증거를 제공할지도 모른다.

방금 언급한 그런 원인들에서 연유하는 폐단은, 자유 정부의 원리에 따라 입법부 구성에서는 필연적으로 감수해야만 한다. 그러나 그것을 집행부의 구성에까지 도입하는 것은 불필요하고 또 어리석은 일이다. 그런 폐단이 가장 치명적일 곳이 바로 집행부이다. 입법부에서 결정의 신속성은 이득보다 해악일 경우가 더 많다. 정부의 그 부에서 의견의 차이와 파당의 알력은, 때로는 유익한 계획을 가로막기도 하지만, 대개 숙의와 신중함을 촉진하고 다수파의 과도함을 억제하는 데 기여한다. 또한 [입법부의 경우] 일단 결의가 이루어지면 반대는 종결될 것이다. 그 결의는 법이며, 그에 대한 저항은 처벌될 수 있기 때문이다. 그러나 집행부에서는 의견 충돌과 불화의 결점을 완화하거나 보상해 줄 그 어떤 우호적 환경도 존재하지 않는다. 여기에는 완전하고 순수하게 결점만이 존재한다. 그런 결점은 모든 것에 영향을 미치는데, 그와 관련된 계획이나 조치의 집행을 처음부터 마지막까지 방해하고 약화하며, 또한 집행부의 구성에서 가장 필수적 요소인 그런 특징, 즉 활력과 신속함을 끊임없이 방해한다. 이를 상쇄할 그 어떤 장점도 없이 그렇게 한다. 집행부의 활력이 국가 안보의 보루가 되는 전시에, 복수의 집행관 체제는 전쟁 수행에서 모든 우려를 낳는 원인이 될 것이다.

고백컨대, 이상의 소견은 주로 첫 번째 경우, 즉 동일한 위엄과 권한을 갖는 복수의 집행관 체제 — 지지자가 많지 않을 것 같은 제도 — 에 들어맞는다. 그러나 이 소견은 [두 번째 경우인] 집행 평의회 안에도, 동일하지는 않지만 상당한 정도로 적용될 수 있다. 이 체제에서는 표면적으로는 집행관이 있지만, 그가 기능하려면 헌법상 평의회의 동의가 필수적이다. 교묘한 도당은 그런 평의회에서 정부 운영 체계 전체를 혼란과 무기력에 빠뜨릴 수 있다. 그런 도당이 존재하지 않더라도, 단순히 견해와 의견의 다양성만으로도 집행권의 실행은 상습적인 지체와 무기력에 빠질 것이다.

그러나 복수의 집행관 체제를 반대하는 가장 중대한 이유는, 그것이 잘못을 감추고 책임을 소실시킨다는 점이다. 이는 첫 번째 안뿐만 아니라 두 번째 안에도 동일하게 적용된다. [공직자에 대해] 책임[을 묻는 방법]에는 두 가지가 있다. 불신임과 처벌이 그것이다. 둘 가운데 전자가 가장 중요한데, 선출직에서는 특히 그러하다. 공직자의 행위는, 법적 처벌을 가능케 하는 그런 식보다는, 더는 신임하지 않게 만드는 그런 식으로 이루어지는 경우가 훨씬 많을 것이다. 그러나 집행권자의 증가는 두 경우 모두에서 [책임을] 간파하는 데 어려움을 가중한다. 유해한 조치 또는 일련의 유해한 조치들에 대해 누구를 책망하거나 처벌해야 할지를 결정하기가, 상호 비난의 와중에, 종종 불가능해진다. 능숙하게 또 그럴듯하게 이 사람에서 저 사람으로 책임이 전가되기에, [책망과 처벌을 받아야 할] 장본인에 대해 공중들의 의견은 모호한 상태로 남게 된다. 국가적 실책과 불행을 초래할 수 있는 상황은 때로는 너무나 복잡해, 여러 종류와 수준의 역할을 수행했을 많은 행위자들이 있을 경우, 전체적으로 실수가 있었다고 명백히 확인됨에도, 발생한 해악의 책임을 누구에게 물어야 할지 단언하기가 불가능할 수 있다.

"나는 평의회 때문에 어쩔 수 없었다. 평의회의 의견이 너무 나뉘어 있어서 그 문제에 대해 더 나은 어떤 결정도 내릴 수 없었다." 사실이든 거짓이든, 이와 유사한 구실들을 언제든 둘러댈 수 있는 것이다. [책임 규명을 위해] 업무 처리의 비밀스러운 내막을 엄격히 파헤칠 수고나 [그에 따른] 증오를 떠맡을 사람이 과연 어디 있겠는가? 그런 가망 없는 일을 맡을 만큼 열성적인 시민을 발견할 수 있겠는가? 당사자들이 공모할 경우, 상황을 모호하게 덮어서 그들 중 어느 쪽이 정확히 무엇을 했는지 불분명하게 만들기란 식은 죽 먹기 아니겠는가?

우리는, 이 주[즉 뉴욕주]의 지사가 평의회와 함께 처리하는 한 가지 사례, 즉 공직 임명 사안에서, 방금 검토한 바 있는 그런 측면에서의 평의회의 폐해를 목격한 바 있다[69번]. 중요 직책에 대한 임명 과정에서 추문이 발생했는데, 몇몇 경우는 너무나 노골적이어서 임명의 부적절성에 대해 모든 당파들이 의견을 같이했다. 조사가 이루어졌을 때, 지사는 평의회 위원들에게 책임을 전가했고, 위원들은 지사의 지명에 비난을 돌렸다. 반면에 인민들은, 누구의 영향 탓에 자신들의 이익이 그렇게 부적절한 무자격자에게 위임되었는지를 전혀 밝혀낼 수 없었다. [당사자] 개인을 고려해 상세한 내용에 대한 언급은 자제하고자 한다.

이상과 같은 검토 결과, 복수의 집행관 체제는, [자신들이] 위임한 권력이 충실히 집행되도록 하기 위해 인민들이 가질 수 있는 가장 중요한 두 가지 안전장치를 인민들로부터 빼앗는다는 사실이 명확해졌다. 첫 번째 장치는 여론의 억제력이다. 누구를 불신임해야 할지 불분명해지면, 또한 잘못된 정책에 대한 불신임이 여러 명으로 분할되면, 그런 억제력의 효과는 사라진다. 두 번째 장치는 인민의 수탁자들의 위법행위를 용이하고 명백하게 밝힐 수 있는 기회이다. 이는 그럴 여지가 있을 경우, 그들을 직위에서 해임하거나 또는 실제로 처벌하기 위해 필요하다.

영국에서 국왕은 종신의 최고 집행관이다. 공공의 평화를 위해 확립되어 있는 기본 원칙에 따르면, 국왕은 자신의 통치에 대해 책임지지 않으며 그의 인격은 신성하다. 따라서 그 왕국에서는, 자신들이 [국왕에게] 행하는 조언에 대해 국민에게 책임질 수 있는 입헌적 자문위원회[6]를 국왕에게 부여하는 것이 가장 현명한 선택이 된다. 이것이 없다면 집행부에는 그 어떤 것이든 책임[질 사람]이 존재할 수 없을 것이다. 이는 자유 정부에서는 용인될 수 없는 관념이다. 하지만 이 경우에도, 국왕의 자문위원회는 자신들이 하는 조언에 대해 [국민에게] 책임져야 하지만, 국왕은 그의 자문위원회의 결정에 구속받지 않는다. 국왕은 그의 직무를 수행하는 자신의 행위의 절대적 지배자이며, 자신에게 부여된 자문위원회[의 조언]를 오직 자신의 재량으로 준수할 수도 있고 무시할 수도 있다.

그러나 최고 집행관이 자신의 재직 중 행위에 대해 직접 책임져야 하는 공화국에서는, 영국 정체에서 자문위원회에 타당성을 부여했던 그 이유가 이제 적용되지 않을 뿐만 아니라 오히려 그 제도[즉 공화제]에 반하는 것이 된다. 영국 군주제에서 자문위원회는 최고 집행관에게 책임을 물을 수 없는 데 대한 대체물을 제공했으며, 어느 정도 국왕이 적법행위를 하게 하기 위해 국민들이 내

---

6) [옮긴이] 이런 기구(대자문회의)는 명예혁명 이후인 윌리엄 3세 시기에 처음 형성되었고, 조지 1세 시대에 상설 조직이 되었으며, 점차 내각으로 발전했다.

리는 심판의 볼모로서 역할을 했다. 아메리카 공화국에서 평의회
는, 최고 집행권 자신을 대상으로 한 필수적 책임성을 파괴하거나
또는 심하게 약화하는 데 기여할 것이다.

집행부에 평의회를 두는 발상은 주 헌법에서 널리 통용되어
왔다. 그런 발상은, 권력이 한 사람보다 다수의 수중에 있을 때 더
안전하다고 생각하는 공화제적 경계심의 기본 원리에서 연유한다.
그런 원리가 이 경우[즉 집행부]에 적용될 수 있음을 인정한다고 할
지라도, 그와 같은 측면에서의 장점은 반대 측면의 수많은 약점을
상쇄하지 못하리라고 나는 주장할 것이다. 아니, 나는 그 원리가
집행부 권력에 적용될 수 있다고는 전혀 생각하지 않는다. 이 점
에서 나는, 유명한 주니어스 씨[7]가 "심원하고 견실하고 독창적"이
라고 평가한 저자의 견해, 즉 "집행권은 단일할 때 좀 더 쉽게 제
한된다"[8]는 견해에 동의한다. 인민의 경계심과 감시의 단일한 대
상이 있을 때가 훨씬 안전하다. 한마디로 집행권자의 증가는 [인민
의] 자유에 도움이 되기보다 위협이 된다는 것이다.

조금만 생각해 보면, 집행권자의 증가를 통해 추구하는 그와
같은 유형의 안전은 달성될 수 없다는 것을 납득할 수 있을 것이

---

7) [옮긴이] Junius, *Letters of Junius* (London, 1772, 2 vols.). 주니어스는 필명이
다. 그는 1769년부터 1772년까지 당시 런던에서 발행되던 신문인 『퍼블
릭 애드버타이저』*Public Advertiser*에 69편의 글을 기고했다. 이 책은 당시
프레더릭 노스 경Lord Frederick North 내각의 실정에 대한 신랄한 비판을
담고 있다. 해밀턴이 인용한 부분은 Preface, vol. 1, p. xxxi이다.

8) [옮긴이] 장-루이 드 롬Jean-Louis de Lolme(1740~1806)은 제네바 공화국
태생 정치 이론가이자 헌법학자로, 저서로는 『영국 헌정체제』*Constitution
de l'Angleterre* (London, 1775) 등이 있다. 이 책은, 영국 정체의 숭배자였던
국부들에게 큰 영향을 미쳤는데, 특히 강력한 단일의 집행부를 주창하도
록 자극했다.

다. 결탁을 어렵게 하려면 인원수를 매우 많게 해야 한다. 그렇지 않은 인원이라면, 안전보다 위협의 근원이 될 것이다. 몇몇 개인들의 통합된 명성과 영향력은 그들 각각의 개별적 명성과 영향력에 비해 자유에 훨씬 더 위협적일 것임에 틀림없다. 따라서 권력이 소규모 사람들의 수중에 있어서 그들의 이해관계나 견해가 교묘한 지도자들에 의해 공동의 기획으로 쉽게 결합될 수 있다면, 그 권력은 1인의 수중에 맡겨져 있을 때보다 더 남용되기 쉽고 또 남용될 경우 더 위협적일 것이다. 1인에게 권력이 맡겨져 있을 경우, 그는 혼자이기 때문에 더 면밀히 감시받을 것이고 더 쉽게 의심의 대상이 될 것이다. 그리고 다른 사람들과 한패를 이루고 있을 때만큼 그 정도로 막대한 영향력을 통합할 수도 없다. 그들의 명칭이 인원수[9]를 나타내는, 로마의 10인 위원회 위원들은 [인민에 대한] 권리침해로 인해, 그들 가운데 어느 한 명이 그러했을 경우보다 훨씬 더 큰 두려움의 대상이 되었다.[10] 어느 누구도 그 기구보다 인원수가 많은 집행관을 제안할 생각은 못 할 것이다. 평의회의 인원수로는 6~12명이 제안되어 왔는데, 이 중 최대 인원수라고 해도 충분히 쉽게 결탁할 수 있는 정도이다. 아메리카는 어떤 1

---

9) 10명.

10) [옮긴이] 로마 공화국 초기, 귀족들에 의한 불문법의 자의적 적용에 대한 평민들의 저항과 성문법 제정 요구에 따라 기원전 451년 법전 수집 및 편찬 임무를 띠고 10인의 입법 위원회Decemvirs가 구성되었다. 정부 운영의 전권까지 위임받은 이들은 법전을 편찬해 로마의 공법과 사법을 법전화했다(이후 12표법으로 알려졌다). 그런데 10인 위원회는 임무 완수 이후, 권력 양도를 거부하고 전제적으로 변해 갔다. 특히 그 지도자인 아피우스 클라우디우스 크라수스Appius Claudius Crassus는, 정혼자가 있는 베르기니아Verginia라는 처녀에게 야욕을 품고 그를 노예로 몰아 차지하려고까지 했다. 이런 전횡에 평민들이 저항해 10인 위원회는 권력에서 축출되었다.

인의 개인의 야망보다 그런 결탁을 더 두려워해야 할 것이다. 자신이 한 일에 대해 스스로 책임져야 하는 집행관에게 부가된 평의회는, 일반적으로 그의 좋은 계획에 대한 방해물 이상이 되지 못한다. 그것은 종종 그의 나쁜 의도의 수단이자 공범이고, 거의 항상 그의 실수에 대한 은폐물이 된다.

나는 비용 문제에 대해서는 자세한 설명을 보류한다. 만일 평의회가 지향했던 주된 목표에 부합할 정도로 인원수를 늘린다면, 연방 정부 소재지에 거주하기 위해 고향에서 올라와야만 하는 위원들의 봉급은, 재정지출 목록 중에서 효용이 불분명한 목적을 위해 부담하기에는 너무나 막대한 항목이 될 것이다.

나는 단지 다음 사실만 추가하고자 한다. 헌법안이 등장하기 이전에는, 어느 주 출신이든 현명한 사람들 중에서, 우리 헌법[즉 뉴욕주 헌법]의 독특한 특징 가운데 가장 바람직한 것의 하나가 집행부의 단일성임을 경험을 통해 인정하지 않는 사람을 나는 결코 만나 본 적이 없다.

푸블리우스

연방주의자 71번

[해밀턴] 1788. 3. 18.

재임의 지속성은 집행권의 활력에 필요한 두 번째 요건이다. 이는 두 가지 목표와 관련된다. 자신의 헌법적 권한을 행사하는 집행관 개인의 군건함 및 그가 주도해 채용될 정부 운영 체계의 안정성이 그것이다. 전자와 관련해, 재임 기간이 길수록, 그토록 중요한 장점[즉 활력]을 갖출 개연성도 커질 것은 분명하다. 인간 본성의 일반적 원칙에 따르면, 사람들은 자신이 가지고 있는 것이 무엇이든 그것을 소유할 기간이 확실한지 불확실한지에 따라 그에 대한 관심도 달라진다. 항구적이거나 확실한 소유권을 가지고 있는 대상보다 일시적이고 불확실한 소유권을 가지고 있는 대상에 애착을 덜 가질 것이다. 그리고 당연히, 후자보다 전자를 위해 더 많은 것을 감내하려 할 것이다. 이런 소견은 일반적인 소유물 못지않게 정치적 권리나 명예, 또는 책무 등에도 적용된다. 이로부터 다음과 같은 점을 추론할 수 있다. 즉 아주 짧은 기간 안에 자기 직책에서 물러나야만 한다는 생각을 가지고 최고 집행관의 직을 수행하는 사람은, 자신의 권한을 독자적으로 수행함으로써, 또는 사회 자체의 상당 부분이나 입법부의 지배적 분파에 만연해 있는 유해 풍조 — 일시적인 것일지라도 — 에 대항함으로써, 어떤 중대한 견책이나 곤란을 당할 위험을 무릅쓰려고 하지 않을 것이다. 만일 그가 [인민들의] 새로운 선택을 받아 유임되지 못하면 자기 직책에서 물러나야 할지도 모르는 상황이라면, 그리고 유임을 원하고 있다면, 그의 바람은 두려움과 공모해 더욱더 강력하게 그의 진실성을 부패시키거나 강건함을 타락시키기 쉽다. 어느 경우이든 무력함과 우유부단함이 그 직위를 특징지을 것이 틀림없다.

공동체나 입법부의 지배적 추세에 고분고분 순응하는 것이야말로 집행관이 갖추어야 할 최대 장점이라고 생각하는 사람들이 있다. 하지만 이런 사람은, 공공의 행복을 촉진할 수 있는 진정한 수단에 대해, 또한 정부가 설립된 목적에 대해, 아주 미숙한 생각을 갖고 있다고 할 수 있다. 공화제의 원리는, 공동체 일의 관리를 위임받은 자들의 행위가 공동체의 사려 깊은 의식에 의해 통제될 것을 요구한다. 그러나 그것은, 인민들의 급작스러운 정념의 소동이나 일시적 충동에 일일이 무조건 순응할 것을 요구하지는 않는다. 그런 소동과 충동은, 인민의 편견을 추켜세워 인민들로 하여금 자기 자신의 이익을 배반하도록 만드는 자들의 술책의 산물일 수 있기 때문이다. 인민들이 일반적으로 공공선을 의도한다는 것은 타당한 의견이다. 그 인민들이 실수하기도 한다는 것 역시 대개는 타당한 의견이다. 그러나 인민들은 분별력이 있기에, 공공선을 촉진할 수단에 대해 자신들이 항상 올바른 판단을 내린다고 주장하는 아첨꾼들을 경멸한다. 그들은 경험을 통해 자신들이 때때로 실수한다는 것을 알고 있다. 인민들은, 아첨꾼의 농간에 의해, 야심가와 탐욕가와 극단파들의 속임수에 의해, 자격 이상으로 신뢰받고 있는 자들의 책략에 의해, 신뢰받을 자격보다 신뢰의 소유를 추구하는 자들의 책략에 의해 끊임없이 유혹당하고 있다. 하지만 놀랍게도 그들은 그런 상황에서 있을 수 있는 그런 실수를 결코 범하지 않는다. 인민이 자신의 이익의 보호자로 임명했던 사람의 직무는, 인민들이 하고 싶어 하는 바가 인민 자신들의 이익과 상충되는 경우가 나타나면, 더 냉정하고 차분히 생각할 기회와 시간을 인민에게 제공하기 위해 그들의 일시적 망상을 저지하는 것이다. 이런 종류의 행동이 인민 자신들이 저지른 실수의 치명적 결과로부터 인민을 지켜 냈던 여러 사례를 우리는 제시할 수 있다. 또한 용감하고 담대하게 인민의 불만을 각오하면서까지 그들에게 봉사했던 사람들에 대해 인민들이 감사의 표시로 영구불변의 기념비를 남긴 사례들도 제시할 수 있다.

그런데, 집행부는 인민이 바라는 바에 무조건 순응해야 한다는 주장이 우리의 마음을 끌어당기는 바가 있다고 할지라도, [집행부가] 입법부의 기분에도 마찬가지로 순응해야 한다는 주장에는 조금의 타당성도 존재하지 않는다. 입법부는 때때로 집행부와 대립할 수 있다. 다른 때는 인민들이 [두 부 사이에서] 완전히 중립적일 수도 있다. 어느 경우이든 바람직한 것은, 집행부는 힘차고 결연하게 자기 자신의 견해에 따라 행동해야 한다는 것이다.

권력의 여러 부문 간의 분리의 타당성을 가르쳐 준 바로 그 원칙은 또한 우리에게, 그런 분리는 권력의 한 부문이 다른 부문에 대해 독립적이 되도록 고안되어야 한다고 가르쳐 준다. 만일 집행부와 사법부가 입법부에 절대 헌신하도록 설립된다면, 무엇을 위해 집행부 또는 사법부를 입법부로부터 분리하겠는가? 그런 분리는 단지 명목적인 것에 불과하고, 분리를 제도화한 목적을 이루지 못할 것이 틀림없다. 법률에 복종하는 것과 입법부에 종속되는 것은 전혀 다른 문제이다. 전자는 좋은 정부의 근본 원리에 부합한다. 후자는 그런 원리에 반하는 것이며, 정체의 형태가 어떠하든, 모든 권력을 동일 세력의 수준에 통합하게 된다. 다른 모든 권한을 흡수하는 입법권의 경향은, 앞의 몇몇 논설[48번과 49번]에서 사례를 통해 충분히 제시되고 설명되었다. 순수한 공화제 정부에서 이런 경향은 거의 불가항력적이다. 대중적 의회에서 인민의 대표들은 때때로 자신들이 인민 그 자체라고 믿는 듯하다. 그리고 그들은, 다른 권력 부문의 최소한의 반대 징후마저 참지 못하고 혐오하는 태도를 강하게 드러낸다. 마치 집행부나 사법부가 그들의 권리를 행사하는 것이 자신들의 특권에 대한 침해이고 위엄에 대한 모욕이나 되는 듯이 말이다. 그들은 종종 다른 부를 전제적으로 통제하고 싶어 하는 듯하다. 그리고 그들은 보통 인민을 자기편으로 삼고서 기세 있게 움직이기에, 정부의 다른 부문들이 헌법의 균형을 지켜 내는 것을 매우 어렵게 만든다.

집행부에 대한 임명권이나 해임권을 입법부가 갖고 있지 않은 한, 짧은 임기가 입법부에 대한 집행부의 독립성에 무슨 [부정적] 영향을 미칠 수 있느냐고 질문할 수 있을 것이다. 이에 대한 하나의 대답은 이미 지적한 원리에서 도출될 수 있다. 즉 사람들은 오래 못 가는 이익에 대해서는 별로 관심을 두지 않으며, 그것 때문에 상당한 불편이나 위험을 감수하려 하지 않는다는 것이다. 좀 더 결정적이지는 않지만 아마 좀 더 명백할 또 다른 대답은, 입법부가 인민에 미치는 영향을 생각해 보면 도출될 수 있다. 즉 입법부의 부패한 기획에 강직하게 반대함으로써 입법부의 분노를 살 수 있는 그런 사람이 최고 집행관에 재선되는 것을 저지하기 위해, 인민에 대한 입법부의 영향력이 동원될 수 있는 것이다.

역시 다음과 같은 질문이 제기될 수 있다. 4년의 임기는 의도한 목표에 부합할 것인가? 그렇지 못하다면, [집행관의] 야심 찬 음모에 맞서 [인민의] 안전을 좀 더 확고히 하기 위해 최소한으로 권고될 수 있는 좀 더 짧은 임기가, 그보다는 길지만 그것[즉 인민의 안전]과 함께 집행관에게 요구되는 굳건함과 독자성을 고무하기에는 부족한 임기보다, 바로 그 이유[즉 인민의 안전 확보] 때문에 더 좋지 않을까?

4년의 임기가, 또는 다른 어떤 한정된 임기가, 의도한 목표에 완전히 부합하리라고는 단언할 수 없다. 그러나 그것은, 정부의 기질과 특징에 중대한 영향을 미치는 그런 목표에 어느 정도는 기여할 것이다. [임기를 4년으로 할 경우] 임기의 시작과 종료 사이에는 언제나 상당한 간격이 있을 것이다. 임기 종료를 예상하기에는 상당한 시간적 거리가 있기 때문에, 웬만한 정도의 강건함을 가진 사람이라면 종료에 대한 예상으로 인해 부적절한 영향을 받지는 않을 것이다. 또한 그런 사람이라면, 임기가 종료되기 전에 자신이 추구하려는 정책의 타당성을 공동체가 알아주도록 만들 충분한 시간이 있다고 스스로 합리적으로 다짐할 수 있을 것이다. 대중들이 새로운 선거를 통해 그의 행위에 대한 자신들의 생각을 표시할 시간이 다가옴에 따라 그의 확신과 굳건함은 약화될 수 있다. 하지만 그는 현직에 있을 때 유권자들의 존경과 호의를 확고히 할 기회를 가졌고, 이것이 그의 확신 및 굳건함을 뒷받침할 수도 있다. 따라서 그는, 자신이 얼마나 지혜와 성실함의 증거를 잘 제시했는지, 그리고 동료 시민들의 존경과 애정을 받을 자격을 얼마나 갖추었는지에 따라 안전하게 [재선의] 기회를 가질 수 있을 것이다. 한편으로, 4년의 임기는 집행관의 굳건함에 충분히 기여함으로써, 집행관을 아주 가치 있는 [정부의] 구성 요소로 만들어 줄 것이다. 다른 한편으로, 4년의 임기는 공공의 자유를 지키기 위한 경보 발령의 정당한 이유가 될 만큼 길지는 않다. 영국 하원은 가장 미미한 발단, 즉 단지 새로운 세금의 부과에 동의하거나 동의하지 않을 권한에 근거해, 입법부의 [상원과] 대등한 원의 지위와 영향력의 수준으로 그 스스로를 상승시키면서, 자신들이 생각하기에 자유 정부의 원리와 양립 가능한 한도 안으로 국왕과 귀족의 특권을 빠르게 축소했다. 영국 하원은 어떤 경우에는 왕권과 귀족정 모두를 폐지하고 국가와 교회의 모든 구체제를 전복할 수 있었고, 최근에는 그들이 시도했던 혁신이 이루어지리라는 예상 때문에 군주를 두려움에 떨게 할 수 있었다.[1] 영국 하원이 그러했다면, 제한된 권한을 갖는 임기 4년의 선출직 집행관인 합중국의 대통령을 두려워할 것이 무엇이겠는가? 헌법이 그에게 위임한 직무를 감당할 수 없을지도 모른다는 것 외에 [두려워할 것이] 무엇이 있겠는가? 나는 다만, 만일 [4년이라는] 그의 임기로 그의 굳건함이 지켜질지 염려스럽다면, 그런 염려는 그가 [인민의 권리를] 침해할지 모른다는 경계심과 충돌한다는 사실만을 추가하고자 한다.

푸블리우스

---

1) 이는 폭스 의원이 제출한 인도 법안 사례에 관한 것이다. 이 법안은 하원에서 통과되었지만 상원에서 부결됨으로써, 들리기로는 인민 모두가 만족했다고 한다[찰스 제임스 폭스Charles James Fox(1749~1806)는 유명한 하원 의원이자 아메리카의 자유의 지지자였다. 그는 1783년 영국 동인도회사의 권한을 제한하는 개혁 법안을 발의했다. 하원에서는 압도적으로 통과되었지만, 조지 3세가 강력한 반대를 표명한 이후 상원에서 간발의 차이로 부결되었다].

연방주의자 72번

[해밀턴] 1788. 3. 19.

정부의 운영이란, 가장 넓은 의미에서는, 입법이든 집행이든 또는 사법이든 정체의 모든 작용을 포괄한다. 그러나 가장 일반적이고 또 아마 가장 엄밀한 의미에서 정부의 운영이란 세부적인 집행 사항들에 국한되며, 특히 집행부의 영역에 속한다. 대외 교섭의 실제적 수행, 재정의 예비 기획, 입법부의 포괄적 지출 승인에 따른 공공 자금의 사용과 지출, 육군과 해군의 배치, 전쟁의 지휘 등이 그것이다. 이런 사안들과 이와 비슷한 성격의 다른 사안들이, 우리가 가장 고유하게 정부의 운영으로 이해해 왔다고 생각되는 것들을 구성한다. 따라서 이처럼 다양한 일들의 직접적 관리를 맡고 있는 사람들은 최고 집행관의 보조자 또는 대리인으로 간주되어야 한다. 때문에 그들의 공직은 최고 집행관에 의한 임명으로부터, 적어도 최고 집행관에 의한 지명으로부터 나와야 하며, 또한 그들은 최고 집행관의 관리·감독을 따라야만 한다. 주제를 이렇게 개관해 보면, 집행관의 임기와 정부 운영 체계의 안정성 사이에 밀접한 연관성이 있다는 사실이 바로 이해될 것이다. 전임자가 행한 것을 뒤집거나 되돌리는 것은, 종종 후임자들에 의해 자신의 능력과 장점을 가장 잘 증명할 수 있는 방법으로 간주되곤 한다. 그리고 이런 경향에 더해, [최고 집행관의] 교체가 대중이 선택한 결과였다면, 후임자는 당연히 다음과 같은 생각을 갖게 된다. 즉 자신의 전임자가 내쫓긴 것은 그가 추진한 정책에 대한 [인민들의] 반감 때문이며, 자신이 전임자를 덜 닮을수록 유권자들로부터 더 많은 호감을 살 수 있으리라고 말이다. 이런 생각과 더불어 개인적 신임과 애착의 영향으로, 모든 신임 대통령들은 자기 휘하의 직위를 채울 사람을 [자신이 신임하고 애착을 가진 사람으로] 교체하는 쪽으로 이끌리기 쉽다. 그리고 이런 원인들이 함께 작용하면, 정부 운영에서의 수치스럽고 파멸적인 변덕을 초래하지 않을 수 없다.

[이를 막기 위해] 나는 상당한 길이의 명문화된 임기에 재임 가능성을 결합하고자 한다. 전자는 공직자 본인에게 자신의 역할을 잘 수행하고자 하는 마음과 결의를 불어넣기 위해, 또한 공동체에게는 그 공직자가 취한 정책들의 추세를 파악해 그것의 공과를 경험에 바탕을 두고 판단할 수 있는 시간과 여유를 제공하기 위해 필수적이다. 후자 역시 필수적이다. 왜냐하면 그것은, 인민들이 공직자의 업무 수행을 긍정적으로 평가할 근거를 발견했을 경우, 그의 재능과 덕성이 계속 유용하게 발휘되도록 그를 유임할 수 있게 해주기 때문이다. 또한 정부에 대해서는 현명한 운영 체계의 영속성이라는 이점을 보장해 주기 때문이다.

이 문제와 관련해서는, 존경할 만한 몇몇 지지자를 확보하고 있는 다음과 같은 방안보다 더, 첫눈에는 그럴듯해 보이지만 면밀히 검토하면 근거가 허약한 방안도 없는 듯하다. 내가 말하고자 하는 것은, 최고 집행관을 일정 기간 유임한 이후에는 일시적으로 또는 영원히 그 직위에서 배제하는 방안이다.[1] 이런 배제는 일시적이든 영구적이든 효과는 거의 동일할 것이다. 그리고 그 효과는 대부분 유익하기보다는 치명적일 정도로 유해할 것이다.

배제의 첫 번째 부작용은 성실한 직무 수행으로 이끌 유인이 감소하리라는 것이다. 자신의 직무와 관련된 지위가 가져다주는 이익을 업적에 대한 보상으로서 계속 누릴 수 있으리라 기대할 수 있는 경우와 비교할 때, 그런 이익을 어느 확정된 시기에 포기해

---

1) [옮긴이] 반연방주의자들의 임기 제한 주장에 대해 헌법 지지자들 중에서도 동의하는 사람이 있었다. 토머스 제퍼슨이 이에 포함된다.

야 한다고 의식할 경우, 거의 모든 사람들은 자신의 직무를 이행하는 데 열의를 훨씬 덜 느낄 것이다. 보상에 대한 욕구는 인간 행동의 가장 강력한 동기 가운데 하나이며, 인간의 성실함을 확보할 수 있는 최선의 안전장치는 그들의 이익을 그들의 직무와 일치시키는 것이라는 데 동의한다면, 이런 견해에 반박하지 못할 것이다. 명성에 대한 애호는 가장 고귀한 인물들의 지배적 정념이다. 그런 정념은, 자신이 시작한 일을 자신이 완료할 수 있다는 전망으로 고무될 경우에, 사람들로 하여금 공익을 위한 대규모의 고된 사업 ─ 그것의 수행과 완성에 상당한 시간이 필요한 ─ 을 계획하고 착수하도록 유도할 것이다. 그와 반대로, 일을 완수하기 전에 현장을 떠나야 하고, 또한 자기 자신의 명성과 함께 그 일을 다른 사람 ─ 그 일에 부적합하거나 비우호적일 ─ 에게 맡겨야 한다고 생각할 경우, 그런 정념은 그로 하여금 그 일을 그만두도록 단념시킬 것이다. 이런 경우에 대부분의 사람에게서 기대할 수 있는 최대치는, [사회에] 도움이 되는 적극적 장점이 아니라, 해가 되지 않는 소극적 장점이다.

배제의 또 다른 부작용은 추악한 생각, 횡령, 때로는 권력 강탈의 유혹이다. 탐욕스러운 사람이 그 자리에 올랐다면, 자신이 누리는 이익을 여하튼 포기해야만 할 때를 내다보면서, 지금 누리는 기회가 지속되는 동안 그것을 최대한 이용하려는 성향 ─ 그런 사람이라면 거부하기 쉽지 않은 ─ 을 보일 수 있다. 또한 일시적인 만큼 최대의 수확을 거둘 수 있는 가장 부패한 편법을 거리낌 없이 사용할지도 모른다. 하지만 아마 같은 사람이라도, 자신 앞에 다른 전망[즉 재선의 가능성]이 놓여 있다면, 자기 지위에서 누릴 수 있는 통상적인 특전에 만족하고, 기회의 남용에 따르는 위험을 무릅쓰려고 하지는 않을지 모른다. 그의 탐욕이 자신의 [또 다른] 탐욕에 대한 감시인이 될 수 있는 것이다. 그뿐만 아니라, 그와 같은 사람이 탐욕뿐만 아니라 허영심과 야심을 가지고 있을 수도 있다. 만일 성실한 직무 수행을 통해 자신의 명예를 지속할 수 있으리라 기대할 수 있다면, 명예에 대한 욕구를 이익에 대한 욕망에 희생하는 데 주저할지도 모른다. 그러나 피할 수 없는 종결이 다가오고 있다는 전망에서는, 그의 탐욕이 그의 조심이나 자부심, 또는 야망에 대해 승리를 거둘 공산이 크다.

또한 어떤 야심가가 한 나라에서 최고로 명예로운 자리에 앉게 된다면, 그리고 그 높은 자리로부터 영원히 내려와야만 할 순간을 내다보면서, 그 어떤 가치 있는 노력도 달갑지 않은 반전[즉 퇴임]으로부터 자신을 구해 줄 수 없다고 생각한다면, 모든 개인적 위험을 무릅쓰고라도 권력 연장을 시도하기 위해 유리한 국면을 포착하려는 강한 유혹을 느낄 것이다. 이 같은 유혹의 강도는, 자신의 직무를 [정상적으로] 수행함으로써 동일한 목표[즉 권력 연장]를 이룰 개연성이 있는 경우에 비해, 훨씬 더 강력할 것이다.

최고 집행관의 자리에 오르기에 충분한 명성을 갖고 있는 반 다스[즉 여섯 명]에 이르는 사람들을, 불만족스러운 유령들처럼 사람들 사이를 배회하면서 더는 가질 수 없게 된 자리를 동경하도록 만드는 것이 과연 공동체의 평화와 정부의 안정성을 촉진하는 데 도움이 될까?

배제의 세 번째 부작용은, 최고 집행관이 자신의 직무를 수행하면서 획득한 경험의 이점을 공동체로부터 박탈하는 것이다. 경험이 지혜의 어머니라는 속담의 진실성은 가장 단순한 사람뿐만 아니라 가장 지혜로운 사람도 인정하는 바이다. 국가의 통치자에게 이보다 더 바람직하고 필수적인 자질이 무엇이겠는가? 국가의 최고 집행관에게 이보다 더 바람직하고 필수적인 것이 어디에 있겠는가? 이처럼 바람직하고 필수적인 자질[의 활용]을 헌법으로 금지하는 것이 현명할 수 있을까? 또한 그런 자질이 획득된 바로 그 순간에, 그 자질의 소유자로 하여금 그것을 획득한 또 그것이 적용될 자리를 포기하도록 강제하는 선언이 현명할 수 있을까? 하지만 바로 이것이, 공직의 과정을 거치면서 그것을 좀 더 유용하게 수행할 준비가 된 사람을, 동료 시민들의 선택을 통해 자기 나라에 기여할 수 있는 기회로부터 배제하는, 그런 모든 규정들이 정확히 의미하는 바이다.

배제의 네 번째 부작용은, 어떤 국가적 비상 시기에 그들의 존재가 공공의 이익이나 안전에 극히 중요할 수 있는 자리로부터 그들을 쫓아내는 것이다. 특정한 상황에서 국가의 정치적 존속을 유지하는 데 특정한 인물의 기여가 절대적으로 필요했던 경험을 이런저런 시기에 겪지 않았던 국가는 없다. 아마 이런 말이 지나친 말은 아닐 것이다. 따라서 어떤 국가가 국가 위기를 비롯한 여러 상황에서 그 시민들을 가장 적합한 방식으로 활용하는 것을 금지하는 결과를 초래하는, 그런 자기 부정적 법령은 얼마나 어리석은 것인가! 어떤 개인이 반드시 필요하다고 가정하지 않더라도, 전쟁의 발발이나 그와 비슷한 위기 시에 최고 집행관을 다른 사람 — 똑같이 훌륭할지라도 — 으로 변경하는 것은 언제나 공동체에 불리할 것이 분명하다. 그것은 경험을 무경험으로 대체하고, 이미 확립된 정부 운영 체계를 흐트러뜨리고 불안정하게 만들 것이기 때문이다.

배제의 다섯 번째 부작용은, 정부 운영의 안정성을 헌법적으로 차단하는 효과를 나타내리라는 점이다. 배제는 국가의 최고 공직에 있는 사람의 교체를 필연적으로 수반함으로써, 정책의 변덕을 반드시 동반할 것이다. 사람이 바뀔 텐데 정책이 변함없이 유지된다는 것은 일반적으로 기대할 수 없다. 그 반대가 통상적인 일의 추이이다. [최고 집행관을] 교체할 선택권이 존재하는 한, 지나치게 고정적인 상태가 나타날까 봐 우리가 걱정할 필요는 없다. 또한 인민들이 자신들의 신임이 안전하게 맡겨졌다고 생각하고, 또한 자신들이 일관성을 유지함으로써 변덕스러운 평의회와 정책에 따른 치명적 폐단을 방지할 수 있다고 생각할 경우, 우리가 인민들에 대해 그들의 신임을 연장하지 못하게 금지하려 할 필요는 없다.

이런 것들이 배제의 원칙에서 야기될 불이익들이다. 이런 불이익은 영구적 배제의 체제에서 가장 강하게 나타날 것이다. 하지만, 부분적 배제도 인민에 의한 재승인을 먼 후일의 불안한 목표로 만들 것임을 생각한다면, 우리가 제시한 견해는 전자만큼이나 후자에도 거의 완벽하게 적용될 것이다.

이런 불이익을 상쇄할 것으로 기대되는 [배제의] 이점은 무엇인가? 그것은 첫째, 집행관의 더 큰 독자성, 둘째, 인민의 더 큰 안전이라고 주장된다. 배제가 영구적인 것이 아니라면, 첫 번째 이점을 추론해 낼 그럴듯한 근거는 존재하지 않는다. 그러나 설령 영구적 배제일 경우라도, 자신의 현 지위 이외에, 자신의 독자성을 희생하면서 얻고자 할 [다른] 어떤 목표를 최고 집행관이 가질 수 있지 않을까? 그는 자신의 독자성을 그들을 위해 희생할 어떤 친구도, 어떤 친척도 가지고 있지 않을까? [영구적 배제의 경우] 집행관은, 앞으로 자신이 동등한 입장에서, 어쩌면 열등한 입장에서, 적대자들의 원한에 직면할 수 있는, 아니 반드시 직면하게 될 그런 시간이 빠르게 다가오고 있다고 생각하며 행동하게 될 것이다. 이 경우, 집행관은 단호한 처신으로 개인적인 적대자를 만드는 일을 훨씬 꺼리지 않겠는가? 그런 방식[즉 배제]이 그의 독자성을 더욱 촉진할지 아니면 약화할지는 단정하기 쉽지 않은 문제이다.

추정되는 두 번째 이점과 관련해서는, 의문을 갖게 하는 좀 더 중대한 근거들이 존재한다. 만일 영구적 배제 체제에서, 여하튼 두려워할 이유가 있는 존재[즉 대통령]가 [다른 지지 세력이 없는] 단독의 개인이고, 또한 그가 일시적인 야망만을 가지고 있다면, 그는 마지못해 하면서도, 권력과 탁월함에 대한 야망을 타성에 젖게 만든 그 자리에서 영원히 물러나야 할 필연성에 따를 것이다. 하지만 만일 그가 인민의 호의를 얻을 만큼 운이 있거나 능숙하다면, 인민들로 하여금 그 [배제] 규정 — 마음에 드는 사람에 대한 자신들의 애정을 새로이 입증할 권리를 방해하려는 — 을 자신들에 대한 끔찍하고 부당한 제약으로 여기도록 유도할 것이다. 자신들이 좋아하는 사람의 좌절된 야망을 지지하는 인민들의 이런 혐오가 자유를 위협할 상황도 생각할 수 있다. 그리고 이런 상황은, 헌법적 기본권을 행사하는 공동체의 자발적 투표에 의해 재임이 영속될 가능성으로부터 합리적으로 우려할 수 있는 위협보다, 자유에 훨씬 더 큰 위협이 될 수 있다.

인민들이 보기에 인정과 신임을 받을 만한 자격을 갖추었다고 생각되는 사람을, 인민들이 계속 그 자리에 유임하지 못하도록 금지한다는 생각에는 정교함이 지나친 측면이 존재한다. 그런 방안의 이점은 기껏해야 사변적이고 모호한 것에 불과하다. 좀 더 확실하고 결정적인 약점들이 그런 이점을 압도한다.

푸블리우스

연방주의자 73번

[해밀턴] 1788. 3. 21.

집행권의 활력을 구성할 세 번째 요소는, [최고 집행관의] 생활기반을 충분히 제공하는 것이다. 이 항목에 대해 적절한 관심을 기울이지 않는다면 입법부로부터 집행부의 분리는 유명무실할 것이다. 입법부가 최고 집행관의 보수와 수당에 대한 자유재량권을 가진다면, 그들은 집행관을 자신들이 적당하다고 생각하는 대로,

즉 자신들의 의사에 순종하도록 만들 수 있을 것이다. 대개의 경우 입법부는, 궁핍하게 해서 그를 약화하거나, 또는 그가 자신의 의견을 포기하고 무조건 입법부의 의향에 따르도록 후한 자금을 이용해 유혹할 수도 있다. 용어를 마음대로 선택한 이런 표현들은 분명 내가 의도한 의미 이상을 전할 수도 있을 것이다. 물론 자신의 직무를 헐값에 팔도록 압박하거나 설득하는 것이 통하지 않을 사람들은 존재한다. 그러나 이런 단호한 덕성[을 가진 사람]은 드물다. 한 사람의 생활 기반에 대한 권력은 대체로 그의 의지에 대한 권력인 것으로 드러난다. 이렇게 분명한 진실을 사실로써 확인할 필요가 있다면, 우리나라만 봐도 입법부가 재정 수단을 통해 집행관을 협박하거나 유혹한 사례는 결코 부족하지 않을 것이다.

따라서 헌법안에서 이 문제에 신중한 관심을 기울인 것은 아주 칭찬할 만하다. 헌법안에는 다음과 같이 규정되어 있다. "합중국의 대통령은 그 직무 수행에 대한 대가로 정기로 보수를 받으며, 그 보수는 임기 중에 증액 또는 감액되지 아니한다. 대통령은 임기 중에 합중국 또는 [합중국의] 그 어느 주로부터 그 밖의 어떠한 보수도 받지 못한다"[제2조 1절 7항]. 이보다 더 바람직한 규정을 생각하기란 불가능하다. 입법부는, 대통령이 지명됨과 동시에 단 한 번 그의 임기 동안의 직무에 대한 보수를 정한다. 이렇게 정해지면, 새로운 선거에 의해 새로운 임기가 시작될 때까지 그것을 증액하거나 감액함으로써 변경할 권한을 갖지 못한다. 입법부는 그의 필요품[의 수급]에 영향을 끼침으로써 그의 강건함을 약화할 수도 없고, 그의 탐욕에 호소함으로써 그의 성실함을 타락시킬 수도 없다. 첫 번째 법률이 결정한 것 이외의 다른 어떤 보수를, 합중국이나 합중국의 어떤 주가 자유롭게 제공할 수도 없고, 그가 자유롭게 받을 수도 없다. 당연히 그는, 헌법이 의도한 자신의 독립성을 포기하거나 저버릴 그 어떤 금전적 동기도 가질 수 없다.

집행부의 활력에 필요한 조건들 중에서 마지막 것은 충분한 권한[의 부여]이다. [헌법안에서] 합중국의 대통령에게 위임하도록 제안한 권한들에 대해 살펴보기로 하자.

우리가 주목할 첫 번째 권한은, 입법부 양원의 법률안이나 결의안에 대한 대통령의 제한적 거부권이다. 달리 표현하면, [양원에서 통과된] 모든 법안을 반대 이유와 함께 [의회로] 환부하고, 이후 입법부 각 원의 3분의 2에 의해 [다시] 승인되지 못하면, 결국 법률이 되지 못하게 막을 수 있는 권한이다.

다른 부의 권리를 침범하고 권한을 빼앗는 입법부의 성향은 이미 앞에서 제시했고[48번, 49번 논설], 재론한 바도 있다[69번, 71번]. 각 부의 경계를 단지 양피지[즉 헌법]에 기술하는 것만으로는 불충분하다는 점 역시 이미 지적한 바 있다[48번]. 또한 각 부에 자신을 방어할 헌법적 무기를 제공할 필요성에 대해서도 추론하고 입증한 바 있다[51번]. 입법부의 법률안을 대상으로 한, 집행부의 거부권 — 절대적이거나 제한적인 — 의 타당성은 이상과 같이 명백하고 확실한 원리들로부터 나온다. 전자나 후자[즉 절대적 또는 제한적 거부권]가 없다면, 집행부가 입법부의 약탈에 맞서 스스로를 지키기란 절대적으로 불가능할 것이다. 집행관은 입법부의 잇따른 결의에 의해 자신의 권한을 점점 빼앗기거나, 또는 단 한 번의 표결에 의해 무력화될 수도 있다. 그리고 이런저런 방식으로, 입법권과 집행권이 동일 세력의 수중으로 융합되어 갈 수도 있다. 설령 집행부의 권리를 침해하는 성향이 입법부에서 아직 나타나지 않았다고 하더라도, 올바른 추론과 이론적 타당성을 갖춘 통칙이 우리에게 가르쳐 주는 바는 다음과 같다. 즉 집행부를 입법부의 자비에 맡겨서는 안 되며, 스스로를 방어할 수 있는 입헌적인 그리고 효과적인 권한을 집행부가 보유해야 한다는 것이다.

그런데 논의 중인 이 권한[즉 거부권]에는 추가적인 용도가 있다. 그것은 집행부의 방패로 기여할 뿐만 아니라, 부적절한 법률의 제정에 대한 추가적 안전장치를 제공할 것이다. 즉 그것은 파벌이나 경솔함, 또는 공익에 비우호적인 일시적 감정 — 입법부의 다수파에게 영향을 미칠 수도 있는 — 등이 미칠 [부정적] 영향으로부터 공동체를 방어하기 위한, 입법부에 대한 건전한 견제 수단을 확립한다.

거부권의 타당성에 대해서는 때때로 다음과 같은 반론이 제기되어 왔다. 단 한 사람이 다수의 사람보다 더 많은 덕과 지혜를 보유할 수 있다고 가정해서는 안 되며, 그런 가정이 받아들여지지 않는 한 최고 집행관에게 입법부에 대한 그 어떤 종류의 통제권을 부여하는 것도 부적절하다는 견해가 바로 그것이다.

그러나 검토해 보면, 이런 견해는 견실하기보다는 허울만 그럴 듯한 것으로 드러날 것이다. 거부권의 타당성은, 집행관이 더 현명하고 덕성이 있다는 가정에 근거하는 것이 아니라, 입법부에 오류가 없을 수 없다는 가정, 권력에 대한 애착으로 말미암아 입법부가 때로는 다른 부의 권리를 침해하려는 성향에 현혹될 수 있다는 가정, 당파심은 가끔 입법부의 숙의를 왜곡할 수 있다는 가정, 때때로 입법부는 더 숙고하면 자책하게 될 그런 조치를 순간적 생각으로 말미암아 성급하게 취할 수도 있다는 가정 등에 근거한다. 문제시되는 그 권한을 집행관에게 부여하는 일차적 동기는 그가 자신을 방어할 수 있도록 하는 것이다. 두 번째 동기는, 성급함이나 부주의로 인한 악법의 통과나 또는 어떤 [나쁜] 의도에 따른 악법의 통과 등을 막을 수 있는, 공동체를 위한 기회를 증가시키는 것이다. 어떤 조치를 더 자주 검토하게 되면, 그것을 검토하는 자들의 상황이 더 다양해질 것이고, 그 결과 적절한 숙의의 부족으로 말미암아 발생하는 실수나 어떤 공통의 정념 또는 이해관계에 전염됨으로써 나타나는 실책 등과 같은 위험이 감소될 것이 분명하다. 어떤 종류의 범죄적 견해가 동시에 동일한 목표와 관련해 정부의 모든 부에 침투할 개연성은, 그런 견해가 정부의 각 부를 차례대로 장악해 오도할 개연성보다 훨씬 낮을 것이다.

나쁜 법률을 방지할 수 있는 권한은 좋은 법률을 가로막을 권한도 포함하기에, 전자의 목적뿐만 아니라 후자의 목적에도 사용될 수 있다고 할 법하다. 그러나 우리 정부의 특징·성향의 가장 큰 결점인, 법률의 잦은 개정에 따른 폐해를 제대로 평가할 수 있는 사람이라면, 그런 반론이 아무런 의미를 갖지 못할 것이다. 그들에게는, 입법 과잉을 억제하고 현상을 그대로 유지하려는 모든 제도들이 해롭기보다는 이로울 가능성이 훨씬 큰 것으로 생각될 것이다. 왜냐하면 그것은 입법 체계의 좀 더 높은 안정성에 도움이 되기 때문이다. 소수의 좋은 법률이 저지됨으로써 야기될 수 있는 손해는 다수의 나쁜 법률을 막는 이득으로 충분히 보상될 것이다.

이것이 전부는 아니다. 자유 정부에서 입법부의 우월한 영향력, 입법부와의 힘겨루기에서 집행부에 닥칠 위험 등을 고려하면, 거부권은 대개 아주 조심스럽게 이용될 것이며, 거부권 행사가 무분별하다는 비판보다 소심하다는 비판을 받을 공산이 더 크리라고 충분히 보장할 수 있다. 영국 국왕은 주권의 온갖 상징과 수많은 자원에서 끌어낼 수 있는 최대한의 영향력을 가지고 있지만, 의회 양원의 합동 결의에 대한 거부권 행사는 이제 꺼리고 있다. 그는 마음에 들지 않는 법안이 자신에게 올라오려고 하면 [사전에] 이를 저지하기 위해 그런 영향력의 수단을 최대한 행사하지 않을 수 없다. 그 법안이 시행되도록 허용할 것인가 아니면 [거부권 행사를 통해] 입법부의 의견에 반대함으로써 국민적 불만을 야기하는 위험을 감수할 것인가라는 딜레마에 빠지는 상황을 모면하기 위해서이다. 명백한 타당성이나 극단적 불가피성이 있는 경우를 제외하면, 그가 위험을 무릅쓰고 그의 특권을 최종적으로 행사할 개연성은 없을 것이다. 그 왕국에 대해 잘 알고 있는 사람이라면 이런 견해의 타당성에 동의할 것이다. 국왕의 거부권이 [마지막으로] 행사된 이래 상당한 기간이 경과했다.

영국 국왕처럼 강력한 집행관도 거부권을 행사하기를 주저한다면, 완전하고 순수한 공화제 정부의 집행권을 4년이라는 짧은 기간만 부여받은 합중국의 대통령에게는 훨씬 많은 주의와 조심을 합리적으로 기대할 수 있을 것이다.

그가 거부권을 너무 자주 또는 너무 많이 사용할 위험보다, 필요할 때 그 권한을 사용하지 않을 위험이 더 클 것임이 분명하다. 바로 이런 이유로 거부권의 유용성에 대한 비판이 제기되어 왔다. 거부권이, 외견상 혐오스럽고 실제로는 쓸모없는 권한으로 묘사되는 것도 바로 이 때문이다. 그러나 그것이 드물게 행사될지도 모르기 때문에 결코 행사되지 않으리라고는 할 수 없다. 그[즉 대통령]가 어느 정도의 굳건함만 가지고 있다면, 집행부의 헌법적 권리에 대한 직접적 공격 — 이는 거부권을 고안한 주된 이유이다 — 이 있을 경우, 또는 공익이 분명하고 명백하게 희생될 경우, 그는 자신의 헌법적 방어 수단을 이용할 것이고, 또한 의무와 책임의 경고에 귀 기울일 것이다. 전자의 경우는 자기 권한에 대한 직접적 이해관계가 불굴의 용기를 자극할 것이고, 후자의 경우에는 자신의 유권자들이 지지할 가능성이 그런 용기를 자극할 것이다. 유권자들은 불확실한 경우에는 입법부 쪽으로 자연스럽게 기울겠지만, 아주 명백한 경우라면 자신들이 가진 편애 때문에 현혹당하는 일은 거의 없을 것이다. 나는 지금 보통 정도의 굳건함을 보유한 집행관을 염두에 두고 이야기하고 있다. 어떤 상황에서도, 모든 위험을 무릅쓰고, 대담하게 자신의 의무를 수행할 사람들은 존재한다.

그러나 제헌회의는 이 과제에서 중도적 방안을 추구했다. 즉 집행관에게 부여된 권한의 행사를 용이하게 하는 동시에 그 권한의 효력을 상당히 많은 입법부 구성원들의 의견에 종속시킨 방안이 그것이다. 제헌회의는 집행관에게 절대적 거부권 대신에 이미 설명한 제한적 거부권을 부여하도록 제안했다. 이는 절대적 거부권보다 훨씬 손쉽게 행사될 수 있는 권한이다. 자신의 단독 거부권으로 법률안을 무산시킬 수 있을 경우, 그 권한을 행사하기가 두려울지 모른다. 하지만 각 원의 3분의 1 이상이 그의 반대 이유가 충분하다고 동의할 경우에만 최종적으로 법률안이 기각된다는 조건에서라면, 재의를 요구하기 위해 망설임 없이 법률안을 환부할 수 있을 것이다. 만일 자신의 반대가 설득력이 있으면, 입법부의 상당수를 자기편으로 끌어들일 수 있을 것이고, 이 경우 자신의 영향력과 그들의 영향력을 결합해 여론에서 자신의 행동의 타당성을 뒷받침할 수 있을 것이라는 생각은 그의 용기를 북돋울 것이다. 직접적이고 절대적인 거부권은, [법률의] 시시비비를 따지는 이의를 단순히 제기하는 것 — 받은 사람에 의해 수용될 수도 거부될 수도 있는 — 보다 외관상 훨씬 거칠고 자극적인 측면을 가지고 있다. 거부권이 덜 도발적일수록 행사하기 쉬워질 것이며, 바로 이 이유에서 실제로는 더 효과적인 것으로 드러날 것이다. 부적절한 견해가 양원의 3분의 2에 이르는 다수 의원들을 동시에 장악하는 일 — 그것도 집행관의 견제력을 물리치면서 — 은 자주 발생하지 않으리라 생각된다. 그런 일이 일어날 개연성은, 그런 부적절한 견해가 가까스로 과반의 결의나 행동을 감염시킬 개연성에 비해 어쨌든 훨씬 작을 것이다. 집행관이 갖는 이런 유의 권한은 종종, 강력하지만 조용히 그리고 눈에 띄지 않게 작동할 것이다. 사람들은 정당성이 없는 일을 추구할 때, 자신이 통제할 수 없는 곳에서 반대가 제기될 수 있다고 의식하면, 반대에 대한 단순한 우려만으로도, 그런 외적 장애물에 대한 우려가 없었을 때 무모하게 추진해 갔을 일을 종종 억제받게 될 것이다.

다른 곳[69번]에서 언급했듯이, 이 주[즉 뉴욕주]의 경우 제한적 거부권은, 지사와 대법원장 및 대법원 판사 — 또는 그중 두 명 — 로 구성된 평의회에 부여되어 있다. 그 평의회는 여러 경우에 자유롭게 이용되었고 종종 성공적이었다. 그것의 유용성이 너무나 분명히 드러났기에, 헌법을 편찬하면서 그에 대해 격렬히 반대했던 사람들도 그것을 경험한 이후에는 공공연한 지지자가 되었다.[1]

나는 다른 논설에서[69번], 제헌회의는 헌법안의 이 부분을 만들면서 이 주[즉 뉴욕주]의 헌법에서 벗어나 매사추세츠주 헌법을 따랐다고 지적한 바 있다.[2] 이런 선호의 두 가지 중요한 이유를 생각해 볼 수 있다. 하나는, 법률의 해석자가 될 재판관들이, 이전에 [수정 평의회에서] 수정 역할을 하면서 제시했던 의견으로 말미암아 부적절한 편향을 가지게 될 수 있다는 점이다. 다른 하나는, 집행관과 종종 회합함으로써 재판관들이 그의 정치적 견해에 지나치게 편승하게 될지도 모르고, 그 결과 집행부와 사법부 간의 위험한 결탁이 점점 강화될 수도 있다는 것이다. 법관을 법률 해석 이외의 다른 모든 일로부터 아무리 분리시켜도 지나침은 없을 것이다. 그들을 집행부에 의해 매수되거나 집행부의 영향을 받을 수 있는 상태에 두는 것은 특히 위험하다.

푸블리우스

---

1) 제헌회의의 안에 대한 열정적 반대자인 예이츠 씨는 그중 한 사람이다[에이브러햄 예이츠는 중앙 또는 연방 권력에 의한 침해에 맞서 주의 주권을 강력히 옹호한 뉴욕주의 유명한 반연방주의자였다].

2) [옮긴이] 의회 통과 법안을 견제하기 위해, 뉴욕주는 지사와 대법원장, 대법원 판사들로 구성된 수정 평의회에 그런 권한을 부여했다. 매사추세츠주는 지사에게 단독으로 거부권을 부여했는데, 다만 의회 양원의 3분의 2가 찬성할 경우 해당 법안을 재의결해 통과시킬 수 있게 했다.

연방주의자 74번

[해밀턴] 1788. 3. 25.

합중국의 대통령은 "합중국의 육해군 및 합중국의 현역에 소집된 각 주의 민병대의 총사령관"이 된다[제2조 2절 1항]. 이 규정의 타당성은 너무나 자명하고, 동시에 주 헌법들의 선례와 대체로 일치하기에, [굳이] 설명하거나 [논거를] 보강할 필요는 없다. 다른 사안에서는 최고 집행관에 평의회를 결합[해 집행관 권한을 제한][1]했던 주 헌법들도 대부분 군사적 권한은 그에게 단독으로 집중했다. 정부의 모든 책임 또는 관심사 가운데 전쟁의 지휘·통솔은, 특히 한 사람이 권한을 행사할 때 두드러지게 나타나는 그런 자질을 요구한다. 전쟁의 지휘는 공동의 힘에 대한 지휘를 포함한다. 또한 공동의 힘을 지휘하고 사용하는 권한은 집행권을 정의하는 데서 통상적이고 필수적인 부분을 이룬다.

"대통령은 집행부 각 부의 장관에게 소관 직무 사항에 관하여 문서에 의한 견해를 요구할 수 있다"[제2조 2절 1항]. 나는 이 조항을 헌법안에서 불필요한 부분이라 생각한다. 이 조항이 제공하는 권리는 그 지위에서 저절로 생기는 것이기 때문이다.

그는 또한 "합중국에 대한 범죄에 관하여, 탄핵의 경우를 제외하고, 형의 집행유예 및 사면"할 수 있는 권한을 부여받고 있다[제2조 2절 1항]. 인도주의[에 부합하는가], 그리고 적절한 방침인가라는 두 가지 기준에서 생각할 때, 사면이라는 자비로운 특권은 되도록 제약되거나 방해받지 않는 것이 바람직하다. 모든 나라의 형사법

---

1) [옮긴이] 집행 평의회, 임명 평의회, 감찰 평의회, 수정 평의회 등이 그것이다.

은 아주 엄정한 성격을 띨 수밖에 없다. 따라서 불운한 범죄자를 위한 특례를 용이하게 활용할 수 없다면, 법의 집행은 너무 살벌하고 잔인한 모습을 띨 것이다. 책임 의식은, 책임이 분할되어 있지 않을 때 가장 강하기 마련이다. 따라서 [사면 결정권자가] 한 명일 경우, 법률의 엄격한 적용의 완화를 호소하는 그런 이유에 기꺼이 주의를 기울일 가능성은 커질 것이고, 법의 복수를 당연히 받아야 할 그런 대상을 보호하려는 이유를 받아들일 개연성은 작아질 것이다. 자신의 단독 결정이 자신과 같은 한 인간의 운명을 좌우할 것이라는 생각은, 자연스럽게 양심적이고 신중한 태도를 고취할 것이다. 종류는 다르지만, 편애하거나 방조한다고 비판받을 수 있다는 두려움도 동일하게 신중한 태도를 가져다줄 것이다. 반면에 [사면 결정권자가 여러 명일 경우] 사람들은 대개 자신들의 인원수에서 확신을 얻기 때문에, 그들은 종종 서로서로 완고한 행동을 부추길 수도 있고, 외부 영향에 의한 부적절한 봐주기라고 의심받거나 비난받을지 모른다는 두려움에 덜 민감해질 수도 있다. 이런 점들을 고려하면, 정부의 자비를 나누어 주는 데는 여러 사람보다 한 사람이 훨씬 적격인 듯하다.

　　내가 잘못 알고 있지 않다면, 사면권을 대통령에게 부여하는 것이 적절한지에 대해서는 반역죄와 관련해서만 이견이 제시되었다. 입법부의 한 원 또는 양원의 동의를 받아야 한다는 주장이 그것이다. 이 사안과 관련해 입법부 또는 입법부의 한 원의 동의가 필요한 유력한 근거가 존재함을 나는 부인하지 않는다. 반역죄는 사회의 존속 자체를 겨냥한 범죄이기에, 법률에 따라 범죄자의 유죄가 일단 확정되면, 그에 대한 사면 조치가 적합한지의 여부를 입법부에 조회해 보는 것이 타당해 보인다. 그리고 최고 집행관이 묵인·방조했다는 추측을 완전히 배제할 수 없다면, 그렇게 해야만 할 것이다. 하지만 그와 같은 방안에 대해서는, 다음과 같은 강력한 반론이 존재한다. 즉 처벌의 면제를 지지하는 이유와 반대하는 이유 사이의 균형을 맞추는 데는, 다수로 이루어진 어떤 조직보다도 신중하고 양식 있는 한 사람이 더 적합하다는 것이다. 이는 의문의 여지가 없는 사실이다. 특히 주의해야 할 점이 있다. 매사추세츠주에서 최근 발생했던 사태[즉 셰이즈의 반란]처럼, 반역은 종종 공동체의 광범위한 부분을 포괄하는 폭동과 연계될 것이다. 그런 경우에는 예외 없이, 위법행위를 야기한 바로 그런 사조에 인민의 대표들도 물들어 있는 것으로 드러나리라고 예상된다. 그리고 파당들이 아주 대등하게 맞붙은 상태에서는, 유죄 선고를 받은 자의 지지자나 후원자들이 은밀히 동조해, 다른 사람들의 온정이나 우유부단함을 틈타, 본보기용 두려움이 필요한 곳에 종종 처벌의 면제를 부여할 수도 있을 것이다. 다른 한편으로, 다수파의 분노를 자극했던 그런 원인으로 말미암아 폭동이 발생했다면, 정책적으로는 용서와 관용이 필요함에도, 다수파들이 완강하고 냉혹한 자세를 보일 수도 있다. 하지만 반역죄의 경우에 사면권을 최고집행관에게 부여해야 할 가장 주된 논거는 다음과 같다. 즉 반란과 폭동의 와중에는 반란자들에 대한 시의적절한 사면 제안을 통해 국가의 평안을 회복할 수 있는 결정적 순간들이 흔히 존재한다. 그런 순간을 활용하지 않고 지나가게 방치한다면, 그 뒤에 다시 그런 순간을 불러오기란 불가능하다. [입법부의 동의가 필요할 경우] 조치에 대한 승인을 얻기 위해 입법부 또는 입법부의 한 원을 소집하는 데 따르는 지체 탓에 종종 황금 기회를 놓칠 수 있다. 한 주, 하루, 한 시간의 낭비가 때로는 치명적일 수 있다. 그와 같은 만일의 사태를 고려한 자유재량권이, 특별한 경우를 위해 대통령에게 부여될 수도 있음을 인정한다면, 첫째로, 제한 헌법에서 그런 권한이 법에 의해 [집행관에게] 위임될 수 있느냐는 의문은 해소될 것이다. 둘째로, 면책의 전망을 제공할 수 있는 어떤 조치를 미리 취하는 것은 대체로 현명하지 못할 것이다. 통상적 [사법] 과정에서 벗어난 이런 종류의 방식은 소심하고 나약한 주장으로 해석되기 쉽고, 또 범죄를 북돋우는 경향이 있을 것이기 때문이다.

푸블리우스

연방주의자 75번

[해밀턴] 1788. 3. 26.

대통령은 "상원의 조언과 동의를 얻어 조약을 체결할 권한을 가진다. 다만 그 조언과 동의는 상원의 출석 의원 3분의 2 이상의 찬성을 얻어야 한다"[제2조 2절 2항]. 이 규정은 갖가지 이유에서 상당히 격렬한 비판을 받아 왔다. 하지만 주저 없이 단언컨대, 나는 그것이 헌법안에서 가장 잘 정리되고 나무랄 데 없는 부분 가운데 하나임을 확신한다. 반대론의 한 가지 근거는 권력 혼합이라는 진부한 주제이다. 어떤 사람들은 대통령이 단독으로 조약 체결권을 가져야 한다고 주장하고, 다른 사람들은 조약 체결권이 상원에 배타적으로 맡겨져야 한다고 주장한다. 반대의 또 다른 근거는 조약을 체결하는 사람 수가 너무 적다는 것이다. 이런 반대 이유를 옹호하는 자들 가운데 일부는 하원이 그 일에 관여해야 한다는 의견이고, 다른 일부는 상원 출석 의원 3분의 2를 모든 상원 의원의 3분의 2로 대체하는 것 이상은 필요 없다고 생각하는 듯하다. 나는, 안목이 있는 사람이라면, 헌법안의 이 부분에 대한 앞의 논설[64번]의 내용만 살펴봐도 호의적 관점을 갖기에 충분하리라 자신한다. 따라서 여기에서는 방금 언급한 반대 이유를 주로 염두에 두고서, 몇 가지 보충 의견을 제시하는 데 만족할 것이다.

권력 혼합 문제와 관련해서는, 반대론이 근거하고 있는 그 원칙[즉 권력분립]의 진정한 의미에 대해 다른 곳[47번, 48번 논설]에서 제시한 설명에 의존하고자 한다. 또한 그 설명으로부터 추론해, 조약 항목에서 집행부와 상원의 통합은 그 원칙에 대한 침해가 전혀 아님을 당연시하고자 한다. 조약 체결권의 특수한 성격에 주목하면 이 같은 통합의 특유한 타당성이 드러나리라고 조심스럽게 부언하고자 한다. 정부론을 다룬 몇몇 저술가들은 그 권한을 집행권의 부류에 넣지만, 이는 명백히 자의적인 배치이다. 왜냐하면 그 권한의 작용을 주의 깊게 살펴보면, 그것이 집행의 특징보다 입법의 특징을 더 많이 띠고 있음이 발견되기 때문이다. 하지만, 둘 가운데 어느 하나의 의미에 정확히 맞아떨어지지는 않는 듯하다. 입법권의 본질은 법률을 제정하는 것이다. 달리 표현하면 사회를 통제하기 위한 규칙을 정하는 것이다. 반면에 법을 집행하는 것, 그리고 법 집행이나 공동 방어를 위해 공동의 힘을 사용하는 것 등은 집행관의 기능 전부를 이루는 듯하다. 조약 체결권은 분명 전자도 아니고 후자도 아니다. 그것은 기존의 법률의 집행에 관한 것도 아니고, 새로운 법률의 제정에 관한 것도 아니며, 공동의 힘의 행사와 관련된 것은 더욱더 아니다. 그 권한의 목표는 외국과의 계약이다. 그 계약은 법률의 효력을 갖지만, 그 효력은 선의의 의무에서 나온다. 조약은 주권이 국민에 대해 규정하는 규칙이 아니라, 주권과 주권 사이의 협정이다. 따라서 문제가 되는 권력은 별개의 부문을 이루는 것 같고, 입법부에도 집행부에도 적절히 속하지 않는 듯하다. 다른 곳[53번, 64번]에서 열거한, 대외 협상을 수행하는 데 필수적인 자질들을 감안하면, 집행부는 그런 업무의 최적의 행위자임을 알 수 있다. 반면에 그런 책무의 막대한 중요성과 조약의 법률적 효력 등은, 조약 체결에 입법부의 일부 또는 전부가 참여할 강력한 이유가 된다.

집행관이 세습 군주인 정부에서는 조약 체결의 전권을 그에게 위임하는 것이 적절하거나 안전할 수 있다. 하지만 4년 임기로 선출되는 집행관에게 그런 권한을 맡기는 것은 아주 위험하고 부적절하다. 다른 곳[22번]에서 언급했듯이, 세습 군주는 종종 인민에 대한 억압자이지만, 정부에 개인적으로 너무나 많은 이해관계를 가지고 있기에 외국에 의해 매수당할 중대한 위험은 없다. 이 지적은 의심할 여지 없이 지금도 타당하다. 그러나 사적 시민의 위치에서 최고 집행관의 지위에 오른, 재산도 많지 않은, 그리고 머지않아 자신의 원래 위치로 돌아가야 할 때를 기다리고 있는 사람이라면, 자신의 직무를 이해관계에 희생하려는 유혹을 때로 느낄 수도 있을 것이다. 그런 유혹을 뿌리치기 위해서는 최고의 덕성이 요구될 것이다. 탐욕스러운 사람이라면 국가의 이익을 [개인적] 부의 취득을 위해 팔아먹는 유혹에 넘어갈지도 모른다. 야심 있는 사람이라면, 유권자에 대한 배반의 대가로, 외세의 지원에 의한 자신의 권력 강화를 추구할지도 모른다. 인간의 덕성에 대한 고상한 견해에 따르면, 외국과의 교섭과 관련된 그렇게 미묘하고 중대한 이해관계를, 합중국의 대통령처럼 창출되고 또 그런 사정에 놓인 집행관에게, 단독 처리하도록 위임하는 것이 현명할 수도 있다. 하지만 인간 행동의 역사는 그런 견해를 전혀 보증해 주지 않는다.

조약 체결권을 상원에 단독으로 위임하게 되면, 대외 협상의 수행에서 대통령의 헌법적 기능이 갖는 이점을 포기해야 할 것이다. 그럴 경우 상원이 대통령을 그런 역할[즉 대외 협상역]로 활용하는 방안을 선택할 수 있는 것은 사실이다. 하지만 상원 단독으로 하는 방안을 선택할 수도 있을 것이고, 아마 적대감과 당파심으로 말미암아 전자보다 후자의 방안으로 기울게 될 것이다. 그 외에도, 상원의 대리인이 외국으로부터, 국가의 헌법적 대표와 같은 정도의 신임과 존중을 받으리라 기대할 수는 없을 것이다. 그리고 당연히 그와 같은 정도의 무게와 효율성을 갖고서 활동할 수도 없을 것이다. 이런 이유로, 합중국은 대외 업무에서 상당한 이점을 상실할 것이고, 인민들은 집행관과의 협력이 가져다줄 추가적인 [이익의] 보장을 상실하게 될 것이다. 그렇게 중요한 책무를 집행관에게 단독으로 위임하는 것은 현명하지 못하겠지만, 그가 그 책무에 참여하는 것이 사회의 안전을 크게 증가시키리라는 것은 분명하다. 문제의 권한을 대통령과 상원이 공동 보유하는 것이, 양자 가운데 어느 한쪽이 개별적으로 보유하는 것보다, 훨씬 큰 안전의 전망을 제공하리라는 것은 이제 정말 명백히 입증되었을 것이다. 그리고 대통령이 지명되는 과정을 사려 깊게 검토해 본 사람이라면, 조약 체결에 공동 참여하는 것이 각별히 바람직할 그런 인물 — 지혜뿐만 아니라 진실성에서도 — 이 그 직위에 충원될 공산이 크다는 점을 확신할 것이다.

앞의 논설[64번]에서 지적한 바 있고 이 논설의 앞에서도 언급한 내용은, 조약 체결에 하원이 참여하는 데 대한 결정적 반대 논리가 될 것이다. 하원은 변동이 심하고, 장차 증가할 아주 다양한 구성원들로 이루어질 것이다. 그 책무를 적절히 수행하는 데 필수적인 그런 자질을 이런 조직에서 기대하기란 불가능하다. 국제정치에 대한 정확하고 포괄적인 지식, 동일한 견해의 안정되고 체계적인 견지, 국가의 특징에 대한 일정하고 민감한 감각, 결단력과 기밀성, 그리고 신속성 등은 그렇게 인원수가 많고 가변적인 조직의 특징과는 양립 불가능하다. [하원이 참여할 경우] 서로 상이한 여러 조직들의 동의가 필수적이게 될 텐데, 이에 따른 업무의 복잡화는 [하원의 참여에 대한] 확고한 반대 이유를 제공할 것이다. 조약의 진행 단계마다 그들의 승인을 얻기 위해 하원의 소집 빈도가 증가하고, 회기도 늘어날 것이다. 이로 인해 늘어날 엄청난 불편과 비용만으로도 그런 구상은 폐기되기에 충분할 것이다.

아직 검토하지 않은 유일한 반대론은, 출석 의원 3분의 2를 전체 상원 의원 3분의 2로 대체하자는 것이다. 우리 탐구의 두 번째 항목에서 보았듯이, 결의하는 데 과반 이상의 찬성이 필요한 모든 규정은 직접적으로는 정부의 작동을 방해하는 경향을 지니며, 간접적으로는 다수파의 의견을 소수파의 의견에 종속시키는 경향을 갖는다. 이런 고려 사항은, 우리의 견해를 다음과 같이 결정할 충분한 근거가 될 듯하다. 즉 제헌회의는, 공적 의회의 작동이나 공동체의 주된 의견에 대한 합리적 고려 등과 조화될 수 있는 한, 조약 체결에서 다수의 이점을 확보하려고 노력했다는 것이다. 만일 의원 전체의 3분의 2[의 동의]가 요구된다면, 그것은 많은 경우 일부 의원의 불참으로 인해 실제로 만장일치의 요구와 마찬가지가 될 것이다. 이런 원칙을 보편화했던 모든 정치제도의 역사는 무기력과 혼란, 그리고 무질서의 역사였다. 이런 견해에 대한 증거는, 만일 국내 사례로서 불충분하다면,[1] 로마의 호민관, 폴란드 의회, 네덜란드의 연합 의회 등의 사례에서 제시될 수 있을 것이다.

　　많은 인원들로 구성된 기구에서 [의사 결정에] 전체 인원 가운데 고정된 비율[의 찬성]을 요구하는 것은, 단지 출석 인원 가운데 일정 비율을 요구하는 것에 비해 더 나은 어떤 이점을 가져다줄 개연성이 전혀 없다. 전자의 경우, 결의하는 데 항상 고정된 인원수가 필요해짐으로써, 정시 출석의 동기가 감소될 것이다. 후자의 경우, 의회의 입장[즉 법안의 통과나 부결 여부]은 단 한 명의 참석 또는 불참에 따라 변동될 수 있는 비율에 좌우될 것이기에 그 반대의 효과가 나타날 것이다.[2] 또한 후자는 시간을 엄수하도록 촉진

---

1) [옮긴이] 해밀턴이 여기서 언급한 것은 연합회의의 사례이다. 연합 헌장 제9조에 따르면, 연합회의에서 광범위한 의제에 대한 결정에는 전체 의원 3분의 2의 지지가 필요하다.

함으로써 의회가 충실히 운영되게 하는 데 기여할 것이다. 이에 따라 후자의 경우에, 전자의 경우만큼이나 많은 의원들에 의해 대체로 결정이 이루어질 것이고, 반면에 지체되는 사례는 훨씬 줄어들 것이다. 잊지 말아야 할 것이 있다. 기존 연합에서는 두 명의 의원이 한 주를 대표할 수 있고 대체로 그렇게 대표하고 있다. 연합회의는 지금 합중국의 모든 권한을 단독으로 위임받고 있는데, 우리가 제안하는 상원보다 더 많은 인원으로 구성된 적이 거의 없다. 또한 의원들은 주를 단위로 투표하는데, 한 주에서 단 한 명의 의원만 참석할 경우 그는 투표권을 잃게 된다. 이런 점을 감안하면, 의원들이 개인으로서 투표하게 될 상원에서 유효 투표권의 수는 기존 연합회의에 비해 결코 적지 않을 것이라고 생각된다. 이런 점들과 함께 [조약 체결 과정에서] 대통령의 협력을 고려할 경우, 아메리카의 인민들은 새로운 헌법하에서 조약 체결권의 부당 행사를 방지할 안전장치를, 연합하에서 지금 누리는 것보다 훨씬 더 많이 갖게 될 것이라고 서슴없이 추론할 수 있다. 한 걸음 더 나아가 새로운 주의 설립에 따른 상원의 증원 가능성을 예상한다면, 그 권한을 위임받을 기구의 인원수가 충분하리라고 믿을 근거가 충분함을 이해하게 될 것이다. 그뿐만 아니라 미래에 예상되는 상원보다 더 인원수가 많은 기구[즉 하원]는, 그 책무를 적절히 이행하는 데 결코 적합하지 않으리라는 결론에 아마 이를 것이다.

푸블리우스

---

2) [옮긴이] 후자(즉 의결에 출석 의원 중 일정 비율의 찬성이 필요)의 경우, 의결에 필요한 인원수가 전체 의원 중에서 차지하는 비율은 출석 의원 수에 따라 변동되기에, 찬성 측이든 반대 측이든 모든 의원들이 적극적으로 회의에 늦지 않게 출석할 동기를 가질 것이라는 논리이다.

연방주의자 76번

[해밀턴] 1788. 4. 1.

대통령은 "대사, 그 밖의 외교사절 및 영사, 연방 대법원 판사, 그리고 그 임명에 관하여 이 헌법에 달리 규정이 없고 법률로써 정할 그 밖의 모든 합중국 관리를 지명하여 상원의 조언과 동의를 얻어 임명한다. 다만 연방의회는 적당하다고 인정되는 하급관리 임명권을 법률에 의하여 대통령에게, 법원에, 또는 각 부 장관에게 부여할 수 있다. 대통령은 상원의 휴회 중에 생기는 모든 결원을 위임장을 수여함으로써 충원할 권한을 가진다. 다만 그 위임장은 다음 회기가 종료될 때 효력을 상실한다"[제2조 2절 2항, 3항].

앞의 논설[68번]에서 "좋은 정부에 대한 진정한 시험대는 유능한 운영을 만들어 내는 정부의 능력과 성향"이라고 말한 바 있다. 이런 견해의 타당성이 인정된다면, 앞의 구절에 들어 있는 합중국의 관리 임명 방식은, 검토를 할 경우, 특별히 칭찬받을 만함에 틀림없다. 합중국의 공직을 채울 사람을 합당하게 선택하기 위한, 이보다 더 잘 계산된 방안을 상상하기란 쉽지 않다. 그리고 합중국의 운영 특징이 기본적으로 이 문제에 따라 좌우되리라는 사실에는 증거가 필요치 않을 것이다.

보통의 경우 임명권은 다음 세 가지 방식 중 하나로 한정되리라는 데 모두가 동의할 것이다. 즉 임명권이 한 명에게 부여되거나, 적당한 수의 선발된 회의에 부여되거나, 아니면 그런 회의의 동의와 함께 한 개인에게 부여되는 것이다. 인민 전체에 의한 임명권의 행사가 실현 불가능하다는 것은 모두가 기꺼이 인정할 것이다. 다른 모든 고려 사항을 논외로 하더라도, 그럴 경우 다른 일을 할 시간이 남지 않을 것이다. 따라서 이하에서 이어질 논증에서 사람들의 회의나 집단이 언급되면, 이미 설명했던 선발된 [사람들의] 회의 또는 집단에 관한 것으로 이해되어야 할 것이다. 인민들은 그 수가 엄청나고 또 흩어져 있기 때문에, 체계적인 당파심이나 음모에 의해 그들의 움직임을 집합적으로 통제하기는 불가능하다. [하지만 사람들의 집단은 이와 다르기에] 그런 당파심과 음모는, 임명권을 사람들의 집단에 부여하는 데 반대하는 주된 이유로서 강조될 것이다.

이 문제를 스스로 숙고해 본 사람이라면, 또는 이 논설들의 다른 부분에서 대통령 선출과 관련해 제시된 견해에 귀 기울인 사람이라면, 능력이 있거나 적어도 존경받을 만한 사람이 대개 그 자리를 채울 것이라는 입장에 동의하리라 생각된다. 이를 전제로, 나는 다음과 같은 사실을 하나의 통칙으로 정하고자 한다. 즉 특정 직무에 맞는 고유의 자질을 분석하고 평가하는 데는, 안목 있는 한 사람이, 그와 비슷한 안목을 가진 사람들의 집단보다 더 적합하다. 심지어 더 나은 안목을 가진 사람들의 집단보다도 훨씬 더 적합하다.

한 사람의 온전한 단독 책임하에서는, 좀 더 강한 의무감과 명예에 대한 한층 엄격한 관심이 자연스럽게 생길 것이다. 따라서 그는, 충원할 자리에 요구되는 자질을 주의 깊게 조사하고, 그 자리에 가장 타당한 자격을 가진 사람을 공정하게 발탁할 의무감을 더 강하게 느낄 것이고, 또 그렇게 하는 데 한층 큰 관심을 가질 것이다. 한 사람의 개인이 보답할 사적인 애착의 대상은, 사람들의 집단의 경우보다 그 수가 훨씬 적을 것이다. 사람들의 집단은 구성원 각자가 비슷한 수의 애착의 대상을 가지리라 예상된다. 따라서 한 사람의 개인은, 그만큼 친목이나 애착이라는 감정에 의해 오도될 가능성이 적을 것이다. 단일한 해석에 따라 바르게 방향을 잡은 한 사람의 개인은, 집합적인 집단의 결정을 왜곡·혼란시키는 잡다한 견해와 감정 및 이해관계 등에 따라 왜곡·혼란되지 않을 것이다. 그들이 우리와 관련되어 있는지 아니면 다른 사람들과 관련되어 있는지, 누가 우리의 선택이나 발탁의 대상이 될 것인지 등등에 대한 개인적 고려만큼 인간의 정념을 불러일으키기 쉬운 것은 없다. 따라서 사람들의 집단에 의해 공직 임명권이 행사될 때는 반드시, 그 집단을 구성하는 사람들이 느낄 모든 사적이고 정파적인 호감과 반감, 편파성과 혐오, 애착과 적대감 등이 전면적으로 드러나리라고 확실히 예상할 수 있다. 그런 상황에서 내려질 선택은, 당연히 한 당파의 다른 당파에 대한 승리의 결과물이거나, 아니면 당파들 간의 타협의 산물일 것이다. 어느 경우이든 후보자의 고유한 장점은 너무나 종종 간과될 것이다. 전자일 경우, 당파의 표를 결속하는 데 가장 적합한 조건이 적임자의 조건보다 더 중요하게 고려될 것이다. 후자일 경우, 제휴는 대체로 이해관계가 대등한지에 따라 좌우될 것이다. 즉 "이 직위에는 우리가 원하는 사람을 주고, 저 직위에는 당신들이 원하는 사람을 갖도록 하자"는 것이다. 당파적 승리의 경우이든, 당파적 협상의 경우이든, 공공서비스의 향상이 주된 목표가 되는 일은 거의 없을 것이다.

제헌회의에서 작성한 임명 관련 규정에서 결점을 찾아낸 총명한 사람들은, 이 논설에서 제시한 기본 방침[즉 한 명에 의한 임명권 행사가 좋다]의 진실성을 인식했던 듯하다. 따라서 그들은 단독으로 연방 정부 [공직자] 임명을 할 수 있는 권한이 대통령에게 부여되어야 한다고 주장한다. 그러나 쉽게 입증할 수 있듯이, 우리가 그런 방식에서 기대할 수 있는 모든 이점은, 대통령에게 부여하도록 제안되어 있는 [임명권이 아닌] 지명권에서 실질적으로 유래한다. 지명권은 대통령의 절대적 임명권에 수반될 수 있는 몇 가지 약점을 방지할 수 있다. 지명할 때는 대통령의 판단력만이 발휘될 것이다. 그리고 상원의 승인을 얻어 직무를 맡게 될 사람을 지명하는 것은 그의 단독 임무가 될 것이기에, 그의 책임은 마치 그가 최종 임명을 하는 경우만큼이나 완벽한 것이 될 것이다. 이런 견지에서 보면, 지명과 임명 사이에는 어떤 차이점도 있을 수 없다. 두 경우 모두 동일한 동기들이 그의 임무의 적절한 수행에 영향을 미칠 것이다. 또한 그의 사전 지명에 근거하지 않고는 어떤 사람도 임명될 수 없기에, 임명될 사람은 사실상 모두 그가 선택한 사람일 것이다.

하지만 그의 지명이 기각될 수 있지 않은가? 그럴 수 있다고 나는 인정한다. 하지만, 이는 자신에 의한 또 다른 지명에 자리를 물려줄 뿐이다. 궁극적으로 임명될 사람은, 비록 제1 순위는 아마 아니겠지만, 그가 선호하는 대상임에 틀림없다. 또한 그의 지명이 자주 기각될 개연성은 크지 않다. 상원이, 다른 사람에 대한 선호 때문에, 제안된 사람을 기각하려는 생각을 한다는 것은 불가능하다. 왜냐하면 상원은 제2차 지명이나 또는 어떤 후속 지명에서도 자신들이 원하는 사람이 제시될 것이라고 확신할 수 없기 때문이다. 심지어 상원은 이후의 지명에서 자신들이 조금이라도 받아들이기 좋은 후보가 제시될 것인지에 대해서도 확신할 수 없다. 또한 자신들의 반대는 기각당한 개인에게 일종의 오명을 씌우게 되고, 최고 집행관의 판단에 대한 문책의 양상을 띨 것이기 때문에, 거부할 만한 특별하고 강력한 이유가 존재하지 않는 한, 승인을 거부하는 일이 자주 일어날 것 같지는 않다.

그렇다면 어떤 목적을 위해 상원의 협력을 요구하는가? 상원의 동의를 필수 요건으로 한 것은 대체로 조용하지만 강력한 기능을 할 것이다. 그것은 대통령의 정실주의에 대한 탁월한 견제 수단이 될 것이고, 출신 주에 기초한 편견, 가족 연고, 개인적 애착, 인기 고려 등등에 따른 부적절한 인사의 임명을 막는 데 크게 기여할 것이다. 이 밖에도, 그것은 [정부] 운영의 안정성의 효과적인 원천이 될 것이다.

자신이 내린 선택의 적절성을 입법부의 한 원인 별개의 독립적인 집단의 논의와 결정에 맡겨야만 할 경우와 단독으로 공직 처분권을 행사할 경우를 비교하면, 후자의 경우에 사적 기호와 이해관계가 훨씬 더 크게 작용하리라는 것은 쉽게 이해할 수 있다. 기각의 가능성은 제안 시에 조심할 강력한 동기가 될 것이다. [기각될 경우] 그 자신의 명예가 손상될 위험은 틀림없이 전자와 후자[즉 사적 기호와 이해관계]를 막아 줄 방벽으로 기능할 것이다. 선출직 집행관이라면, 여론 형성에 막대한 영향을 미치는 집단[즉 의회]의 감시에 자신의 정실주의나 대중적 인기의 부적절한 추구가 노출될 경우 정치적 입지를 위협받을 수 있기에, 특히 그럴[즉 조심할] 것이다. 그는, 같은 주 출신이거나, 개인적 연고가 있거나, 아니면 자신을 즐겁게 해줄 아첨꾼에게 필요한 비천함과 유순함 외에는 아무런 장점도 없는 후보들을, 가장 두드러지거나 수지맞는 자리에 제시하는 것에 대해 부끄러움과 두려움을 느낄 것이다.

　　이런 추론에 대해서는 다음과 같은 반론이 제기되어 왔다. 즉 대통령은 지명권이라는 영향력을 이용해 자신의 의견에 대한 상원의 순응을 확보하리라는 것이다. 돈에 좌우되는 속성이 인간 본성에서 보편적이라는 가정은, 보편적인 청렴성에 대한 가정 못지않은 정치적 추론의 오류이다. 권력을 위임하는 제도는, 신임의 합리적 기반이 될 수 있는 덕성과 명예를 갖춘 일부가 사람들 중에 존재한다는 것을 함축하고 있다. 경험은 이 이론이 옳음을 보여 준다. 그런 일부 사람은 가장 부패한 정부의 가장 부패한 시기에도 존재했던 것으로 드러난다. 영국 하원이 돈에 좌우된다는 것은, 그 나라뿐만 아니라 우리나라에서도 오랫동안 비난해 온 주제였다. 그런 혐의가 상당 부분 충분한 근거가 있다는 사실은 의문의 여지가 없다. 그러나 하원의 대다수는 대개 독립성과 공공성을 지닌 의원들로 구성되어 있고, 이들이 유력한 영향력을 행사하고 있다는 사실 역시 의심할 여지가 거의 없다. 따라서 인사와 정책 양면에서, 하원의 의견은 대개 군주의 의향을 통제하고 있다고 생각된다(현 통치 기간에는 이를 기대할 수 없지만). 따라서 집행관이 가끔 상원에서 몇몇 개별 의원에게 영향력을 미칠 것이라고 가정하는 것은 무방하겠지만, 그가 전반적으로 상원 전체의 진실성을 매수할 수 있다고 가정하는 것은 무리이고 개연성 또한 전혀 없을 것이다. 인간의 덕을 미화하거나 악덕을 과장하지 않고 인간 본성을 있는 그대로 바라보려는 사람은, 집행관이 의원 다수를 매수·유혹하기란 불가능할 것이라고 믿을 수 있는 충분한 근거를 상원의 성실함에서 발견할 것이다. 그뿐만 아니라, 임명 업무에서 요구되는 상원의 협력이라는 필수 요건은 집행관의 행위에 대한 상당한 그리고 유익한 제약이 되리라고 안심하고 믿을 수 있는 충분한 근거를, 역시 상원의 성실함에서 발견할 것이다. 그리고 상원의 성실과 정직이 유일한 의지처는 아니다. 헌법은 대통령이 입법부에 영향력을 행사할 위험을 막기 위해 몇 가지 중요한 방어물을 제공했다. 다음의 규정이 그것이다. "상원 의원 또는 하원 의원은, 임기 중에 신설되거나 봉급이 인상된 어떠한 합중국의 공직에도 임기 중에 임명될 수 없다. 합중국의 어떠한 공직에 있는 자라도 재직 중에 양원 중 어느 원의 의원이 될 수 없다"[제1조 6절 2항].

푸블리우스

연방주의자 77번

[해밀턴] 1788. 4. 2.

임명 업무에 상원이 협동함으로써 기대할 수 있는 이점 가운데 하나는, 앞[55번, 76번 논설]에서 언급했듯, 정부 운영의 안정성에 기여하리라는 것이다. 상원의 동의는 임명뿐만 아니라 면직에도 필요할 것이다.[1] 따라서 최고 집행관이 바뀌어도, 그가 단독으로 공직[임명]을 처리할 수 있는 경우에 예상되는 것과 비교해, 그렇게 극단적이고 전면적인 정부 공직자의 격변이 일어나지는 않을 것이다. 어떤 공직자가 자기 자리의 적임자임을 충분히 입증해 왔다면, 새 대통령이라도 그 자리를 자신에게 더 맞는 사람으로 교체하려 시도하기가 꺼려질 수 있다. 상원이 반대해 그의 시도를 무산시키고, 그 자신에게까지 상당한 불명예를 가져다줄 수 있다고 우려되기 때문이다. 안정된 정부 운영의 가치를 가장 잘 평가할 수 있는 사람이라면, 구성원의 훨씬 높은 지속성으로 말미암아 정부의 그 어떤 다른 구성 요소[즉 부]보다 분명히 변화와 변덕에 덜 휘둘릴 그런 기구[즉 상원]의 승인 여하에 따라, 공직자의 직위 유지 여부가 좌우되도록 한 헌법안 규정을 높이 평가할 것이 틀림없다.

임명 조항에 있는 상원과 대통령의 이런 연합에 대해, 그것이 상원에 대한 부당한 영향력을 대통령에게 제공할 것이라는 반론이 제기되어 왔다. 이와 달리 그것이 정반대 경향을 나타낼 것이라는 반론이 제기된 경우 역시 있었다. 이는 어느 주장도 사실이 아님을 보여 주는 강력한 증거이다.

첫 번째 주장을 완전한 형태로 서술하면 곧 그에 대한 논박이 된다. 그 주장은 이러하다. 즉 대통령은 상원에 대해 부적절한 영향력을 미칠 것이다. 왜냐하면 상원은 대통령을 견제하는 권한을

---

1) [옮긴이] 헌법 조항에는 해임에 상원의 동의를 요구하는 내용은 없다. 임명뿐만 아니라 해임에도 상원 동의가 필요하리라는 해밀턴의 해석에 대해 매디슨은 반대했다.

가질 것이기 때문이다. 이는 모순된 표현이다. 대통령이, 상원에 의해 제어되는 지명권만을 가질 때보다 임명의 전권을 가질 때, 상원을 압도하는 위험한 제국이 훨씬 더 효과적으로 수립될 수 있으리라는 데는 의심의 여지가 없다.

앞의 주장의 역, 즉 "상원은 집행관에게 영향력을 행사할 것이다"라는 주장을 살펴보자. 다른 여러 곳[67번에서 76번까지]에서 언급했듯이, 이런 반론은 불명료하기에 엄밀히 대응하기가 불가능하다. 그 영향력은 어떤 방식으로, 어떤 목표와 관련해 행사될 것인가? 지금 여기[즉 앞의 주장]에서 사용한 의미대로, 누군가에게 영향을 미치는 권한이란 누군가에게 혜택을 부여하는 권한을 의미함이 틀림없다. 대통령의 지명에 대해 거부권을 사용하는 방식을 통해, 상원은 어떻게 대통령에게 혜택을 부여할 수 있는가? 상원은 때때로, 공적인 목적이 지시하는 바와 다르게, 대통령이 선택한 사람을 묵인함으로써 그를 만족시킬 수 있다고 말한다면, 나는 다음과 같이 답하겠다. 즉 대통령이 그[즉 상원의 인준] 결과에 사적으로 관심을 가질 만한 경우가 너무 적을 것이기에, 상원이 순종함으로써 실질적으로 [대통령에게] 영향을 미칠 수 있는 여지는 거의 없다. 명예와 보수의 배분을 시작[즉 공직자를 지명]할 수 있는 권한은, 그 과정을 단지 방해만 할 수 있을 뿐인 권한[을 가진 기관, 즉 상원]에 의해 끌려가기보다는 그런 권한[을 가진 기관]을 끌어당길 개연성이 훨씬 클 것이다. 만일 대통령에게 영향력을 행사하는 것이 [그에게 혜택을 주는 것이 아니라] 그를 제어하는 것을 의미한다면, 이는 [헌법안이] 의도하는 바로 그것이 틀림없다. 그리고 앞서 입증했듯이 그런 제어는, 대통령이 아무런 통제도 받지 않고 권한을 행사할 경우 기대되는 유일한 이점을 파괴하지 않으면서, 동시에 유익한 결과를 가져다줄 것이다. 지명권은 임명권의 모든 장점을 창출하면서 임명권의 해악을 대부분 방지할 것이다.

[헌법안에서] 제안된 정부의 공직자 임명 방안과 이 주[즉 뉴욕주]의 헌법에서 정한 방안을 비교하면, 확실하게 전자를 선호할 것이다. 전자의 경우, 지명권은 명백하게 집행관에게 부여된다. 그리고 각각의 지명은 입법부의 한 원 전체의 판단에 반드시 따라야만 한다. 이런 임명 방식으로 말미암아, 임명에 수반하는 상황들은 자연스럽게 관심사가 될 것이고, 대중들은 어느 행위자가 어떤 역할을 행했는지를 분명히 알 수 있을 것이다. 잘못된 지명에 대한 책임은 단독으로 그리고 전적으로 대통령에게 떨어질 것이다. 좋은 지명을 기각한 데 대한 비난은 온전히 상원의 문 앞에 놓일 것이다. 대통령의 좋은 의도를 좌절시켰기에 비난은 가중될 것이다. 잘못된 임명이 행해진다면, 지명에 대해서는 집행관이, 승인에 대해서는 상원이, 정도의 차이는 있겠지만 오명과 불명예를 같이 나누게 될 것이다.

　　이 모든 것의 반대가 이 주의 임명 방식의 특징이다. 세 명에서 다섯 명의 인사로 임명 평의회가 구성되는데, 주지사는 항상 이 가운데 한 명으로 참여한다. 대중의 눈이 미칠 수 없는, 외부와 차단된 사적 공간에서, 이 소규모 집단은 그들에게 위임된 책무를 수행한다. 주지사는 애매한 몇몇 헌법 구절에 근거해 지명권을 주장한다고 알려져 있다. 그러나 주지사가 어느 정도나 그리고 어떤 방식으로 그것을 행사하는지, 그리고 어떤 경우에 반박과 반대에 직면하는지 등은 알려져 있지 않다. 잘못된 임명에 대한 비난은 날카롭지도 지속적이지도 못하다. 장본인이 불분명하고, 비난할 대상이 명확하지 않기 때문이다. 도당과 음모의 무대가 무한히 열려 있지만, 책임감에 대한 인식은 완전히 상실되었다. 대중이 알 수 있는 최대치는 다음과 같은 사실이다. 지사가 지명권을 주장한다는 것, [다섯 명 중 주지사를 제외한] 네 명이라는 상당한 인원 중에서 두 명은 종종 어렵지 않게 조종될 수 있다는 것, 평의회의 특징

구성원 가운데 일부가 완고한 인물일 경우 종종 그들이 참석하기 어렵게 회의 시간을 조정해 그들의 방해를 제거할 수 있다는 것, 그리고 어떤 이유에서 연유하든 엄청나게 많은 수의 매우 부적절한 임명이 수시로 이루어지고 있다는 것 등등. 이 주의 지사가 정부 운영의 이 미묘하고 중요한 부문에서 가지고 있음이 분명한 우월권을 [올바로] 사용해 특정 직위에 가장 적임인 사람을 [제대로] 임명하는지, 아니면 자신의 의사에 절대 복종하고 비열하고 위험한 사적 권력 체제를 유지하는 데 무조건 헌신할 그런 장점을 가진 사람을 발탁하기 위해 그런 이점을 악용하고 있는지는 의문에 싸여 있다. 공동체로서는 불행하게도, 그 여부는 짐작과 추측의 대상이 될 수 있을 뿐이다.

어떻게 구성되든 단지 임명 업무만 다루는 모든 평의회는, 도당과 음모가 판치는 비밀회의가 될 것이다. 결탁이 일어나기 어려울 정도로 인원수를 늘리면, 용납하기 어려울 만큼 그 대가도 늘어날 것이다. 각 위원들마다 뒤를 봐줘야 할 친지와 연고가 있을 것이기에, 상호 만족의 욕구가 수치스러운 표의 교환 및 자리 협상을 낳을 것이다. 한 사람의 사적 애착은 충족되기 쉬울 수도 있다. 그러나 한 다스[즉 12명] 또는 20명의 사적 애착을 만족시키는 것은 정부의 모든 주요 직위를 소수 가문이 독점하는 결과를 야기할 수 있고, 고안할 수 있는 다른 어떤 조치보다 더 직접적으로 귀족정 또는 과두정에 이르는 원인이 될 수 있다. 자리의 축적을 방지하기 위해 평의회 구성원을 빈번히 교체한다면, 정부 운영의 변덕에 따른 해악이 전면적으로 뒤따를 것이다. 그런 평의회는 또한 상원보다 집행관의 영향력에 훨씬 취약할 것이다. 왜냐하면 그들은 더 소수일 것이고, 직접적인 공적 감시를 훨씬 덜 받을 것이기 때문이다. 결론적으로 제헌회의의 안을 그런 평의회로 대체하면, 비용 증가, 공적 지위의 분배에서 정실주의와 음모에 따른 해악

증가, 정부 운영의 안정성 감소, 집행관의 부당한 영향력에 대한 방어 수단의 약화 등을 낳을 것이다.

임명 문제에 대한 검토를 적절하게 마무리하기 위해서는, 아주 소수이지만 몇몇 사람들이 주창해 온 구상에 대해 논평할 필요가 있다. 임명권에 하원을 결합하는 방안이 그것이다. 하지만 나는 이를 언급만 하는 선에서 그치고자 한다. 왜냐하면 그 구상이 공동체 구성원 상당수의 지지를 확보할 것이라고 상상할 수 없기 때문이다. 그렇게 변동이 심하고 동시에 그렇게 인원수가 많은 기구가 그런 권한의 행사에 적합하다고는 결코 생각할 수 없다. 50여 년 뒤에는 하원이 300~400명으로 구성되리라는 점을 상기한다면, 그런 부적합성은 모두에게 명백히 드러날 것이다. 하원을 [임명 업무에] 결합하게 되면, 집행관과 상원의 안정성에 따른 모든 이점은 파괴될 것이고, 끝없는 지체와 혼란이 야기될 것이다. 주 헌법에서 대부분의 주들이 겪은 사례는 우리에게 그런 구상을 거부하도록 권고한다.

아직까지 검토하지 않은 집행관의 권한들로는, 연방의 상황에 관해 연방의회에 보고하고, 적절하다고 판단되는 조치의 심의를 연방의회에 권고하며, 긴급 시에 상·하 양원 또는 그중 한 원을 소집하고, 휴회 시기에 관해 양원 간 의견이 일치되지 않는 때에 [적당하다고 인정되는 때까지] 양원을 휴회하며, 대사와 그 밖의 외교사절을 접수하고, 법률을 충실하게 집행하며, 합중국의 모든 관리들에게 직무를 위임하는 것 등이 있다[제2조 3절].

입법부의 어느 원이든 소집할 수 있는 권한 및 대사를 접수할 권한 등에 대한 몇 가지 트집을 제외하면, 이런 종류의 권한들에 대해서는 어떤 반대도 없었다. 이런 권한들에는 아마 그 어떤 반대의 여지도 있을 수 없을 것이다. 반대했던 부분들에 대해서도 그 이유를 생각해 내기 위해서는 사실 비난하려는 끝없는 욕망이 필요했을 것이다. 입법부의 어느 원이든 소집할 수 있는 권한과 관련해서는, 상원의 경우 그런 권한의 충분한 근거를 쉽게 발견할 수 있다는 것만 언급하고자 한다. 상원은 조약과 관련해 집행관에 대한 동의권을 가지기에, 하원의 소집이 불필요하고 부적절할 때라도, 이 목적을 위해 상원을 소집하는 것이 종종 필요할 수 있다. 대사의 접수에 대해서는, 앞의 논설[69번]에서 진술한 내용이 충분한 답변을 제공할 것이다.

우리는 이제 집행부의 구조와 권한들에 대한 점검을 마쳤다. 나는 집행부가, 공화제의 원리가 허용하는 한도 내에서, 활력에 필요한 모든 조건을 갖추고 있음을 입증하고자 했다. 이제 남은 질문은 다음과 같다. 집행부는 공화제적 의미에서의 안전, 즉 인민에 대한 충분한 의존과 충분한 책임에 필요한 조건을 갖추고 있는가? 이 질문의 대답은 집행부의 다른 특징에 대한 탐구 과정에서 이미 논한 바 있지만, 다음과 같은 조건으로부터 충분히 추론할 수 있을 것이다. 즉 대통령의 선출은 그 목적을 위해 인민들이 직접 선출한 사람들에 의해 4년마다 이루어지며, 대통령은 항상 탄핵, 재판, 면직, 다른 어떤 공직의 자격마저 박탈, 통상적 사법절차에 따른 추가 기소에 따른 생명과 재산의 박탈 등의 처벌을 받을 수 있다. 헌법안에 따르면, 집행권의 남용이 실질적으로 우려되는 유일한 영역[즉 임명]에서 합중국의 최고 집행관은 입법부의 한 원[즉 상원]의 통제에 종속될 것이다. 계몽되고 합리적인 인민이라면 무엇을 더 바랄 수 있겠는가?

푸블리우스

연방주의자 78번

[해밀턴] 1788. 5. 28.[1]

이제 우리는 제안된 정부의 사법부에 대한 검토를 시작한다.

연방 사법부의 유용성과 필요성에 대해서는, 기존 연합의 결함을 밝히는 과정에서 명확히 언급한 바 있다[22번 논설]. 이론적으로 그 기구의 타당성은 의문의 여지가 없기에, 그곳에서 주장한 바의 요점을 되풀이하는 것은 불필요할 듯하다. 제기되어 왔던 유일한 문제는 연방 사법부를 구성하는 방법과 그 규모에 대한 것이다. 따라서 우리의 논평도 이런 점에 한정될 것이다.

연방 사법부를 구성하는 방식에는 다음의 몇 가지 고려 대상이 포함되는 듯하다. 첫째, 법관 임명 방식, 둘째, 법관들이 그들의 직을 보유할 수 있는 기간, 셋째, 여러 법원들 사이의 사법권의 분배 및 그 법원들의 상호 관계.

첫째, 법관의 임명 방식. 이는 합중국의 공직자 일반의 임명 방식과 동일하다. 이에 대해서는 앞의 두 논설에서 충분히 논의했기에, 불필요한 반복이 아니라면 여기에서 논할 수 있는 것이 없다.

둘째, 법관들이 그들의 직을 보유할 수 있는 기간. 이는 주로 재임 기간, 그들의 생활 기반에 대한 제공, 그들의 책임성을 확보하기 위한 예방 조치 등과 관련된다.

제헌회의의 안에 따르면, 합중국에 의해 임명될 모든 법관은 적법행위를 하는 한,[2] 그들의 직을 보유한다. 이는 주 헌법들에서

가장 많이 채택된 방식과 일치하는데, 그중에는 이 주의 헌법도 포함된다. 헌법안 반대자들은 이것의 타당성도 의문시하는데, 이는 그들의 생각과 판단력을 병들게 한 반대의 열망을 보여 주는 결코 가볍지 않은 증상이다. 법관직의 지속적인 재직에 요구되는 적법행위라는 기준은, 정부 운영의 근대적 개선책 중 가장 유익한 것의 하나임이 분명하다. 군주정에서 그것은 군주의 폭정을 막는 탁월한 방벽이다. 공화정에서 그것은 대의 기구에 의한 침해와 억압을 막는, 그에 못지않게 탁월한 방벽이다. 또한 그것은, 어떤 정부에서든 안정되고 올바르며 불편부당한 법의 운영을 확보하기 위해 고안할 수 있는 최선의 처방이다.

누구든 권력의 각 부를 주의 깊게 고찰하는 사람이라면, 권력 각 부가 서로 분립해 있는 정부 내에서, 사법부는 항상 그 기능의 특성상 헌법상의 정치적 권리들에 가장 덜 위협적임을 분명 간파할 것이다. 왜냐하면, 사법부는 그런 권리를 해치거나 손상할 능력이 가장 적을 것이기 때문이다. 집행부는 명예를 나누어 줄 뿐만 아니라 공동체의 검을 쥐고 있다. 입법부는 지갑을 장악하고 있을 뿐만 아니라, 모든 시민들의 의무와 권리를 규제하는 규칙을 정한다. 이와 반대로, 사법부는 검에도 지갑에도 영향을 미칠 수 없으며, 사회의 힘도 부도 지배하지 못한다. 또한 어떤 것이든 적극적

---

2) [옮긴이] 법관이 그 직위를 유지하는 요건인 "적법행위를 하는 한"during good behavior(라틴어로 'quamdiu se bene gesserint')은 "국왕이 원하는 한"during the king's pleasure(라틴어로 'durante bene placito')을 대체한 개념으로서, 법관을 국왕의 의지로부터 벗어나게 함으로써 사법부의 독립을 확보하고 보장하는 근거가 된 개념이다. 이 개념이 성립되면서부터 법관은 의회 양원의 합동 표결로만 해임되는데, 이런 개혁은 1701년 왕위 계승법에 의해 도입되었다.

인 결의를 취할 수도 없다. 그것은 힘도 의지도 가지고 있지 않고, 단지 판단만을 가질 뿐이다. 심지어 그 판단이 효력을 가지려면 궁극적으로 집행부에 의존해야만 한다고 정말로 말할 수 있다.

[사법부의] 상황에 대한 이런 간략한 개관은 몇 가지 중요한 결론을 시사해 준다. 그런 개관이 명백히 입증해 주는 바는 다음과 같다. 즉 사법부는 권력의 3부 가운데 비할 데 없이 가장 약하다는 것,[3] 사법부는 다른 2부 가운데 어느 부에 대해서도 성공적으로 공격할 수 없다는 것, 그들[즉 다른 2부]의 공격에 맞서 스스로를 방어할 수 있도록 하기 위해서는 가능한 모든 주의가 필요하다는 것, 그리고 때때로 재판관의 법정에서 개별적인 억압이 발생할 수는 있지만, 인민의 보편적 자유가 그 방면으로부터 위협받을 리는 없다는 것 등이 그것이다. 내가 말하는 것은, 사법부가 입법부 및 집행부 양자와 진정으로 구분되는 별개의 상태를 유지하는 한 그러하다는 뜻이다. 왜냐하면 나는, "재판권이 입법권과 집행권으로부터 분리되어 있지 못하면 어떤 자유도 존재할 수 없다"[4]는 데 동의하기 때문이다. 그리고 최종적으로 그것[즉 사법부 상황에 대한 개관]이 입증해 주는 바는, 법관 지위의 영속성은 당연히 사법부의 필수 불가결한 구성 요소로서, 그리고 더 크게는 공공의 정의와 공공의 안전을 지키는 성채로서 간주될 수 있다는 것이다. 왜냐하면, 자유는 단독의 사법부에 대해서는 두려워할 필요가 없지만, 사법부가 다른 부와 결합할 때는 모든 것을 두려워해야 할 것이기

---

3) 유명한 몽테스키외는 다음과 같이 말한다. "위에서 인용한 세 권력 중에서 사법권은 없는 것과 다름없다." *Spirit of Laws*, vol. I [bk. XI, ch. 6], page 186.

4) 같은 책, p. 181 [*Spirit of Laws*, bk. XI, ch. 6].

때문이다. 그리고 그런 결합의 모든 [부정적] 결과는 후자에 대한 전자의 종속 — 명목적인 외견상 분립에도 불구하고 — 으로 말미암아 발생할 것이 분명하기 때문이다. 또한 사법부의 자연적인 무력함으로 인해, 사법부는 동격의 부[즉 입법부와 집행부]에 의해 압도되고 위압당하거나 그에 따라 좌우될 위험에 항상 처해 있기 때문이며, 법관 지위의 영속성만큼 사법부의 견고함과 독립에 기여할 수 있는 것은 없기 때문이다.

법원의 완전한 독립은 제한 헌법에서 특히 필수적이다. 내가 이해하는 제한 헌법이란, 입법권에 대한 어떤 명시적 예외를 담고 있는 헌법이다. 예를 들면, 입법부는 사권 박탈의 법안이나 소급 법률을 통과시킬 수 없다는 것 등이다. 이런 종류의 제한은, 법원이라는 수단을 통하지 않고는 실제로 지켜질 수 없다. 헌법의 명백한 취지에 반하는 모든 법률에 대해 무효라고 선언하는 것이 법원의 임무이다. 이것이 없다면, [인민이] 특정한 권리나 또는 기본적 권리로 확보한 모든 것이 아무것도 아니게 될 것이다.

헌법에 반한다는 이유로 입법부에서 제정한 법률을 무효로 선언할 수 있는 법원의 권한과 관련해 다소간 혼란이 발생했다. 그런 원리가 입법권에 대한 사법권의 우위를 의미한다는 생각 때문이었다. 일부의 주장에 따르면, 다른 부의 법률을 무효로 선언할 수 있는 권한은, 그들의 법률이 무효로 선언당할 수도 있는 부에 대해 필연적으로 우월할 수밖에 없다는 것이다. 이 원리는 아메리카의 모든 헌법들에서 아주 중요한 것이기 때문에, 그것이 기초하고 있는 근거에 대해 간략히 논의하는 것이 용납될 수 없지는 않을 것이다.

수임 기관이, 그 활동의 지침이 되는 위임의 취지에 반해 제정한 모든 법률은 무효이다. 이보다 더 명확한 원리에 근거한 명제는 존재하지 않는다. 따라서 헌법에 반하는 그 어떤 입법부의 법률도 유효할 수 없다. 이를 부인하는 것은, 대리인이 그의 주인보다 더 강력하고, 하인이 그의 주인보다 우위에 있으며, 인민의 대표가 인민 자체보다 우월하고, 권한에 따라 실행하는 자들이 그들의 권한이 허용하지 않는 것뿐만 아니라 금지하는 것까지 행할 수 있다고 주장하는 것과 다름없다.

만일 누군가가 입법부는 그 스스로가 자신의 권한에 대한 헌법적 심판관이며, 그들이 자신의 권한에 대해 내린 해석은 다른 부에 대해 최종적이라고 주장한다면, 그것은 자연스러운 추론이 될 수 없으며, 헌법의 그 어떤 개별 규정으로부터도 그렇게 추정할 수 없다고 답할 수 있다. 그렇지 않고, 헌법은 인민의 대표들로 하여금 자신들의 유권자의 의사를 자신들의 의사로 대치할 수 있게끔 하려 했다고 추정해서는 안 된다. 법원은 다른 무엇보다도, 입법부를 그들의 권한에 부여된 한계 안에 묶어 두기 위한, 인민과 입법부 사이의 중간 기구로서 고안되었다고 추정하는 것이 훨씬 더 합리적이다. 법률의 해석은 법원의 본래의 그리고 고유한 영역이다. 헌법은 사실상 법관에 의해 근본법으로 간주되고 있으며 또 그렇게 간주되어야만 한다. 따라서 입법부에서 만든 모든 개별 법률의 의미는 물론이고 헌법의 의미를 확인하는 것은 법관[의 영역]에 속한다. 만일 양자 간에 양립할 수 없는 불일치가 발생한다면, 더 우위의 구속력과 효력을 갖는 것이 당연히 선택되어야 한다. 달리 말하면, 법령보다는 헌법이, 인민의 대리인의 의사보다는 인민의 의사가 우선되어야만 하는 것이다.

이런 결론이 결코 입법부에 대한 사법부의 우위를 상정하지는 않는다. 그것이 상정하는 것은 다만, 인민의 권력이 양 부[즉 입법부와 사법부]보다 우월하다는 것이고, 또한 법률로 공표된 입법부의 의사가 헌법에 공표된 인민의 의사와 충돌할 경우에 법관은 전자보다는 후자에 따라야 한다는 것이다. 법관은, 근본적이지 않은 법률보다는 근본법에 따라 자신의 판결을 규제해야 한다.

모순되는 두 가지 법 사이에서 결정을 내리는 사법적 재량권의 이런 행사는 익숙한 사례에서 전형적으로 나타난다. 전체적으로 또는 부분적으로 서로 충돌하는 두 법률이 동시에 존재하는데, 양자 가운데 어느 것에도 [다른 어느 하나에 대한] 폐지 조항이나 어구가 들어 있지 않은 경우가 흔히 발생한다. 그런 경우, 그 법률들의 의미와 시행에 대해 정리하고 결정하는 것은 법원의 영역이다. 타당한 해석을 통해 그 법률들이 서로 조정될 수 있는 한, 그렇게 하는 것이 이성과 법률에 똑같이 따르는 것이라 할 수 있다. 조정이 불가능할 경우, 한 법을 실행하고 다른 법을 배척하는 것은 필연적이다. 그 법률들의 상대적 유효성을 결정하기 위해 법원에서 통용되어 왔던 규칙은, 시간순에서 처음 법률보다 마지막 법률이 선택되어야 한다는 것이다. 그러나 이는, 어떤 실정법에서 유래한 것이 아니라 사물의 본성과 이치에서 유래한 해석의 규칙에 불과하다. 그것은 입법부에서 제정한 법 조항이 법원에 부과한 규칙이 아니라, 법의 해석자인 자신들의 [직무] 수행의 지침으로서 현실적이고 타당하기에 그들 스스로가 채택한 규칙이다. 동일한 권위가 만든 상충하는 법률 사이에서는, 그 권위의 의사의 가장 최근의 표시였던 법률이 우선권을 가지는 것이 합리적이라고 그들은 생각했다.

그러나 우월한 권위와 종속적 권위가 만든 법률, 원래적 권한과 파생적 권한이 만든 법률들이 충돌할 때, 사물의 본성과 이치는 앞의 규칙과는 반대되는 것을 적절한 규칙으로 제시한다. 즉 우월한 권위가 이전에 만든 법률이, 하위의 부수적 권위가 이후에 만든 법률보다 우선해야 한다는 것이다. 따라서 개별 법률이 헌법에 위반될 경우에는 항상 후자를 준수하고 전자를 무시하는 것이 법원의 임무가 될 것이다.

법원이 [법률과 헌법 간의] 모순을 핑계로 입법부의 합헌적 의사를 그들 자신의 의향으로 대체할 수 있다는 주장은 일고의 가치도 없다. 그런 주장은 [헌법과 법률의 모순이 아니라] 서로 모순되는 두 개의 법률이 존재할 경우에도 나올 수 있다. 또한 단일 법률에 대해 내리는 모든 판결에서도 그런 주장은 나올 수 있다. 법원은 법의 의미를 선고해야만 한다. 만일 법원이 판결 대신에 의지를 행사하려고 한다면, 그 결과는 입법부의 의향을 그들의 의향으로 대치한 것과 똑같게 될 것이다. 이런 견해[즉 법원이 입법부의 의사를 자신의 의사로 대체할 수도 있다]가 어떤 것을 입증했다면, 그것은 입법부와 다른 별개의 판사가 있어서는 안 된다는 것에 대한 입증이 될 것이다.

그런데, 법원을 입법부의 침해에 맞서 제한 헌법을 지키는 방벽으로 생각한다면, 법관의 종신 임기를 지지할 강력한 논거가 주어질 것이다. 왜냐하면 그렇게 어려운 임무의 성실한 수행에 반드시 필요한 법관의 독립성에 이것만큼 기여하는 것은 없을 것이기 때문이다.

법관의 이런 독립성은, 흉계를 가진 인물의 술책이나 특정 국면의 영향으로 말미암아 가끔씩 인민들 사이에 퍼지는 그런 유해 풍조의 영향으로부터, 헌법과 개인의 권리를 보호하기 위해서도 마찬가지로 필요하다. 그런 일시적인 유해 풍조는, 더 나은 정보와 신중한 성찰에 힘입어 곧 가라앉게 되겠지만, 그사이에 정부의 위험한 개변과 공동체 내의 소수파에 대한 심각한 탄압 등을 야기하는 경향이 있다. 공화제 정부의 근본 원리는, 기존 헌법이 자신들의 행복과 모순됨을 발견하면 언제든 그것을 변경하거나 폐지할 수 있는 인민들의 권리를 인정한다. 나는 헌법안의 지지자들이, 이 근본원리에 대해 이의를 제기하는 헌법안의 반대자들에게[5] 결코 동조하지 않으리라 믿는다. 하지만 이 근본원리로부터, 유권자들 중 다수파가 기존 헌법 규정과 모순되는 일시적 기호에 사로잡힐 때마다, 인민의 대표들이 그것을 근거로 그 [헌법] 규정을 침해하는 것이 정당화될 수 있다는 결론이 도출되는 것은 아니다. 또한 전적으로 대의 기구 내의 도당들로 말미암아 야기되는 헌법위반에 비해, 그런 형태의 [유권자 다수파의 기호에 따른] 헌법위반에 대해서는, 법원으로서도 그것을 묵인해야 할 더 큰 의무를 안게 될 것이라는 결론이 그런 근본원리로부터 도출되는 것은 아니다. 인민들이 어떤 엄숙하고 권위 있는 조치를 통해 기존의 틀을 무효화하거나 변경할 때까지, 그 틀은 인민들 스스로를 개인적으로뿐만 아니라 집합적으로 구속한다. 그리고 그런 조치 이전에는, 인민들의 의사에 대한 가정이나 심지어 그에 대한 어떠한 파악과 이해도, 인민의 대표자들이 그 틀에서 벗어나는 것을 정당화해 줄 수 없다. 하지만 공동체의 다수의 목소리가 헌법에 대한 입법부의 침해를 부추길 경우, 법관이 헌법에 대한 충실한 수호자로서의 의무를 수행하는 데는 비상한 용기와 강건함이 요구되리라는 것은 쉽게 예상할 수 있다.

법관의 독립성이, 가끔씩 나타나는 사회의 일시적인 유해 풍조의 영향을 차단하기 위한 필수적인 안전장치가 될 수 있다는 주장은, 헌법에 대한 침해만을 염두에 둔 것은 아니다. 그것은 때로는, 부당하고 편파적인 법률에 의한 특정 시민계급의 사적 권리에 대

---

5) 펜실베이니아주의 비준 회의에서 행한 마틴의 연설 등 소수파들의 반론을 참조[펜실베이니아주는 비준 회의에서 비준 논쟁이 처음으로 전개된 주였다. 해밀턴이 언급한 것은 비준 회의에서 패배한 반연방주의자들이 1787년 12월 18일자 『펜실베이니아 패킷 앤드 데일리 애드버타이저』*Pennsylvania Packet and Daily Advertiser*에 발표한 "The Address and Reasons of Dissent of the Minority of the Convention of Pennsylvania to Their Constituents"를 가리킨다. 실제 루서 마틴Luther Martin의 연설은 1788년 1월 27일 메릴랜드주 의회에서 행해졌다].

한 위해에까지 확장된다. 여기에서도 그런 법률의 가혹함을 완화하고 그 작용을 제한하는 데 법관의 확고함이 엄청나게 중요하다. 그것은 이미 통과된 법률의 직접적 해악을 완화하는 데 기여할 뿐만 아니라, 입법부가 그런 법률을 통과시키는 데 제어 장치로도 작동한다. 법원의 의심으로 말미암아 [자신들의] 부당한 의도가 성공하는 데 장애가 예상됨을 인지한 입법부는, 그들이 계획하는 부당한 동기 바로 그것 때문에, 그들의 시도를 어느 정도 제한할 수밖에 없는 것이다. 이런 상황은 많은 사람들이 인식하는 것보다 훨씬 큰 영향을 우리 정부의 특징에 미칠 것으로 예측된다. 사법부의 고결함과 온건함이 주는 혜택은 많은 주에서 경험한 바 있다. 사법부는, 그로 인해 음흉한 목표가 좌절된 자들을 성나게 만들겠지만, 덕 있고 사심 없는 모든 사람의 존경과 갈채를 받을 것이 틀림없다. 사려 깊은 모든 종류의 사람들은, 법정에서 그런 균형과 중용을 낳고 또 강화하는 데 이바지할 모든 것을 높이 평가할 것이다. 왜냐하면, 부당한 풍조에 의해 오늘은 이득을 볼 수 있지만 내일 그 피해자가 되지 않으리라고 누구도 확신할 수 없기 때문이다. 그리고 모든 사람들은, 그런 풍조의 필연적 추세는 공적·사적 신뢰의 기반을 무너뜨리고, 대신에 보편적인 불신과 고통을 불러오리라고 지금 분명 느끼고 있을 것이다.

우리가 법원에 필수적인 것으로 여기는, 헌법과 개인의 권리에 대한 확고하고 일관된 지지는 일시적 위임에 의해 그 직을 유지하는 법관에게서 기대할 수 없음이 분명하다. 주기적인 임명은, 어떻게 조정되고 누가 하더라도, 법관의 필수적인 독립성에 어떤 식으로든 치명적인 결과를 초래할 것이다. 임명권이 집행부나 입법부 중 어느 한쪽에 위임된다면, 권한을 갖는 부에 대한 부당한 순종의 위험이 따를 것이다. 임명권이 양쪽 모두에 위임된다면, 어느 한 부의 불만을 무릅쓰려고 하지 않을 것이다. 만일 인민이나 또는 특별한 목적을 위해 인민이 선택한 사람들에게 임명권이 맡겨진다면, 대중적 인기를 고려하는 경향이 너무 강해져 헌법과 법률만을 고려한다는 믿음을 입증할 수 없을 것이다.

그런데 이 외에도 법관 지위의 항구성을 주장하는 중요한 이유가 있다. 이는 법관직에 요구되는 능력의 특성에서 연역할 수 있다. 방대한 양의 법전은, 자유 정부의 진전과 불가피하게 연관된 불편의 하나로 종종 지적된다. 이런 지적은 상당한 타당성이 있다. 법정에서 자의적인 재량권 행사를 방지하기 위해, 판사들은 필수적으로 엄격한 규정과 판례에 의해 구속되어야 한다. 그런 규정과 판례는 그들 앞에 놓인 모든 개별 사건에서 그들의 임무를 규정하고 지시해 준다. 그리고 인간의 어리석음과 사악함에서 시작되는 다양한 논쟁으로 말미암아 판례의 기록이 엄청난 규모로 팽창함으로써, 그에 대한 완전한 지식을 획득하기 위해 장기간의 힘든 공부가 요구될 수밖에 없다는 점은 손쉽게 이해될 것이다. 따라서 재판관의 자격을 얻기에 충분한 법적 역량을 획득할 사람은 사회에서 소수밖에 있을 수 없다. 그리고 인간 본성의 통상적인 부패를 감안해 적절히 공제한다고 하면, 필요한 지식과 함께 진실성을 모두 갖추고 있는 사람의 수는 훨씬 적을 것이다. 이런 고려 사항들은 우리에게 다음과 같은 사실을 알려 준다. 즉 정부가 적임자들 가운데 폭넓게 선택할 수 있는 여지가 거의 없으며, 일시적인 임기는 자연히 그런 적임자들로 하여금 수익성 높은 [기존] 업무 분야를 그만두고 판사직을 수락하는 것을 단념케 만들 것이다. 그 결과, 결국 효율적이고 위엄 있게 재판을 수행할 능력과 자격이 모자라는 사람에게 재판 운영을 맡기게 되는 경향이 나타날 것이다. 이 나라의 현재 상황 및 장차 오랫동안 예상되는 상황에서, 이런 이유 탓에 약점이 생긴다면 얼핏 보이는 것보다 훨씬 심각한 문제가 될 것이다. 하지만 고백하건대, 그것은 이 주제의 다른 면에서 드러나는 약점에 비해서는 미미한 것에 불과하다.

　전체적으로 제헌회의가 법관의 임기와 관련해, 적법행위를 종신 재직의 자격으로 확립했던 [주] 헌법들의 사례를 모방한 것은 현명한 처사였다. 이에는 의심의 여지가 있을 수 없다. 이 때문에 비난받을 만하기는커녕, 좋은 정부의 이 중요한 특징이 빠졌더라면, 헌법안은 용납할 수 없는 결함을 지니게 되었을 것이다. 영국의 경험은 이 제도의 장점에 대한 뛰어난 설명을 제공해 준다.

푸블리우스

연방주의자 79번

[해밀턴] 1788. 5. 28.

　종신 임기 다음으로, 그들의 생활 기반에 대한 확고한 제공만큼 법관의 독립성에 더 크게 기여할 수 있는 것은 없다. 대통령과 관련해 [73번 논설에서] 했던 지적은 여기에도 똑같이 적용될 수 있다. 인간 본성의 일반적 추이로서, 한 사람의 생계에 대한 권력은 그의 의지에 대한 권력과 같다. 법관을 재정적으로 입법 권력의 수시 교부금에 의존하도록 방치하는 어떤 체제에서도, 후자로부터 전자의 완전한 독립의 실질적 실현은 결코 기대할 수 없다. 모든 주에서 좋은 정부의 계몽된 지지자들은, 이에 대한 엄밀하고 분명한 대책이 주 헌법에 빠져 있는 것을 애석해했다. 주 헌법 가운데 일부는 실제로 법관에게 종신의 봉급이 정해져야 한다고 선포했다.[1] 하지만, 그런 표현도 입법부의 책임 회피를 방지할 수 있을

---

1) 매사추세츠주 헌법 제13조 1절 2항 참조.

만큼 충분히 확고하지 못했음이 여러 사례에서 드러났다. 한층 더 적극적이고 명백한 무언가가 필요함이 입증되었다. 따라서 제헌회의의 안은, 합중국의 법관은 "그 직무에 대하여 정기적으로 보수를 받으며, 그 보수는 재임 중에 감액되지 아니한다"고 규정했다 [제3조 1절].

모든 상황을 고려할 때, 이는 고안할 수 있는 가장 바람직한 규정이다. 사회 상태와 화폐가치의 변동을 고려하면, 헌법상의 고정 급료는 채택될 수 없다는 점이 쉽게 이해될 것이다.[2] 현재는 엄청날 수 있는 것이 반세기 뒤에는 부족하고 불충분할 수 있다. 따라서 상황 변화에 따라 그 규정을 변경할 수 있도록 입법부의 재량에 맡길 필요가 있었다. 하지만 입법부가 법관 개인의 조건을 더 열악하게 바꿀 수는 없도록 하는 제약도 필요했다. 이렇게 되면, 개인은 자신의 존립 근거를 확신할 수 있을 것이고, 또한 덜 바람직한 상태에 놓일지도 모른다는 우려 때문에 그의 직무가 방해받는 일은 결코 없을 것이다. 앞서 인용한 구절은 이 두 가지 장점을 모두 갖추고 있다. 법관의 봉급은 상황의 필요에 따라 수시로 변경될 수 있지만, 개별 법관의 경우 임용 시에 비해 급여가 결코 줄지는 않는다. 제헌회의가 대통령과 법관의 보수 사이에 차이를 두었음이 목격될 것이다. 전자의 보수는 증액도 감액도 모두 불가능한 데 비해, 후자의 보수는 단지 감액만 할 수 없는 것이다. 이는 아마 각 지위의 임기 차이가 원인일 것이다. 대통령은 4년 임기로 선출될 것이기에, 임기 시작 당시에 충분하게 정해진 보수가

---

[2] [옮긴이] 독립 전쟁 기간에 극심한 인플레이션이 발생하면서 주나 연방 화폐 모두 급격한 가치 하락을 겪었다. 이런 사정이 법관 보수에 대한 현실주의적 언급의 배경이 되었다.

임기 종료 시에는 그렇지 않게 될 상황이 일어날 가능성은 거의 전무하다. 하지만 적법행위를 하는 한 종신으로 자리가 보장될 법관의 경우, 최초 임명 시에는 충분했을 봉급이 근무해 갈수록 너무 적어지는 일이 당연히 발생할 것이다.

법관의 생활 기반에 대한 이런 규정은 신중함과 효율성을 함께 보여 주고 있다. 그리고 그것은, 법관의 종신 임기와 함께, 각주 헌법의 법관 관련 규정들에서 발견할 수 있는 어떤 것보다도 법관 독립의 밝은 전망을 제공해 준다.

법관의 책임성을 확보하기 위한 예방 조치는 탄핵 조항에 포함되어 있다. 그들은 위법행위를 할 경우 하원에 의해 탄핵되고, 상원에 의해 재판받을 수 있다. 그리고 만일 유죄판결을 받으면 면직되고 어떤 다른 직의 자격도 박탈당할 수 있다. 이것이, 법관에 필요한 독립성과 부합하는 책임성에 관한 유일한 규정이다. 또한 이것은, 뉴욕주의 헌법에서 법관과 관련해 찾을 수 있는 유일한 규정이기도 하다.

무능에 근거한 법관 해임 규정이 없다는 것이 불만의 한 가지 대상이 되어 왔다. 그러나 사려 깊은 사람이라면, 그런 규정은 실행될 수 없거나 아니면 바람직한 목적에 부응하기보다 남용되기 쉽다는 점을 알아차릴 것이다. 내가 알기로는, 정신의 능력에 대한 측정은 어떤 인문과학의 목록에도 들어 있지 않다. 유능과 무능의 경계를 정하려는 시도는, 정의나 공공선을 향상하기보다는 개인적·당파적 애착과 증오에 기회를 제공할 경우가 훨씬 더 많을 것이다. 정신 이상의 경우를 예외로 하면, 그 결과는 대부분 자의적일 것이 틀림없다. 그리고 정신 이상은, 어떤 공식적이고 분명한 규정이 없더라도, 사실상의 결격 사항으로 틀림없이 표명될 것이다.

뉴욕주의 헌법은, 항상 공허하거나 위험할 것이 틀림없는 그런 검사를 방지하기 위해, 특정 나이를 무능력의 기준으로 삼았다. 60

세 이상은 법관을 할 수 없도록 한 것이다. 나는 지금 이 규정에 반대하지 않는 사람은 거의 없다고 믿는다. 법관보다 이 규정의 적합성이 떨어지는 직업은 없다. 숙고하고 비교하는 능력은 대개 그 나이를 훨씬 넘어서까지 유지된다. 그리고 만년에 지적 활력을 잃어버리는 사람은 거의 없으며, 많든 적든 법관의 상당 부분이 동시에 그런 상황에 처할 개연성은 없을 것이다. 이런 점들을 고려하면, 그런 종류의 제한은 권고할 점이 거의 없다고 결론 내릴 수 있을 것이다. 부가 풍족하지 않고 연금도 편리하지 않은 공화국에서, 오랫동안 그리고 유능하게 나라를 위해 일해 온 사람을, 생계를 위해 다른 어떤 직업을 갖기에는 너무 늦은 시기에 그들의 생존이 걸려 있는 바로 그 자리에서 면직시키기 위해서는, 노쇠한 판사라는 가상의 위험에서 변명을 찾기보다, 인간에 대한 좀 더 나은 양해의 말을 찾아야 할 것이다.

푸블리우스

연방주의자 80번

[해밀턴] 1788. 5. 28.

연방 사법권의 적정 범위를 정확히 판단하기 위해서는, 먼저 그것의 적정 대상이 무엇인지 고찰할 필요가 있다.

연방 사법권이 다음과 같은 종류의 소송사건에까지 미쳐야 한다는 데는 논란의 여지가 없는 듯하다. 첫째, 연방헌법에 명백하게 들어 있는 규정의 집행과 관련된 모든 소송사건들. 둘째, 합중국의 정당하고 합헌적인 입법권에 따라 통과된 합중국의 법률에서 비롯되는 모든 소송사건들.[1] 셋째, 합중국이 당사자인 모든 소송사건들. 넷째, 합중국과 외국 사이의 교류에 관한 것이든, 주들끼리의 교류에 관한 것이든, 연방의 평화와 관련된 모든 소송사건들. 다섯째, 공해상에서 비롯된 모든 소송사건들 및 해사법이나 해양 관할권에 속하는 모든 소송사건들. 마지막으로, 주의 재판소가 공평하고 불편부당하리라고 생각되지 않는 모든 소송사건들.

첫 번째 항목은, 헌법 규정에 효력을 부여하는 합헌적 수단이 항상 존재해야 한다는 명백한 이유에 근거한다. 예를 들면, 주의 입법권에 대한 제한은, 그것을 강제할 어떤 합헌적 수단이 없다면 무슨 쓸모가 있겠는가? 제헌회의 안에 따르면, 주에는 다양한 것들이 금지된다. 그중 어떤 것은 합중국의 이익과 양립할 수 없는 것들이고, 다른 것은 좋은 정부의 원리와 모순되는 것들이다. 수입 물품에 대한 관세의 부과는 전자의 예이고, 지폐의 발행은 후자의 예이다. 이런 금지 사항에 대한 위반 행위를 제지하거나 징계할 수 있는 효과적인 연방 정부의 권한이 없더라도 그것이 양심적으로 존중될까? 사려 분별을 하는 사람이라면 그러리라고 믿지 않을 것이다. 그런[즉 주의 위반 행위를 제지·징계할 수 있는] 권한은 다음 두 가지 중 하나일 수밖에 없다. 주 법률에 대한 직접적 거부권이거나, 연방헌법에 명백히 위배되는 것을 무효화할 수 있는 연방 법원의 권한. 내가 생각할 수 있는 제3의 방안은 없다. 제헌회의는 전자보다 후자가 낫다고 생각했던 듯하다. 내 생각으로도, 후자가 주로서는 가장 받아들이기 좋은 방안일 것이다.

두 번째 항목에 대해서는, 항목 그 자체가 어떤 주장이나 설명

---

1) [옮긴이] 원문에는 첫째 항목이 둘째 항목으로 나오고, 둘째 항목이 첫째 항목으로 나온다. 논리의 순서로 보나, 또한 바로 아래 부분에서 이 항목들에 대해 설명하는 순서로 보나, 첫째와 둘째가 뒤바뀐 듯하다. 이를 감안해 원문에서의 순서를 바꾸어 번역했다.

보다도 그것을 더 명료히 말해 준다. 정치의 자명한 이치 같은 것이 존재한다면, 정부의 사법권은 입법권의 범위와 동일할 때 적정하다는 것이 그중 하나가 될 듯하다. 이 과제[즉 두 권한의 범위를 동일하게 하는 것]를 해결하는 필수적 요소는 연방 법률을 해석하는 데서의 균일성이다. 만일 동일한 법률에서 비롯되는 동일한 [종류의] 소송에 대해 최종 관할권을 갖는 13개의 독립된 법원이 존재한다면, 그것은 정부 안의 히드라[2]가 될 것이다. 그로부터는 모순과 혼란만이 야기될 뿐이다.

세 번째 항목에 대해서는 더욱더 이야기할 필요가 없다. 국가와 그 구성원[즉 주] 또는 국가와 시민 간의 분쟁은 연방 법원에 회부하는 것이 유일하게 적정하다. 다른 어떤 방안도 이성과 선례 및 적절함에 반할 것이다.

네 번째 항목은, 전체의 평화가 부분의 처분에 맡겨져서는 안 된다는 간단한 명제에 기초한다. 합중국은 분명 그 구성원[즉 주]의 행동에 대해 외국에 책임져야 할 것이다. 그리고 피해에 대해 책임지려면 그런 피해를 방지할 수 있는 능력이 반드시 동반되어야 한다. 다른 방식에 의한 것과 마찬가지로, 법원의 판결에 의한 정의의 부정이나 왜곡도 당연히 전쟁의 정당한 원인 가운데 하나에 속한다. 따라서 연방 법원은 외국인과 관련된 모든 소송에 대해 재판권을 가져야 한다. 이는 공공의 평안의 보호뿐만 아니라 공적 신뢰의 보존을 위해서도 필수적이다. 조약이나 국가의 법률에 근거해 제기되는 소송과 단지 지방 차원의 법령에 근거한 소송 사이의 뚜렷한 구분을 상정하는 것은 가능할 듯하다. 전자는 연방의 관할권에 적합하다고 추정될 것이고, 후자는 주의 관할권에 적

---

2) [옮긴이] 머리가 아홉인 큰 뱀. 근절하기 어려운 재앙을 의미한다.

합하다고 추정될 것이다. 그러나 분쟁 사안은 전적으로 주의 법률 lex loci[3]에 관련된 것이지만, [재판에서] 외국인에 대해 부당한 판결이 내려지고 그것이 만일 시정되지 못한다면, 그 판결은 조약의 규정이나 보편적 국제법에 대한 위반은 물론이고 그가 속한 주권국에 대한 침해가 되지 않을까? 이는 적어도 해결하기 어려운 문제이다. 또한 그런 구분에 대해 반대하는 더욱 중요한 이유는, 앞의 유형의 소송사건[즉 연방 관할 소송사건]과 뒤의 유형의 소송사건 [즉 주 관할 소송사건]을 실제로 구분하기가, 설령 불가능하지는 않더라도, 매우 어렵기 때문이다. 외국인이 당사자인 소송 가운데 상당히 많은 부분이 국가적 문제를 수반하기 때문에, 외국인과 관련된 모든 소송을 연방 법원에 회부하는 것이 단연코 가장 안전하고 편리할 것이다.

두 주 사이의, 한 주와 다른 주의 시민 사이의, 그리고 다른 주의 시민들 사이의 소송을 판결하는 권한은, 방금 검토한 것들 못지않게 합중국의 평화에 필수적이다. 역사는 우리에게, 15세기 말 맥시밀리언 황제[4]에 의해 제국 법원이 설립되기 이전에 독일을 혼란에 빠뜨리고 황폐화했던 진저리나는 분쟁과 사적인 전쟁을 보여 준다. 그와 동시에, 그 기구가 혼란을 진정시키고, 제국의 평온을 수립하는 데 큰 영향을 미쳤음을 알려 준다. 그것은 독일의 구성

---

3) [옮긴이] 'lex loci'는 '사건이 일어난 장소의 법'이다. 여기에서는 주의 법률을 가리킨다.

4) [옮긴이] 맥시밀리언 1세(1459~1519)는 합스부르크가 출신의 신성로마 제국 황제로서, 16세기 유럽의 합스부르크가의 권력 기반을 닦았다. 그는 1495년 이후 제국 대법원Reichskammergericht을 개혁했다. 해밀턴은, 실제로는 독일의 여러 소군주들에 의해 좌절되었던 이 개혁 조치의 효과를 과장하고 있음이 분명하다.

원들 간의 모든 불화를 최종적으로 판결할 권한을 부여받은 법정이었다.

주들을 지금까지 묶어 왔던 불완전한 [연합] 체제에서도, 연합지도부의 권위하에서 주들 간의 영토 분규를 종식하는 방식이 실행되지 않은 것은 아니었다. 그러나 합중국의 구성원들 사이에는, 경계선에 대한 뒤얽힌 주장 이외에도 논쟁과 적대감을 낳을 수많은 다른 원인이 존재한다. 우리는 과거 경험에서 이 가운데 몇몇을 목격했다. 쉽게 짐작하겠지만, 내가 말하고자 하는 것은 너무나 많은 주들이 통과시켰던 부당한 법률들이다.[5] 지금까지 나타난 그런 사례들이 반복되지 않게 막기 위한 특별한 수단이 헌법안에서 마련되기는 했지만, 그것을 초래했던 풍조가 새로운 형태 — 예측할 수 없고 또 구체적으로 대비할 수 없는 — 를 띠고 나타나리라고 우려하는 것은 정당하다. 주들 간의 조화를 교란할 경향이 있는 모든 행위들이 연방의 감독과 통제의 적절한 대상이 될 것이다.

"각 주의 시민은 다른 어느 주에서도 그 주의 시민이 향유하는 모든 기본권 및 면책권을 가진다"[제4조 2절]는 것은, 합중국의 원리로 여겨질 만하다. 그리고 모든 정부가 그 자신의 권한으로 그 자신의 법 규정을 집행할 수단을 보유해야 한다는 것이 정당한 원리라면, 당연히 다음과 같은 결론에 이를 것이다. 즉 합중국의 모든 시민에게 그 자격이 부여될, 기본적 인권과 면책의 평등을 신성하게 유지하기 위해서는, 어떤 주 또는 어떤 주의 시민이 다른 주 또는 다른 주의 시민과 대치하는 모든 소송은 연방 사법부가 주재해야 한다는 것이다. 그렇게 근본적인 규정[즉 앞의 제4조 2절]

---

5) [옮긴이] '부당한 법률'이란 지폐 발행을 승인한 여러 주들의 법률을 말한다. 이에 대해서는 44번 논설, 주 1 참조.

의 효과를 모든 구실과 핑계에 맞서 온전히 확보하기 위해서는, 그에 대한 해석이 반드시 연방 법원에 위임되어야 한다. 연방 법원은 지역과의 연계가 없기에 여러 주와 그 시민들 사이에서 공정할 것이다. 또한 연방 법원은 자신의 공적 존속을 합중국에 기대고 있기 때문에, 합중국이 근거하는 기본 원리에 유해한 그 어떤 편견의 영향으로부터도 자유로울 것이다.

다섯 번째 항목에 대해서는 논평할 필요가 없을 것이다. 아무리 편협하게 주의 권한을 무조건 지지하는 사람일지라도 해상 소송사건에 대한 연방 사법부의 재판권을 부인하려 한 적은 아직까지 없었다. 이런 소송사건은 일반적으로 국가의 법률에 의존하고, 또 대개 외국인의 권리에 영향을 미치기에, 공공의 평화에 관한 고려 사항에 포함된다. 그중 가장 중요한 부분은, 현행 연합에서도 연합의 사법권을 따르게 되어 있다.

[마지막으로] 주 법원이 공정하리라고 추정할 수 없는 소송을 연방 법원에서 대행하는 것이 온당함은 자명하다. 어느 누구도 결코, 자신의 소송사건 또는 자신이 조금이라도 이해관계나 편견을 가지고 있는 소송사건의 재판관이 되어서는 안 된다. 이 원칙은, 연방 법원을 각기 다른 주나 그 시민들 사이의 분쟁을 판결하는 적절한 재판소로 지정하는 데 지대한 영향을 미친다. 이 원칙은 또한 같은 주의 시민들 사이에서 벌어지는 일부 소송과 관련해서도 동일하게 적용되어야 한다. 각기 다른 주에서 불하받은 토지에 대한 상반된 경계선 주장은 이런 종류에 속한다. 불하한 주들 중 어느 쪽의 법원도 편견이 없으리라 기대할 수 없다. 심지어 [주의] 법에서 문제를 예단해 버릴 수도 있고, 그 법원이 속한 주의 불하 토지에 유리한 판결을 내리도록 법원을 구속할 수도 있다. 설령 그렇지 않다고 하더라도, 판사도 사람이기에 자신이 속한 [주] 정부의 주장에 강한 호감을 느끼게 되는 것이 자연스러울 수 있다.

이렇게 하여 연방 사법권의 구성[범위]을 결정할 기본 원칙들을 정하고 또 그에 대한 검토를 마쳤다. 이제 이 기본 원칙에 의거해, 제헌회의의 안에 따라 연방 사법권을 구성할 세부 권한들을 검토하고자 한다. 연방 사법권에는 다음과 같은 소송사건이 포함된다. "이 헌법과 합중국 법률에 따라 발생할, 그리고 합중국의 권한에 의하여 체결되었거나 체결될 조약에 따라 발생할 모든 보통법 및 형평법상의 소송사건, 대사와 그 밖의 외교사절 및 영사에 관한 모든 소송사건, 해사법 및 해상 관할에 관한 모든 소송사건, 합중국이 한편의 당사자가 되는 분쟁, 두 개 주 또는 그 이상의 주 사이에 발생하는 분쟁, 한 주와 다른 주의 시민 사이의 분쟁, 각기 다른 주의 시민들 사이의 분쟁, 각기 다른 주로부터 불하받은 토지의 권리에 관하여 같은 주의 시민 사이에 발생하는 분쟁, 그리고 어떤 주나 또는 그 주의 시민과 외국, 외국 시민, 또는 외국 신민 사이에 발생하는 분쟁"[제3조 2절 1항]. 이상이 연방의 사법권의 전부를 구성한다. 이제 자세히 검토해 보도록 하자. 연방 사법권이 미치는 소송사건은 다음과 같다.

첫째, 합중국의 헌법과 법률에 따라 발생할 보통법과 형평법상의 모든 소송사건. 이는 합중국의 사법권에 적합한 것으로 열거한 소송사건들 중 맨 앞의 두 유형에 해당한다. "합중국의 법률에 따라 발생하는" 것과 구별되는 "헌법에 따라 발생하는 소송사건"이 무엇을 의미하느냐는 질문이 제기되어 왔다. 그 차이는 이미 설명한 바 있다. 주 입법부의 권한에 대한 모든 제한이 그 예이다. 예를 들면, 주 입법부는 지폐를 발행해서는 안 된다. 하지만 이 금지는 헌법에서 연유하며, 합중국의 어떤 법률과도 무관하다. 그럼에도 불구하고 지폐가 발행된다면, 이와 관련된 분쟁은 용어의 통상적 의미로 볼 때 합중국의 법률이 아니라 헌법에 근거해 발생하는 소송사건이 될 것이다. 이것이 전체 내용의 한 예로서 도움이 될 것이다.

　"형평법"이라는 단어가 무슨 필요가 있느냐는 질문도 제기되었다. 합중국의 헌법과 법률에서 어떤 형평법상의 소송사건이 발생할 수 있는가? 개인 간의 소송의 대상에는 사기, 우발적 사고, 신용 거래, 곤궁 등과 같은 요소가 포함되지 않은 것이 거의 없다. 이런 요소가 포함된 사안은 보통법보다 형평법의 관할 대상이 될 것이다. 이런 구분은 몇몇 주에서 이미 알려져 있고 또 확립되어 있다. 예를 들면, 일방적으로 유리한 거래로 생각되는 것에 대한 구제는 형평 법원의 독특한 영역이다. 그런 거래란, 법정에서 무효화할 정도의 직접적인 사기나 기만은 없었지만, 어느 한쪽의 긴급한 필요나 불행을 과도하고 부도덕하게 이용한 계약을 말한다. 형평 법원은 이를 용인하지 않는다. 그런 소송사건에서 외국인이 어느 한쪽에 관여된 경우, 보통법은 물론 형평법상의 관할권이 없으면 연방 법원이 올바로 판결하기가 불가능할 것이다. 각기 다른 주들의 불하에 근거한, [상반되는] 권리 주장의 대상이 된 토지를 양도하는 협정은, 연방 법원에 형평법상의 관할권이 필요함을 보여 주는 또 다른 사례를 제공한다. 이 주[즉 뉴욕주]의 경우 보통법과 형평법 간의 형식적·기술적 차이가 일상적 관례에 의해 드러나지만, 그런 차이가 유지되고 있지 않은 주에서는 이런 논리가 쉽게 이해될 수 없을 것이다.

　합중국의 사법권이 미치는 또 다른 소송사건으로는, 둘째, 합중국의 권한에 의해 체결되었거나 체결될 조약 및 대사와 그 밖의 외교사절 및 영사에 관한 모든 소송사건. 이는 국가의 평화의 유지와 명백히 연관된 것으로서, 앞서 열거한 소송사건들 가운데 네 번째 유형에 속한다.

　셋째, 해사법 및 해양 관할권에 속하는 소송사건. 이는 연방 법원의 재판권에 적합한 것으로 열거한 소송사건들 중 다섯 번째 유형을 전적으로 구성한다.

넷째, 합중국이 당사자가 되는 분쟁. 이는 열거한 유형들 중 세 번째 것이 된다.

다섯째, 두 개 주 및 그 이상의 주 사이의 분쟁, 한 주와 다른 주의 시민 사이의 분쟁, 각기 다른 주의 시민들 사이의 분쟁. 이런 것들은 그런 유형들 가운데 네 번째에 속하며, 마지막 유형의 특징도 어느 정도 띠고 있다.

여섯째, 각기 다른 주로부터 불하받은 토지의 권리를 주장하는, 같은 주의 시민들 사이의 분쟁. 이는 마지막 유형에 속하는데, 헌법안이 같은 주의 시민들 간의 분쟁에 대한 관할권을 직접 계획한 유일한 경우이다.

일곱 번째, 어떤 주나 또는 그 주의 시민과 외국, 외국 시민 또는 외국 신민 사이의 분쟁. 이는 이미 설명했듯이 열거된 유형 가운데 네 번째에 속하며, 고유하게 연방 사법권의 적절한 대상이 됨을 입증한 바 있다.

헌법에 명기된 대로 연방 사법부의 세부 권한을 검토한 결과, 그 권한들은 모두 사법부를 구성하는 데서 지켜져야 하며, 사법 체제의 완성을 위해 필수적인 그런 기본 원칙에 부합하는 것처럼 보인다. 헌법안에 포함되어 있는 일부 세부 권한으로 인해 몇 가지 부분적인 불편 사항들이 드러나 보인다면, 연방 입법부가 그런 불편을 방지하고 제거하는 예외·통제 규정을 제정할 충분한 권한을 갖게 될 것임을 상기해야 한다. 사정에 정통한 사람이라면, 어떤 개별적 폐해의 가능성을, 보편적 폐해를 방지하고 보편적 장점을 달성하고자 하는 일반 원칙에 대한 견고한 반대의 이유로 여기지는 않을 것이다.

푸블리우스

연방주의자 81번

[해밀턴] 1788. 5. 28.

이제 여러 법원들 사이의 사법권의 분배 및 그 법원들의 상호 관계 문제로 돌아가 보자.

"합중국의 사법권은 (제헌회의의 안에 따라) 하나의 대법원에, 그리고 연방의회가 수시로 제정·설치하는 하급 법원들에 속한다."[1]

최고의 최종적 재판권을 갖는 단일의 법원이 존재해야 한다는 데는 논란의 여지가 없었고 또 없을 것이다. 그 이유는 다른 곳[22번 논설]에서 이야기했고, 또 너무나 명백하기에 되풀이할 필요는 없을 듯하다. 이와 관련해 제기되었던 듯한 유일한 문제는, 그것이 별개의 조직이어야 하는가 아니면 입법부의 한 원이어야 하는가이다. 이 문제와 관련해서는, 여러 다른 곳에서 지적했던 것과 동일한 모순이 발견된다. 권력의 부적절한 혼합이라는 이유로 탄핵재판소로서의 상원에 반대했던 바로 그 사람들이, 모든 소송사건에 대한 최종 판결을 입법부 전체 또는 일부에 위임하는 것이 적절하다고, 적어도 암묵리에, 주창하고 있는 것이다.

[반대파들의] 이런 주장의 근거가 되는 논거, 좀 더 정확히 말해 의견은 이러하다. "별개의 독립적 조직이 될, 제안된 합중국 대법원의 권한은 입법부의 권한보다 우월할 것이다. 헌법 정신에 따라 법률을 해석할 수 있는 권한을 이용해, 대법원은 자신들이 적당하다고 생각하는 형태로 법률을 주조할 수 있을 것이다. 특히 대법원의 판결은 어떤 식으로라도 입법부에 의한 변경이나 정정의 대상이 되지 않을 것이기에 그러하다. 이는 위험할뿐더러 전례가 없

---

1) 제3조 1절.

는 것이다. 영국의 경우, 사법권은 최종적으로 입법부의 한 원인 상원에 있다. 영국 정부의 이런 부분은 일반적으로 주 헌법에서 모방되었다. 영국의 의회와 각 주의 입법부는 언제든지 법원의 이례적인 판결을 법률로써 바로잡을 수 있다. 그러나 합중국의 대법원에 의한 실수나 권리침해는 통제 불가능하고 구제 불가능할 것이다." 이 주장들을 검토해 보면, 모두 잘못된 사실에 근거한 잘못된 논증으로 이루어져 있음이 드러날 것이다.

첫째, 검토 중인 헌법안에는, 헌법 정신에 따라 법률을 해석할 수 있는 권한을 연방 법원에 직접 부여하는, 또는 이와 관련해 주의 법원이 주장할 수 있는 것보다 더 넓은 재량을 연방 법원에 부여하는 그 어떤 구절도 존재하지 않는다. 하지만 나는, 헌법이 법률에 대한 해석의 기준이 되어야 하고, [헌법과 법률 사이에] 명백한 대립이 존재할 경우에는 언제나 헌법이 법률에 우선해야 한다는 것을 인정한다. 그러나 이런 원칙은, 제헌회의 헌법안의 어떤 특별한 항목에서 추론될 수 있는 것이 아니라, 제한 헌법의 보편적 이론에서 추론될 수 있는 것이다. 그리고 이 원칙은, 그것이 옳은 한, 전부는 아닐지라도 대부분의 주 정부에도 똑같이 적용될 수 있다. 따라서 이런 이유[즉 헌법이 법률에 우선한다는 것] 때문에 연방 사법권에 대해 반대한다면, 지방[즉 주] 사법권 전반에 대해서도 반대하게 될 것이고, 입법부의 재량권에 한계를 가하려는 모든 헌법에 대해서도 비판하게 될 것이다.

그러나 아마 반대파의 진의는, 제안된 대법원의 특별한 구성, 즉 대법원이 영국 정부나 이 주[즉 뉴욕주] 정부의 경우처럼 입법부의 한 원이 아니라, 판사들로 이루어진 별도의 조직으로 구성된 점에 있다고 생각된다. 만일 이 점을 강조한다면, 반대론자들은 권력의 여러 부 간의 분립을 요구하는 [공화제의] 유명한 기본 원칙에 대해 자신들이 부여하려 했던 의미[즉 엄격한 분리]를 포기해야만 할 것이다. 그렇지만, 그 기본 원칙에 대한 이 논설의 해석에 따르면, 최종 재판권을 입법부의 일부에 부여하는 것이 그 원칙에 대한 위반은 아니며, 이 점에서 나는 그들의 주장을 수긍할 수 있다. 그러나 그것이 비록 그 탁월한 원칙의 절대적 위반은 아니지만, 거의 위반에 가깝고 따라서 이 이유 하나만으로도 그것은 제헌회의에서 택한 방식보다 덜 적합한 방식이 될 것이다. [반대파들의 방안을 선택한다면] 악법을 통과시키는 데 부분적으로 작용했던 조직[즉 의회]으로부터, 그 법의 온건하고 절제된 적용[즉 판결]을 기대하기란 거의 불가능할 것이다. 법을 제정할 때 작용한 것과 동일한 마음이 법의 해석에도 작용할 것이다. 입법자의 자격으로 헌법을 침해한 사람들이, 법관의 자격으로 그 침해를 정정하리라고 기대하기란 더욱더 어려울 것이다. 이것이 전부가 아니다. 법관직에 대해 적법행위 시 종신 재직을 권고한 모든 이유들을 고려하면, 제한된 기간 동안 선출된 사람들로 구성된 조직에 최종 사법권을 두는 것에 반대하게 된다. 소송사건의 판결을 처음에는 종신의 재판관에게 맡기고, 마지막에는 일시적이고 빈번히 교체되는 조직의 재판관에게 맡긴다는 것은 불합리하다. 오랫동안 힘들게 공부해 획득한 법 지식에 근거해 선발된 자들의 판결을, 그와 같은 장점이 없기에 그런 지식이 부족할 수밖에 없는 자들의 검토와 통제에 종속시킨다는 것은 한층 더 불합리하다. 입법부의 구성원들은 판사직에 적합한 자질을 고려해 결코 선택되지 않을 것이다. 때문에 불완전한 정보에 따른 부적절한 결과를 염려해야 할 이유가 엄청나게 존재할 것이다. 마찬가지로, 그런 조직의 자연적인 당파적 분열 성향으로 말미암아, 역병과 같은 당파성이 정의의 토대를 오염시키지 않을까 두려워해야 할 이유도 그에 못지않게 존재할 것이다. 끊임없이 반대편으로 집결하는 습속은 보통법과 형평법의 소리를 모두 막아 버릴 것이다.

이런 점들을 고려하면, 최종적 사법권을 입법부의 일부가 아니라 별개의 독자적 조직에 부여했던 그런 주의 지혜에 찬사를 보내게 된다. 이 문제에 관한 제헌회의의 안을 선례가 없는 새로운 것이라 주장했던 자들의 견해와 달리, 그것은 뉴햄프셔주, 매사추세츠주, 펜실베이니아주, 델라웨어주, 메릴랜드주, 버지니아주, 노스캐롤라이나주, 사우스캐롤라이나주, 그리고 조지아주의 헌법을 단지 본뜬 것에 불과하다. 이런 모델을 선택한 것은 높이 칭찬받을 만하다.

두 번째로, 영국의 의회나 각 주의 입법부가, 미래의 합중국 입법부가 행할 수 있는 것과 다른 어떤 의미에서, 법원의 바람직하지 못한 판결을 바로잡을 수 있다는 [반대파들의] 주장은 사실이 아니다. 영국 헌법의 이론이나 주 헌법들의 이론 중 그 어느 것도, 입법부 제정 법률로써 사법 판결을 정정하는 것을 허용하지 않는다. 그런 정정이 금지되어 있는 영국 헌법이나 주 헌법들의 내용 이상의 어떤 것이 [제헌회의] 헌법안에 들어 있는 것은 결코 아니다. 전자와 마찬가지로 후자의 경우에도, 법과 이성의 일반 원칙에 기초한, 그 일[즉 입법부에 의한 사법 결정의 정정]의 부적절함이 유일한 장애물일 뿐이다. 입법부는, 미래의 소송사건을 위해 새로운 규칙을 정할 수 있지만, 자신의 영역을 넘지 않고는, 특정 소송사건에서 일단 내려진 판결을 뒤집을 수 없다. 이것이 원칙이다. 이 원칙은 지금 검토 중인 연방 정부[즉 연방의회]에 적용되는 것처럼, 주 정부[즉 주 의회]에도 모든 면에서 똑같이 적용된다. 이 문제를 아무리 검토해도, 어떤 사소한 차이점도 지적할 수 없다.

마지막으로, 사법부가 입법권을 침해할 위험이 있다는 생각은, 여러 번 되풀이하지만, 사실상 환상에 불과하다. 입법부의 의사에 대한 [사법부의] 개별적인 곡해나 반대는 가끔 발생할 수 있다. 하지만 그것이 결코 폐단이 될 만큼 또는 정치체제의 질서에 현저한 영향을 미칠 만큼 광범위하게 나타날 리는 없다. 사법권의 일반적 본질, 사법권이 관여하는 대상, 사법권이 행사되는 방식, 사법권의 상대적 취약성, 사법권의 [입법부에 대한] 권리 침탈을 강제력으로 뒷받침할 능력의 총체적 부재 등을 생각하면, 이 점은 확실히 추론할 수 있다. 그리고 이런 추론은 중요한 헌법적 견제 장치를 고려하면 훨씬 더 강화된다. 즉 입법부의 한 원이 시작하고 다른 원이 결정하는 탄핵의 권한은, 사법부 구성원에 대한 저지 수단을 입법부에 제공할 것이다. 이것만으로도 완벽한 안전장치가 된다. 법관들의 건방진 참견을 면직을 통해 처벌할 수 있는 수단을 입법부가 보유하고 있는 한, 법관들이 입법부 권한에 대한 일련의 의도적 침해를 통해, 그런 권한[즉 입법권]을 위임받은 조직의 단합된 분노를 무릅쓰려 할 위험은 결코 있을 수 없다. 이는 분명 이 주제와 관련된 모든 우려를 불식할 것이다. 다른 한편으로 그것은 상원을 탄핵심판의 재판소로 삼아야 할 설득력 있는 논거를 제공해 준다.

별도의 독립적인 대법원 조직에 대한 반대의 이유를 검토하고, 또 내가 믿기로는 그에 대한 반박을 마쳤으므로, 이제 하급법원을 구성하는 권한[2]의 적절성 및 하급법원과 대법원의 관계에 대해 고찰하고자 한다.

하급법원을 구성하는 권한은 분명, 연방 관할권에 속하는 모든

---

[2] 이 권한은 터무니없게도, 일반적으로 하급법원으로 불리는 각 주의 모든 카운티 법원을 폐지하려는 의도를 가진 것으로 간주되었다. 그러나 헌법의 표현은 "대법원 하위의 법원"을 설치하는 것이며, 이 규정의 분명한 의도는 [연방] 대법원에 종속되는 [연방] 지방 법원의 설치 — 주에 설치하든 아니면 그보다 더 넓은 지구에 설치하든 — 를 가능케 하는 것이다. 카운티 법원을 염두에 두었다는 상상은 말도 안 된다.

소송사건에서 대법원에 의존할 필요성을 줄이기 위한 것이다. 그것은 연방 정부로 하여금 합중국의 각 주 또는 [그보다 넓은] 지구에 그 경계 내의 연방 관할 소송사건에 대한 판결권을 가진 재판소를 설립하거나 인가할 수 있도록 하기 위한 것이다.

하지만, 바로 그 목적을 주 법원이라는 수단을 통해서는 왜 달성할 수 없느냐는 질문이 제기된다. 이에 대해서는 여러 측면에서 답변할 수 있다. [연방 관할 소송사건을 판결할 수 있는] 주 법원의 적합성이나 능력이 궁극적으로 인정된다고 하더라도, 연방헌법에 따라 발생하는 소송사건의 관할권을 주 법원에 위임할 수 있는 권한을 연방의회에 부여하려고 하면, 문제가 되는 그 권한[즉 연방의 하급법원 설치 권한]의 내용이 헌법안의 필수적 부분으로 여전히 필요하다고 생각된다. 그런 [연방 관할] 소송사건에 대한 판결권을 각 주의 기존 법원에 부여하는 것은, 그와 같은 권한을 가진 새로운 법원을 창출하는 것만큼이나 "법원을 설치하는 것"이 될 것이기 때문이다. 그렇다면 주 법원을 위해 좀 더 직접적이고 분명한 규정을 만들면 안 되는가? 내 생각으로는 그런 규정에 부정적인 [다음과 같은] 근본적 이유가 존재한다. 지역적 풍조가 어느 정도나 만연해져서 지역 법원이 국가적 소송사건을 관할하기에 부적합한 것으로 드러날지는 아무리 통찰력이 있는 사람이라도 예견할 수 없다. 하지만 법원이 일부 주의 경우처럼 구성된다면, 그것이 합중국의 사법권 수단으로 부적절하리라는 사실을 모든 사람이 알아차릴 수 있다. 희망하는 동안 또는 1년 단위로 그 직을 유지할 주의 법관들은 너무 독립성이 취약해 연방 법률의 확고한 집행을 그들에게 의존할 수 없을 것이다. 그리고 만일 연방 법률에 따라 제기되는 소송사건의 1심 재판권을 주 법관들에게 맡길 필요가 있다면, 그에 대응해 [연방 법원에] 상소할 수 있는 기회를 되도록 넓게 열어 둘 필요가 있을 것이다. 상소의 난이도는 하급법원에 대한 신뢰나 불신의 의견에 비례해야 할 것이다. 나는 제헌회의의 안에 따라 [연방 법원의] 상소심 재판 관할권이 미칠 각 유형의 소송사건에 대한 [연방 법원의] 상소심 재판 관할권의 타당성에 대해서는 충분히 납득한다. 하지만 실제로 무제한적인 상소 기회를 제공하려는 것은 공적·사적 애로의 근원이 되리라 생각된다.

확신할 수는 없지만, 모든 주에 한 개의 연방 법원을 두는 대신에, 합중국을 네 개, 다섯 개, 또는 여섯 개의 지구로 나누고, 각 지구에 하나의 연방 법원을 설치하는 것이 매우 편리하고 유용한 것으로 밝혀질 것이다. 이 법원의 판사들은, 주 판사들의 지원을 받아, 각 지구의 몇몇 지역에 소송사건 심리를 위해 순회할 수 있을 것이다.[3] 그들을 통해 재판이 쉽고 신속하게 운영될 수 있을 것이다. 그리고 상소는 아무 문제 없이 아주 좁은 범위 내로 제한될 것이다. 나에게는 지금 이 안이, 채택할 수 있는 것 가운데 가장 적합해 보인다. 그리고 이를 위해서는, [연방] 하급법원을 설치하는 권한이 헌법안에 있는 그대로 유지될 필요가 있다.

편견 없이 공정한 사람이라면 이상에서 제시된 이유들을 보면서, 만일 그런 권한이 빠졌더라면 헌법안의 큰 결함이 되었으리라는 점을 충분히 납득했으리라 생각한다. 이제 합중국의 대법원과 하급법원 간에 사법권이 어떤 방식으로 배분되어야 할지 검토하기로 한다.

대법원에는 오직 "대사와 그 밖의 외교사절 및 영사에 관계되는 소송사건과 주가 당사자인 소송사건"에서만 1심 재판권이 부여

---

3) [옮긴이] 1789년의 사법령으로 세 개의 순회 법원(연방 상소법원)이 탄생했다. 각 법원은 대법원 판사 두 명과 지방 법원 판사 한 명으로 구성되었다. 순회 법원은 순회 구역 내에 있는 각 지구에서 1년에 두 번 열렸다.

된다[제3조 2절 2항]. 모든 계급의 외교사절은 주권국의 직접적 대표이다. 그들이 관련된 모든 문제는 공공의 평화와 직접 연관되기에, 주권을 존중해서뿐만 아니라, 공공의 평화를 유지하기 위해서도, 1심에서 국가의 최고 법정에 맡겨져야 한다. 영사는 엄밀히 말해 외교관의 지위를 갖고 있지 않지만, 자신이 속한 국가의 공적 대리인이기에 대체로 동일한 판단이 그에게도 적용될 수 있다. 주가 한편의 당사자인 소송사건을 하급법원에 넘기는 것은 주의 품위에 어울리지 않을 것이다.

이 논설의 직접적 주제에서 벗어난 것이지만, 이 기회를 빌려, 그동안 오해 탓에 공포를 부추겨 온 한 가지 억측에 대해 언급하고자 한다. 한 주의 공채가 다른 주의 시민에게 양도될 경우, 그 시민은 공채의 원리금을 받기 위해 그 주를 연방 법원에 고소할 수 있다는 주장이 그것이다. 다음과 같은 고려 사항은 이 주장이 근거 없음을 입증할 것이다.

그 자신의 동의 없이는 개인의 고소에 응할 의무가 없다는 것은, 주권의 본질에 내재한다. 이는 인류의 보편적 관념이고 또 보편적 관행이다. 이런 면제는 주권의 속성 중 하나로서, 현재 합중국의 모든 주 정부가 향유하고 있다. 따라서 제헌회의의 안에 이런 면제의 포기가 없는 한, 그것은 주에 그대로 유지될 것이며, [잘못] 알려져 있는 그런 위험은 단지 환상에 불과함이 분명하다. 주의 주권 양도가 불가피한 상황은, 조세 조항을 검토하면서 논의했기에[32번] 여기에서 반복할 필요는 없다. 그때 확립한 원칙을 회상해 보면, 헌법안의 채택으로 말미암아 주 정부가 자신의 채무를 자신의 방식 — 선의의 의무에 따른 것을 제외하면 어떤 제약도 받지 않고 — 대로 지불할 특권을 박탈당할 것이라고 주장할 어떤 근거도 없음을 충분히 알 수 있을 것이다. 국가와 개인 간의 계약은, 주권국의 양심에만 구속력이 있을 뿐 강제적 효력이 전혀 없다. 그런 계약은 주권국의 의사와 무관한 그 어떤 독자적 조치의 권리도 부여하지 않는다. 주의 채무에 대해 주를 상대로 소송을 제기할 권한을 부여한다고 하면, 무엇을 목표로 그렇게 하겠는가? 회수를 어떻게 강제할 수 있겠는가? 그것은 계약한 주에 대해 전쟁을 벌이지 않고는 불가능할 것이다. 단지 합의를 통해 그리고 주 정부의 기득권을 파기해, 그런 결과[즉 강제 회수]를 가져올 수 있는 권한이 연방 법원에 있다고 생각한다면, 그것은 완전한 억지이고 정당화될 수 없는 생각에 불과하다.

우리의 검토 결과를 요약해 보자. 대법원의 1심 재판권은 두 종류의 소송사건에 국한될 것이며, 그런 유형의 소송사건은 좀처럼 발생하지 않는다. 다른 모든 연방 관할 소송사건에서 1심 재판권은 하급법원에 속할 것이며, 대법원은 "연방의회가 정하는 예외를 제외하고, 연방의회가 정하는 규정에 따라" 상소심 재판권을 가질 뿐이다[제3조 2절 2항].

이런 상소심 재판권의 타당성에 대해, 법률의 문제와 관련해서는 이의가 제기된 적이 거의 없다. 하지만 사실의 문제에 적용할 때는 거센 반발이 제기되었다. 선의를 가진 이 주의 몇몇 사람들은, 우리[즉 뉴욕주] 법원의 용어와 형식에서 개념을 끌어옴으로써, 그것[즉 상소심 재판권]을 정황상 배심재판을 대체하는 것으로 간주하게 되었다. 우리의 해사법 법원, 유언 검인 법원, 형평법 법원[4]에서 널리 사용되는 시민법 재판 방식을 지지한다고 생각한 것이

---

4) [옮긴이] 해사법 법원은 해사법 또는 해양에서의 활동이나 해양과 관련된 활동에 관한 법에서 제기되는 분쟁을 다룬다. 유언 검인 법원은 유언장의 유효성을 입증하고 재산을 처분할 권한을 가진다. 형평법 법원은 형평법을 집행할 권한을 부여받고 있다.

다. 그들은 "상소"라는 용어에 기계적 의미를 붙였는데, 우리의 법률 용어에서 그것은 일반적으로 시민법 [소송] 과정의 상소와 관련해 이용되고 있다. 하지만, 내가 잘못 알고 있는 것이 아니라면, 뉴잉글랜드의 어느 지역에서도 그 용어에 그런 의미를 부여하고 있지 않다. 그곳에서 한 배심원단에서 다른 배심원단으로의 상소는 용어와 실제 모두에서 익숙한 것이고, 심지어 한쪽으로 두 번의 평결이 날 때까지는 당연한 일이기도 하다. 따라서 뉴잉글랜드에서는 "상소"라는 단어가 뉴욕주와 같은 의미로 이해되지 않을 것이다. 이는 어느 특정 주의 법제에서 도출한 기계적 해석의 부적절성을 명백히 보여 준다. 그 표현은, 이론적으로 이해하면, 한 법원이 다른 법원이 행한 소송을 재검토할 수 있는 권한 — 법률에 대해서든 사실에 대해서든, 아니면 양 측면 모두에 대해서든 — 을 의미할 뿐이다. 재검토하는 방식은 구래의 관습에 따를 수도 있고 의회에서 제정한 규정에 따를 수도 있으며(신정부에서는 후자에 따라야 한다), 판단 여하에 따라 배심원단의 지원을 받을 수도 받지 않을 수도 있을 것이다. 따라서 배심원단에 의해 한번 판결된 사실에 대한 재검토가 어쨌든 제안된 헌법에서 인정된다면, 사실에 대한 재검토가 두 번째 배심원단에 의해 이루어지도록 조정될 수 있을 것이다. 두 번째 사실 심리를 위해 사건을 하급법원으로 돌려보내는 방식을 따르든, 아니면 대법원에서 직접 결말을 지시하는 방식을 따르든 말이다.

그러나 반드시, 배심원단에서 한 번 확인한 사실에 대한 재검토가 대법원에서 허용되리라는 것은 아니다. 이 주[뉴욕주]의 하급법원에서 상급법원으로 오심 영장[즉 상소]이 올라갈 경우, 아주 엄격한 의미에서, 상급법원은 법률뿐만 아니라 사실에 대해서도 재판권을 행사한다고 왜 말할 수 없는가? 사실을 말하자면, 상급법원은 사실에 대해 새로운 심리를 시작할 수 없으며, 기록에 나와 있는 대로 사실을 인정하고, 그 사실에서 비롯된 법률을 선고한다.[5] 이는 사실과 법률 양자에 관한 관할권이며, 그 둘을 분리하기란 아예 불가능하다. 이 주의 보통법 재판소는 분쟁의 대상인 사실을 배심원단에 의해 확정하지만, 법원은 분명 사실과 법률 양자에 대한 관할권을 가지고 있다. 따라서 변론에서 사실에 대해 의견이 일치하면, 법원은 배심원단에 의존하지 않고 바로 판결로 나아간다. 따라서 이를 근거로 하여 나는, "법률과 사실 모두에 관한 상소심 재판 관할권"이라는 표현이 하급법원에서 배심원단이 결정한 사실을 대법원에서 재검토하는 것을 반드시 의미하지는 않는다고 주장한다.

이 특별한 규정과 관련해 제헌회의에 영향을 미친 것은 다음과 같은 일련의 생각들이었다고 쉽게 추측할 수 있다. 대법원의 상소심 재판 관할권이 미치는 소송사건들은 상이한 방식으로 종결될 수 있다(라고 주장할 수 있다). 즉 어떤 것은 보통법의 과정으로, 다른 것은 시민법의 과정으로.[6] 전자의 경우, 일반적으로 법률의 검토만이 대법원의 적합한 영역이 될 것이다. 후자의 경우, 사실의 재검토가 유용할 수 있고, 몇몇 소송사건 — 예를 들면 나포선 소송사건 — 에서는 사실의 재검토가 공공의 평화를 유지하는 데 필수적일 수도 있다. 따라서 상고심 재판 관할권은, 어떤 소송사건에서는 가장 넓은 의미에서 사실의 문제에까지 미쳐야 할 필

---

5) 이 말[즉 법률을 선고한다]은 'Jus'(법)와 'Dictio'(진술), 'juris'와 'dictio', 또는 법의 담화 또는 선고의 합성어이다.

6) [옮긴이] 보통법은 대개 영국으로부터 아메리카 식민지에 수용된 법률 및 법적 절차 등을 말하는데, 이것들은 식민지 의회에서 폐지되지 않는 한 시행되었다(37번 논설, 주 1 참조). 시민법은 특정 국가나 자치시 등이 그 자신을 대상으로 하여 제정한 법률을 말한다.

요가 있다. 따라서 배심원단에 의해 1심 심리가 이루어질 소송사건을 명백히 [사실 검토의] 예외로 하는 것은 도움이 되지 않을 것이다. 왜냐하면 몇몇 주의 법원에서는 모든 소송사건들이 이런 [배심원단 심리] 방식으로 심리가 이루어지고 있고,[7] 또한 그런 예외 [즉 배심원단에 의해 1심 심리가 이루어진 소송사건을 사실 검토의 예외로 하는 것]는, 사실의 문제에 대한 검토를, 그것이 부적절한 경우뿐만 아니라 그것이 적절할 경우에도, 불가능하게 만들기 때문이다. 이런 모든 불편을 방지하기 위해서는, 대법원은 법률과 사실 모두에 대한 상소심 재판 관할권을 가지며, 이런 관할권은 연방의회가 규정할 예외와 규정에 따라야 한다고 개괄적으로 선언하는 것이 가장 무난했을 것이다. 이렇게 하면, 정부가 공공의 정의와 안전이라는 목적에 가장 잘 부합하는 방식으로 재판 관할권을 조절할 수 있을 것이다.

이 규정[즉 상소심 재판 관할권 규정]이 시행되면 배심원단에 의한 심리가 무효화될 것이라고 일부에서 주장해 왔지만, 이상의 검토 결과 어쨌든 그것은 잘못된 허위 주장임이 명백해졌다. 배심원단에 의해 1심에서 심리가 이루어진 사실에 대해서는 대법원의 상소심에서 재검토하지 않도록 하는 규정을 만들 전권이 합중국의 입법부에 확실히 부여될 것이다. 이는 분명 인가된 예외가 될 것이다. 그러나 이미 말한 이유로, 그런 예외가 너무 광범위하다고 생각되면, 그런 [배심원단에 의한] 심리 방식으로 보통법에 따라 종결해야 하는 소송사건들에만 제한적으로 예외가 부여될 수 있을 것이다.

---

[7] 나는 많은 연방 관할 소송사건에서 주들이 연방 하급법원과 공동 재판권을 갖게 되리라 확신한다. 이에 대해서는 다음 논설에서 설명할 것이다.

사법부의 권한에 대한 지금까지의 검토 결과를 요약하면 다음과 같다. 사법부의 권한은 명백하게 연방 법원의 재판 관할권에 적합한 소송사건들로 조심스럽게 제한된다. 재판 관할권을 분배하는 데서 대법원은 1심 재판권 중 아주 작은 일부만을 갖고, 나머지는 하급법원들에 할당된다. 대법원은 그에 회부된 모든 소송사건에서 법과 사실 모두에 대해 상소심 재판 관할권을 갖지만, 바람직하다고 생각되는 예외와 규정에 따라야만 한다. 이런 상소심 재판 관할권은 어떤 경우에도 배심원에 의한 심리를 무효화하지 않는다. 연방의회의 통상적인 신중함과 진실성은, [제헌회의에서] 제안한 대로 수립될 사법부로부터 확실한 이점을 우리에게 보장해 줄 것이며, 그로부터 예견되는 불편함을 막아 줄 것이다.

푸블리우스

연방주의자 82번

[해밀턴] 1788. 5. 28.

새로운 정부의 수립은, 아무리 조심스럽고 지혜롭게 하더라도 복잡하고 미묘한 문제들을 야기하지 않을 수 없다. 여러 다른 주권국들의 완전한 또는 부분적 결합에 기초한 정체를 수립할 경우, 이런 문제들은 특별한 방식으로 발생하리라 예상된다. 오직 시간만이 그렇게 복합한 체제를 성숙시키고 완성할 수 있으며, 또한 모든 부분들의 의미를 정리하고, 각 부분들을 조화롭고 일관된 전체 속에 조율할 수 있을 것이다.

제헌회의의 안과 관련해서도 그런 문제들이 나타났는데, 특히 사법부와 관련해 그러했다. 그중 주요한 문제가, 연방의 재판 관할권에 속하는 소송사건과 주 법원의 관계이다. 연방의 재판 관할권은 배타적인 것인가, 아니면 주 법원들도 공동의 재판 관할권을 가질 것인가? 만일 후자라면, 주 법원과 연방 법원의 관계는 어떻게 되는가? 사려 깊은 사람들이 이에 대해 탐구했던 바가 있고, 이는 주의를 기울일 만하다.

앞의 논설[1]에서 확립된 원칙이 가르쳐 주는 바에 따르면, 연방정부에 배타적으로 위임되지 않은 기존의 모든 권한은 주가 계속 보유하게 된다. 이런 배타적 위임은 다음의 세 경우, 즉 배타적 권한이 명문으로 합중국에 부여된 경우, 특정한 권한이 합중국에 부여되었고 비슷한 권한의 행사가 주에 금지된 경우, 주의 비슷한 권한과 완전히 양립 불가능한 어떤 권한이 합중국에 부여된 경우 등에만 나타날 수 있다. 이 원칙이 입법권에 적용된 것처럼 사법권에 그대로 적용되지는 않겠지만, 대체로 전자뿐만 아니라 후자와 관련해서도 타당하리라고 생각하고 싶다. 이런 생각에서 나는, 주의 기존 재판 관할권이 앞서 열거한 세 방식 가운데 어느 한 방식으로 박탈당하지 않는다면, 주의 법원은 기존의 재판 관할권을 계속 보유하게 되리라는 것을 하나의 원칙으로 정하고자 한다.

헌법안에서 연방의 재판 관할 소송사건을 연방 법원에 한정한 것처럼 보이는 유일한 내용은, "합중국의 사법권은 하나의 [연방] 대법원에, 그리고 연방의회가 수시로 제정·설치하는 하급법원들에 속한다"[제3조 1절]는 구절에 들어 있다. 이 구절은 두 가지 다른 의미로 해석될 수 있다. 하나는, 합중국의 대법원과 하급법원은 그들의 권한이 미치는 소송사건들을 판결할 권한을 단독으로 가진다는 것이다. 다른 하나는, 그것이 아니라 단지, 연방 사법부의 조직은 하나의 대법원과 연방의회가 정하기에 적절하다고 생각하는

---

[1] 32번 논설.

숫자의 하급법원들이어야 한다 — 달리 표현하면, 합중국은 그에 부여된 사법권을 하나의 대법원과 합중국이 설립할 일정 수의 하급법원을 통해 집행한다 — 는 것이다. 첫 번째 해석은 주 법원의 공동 재판 관할권을 거부하며, 두 번째 해석은 그것을 인정한다. 전자는 암묵리에 주의 권한을 배제하는 것이 되기 때문에, 나로서는 후자가 가장 자연스럽고 또 옹호할 만한 해석인 듯하다.

하지만 이런 공동 재판 관할권의 원칙은, 이전에 주가 재판 관할권을 가지고 있었던 그런 종류의 소송사건에만 명백히 적용될 수 있다. 제정될 헌법으로부터 발생할, 그리고 그런 헌법에 고유한 소송사건에 대해서도 그 원칙이 적용될 수 있는지는 앞의 경우만큼 분명하지 않다. 왜냐하면 그런 소송사건에서 주 법원의 재판 관할권을 인정하지 않는다 해도, 그것을 기존 권한의 축소로 간주할 수 없기 때문이다. 따라서 내가 주장하려는 것은, 합중국이 [장차] 위임받은 관리 대상에 대해 입법해 가면서 [연방의] 개별 법규에 근거해 제기되는 소송사건에 대한 판결을 연방 법원에만 회부하지는 않으리라 — 설령 그런 조치가 편리하게 여겨지더라도 — 는 것은 아니다. 내가 확신하는 것은, 주 법원은 그들의 원래 관할권의 어떤 부분도, 상소와 관련된 관할권 이상으로 박탈당하지 않으리라는 것이다. 또한 내 생각으로는, 연방의회가 장차 제정할 법률에서 주 법원을 명시적으로 배제하지 않는 소송사건이라면, 주 법원은 그 법률에 따라 제기될 모든 소송사건에 대한 재판 관할권을 당연히 가지게 될 것이다. 나는 사법권의 본질과 그 체제의 보편적 특징에 근거해 이렇게 추론한다. 모든 정부의 사법권은 그 자체의 지역적·국내적 법률 이상의 것까지 고찰하며, 민사사건의 경우 그 관할권 내 당사자들 사이의 모든 소송 대상에 대해 판결한다. 분쟁의 원인이 지구에서 가장 먼 지역의 법률과 관련된 것일지라도 말이다. 뉴욕주의 법률 못지않게 일본의 법률도 우리 법원에 법적 변론의 대상을 제공할 수 있다. 이에 더해, 주 정부와 연방 정부를 진정 뿌리가 같은 체제로서 또한 단일한 전체의 부분들로 간주한다면, 주 법원은 합중국의 법률에서 제기되는 모든 소송사건에서, 명문으로 금지되어 있지 않은 한, 공동 재판 관할권을 갖게 되리라고 확실히 추론할 수 있을 듯하다.

여기에서 또 다른 의문이 제기된다. 이런 공동 재판권의 경우에 연방 법원과 주 법원 사이의 관계는 어떻게 될 것인가? 상소는 분명 합중국의 주 법원에서 연방 대법원으로 향할 것이라고 답할 수 있다. 헌법은, 열거된 모든 연방 재판권 소송사건 중 대법원이 1심 재판권을 갖지 않는 모든 사건에 대한 상소심 재판권을 명문으로 대법원에 부여하고 있으며, 1심 재판권을 연방 하급법원으로 제한하는 표현은 한마디도 없다. 상소의 출발점이 되는 법원이 아니라 상소가 향하는 대상[법원]만이 예상되어 있다. 이런 정황 및 세상사의 이치를 헤아려 해석해 보면, [연방의 재판 관할 소송사건 가운데 대법원이 1심 재판 관할권을 갖지 않는 사건에 대한] 1심 재판권에는 주 법원도 포함될 것이다. 그렇게 될 것이 틀림없다. 그렇지 않다면, 주 법원들이 국가적 관심사에 대한 공동 재판권에서 배제되어야 하거나, 또는 연방의 사법권이 원고나 검사의 의향에 따라 언제든 기피될 수 있을 것이다. 명백한 필요가 없다면, 두 귀결 중 어느 것도 수용되어서는 안 된다. 후자는 결코 용납될 수 없다. 왜냐하면 그것은 제안된 정부의 가장 중요하고 공공연한 목표의 일부를 좌절시키고, 그 정부의 조치를 근본적으로 방해할 것이기 때문이다. 또한 나는 그런 상상을 뒷받침하는 그 어떤 근거도 찾을 수 없다. 이미 언급한 대로 연방 체제와 주 체제는 하나의 전체로서 간주되어야 한다. 당연히 주의 법원은 연방의 법률을 집행하는 보조기관이 될 것이다. 그리고 주 법원으로부터 제기되는 상소심은 당연히, 국가적 사법 원칙과 국가적 판결 원칙을 통일하고 동질화하기 위해 고안된 그런 법원으로 향할 것이다. 제헌회의 안의 분명한 목표는, [헌법에] 명시된 그런 종류의 모든 소송사건은 중요한 공적 이유에서 합중국의 법원에서 1심과 최종심의 판결을 받아야 한다는 것이다. 따라서 대법원에 상소심 재판 관할권을 부여한 일반적 표현을, 주 법원까지 적용하는 대신에[즉 주 법원에서 올라오는 상소심에는 적용하지 않고] 연방 하급법원에서 올라오는 상소심에만 국한한다면, 그것은 용어의 적용 범위를 축소하고, 그 의도를 전복하는 것으로서, 올바른 해석의 규칙에 반하는 일이 될 것이다.

하지만 주 법원에서 연방 하급법원으로 상소를 할 수 있는가? 이는 제기될 수 있는 또 다른 질문으로서 전자보다 답하기 훨씬 어려운 문제이다. 다음의 고려 사항들은 긍정적 답변을 지지한다. 제헌회의의 안은 첫째로 연방의회에 "대법원 아래에 하급법원을 조직"할 권한을 부여하고 있으며,[2] 이어서 "합중국의 사법권은 하나의 연방 대법원에, 그리고 연방의회가 [수시로] 제정·설치하는 하급법원들에 속한다"[제3조 1절]고 선언하고 있다. 나아가 이런 사법권이 미칠 소송사건들을 열거한다. 그 뒤에 연방대법원의 재판 관할권을 1심과 상소심으로 구분하는데, 하급법원의 재판 관할권에 대해서는 정의하지 않고 있다. 하급법원에 대해 묘사한 유일한 요점은 "대법원 아래에"이며, 연방 사법권의 명시적 한계를 벗어나서는 안 된다는 것이다. 하급법원의 권한이 1심에 대한 것인지, 상소심에 대한 것인지, 양자 모두에 대한 것인지는 언명되어 있지 않다. 이는 모두 입법부의 재량에 맡긴 것처럼 보인다. 만일 그러하다면, 현재로서는 주 법원에서 연방 하급법원으로의 상소권

2) 제1조 8절.

을 성립하는 데 그 어떤 장애물도 발견되지 않는다. 그리고 그런 권한은 많은 이점이 있으리라 생각된다. 그것은 연방 법원을 증가시킬 동기를 줄이고, 대법원의 상소심 재판 관할권을 축소할 조정의 여지를 제공할 것이다. 그렇게 되면 연방 소송사건에 대한 더욱더 완전한 책임이 주 법원에 맡겨질 것이다. 또한 상소는, 적절하다고 생각되는 대부분의 소송사건의 경우, 대법원으로 가기보다는 주 법원에서 연방 지구 법원[3]으로 향하게 될 것이다.

푸블리우스

연방주의자 83번

[해밀턴] 1788. 5. 28.

제헌회의의 안에 대한 반대론 가운데 이 주[즉 뉴욕주]를 비롯한 다른 몇몇 주에서 가장 성과를 거둔 것은, 민사사건의 배심재판에 관한 헌법 규정의 부재에 대한 것이다. 이런 반대론에서 나타나는 부정직성은 거듭 언급되고 폭로되었지만, 여전히 반대파들의 담화나 저작에서 지속되고 있다. 이들은 민사소송에 관한 헌법의 단순한 침묵을 배심재판의 폐지로 설명한다. 이들은 그런 침묵을 구실로 삼아, 이 위장된 폐지가 완벽하고 전면적인 것이라는 확신을 유도하기 위해, 정교하게 계산된 열변을 토하고 있다. 그런 폐지가 모든 종류의 민사소송뿐만 아니라 형사소송에까지 미친다는 것이다. 하지만, 후자와 관련해 논쟁하는 것은, 마치 [존재하고 있는] 물체의 존재를 진지하게 입증하려는 시도만큼이나, 또는 그

---

3) [옮긴이] 81번 논설, 주 3 참조.

자체의 내적 증거를 통해 확신을 끌어내는 명제 — 그 의미를 전달하는 데 맞춰진 그런 용어로 표현된 명제 — 를 논증하는 것만큼이나 헛되고 무익한 일이 될 것이다.

반대파들은 민사소송과 관련해, [헌법안에서] 제공되지 않은 것은 전부 폐지된 것이라는 억측을 뒷받침하기 위해, 반증하기에 너무나 한심한 교묘한 논리를 사용해 왔다. 안목이 있는 사람이라면 누구라도 침묵과 폐지 사이의 현저한 차이를 단숨에 알아차릴 것이다. 그러나 그런 허위를 창안한 자들은 법률 해석의 기본 원칙의 진정한 의미를 왜곡하고, 그것을 이용해 허위를 뒷받침하려고 시도해 왔다. 따라서 그들이 취한 입장을 살펴보는 것이 전혀 무익하지는 않을 것이다.

그들이 의존하는 기본 원칙은 이런 종류의 것이다. "개별적 사실의 적시는 보편적 사실의 배제이다." 또는 "어떤 것을 명시하는 것은 다른 것을 배제하는 것이다." 따라서, 헌법은 형사사건에는 배심재판을 확립하고 민사사건에 대해서는 침묵하고 있기 때문에, 이런 침묵은 민사사건에 대해 배심재판을 묵시적으로 금지하는 것이라고 그들은 말한다.

법률 해석의 원칙이란, 법원에 의해 법률 해석에 차용되는 상식의 원칙들이다. 따라서 그런 해석의 원칙이 올바로 적용되었는지를 판단할 참된 시금석은, 그것이 도출된 근원과의 일치 여부이다. 이러하다면, 다음과 같이 질문하고자 한다. 입법권[즉 연방의회]에 대해 형사소송 심리를 배심원단에 [반드시] 회부하도록 의무화한 규정을, 다른 소송사건에 그런 심리 방식을 허가·허용할 수 있는 입법권의 권리를 박탈한 것으로 추론한다면, 그런 추론이 과연 이성과 상식에 부합하는가? 어떤 것을 하라는 명령을, 다른 어떤 것 — 그것을 할 수 있는 기존의 권한이 있고, 또 하도록 명령된 것과 모순되지도 않는 것 — 을 하는 데 대한 금지로 추정하는 것이 자연스러운가? 만일 그런 추정이 부자연스럽고 부당하다면, 어떤 소송사건에 대해 배심재판을 명한 것이 다른 소송사건에 대해 그것을 금지한 것이라고 주장하는 논리는 합리적일 수 없다.

법원을 설치할 권한은 재판 방식을 규정할 권한이다. 따라서 헌법에서 배심제의 대상에 대해 아무런 언급이 없다면, 입법부는 자유롭게 그런 제도를 채택할 수도 있고 그렇지 않을 수도 있을 것이다. 이런 재량은, 형사소송과 관련해서는, 모든 형사사건에 대해 배심재판을 명시적으로 명령한 헌법에 의해 축소된다.[1] 하지만 민사소송의 경우, [헌법은] 이 점에 대해 완전히 침묵하기에, 당연히 그런 재량은 폭넓게 유지된다. 모든 형사 소송사건을 특정한 방식으로 재판하도록 한 의무의 적시는, 민사소송에 동일한 방식을 사용해야 할 의무나 필연성을 배제한다. 하지만 그것이, 입법부가 그런 방식이 적당하다고 판단할 경우에 그것을 사용할 수 있는 권한을 입법부로부터 빼앗는 것은 아니다. 따라서 연방의회가 자유롭게, 연방의 재판 관할에 속하는 민사 소송사건을 배심원단의 판결에 맡길 수 없게 되리라는 주장은 정당한 근거가 전혀 없는 주장이다.

이상 논의의 결과는 다음과 같다. 민사 소송사건에서 배심재판은 폐지되지 않을 것이며, 그런 식으로 기본 원칙을 활용한 것은 이성과 상식에 반하기에 받아들일 수 없다. 설령 그런 기본 원칙이 그것을 이 경우에 적용한 사람들의 생각과 일치하는 어떤 기계적 의미를 가졌다고 하더라도, 실제로는 그렇지 않으며, 더구나 정부의 헌법에는 부합하지 않는다. 그런 대상[즉 헌법]에 대해서는,

---

1) [옮긴이] "탄핵 사건을 제외한 모든 범죄의 재판은 배심제로 한다"(제3조 2절 3항).

어떤 기계적 원칙과 무관하게, 그 조항들의 자연스럽고 명백한 의미가 해석의 진정한 기준이 된다.

그들이 의존한 기본 원칙이 잘못 사용되었음을 확인했으니, 이제 그것의 적절한 활용과 올바른 의미를 확인해 보도록 하자. 이에는 사례를 이용하는 것이 가장 좋다. 제헌회의의 안은 연방의회, 다시 말하면 연방 입법부의 권한은 일정하게 열거된 사안들에 미친다고 언명한다. 개별 사항들의 이 같은 적시는 분명히 보편적인 입법권에 대한 그 어떤 주장도 배제한다. 왜냐하면, 보편적 권한을 의도할 경우, 특정 권한의 긍정적 승인은 무익할 뿐만 아니라 어리석은 일이 될 것이기 때문이다.

이와 유사하게, 연방 사법부의 사법권은 개별적으로 열거된 일정한 소송사건들에 미치도록 헌법에 언명되어 있다. 그런 소송사건들의 명시는 연방 법원의 재판 관할권이 미칠 수 없는 정확한 한계를 나타낸다. 왜냐하면 연방 법원의 재판 관할권의 대상이 열거되어 있는데, 그것이 좀 더 포괄적인 권한에 대한 구상을 배제하지 못한다면, 그런 적시는 아무런 효력이 없을 것이기 때문이다.

이상의 예만으로도 앞서 언급된 기본 원칙을 해명하고, 그것의 [올바른] 이용 방식을 보여 주기에 충분할 것이다. 그러나 이 주제와 관련된 오해의 가능성을 없애기 위해, 그 기본 원칙의 적절한 활용과 오용의 실태를 예를 통해 보여 주고자 한다.

[예컨대] 이 주의 법률에 따르면 기혼 여성은 재산을 양도할 수 없었는데, 입법부가 이를 폐해로 간주해, 집행관 입회하에 작성하는 증서를 통해 재산을 처분할 수 있도록 하는 법률을 제정한다고 가정해 보자. 이런 경우에, 법률에 명시된 방식이 다른 양도 방식을 배제한다는 것은 의심의 여지가 없을 것이다. 왜냐하면 그 여성은 이전에는 자신의 재산을 양도할 권한이 없었고, 명시된 방식은 그녀가 그 목적을 위해 이용할 특정한 방식을 한정하기 때문이

다. 그런데, 동일한 법률의 그다음 부분에, 어떤 특정 가격[이상]의 재산은 가장 가까운 친척 3인의 서명에 의한 동의 없이는 처분할 수 없다고 규정되어 있다고 가정해 보자. 이 규정으로부터, 기혼 여성이 그보다 낮은 가격의 재산을 양도할 경우에는 증서에 친척의 동의를 받을 수 없다는 결론을 도출해 낼 수 있는가? 이런 견해는 너무나 터무니없는 것이어서 논박할 가치도 없다. 그런데 정확히 바로 이것이, 형사사건에 배심재판이 명시적으로 규정되어 있기 때문에, [그 같은 명시가 없는] 민사사건에서는 배심재판이 폐지된다고 주장하는 사람들이 확립하고자 하는 입장인 것이다.

이 같은 검토의 결과, 배심재판은 어떤 경우에도 헌법안에 의해 폐지되지 않는다는 것이 분명한 사실로 드러난 듯하다. 또한 인민 대다수가 관심이 있을 것 같은 개인들 간의 분쟁[즉 민사사건]에서 그 제도[즉 배심제]는 주 헌법이 규정한 그대로 유지될 것이며, 검토 중인 헌법안의 채택에 의해 조금도 변경되거나 영향받지 않을 것이다. 왜냐하면, 연방 사법부는 그런 분쟁에 대해 재판 관할권이 없을 것이고, 그런 분쟁은 지금까지처럼 오직 주 법원에 의해 그리고 주의 헌법과 법률이 규정하는 방식에 따라 결정될 것이기 때문이다. 각기 다른 주로부터 불하받은 권리가 문제가 되는 경우를 제외한 모든 토지 소송을 비롯해, 같은 주의 시민들 간의 모든 분쟁 — 주 입법부 제정 법률에 의해 연방헌법이 적극적으로 침해된 데 따른 분쟁을 제외하고 — 은 주 법원의 재판 관할권에 배타적으로 속할 것이다. 여기에 더해, 해사법 소송과 형평법 관할권에 속하는 거의 모든 소송들은 배심원단의 개입 없이 우리[즉 뉴욕주] 정부 스스로에 의해 직접 결정될 것이다. 이상의 모든 사실들로부터 추론할 수 있는 것은, 현재 우리[즉 뉴욕주]가 사용하고 있는 이 제도[즉 배심제]는 제안되어 있는 정부 체제의 변경에 의해 그리 큰 영향을 받지 않으리라는 것이다.

제헌회의의 안에 대한 지지자나 적대자들은, 서로 동의하는 것이 전혀 없을지라도, 최소한 배심재판의 가치에는 동의하고 있다. 또는 그들 사이에 어떤 차이점이 있다면, 전자는 배심재판을 자유에 대한 유용한 안전장치로 간주하고, 후자는 그것이야말로 자유로운 정부의 수호신이라고 주장한다는 점이다. 나로서는, 그 제도의 기능을 관찰하면 할수록 그것을 높이 평가할 더 많은 이유를 발견하게 된다. 배심재판이 대의제 공화국에서 어느 정도나 유용하고 필수적인 것으로 평가될 만한지, 또는 그것이 대중 정부에서 대중적 집행관의 전제를 막는 방벽으로서의 장점보다 세습 군주정의 억압을 막는 방어 수단으로서의 장점이 얼마나 더 큰지 등에 대한 조사는 필요하지 않을 것이다. 이런 종류의 토론은 유익하기보다는 호기심의 대상일 뿐이다. 모두가 배심재판의 유용성에 대해, 또한 자유에 우호적인 측면에 대해 납득하고 있기 때문이다. 하지만 나는, 자유의 존속과 민사사건에서의 배심재판 간 불가분의 관계를 쉽게 포착할 수 없음을 스스로 인정하지 않을 수 없다. 내가 보기에, 자의적인 고소, 위법이라고 주장하는 행위에 대한 자의적 방식의 기소, 자의적 유죄 선고에 근거한 자의적 처벌 등은 사법 독재의 중요한 수단이었다. 그리고 이 모든 것은 형사소송 절차와 관련된다. 따라서 인신 보호율로 뒷받침되는, 형사사건의 배심재판만이 현안[즉 자유]과 관련된 것처럼 보인다. 그리고 이 두 가지 모두 헌법안에서 충분히 제공되고 있다.

배심재판은 징세권의 억압적 행사에 대한 방어 수단이라고 주장되어 왔다. 이 견해는 검토해 볼 만하다.

배심재판은 부과되는 세금의 액수, 세금이 부과되는 대상, 세금이 할당되는 규칙 등과 관련해 입법부에 아무런 영향을 미칠 수 없다. 따라서 배심재판이 영향을 미칠 수 있다면, 그것은 징수 방식 및 세입 법률의 집행을 위임받은 관리들의 행위에 대한 것임이 틀림없다.

　이 주[즉 뉴욕주]의 세금 징수 방식과 관련해 살펴보면, 우리의 자체 헌법하에서 배심재판은 대부분 소용이 없을 것이다. 세금 압류는 대개, 임차료의 경우처럼, 압류와 경매라는 한층 간단한 절차에 따라 이루어진다. 이것이 세입 법률의 효율성에 필수적이라는 것을 모두가 인정하고 있다. 개인에게 부과된 세금을 회수하기 위해 법률에 따른 느린 재판 과정을 거친다면, 공공의 요구를 만족시킬 수도 없고, 시민의 편의를 촉진할 수도 없다. 재판 과정은 대개, 징수할 원래 세금 총액보다 더 큰 부담이 될 비용의 누적을 야기할 것이다.

　그리고 형사사건에서의 배심재판 규정은, 세입 공무원의 행위와 관련해, 그것[배심재판]이 목표하는 안전장치를 제공해 줄 것이다. 국민을 억압하는 공권력의 의도적 남용, 모든 종류의 공무상 부당 취득 등은 정부에 반하는 범죄행위이고, 그것을 저지른 자는 사건의 정황에 따라 기소되어 처벌될 것이다.

　민사사건에서 배심재판의 장점은, 자유의 보존과는 무관한 상황에 근거하는 듯하다. 민사사건에서 배심재판을 지지하는 가장 강력한 주장은, 그것이 부패에 대한 안전장치라는 것이다. 임시로 소집되는 배심원단보다 상설 조직인 법관을 매수할 수 있는 시간과 기회가 항상 더 많기 때문에, 비도덕적인 영향력이 전자보다 후자에게 더 미치기 쉽다고 생각할 여지가 있다는 것이다. 하지만 이런 견해의 설득력은 다른 견해에 따라 반감된다. 통상적인 배심원단의 소집자인 보안관과 특정의 배심원단을 지명하는 법원 서기들 자체는 정규 공무원이고 개별적으로 역할을 수행하기 때문에, 집합적 조직인 법관들보다 부패의 손길이 닿기가 훨씬 쉬울 것이라 생각할 수 있다. 당사자의 목적에 맞는 배심원을 선발할 수 있는 권한을, 부패한 판사뿐만 아니라 그런 관리들이 장악하고 있으리라고 어렵지 않게 예상할 수 있다. 또한 정직성과 훌륭한 성품으로 정부에 의해 선발된 사람[즉 법관]을 자기편으로 포섭하기보다는, 대중들로부터 무차별적으로 선택된 배심원 가운데 일부를 포섭하는 것이 훨씬 덜 어려우리라고 충분히 추정할 수 있을 것이다. 이런 점들을 고려해 [배심제의 장점을] 차감한다고 하더라도, 배심재판은 여전히 매수에 대한 유익한 견제 수단임이 분명하다. 그것은 매수의 성공을 가로막는 장애물의 수를 크게 증가시킨다. 이렇게 되면, 법원과 배심원단 양자를 모두 매수해야만 한다. 왜냐하면, 배심원단이 명백히 잘못한 경우에는 법원이 일반적으로 새로운 심리를 허락할 수 있기에, 법원을 비슷하게 포섭할 수 없다면 배심원단을 상대로 [매수를] 꾀해 봐야 대부분의 경우 별 소용이 없을 것이기 때문이다. 이제 이중의 안전장치가 존재하게 되는 것이고, 이런 복잡한 요인은 두 제도의 순수성을 유지하는 데 도움이 된다. 그것은, [매수의] 성공을 가로막는 장애물을 증가시킴으로써 두 제도의 순수성을 타락시키려는 시도를 단념시킬 것이다. 법관들이 모든 소송사건에 대해 배타적 결정권을 가질 경우에 비해 배심원단의 협조가 필수적일 경우, 법관들이 극복해야 할 타락의 유혹이 훨씬 미약해질 것이 틀림없다.

따라서 민사사건에서 배심재판이 자유에 필수적인지의 여부에 대해 내가 앞서 표명했던 의문에도 불구하고, 나는 대부분의 경우에 적절한 통제하에서 [사용된다면] 배심재판이 재산 관련 재판을 판결하는 탁월한 방법이 될 수 있다고 인정한다. 또한 나는, 이런 점만을 고려해도, 만일 배심재판을 이용해야만 하는 소송사건의 한계를 정할 수 있다면, 배심재판은 그것을 지지하는 헌법 규정을 가질 만한 충분한 자격이 있다고 인정한다. 하지만 대부분의 경우에 바로 이 지점에서 심각한 난점이 존재한다. 또한 의욕에 눈이 멀지 않은 사람이라면, 이 문제와 관련된 생각이나 제도가 서로 엄청나게 다른 사회들[즉 주들]로 구성된 연방 정부에서, 그런 난점이 크게 증가하리라는 점을 알아차릴 것이다. 나로서는 이 주제를 새롭게 검토하면 할수록, 이에 관한 조항을 제헌회의의 안에 삽입하는 것을 가로막는 장애물들의 실체 — 위압적으로 우리에게 다가오는 — 를 점점 더 수긍하게 된다.

여러 주들 사이에 배심재판의 범위에 큰 차이가 있다는 사실은 거의 알려져 있지 않다. 이는 배심재판과 관련해 불만의 대상이 되어 온 [헌법 규정의] 누락에 대한 우리의 판단에 중대한 영향을 미칠 것이기 때문에, 설명이 필요하다. 이 주[뉴욕주]의 사법 제도는 다른 어떤 주보다 영국의 제도를 많이 닮아 있다. 뉴욕주에는 보통법 법원, 유언 검인 법원(어떤 면에서 영국의 종교 재판소와 유사), 해사법 법원, 형평법 법원 등이 있다. 배심재판은 보통법 법원에서만 널리 행해지는데, 일부 예외가 존재한다. 다른 모든 법원에서는 대체로 한 명의 판사가 배심원단의 도움 없이 교회법[2]이나 시민법에 따라 주재하고 처리한다.[3] 뉴저지주에는 우리와 비슷하게 진행되는 형평법 법원은 있지만, 우리 식 의미의 해사법 법원과 유언 검인 법원은 없다. 뉴저지주의 보통법 법원은, 우리 주의 해사법 법원과 유언 검인 법원이 판결하는 소송사건에 대한 재판 관할권을 가지고 있으며, 당연히 배심재판도 뉴욕주보다 뉴

---

2) [옮긴이] 교회법이란 로마가톨릭교회의 법이다. 교회법은 교회 임원들의 서임 및 통치, 교회 재판소의 규칙, 절차, 판단 등에 적용된다.

3) 형평법 법원에 대해서는, 일반적으로 이 법원이 논란이 되는 사실을 배심원단에 의해 심리한다고 잘못 이야기되어 왔다. 사실을 말하면, 그 법원에서 배심원단에 대한 위임은, 토지의 유증의 유효성이 문제가 되는 경우를 제외하고는 거의 일어나지 않고 있으며 어떤 경우에도 필수적이지 않다.

저지주에서 더 광범위하게 이루어진다. 펜실베이니아주의 경우는 배심재판이 더 광범위한 경우인데, 이 주에는 형평법 법원이 없고 보통법 법원이 그 재판 관할권을 갖기 때문이다.

펜실베이니아주에는 해사법 법원은 있지만, 적어도 우리 식의 유언 검인 법원은 없다. 이런 면에서 델라웨어주는 펜실베이니아주를 모방했다. 메릴랜드주는 뉴욕주에 더 가깝다. 버지니아주도, 다수의 형평법 법원 판사를 둔 점만 제외하고는, 뉴욕주와 비슷하다. 노스캐롤라이나주는 펜실베이니아주와 흡사하고, 사우스캐롤라이나주는 버지니아주와 비슷하다. 하지만 내가 믿기로, 별도의 해사법 법원을 두고 있는 주들 가운데 몇몇 주에서는 재판 중인 소송사건을 배심원단에 의해 재판할 수 있다. 조지아주에는 보통법 법원만 있고, 상소는 당연히 한 배심원단의 평결에서 다른 배심원단의 평결로 성립되는데, 후자는 특별 배심원단이라 불리며, 이들을 임명하는 특별한 방식이 정해져 있다. 코네티컷주에는 형평법 법원이나 해사법 법원 같은 별도의 법원이 없으며, 유언 검인 법원도 소송사건에 대한 재판 관할권이 없다. 보통법 법원이 해사 및 어느 정도는 형평법에 대해서까지 재판 관할권을 갖고 있다. 중요한 소송사건의 경우, 의회가 유일한 형평법 법원이 된다. 따라서 코네티컷주에서는 지금까지 언급한 어떤 주보다 배심재판이 실제로 넓은 영역에까지 미친다. 로드아일랜드주는 이 점에서 코네티컷주의 경우와 많이 흡사하다고 생각된다. 매사추세츠주와 뉴햄프셔주는, 보통법과 형평법과 해사법 재판 관할권을 혼합하고 있는 점에서 비슷하다. 동부의 네 개 주에서 배심재판은, 다른 주들의 경우보다 그 근거가 광범위했을 뿐만 아니라 다른 주들 어디에도 온전히 알려지지 않은 독특한 방식을 취하고 있었다. 당연히 한 배심원단에서 다른 배심원단으로 상소가 이루어지는데, 세 번의 평결 가운데 두 번의 평결이 한편으로 모일 때까지 진행되었다.

이상의 개요를 통해, 각 주의 민사사건에서 배심재판 제도의 범위뿐만 아니라 그 형태에서도 실질적인 다양성이 존재함이 드러난다. 그리고 이런 사실로부터 다음과 같은 확실한 견해가 도출된다. 첫째, 모든 주의 상황에 부합할 수 있는 보편적 규칙을 제헌회의는 정할 수 없었다. 둘째, 어느 한 주의 체제를 표준으로 채택하는 것은, 그에 관한 규정을 [헌법에서] 완전히 누락시키고 문제를 지금까지처럼 입법부의 통제에 맡기는 것만큼이나 또는 그보다 더 많은 위험을 초래할 것이다.

누락된 부분을 보충하기 위해 그동안 제안되었던 것은, 이 사안의 난점을 제거하기보다는 그런 난점을 분명히 보여 주는 데 기여해 왔다. 펜실베이니아주의 소수파는 그 목적[즉 누락된 부분의 보완]을 위해, "배심재판은 종전과 같이 유지된다"는 식의 표현을 제안했다. 나는 그것이 전혀 무의미하고 쓸모없으리라고 주장한다.[4] 헌법의 모든 일반 조항의 적용 대상으로 해석되어야 하는 것은, 결속된 집합적 단위로서의 합중국이다. 그렇다면, 여러 다양한 제약을 가진 배심재판이 각 주에서는 개별적으로 알려져 있지만, 합중국 그 자체에서는 지금 이 시간 배심재판이란 완전히 미지의 것이다. 왜냐하면 현재의 연합 정부는 그 어떤 사법권도 가지고 있지 않기 때문이다. 결국 종전과 같이라는 용어가 적용될 수 있는, 선행하는 또는 이전의 제도가 존재하지 않는 것이다. 따라서 그 용어는 엄밀한 의미를 갖지 못할 것이고, 그런 불확실성으로 인해

---

4) [옮긴이] 해밀턴이 언급한 것은 1787년 11월부터 12월까지 개최되었던 펜실베이니아주 비준 회의의 소수파였던 반연방주의자들이다. 펜실베이니아주 비준 회의는 46 대 23으로 헌법안을 비준했는데, 소수파들은 15개 수정 조항을 제출했다.

아무런 효력을 발휘하지 못할 것이다.

그런 형태의 규정은 제안자들이 목표하는 바를 달성하지 못할 뿐만 아니라, 그것의 목표 자체가, 내가 정확히 파악했다면, 부적절하다. 나는 그들이 목표한 바가 다음과 같은 것이라고 추정한다. 즉 만일 어느 연방 법원이 소재해 있는 특정 주의 주 법원에서 비슷한 소송사건에 배심재판 방식을 적용한다면, 당해 주의 연방 법원에서의 소송사건도 배심원단에 의해 심리되어야 한다. 즉 해사 소송사건이 코네티컷주에서는 배심원단에 의해 심리되어야 하고, 뉴욕주에서는 배심원단 없이 심리되어야 한다는 것이다. 같은 정부에서, 같은 [종류의] 사건에 그렇게 다른 소송 방법을 불규칙하게 시행하는 것은 그 자체로, 일관된 판결을 불가능하게 만들기에 충분하다. 소송사건이 배심원단에 의해 심리될지 여부가, 많은 경우 법원과 당사자의 우연적 위치에 따라 좌우될 것이기 때문이다.

하지만 내가 판단하기에 이것이 가장 큰 반대 이유는 아니다. 많은 소송사건들이 배심재판에 부적합하다는 확고하고 신중한 확신을 나는 가지고 있다. 외국과의 공적 평화에 영향을 미치는 소송사건들, 즉 문제가 전적으로 국제법에 달려 있는 대부분의 사건들이 특히 그렇다고 나는 생각한다. 모든 나포선 소송사건들은 특히 이런 성격의 것들이다. 배심원들이, 국제법과 관습에 대한 충분한 지식이 요구되는 그런 조사를 행할 능력을 갖추었다고 생각할 수는 없다. 또한 배심원들은 때로는 어떤 인상이나 막연한 생각의 영향 때문에, 그들의 조사에서 지침이 되어야 할 공익을 충분히 고려하지 못할 수 있다. 그들의 결정이 다른 국가들의 권리를 침해해 보복이나 전쟁의 계기를 제공할 위험도 당연히 항상 존재한다. 배심원단에 적합한 영역은 사실의 문제를 판결하는 것인데, 대부분의 소송사건에서 법적 결론은 사실과 분리 불가능하게 뒤얽혀 있다.

나포선 소송사건과 관련된 이런 견해는, 다음과 같은 점을 고려하면 그 중요성이 더해질 것이다. 즉 나포선 소송사건의 판결 방법은 유럽의 여러 강국들 간의 조약에서 특별 규정이 필요한 것으로 간주되어 왔다는 점이다. 그런 조약에 따라, 영국에서 나포선 소송사건은 최종적으로 국왕이 직접 임석한 추밀원에서 결정되는데, 여기에서 법률문제뿐만 아니라 사실 문제에 대한 재심문도 이루어진다. 이 사실만으로도, 주의 제도를 연방 정부의 표준 제도로 정하는 그런 기본 조항을 헌법안에 삽입하는 것이 얼마나 현명하지 못한 정책인지, 또한 그 타당성이 의심스러운 헌법 조항으로 정부에 짐을 지우는 것이 얼마나 위험한지가 입증되었을 것이다.

나는 또한 다음과 같은 점에 대해서도 강하게 확신하고 있다. 즉 형평법 관할권을 보통법 관할권에서 분리하면 상당히 유리한 점이 있으며, 또한 형평법 관할권에 속하는 소송사건은 배심원단에 회부하기에 부적합하다는 것이다. 형평법 법원의 주요하고 주된 유용성은, 일반적 규칙의 예외가 되는 특별한 소송사건에서 구제를 제공하는 데 있다.[5] 따라서 그런 사건의 재판권을 통상적인 재판권과 통합하게 되면, 일반적 규칙이 동요될 것이고, 또한 발생하는 모든 사건이 특별한 판결에 종속되는 경향이 나타날 것이 틀림없다. 전자를 후자에서 분리하면 그 반대의 효과가 나타날 것이다. 그런 분리는 전자를 후자에 대한 파수꾼으로 만들 것이고, 각자를 적절한 한도 내에 머물게 할 것이다. 이 외에도, 형평법 법원에 적합한 소송사건들을 구성하는 상황은 많은 경우에 미묘하고

---

[5] 그런 구제의 기준이 되는 원칙이 지금은 통상적 체제로 바뀐 것은 사실이다. 그러나 그런 원칙이 적용되는 것은 주로 일반적 규칙의 예외가 되는 특별한 상황이라는 점은 여전하다.

복잡해 배심재판의 특징에 맞지 않는 것들이다. 그런 상황은 종종 장기간의 세심하고 엄밀한 조사를 필요로 하는 것들이다. 따라서 생업에서 소환되어 생업에 돌아가기 전에 판결을 내려야만 하는 사람들이 그런 조사를 수행하기란 불가능하다. 배심재판 방식의 두드러진 특징인 소박함과 신속함은, 판결할 사안이 명확한 단일 요점으로 정리될 것을 요구한다. 그에 반해 형평법 법원의 소송에는, 대부분 길게 이어지는 미세하고 개별적인 세부 사항들이 포함된다.

보통법 관할권에서 형평법 관할권을 분리한 것은 영국 사법 체제에 고유한 것이고, 몇몇 주에서 이 모델을 모방한 것은 사실이지만, 보통법과 형평법 관할권이 통합되어 있는 어떤 소송사건에서도 배심재판은 미지의 것이었다는 점도 마찬가지로 사실이다. 그리고 [보통법 관할권과 형평법 관할권의] 분리는 배심재판의 원래 그대로의 순수성을 유지하기 위해서도 필수적이다. 형평법 법원의 재판 관할권은 그 법원의 특성상 보통법 소송사건에까지 언제든 확장될 수 있다. 하지만 보통법 법원의 재판 관할권을 형평법 소송사건에까지 확대하려는 시도는, 이 주의 기존 방안[즉 분리 방식]에 따를 때 얻을 수 있는 형평법 법원의 이점을 가져다줄 수 없을 뿐만 아니라, 보통법 법원의 특성까지 점차 변질시킬 것이고, 또한 배심재판 방식으로 판결하기에 너무 복잡한 문제들과 대면하게 함으로써 배심재판까지 손상시킬 것이 분명하다.

이상의 사항들은, 펜실베이니아주 [비준 회의] 소수파의 의도로 추측되는 바에 따라, 모든 주의 체계를 연방 사법부의 구조에 편입하는 그런 안에 반대할 결정적 이유로 여겨진다. 이제 매사추세츠주[즉 매사추세츠주 비준 회의]가 제안한 것이, 예상되는 결함[즉 배심재판 관련 내용의 누락]을 어느 정도나 제거해 줄 것으로 추정되는지 검토해 보자.

그 제안은 이런 식이다. "서로 다른 주의 시민들 간의 민사소송에서, 보통법상의 소송에서 제기되는 모든 사실의 문제는, 만일 당사자들이 또는 그중 어느 한쪽이 요구할 경우, 배심원단에 의해 심리될 수 있다."[6]

이것은 기껏해야 한 종류의 소송에 국한된 제안이다. 이에 대해서는 다음과 같은 추론이 타당할 것이다. 즉 매사추세츠주 비준 회의는 그것을 배심재판에 적합한 유일한 종류의 연방 소송사건으로 간주했거나, 아니면 좀 더 포괄적인 조항을 원했지만 그런 목표에 적절하게 부응할 조항을 고안하는 것이 실현 불가능함을 알게 되었다는 것이다. 만일 전자라면, 그렇게 부분적인 대상에 대한 규정을 누락한 것이 헌법 체계의 중요한 결함으로 결코 간주될 수 없을 것이다. 후자의 경우라면, 그들의 제안은 그 일[배심재판 관련 내용의 누락을 보완해 줄 적절한 조항을 고안하는 것]이 극히 어려운 것임을 보여 주는 강력한 증거가 될 것이다.

그러나 이것이 전부는 아니다. 합중국의 각 주에 있는 법원 및 그들이 수행하는 각기 다른 권한들에 대해 앞서 살펴보았던 내용을 상기해 보면, 배심재판의 대상이 될 그런 소송사건의 유형을 규정하기가 너무나 모호하고 애매한 듯하다. 이 주[즉 뉴욕주]에서 보통법에 따른 소송과 형평법 관할 소송 간의 경계는, 그에 관한 영국의 규칙과 일치하는 것으로 확인된다. 다른 많은 주들에서 그 경계는 모호하다. 그중 몇몇 주의 경우, 모든 소송사건은 보통법 법원에서 심리될 수 있고, 그런 근거에서 모든 소송은 보통법에 따른 소송으로 간주되어, 당사자들이나 그중 어느 한편이 선택할

---

6) [옮긴이] 매사추세츠주 비준 회의에서는 여기에 언급된 것을 포함해 총 아홉 개의 수정 조항이 제출되었다.

경우 배심원단에 의해 판결될 수 있다. 따라서 이 제안[즉 매사추세츠주의 제안]에 따를 경우, 펜실베이니아주의 소수파가 제안한 규정이 초래하리라고 앞서 지적한 것과 동일한 불규칙성과 혼란이 야기될 것이다. 즉 똑같은 소송사건이라도, 어떤 주에서는 당사자들이나 그중 한편이 요구할 경우 배심원단에 의한 판결을 받을 수 있는데, 다른 주에서는 보통법 재판 관할권에 관한 사법 제도가 다르기 때문에 배심원단의 개입 없이 판결받아야만 하는 것이다.

따라서 보통법과 형평법 재판 관할권의 경계에 관한 어떤 일치된 방안이 각 주들에 의해 채택되기 전까지는, 이 주제에 관한 매사추세츠주의 제안이 작동될 수 없다는 것이 분명해졌다. 그런 종류의 방안을 고안하는 것은 그 자체로 힘든 과제일 것이고, 그것을 숙성시키는 데는 많은 시간과 숙고가 필요할 것이다. 합중국의 모든 주들에 수용될 수 있는 또는 각 주의 제도에 완벽히 일치하는 어떤 보편적 규정을 제안한다는 것은, 불가능하지는 않겠지만, 극히 어려운 과제일 것이다.

[혹자는] 왜 이 주[즉 뉴욕주]의 헌법을 참조해, 내가 보기에 훌륭하다고 생각되는 그것을 합중국의 기준으로 삼을 수 없었느냐고 질문할 수도 있을 것이다. 나는 그에 대해, 다른 주들이 우리 제도에 대해 우리와 같은 견해를 가질 개연성은 전무하다고 답하고자 한다. 그들[즉 다른 주의 사람들]은 지금까지 자신들의 제도에 대해 더 애착을 가져왔고, 각자 자신들이 좋아하는 것을 위해 서로 다투게 되리라고 생각하는 것이 자연스럽다. 어느 한 주를 전체의 모델로 삼는 방안을 제헌회의에서 구상했더라면, 자기 정부에 대한 각 대표들의 편애 때문에 그것을 지명하기가 곤란했으리라 생각된다. 그리고 어떤 주가 모델로 선택되었을지도 명확하지 않다. 많은 주가 모델로는 부적절함이 입증되었다. 모든 상황을 고려할 때 뉴욕주를 비롯한 몇몇 주가 선호되었을지는 추측에 맡기고자

한다. 만일 제헌회의에서 현명한 선택이 이루어질 수 있었다고 하더라도, 그것은 특정 주의 제도에 대한 편견의 표시로 비춰져 다른 주에서 경계하고 반발하는 심각한 위험이 초래되었을 것이다. 적대자들은 헌법안에 반대하는 수많은 지역적 편견을 불러일으킬 좋은 구실을 갖게 되었을 것이고, 아마 헌법안의 최종 성립을 매우 위태롭게 했을 것이다.

배심재판을 적용할 소송사건을 규정하기가 어려운 난처한 상황을 회피하기 위해, 열성적인 사람들은 모든 소송사건에서 배심재판을 실시하는 규정을 헌법안에 삽입할 수 있다는 주장을 펴기도 한다. 이에 대한 내 의견은 다음과 같다. 합중국의 어떤 주에서도 그런 선례는 발견되지 않는다. 또한 냉철한 사람이라면, 펜실베이니아주 소수파의 제안을 검토할 때 거론되었던 사항들을 생각해 보면서, 모든 소송사건에서 배심재판을 실시하는 것은 헌법안의 용납될 수 없는 실수가 되리라고 확신하게 될 것이다.

요약하면, 그 목표[즉 배심재판 관련 내용의 보완]를 위한 규정을 만드는 데서, 너무 빈약해 목표에 부응하지 못하거나 너무 과해 타당성을 잃지도 않는 그런 표현 방식의 규정을 만드는 과제는, 생각할수록 더 어려운 과제로 보인다. 확고한 중앙정부를 도입한다는 중대하고 본질적인 목표에 대한 또 다른 반대의 근거를 제공하지 않을 그런 방식의 규정을 만드는 과제 역시 마찬가지이다.

다른 한편으로 나는, 편견 없는 사람이라면, 이 문제를 다룬 여러 관점들을 여기에서 접하면서 이 문제에 대한 그간의 우려를 불식하게 되었으리라고 확신한다. 그런 여러 관점들에 의해 입증된 바는 다음과 같다. 즉 자유의 보장과 실질적으로 관련이 있는 것은 오직 형사 소송사건에서의 배심재판인데, 이는 제헌회의의 안에 충분히 규정되어 있다. 대부분의 민사 소송사건 및 공동체 대부분이 관심을 갖는 소송사건에서도 그런 재판 방식은, 헌법안에 의해 훼손되거나 영향받지 않고, 주 헌법에 확립되어 있는 그대로 완벽히 유지될 것이다. 배심재판은 어떤 경우에도 헌법안에 의해 폐지되지 않을 것이다.[7] 합중국 헌법에서 배심재판에 관한 엄밀하고 적절한 조항을 만드는 데는, 극복 불가능하지는 않더라도, 심대한 난점이 존재한다.

이 문제에 대한 최선의 심판관이라면 민사소송에서 배심재판의 헌법적 확립을 결코 바라지 않을 것이다. 또한 그런 사람이라면, 사회 상황이 끊임없이 변화함에 따라, 현재는 배심재판 방식이 압도적인 여러 소송사건들 중에서, 재산 문제를 판결하는 데는 다른 재판 방식이 선호될 수도 있음을 기꺼이 인정할 것이다. 나로서는 이 주[즉 뉴욕주]에서도, 배심재판은 현재 그것이 적용되지 않는 일부 소송사건에까지 편리하게 확대될 수도 있고, 다른 사건에서는 편리하게 축소될 수도 있다고 확신한다. 합리적 사람들은 모두, 배심재판이 모든 소송사건에서 행해져서는 안 된다는 데 동의하고 있다. 영국뿐만 아니라 [아메리카의] 여러 주에서 배심재판의 구래의 범위를 축소한 쇄신의 사례는, 그것의 이전 적용 범위가 불편한 것으로 드러났을 가능성을 보여 주며, 또 앞으로의 경험에 따라 배심재판에서 제외하는 것이 적절하고 유용한 것으로 드러날 분야가 더 나올 가능성을 보여 준다. 나는 배심재판이 유익하게 작동할 수 있는 경계를 확정하는 것은, 세상사의 이치로 볼 때 불가능하다고 생각한다. 나로서는 이것이 그 문제를 입법부의 재량에 맡기자고 주장하는 강력한 논거이다.

---

7) 81번 논설 참조. 여기에서 나는 사실 문제에 관한 상소심 재판 관할권이 대법원에 부여됨으로써 배심재판이 폐지되리라는 주장을 검토하고 반박했다.

이것이 분명 현재 영국의 상황이라고 생각된다. 코네티컷주의 사정도 마찬가지이다. 그뿐만 아니라 확실히 단언할 수 있는 것은, 독립 전쟁 이후 이 주[즉 뉴욕주]에서 배심재판에 대한 명확한 헌법 조항이 마련되었음에도 배심재판에 대한 수많은 침식이, 같은 시기 코네티컷주나 영국에서 일어난 것보다 더 많이 이루어졌다는 사실이다. 그런 침식을 주도한 사람들은 대개, 자신이 대중적 자유의 가장 열렬한 옹호자임을 인민들에게 납득시키려 노력해 온 사람들이었다. 이들은 그런 침식을 자신 있게 추진하는 과정에서 그것을 가로막는 헌법적 장애물에 거의 부딪히지 않았다. 사실, 영속적 효과를 확보하기 위해 우리가 의존할 수 있는 것은 오직 정부의 일반적 특징이다. 특별한 대책들은, 비록 완전히 무용하지는 않겠지만, 일반적으로 생각하는 것보다 그 가치나 효과가 훨씬 미약하다. 그리고 건전한 안목을 가진 사람에게는, 그런 특별한 대책의 부재가, 좋은 정부의 주요 특징들을 제시하는 안에 대해 반대할 결정적 이유가 결코 될 수 없을 것이다.

형사사건에서 배심재판을 명확히 확립한 헌법에 대해, 민사사건에 대해서도 그렇게 하지 않았다는 이유로, 자유에 대한 보장 수단이 전무하다고 단언하는 것은 분명 적지 않게 가혹하고 터무니없게 들린다. 합중국에서 가장 대중적인 주로 항상 간주되어 온 코네티컷주에는 둘 중 어느 것과 관련해서도 자랑할 헌법 규정이 없다는 것은 유명한 사실이다.

푸블리우스

연방주의자 84번

[해밀턴] 1788. 5. 28.

헌법에 대한 이상의 검토를 통해 나는, 헌법에 대한 반대론의 대부분에 대해 논평하고 또 응답하려 노력했다. 하지만 어떤 특정 항목에 쉽게 들어가지 않거나 또는 적절한 곳에서 미처 다루지 못한 몇 가지 반대론들이 아직 남아 있다. 이제 이런 것들에 대해 논의하고자 한다. 하지만 주제가 너무 길어질 것이기 때문에, 이들 다양한 문제에 대한 논평을 단일 논설에 모두 담을 수 있도록 간결하게 논의할 것이다.

남아 있는 반대 이유 가운데 가장 중요한 것은 제헌회의의 안에 권리장전이 들어 있지 않다는 것이다. 이에 대한 답변으로 여러 다른 곳에서 이미 말했던 것은, 여러 주의 헌법도 비슷한 상태에 있다는 것이다. 뉴욕주도 그중 하나이다. 그런데 뉴욕주에서 신헌법에 반대하는 자들은 권리장전에 대한 가장 과격한 열성 지지자에 속하는데, [마찬가지로 권리장전이 없는] 주 헌법에 대해서는 무한한 존경을 고백하고 있다. 이 문제에 대한 그들의 열의를 정당화하기 위해 그들은 두 가지 사정을 주장한다. 하나는, 뉴욕주 헌법도 서문에 권리장전을 두고 있지 않지만, 본질적으로 그와 동일한 것에 해당하는 개개의 기본적 인권이나 권리를 지지하는 다양한 규정을 본문 안에 담고 있다는 것이다. 다른 하나는, 뉴욕주 헌법은 영국의 관습법과 성문법을 완전히 채택하고 있으며, 그것에 의해 헌법에서 표명되지 않은 다른 많은 권리들이 동일하게 보장된다는 것이다.

첫째 주장에 대해 나는, 이 주의 헌법뿐만 아니라 제헌회의가 제안한 헌법 또한 그런 규정을 다수 포함하고 있다고 대답하고자 한다.

정부 구조에 대한 규정과는 별개인 다음과 같은 규정을 찾을 수 있다. 제1조 3절 7항, "탄핵 사건에서의 판결은 면직 및 합중국의 명예직, 위임직 또는 유급 공직에 취임·재직하는 자격을 박탈하는 것 이상이 될 수 없다. 다만 이같이 유죄판결을 받은 자일지라도 법률에 따른 기소, 재판, 판결 및 처벌을 면할 수 없다." 같은 조의 9절 2항, "반란 또는 침략의 경우에 공공의 안전상 필요한 때를 제외하고는, 인신 보호 영장에 관한 기본권을 정지할 수 없다." 3항, "사권 박탈법 또는 소급 처벌법을 통과시키지 못한다." 7항,[1] "합중국은 어떠한 귀족의 칭호도 수여하지 아니한다. 합중국에서 유급직 또는 위임에 의한 관직에 있는 자는 누구라도 연방의회의 승인 없이는 어떠한 국왕, 군주 또는 외국으로부터도 종류 여하를 막론하고 선물, 보수, 관직 또는 칭호를 받을 수 없다." 제3조 2절 3항, "탄핵 사건을 제외한 모든 범죄의 재판은 배심제로 한다. 그 재판은 그 범죄가 행하여진 주에서 하여야 한다. 다만 그 범죄자가 어느 주에도 속하지 아니할 경우에는 연방의회가 법률로써 정하는 장소에서 재판한다." 같은 조의 3절, "합중국에 대한 반역죄는 합중국에 대하여 전쟁을 일으키거나, 또는 적에게 가담하여 원조 및 편의를 제공할 경우에만 성립한다. 누구라도 명백한 위의 행동에 대하여 증인 두 명의 증언이 있거나 또는 공개 법정에서 자백하는 경우 이외에는 반역죄의 유죄 선고를 받지 아니한다." 같은 절의 3항,[2] "연방의회는 반역죄의 형벌을 선고하는 권한을 가진다. 다만 반역죄로 인한 사권 박탈 선고는 그 선고를 받은 자의 생존 기간을 제외하고 혈통 오손이나 재산 몰수를 초래하지 아

---

1) [옮긴이] 실제는 8항이다.

2) [옮긴이] 실제는 2항이다.

니한다."

대체로 이것들은, 이 주의 헌법에서 발견되는 것과 중요성이 동일하지 않다는 의문이 당연히 들 것이다. [그러나] 인신 보호 영장, 소급법 금지, 그리고 우리 헌법[즉 뉴욕주 헌법]에는 해당 규정이 없는 귀족 작위의 금지 등은 아마 우리 헌법의 어떤 내용보다도 자유와 공화주의에 더욱 중요한 안전장치일 것이다. 범행 이후의 죄의 창설, 다시 말하면 행할 당시는 법 위반이 아니었던 일에 대해 처벌하는 것과 자의적인 구금 관행은 예나 지금이나 전제정이 선호하는 가장 무서운 수단이었다. 현명한 블랙스톤의 후자에 대한 논평[3]은 상술할 가치가 충분하다. "기소나 재판 없이 사람의 생명을 빼앗거나(그는 말한다) 폭력으로 그의 재산을 몰수하는 것은 너무나 현저하고 악명 높은 전제정의 짓이기에 단번에 독재에 대한 경고를 온 나라에 전파할 것이 틀림없다. 하지만 그곳의 고통이 외부에 알려지지 않거나 잊히는 그런 곳에 비밀리에 사람을 서둘러 투옥해 감금하는 것은 덜 공개적이고 덜 눈에 띄기 때문에 더 위험한 전제 정부의 수단이다." 그리고 이런 치명적 해악에 대한 구제책으로서 그는 모든 곳에서 특히나 강조해 인신 보호법에 대한 찬사를 보낸다. 어떤 곳에서 그는 이것을 "영국 정체의 보루"라고 부르고 있다.[4]

귀족 작위 [수여] 금지의 중요성을 설명하는 데는 어떤 말도 필요 없을 것이다. 이는 진정 공화제 정부의 시금석으로 명명될 만

---

3) Blackstone, *Commentaries*, vol. I, p. 136 참고[Sir William Blackstone, *Commentaries on the Laws of England* (Oxford, 1769, 4 vols.). 이 책은 영국 보통법의 역사 및 내용에 대한 가장 유명한 저서이다].

4) 같은 책, vol. 4, p. 424.

하다. 왜냐하면 그런 작위가 배제되는 한, 정부가 인민의 정부가 아닌 다른 어떤 것이 될 심각한 위험은 존재할 수 없기 때문이다.

두 번째 주장, 즉 헌법에 의한 [영국의] 관습법과 성문법의 승인이라는 주장에 대해, 나는 그것은 "입법부가 수시로 바로 그에 관해 행할 개정 및 규정"에 명백히 종속될 것이라고 답하고자 한다. 따라서 그것은 언제든 통상적인 입법부의 권한에 의해 폐지될 수 있으며, 당연히 어떤 헌법적 강제력도 갖고 있지 못하다. 그 [영국의 관습법과 성문법을 승인하는] 선언의 유일한 유용성은 고래의 법을 인정하고, 독립 전쟁으로 야기되었을지 모를 의혹을 해소하는 것이었다. 따라서 이것은 권리선언의 일부로 간주될 수 없다. 우리 [즉 아메리카의] 헌법들하에서 권리선언은 정부 그 자체의 권력에 대한 제한이어야 한다.

이미 수차례 정확히 언급했듯이, 권리장전은 그 기원에서 국왕과 그 신민 간의 계약이고, [신민의] 기본적 인권을 위한 [국왕의] 대권의 축소이며, 군주에게 넘겨주지 않은 권리의 보유이다. 검을 쥔 귀족들이 존 왕으로부터 획득한 대헌장,[5] 후속 국왕들에 의한 그 헌장의 잇따른 확인, 찰스 1세가 치세 초기에 승인한 권리청원[6]은

---

5) [옮긴이] 26번 논설, 주 2 참조.

6) [옮긴이] 1628년 의회는 국왕인 찰스 1세에게 권리청원을 통해 다음과 같은 내용을 요구했다. 의회의 동의 없이는 어떠한 과세나 공채도 강제되지 않고, 법에 의하지 않고는 누구도 체포·구금되지 않고, 육군 및 해군은 인민의 의사에 반하여 민가에 숙박할 수 없으며, 민간인의 군법에 의한 재판은 금지한다는 내용 등이다. 국왕은 스페인 및 프랑스와의 전쟁 자금 확보를 위해 마지못해 권리청원을 승인했지만, 이후에도 국정을 독단적으로 운영했고, 1629년 의회를 해산하는 동시에 의회의 지도자를 투옥한 뒤 11년간 의회를 소집하지 않고 전제정치를 했다. 이는 1642~45년 영국 내전(또는 청교도혁명)의 직접적인 원인이 되었다.

모두 그런 것이었다. 1688년 상·하원에 의해 오라녜 공에게 제시되고 이후 의회의 법률 형태로 만들어져 권리장전으로 불리게 된 권리선언 역시 그런 것이었다.[7] 따라서 권리장전은, 그 발달 과정의 의미에 따르면, 명백하게 인민의 권력에 기초하고 인민의 직접적 대표와 관리에 의해 집행되는 헌법에는 적용되지 않는다는 것이 명백하다. 엄밀히 말해 여기에서 인민은 아무것도 포기하지 않았고, 모든 것을 보유하기 때문에, 특별한 보유의 필요가 없는 것이다. "우리 합중국 인민은, [……] 우리와 우리의 후손들에게 자유의 축복을 보장하기 위하여, 이 아메리카합중국헌법을 제정한다"[헌법 전문]. 바로 이것이, 권리장전을 몇몇 주의 주된 상징으로 만든 그런 경구들보다, 그리고 정부의 헌법보다 윤리학 논문에 더 잘 맞을 것 같은 그런 경구들보다, 인민의 권리를 훨씬 완전하게 승인하고 있다.

그런데 개별 권리들을 담은 세부 항목은 모든 종류의 개인적·사적 관심사를 규정하고 있는 헌법에 해당되는 것들이고, 우리의 검토 대상과 같은 그런 헌법, 즉 국민의 보편적인 정치적 관심사를 규정하는 것만을 목표로 하는 헌법에는 그다지 해당되지 않는 것들이다. 따라서 만일 제헌회의 헌법안에 대한 떠들썩한 비판이 이런 이유[즉 개별 권리들을 담은 세부 항목이 없다]에서 충분히 근거가 있다고 하면, 이 주의 헌법에 대한 어떤 비난 역시 과하지 않을 것이다. 하지만 사실을 말하자면, 두 헌법 모두 그들의 목표[즉 보편적인 정치적 관심사를 규정]와 관련해 합리적으로 요구되는 것들을 모두 담고 있다.

더 나아가 나는, 권리장전을 둘러싼 논란의 의미와 정도에서

---

7) [옮긴이] 26번 논설, 주 3 참조.

볼 때, 그것은 헌법안에 불필요할 뿐만 아니라 심지어 위험할 수도 있다고 단언한다. 권리장전은 부여되지 않은 권한이 미칠 수 없는 여러 가지 예외를 담고 있는데, 바로 이 때문에 부여된 권한보다 많은 권한을 요구할 다양한 핑계를 제공할 수 있다. 할 수 있는 권한이 없는 일을 해서는 안 된다고 선언할 이유가 있는가? 예를 들면, 제한을 부과할 수 있는 권한이 주어지지 않았는데, 언론 자유는 제한되어서는 안 된다고 왜 언명해야 하는가? 그런 규정이 규제 권한을 부여할 것이라고 주장하려는 것은 아니다. 그러나 그런 규정이, 권리를 침해할 마음이 있는 자에게, 그런 권한을 주장할 그럴듯한 핑계를 제공할 수 있다는 것은 분명하다. 그런 자들은, 이성을 가장하고서, 주어지지 않은 권한의 남용에 대비하는 어리석은 짓을 했다고 헌법이 비난받아서는 안 되며, 또한 언론 자유의 제한에 대비하는 규정은, 그에 관한 적절한 통제를 규정할 권한을 중앙정부에 부여할 예정임을 명백히 암시하고 있다는 등의 주장을 펼 것이다. 권리장전에 대한 분별없는 열정에 빠진 결과, 해석에 기초한 권한이라는 교의의 실마리를 무수히 제공할 본보기를 위의 사례는 보여 준다.

언론 자유 문제에 대해서는, 많은 것을 이야기했지만, 한두 가지 언급을 추가하지 않을 수 없다. 먼저, 이 주의 헌법에는 언론 자유에 관한 내용이 한마디도 없다는 점이다. 다음으로, 다른 주의 헌법에서 언론 자유에 대해 무엇을 말했더라도 그것은 아무것도 아니라는 점이다. "언론의 자유는 불가침으로 보존되어야 한다"는 선언은 무엇을 의미하는가? 언론의 자유란 무엇인가? 얼버무릴 여지를 허용하지 않을 어떤 [엄밀한] 정의를 누가 제시할 수 있는가? 그것은 실행 불가능하다고 나는 생각한다. 이로부터 내가 말하고자 하는 것은, 언론 자유의 보장이란, 그에 관한 멋진 선언이 아무리 헌법에 삽입된다고 하더라도, 전적으로 여론에 의존하며 또한 인민과 정부의 전반적인 태도에 달려 있다는 것이다.[8] 그리고 다른 곳에서도 말했듯이, 우리의 모든 권리의 유일하게 굳건한 기반은 결국에는 바로 여기에서 구해야만 한다.

이 항목을 마무리 짓기에는 아직 이 문제에 대한 또 다른 한 가지 관점이 남아 있다. 우리가 들었던 온갖 장광설에도 불구하고, 사실 헌법 그 자체가 모든 합리적 의미에서 모든 유용한 목적을 위한 하나의 권리장전이다. 영국에서 여러 권리장전들은 영국의 헌법을 구성하며, 그 반대로 각 주의 헌법은 그 주의 권리장전이다. 그리고 헌법안이 채택된다면, 그것은 합중국의 권리장전이 될 것이다. 정부의 구조와 운영에서 시민들의 정치적 기본권을 천명하고 명시하는 것이 권리장전의 한 가지 목표인가? 제헌회의의 안

---

8) 혹자는 언론 자유에 영향을 미칠 수 있는 권한이 헌법 내용 가운데 존재함을 증명하기 위해 과세권을 언급하기도 한다. 금지에 해당할 만큼 높은 세금을 출판물에 부과할 수도 있다는 것이다. 주 헌법 가운데 언론 자유를 옹호하는 선언이 있으면 주 의회에 의한 출판물 과세를 막는 입헌적 방어물이 될 것이라는 주장이 있는데, 나는 어떤 논리에서 그런 주장을 하는지 이해할 수 없다. 아무리 낮을지라도 모든 세금은 언론 자유를 위축시킬 것이라는 주장은 결코 가능하지 않다. 우리가 알고 있듯이, 영국에서는 세금을 신문에 부과하고 있지만 그 나라보다 언론이 더 큰 자유를 누리는 곳은 없다. 그리고 언론 자유에 대한 침해 없이 어떤 종류의 세금을 부과할 수 있다면, 세금의 규모는 여론에 의해 통제되는 입법부의 재량에 따라 결정될 것이 분명하다. 결국 언론 자유를 존중하는 일반적 선언이 존재해도, 그것은 그런 선언이 없을 경우에 비해 더 큰 보장을 결코 제공하지 못할 것이다. 그런 선언이 없는 [제헌회의의] 헌법안에서와 마찬가지로, 그런 선언을 담고 있는 주 헌법에서도 징세라는 수단을 통해 언론 자유에 대한 똑같은 침해가 초래될 수도 있을 것이다. 정부는 자유로워야 하고, 세금은 과도하지 않아야 한다는 점 등을 선언하는 것도, 언론 자유는 제한되어서는 안 된다고 선언하는 것만큼이나 중요할 것이다.

은 가장 풍부하고 엄밀하게 이 목표를 이루고 있다. 헌법안은, 주 헌법 어디에서도 발견되지 않는, 공공의 안전을 위한 다양한 예방책을 포함하고 있기 때문이다. 권리장전의 또 다른 목표는 개인적·사적 관심사와 관련된 일정한 면책과 소송 방식을 규정하는 것인가? 이것 역시, 앞서 보았듯이[80번, 83번 논설], 헌법안의 다양한 소송사건들에 담겨 있다. 따라서 권리장전의 본질적 의미에 주의를 돌릴 경우, 제헌회의의 작품 속에 그것이 발견되지 않는다는 주장은 터무니없는 것이다. 권리장전이 충분하지 못하다 — 이를 분명히 보여 주기는 어렵겠지만 — 고 말할 수는 있겠지만, 그런 것이 없다는 주장은 적절하지 못하다. 정부를 수립하는 수단 중 어떤 부분에서든 시민의 권리가 발견된다면, 그런 권리를 선언하는 순서에서 어떤 양식이 준수되었는지는 분명 하찮은 문제에 불과하다. 따라서 이 주제에 대해 [반대파들이] 이야기해 왔던 많은 것들은, 사안의 본질과 무관한, 단지 용어상의 명목적 구분에 근거한다는 점이 명백해졌을 것이다.

지금까지 제기되어 왔고, 또 그 반복되는 빈도로 인해 신뢰받고 있다고 추정되는 또 다른 반대론은 이런 유의 것이다. 제안되어 있는 그런 막대한 권한을 중앙정부에 부여하는 것은 부적절하다(고 반대파들은 말한다). 왜냐하면 중앙정부의 소재지가 부득이하게 여러 주에서 너무 멀리 떨어져 있어서 유권자로서는 대표 기구가 수행하는 것에 대한 적절한 정보를 얻을 수 없기 때문이다. 만일 이런 주장이 무언가 입증한 것이 있다면, 그것은 어떤 것이든 중앙정부가 존재해서는 안 된다는 것이라고 할 수 있다. 왜냐하면, 합중국에 부여해야 한다는 데는 모두가 동의한 것처럼 보이는 권한이라도, [인민의 자유를 지키기 위해] 필수적인 충분한 통제하에 있지 않은 기구에는 [그것을] 안전하게 맡길 수 없다는 것이기 때문이다. 하지만 이런 반대는 사실에 입각한 것이 아님을 입증할 충분한 근거가 존재한다. 거리에 관한 주장의 대부분에는 상상에 따른 명백한 오해가 존재한다. 몽고메리 카운티의 주민들이 그들의 대표의 주 의회 활동에 대해 판단할 때, 그 근거가 되는 정보의 출처는 무엇일까?[9] 개인적으로 목격한 바로는 도움이 될 수 없다. 그것은 현장에 있는 주민들에게 한정된다. 따라서 그들은 자신들이 신뢰하는 총명한 사람들의 정보에 의존하지 않을 수 없다. 그러면 이 사람들은 정보를 어떻게 획득하는가? 분명 공적 조치들의 양상, 공공 간행물, 그들의 대표들과의 연락, 심의가 이루어지는 장소에 거주하는 다른 사람들과의 연락 등을 통해 획득할 것이다. 이는 몽고메리 카운티에만 해당되는 것이 아니라, 정부 소재지에서 상당히 먼 거리에 있는 모든 카운티에 해당된다.

이와 마찬가지로, 인민들은 자신들의 연방 정부 대표의 활동과 관련해서도 비슷한 정보의 출처에 접근할 수 있을 것이다. 그리고 주 정부에 의한 경계의 효과는, 이른바 거리로 말미암아 야기될 신속한 정보 교환의 장애물들을 압도할 것이다. 각 주의 집행부와 입법부는 연방 행정부의 각 부처에 종사하는 자들에 대한 감시병이 될 것이다. 또한 그들은 정기적이고 효율적인 정보 체계를 선택하고 실행할 권한을 가지고 있기에, 연방의회에서 그들의 주민을 대표하는 자들[즉 의원들]의 행동을 상세히 알 수 있을 것이고, 인민들에게 바로 그 정보를 기꺼이 전해 줄 것이다. 그들은 다른 사람들이 자신의 공동체[즉 주]의 이익을 해치려고 하는 것은 무엇이든 공동체에 알리려는 성향을 가지고 있기에, 비록 그것이 단지 권력 경쟁에서 연유하는 것일지라도, 인민들은 그들에게 의지할

---

9) [옮긴이] 몽고메리 카운티는 당시 뉴욕주의 여러 카운티들 가운데 가장 넓고 또 가장 서쪽에 위치한 카운티였다.

수 있을 것이다. 따라서 우리는 전적인 확신을 갖고서 다음과 같은 결론을 내릴 수 있다. 즉 인민들은 그런 경로를 통해, 그들이 지금 가진 모든 수단을 통해 주 대표의 활동에 대해 알 수 있는 것보다, 연방 대표의 활동에 대해 더 잘 알 수 있을 것이다.

또한, 정부 소재지와 그 인근 지역에 거주하는 시민들은, 멀리 떨어진 지역에 있는 시민들과 똑같이, 보편적인 자유와 번영에 영향을 미치는 모든 문제에 대해 관심을 갖게 될 것이고, 필요할 경우 언제든 경보를 울릴 것이며, 파괴적 시도를 하는 자들을 지목하리라는 점을 기억해야 한다. 대중지들은 합중국의 가장 외진 지역 거주자들에게 신속한 정보 전달자가 될 것이다.

지금까지 등장했던, 헌법안에 대한 여러 엉뚱한 반대론 가운데 가장 터무니없고 또 가장 덜 그럴듯한 반대론은, 합중국[이 인민에게 지불해야 할] 채무 관련 규정이 없다는 데 근거한다. 이런 규정의 부재는, 합중국 채무의 암묵적인 포기 또는 공적인 채무불이행을 감추려는 사악한 계략으로 묘사되어 왔다. 신문들은 이런 제목의 선동적 비난으로 가득했다. 하지만 이 주장은 전혀 근거가 없는 것으로, 극단의 무지가 아니면 극단의 부정직의 소산임에 틀림없다. 다른 곳[43번]에서 이 주제에 대해 이미 언급한 내용에 더해, 한 가지만 말하고자 한다. "국가의 시민 정부 형태가 변화되어도, 국가는 그 권리의 어떤 것도 상실하지 않으며 그 의무의 어떤 것에서도 면제되지 않는다."[10] 이는 상식의 소박한 명령이고 또한

---

10) Rutherford, *Institutes*, vol. 2. book II, chap. x. sect. xiv, and xv 참조[Thomas Rutherford, *Institutes of Natural Law; being the substance of a course of lectures on Grotius de jure Belli et Pacis* (Cambridge, 1754-56, 2 vols.)]. 또한 Grotius, book II, chap. ix, sect. viii, and ix[Hugo Grotius, *On the Law of War and Peace* (1625)].

정치적 원리의 확고한 교의이다.

지금 생각난 것으로서, 중요성이 있는 마지막 반대론은 비용 문제에 관한 것이다. 제안된 정부의 채택이 상당한 비용 증가를 초래하리라는 것이 사실이라고 해도, 그와 같은 반대론은 헌법안에 반대할 하등의 근거가 되지 않는다. 아메리카의 시민 대다수는 합중국이 그들의 정치적 행복의 기반임을 합리적으로 확신하고 있다. 극소수를 제외하면, 지금 모든 당파의 분별 있는 사람들은 합중국이 현재의 체제에서는 유지될 수 없으며, 근본적인 변화 없이는 보존될 수 없다는 데 동의하고 있다. 또한 새로운 그리고 포괄적인 권한이 연방 지도부에 부여되어야 하고, 이를 위해서는 [지금과] 다른 연방 정부 조직, 즉 그런 충분한 권한의 불안한 수탁소인 단일의 조직이 필요하다는 데 동의하고 있다. 이 모든 것을 인정한다면, 비용 문제는 포기해야 한다. 왜냐하면 그 체제의 근거가 될 토대를 협소하게 하면서 안전 — 어떤 정도이든 — 을 확보한다는 것은 불가능하기 때문이다. 입법부의 양원은 우선 단지 65명으로 구성될 것이고,[11] 이는 기존 연합에서 구성될 의회의 [대표] 숫자와 동일하다. 이 숫자가 증가될 예정인 것은 사실이지만, 인구 및 나라의 재원 증가와 보조를 맞추게 될 것이다. 처음이라도 적은 숫자는 [인민의 자유에] 안전하지 않을 것이며, 인구가 더 증가된 단계에서 현재의 숫자를 지속한다면 인민을 충분히 대표하지 못할 것이다.

비용의 무서운 증가는 어디에서 발생하는가? 지적되는 한 가지 원인은 신정부하에서 공직의 증가이다. 이에 대해 조금 검토해

---

11) [옮긴이] 이는 착오인 듯하다. 65명은 최초의 양원의 정원이 아니라, 하원 정원이다.

보자.

신정부에서 요구될 것은 현 정부의 주요 행정 부처와 동일할 것이 명백하다. 현재 전쟁장관, 외무장관, 내무장관, 그리고 재무장관과 부장관, 서기 등 세 명으로 구성된 재무위원회 등이 있다. 이 공직들은 어떤 체제에서도 필수 불가결하며, 구체제는 물론 신체제에서도 충분할 것이다. 외국에 주재할 대사와 기타 외교사절 및 직원과 관련해, 헌법안은 그들의 지위를 더 지체 높게 만들고, 근무를 더 편리하게 만드는 것 이외의 어떤 다른 차이도 가져다주지 않을 것이다. 세입 징수 업무에 고용될 연방 공무원의 수가 상당히 추가될 것은 명백한 사실이지만, 공적 비용의 증가를 야기하지는 않을 것이다. 대부분의 경우, 단지 주 공무원을 연방 공무원으로 교체하는 것에 지나지 않을 것이기 때문이다. 예를 들면, 관세 징수 분야에 근무할 사람은 모두 이런 사람들일 것이다. 개별 주들에는 이런 용도의 그 어떤 인원도 필요하지 않을 것이다. 주가 임명한 세관 공무원에게 보수를 지급하든, 합중국이 임명한 세관 공무원에게 지급하든, 경비 면에서 어떤 차이가 있겠는가? 후자의 인원수나 급여가 전자의 경우보다 많으리라고 생각할 어떤 타당한 이유도 존재하지 않는다.

그렇다면 반대파들이 제시하는 막대한 규모로까지 비용을 증가시킬 추가 항목은 어디에서 구할 수 있을까? 머리에 떠오르는 주된 항목은 합중국의 법관 유지와 관련된 것들이다. 대통령을 추가하지 않는 것은, 현재 연합회의 의장의 비용이 합중국 대통령으로 인해 발생할 비용보다, 조금 작다 해도, 크게 작지는 않을 것이기 때문이다. 법관의 유지비는 분명 추가 비용일 테지만, 그 규모는 이와 관련해 실제로 채택될 구체적 방안에 따라 좌우될 것이다. 그러나 어떤 합리적 방안에 근거하더라도, 그 비용이 실제로 주요 관심사가 될 규모에는 이르지 못할 것이다.

지금부터는, 제안된 정부의 수립에 따를 추가 비용을 상쇄할 것으로는 무엇이 있을지 살펴보기로 한다. 첫째로, 현재 연합회의를 연중 개회하도록 만드는 안건들 중 많은 부분이 대통령에 의해 처리될 것이다. 대외 협상의 경우도, 일반적 원칙에 따르면 상원과 협조하고, 상원의 최종 동의에 따라야 하지만, 그 진행과 관리는 자연스럽게 대통령에게 이양될 것이다. 따라서 상원과 하원의 회기는 1년 중 일부만으로도 충분할 것이 확실하다. 하원은 1년의 약 4분의 1, 상원은 3분의 1 또는 2분의 1 정도를 예상할 수 있다. 상원 회기가 긴 것은 상원에 추가되는 조약 및 임명 안건 때문이다. 이런 상황에 근거해 다음과 같이 추론할 수 있을 것이다. 즉 하원이 현재의 인원수를 넘어 크게 확대되기 전까지는, 현재의 상시적 회기와 미래의 일시적 회기 간 차이로부터 상당한 비용 절감이 가능하리라는 점이다.

경제적 측면에서 볼 때 매우 중요한 또 다른 상황이 존재한다. 지금까지는 합중국의 안건이 연합회의는 물론 주 입법부까지 장악해 왔다. 후자는 전자가 요청하는 바를 제공해야만 했다. 따라서 주 입법부의 회기는, 단순히 주의 지역 안건을 처리하는 데 필요한 정도를 훨씬 초과해 연장되곤 했다. 종종 주 입법부 시간의 절반 이상이 합중국 관련 안건에 사용되었다. 현재 각 주 입법부를 구성하는 의원들은 2000명 이상에 달한다. 지금까지 이 인원이 수행한 일들이 신체제에서는 처음에는 65명에 의해 수행될 것이고, 미래에도 아마 그 인원은 400명 또는 500명을 넘지 않을 것이다. 제안된 정부에서 연방의회는 합중국의 모든 안건을 주 의회의 개입 없이 스스로 처리할 것이다. 따라서 주 의회는 자기 주의 사안만 처리하면 될 것이고, 지금까지처럼 그렇게 오래 개회할 필요가 없을 것이다. 주 의회의 이런 회기 차이는 모두 순익이 될 것이고, 이것만으로도, 신체제 채택으로 야기될 어떤 추가 비용 항목에도 맞먹을 만한 비용 절약 항목이 될 것이다.

이런 검토의 결론은 다음과 같다. 헌법 제정에 따를 추가 비용의 근거는 지금까지 생각했던 것보다 훨씬 적을 것이다. 그것은 상당한 비용 절약 항목으로 상쇄될 것이다. 또한 저울추가 어느 쪽으로 기울지는 의문이지만, 비용이 적게 드는 정부로는 분명 합중국의 목표를 달성할 수 없을 것이다.

푸블리우스

연방주의자 85번

right [해밀턴] 1788. 5. 28.

첫 번째 호에서 밝혔던 이 논설들의 주제에 대한 형식적 구분에 따르면, 논의해야 할 두 가지 항목이 아직 남아 있는 듯하다. "제안된 정부와 여러분 자신의 주[즉 뉴욕주] 헌법과의 유사성" 및 "그것[즉 신헌법]의 채택이 공화제 정부와 자유 및 재산에 제공할 추가적인 보호 수단"이 그것이다. 그러나 이 항목들은 작업을 진행하면서 이미 충분히 다루었기 때문에, 앞의 논의를 더 확대된 형태로 반복하는 것 이상은 불가능할 듯하다. 현안이 여러 단계 진척되었고 또 이미 소비된 시간을 고려할 때, 그것을 반복할 여유는 없을 것 같다.

주목할 것은, 제헌회의 헌법안과 이 주의 정부 조직법의 유사성은, 전자의 실질적 장점 못지않게 이른바 여러 결점과 관련해서도 유효하다는 사실이다. 결점으로 주장되는 것으로는, 집행관의 재임 가능성, [집행] 평의회의 결여, 공식적인 권리장전의 누락, 언론 자유에 관한 조항의 누락 등이 있다. 앞의 검토 과정[각각 72번, 38번, 84번, 41번 논설]에서 언급되었던 이런 문제점들을 비롯한 몇몇 사항들에 대한 비판은, 합중국의 헌법안뿐만 아니라 이 주의 기존 헌법에 대해서도 마찬가지로 적용될 수 있다. 후자에 대해서는 쉽사리 용서하는 결함을 이유로 전자를 맹비난하는 사람이 있다면, 일관성을 자처하기 어려울 것이다. 우리 중에서 자기 정부에 대한 헌신적 팬이라고 자칭하는 사람들은, 자신의 헌법도 똑같이 취약한, 어쩌면 더 많이 취약할 수 있는 문제점을 이유로 제헌회의의 안을 맹렬히 공격해 왔다. 헌법안에 대한 일부 열성적 적대자들의 위선과 허식을 이보다 더 잘 보여 주는 증거는 분명 없을 것이다.

논의 중인 헌법안을 채택함으로써 얻을 수 있는, 공화제 정부와 자유·재산에 대한 추가적인 보호 장치로는 주로 다음과 같은 것들이 있다. 합중국의 유지는 지역적 파당이나 소요를 억제하고, 하나의 주에서라면 유력자들이 가질 수 있는 야심 ─ 인민의 독재자가 될 정도의 신뢰와 영향력을, 지도급 인사들 및 마음에 드는 자들로부터 확보하려는 ─ 을 억누른다. 연합의 해체가 초래하고 촉진할 수 있는 외국의 음모 기회를 감소한다. 분열된 상태일 경우에 주들 간의 전쟁으로 말미암아 광범위한 군 상비 체제가 필연적으로 발전하게 될 것을 방지한다. 각 주의 공화제 정부 형태를 명백히 보장한다. 귀족 작위를 전면적이고 보편적으로 배제한다. 재산과 신용의 근거를 붕괴시키고, 모든 계급의 시민들의 가슴에 상호 불신을 심고, 또한 도덕의 거의 전면적 쇠퇴를 야기해 온 주 정부의 관행이 반복되는 것을 예방해 준다.

동료 시민들이여, 나는 이상과 같이 내가 자임한 과제를 수행해 왔다. 이제 그것의 성공 여부는 여러분의 행동에 따라 결정될 것이다. 다만 나는, 적어도 내가 그런 노력을 하면서 견지했던 참뜻을 확신시키는 데 실패하지 않았음을 여러분도 인정하리라 믿는다. 나는 전적으로 여러분의 판단에 호소해 왔다. 또한 헌법 반대파들의 말과 행동으로 인해 적잖이 유발되었던, 관련된 모든 정치 논객들을 수치스럽게 만든 거친 말투를 신중하게 피해 왔다. 헌법안 지지자들에게는 인민의 자유에 반하는 음모를 꾸민다는 비난이 무차별적으로 가해졌다. 그런 비난은 너무나 무자비하고 악의적이었기에, 그런 중상모략에 대한 반박을 내심 생각했던 모든 사람들의 분노를 자극하기에 충분했다. 부유하거나, 명문가 출신이거나, 또는 위대한 인물 등에 대해 퍼부어진 끝없는 비난은 양식 있는 모든 사람들의 혐오를 불러일으킬 만했다. 대중들로 하여금 진실을 보지 못하도록 부당한 은폐와 허위 진술이 다양한 방식으로 자행되었다. 정직한 사람의 비난을 받아 마땅한 짓이었다. 이런 상황들로 말미암아 나도 때로는 의도하지 않았던 표현을 절제하지 못했을지 모른다. 나는 분명 감정과 절제 사이에서 종종 갈등을 느꼈다. 그리고 설령 전자가 우세했던 경우가 있었다고 해도, 그런 경우가 흔하거나 많지는 않았다고 변명하고자 한다.

이제 잠시 숨을 고르면서 우리 스스로에게 질문해 보자. 이 논설들을 통해 헌법안은 그에 대한 비난에서 만족스럽게 벗어나지 못했는가? 대중들의 승인을 받을 만하고 또한 공공의 안전과 번영에 필요하다는 것을 입증하지 못했는가? 모든 사람은, 자신의 최상의 양심과 지식에 따라 이 질문에 스스로 답해야 한다. 또한 자신의 판단력이 진실하고 냉철하게 명하는 바에 따라 행동해야 한다. 이는 그 무엇으로도 면제받을 수 없는 의무이다. 사회의 결속을 성립시키는 모든 책무들이 우리 모두에 대해 그 의무의 성실하고 정직한 이행을 요구하고 있다. 아니, 그렇게 하도록 구속하고 있다. 그 어떤 편파적 동기도, 그 어떤 특수 이익도, 그 어떤 의견의 자존심도, 그 어떤 일시적 정념이나 편견도, 그 자신에 대해, 그의 나라에 대해, 그의 후손에 대해, 그가 수행할 역할의 부적절한 선택을 정당화할 수 없다. 그로 하여금 파당에 대한 완고한 지지를 경계하도록 하자. 그가 결정해야 할 목표는 공동체의 특수 이익이 아니라 국가의 존속 그 자체라는 것을 생각하도록 하자. 그가 승인하거나 거부해야 할 그 안에 대해 이미 아메리카의 과반수가 재가했음을 기억하도록 하자.

나는 제안된 체제의 채택을 여러분에게 권하는 그 주장들을 완전히 신뢰하고 있으며, 또한 반대론에서 어떤 현실적 설득력도 발견할 수 없었음을 분명히 밝힌다. 나는 제안된 체제가 우리의 정치 상황과 습관, 생각 등에 맞는 최선의 것이고, 혁명[즉 독립 전쟁]이 낳은 그 어떤 산물보다 뛰어난 것이라고 확신한다.

그것이 절대적으로 완벽하다고 주장하는 것은 아니라는, 헌법안 지지자 측의 양보는 적대자들에게 적지 않은 승리의 빌미를 제공했다. 그들은 이렇게 주장한다. 왜 우리가 불완전한 것을 채택해야 하는가? 왜 최종적 확정 이전에 수정하지 않으며, 완전하게 만들지 않는가? 이 주장은 충분히 그럴듯하지만, 오직 그럴듯할 뿐이다. 우선 말해야 할 것은, 그런 양보의 정도가 크게 과장되었다는 점이다. 마치 헌법안에 근본적인 결함이 있거나, 중대한 수정 없이는 공동체의 권리와 이익을 안전하게 헌법에 맡길 수 없다고 인정한 양 알려진 것이다. 그런 양보를 한 사람들의 취지를 이해하는 한, 이는 그들의 뜻에 대한 완전한 왜곡이다. 헌법안 지지자들은 모두 다음과 같은 의견을 천명할 것이다. 즉 그 체제가 모든 부분에서 완벽하지는 않을지라도 전체적으로 훌륭한 것이고, 나라의 현 상황과 전망이 허용하는 최선의 것이며, 또한 합리적인 사람이 원할 수 있는 모든 종류의 안전을 약속하는 것이라고 말이다.

다음으로 나는, 불안한 국가 상황을 연장하면서 완벽한 안을 비현실적으로 추구하는, 계속되는 실험의 위험에 합중국을 노출하는 것은 경솔함의 극치라고 대답할 것이다. 나는 불완전한 사람들로부터 완전한 작품을 결코 기대하지 않는다. 모든 집합적 조직에서 숙의한 결과물은 필연적으로, 그것을 구성하는 개인들의 양식과 지혜뿐만 아니라 실수와 편견의 복합체가 될 것이다. 각기 다른 13개 주를 우호와 연합의 공동 유대 안에 포용하는 협정은, 필연적으로 상이한 여러 이해관계와 의향들의 타협일 수밖에 없다. 그런 재료들로부터 어떻게 완벽한 것이 나타날 수 있는가?

지난번 제헌회의는, 만족스러운 성과를 내기에 유리한 환경에서 소집되어 숙의를 거쳐 결론에 도달했다. 최근 이 도시에서 간행된 탁월한 소논문[1]은 결정적으로, 그와 같이 유리한 환경에서 [다시] 회의를 소집하는 것이 불가능한 이유들을 제시하고 있다. 나는 그것이 광범위하게 읽혔으리라 생각하기에 여기에서 그 주장을 반복하지는 않을 것이다. 그것은 분명히 이 나라의 지지자라면 모두 충분히 정독할 만하다. 하지만 수정 문제와 관련해 아직 검토하지 않았고, 대중들에게 이야기하지 않은 한 가지 견해가 남아 있다. 이 문제를 먼저 살펴보지 않고는 결론을 내릴 수 없다.

헌법을 [비준] 이후에 수정하는 것이 이전에 수정하는 것보다 훨씬 용이하리라는 것은 확실히 입증할 수 있을 듯하다. 현재의 헌법안에 수정이 가해지는 순간, 그것은 새로운 헌법안이 되기 때문에 채택을 위해서는 각 주의 새로운 결의를 거쳐야만 한다. 따라서 합중국 전역에서 헌법이 완전히 성립되려면, 13개 주의 동의가 필요할 것이다. 반대로, 모든 주가 헌법안을 일단 현재 그대로 비준하면, 그에 대한 수정은 언제든 아홉 개 주에 의해 이루어질 수 있다. 따라서 차후 수정하는 것이, 헌법 전체 체제를 최초로 채

---

1) 제목은 "An Address to the people of the state of New-York"이다[이는 존 제이가 1788년 4월 '뉴욕 시민'A Citizen of New York이라는 필명으로 발표했고, 6월에 『아메리칸 뮤지엄』*The American Museum*에 다시 실었다].

택하는 것에 비해, 그 가능성에서 13 대 9[2]로 더 유리할 것이다.

이것이 전부가 아니다. 합중국의 헌법은 필연적으로 매우 다양한 항목으로 구성될 것이고, 이 항목들에서 13개 독립적 주들의 중요한 이해관계나 견해가 조정되어야 할 것이다. 우리는 당연히, 헌법의 최초 제정을 담당할 조직 내에서 각기 다른 항목들에 대한 각기 다른 부분들의 연합을 목격하게 될 것이다. 어느 한 문제에서 다수파를 형성한 사람들 가운데 많은 이들이 두 번째 문제에서는 소수파가 될 수도 있고, 세 번째 문제에서는 이 둘과 전혀 다른 연합이 다수파를 구성할 수도 있다. 따라서 전체 헌법안의 모든 항목을, 합의의 모든 당사자들이 만족할 수 있는 그런 방식으로 만들고 조정해야 할 것이다. 이는 최종적 결의에 대한 집단적 동의를 확보하는 데 따르는 어려움과 손실을 엄청나게 증가시킬 것이다. 항목의 수와 당사자들의 수에 비례해 그런 어려움도 증가할 것이 분명하다.

그러나 일단 성립된 헌법에 대한 수정은 단일한 제안이 될 것이며, 개별적으로 발의될 것이다. 어떤 다른 쟁점과 관련된 조정이나 타협의 필요도 없고, 주고받기도 없을 것이다. [헌법 수정에] 필요한 인원수의 의사는 즉시 그 사안을 중요 안건으로 제출할 것이다. 그리고 아홉 개[3] 또는 10개 주가 연합해 수정을 원한다면, 수정은 틀림없이 이루어질 것이다. 따라서 최초로 전체 헌법을 확립하는 것과 헌법을 수정하는 것의 용이함은 비교가 불가능하다.

---

2) 9보다는 10이라고 할 수 있다. 왜냐하면 3분의 2가 수정을 발의할 수 있지만, 4분의 3이 비준해야 하기 때문이다[헌법 수정 절차는 헌법 제5조에 나와 있다].

3) 9보다는 10이라고 할 수 있다. 왜냐하면 3분의 2가 수정을 발의할 수 있지만, 4분의 3이 비준해야 하기 때문이다.

차후에 개정할 수 있으리라는 견해에 대해서는, 중앙정부의 운영을 위임받은 자들은 대개 자신들이 일단 보유한 권한을 조금도 양보하지 않으려 할 것이라는 반론이 제기되어 왔다. 이에 대해 나로서는 다음과 같은 확신을 가지고 있음을 밝힌다. 즉 곰곰이 생각해 볼 때, 유용하리라고 생각되는 헌법 수정은, 정부의 주요 권한에 관한 것이 아니라 정부 조직에 관한 것이 될 것이다. 이 이유만으로도 그들의 반론에는 하등의 설득력도 없다고 생각된다. 그들의 견해에 어떤 설득력도 있을 수 없는 또 다른 이유가 존재한다. [연방 통치자들은] 통상적인 수준의 공공심과 성실성을 갖추고 있으리라고 추정된다. 이에 더해, 어쨌든 13개 주를 통치하는 데 내재하는 어려움은, 연방의 통치자들로 하여금 유권자들의 합리적 기대에 불가피하게 순응하는 자세를 끊임없이 강제할 것으로 생각된다. 그런데, 그들[즉 반대파들]의 견해가 헛된 것임을 확실히 입증할 추가적 고려 사항이 아직도 남아 있다. 그것은, 아홉 개 주가 동의할 경우 연방 통치자들에게는 이 문제[즉 헌법 개정]와 관련해 다른 선택지가 없다는 점이다. 헌법안 제5조에 따르면, 연방의회는 "각 주들의 3분의 2(현재는 아홉 개 주에 해당) 이상의 주 의회가 요청할 때에는 수정안 발의를 위한 헌법 회의를 소집해야 한다. 수정안이 각 주들의 4분의 3의 주 의회에 의하여 비준되거나, 또는 각 주들의 4분의 3의 주 헌법 회의에 의하여 비준되는 때에는, 모든 점에서 이 헌법의 일부로서 효력이 발생한다." 이 조항의 지시는 강제적이다. 연방의회는 "헌법 회의를 소집해야 한다." 이 항목에서는 어떤 것도 연방의회의 재량권에 맡겨지지 않는다. 따라서 연방의회가 변화를 내켜 하지 않으리라는 모든 열변은 허공 속으로 사라져 버릴 것이다. 지역적 이해관계에 영향을 미칠 수 있는 수정안이라면, 주 의회의 3분의 2 또는 4분의 3을 결속하기 어려울 것이라고 생각할 수도 있다. 하지만 단지 인민의 보편적 자유나 안전에 관련된 문제라면, 합중국에서는 그런 어려움을 염려하지 않아도 된다. 우리는, 연방 권력에 의한 권리침해에 대항할 방벽을 수립하려는 주 입법부의 성향에 안전하게 의존할 수 있을 것이기 때문이다.

이상의 주장이 그릇된 것이라면, 나 스스로 기만당하고 있음이 분명하다. 왜냐하면 내가 생각하기에 그 주장은, 수학적으로 검증될 수 있는 정치적 사실에 속하는 드문 경우의 하나이기 때문이다. 아무리 [헌법안] 수정을 열망하는 사람들이라도, 만일 나와 동일한 관점에서 그 문제를 바라본다면, 우선 [헌법을] 채택하는 것이 그들 자신의 목표에 이르는 가장 빠른 길이라는 데 틀림없이 동의할 것이다.

[앞의 주장과] 똑같이 견실하고 독창적인, 한 저술가의 다음과 같은 견해의 타당성에 기꺼이 동의한다면, 헌법 성립 이전에 수정을 시도하려는 열정은 분명 약화될 것이다. "군주정이든 공화정이든, (그는 말한다) 광대한 국가나 사회를 보편적 법률에 입각해 균형을 잡는 일은 엄청나게 어려운 과제이기 때문에, 아무리 모든 것을 포괄하는 천재라고 해도 단지 이성과 심사숙고만으로 그것을 달성할 수는 없다. 그 작업에는 많은 사람의 판단이 결합되어야 하고, 경험이 그들의 노력을 이끌어야 하며, 시간이 그것에 완성을 가져다주어야 하고, 최초의 시도와 실험에서 불가피하게 저지를 수 있는 실수를, [사용하면서] 불편을 느낌으로써 교정해야 한다."[4] 이런 신중한 견해는 합중국을 진정으로 사랑하는 모든 사람에게 주는 중용과 절제의 교훈을 담고 있다. 또한 시간과 경험을 통해서

---

4) Hume's Essays, vol. I, page 128. - The rise of arts and sciences[David Hume, *Essays and Treatises on Several Subjects* (1753)].

만 얻을 수 있는 것을, 무정부 상태나 내란, 주들의 영구적 상호불화, 어쩌면 승리한 선동가의 군사독재의 위험까지 무릅쓰면서 [성급하게] 추구하려는 것에 대해 경계심을 갖게 한다. 나의 정치적인 군건함이 모자랄 수도 있다. 하지만 나는, 우리의 현 상황이 장기 지속될 위험성을 가공의 것으로 취급하는 그런 사람들처럼 태연하게 지낼 수 없음을 인정한다. 내가 보기에, 중앙정부 없는 국가는 끔찍한 광경이다. 완전한 평화의 시기에 전체 인민의 자발적 동의로 헌법을 수립하는 것은 경이로운 일이며, 나는 그 완성을 떨리는 불안 속에서 고대하고 있다. 그렇게 힘든 기획에서, 현재 13개 주 가운데 일곱 개 주에서 확보해 놓은 것[즉 헌법 비준]을 처분해 버리고, 상당 부분 마친 작업을 다시 시작한다면, 이는 그 어떤 신중함의 원칙과도 조화될 수 없을 것이다. [만일 헌법 제정의] 새로운 시도들을 한다면, 그 결과에 대해 나는 더 큰 두려움을 가지고 있다. 왜냐하면 나는, 이 주와 다른 주의 유력자들이 가능한 모든 방식으로 보편적인 중앙정부에 반대하고 있다는 사실을 알고 있기 때문이다.

푸블리우스

옮긴이 해제

1. 들어가는 말

　1788년 발행된 『페더럴리스트』*The Federalist* 초판 부제는 "1787년 9월 17일 연합회의[즉 제헌회의]에서 합의된 신헌법을 지지하기 위해 쓴 글들의 모음집"이다. 이에서 알 수 있듯이 이 책은, 스스로를 "연방주의자"Federalist로 자처하는 자들이, 새로이 마련된 미 합중국 헌법안을 지지하기 위해 단 7개월 동안 급하게 쓴 85편의 신문 기고문 모음집이다. 또한 그 기고문들은, 일반적인 신헌법 지지의 글이 아니라, 뉴욕주에서 헌법 비준 회의 대표 선출을 앞두고서 또는 비준 회의 표결을 앞두고서, 신헌법 비준을 반대하는 '반연방주의자'들의 논리를 반박하고 신헌법 비준의 필요성을 시민들에게 설득하기 위해 작성된 것이었다. 『페더럴리스트』는 오늘날 정치학의 고전으로 평가받고 있지만, 당초 그것은 보편적 정치이론이나 주제를 체계적으로 다룬 것이 아니라, 특정의 독자를 대상으로 구체적 현안을 다룬 국지적 목표의 산물이었던 것이다.[1]

---

[1]　Terence Ball, "Introduction", in A. Hamilton, J. Madison, and J. Jay, *The Federalist with Letters of "Brutus"*, ed. Terence Ball, Cambridge: Cambridge Univ. Press, 2003, p. xiv. Ian Shapiro, "Introduction: The Federalist Then and Now", A. Hamilton, J. Madison, and J. Jay, *The Federalist Papers*, ed. Ian Shapiro, New Heaven: Yale University Press, 2000, p. ix.

미국 건국 과정에 대한 통상적 인식에 따르면, 미국 혁명은 반식민지 저항, 독립 전쟁, 순조로운 국가 형성으로 이어지는 누적적 과정의 성공적인 결과물로 파악된다. 특히 다른 혁명이 혼란과 새로운 전제정의 수립으로 귀결한 데 반해, 미국 혁명은 모두가 동의하는 대의 민주주의의 안정된 공화국 수립으로 귀결되었다는 점에서 높이 평가된다. 한나 아렌트는, 미국 혁명은 혁명의 진정한 완성인 헌법 제정으로 자연스럽게 분출되어 갔다고 지적한다.[2]

하지만 『페더럴리스트』의 배경이 된 헌법 제정 및 비준 과정은 이런 통상적 인식과 상당한 괴리를 보여 준다. 헌법 제정이 혁명의 자연스러운 귀결로서 모두의 동의하에 이루어지기보다는 격렬한 논쟁과 갈등 속에서 이루어졌기 때문이다. 해밀턴과 매디슨을 포함해 헌법 제정을 주도한 연방주의자들은 당시 미국이 여러 문제들로 말미암아 위태로운 상황에 처해 있다고 인식했다. 이들은 독립 이후 연합 체제에서 아메리카의 대외적 위상 추락은 물론이고 대내적으로 무정부 상태가 임박했다는 위기의식을 느끼고 있었다. 이런 위기를 극복할 방안이 바로 새로운 헌법 제정이었다.[3]

이들이 느꼈던 위기감과 관련해 주목할 것은, 미국 혁명은 단지 독립을 둘러싼 아메리카와 영국 간의 갈등만이 아니라, 독립된 국가의 권력을 둘러싼 아메리카 내의 갈등이기도 했다는 점이다. 1770년대 중반 다수의 아메리카인들에게 독립은 미국 혁명의 전부를 의미했지만, 다른 많은 사람들에게 미국 혁명은 그 이상의

---

2) Lawrence Goldman, "Introduction", A. Hamilton, J. Madison, and J. Jay, *The Federalist Papers*, ed. Lawrence Goldman, New York: Oxford Univ. Press, 2008, p. xi.

3) 같은 글, p. xii.

무엇을 의미했다. 이들에게 아메리카 혁명은, 전통적인 식민지 통치 형태와의 절연뿐만 아니라 식민지 아메리카의 정치사회를 지배했던 전통적 엘리트와의 절연을 의미하는 것이기도 했다. 1776년 독립선언 이후 10여 년간의 아메리카 정치를 주도한 것은, 이런 후자의 지향을 지닌 세력들이었다. 이들은 주 의회를 기반으로 더 '평등주의적이고 민주적인 정책'을 추구했다. 연방헌법은 이들이 지배하는 주로부터 새로운 중앙정부로의 권력 이전이었고, 독립한 미국을 누가 어떻게 통치할 것인지에 대한 1776년의 결정을 역전시킨 것이라고 평가받고 있다.[4] 헌법 비준을 둘러싸고 격렬한 갈등과 논쟁이 전개되었던 것은 이런 배경 때문이었고, 이런 갈등과 논쟁이 이 책의 기원이었던 것이다. 따라서 이 책의 내용이나 저자들의 주장을 이해하기 위해서는 그들이 느낀 불안과 우려에 대한 이해가 필요하고, 이를 위해서는 소란스럽고 격정적이었던 그 시대로 돌아갈 필요가 있다.[5]

4) Isaac Kramnick, "Editor's Introduction", A. Hamilton, J. Madison, and J. Jay, *The Federalist Papers*, ed. Issac Karmnick, New York: Penguin Books, 1987, p. 15.

5) Terence Ball, "Introduction", p. xiv.

2. 『페더럴리스트』의 역사적·정치적 배경

1) 1763~86년 : 반식민지 저항과 독립 혁명,
그리고 연합 체제의 문제

　미국 독립 전쟁은 1760~70년대 아메리카 식민지에 대한 영국의 교역·조세 정책에 대한 반발에서 시작되었다. 영국은 1700년대 초·중반 식민지 지배권을 둘러싸고 스페인 및 프랑스와 계속되는 전쟁을 치렀는데, 이로 인해 발생한 막대한 전쟁 부채를 해결하기 위해 식민지를 대상으로 각종 세금을 직접 부과하기로 결정하게 된다. 이는 식민지의 경제적 부담을 가중했을 뿐만 아니라 그동안 식민지가 누려 온 자치권을 부정하는 것이었다. 특히 1765년 인지세법은 식민지의 독립 정신을 촉발한 결정적 계기가 되었다. 1773년 보스턴 차 사건에 대한 응징으로, 그동안 식민지에 허용되었던 각종 자치권을 부정하는 반동적 조치들(1774년의 일명 '참을 수 없는 법')이 시행되자 갈등은 급속히 고조되었다. 결국 1775년 4월 보스턴 부근의 렉싱턴과 콩코드에서 영국군과 민병대 간에 무력 충돌이 발생함으로써 독립 전쟁의 막이 오르게 된다.

　영국에 대한 저항과 독립 전쟁은 북아메리카의 13개 식민지 간의 단결과 협력, 나아가 단일국가 의식을 형성하는 기원이 되었다. '참을 수 없는 법'에 대한 공동 대응을 위해 12개 식민지 의회의 대표들은 1774년 9월 필라델피아에 모여 제1차 대륙회의를 결성했고, 1775년 소집된 제2차 대륙회의에서 영국군에 대항하기 위해 대륙군을 결성하게 된다. 그리고 1776년 7월 4일 독립선언서를 채택함으로써 영국으로부터의 완전 독립을 결의한다. 독립 전쟁은 1781년 말에 이르러 사실상 대륙군의 승리로 귀결되는데,

1783년 9월 3일 파리조약을 통해 전쟁의 종식과 아메리카의 독립이 최종적으로 확정되었다.

그런데 1776년의 독립선언은 엄격히 말해 미국의 독립이 아니라, 아메리카의 13개 식민지들이 각 식민지의 독립을 공동으로 선언한 것에 불과했다. 실제로 대륙회의는 각 식민지가 각각 하나의 주권국가로서 독립함을 분명히 했다.[6]

이런 상태였기에 독립 전쟁을 효과적으로 수행하기 위해서는 식민지 간 협력 체계를 확립하는 일이 무엇보다 요구되었다. 이에 따라 제2차 대륙회의는 13개 식민지들의 연합 체제를 결성하기로 하고, 이를 규정한 '연합 헌장'The Articles of Confederation을 1777년 채택하게 된다. 연합 헌장이 13개 식민지 모두의 비준을 거쳐 발효된 것은 1781년 3월에 이르러서였고, 그 결과 아메리카합중국 The United States of America이 정식으로 수립되었다.

그렇다면 이처럼 13개 주의 합의에 따라 헌법(즉 연합 헌장)을 채택하고 이에 기초한 합중국을 건설했는데, 왜 새로운 헌법 제정이 필요했는가? 연합 헌장 체제에 대한 어떤 불만이 연방주의자들로 하여금 새로운 헌법 제정을 추진하게 만들었는가? 특히 연방헌법은 연합 체제의 계승이 아니라 부정으로 자리매김할 수 있는데, 연합 헌장의 어떤 문제점이 연방주의자들로 하여금 그것을 부정하도록 만들었을까?

연합 헌장 체제의 첫 번째 문제점은 중앙정부가 너무나 취약하고 비효율적이었다는 점이다. 독립 전쟁 수행을 위해 13개 주들은 연합 체제를 만들었지만, 각 주가 가진 기존의 권한을 포기하려 하지 않았다. 그 결과 연합 체제에서도 권력은 여전히 13개 주

6) 조지형, 『미국헌법의 탄생』, 서울: 서해문집, 2012, 137쪽.

에 나뉘어 있었다. 연합 헌장을 제정할 당초에는 연합 정부에 전쟁과 외교, 대내외 교역, 서부 영토에 대한 권한 등을 부여할 계획이었고 초안도 그렇게 작성되었다. 그러나 크고 부유한 주가 지배하는 연합 정부에 대한 작은 주의 반대로 말미암아 당초 계획은 무산되었고, 연합 정부는 결국 주들의 관계를 단지 조정하는 역할에 그치게 된다.

연합 체제에서 각 주들을 통할하는 유일한 제도적 기구는 연합회의였지만, 연합 헌장은 연합회의에 그 어떤 실질적 권한도 부여하지 않았다. 무엇보다 연합회의는 독자적인 징세권과 모병권이 없었다. 주에 대해 재정 분담금 및 병력을 할당해 청구할 수는 있지만, 이를 강제할 구속력이 없었다. 연합회의는 13개 주에 대해 대외 교역 및 주 간의 교역에 대한 통일된 규제 체계를 부과할 권한도 없었다. 연합회의는 외국과 조약을 체결할 수 있지만, 주들에 대해 이를 강제할 권한이 없었다. 주요한 문제에 대한 결정을 위해서는 적어도 아홉 개 주 대표의 지지가 필요했는데, 연합회의에서 각 주는 인구 및 자원의 규모와 무관하게 동등한 한 표를 행사했다. 더욱이 연합 헌장을 수정하기 위해서는 만장일치의 합의가 필요했다.

연합 체제의 취약점은 무엇보다 연합 헌장이 인민에 대해서가 아니라 주에 대해 작용한다는 것이었다. 따라서 합중국과 연합 정부에 대한 공통의 충성심을 확보할 수 없었다. 중앙정부로서 연합회의가 갖는 이런 취약성 탓에, 연합 정부는 주 간의 분쟁이나 갈등을 조정하거나 통제할 수 없었다. 독립 전쟁이 남긴 막대한 양의 부채를 주들 간에 할당하는 문제, 주들 간의 경계선 분쟁, 1783년 이후 미국이 확보한 서부 영토에 대한 소유권 분쟁 등은 모두 주들 간에 심각한 갈등의 원인으로 떠올랐다. 중앙 권력이 부재한 결과, 13개 주들 간에는 경쟁과 적대 의식, 제도의 혼란과 중복,

이에 따른 충돌이 불가피했다.[7)]

　　1776년 독립선언 이후 각 주들은 다양한 방식의 자체 헌법을 제정했다. 13개 주 중에서 일곱 개 주가 자체 화폐를 발행했고, 인근 주에 적대적인 관세법을 제정했다. 아홉 개 주가 자체 해군을 보유했다. 특히 독립 전쟁의 종식과 함께 그동안 전쟁 수행을 위해 불가피했던 단결의 필요성이 소멸됨에 따라, 잠복해 있던 문제들이 심각하게 부상하기 시작했다. 교역 및 관세정책, 노예 문제 등을 둘러싸고 남과 북 간의, 상이한 지역 간의 긴장의 징후가 구체화되고 있었다. 『페더럴리스트』에서 저자들이 합중국이 서너 개 연합, 또는 남북 연합으로 분열될 위험을 경고한 것은 이런 배경에서였다.

　　중앙 권력의 부재로 말미암아 대외 관계에서 합중국의 취약함도 중요한 문제로 부상했다. 유럽 제국들이 재정복을 시도하지 않을지 누구도 보장할 수 없었다. 1783년 이후에도 영국은 여전히 4대호 지역에서 요새 및 교역 요충지를 점령하고 있었고, 스페인은 걸프 해안 및 플로리다 지역을 통제하면서 미국 선박의 미시시피 강 항행을 봉쇄했다. 아메리카 원주민들은 백인들이 자신들의 구역으로 들어오는 것에 대해 완강히 저항했다. 내부의 분열과 취약성은 외부로부터의 위험을 초래하기 마련이고, 이를 막기 위해서는 합중국의 단결과 중앙정부가 필요했다.

　　다른 한편, 연합회의는 권한이 없었을 뿐만 아니라, 조직 및 구조의 문제 탓에 권한을 효율적으로 집행할 수도 없었다. 단원의 연합회의는 각 주에서 임명·파견하는 대표들(주에 따라 두 명에서 일곱 명까지)로 구성되었는데, 각 주는 연합회의 내에서 동등하게 한

---

7) Isaac Kramnick, "Editor's Introduction", p. 19.

표를 행사했다. 각 주 대표의 임기는 1년으로 제한되었고, 매년 새로이 선출하도록 했다. 특히 연합 체제에서는 별도의 집행부가 없었다. 연합회의 의장이 집행 업무를 관장했고, 업무는 여러 위원회에서 담당했다. 이에 따른 비효율성을 해결하기 위해 연합회의는 점차 외무부, 재무부 등의 집행 부서를 조직하게 되지만, 문제를 극복하기에는 역부족이었다.

이처럼 중앙정부가 무력한 상황에서 실제로 권력을 행사한 것은 주 정부였다. 이 시기의 주는 사실상 독립국가라고 할 수 있다. 그렇다면 주 정부는 어떻게 조직되고 운영되었는가? 독립 전쟁 과정에서 1776년 1월 뉴햄프셔주를 시작으로 모든 주들은 헌법을 제정해 독자적인 정체를 수립했는데, 대부분 과거 영국 총독의 억압을 염두에 두고서 의회 우위의 체제를 확립했다.[8] 1776년 독립 이후 각 주에서 지배적이었던 '자유의 정치'는 통치자 또는 집행권에 대한 두려움과 거부로 나타난 것이다. 그 결과 모든 주에서 집행부에 비해 입법부가 압도적 우위를 점하는 정체가 수립되었다. 예컨대 펜실베이니아주와 뉴햄프셔주의 경우 최고 집행관 자체가 없었다. 뉴욕주 및 매사추세츠주의 경우만 주민 직선으로 최고 집행관을 선출했고, 다른 주의 경우 집행관은 의회에서 선출되었다. 여섯 개 주에서 정치적 임명권은 거의 전적으로 의회에 의해 행사되었고, 모든 주에서 의회가 임명의 최종적 승인권을 보유했다.[9] 의회가 선출한 집행관은, 역시 의회가 선출한 집행 평의회의 동의가 있어야만 행동을 취할 수 있었다. 한마디로 집행관은 권한을

---

8) Ralph Ketcham, "Introduction", Raplh Ketcham ed., *The Anti-Federalist Papers and its Constitutional Debates*, New York: Signet Classics, 1986, pp. xi-xii.

9) Isaac Kramnick, "Editor's Introduction", p. 21.

행사할 수 없었다.[10]

사법부 역시 입법부에 종속되었다. 법관은 입법부에 의해 임명되거나 인민에 의해 직접 선출되었는데, 이는 법관을 정치적 압력에 종속시키고 공정성과 불편부당성을 훼손하는 결과를 초래했다. 의회는 임명뿐만 아니라 임기, 보수까지 통제했고, 심지어 전통적인 사법권의 관할 대상에까지 개입해 사법 결정의 결과를 뒤집는 경우가 빈발했다.[11]

다른 한편 입법부 권력은 대중적인 하원에 집중되었다. 가장 급진적이었던 펜실베이니아주의 경우는 단원제를 선택했다. 나머지는 상원을 두었지만 하원과 마찬가지로 인민에 의해 직접 선출되었고, 그 역할은 하원에 비해 부차적인 조언자에 불과했다.[12] 결국 주의 권력은 의회, 특히 하원에 집중되었고, 권력의 분할 및 상호 견제는 부재했다.

이런 통치 구조를 낳은 지배적 가정에 따르면, 자유 정부란 무엇보다 인민의 입법부가 통치하는 정부를 의미했고, 입법부에 대한 적절한 견제는 오직 인민 자신에 의해서만 가능했다. 의원들에게는 연례 선거가 요구되었고, 로드아일랜드주와 코네티컷주에서는 반년마다 선거가 치러졌다. 대표의 엄격한 교체도 요구되었다. '자유의 정치'는 심지어 인민이 선출한 대표와 입법부에 대해서까지 의심과 두려움을 낳았는데, 급진 민주파는 매년, 심지어 반년마다 선출되는 인민의 대표에 대해서도 비판하면서 인민 스스로에

10) Ralph Ketcham, "Introduction", p. xii.

11) Isaac Kramnick, "Editor's Introduction", pp. 21-22. Ralph Ketcham, "Introduction", p. xiii.

12) Isaac Kramnick, "Editor's Introduction", p. 21.

의한 입법을 추구했다.[13]

'자유의 정치'는 급진적인 평등주의적 지향과 정책을 가져왔다. 1776년에서 1789년 사이에 대부분의 주에서 백인 성인 남성의 70~90퍼센트가 투표권을 갖게 되었고, 대부분의 주에서 공직 자격의 재산 요건이 낮아졌다. 이는 주 의회 의원들의 극적인 변화를 가져왔다. 식민지 시기 의회와 비교할 때 중소 규모 농민, 소상인, 중산층 출신 의원들의 극적인 증가가 그것이다. 그리고 이를 통해 정치 영역 안으로 사회적 하층의 요구가 투입되었고, 이는 민중주의적 정책으로 연결되었다.[14]

독립 전쟁을 거치면서 사회적 균열은 심각한 상태에 이르고 있었다. 특히 대서양 연안 도시와 평원 지역의 상인들 및 지주들과 배후지의 소농들 사이의 갈등이 그러했는데, 소농들은 대부분 상인 및 은행에 부채를 지고 있었다. 주 입법부를 장악한, 전통적 엘리트들과 구분되는 새로운 세력들은 이들 가난한 채무자를 위한 일련의 평등주의적 정책을 강행했다. 채무 부담을 경감하는 효과가 있는 값싼 지폐의 남발, 법적으로 정당한 계약을 무효화하는 법안, 채무 회수를 정지시키는 법안 등이 그것이었다. 1786년에만

---

13) 예컨대 가장 급진적이었던 펜실베이니아주의 경우, 단원의 의회는 상원 격에 불과했다. 인민이 근본적인 입법권을 보유했기 때문이다. 즉 법안이 통과되려면, 먼저 의회에서 1독회를 마친 뒤에, 주 전체에 공표되어 지역회의에서 토의와 승인을 거친 뒤에, 다음 회기에서 표결에 부쳐졌다. 이는 인민 스스로 모든 법안을 만들고 판단할 권한을 보유할 수 있도록 하기 위한 것이었다. 또 다른 예로서, 서부 매사추세츠주 농민들은 주 의회가 취한 조치를 무효화하거나 뒤집을 수 있는 권한을 각 타운이 보유해야 한다고 주장했다. 같은 글, p. 22.

14) 같은 글, p. 22.

일곱 개 주에서 지폐가 발행되었다. 많은 주에서 입법부는 계약 및 부채 등에 관련된 소송사건에 개입해 사법 판결을 뒤집었다. 제헌회의를 주도한 국부들에게, 주 입법부의 이런 정책은 자유의 옷을 입은 폭군으로 인식되었다. 이들은 주 의회의 권한 남용을 비판했고, 특히 재산권에 대한 위협에 경악했다.[15] 매디슨은 주 의회가 '자신의 격렬한 소용돌이 속으로 모든 권력을 끌어당기고 있다'고 비판하고(48번 논설), 주 의회가 추진한 '지폐 발행, 부채 폐기, 재산의 평등한 분배' 등을 '사악한 기획을 향한 열망'이라고 비판하고 있다(10번).

이상에서 보듯이 1776년 이후 헌법 제정에 이르는 10여 년의 시기는, 국부들이 보기에, 아메리카 사회가 과도한 '자유의 정치'가 초래한 부작용을 경험한 시기였다. 미국 혁명의 발발은 대중들의 자발적 저항과 힘에 의해 촉발되었는데, 독립을 고무했던 이런 '76년 정신'을 제도화한 것이 연합 체제였다. 그 핵심 내용은 중앙 집권적 권력에 대한 거부, 주 중심의 정치권력, 각 주에서 입법부 우위의 정치 체제였다. 하지만 그것은 중앙정부의 취약성, 이에 따른 신생 독립국의 대외적 취약성, 13개 주들 간의 갈등으로 인한 분열의 위기, 개별 주 내부에서 권력을 독점한 대중적 하원의 포퓰리즘 정책 추구 등의 문제를 초래했다.

미국 혁명을 추동한 것은 급진 휘그 이념이었다. 이는 권력, 특히 소수에 집중된 권력을 개인의 자유에 대한 위협으로 인식하고, 인민의 의사로부터 나오고 그것을 반영하지 않는 모든 정부 체제에 대해 비판적이었다. 혁명을 가능하게 했던 이런 이데올로기는 본질적으로 권위를 확립하고 사용하려는 시도에 적대적이었다. 따

---

15) 같은 글, pp. 25-26.

라서 국부들이 보기에 미국 혁명을 공고화하기 위해서는, 그리고 그것으로부터 국가를 만들기 위해서는 전혀 다른 대응이 요구되었다. 기율과 공동체적 질서, 자제와 사회적·정치적 권위에 대한 새로운 존중 등이 그것이었다.[16]

제헌회의 전야인 1786~87년의 아메리카에서, 과거에 영국 국왕 및 정부로 향했던 정치권력에 대한 의심과 두려움은 이제 자체의 주 입법부로 향하고 있었다. 영국이 과도한 권한을 행사했듯이, 지금은 인민이 자유의 행사에서 적정 수준을 벗어나고 있었던 것이다. 특히 1786년 가을과 겨울에 걸쳐 전개된 셰이즈의 반란은 과도한 자유의 열망을 상징하는 사건으로 제헌회의 참가자들 모두에게 큰 영향을 미쳤다. 『페더럴리스트』에서 이 사건은 적어도 여섯 번이나 인용되고 있다. 매디슨은 63번 논설에서 '권력의 남용' 뿐만 아니라 '자유의 남용' 역시 자유에 대한 위협이 된다고 강조한다. 이제 '자유의 정치'를 종식할 시간이 온 것이고, 해밀턴이 표현하듯이 '정부 조직의 안정과 능력, 정부 운영의 활력'을 추구하는 방향으로 전환할 때가 된 것이다. 이것이 제헌회의 대표 대다수의 일반적인 분위기였다.[17]

2) 필라델피아 제헌회의와 헌법 제정

연합회의의 권한 강화를 목표로 하는, 연합 체제의 개혁 시도는 1781년, 1783년, 1784년에 걸쳐 수차례 추진되었지만 모두

---

16) Lawrence Goldman, "Introduction", p. xiii.

17) Isaac Kramnick, "Editor's Introduction", pp. 27-28.

실패로 끝났다. 연합 헌장을 수정하려면 주들의 만장일치가 요구되었기 때문이다. 결국 정상적 절차에 따른 연합 체제의 개혁은 불가능함이 입증된 것이다. 변화는 연합 헌장의 규정을 뛰어넘는 비정상적이고 초법적인 절차에 의하지 않고는 불가능했다. 그 시작 역시 연합회의 차원이 아니라, 개별 주들의 주도로 이루어지게 된다.

필라델피아 제헌회의로 이어지는 일련의 과정의 단초는, 포토맥강과 체사피크만의 항행 선박에 대한 과세 문제를 둘러싼 버지니아주와 메릴랜드주 사이의 갈등이었다. 문제를 해결하기 위해 1784년 매디슨의 주도로, 버지니아주 마운트 버논Mount Vernon에 있는 워싱턴의 저택에서 양쪽 간 회합이 이루어졌다. 양쪽의 분쟁은 일정 부분 해결되었지만, 버지니아주 및 메릴랜드주와 접해 있는 다른 주들과의 이해관계를 조정해야 할 문제가 여전히 남았다. 연합회의에는 교역·통상 등에 대한 규제 권한이 부재했기에, 이 문제는 13개 주 모두의 문제이기도 했다. 이에 따라 매디슨은 버지니아주 의회에 대해, 다른 주들에 대해 합중국 전역의 통상 협력 문제를 논의하기 위한 회의를 메릴랜드주의 아나폴리스에서 개최할 것을 제안하도록 요청했다.

버지니아주의 제안에 따라 1786년 9월 아나폴리스 회의가 개최되었다. 당초 아홉 개 주에서 대표단을 선출했지만, 최종적으로 아나폴리스 회의에 참석한 것은 다섯 개 주에서 선출된 12명의 대표가 전부였다. 실질적인 논의와 협의는 불가능했다. 아나폴리스 회의가 아무 성과 없이 끝날 수밖에 없는 상황을 역전한 것은 해밀턴의 과감한 제안이었다. 해밀턴은, 아나폴리스에 모인 다섯 개주 대표들이 전체 13개 주에 대해 재정·교역·정치 문제 등 합중국이 처한 제반 문제를 다룰 회의 개최를 권고할 것을 제안했다. 다섯 개 주 대표들이 이에 동의함에 따라, 아나폴리스 회의는 연합 헌장의 수정을 위한 회의를 이듬해 5월에 필라델피아에서 소집하도록 연합회의에 청원할 것을 결의하게 된다.

이 제안에 대한 연합회의의 반응은 냉담했다. 앞서 보았듯이 각 주들은 연합 차원의 문제보다 각 주의 이익을 우선하는 지방 편협주의에 빠져 있었다. 하지만 1786년 가을부터 겨울에 걸쳐 매사추세츠주를 휩쓴 셰이즈의 반란은 각 주의 지도급 인사들에게 공포와 위기의식을 불러일으켰고, 강력한 중앙정부의 필요성을 부각하는 결정적 계기가 되었다. 그에 따라 1787년 2월 21일 연합회의는 필라델피아 회의 소집을 승인하고 각 주에 참여를 권고하게 된다.

이상과 같은 우여곡절을 거쳐, 결국 연합 헌장 수정을 위한 첫 회의가 1787년 5월 25일 필라델피아의 '독립홀'Independence Hall에서 시작된다. 회의에는, 참가를 거부한 로드아일랜드주를 제외한, 12개 주의 의회에서 지명한 55명의 대표들이 참여했다. 대표들의 구성을 보면, 60퍼센트 정도가 대학 졸업자였고, 직업별로는 변호사가 34명으로 가장 큰 비중을 차지했고, 상인과 농장주 등이 그 뒤를 이었다.

필라델피아 회의는 당초 연합 헌장 수정안 작성이라는 제한된 권한을 위임받았다. 하지만 결국 완전히 새로운 헌법안을 기초하는 작업을 수행했고, 그 결과 '제헌회의'Constitutional Convention로 불리게 되었다. 이는 연방헌법이, 연합 헌장의 계승이 아니라 단절임을 상징한다. 실로 연방헌법은 크게 두 차원에서 연합 헌장의 통치 구조를 역전한 것이었다. 그 첫째는 주변(각 주)에 대한 중앙(연방 정부)의 승리이고, 둘째는 입법부 우위 원칙에 대한 견제와 균형 원칙의 승리이다.[18)]

물론 회의에서는 큰 주와 작은 주 간에, 내륙 주와 대서양 연안 주 간에, 남부 주와 북부 주 간에 다양한 차원에서 이해관계의 충돌이 나타났다. 따라서 헌법안은, 대의 정부의 형태와 내용에 대해 모두가 공유하는 공통된 견해에서 도출된 일관된 산물이라기보다는, 특정 상황에 적용되고 특정한 이해관계와 연계된 대의 정부 원리와 제도들의 결과적 합성물로 평가된다. 갈등적 이해들 사이의 타협은 불가피했고, 헌법은 그런 타협 과정의 산물이었다.[19] 하지만 헌법안 제정 이후 비준을 둘러싼, 연방주의자들과 반연방주의자들 사이의 더 큰 갈등을 고려한다면, 제헌회의 내에서의 갈등은 '목표와 원칙에 대한 합의 속에서 수단과 방법론을 둘러싼 갈등'이라 평할 수 있을 것이다. 회의에 참가한 대표들은 연합 체제의 한계에 대한 공통된 인식을 가지고 있었고, 이에 대한 대안의 방향에 대해서도 기본적 합의가 있었기 때문이다.

먼저 필라델피아 회의에 참석한 대표들 간에는 강력한 중앙정부를 지지하는 압도적인 합의가 존재했다. 중앙정부, 즉 연방의회에 징세권, 통상 규제권, 군대 모집권 등을 부여하는 조항은 별 문제 없이 수용되었고, 이후 비준 과정에서 크게 논란이 된 이른바 '포괄 조항'(제1조 8절 18항 '이상의 권한을 행사하는 데 필요하고 적절한 모든 법률을 제정할 권리') 역시 사실상 논란 없이 수용되었다.

따라서 주된 갈등은, 중앙정부(즉 연방의회)에 어느 정도의 권력을 부여할지를 둘러싸고 전개된 것이 아니라, 중앙정부에 부여된 권력에 대해 각 주들이 어느 정도의 지분을 가질지를 두고 전개되었다. 그 관건은 연방의회 내에서 각 주들이 어떤 비율로 대표될지였다. 버지니아주 대표가 제시한 최초의 안(버지니아 안)은 '양원제, 양원 모두 주의 인구수에 비례하는 대표'였다. 이에 대해

---

18) Isaac Kramnick, "Editor's Introduction", p. 31.

19) Lawrence Goldman, "Introduction", p. xix.

뉴저지주 대표가 제시한 방안(뉴저지 안)은 '단원제, 각 주 동등한 대표'였다. 양 극단적 대안 간의 대치 상황을 해결한 것이, 코네티컷주 대표가 제시한 타협안이었다. 즉 양원제하에서 하원에는 주의 인구에 비례하는 대표를, 상원에는 모든 주에 동등한 대표를 부여하는 것이다. 연방헌법 제정 과정에서 가장 큰 갈등이었던 이 문제는, 흔히 오해하듯이 '연방 중심주의자 대 주 중심주의자' 간의 대립이 아니었다. 작은 주들의 주장은 단지 중앙정부 안에서 작은 주의 이해가 유지되어야 한다는 것이었고, 따라서 코네티컷 타협안으로 해소될 수 있었던 것이다.[20]

다음으로 제헌회의 구성원들은, 연합 헌장 시대에 주 입법부에서 나타났던 전제적 야망을 견제하기 위해서는 독자적인 집행부와 사법부가 필요하다는 인식을 공유하고 있었다. 따라서 연방헌법은 강력한 연방 집행부, 강력한 연방 상원 및 연방 사법부를 설립했고, 이는 모두 입법부(즉 하원) 권한을 약화하기 위한 것이었다.

가히 '1787년 혁명'이라 할 수 있는, 연합 헌장 체제에 대한 혁명적인 부정의 상징은 최고 집행관, 즉 대통령이었다. 대통령에게는 의회 입법에 대한 거부권, 군 지휘권, 사면권, 연방판사 임명권, 조약 체결권이 부여되었고, 제한 없는 연임이 가능했다. 이후 비준 논쟁에서 반연방주의자들은 이를 '새로운 군주'라 비판했지만, 제헌회의의 분위기는 강한 집행권의 필요에 동의하는 것이었다. 다만 대통령의 임기 및 선출 방식 등에서만 이견이 있을 뿐이었다.[21] 가장 큰 쟁점은 선출 방식이었는데, 인민에 의한 직접 선출 방식과 입법부에 의한 선출 방식이 대립하는 가운데, 그 절충

---

20) Isaac Kramnick, "Editor's Introduction", pp. 32-33.
21) 같은 글, p. 34.

안으로서 선거인단에 의한 간접선거 방식이 채택되었다. 최고 집행관을 복수로 할 것인지 1인으로 할 것인지, 최고 집행관의 전제를 견제하기 위해 집행 평의회를 둘 것인지 등도 쟁점이 되었는데, 결국 집행권의 일관성과 추진력, 책임정치의 실현 등을 위해, 집행 평의회 없는 1인 집행관 체제가 선택되었다. 집행부와 관련된 논의에서 주된 고려 사항은, 입법부 우위에서 벗어나 권력 간 균형을 이룩한다는 것이었고, 대통령이 입법부를 견제할 수 있도록 해야 한다는 것이었다.[22]

연방 정부에 사법권을 설치하는 데는 이미 광범위한 합의가 존재했기에, 제헌회의에서 사법부에 대한 관심은 상대적으로 적었다. 쟁점이 된 것은 사법 심사와 관련된 의제였다. 버지니아 안은 '연방 법관과 집행부 수반이 개정 평의회를 구성해 연방의회와 주 의회의 법률안을 심사'할 수 있게 하는, 일종의 '사전 사법 심사제'를 제안했다. 하지만 이는 입법 업무에 법관이 참여하도록 하는 것이라는 이유로 결국 무산되었다. 대신에 헌법 제정자들은, 입법이 이루어지고 정책이 실행된 이후에 법률의 위헌성을 심사할 수 있는 사법 심사 권한을 간접적으로 인정했고, 이를 통해 사법 심사제가 정당화되는 결과를 가져왔다.[23]

5월 말 시작한 제헌회의는 약 16주간의 진행을 거쳐, 9월 17일 최종 합의안에 각 주 대표들이 서명함으로써 헌법안 작성 과정을 마감했다. 당초 회의에는 55명이 참여했지만, 마지막까지 회의장을 지킨 사람은 42명이었다. 중도에 13명이 필라델피아를 떠난 것은, 네 명은 헌법안에 대한 반대 때문이었고, 나머지 아홉 명은

---

22) 조지형, 『미국헌법의 탄생』, 212~240쪽.
23) 같은 책, 259~266쪽.

헌법안은 지지했지만 건강상의 이유, 개인적 용무, 또는 다른 정치적 이유에서였다. 마지막까지 회의에 참석한 42명 중에서 다시 세명이 서명을 거부함에 따라 최종적으로는 39명의 대표가 헌법안에 서명했다.[24)]

3) 헌법 비준 논쟁과 『페더럴리스트』

이상에서 보듯이 제헌회의는 연합 헌장의 수정이라는 당초의 임무에 반하는 선택을 감행했다. 그뿐만 아니라 연합회의에 대해서도, 연합 헌장에 따른 수정 절차의 감독관으로서의 역할을 부정할 것을 요구했다. 연합 헌장에 따르면 13개 주 의회 모두의 동의로만 연합 헌장은 수정될 수 있었다. 하지만 제헌회의는 각 주에 대해 기존의 주 의회가 아닌 별도의 비준 회의를 새로이 선출해여기에서 비준 여부를 결정하도록 요구했고, 더욱이 13개 주 모두의 동의가 아니라 아홉 개 주의 동의만으로 헌법이 성립될 수 있도록 요구한 것이다. 이런 점에서 필라델피아 제헌회의의 제안은 기존의 '사회계약'을 허무는 '혁명적'인 성격의 요구였다고 할 수있다.[25)]

따라서 헌법안이 9월 20일 연합회의에 제출되자, 당초 임무에서 벗어난 초법적 행위를 견책해야 한다는 반발과 비판이 제기되

---

24) Isaac Kramnick, "Editor's Introduction", pp. 35-36.

25) Garry Wills, "Introduction", A. Hamilton, J. Madison, and J. Jay, *The Federalist Papers*, With and Introduction and Commentary by Garry Wills, New York: Bantam Books, 1982. pp. vii-viii.

기도 했다. 하지만 결국 연합회의는 9월 28일 헌법안을 승인하고, 각 주에 헌법안을 보내 비준 여부를 묻기로 결의했다.[26)]

신헌법의 운명은 이제 각 주의 선택으로 넘겨졌다. 전술했듯이 이 과제는 각 주의 헌법 비준 회의에 맡겨졌다. 제헌회의가 헌법 비준을, 기존의 주 의회가 아닌 별도의 비준 회의에서 결정하도록 한 것은 두 가지 고려에 따른 것이었다. 하나는 일반 입법에 대한 헌법의 제도적 우월성이다.[27)] 헌법은 일반 입법의 근거가 되는 근본법이므로, 헌법의 비준은 오직 이 목적을 위해 선출된 회의에 결집된 인민 자신들의 의사에 의해서만 승인되어야 한다는 것이다. 다른 하나는 좀 더 현실적 고려인데, 비준 회의는 반연방주의자들이 우세했던 기존의 주 의회를 우회 또는 배제하기 위한 것이었다.[28)]

이에 따라 각 주별로 주민 직접투표로 비준 회의 대표를 선출하는 선거가 실시되었고, 이렇게 소집된 비준 회의에서 토론을 거쳐 표결이 이루어졌다. 그 과정과 결과는 주별로 큰 편차를 보여준다. 주별로 비준 일자를 보면, 1787년 12월 6일 델라웨어주를 시작으로 펜실베이니아주(12월 12일), 뉴저지주(12월 16일)에서 헌법안 비준이 이루어졌고, 1788년 들어 조지아주(1월 2일), 코네티컷주(1월 9일), 매사추세츠주(2월 6일), 메릴랜드주(4월 28일), 사우스캐롤라이나주(5월 23일), 뉴햄프셔주(6월 21일) 등의 순으로 비준이 이루어졌다. 이상 아홉 개 주의 비준을 확보함으로써 새로운 연방헌법이 성립되었다. 뒤이어 버지니아주(6월 25일), 뉴욕주(7월

---

26) Isaac Kramnick, "Editor's Introduction", p. 36.

27) 조지형, 『미국헌법의 탄생』, 173쪽.

28) Isaac Kramnick, "Editor's Introduction", p. 36.

24일)에서도 어렵게 비준안이 통과되었다. 하지만 필라델피아 회의에 대표 파견을 거부했던 로드아일랜드주는 1788년 3월 24일 주민 직접투표로 비준 거부를 결정했고, 노스캐롤라이나주는 권리장전 부재를 이유로 비준을 거부(7월 21일)했다. 최종적으로 남은 노스캐롤라이나주와 로드아일랜드주가 각각 1789년 11월 21일과 1790년 5월 29일에 헌법안을 비준함으로써, 13개 주 모두에서 헌법안 비준이 완료된다. 이로써 25년간의 아메리카 혁명이 완성된다.

한편 헌법안을 지지하는 정도에서도 주별로 큰 차이가 드러난다. 델라웨어주, 뉴저지주의 경우 비준안은 만장일치로 통과되었고, 코네티컷주, 메릴랜드주, 사우스캐롤라이나주의 경우도 각각 128 대 42, 63 대 11, 149 대 46이라는 비교적 압도적인 지지로 비준안은 통과되었다. 하지만 많은 주에서 헌법안은 상당한 반대에 직면했다. 특히 새로 수립될 연방 정부의 성공 여부에 결정적 영향을 미칠 펜실베이니아주, 매사추세츠주, 버지니아주, 뉴욕주 등이 그러했는데, 펜실베이니아주의 경우 46 대 23으로, 매사추세츠주의 경우 187 대 168로 비준안이 통과되었다. 『페더럴리스트』의 필자인 매디슨이 속해 있던 버지니아주에서는 89 대 79로, 해밀턴과 제이가 속해 있던 뉴욕주에서는 30 대 27로 간신히 비준에 성공하게 된다.[29]

이런 결과가 시사하듯이, 『페더럴리스트』의 직접적 배경이 되는 뉴욕주는 반대파가 가장 강한 곳의 하나였다. 뉴욕은 연합 체제에서 독자적인 교역 및 관세 정책을 통해 번영을 누리고 있었기에, 연방 정부의 통제하에 들어가기를 꺼린 것이다. 제헌회의에 참

29) 같은 글, pp. 37-38.

석했던 뉴욕주 대표 3인 가운데 해밀턴을 제외한 두 사람(존 랜싱 John Lansing, 로버트 예이츠Robert Yates)은 헌법안 내용에 반발해 필라델 피아를 떠났던 인물이었다. 뉴욕주 지사(조지 클린턴)는 반대파의 주도적 인물이었고, 주 의회 의원 대부분이 반연방주의자들이었 다. 더욱이 헌법안 비준을 위해 새로이 선출된 뉴욕주 비준 회의 의 성향을 보더라도, 비준파 19 대 반대파 46으로 비준 반대파들 이 압도적 다수를 이루고 있었다.[30]

해밀턴은 이와 같이 헌법안 비준이 비관적이었던 뉴욕주 상황 에서, 헌법안의 비준을 성공시키기 위한 여론전을 기획하게 된다. 짐작하겠지만, 헌법안이 각 주에 제출되자 비준을 둘러싼 결렬한 논쟁이 시작되었다. 헌법 제정은, 소수의 선발된 정치인들에 의해 외부와 철저히 격리된 상태에서 이루어졌다.[31] 따라서 헌법안이 공개되자마자 주지사에서 문지기에 이르기까지 모든 계층에서 이 를 둘러싼 공개적 토론과 검증이 시작되었다. 이 과정에서 언론은 헌법의 운명을 결정할 중심적 역할을 수행하게 된다.[32] 헌법안을 지지 또는 비판하는 막대한 규모의 신문 기고문, 팸플릿, 연설, 소 책자 등이 산출되었다. 뉴욕시의 경우도 반연방주의자들은 9월 말

---

30) Garry Wills, "Introduction", p. ix. Terence Ball, "Introduction", pp. xv, xviii. Ralph Ketcham, "Introduction", p. xxiv.

31) 최종 결정에 이르기까지 회의의 논의 내용을 외부에 알리는 것은 일절 금지되었다. 그뿐만 아니라 회의가 종료된 뒤에도 참여자들이 회의 내용 을 공개하는 것이 금지되었다. 매디슨이 회의 내용을 기록한 노트도 그의 사후인 1836년에 공개되었다.

32) Saul Cornell, *The Other Founders: Anti-Federalism and The Dissenting Tradition in America, 1788-1828*, Chapel Hill: University of North Carolina Press, 1999, pp. 19-20.

부터 카토Cato, 브루투스Brutus 등의 필명으로 공격을 시작했다.[33] 해밀턴은 이들에 맞서 광범위하고 체계적인 시리즈를 기획하고, 같이 집필할 동료로 존 제이와 제임스 매디슨을 영입했다. 푸블리우스Publius라는 필명으로, "뉴욕주 인민들에게"라는 서두로 시작하는 첫 번째 기고문이 1787년 10월 27일 신문에 게재된 이후 일주일에 네 번, 뉴욕에서 발행되는 다섯 개 신문 중 네 개 신문의 지면을 통해, 비준 회의 대표 선출을 앞둔 유권자들에게 헌법안 지지를 설득하는 '지속적인 집중포화'가 이루어지게 된다.

여론전을 주도한 해밀턴은 영국령 서인도제도에서 사생아로 출생했다. 뉴욕 킹스 칼리지(컬럼비아 대학 전신)에서 수학 도중 독립 전쟁에 참전해 조지 워싱턴 장군의 부관으로 활약했다. 독립 이후 그는 변호사이자 뉴욕 정치의 핵심 인물로 등장한다. 대륙회의 뉴욕주 대표(1782~83)로 참여했고, 필라델피아 회의의 뉴욕주 대표 3인 중 한 사람으로 참석해 강력한 중앙정부의 필요성을 누구보다 강력히 주장했다. 해밀턴은 『페더럴리스트』의 기획자였을 뿐만 아니라 가장 많은 분량(85편 중 51편)을 집필했다.

존 제이는 뉴욕주 변호사 출신으로 1777년 뉴욕주 헌법을 기초한 바 있다. 이후 제1차, 2차 대륙회의에 참여했고, 독립 전쟁을 마무리하는 1783년 파리 강화 협상에 벤저민 프랭클린 및 존 애덤스 등과 함께 참여했다. 또한 연합 정부의 외무장관을 지냈다. 이런 경험은 그를 강력한 중앙정부의 확실한 지지자가 되도록 만

---

33) 이들이 필명으로 차용한 카토와 브루투스는 모두 로마 공화정 말기에 카이사르에 맞서 로마 공화정을 수호하려 한 인물들이다. 이에 맞서 『페더럴리스트』 저자들이 사용한 필명인 푸블리우스는 로마 공화정 창건자의 이름이었다(1번 논설, 주 3 참조).

들었다. 존 제이는 『페더럴리스트』 집필 초기에 참여했지만 신병 탓에 네 편을 쓰고 중도에 하차했고, 나중에 한 편을 추가 집필해 총 다섯 편을 집필하는 데 그쳤다.

해밀턴과 함께 『페더럴리스트』의 또 다른 주역은 제임스 매디슨이었다. 그는 버지니아의 대농장주 아들로서, 뉴저지 칼리지(프린스턴 대학 전신)를 졸업하고 1776년 버지니아주 혁명회의에 선출되어 버지니아 헌법 제정에 참여했으며, 제2차 대륙회의에도 참여했다. 또한 필라델피아 회의에 버지니아주 대표로 참여했다. 그는 흔히 '헌법의 아버지'로 불린다. 제헌회의 논의의 기초가 되었던 버지니아 안이 그의 헌법 구상에 기초한 것이기 때문이다. 특히 그는 1786년 겨울부터 헌법안 기초를 위해, 당시 파리에 있던 토머스 제퍼슨으로부터 전 세계의 정부 구조와 국제법, 역사 및 정치 이론 등에 대한 서적을 입수한 뒤에, 이 자료에 기초해 여러 나라의 정부 형태를 비교하고 이를 토대로 미국 헌정 구조의 문제점을 분석하는 등 만반의 준비 작업을 진행했다.[34] 또한 제헌회의 기간 내내 하루도 빠짐없이 회의에 참석해 논의 내용을 자세히 기록했다. 이런 자료들이 『페더럴리스트』 작성에 활용되었음이 분명하다. 그는 총 85편의 기고문 가운데 29편을 작성했다.[35]

한편 시리즈 집필 도중, 해밀턴은 뉴욕주 비준 회의 대표 선거

---

34) Isaac Kramnick, "Editor's Introduction", p. 29.

35) 매디슨이 집필에 합류할 수 있었던 것은, 당시 연합회의가 뉴욕시에 있었고, 매디슨이 연합회의의 버지니아주 대표로 뉴욕시에 체류해 있었기 때문이었다. 연합회의 종료 이후 매디슨이 버지니아로 돌아가면서 63번 논설 이후 그의 기고도 중단되었다. Charles R. Kesler, "Introduction", A. Hamilton, J. Madison, and J. Jay, *The Federalist Papers*, Introduction and Notes by Charles R. Kesler, New York: Signet Classics, 2003, p. xv.

를 앞두고서 그동안의 기고문을 모아 책자로 발행하기로 결정하고, 1번부터 36번까지의 논설을 묶어 1788년 3월 22일 『페더럴리스트』 제1권을 출판하게 된다. 또한 비준 회의 선거 이후, 비준 회의에서의 토의 및 표결에 영향을 미치기 위해 37번부터 85번 논설까지를 묶어 5월 28일 제2권을 출판했다. 이 책자들은 출판 즉시 버지니아주에 보내졌고, 버지니아주에서의 비준안 통과에 상당한 기여를 하게 된다.

3. 『페더럴리스트』의 내용과 정치 이념

1) 『페더럴리스트』 내용의 개요

이상에서 살펴본 『페더럴리스트』의 배경은, 그것이 얼마나 치열한 정치적 갈등과 논쟁 속에서 집필·출간되었는지 짐작케 한다. 그 결과, 『페더럴리스트』는 단순한 신헌법 해설서가 아니라, 신헌법에 대한 반연방주의자들의 비판을 반박하는 내용이 중심을 이루게 되었다. 당시 반연방주의자들의 반대론은 크게 다음 아홉 개로 정리될 수 있는데,[36] 『페더럴리스트』의 주요 내용 역시 이를 중심으로 요약할 수 있다.

반연방주의자들의 첫 번째 비판은, 신헌법이 국가 통합을 추진한다는 것이었다. 즉 합중국의 연합적 성격을 폐기하고 인민에게

---

36) Saul Cornell, *The Other Founders*, pp. 30-31.

직접 작용하는 단일의 중앙정부를 수립하려 한다는 것이었다. 그 결과, 주의 주요한 정부 기능이 박탈될 것이며, 작은 단위에서만 공화정체가 가능하기에 통합된 정부하에서는 공화주의와 자유도 붕괴될 것이라고 비판했다.

『페더럴리스트』는 이에 대해, 우선 아메리카가 여러 정치 단위로 분열되지 않고 단일의 합중국으로 유지되어야 한다고 강조한다(3~14번), 그리고 현재의 연합 체제는 합중국을 유지하기에 불충분하며 많은 결함을 안고 있다고 비판하고(15~22번), 합중국 보존을 위해 단일의 연방 정부가 필요하다고 역설한다(23~36번). 그리고 신헌법이 추구하는 것은 국가 통합이 아니라, 연방적인 동시에 단일국가적인 혼합적 성격의 국가이며(39번), 연방 정부가 주 정부의 권한을 박탈하거나 위협하지 않을 것이고(31번, 45번, 46번), 광대한 규모에서 공화정이 가능할 뿐만 아니라 자유를 더 잘 보존할 수 있다고 주장한다(14번).

반연방주의자들의 두 번째 비판은, 신헌법이 공화주의 원리를 붕괴시키고 귀족정의 발전을 촉진하리라는 것이었다. 상·하원에 대한 적절한 견제가 부재하기에 (특히 조약 체결, 공직 임명 등과 관련한) 음모를 꾸미는 도당과 부패가 발생할 것이며, 연례 선거나 관직의 강제적 교체, 선거 방식에 대한 주의 통제 등과 같은 안전장치가 부재하기에 연방 대표는 인민에게 책임지지 않을 것이라고 비판했다.『페더럴리스트』의 저자들은, 반연방주의자들의 그런 공격은 권력에 대한 '공화주의적 경계심'이 극단화된 결과로서, 그것은 어떠한 활력 있는 정부와도 양립 불가능하다고 비판한다. 그리고 각각 하원(56~57번), 선거 방식(60번), 상원(63번) 항목에서 그들의 주장을 반박한다.

세 번째 비판은 의회의 '대표성'에 맞추어졌다. 하원은 그 규모나 임기 등으로 말미암아 인민의 의사를 적절히 대표할 수 없고,

상원 역시 인민의 의사에서 너무 괴리되었다는 것이다. 『페더럴리스트』는, 이에 대해 반박(하원은 52번, 55~56번, 상원은 63번)할 뿐만 아니라, 신헌법에서 제안하는 방식이 오히려 여러 장점을 가지고 있다고 주장한다(하원은 53번, 58번, 상원은 62번).

네 번째 비판의 주제는 '권력분립'이었다. 반연방주의자들은 신헌법이 입법 및 집행 기능을 위험하게 결합했다고 비판한다. 조약 체결, 임명, 탄핵 조항 등을 그 대표적 예로 제시한다. 『페더럴리스트』 저자들은, 권력분립 원칙을 3부 간의 완전한 분리로 이해하는 것은 잘못이라고 지적하고(47번), 각 부에 다른 부에 대한 헌법적 통제력을 부여하는 일정한 권력 혼합을 통해서만 권력분립은 실현될 수 있다고 지적한다(48~51번). 이런 맥락에서 상원의 조약 체결 및 관리 임명 동의권(64번, 76~77번), 탄핵심판권(65~66번)을 옹호한다.

다섯 번째 비판은 사법부에 맞추어졌다. 반연방주의자들은 신헌법은 강력한 사법부를 만듦으로써 사법 독재를 초래할 것이며, 이에 따라 주의 사법권도 위협받으리라고 비판했다. 『페더럴리스트』는 이에 맞서, 사법부는 가장 취약한 부이므로 법관 독립성을 확보할 장치가 우선되어야 하며(78~79번), 주 사법부는 연방 사법부와 함께 대부분의 사건에서 공동 관할권을 행사할 것이라 주장한다(81~82번).

반연방주의자들의 여섯 번째 비판은 '권리장전의 부재'에 맞추어졌다. 이들은 인민 개인의 자유를 확립하는 권리장전이 헌법에 누락되어 있고, 특히 언론 자유, 배심재판을 받을 권리 등이 보장되지 못할 것이라 비판했다. 『페더럴리스트』는, 배심재판은 그대로 유지될 것이라고 반박(83번)한다. 그리고 84번 논설에서, 공화정 헌법에서 권리장전은 불필요할 뿐만 아니라 예상치 못한 위험을 초래할 수 있다고 반박한다.

일곱 번째 비판은 세금 문제에 맞추어졌다. 반연방주의자들은 신헌법이 연방 정부에 광범위한 징세권을 부여하고 있는데, 이는 인민을 억압하는 데 사용될 것이며, 주의 자율성을 위협할 것이라고 비판했다. 『페더럴리스트』는 상당 지면을 할애해 이 문제에 대응한다. 연합 체제의 문제를 극복하기 위해서는 연방 정부가 보편적 징세권을 갖는 것이 필수적이며(30번), 이는 주의 권한에 대한 침해가 아니고(31~34번), 인민을 억압할 위험 역시 없다고 논박한다(35~36번).

여덟 번째로, 반연방주의자들은 평화 시 상비군이 인민의 자유를 위협할 것이라고 비판했고, 같은 맥락에서 민병대에 대한 연방의 통제권 역시 반대했다. 저자들은 공동방위를 위한 상비군의 필요성을 강조하고(23번), 평화 시 상비군에 대한 반대론를 상당한 지면에 걸쳐 반박한다(24~26번). 연방의 민병대 지휘권에 대해서도 옹호하고 있다(29번).

마지막 비판의 주제는 집행부였다. 반연방주의자들은, 신헌법이 대통령에게 너무 광범위한 권한을 부여함으로써 '선출된 군주'를 만들어 낼 것이라고 비판했다. 『페더럴리스트』는 이에 맞서, 공화정에서는 기본적으로 입법부의 전제가 우려된다는 입장을 견지하면서, 반연방주의자들이 대통령을 국왕과 유사한 존재로 왜곡하고 있다고 비판한다(67번, 69번). 그리고 연합의 문제를 극복하기 위해서는 '활력 있는 집행부'가 필요함을 강조하고, 그에 필요한 요건을 제시한다(70~77번).

이상에서 보듯이 『페더럴리스트』의 주요 내용은 반연방주의자들의 주장에 대한 반박으로 이루어져 있다. 하지만, 책의 형식적 구성은 쟁점 위주가 아니라 하나의 일관된 체계를 이루고 있다. 이는 해밀턴이 당초 전체 체계를 구상하고, 그에 따라 3인 간에 역할을 분담해 집필을 진행한 결과였다. 해밀턴은 1번 논설에서 향후 전개할 논의의 전반적 개요를 제시한 바 있는데, 이에 따라『페더럴리스트』의 전체 구성을 체계화하면 다음과 같이 정리할 수 있다.[37]

먼저『페더럴리스트』는 크게 두 부분으로 나눌 수 있다. 전반부는, 1788년에 제1권으로 출판되었던 1번부터 36번 논설까지이다. 이는 말하자면『페더럴리스트』의 제1부라고 할 수 있는데, 주제는 '합중국'(또는 '연방')이다. 먼저 필자들은 아메리카 인민들의 정치적 안전과 행복에서 합중국이 갖는 중요성을 역설한다. 특히 합중국이 분열 또는 해체될 경우 직면할 위험에 대해 경고하고, 합중국으로 결속을 유지할 때 누릴 이점을 제시한다(3~14번). 이어 합중국을 보존하기 위해서는 현행의 연합 체제로는 불충분함을 지적한다. 즉 연합 헌장 체제의 문제점을 지적한다(15~22번). 그리고 합중국을 보존하려면 적어도 신헌법이 제안하는 정도의 권한을 가진 중앙정부가 필요함을 역설한다(23~36번).

1788년에 제2권으로 출간되었던, 37번에서 85번 논설까지가『페더럴리스트』의 제2부라 할 수 있다. 그 주제는 '신헌법'이다. 먼저 필자들은, 제헌회의의 임무와 역할에 대해 논의하고, 신헌법이 공화제에 부합하며 또한 연방제 성격과 단일국가 성격을 혼합한 혼합 헌법임을 천명한다(37~40번). 이어 신헌법에서 연방 정부에 부여한 권한들이 적정하며, 그것이 주의 권한을 위협하지 않으리라고 역설한다(41~46번). 뒤이어 신헌법에서 제시한 연방 정부의 구체적 구조에 대한 설명이 이어진다. 먼저 필자들은 공화제 정부 구성의 원리인 권력분립 원리에 대해 설명하고, 그 원리를 실현할 수 있는 방안을 제시한다(47~51번). 이어서 정부의 3부에 대해 설명하는데, 연방 하원(52~58번), 연방의회 선거(59~61번),

37) Charles A. Kesler, "Introduction", p. xv.

연방 상원(62~66번), 집행부(67~77번), 사법부(78~83번)의 순으로 논의가 전개된다.

마지막으로 권리장전을 비롯해, 앞서 다루지 못한 기타 주제들에 대해 언급하고(84번), 85번 논설에서는 헌법안이 완벽한 것은 아니지만 이후 수정 가능함을 지적하면서, 뉴욕주 시민들에게 비준을 호소하고 있다.

2) 『페더럴리스트』의 정치 이론과 이념

『페더럴리스트』는 헌법 비준이라는 국지적 목표의 산물이지만, 정치학의 고전으로 언급된다. 이는 당시 논쟁이, 단지 헌법 조문을 둘러싼 법률적·처방적 차원에 그친 것이 아니라, 신생 국가가 지향할 정치 공동체의 이상과 목표, 그 구체적 방안 등을 둘러싼 정치 이론적이고 정치사상적인 논쟁으로 진행되었기 때문이다.

따라서 비준 논쟁의 상당 부분은, 자유나 공화정, 전제정, 덕성, 부패, 대표 등과 같이 공화주의 담론을 구성하는 개념들을 둘러싼 논쟁이었다. 그리고 이런 개념들을 중심으로 수많은 질문들이 제기되었다. 공화정이란 무엇이며 공화정의 적정 규모와 범위는 어느 정도인가, 어떻게 하면 공화제적 자유를 가장 잘 지킬 수 있나, 공화정에는 어떤 대의 체제가 어울리나, 정부와 시민의 부패는 어떻게 막을 수 있나, 공화정은 어떤 헌법적 수단과 메커니즘을 통해 오랫동안 유지될 수 있나, 공화국을 가장 잘 보호할 수 있는 것은 상비군인가 민병대인가, 인민에 의한 인민을 위한 정부에서 인민을 그들 자신으로부터 또는 그들의 선출된 대표로부터 지키기 위한 권리장전이 필요한가 등이 그것이다.[38]

그러면 이런 질문을 중심으로,『페더럴리스트』에 담긴 정치 이론과 사상의 특징을 살펴보기로 한다.

① '연방주의자' 대 '반연방주의자'

헌법 비준 논쟁은 일차적으로 '연방주의자 대 반연방주의자'의 논쟁으로 알려져 있다. 하지만 이런 대립 구도는 헌법 비준파들이 만들어 낸 것으로, 신생 국가 체제의 성격을 둘러싼 당시 대립 구도의 정확한 내용을 파악하기 어렵게 만든다.

무엇보다 연방주의는, 지금도 그러하지만, 당시에도 분권적 체제를 지향하는 개념이었다. 대체로 연방 원리는, 강한 중앙정부를 지향하는 통합의 경향에 반대하고 주의 주권을 강조하는 자들의 신조였다. 따라서 헌법 반대파들은, 더 강력한 중앙정부를 수립하려는 자들에 맞서 연합 헌장을 지키려는 자신들이 연방주의자라고 불려야 한다고 주장했다.[39] 실제로 1780년대 당시 강한 중앙정부를 지향하는 자들은 대체로 '단일국가주의자'nationalist로 불렸다.[40] 따라서 당시 용어의 일반적 용례에 따르면, 비준 논쟁은 '단일국가주의자 대 연방주의자'의 대립으로 불려야 했을 것이다. 하지만 헌법 지지자들은 자신들의 정체성을 '연방주의자'로 규정하고, 헌법 반대파들을 '반연방주의자'로 규정하고자 했다. 왜 그랬을까?

일차적으로 그것은 헌법 비준을 위한 전술적 필요성 때문이었다. 당시 신헌법 지지자들은 연합 체제를 비판하면서 강력한 중앙정부 수립을 지향했다. 『페더럴리스트』 곳곳에서 필자들은 단일

38) Terence Ball, "Introduction", pp. xv-xvi.

39) Charles A. Kesler, "Introduction", p. x.

40) Isaac Kramnick, "Editor's Introduction", p. 37.

정부하에 13개 주를 결속할 필요성을 강조했고, 이를 위해 강력한 권한을 가진 연방 정부의 수립을 주창했다. 하지만 독립 이후 미국의 일반적인 정서는 강력한 중앙정부에 대한 두려움이 지배하고 있었다. 따라서 헌법 비준파들로서는, 대중들의 이런 두려움을 안심시켜야 할 절박한 필요성이 있었고, 이런 선거 전략적 차원의 요구에 따라 대중들의 지지를 받는 용어인 '연방'을 징발해 선취한 것이다. 그 결과 그들은 중요한 이미지상의 승리를 확보할 수 있었다.[41] 단일국가주의자 또는 통합주의자라는 부정적 딱지를 피하면서 신헌법의 중앙집권적 성격을 은폐할 수 있었던 것이다.[42]

다른 한편 비준파나 비준 반대파나 모두 '연방주의자'임을 주장한 것은, 현대적 개념에서 볼 때, 연합 헌장의 국가 체제와 연방 헌법의 국가 체제를 구분할 개념이 아직 정립되어 있지 못했기 때문이라고 할 수 있다. 국가 통합의 각 단계를 지칭하는 개념으로서, 연합과 연방은 현재 비교적 명백히 구분되어 사용되고 있다. 이에 따를 때, 당시 미국에서 연합 헌장 체제는 국가연합에 가까운 것으로, 연방헌법의 체제는 연방국가로 정의될 수 있을 것이다. 하지만 그렇게 개념이 정립된 것은 이후의 일이었고, 18세기 당시에 연합과 연방은 같은 의미로 사용되고 있었다.[43] 실제로 『페더럴리스트』에서 'federal', 'confederate' 등은 정확한 개념 구분 없이 사실상 같은 의미로 혼용되고 있다.

---

41) 따라서 신헌법 반대파들은 이런 명칭에 반발해, 비준파 대 비준 반대파가 정확한 용어라고 대응했다.

42) Isaac Kramnick, "Editor's Introduction", p. 37. Ralph Ketcham, "Introduction", p. xxiii.

43) Ralph Ketcham, "Introduction", p. xxii.

이처럼, 용어상의 정확한 구분은 없었지만, 필자들은 연합 체제와 연방헌법 체제의 근본적 차이를 분명히 지적하고 이다. 이들에 따르면, 연합 헌장 체제는 '국가 안의 국가', '주권체 안에 주권체'가 존재하는 체제, 즉 다중 주권multiple sovereignty의 체제이다. 이에 반해 연방은 단일 주권 체제이며, 연방에서 주에 남겨질 권한은 '잔여적 주권'residual sovereignty으로 정의하고 있다. 매디슨은 39번 논설에서, 연방헌법을 부분적으로 단일국가적이고 부분적으로는 연방적인 혼합 헌법으로 규정하고 있는데, 이는 현대적 의미에서의 '연방 국가'의 특징에 부합하는 것이라 할 수 있다.

이렇게 볼 때, 국가 체제를 둘러싼 당시의 대립 구도는, 비준파들의 주장처럼 '연방주의자 대 반연방주의자'도 아니고, 반대파들의 주장처럼 '단일국가주의자 대 연방주의자'도 아니었다. '연방(국가)주의자 대 (국가) 연합주의자'의 대립으로 규정하는 것이 개념의 현대적 정의에 가장 근접하다고 생각된다.

② '공화정' 대 '공화정' : 어떤 공화정인가

신생 국가가 지향할 정체의 성격을 두고 헌법 비준파나 비준 반대파 모두 군주정에 대한 부정을 공유한 것은 당연했다. 그뿐만 아니라 그들은 민주정에 대한 부정 역시 공유하고 있었다. 전통적인 군주적 전제정뿐만 아니라, 폭민 통치로 간주된 민주정 역시 거부의 대상이었다. 18세기 당시 민주주의는 아직까지 계급 지배의 한 형태로, 특히 자신이 속한 계급의 정치경제적 이익을 추구하는 하층계급에 의한 지배로 인식되었기 때문이다.[44]

---

44) 같은 글, p. xv. Terence Ball, "Introduction", p. xix.

대신에 미국 사회의 모든 정치 세력들이 추구한 공통의 정치적 이상은 공화정이었다. 독립 혁명 중이나 혁명 이후에 '공화국'은 모든 애국자들의 표어였고, 헌법안이 공개되었을 때 첫 질문 역시 헌법이 규정하는 정부 형태가 진정한 공화국인가였다.[45] 헌법안은 미국 정체의 성격을 명문으로 규정하고 있지 않지만, 연방과 주의 관계를 규정한 부분에서 '합중국은 연방 내의 모든 주에 공화정체를 보장한다'(제4조 4절)고 천명함으로써, 합중국이 공화정에 기반함을 밝히고 있다. 또한 『페더럴리스트』 1번과 39번, 73번 등에서 매디슨과 해밀턴은 신헌법이 엄격한 의미에서 공화제에 부합함을 논증하고 있다.

하지만 비준 반대파들은, 신헌법이 공화정을 붕괴시키고 귀족정 또는 군주정으로 귀결될 것이라고 비판했다. 이들은 헌법을 둘러싼 논란의 핵심은 연방주의자인가 반연방주의인가가 아니라, 진정한 공화주의자인가 거짓 공화주의자인가라고 비판의 날을 세웠다.[46] 결국 누가 진정한 공화주의자인가를 둘러싼 이런 논쟁은, 그들이 생각한 공화정 개념이 상이했음을, 나아가 상반되었음을 말해 준다.

먼저, 비준 반대파들이 생각한 공화정은 고전적 공화주의를 계승한 것이라 할 수 있다. 이들이 생각한 공화주의 이론과 실천의 핵심 내용은 인민이나 그들의 대표에 의한 통치였다. 또한 인민의 자유와 권리의 보호를 위해 인민의 통치자나 대표자의 권한이 법에 따라 제약되어야 하며, 나아가 그런 정부의 생존과 번성의 조건으로서 인민과 통치자의 덕성virtue이 중요시되었다. 인민의 자유

---

45) Terence Ball, "Introduction", p. xx.
46) 같은 글.

를 보호하기 위해 상비군은 금지되어야 하고, 공동체의 안전은 무장한 시민들로 구성된 민병대가 담당해야 한다는 점 역시 강조되었다.[47] 결국 이들은 작은 규모의 농업 공화국이라는 고전적 이상을 아메리카에서 실현하고자 했던 것이다. 이들이 생각한 정부는, 덕성 있는 시민들이 자신의 일을 스스로 처리하는, 소규모 지역 단위의 자치에 기반한 작은 규모의 정부였다.[48]

따라서 이들은, 연방주의자들이 지향하는 합중국처럼 큰 영역을 포괄하는 정부가 인민에 의해 통제될 수 있을지 의문을 제기했다. 중앙집권적 정부의 광범위한 권한은 인민의 자유와 권리에 대한 위협일 뿐이라고 비판했다. 미국 혁명의 목적은, 오만하고 억압적인 통치자들이 인민의 자존·능력·덕성을 침해하고 복종하도록 만드는 구래의 상황을 종식하는 것이며, 그렇지 못할 경우 독립은 한 종류의 전제정을 다른 종류의 것으로 교체하는 데 불과하리라고 연방주의자들을 공격했다.[49]

반연방파들의 이런 논리는 독립 혁명을 통해 식민지에서 막 벗어났던 당시 아메리카 사회에서 큰 지지를 받고 있었다. 미국 혁명 과정에서 식민지 주민들은 영국에 대한 불만을 표출하면서, 영국 휘그 급진파들의 언어를 통해 자신들의 권리를 주창했다.[50] 미국 혁명기의 이데올로기는, 휘그 급진파의 이념에서 유래하는, 권력, 특히 멀리 떨어진 중앙집권적 권력에 대한 부정으로 충만해

---

47) 같은 글, pp. xix-xx.

48) Ralph Ketcham, "Introduction", p. xxvii.

49) 같은 글, pp. xxvi-xxxvii.

50) 앨런 라이언, 『정치사상사』, 남경태·이광일 옮김, 서울: 문학동네, 2012, 758쪽.

있었다.[51] 그 결과 1770~80년대 미국 사회에서 공화정은 정치적 기존 질서에 대한 급진적 부정의 함의를 담고 있었다. 공화정부란 작은 지역 단위와 일체화되었고, 인민의 직접 참여가 더욱더 강조되었다.[52]

따라서 13개 주를 포괄하는 단일의 중앙정부를 지향한 연방주의자들로서는, 이런 체제에 부합하는 새로운 공화정 개념이 필요했다. 그들은 기존의 고전적 공화주의 개념과 다른 새로운 종류의 공화정을 디자인해야만 했다.[53] 이는 전통적인 공화정의 정의를 바꿈으로써, 또는 기존 공화정의 의미보다 더 특정한 의미를 공화정에 부여하는 방식으로 이루어졌다. 이것이 『페더럴리스트』에서 매디슨이 수행한 핵심 과제이자 업적의 하나였다. 매디슨은 당시 아메리카에서 더 급진적이고 민중주의적 함의를 담고 있었던 '공화정'이라는 개념을, 궁극적으로는 인민의 동의에 기초하면서도 대중 참여의 정도를 훨씬 희석한 정부 구조에 적용해 사용할 수 있게 만들었다. 연합 헌장 체제에서 과도하게 실행되었던 직접민주주의적 요소를 배제하면서 공화제를 재정의한 것이다.[54]

매디슨이 새로이 정의한 공화제 정부의 핵심은 '대표에 의한 통치'였다. 매디슨은 이를, 인민이 직접 통치 과정에 참여하는 (순수) 민주주의와 대비하며, 헌법 반대파들이 선호하는 공화정 개념에서 그 핵심 내용을 제거하는 방식으로 공화정 개념을 재정의했다.[55]

51) Ralph Ketcham, "Introduction", p. xxvii. 해밀턴은 이를 '권력에 대한 공화주의적 경계심이 기이하게 극단화된 결과'라고 비판했다(29번).

52) Isaac Kramnick, "Editor's Introduction", p. 41.

53) Terence Ball, "Introduction", p. xxi.

54) Isaac Kramnick, "Editor's Introduction", pp. 40-41.

55) 같은 글, p. 41.

매디슨의 정의를 통해 13개 주를 묶는 단일의 중앙정부를 '공화제 정부'로 옹호하는 논리가 가능해졌다. 고전적인 도시 공화국의 공간적 한계에서 벗어나 근대 국민국가 단위의 광대한 공화국을 가능케 하는 논리적 근거가 마련된 것이다. 그런데 매디슨에게 규모의 문제는, 광대한 영역에서도 공화정이 가능하다는 소극적 방어 차원의 의미가 아니라, 한층 적극적인 의미를 지닌다. 매디슨이 말한 공화정, 즉 대의제는 소규모 공동체에서 가능한 인민의 직접 참여가 국민국가 단위에서는 불가능하기에 불가피하게 선택된 대안적 수단이 아니었다. 대의제는 직접 참여의 체제를 뛰어넘는 더욱더 우수한 체제이고, 이런 대표 체제의 장점이 실현되려면 광대한 시민을 포괄하는 광대한 규모의 공화국이 필수적으로 요구된다. 그렇기에 '확장된 규모'는 '대표의 체계'와 함께 공화정의 두 가지 핵심 특징을 이룬다. 매디슨은 특히 파벌의 문제와 관련해 확장된 공화국의 이점을 강조했다. 대중적 참여에 기반한 모든 정체의 가장 핵심적 문제는 파벌, 특히 다수파의 전제이다. 그런데 확장된 공화국은 다양한 이해관계와 파당의 다기화 등을 가져와 단일 파벌에 의한 지배 가능성을 감소함으로써 대중 정부의 가장 고질적 문제를 해결 가능하게 한다는 것이다.[56]

물론 반연방주의자들의 공화제 개념에서 대표의 체제가 부정된 것은 아니었다. 이들 역시 공화정의 중요 구성 요소로서 대표의 원리를 수용하고 있었다. 하지만 이들은 더 많은 인민의 직접 참여의 가치를 강조했다. 대비하자면, 반연방주의자들은 좀 더 직접적이고 참여적인 민주 정부 이론을 주장했고, 매디슨은 이에 반해 대의 민주주의의 장점을 적극적으로 제시한 것이다.[57]

---

56) Terence Ball, "Introduction", p. xxiv.

이처럼 양파는 대의제와 직접 참여 중 어느 것을 강조하느냐를 두고 대립했을 뿐만 아니라, 대표의 개념을 둘러싸고도 뚜렷한 대조를 드러냈다. 연방주의자들이 대표의 역할을 설명할 때 가장 즐겨 사용한 비유는 '정제'였다. 매디슨은 대표를 통해 인민의 의사가 '정제 및 확대'refine and enlarge되는 것을 공화정의 큰 장점으로 제시한다. 대표는 선거구민의 단순한 대리가 아니라, 공공선을 분별할 수 있는 탁월성을 지닌 인물이어야 한다. 공화국의 규모가 커질수록, 선거구의 규모가 클수록 더 탁월한 인물이 선출될 가능성도 커질 것이다.[58]

이에 반해 반연방주의자들이 즐겨 사용한 비유는 '거울'이었다. 즉 대표자는 대표되는 사람을 그대로 닮은 반영이어야 했다. 탁월성이 아니라 인민과의 동일성이 강조되었다. 따라서 한층 소규모의 동질적 공화국이 바람직한 것이고, 한층 작은 선거구에서 더 많은 대표가 선출될수록 동일성이 확보될 가능성 역시 높아질 것이었다. 나아가 선거구민에 대한 대표의 직접적 책임성이 강조되었다.[59] 이들이 강조한 것은 인민의 의사가 왜곡됨 없이 그대로 표출·반영되어야 한다는 것이었고, 이를 위해 대표를 인민의 의사에 속박하는 장치로서 작은 선거구, 연례 선거, 관직 교체, 국민투표와 소환제, 단원제 의회 등이 바람직한 것으로 간주되었다.[60]

57) Isaac Kramnick, "Editor's Introduction", p. 43.

58) 같은 글, pp. 41-43.

59) 같은 글, pp. 43-44.

60) Ralph Ketcham, "Introduction", p. xii.

③ '의회 우위 체제' 대 '견제와 균형의 체제'

새로운 정부의 권력 구조를 둘러싼 반연방주의와 연방주의의 대립의 또 다른 지점은, 입법부 우위 체제인가, 3부 간의 견제와 균형의 체제인가였다.

앞서 보았듯이 연합 체제는 압도적인 입법부 우위 체제였다. 이는 독립 전쟁을 거치면서 아메리카 식민지에 확산된, 자유에는 최소한의 집행권, 최대한의 입법권을 가진 정치체제가 요구된다는 인식에 따른 것이었다. 반연방주의자들은 여전히 이런 신념을 고수했다.[61] 이들에 따르면 공적 권위는 빈번한 선거와 공직 교체 등을 통해 인민에 책임져야 하므로 인민의 의사를 가장 근사하게 반영하는 의회, 그중에서도 더 대중적인 하원이 공적 권위의 중심이 되어야 했다.[62]

이에 반해 연방주의자들은, 연합 체제 시기 각 주에서 드러난 입법부 전제의 극복을 위해, 집행권 및 사법권의 강화, 단원의 입법부의 양원 분리 등을 통한 입법부, 특히 하원의 약화를 추구했다. 그 이론적 기반은 권력분립 원리였다.[63] 권력분립은 일차적으로 기능적 관점에서 권력의 분리를 의미한다. 법의 제정·집행·재결이라는 권력 간의 분업을 추구하고, 이를 통해 통치의 효율성, 권력 간의 상호 견제와 전제정의 방지 등을 추구하는 것이다.[64]

다른 한편, 권력분립론은 권력 간의 기능적 분리라는 차원을

---

61) Isaac Kramnick, "Editor's Introduction", p. 47.

62) Lawrence Goldman, "Introduction", pp. xxiii-xxiv.

63) Isaac Kramnick, "Editor's Introduction", p. 47.

64) Garry Wills, "Introduction", p. 30.

넘어서는 한층 복합적인 의미를 내포하고 있다. 권력 간의 분리뿐만 아니라 권력 혼합을 통해 정부 각 부의 권력 간 균형을 맞춘다는 이상이 그것이다. 그리고 이런 이상의 배후에는 혼합 정부라는 또 다른 정치적 이상이 존재했다. 아리스토텔레스와 폴리비우스 등에서 기원하는 혼합 정부론은, 단지 정부의 각 권력뿐만 아니라, 권력의 각 부분을 장악한 공동체의 여러 사회 집단들 간의 균형을 맞춤으로써 극단적이지 않은 온건한 체제를 추구하는 것을 그 핵심으로 한다. 연방주의자들은 권력분립과 혼합 정부라는 두 전통을 새로운 아메리카 정부 구성에서 융합하고자 했다. 분립된 정부의 세 기능 영역은 사회 세력들의 격전장이 될 것이고, 이를 통한 상호 견제와 균형을 통해 극단적이지 않은 온건한 정부를 만들고자 한 것이다.[65]

반연방주의자들은 입법부 권한의 약화에 반대했을 뿐만 아니라 권력의 3부 간의 엄격한 분리를 주장했다. 이에 대해 매디슨은 51번 논설에서 권력분립을 위해서는 방어적인 성격의 권력 혼합이 필요함을 주장했다. 특히 연방주의자들은, 과거에는 집행부가 자유를 위협했지만, 지금의 아메리카에서는 입법부에서의 다수의 전제가 자유를 위협하고 있으며, 입법부가 집행권 및 사법권을 흡수함으로써 권력분립을 위협하고 있다고 인식하며, 집행부 및 사법부에 입법부를 견제할 수 있는 기능을 부여하고자 했다.

연방주의자들이 이를 통해 궁극적으로 관심을 둔 것은 사회 세력들 간의 견제와 균형이었다.[66] 매디슨은 51번 논설에서 헌법에서 규정한 권력분립을 유지하기 위해, 즉 각 권력들이 동일한

65) Isaac Kramnick, "Editor's Introduction", pp. 48-49.
66) 같은 글, p. 50.

부에 집중되는 것을 막기 위해 각 부를 운영하는 자들에게 다른 부의 침해에 저항하는 데 필요한 입헌적 수단을 부여해야 한다고 강조한다. 나아가 권력 간의 견제와 균형뿐만 아니라 사회의 각 부문·집단 간의 견제와 균형을 위해 '수많은 종류의 시민들을 사회 내에 포괄함으로써 전체 시민 중의 다수파가 부당하게 결합하는 것을 방지'하는 것이 필수적이라고 강조한다. 매디슨이 10번 논설에서 공화정의 조건으로 '광대한 규모'를 제시한 것은, 그것이 이런 다원주의적 사회의 다양성을 제공하기 때문이다. 이렇게 볼 때 연방주의자들이 구상한 미국의 헌정 구조는 다원주의적 시민사회 구조에 의존하며, 그것을 전제로 성립된다고 볼 수 있다.

헌법의 기초자들이 정부의 권력 구조를 설계할 때 초점을 둔 것은 바로 이 점이었다. 말하자면 광대한 공화국에서 다원적 시민사회가 가능하다는 논리를 전제로, 이런 사회의 다원적 이해와 힘들이 정부의 영역 안으로 들어올 수 있는 제도적 장치를 헌법에서 디자인하는 데 초점을 둔 것이다.[67] 그 목표는, 다원적 세력이 정부의 각 부에 진입하도록 촉진해, 단일한 정치·사회 세력이 정부의 3부를 장악하지 못하도록 하는 데 있었다. 흄의 아이디어에서 기원하고 매디슨이 정교화한 그 구체적 방안은, 선거 방식, 권한, 임기, 기능 등에서 충분한 변이를 만들어 냄으로써 정부 메커니즘 그 자체 내에 상이한 이해와 관점을 창출하는 것이었다.[68]

67) Ian Shapiro, "Introduction", p. xvi.

68) Ralph Ketcham, "Introduction", p. xvii.

④ '공화주의적 덕성' 대 '법과 제도의 입헌 공화국'

　　신헌법에 대한 반연방주의자들의 주요한 비판의 하나는, 신헌법이 인민의 무관심과 부패, 시민적 덕성의 상실을 초래하리라는 것이었다. 광대한 규모의 국가에서 대표에게 권한을 위임하는 체제는 인민들로 하여금 공적인 일과 공공선에 대한 관심에서 멀어져 자신의 일에만 집중하게 되는 결과를 초래하리라는 것이다. 이는 곧 시민의 부패를 의미해 결국 자유의 상실을 초래할 것이다.[69] 따라서 반연방주의자들에 따르면 공화정체에는 동질적인 인구와 시민들 간의 통합과 공동체 의식이 필수적이고, 그 조건으로서 공동체의 크기는 작고 인구는 제한적이어야 한다. 13개 주는 하나의 보편적 체제로 통합하기에는 너무 큰 규모이다.

　　하지만 연방주의자들은, 지역공동체를 초월하는 확장된 국가로서의 미국을 탈도덕적amoral인 언어로써 구상했고, 정치의 초점을 도덕적 확신에 두지 않고 개인주의적이고 경쟁적인 미국과 사적 권리, 개인적 자율성 등에 두었다.[70] 특히 그들은 반연방주의자들이 결함으로 생각한 바로 그 지점, 즉 합중국의 광대함과 그 속에 담긴 다원주의적 다양성에서 공화정의 존속 기반과 전제정의 위험에 대한 해결책을 찾았다. 매디슨은 유명한 10번 논설에서 파벌을 제거하기 위해 모두가 같은 의견·정념·이익을 갖도록 하는 것은 자유의 근거를 제거하는 것이라 비판하고, 제안된 공화국의 크기가 공화제 정부에 부수하는 질병(파벌의 폐해, 특히 다수파의 전제)에 대한 공화제적 치료제를 제공한다고 역설했다. 확장된 공화국에서

---

69) Terence Ball, "Introduction", p. xxv.

70) Isaac Kramnick, "Editor's Introduction", p. 54.

다양한 경쟁적 이해관계의 존재와 분파의 다기화 등은 어느 한 이해관계나 단일 파벌이 지배할 가능성을 차단하기 때문이다.[71]

이처럼 매디슨은 '합중국의 방대한 규모'와 '권력 집중'이 공화국을 붕괴시킬 것이라는 반연방주의자들의 공격에 맞서, 전자가 후자의 위험을 무력화하는 논리, 즉 다원주의와 이해관계의 다양성이 국가를 전제정으로부터 막아 주고 나아가 동의와 합의에 입각한 정부를 가능하게 한다는 논리를 개발함으로써, 서구 정치 전통에서 독창적이고 지속적인 중요성을 갖는 사상을 제시했다.[72]

다른 한편, 반연방주의자들이 시민적 덕성을 강조한 것은 그것이 인간 제도의 불가피한 부패와 쇠퇴를, 개인의 비도덕적 행위를 막는 최상의 방어물로 간주되었기 때문이다.[73] 이들에 따르면 사적 이해관계와 그것의 보호에 기반한 공동체는 존속 불가능하다. 정부는 단지 다양하고 상충하는 이해를 조정할 뿐만 아니라 그 이상으로 책임지고 있다. 공동체의 도덕과 덕성, 종교 등을 육성하고 촉진할 책임이 그것이다. 따라서 이들은 헌법의 세속적 논조와 도덕과 종교에 대한 무관심에 경악했다.[74]

연방주의자들 역시 정체에서 덕성의 중요성을 완전히 부정하지는 않았다.[75] 하지만 매디슨은, 개인적 덕성은 취약한 갈대이기

---

71) Lawrence Goldman, "Introduction", p. xxxiii. Terence Ball, "Introduction", p. xxiv.

72) Lawrence Goldman, "Introduction", p. xxxvii.

73) 같은 글, p. xxxvi.

74) Isaac Kramnick, "Editor's Introduction", p. 12.

75) 매디슨도 덕성을 가진 통치자의 필요성을 지적하고 있으며(57번), 또한 신헌법하에서 대표나 공직자들이 공익을 사익보다 우선시할 것이라고 주장한다(36번, 49번, 55번, 77번).

에 오랫동안 의존할 수는 없는 것이라 지적한다. 따라서 헌법을 정할 때는, 인간을 덕성과 공적 정신으로 충만한 존재가 아니라, 야심을 추구하며 탐욕과 자기 이익을 추구하는 존재로 가정하고 시작하는 것이 현명하다. 정부는 시민적 덕성이 아니라 분파적 사적 이해관계 위에서 운영될 수 있어야 한다. 그 방법은 개인과 분파와 정부 각 부의 이익을 서로서로 대항하게 하는 체제를 통해 그것이 미치는 부정적 영향을 약화하는 것이다.[76]

즉 견제와 균형의 체제를 통해 기존의 이해관계들이 공동체에 가할 수 있는 충격을 제한하고 또한 권력을 제한하는 것이다. 이는 곧 정체와 통치의 기반을 시민적 덕성에서, 사회적으로 합의된 정치적·법적 제도와 절차로 전환하는 것을 의미한다. 이와 같이 공화정의 핵심 개념을, 공화적 덕성에서 입헌 공화국으로 전환한 것은 정치사상에서 미국 혁명이 남긴 가장 중요한 유산으로 평가된다.[77]

특히 고든 우드Gordon Wood는, 논설의 저자들이 새로이 개척한, 사회적 다원주의의 가치에 대한 인정과 정치제도에 부여한 신뢰의 획기적 의미를 강조했다. 그것은, 서구의 정치 전통에서 인간들을 자신들의 의무에 부응하도록 하는 기초로서, 또한 정치적 안정을 보장하기 위한 정치사회의 기초로서, 그동안 시민적 덕성에 의존하던 데서 벗어나 법과 제도의 기능에 대한 신뢰로의 전환을 의미한다. 우드는 이를 '고전적 정치의 종언'이라고 평가했다.[78]

---

76) Terence Ball, "Introduction", p. 25.

77) Lawrence Goldman, "Introduction", p. xxxvii.

78) 같은 글.

⑤ 국가권력과 정부에 대한 견해

이상에서 살펴본 연방주의자와 반연방주의자 간의 이념적 차이는 사회경제적 기반이나 역사적·정치적 경험의 차이에 기인한 것이기도 했다. 일반적으로 반연방주의자들은 독립 혁명 이전, 즉 1776년 이전에 주로 활약한 주 중심의 정치인들이었다. 이들은 사회적으로는 뉴잉글랜드 내륙의 폐쇄적 공동체에 기반했고 버지니아 대농장주 출신들이 다수였다. 일종의 기득권 집단이었고, 그 기반은 주의 정치권력이었다. 이들에 비해 연방주의자들은 대부분 10~12세 정도 어린 세대로서 독립 혁명을 통해 경력을 쌓은 인물들이었다. 사회경제적으로는 대체로 상업 도시의 주요 기업가 가문들이 이들의 배경이었다.[79]

연방주의자들의 인식에 결정적 영향을 미친 것은 독립 전쟁의 경험이었다. 헌법 기초자들 다수는 대륙군으로 참전했거나, 연합의 외교관이나 행정관, 또는 대륙회의 대표 등을 역임했다. 특히 독립 전쟁은 1776년 이전 세대의 주 중심적 사고를 대체하는 대륙적·전국적 경험을 제공했다. 전쟁의 경험은 미국 국가 형성의 비전을 이들에게 제공한 결정적 계기였다. 이런 경험을 통해 이들은 13개의 '국가'(즉 연합 체제의 주)를 하나의 나라로 보게 되었고, 국민국가들 사이에서 자신들의 나라가 생존하기 위해서는 징세, 교역 통제, 화폐 주조, 채무 변상, 외교정책 집행, 상비군 조직 등의 강제 권한을 가진 국가가 필요하다고 인식했던 것이다. 헌법 기초자들은 곧 국가 형성자였다.[80]

---

79) 같은 글, pp. xxv-xxiv.

80) Isaac Kramnick, "Editor's Introduction", pp. 68-69.

연방주의자들의 국가 형성 시나리오는 기본적으로 자유주의 이데올로기의 현실적 관심사와 무관하지 않았다. 해밀턴이 26번 논설에서 '활력 있는 정부는 사적 권리 보호를 확실히 한다'고 지적할 때, 홉스나 로크의 자유주의를 연상하게 된다.[81] 해밀턴과 매디슨은 모두, 주 입법부의 무분별한 입법에 따른 개인 재산권의 침해를 연합 체제의 심각한 문제로 지적했다. 특히 해밀턴은 상업적 국가를 아메리카의 미래로 제시하면서, 중앙정부가 제공하는 전국적 시장과 공적 신용, 단일 화폐, 계약 보호 등은 시장과 상업이 발전할 틀을 제공하는 필수적인 요건으로 강조하고 있다.

앞서 보았듯이 독립 혁명은 권력을 부정하고, 자유를 강조하는 유산을 남겼다. 독립 혁명을 이끈 급진 휘그 이념에 따르면, 권력은 제한되어야 할 악이었고, 정치기구는 조장하기보다는 제한되어야 할 것이었다. 이 연장선에 있던 헌법 반대파들에 따르면, 신헌법은 자유를 희생하면서 정부의 권한 강화를 꾀하는 것이고, 결국 전제정을 낳을 위험한 기획이었다.[82]

이에 반해 연방주의자들은, 혁명 이후 '자유의 정치'가 낳은 통치 불능 상태를 극복하고자 했다. 이를 위해 적극적이고 활발한 정부, 강하고 결단력 있는 리더십 등의 필요성을 강조했다. 이런 정부는 전제정을 초래하는 것이 아니라, 공동체의 복리와 번영에 기여할 것이다. 정부는 자유에 반하는 것이 아니라 사회의 특수주의와 무기력을 극복하는 데 필수적인 것이었다. 『페더럴리스트』 곳곳에 보이는 정부의 능력과 활력 등에 대한 강조는 중앙정부의 권한 강화를 표현한 완곡어법이었다.[83]

---

81) 같은 글, p. 70.

82) Lawrence Goldman, "Introduction", p. xxiii.

다른 한편 매디슨과 해밀턴은 효과적이고 통합된 중앙정부의 수립이 필요하다는 인식을 공유하고 있었지만, 그들이 지향하는 정부와 국가의 궁극적 성격에서는 일정한 차이를 보여 준다. 왜 중앙정부에 적극적 권한과 활력을 부여해야 하는지를 두고는 그 지향점이 서로 상이했던 것이다.

먼저 해밀턴에 따르면, 경쟁하는 국제 체제에서 국민국가는 그 자체의 역사적 목표를 가지며, 권력을 추구할 당위성을 가진다. 해밀턴은 미국 국가의 위대성을 실현하고자 했고, 그의 비전은 강대국 미국이었다. 그는 상업과 국력의 연관성을 강조했다. 해밀턴의 비전에서 강한 국가는 상업 국가였다. 경쟁적 국제 체제에서 국가는 상업적 능력을 보호·육성해야 하고, 이는 전쟁을 불가피하게 초래한다. 따라서 강한 국가에는 상비군 및 강한 해군이 필수적이다. 해밀턴은 매디슨에 비해 국가 권력에 대해 덜 두려워했다. 권력은 국가의 본질이기 때문이다.[84]

이에 반해 매디슨이 지향한 국가는 자유주의의 본령인 자유주의적 제한 정부였다. 중앙정부의 권한을 강조한 것은 다만 사적 권리를 보호하고 질서 있는 경제생활의 틀을 보장하기 위해서였다. 로크처럼 매디슨은 국가에 권력을 위임할 필요성을 강조했지만, 그것은 어디까지나 제한된 권한이었다. 국가는 자유로운 개인과 집단적 이해관계들의 흥정이 일어나는 곳이며, 국가가 수행해야 할 역할은 다양하고 상충하는 이해를 조정하는 것, 분쟁의 공정한 심판자의 역할이었다.[85]

---

83) 같은 글, p. xxxii. Isaac Kramnick, "Editor's Introduction", p. 70.

84) Isaac Kramnick, "Editor's Introduction", pp. 69-72.

85) 같은 글, pp. 73-74.

국가 또는 연방 정부의 성격에 대한 매디슨과 해밀턴의 이런 차이는 이후 미국 정치의 주요한 대립축의 하나를 형성한다. 건국 초기 20여 년의 미국 정치는 강력한 연방 정부를 지향하는 해밀턴이 주도하는 연방파와, 좀 더 온건한 연방 정부를 추구하는 제퍼슨과 매디슨을 중심으로 한 공화파 간의 경쟁으로 전개되었다. 이후에도 시대적 상황이나 특정 정치·사회 세력의 요구에 따라, 『페더럴리스트』는 해밀턴 식으로 또는 매디슨 식으로 상이하게 독해되고 이용되었다.[86]

⑥ '연방주의자 대 반연방주의자' 그 이후

연방헌법이 비준되면서 비준 논쟁은 연방주의자들의 승리로 끝났다. 연방주의자들의 주장을 대표한 『페더럴리스트』는 오늘날까지 읽힐 뿐만 아니라 정치학의 고전이 되었다. 반면에 반연방주의자들의 주장은 잊혔고 거의 기억조차 되지 않았다. 한때 반연방주의자들은 반대를 위한 반대론자 또는 '믿음이 없는 사람들'로 간주되기도 했다.

하지만 오늘날 반연방주의자들은 '또 다른 국부'로 여겨지고 있다. 신생 아메리카 공화국은 연방주의자와 반연방주의자의 합동

---

86) 예컨대, 제퍼슨-잭슨 시기에 『페더럴리스트』는 매디슨 식으로 독해되었다. 남북전쟁 시기에는, 국가의 존속을 위해 연방이 최고 이슈가 되자 해밀턴이 가장 빈번히 인용되었다. 인민주의 시기에는 은행에 대한 통제권을 정부에 부여하지 않는다는 이유로 매디슨의 연방주의가 비판의 대상이 되었고, 연방 정부 역할을 확대했던 시어도어 루스벨트 대통령에게는 해밀턴이 영웅으로 부상되었다. 더 최근에는, 보수파들이 큰 정부를 비판하면서 매디슨을 부각하고 있다. Garry Wills, "Introduction", p. xiv.

의 창조물이라는 주장이 상당히 설득력 있게 개진되고 있다. 왜냐하면 연방헌법이 만들어 낸 정체는, 한 명의 입법자의 지시로 만들어진 정치체제가 아니라, 상이한 정치적 신조와 이론적 관점을 가진 당파들 간의 격렬한 논쟁을 거쳐 집합적으로 구성된 것이기 때문이다. 비준 논쟁 동안 반연방주의자들의 비판은 연방주의자들로 하여금 새로운 헌법의 의미와 이론적 타당성을 명료히 하고 확립하는 데 기여했다.[87]

그뿐만 아니라 그들의 비판은, 헌법 제정과 거의 동시에 헌법의 중요한 수정이 이루어지는 결정적 계기가 되었다. 반연방주의자들의 비판에 따라 여러 주에서 헌법은 권리장전 채택을 전제로 비준되었고, 그 결과 연방의회 소집과 동시에 매디슨의 주도로 권리장전을 담은 수정헌법 10개 조가 제정되었다. 미국 헌법의 권리장전은 반연방주의자들의 직접적 유산이었던 것이다.[88]

비준 논쟁 과정에서 연방주의자들은 반연방주의자들을 주의 기득권에 집착하는 편협한 집단이라고 공격했다. 하지만 그들 다수의 동기를 의심하고 부정할 수만은 없을 것이다. 그들은 미국 혁명의 초기 정신에 충실했고, 그 연장선에 있는 그들의 주장은

---

87) Terence Ball, "Introduction", p. xvi.

88) Herbert J. Storing, *What the antifederalist were for: The Political Thought of the Opponents of the Constitution*, Chicago: The University of Chicago Press, 1981, pp. 64-65. 도널드 호로비츠는, 그 결과 미국의 제헌 과정은 경쟁하는 두 모델을 미국의 헌정 경험에 남겼다고 평가한다. 하나는 권력으로 권력을 상쇄하는 정부 내부 구조 설계에 기초한 연방주의적·매디슨적 모델이고, 다른 하나는 정부에 맞설 권리의 유보에 기초한 반연방주의 모델이다. Donald L. Horowitz, "The Federalist Abroad in the World", A. Hamilton, J. Madison, and J. Jay, *The Federalist Papers*, ed. Ian Shapiro, New Heaven: Yale University Press, 2000, p. 510.

논리적이고 일관된 것이었다. 반연방주의는 1788년에는 패배했지만 이후 미국의 정치 문화에 깊이 뿌리내려 지속되고 있다. 중앙 집권화 및 과도한 집행권에 대한 두려움, 주의 권한에 대한 옹호 등은 19세기 미국에서 강력하고 분열적인 힘으로 작용했고, 그런 경향은 지금도 미국의 공공 영역에서 큰 영향을 미치고 있다. 미국 역사에서 중앙집권적 권력에 대한 경계와 불신은 뿌리 깊고, 이는 주 및 지방정부의 능력에 대한 믿음과 대조를 이루고 있다. 반연방주의파는 패배했지만, 그들의 주장은 여러 집단들과 개인들에게 여전히 유효한 개념 또는 사상으로서 살아 있다. 미국 정부의 구조는 연방주의가 만들었지만, 미국 정치의 정신은 반연방주의에 의해 더 자주 고무되고 있다고 평가받는다.[89]

4. 나가는 말

이상에서 보았듯이 『페더럴리스트』는 특정 시점에 특정 독자를 대상으로 한 국지적 목적의 산물이었다. 그렇다면 230여 년 전 미국 헌법 비준 논쟁의 산물인 『페더럴리스트』가 이후 미국 정치에, 나아가 근대 민주주의를 성립하는 과정에 미친 영향은 무엇이었는가? 또한 오늘날 한국 민주주의에 주는 의미는 무엇일까?

그 일차적 의미는 당연히 미국 헌법, 나아가 미국 정체와의 연

---

89) Lawrence Goldman, "Introduction", p. xxv. Saul Cornell, *The Other Founders*, p. 1.

관 속에서 찾아야 할 것이다. 『페더럴리스트』는 비준 투표에 영향을 미친다는 당초 목적에는 그다지 성공하지 못했다고 평가된다. 하지만 그것은 이후 미국을 만든 자들의 사고와 지향점을 알려 주는, 미국 헌법에 대한 가장 권위 있는 해석으로 수용되어 왔다. 헌법은 설명이 없는 간략한 문서에 불과하다. 미국 헌법의 원리가 되는 연방주의, 권력분립, 대표의 원리, 입헌주의, 법치주의, 사법 심사 등은 헌법 조문 어디에도 기록되어 있지 않다. 그것은 『페더럴리스트』를 통해 비로소 접할 수 있다. 말하자면 『페더럴리스트』는 헌법 기초자들이 헌법을 어떻게 이해했으며, 인민들이 헌법을 어떻게 해석해야 하는지에 대한 최선의 지침인 셈이다. 특히 『페더럴리스트』는, 미국 헌법이 정치적 타협에서 기원함을 부인하지 않으면서도, 제헌회의가 사적 이익의 타협의 장이 아니라 공적 숙의의 장이었으며, 그 숙의의 성과물이 헌법 전체와 각 부분에 의미를 부여하는 내재적 헌정주의에 입각해 있고, 또한 공화정의 요건에 부합하는 것임을 입증했고, 이것이 이후 헌법 해석의 기준이 된 것이다.[90]

로버트 달은 1787년 기초된 헌법의 비민주적 측면을 비판하면서, 그중 일부는 이후 수정 헌법을 통해 때로는 정당과 같은 새로운 제도와 관행을 통해 변화해 왔지만 여전히 충분히 민주적이지 못하다고 지적한다.[91] 달을 포함해 많은 미국 정치학자들은 현재의 미국 정체가, 인민주권 원리, 대표성 원리, 인민들의 요구에 대응하는 효과적인 정부 등 여러 기준에서 많은 한계를 안고 있다

---

90) Charles A. Kesler, "Introduction", p. viii.

91) 로버트 달, 『미국 헌법과 민주주의』, 박상훈·박수형 옮김, 서울: 후마니타스, 2016, 59~60쪽.

고 비판한다. 『페더럴리스트』가 제시한 제도들의 비효율성과 비非다수 지배적 경향에 대해서도 회의와 비판이 존재한다.[92]

이런 비판은, '민주주의의 과도함'을 억제하고자 했던 연방주의자들의 설계가 오늘날에도 여전히 작동하고 있음을 보여 주는, 또한 미국 헌정 구조의 높은 제도적 안정성을 보여 주는 역설적인 반증이라 할 수 있을 것이다.

우리에게 『페더럴리스트』의 더 중요한 의미는, 미국적 맥락을 벗어난 보편적인 정치학의 고전으로서의 의미일 것이다. 그것은 아마, 고전적 공화정에서 근대적 민주 공화정으로 전환하는 이론적·제도적 기반을 제공했다는 데서 찾을 수 있을 듯하다. 달은 18세기 이후 근대 국민국가 규모에서 작동 가능한 민주주의 제도와 사상이 성립되는 과정을 민주주의의 제2차 전환이라고 부르고 있다. 그에 따르면, 제2차 민주 전환의 과제는 다음과 같은 것이었다.[93] 공화정 이론이나 민주주의 이론은 대규모 국민국가에 적용될 수 있는가? 신분 집단 간의 권력 분점을 통해 권력 간 균형을 추구한 공화정의 혼합정체 이론은, 근대 정체에서 어떻게 적용될 수 있는가? 고대 민주주의나 공화주의는 단원적 사회를 전제했는데, 다양한 이익 간의 갈등이 불가피한 근대의 다원적 정체에서는 공화국을 어떻게 고안해야 하는가? 공공선에 헌신하는 시민의 덕에 의해서만 공화정이 유지될 수 있다면, 대규모의 이질적 사회에서 공화국은 어떻게 가능한가? 『페더럴리스트』는 이런 질문에 답

92) 최장집, 「제퍼슨, 매디슨과 대의제 민주주의」, Naver 문화재단, 2017, 43쪽. Donald L. Horowitz, "The Federalist Abroad in the World", p. 504.

93) 로버트 달, 『민주주의와 그 비판자들』, 조기제 옮김, 문학과 지성사, 1999, 67~68쪽.

함으로써 근대 민주 공화정의 이론적·제도적 기반을 제공한 저작의 하나로 평가될 만하다. "정부에 대한 로크의 소책자는 완벽하지만, 이론에서 실제로 내려올 경우 『페더럴리스트』보다 나은 책은 없다"라는 제퍼슨은 평가는, 이 책이 차지하는 이런 위치를 잘 짚은 것으로 보인다.

마지막으로 남은 문제는, 한국적 맥락에서 『페더럴리스트』는 어떤 의미를 갖는가이다. 이에 대한 하나의 대답은 불가능하고, 또 바람직하지 않다고 생각된다. 독자 각자의 관점에서 다양하게 읽을 수 있고, 그것이 고전이 갖는 힘일 것이다. 어떤 독자는 이 책에서, 사적 이익을 추구하고 정념에 휘둘리는 인간 그대로의 모습을 전제로, 상충되는 이익 간의 균형 속에서 정치적 질서를 모색한 정치적 현실주의의 정수를 읽을 수 있을 것이다. 또 다른 독자는, 정체의 기반을 시민적 덕성이 아니라 정치적·법적 제도와 절차 위에 구축하는 정교한 헌정 디자인constitutional engineering에 감탄할 수도 있을 것이다. 어떤 독자는 이 책을, 입헌주의와 법치주의에 대한 강조로 읽을 수 있을 것이고, 또 다른 독자는 민주주의의 사회적 기반인 다원적 사회구조의 중요성에 대한 강조로 읽을 수도 있을 것이다. 혹자는 국민국가 단위의 근대 민주주의를 향한 출발점을 이 책에서 찾을 수 있겠지만, 혹자는 귀족적 공화주의의 흔적이나 대의 민주주의의 엘리트주의적 속성을 비판적으로 읽어낼 수도 있을 것이다. 그런 연장선에서 반연방주의자들의 비판에 더 공감할 수도 있을 것이다. 혹자는 이 책을, 포퓰리즘에 대한 경계로 읽을 수 있을 것이고, 또 다른 혹자는 이 책을, 인민주권을 지지하면서도 다수의 전제를 방지하려는 균형 있는 정치적 지혜의 산물로 읽을 수 있을 것이다.

이 책이 이런 다양한 생각들을 촉발하고, 또 그런 상이한 관점들을 대화와 논쟁의 장으로 이끄는 계기가 될 수 있다면 옮긴이로서는 더 바랄 것이 없다. 또한 그런 과정을 통해, 민주화 이후 우리가 당면하고 있는 '민주주의의 제도적 실천'이라는 과제와 관련된, 민주주의에 대한 이해의 폭을 넓히는 데 이 책이 기여했으면 하는 바람을 가져 본다. 한국의 민주주의는 공고화되었다고 평가받지만, 그것은 선거 민주주의에 국한되어 있는 듯하다. 자유선거를 통한 권력 교체는 실현되고 있지만, 집권 이후 권력의 운영과 행사 과정에서 민주적 제도와 절차는 심하게 훼손되어 왔다. 사법 독립 역시 심하게 훼손된 바 있다. 흔히 말하는 민주 진보 정권에서도 권력 간의 견제와 균형은 미흡하고, 대통령으로의 권력 집중과 의회의 주변부화는 극복되지 못하고 있다. 권력 구조 개편을 위한 헌법 개정 논의가 매 정권마다 되풀이되는 것은, 한국 민주주의의 제도적 안정성이 얼마나 취약한지를 입증하고 있다.

민주화 이후 우리가 직면하고 있는 이런 현실은, 통치의 한 형태로서 '민주정'에 대한 좀 더 깊은 이해가 필요함을 깨우쳐 준다. 한국의 '민주파'는 민주주의를 흔히 자신들의 집권과 동일시하거나, 또는 '민주 정부'를 통해 국민 다수가 원하는 어떤 정책을 성공적으로 수행하는 것과 동일시하는 경향이 있지 않나 생각된다. 하지만 민주주의는, 한 정치 공동체의 유지에 필요한 공적 결정을 내릴 정당성 있는 권력의 창출에서 그치는 것이 아니라, 그 권력의 남용을 통제할 수 있는 제반 절차나 제도가 작동할 때에만 안정적으로 유지될 수 있다. 입헌주의나 법치주의, 제한 정부나 제한 헌법, 대의제와 대표의 원리, 삼권분립 등은 그 중요 구성 요소일 것이다. 우리가 민주주의의 제도적 실천을 이루기 위해서는, 그런 제반 요소들이 어떤 원리에 기초하고 있으며, 또 구체적으로 어떤 제도적 메커니즘을 통해 작동하는지 등에 대한 한층 깊은 이해가 절실하다고 생각된다. 근대적 민주공화국 또는 대의 민주주의의 최초 설계자들의 고민과 생각을 보여 주는 이 책이 그런 목적에 도움이 될 수 있기를 기대해 본다.

이 책의 번역 대본으로는 Alexander Hamilton, James Madison, and John Jay, *The Federalist with Letters of "Brutus"*, ed. Terence Ball, Cambridge: Cambridge Univ. Press, 2003을 사용했으며, 불분명하거나 난해한 부분의 해석에는 Mary E. Webster ed., *The Federalist papers: in modern language indexed for today's political issues*, Bellevue, WA: Merril Press, 1999를 참고했음을 밝힌다.

***

끝으로 번역 과정에 대한 간단한 언급이 필요할 듯하다. 이 책의 번역 작업은, 한국에서 정치학 고전들이 소비되는 행태에 대한 불만에서 촉발되었다. 전체적 맥락이나 내용에 대한 천착 없이, 흔히 회자되는 몇몇 구절만을 유행처럼 인용해 온 방식이 그것이다. 이 책은 아마 그런 일회성 소비품의 대표적 사례 중 하나였을 듯하다. 하지만 그런 불만을 번역에 대한 결심으로 바꾸는 데는 은사이신 최장집 선생님의 독려가 큰 계기가 되었다. 망설이는 옮긴이에게 번역 대본을 전해 주고, 또 수시로 참고 자료를 보내며 격려해 주신 최장집 선생님께 깊이 감사의 말씀을 드린다. 번역 과정에서는 당시 미국의 국내외적 세부 상황을 알 수 있는 자료의 부족, 복잡한 문장과 1780년대 단어의 의미, 책에서 인용하는 여러 외국 사례들, 조세나 법률·사법 문제에 대한 지식의 결여 등으로 난관이 적지 않았고, 이에 따른 오역의 두려움을 지금도 떨칠 수 없음을 고백한다. 후마니타스 출판사의 안중철 편집장과 윤상훈 편집자의 꼼꼼한 교정 덕분에 그나마 많은 실수를 줄일 수 있었다. 두 분께 감사의 말씀을 드린다. 특히 안중철 편집장은 문맥과 개념 등에 대한 꼼꼼한 독해를 통해 여러 부분에서 유익한 조언을 해주었고, 이를 통해 많은 오류를 수정할 수 있었다. 하지만 이 책에 남아 있을 오류는 전적으로 옮긴이의 몫임을 밝힌다. 마지막으로 열악한 출판 시장에서, 사회과학 서적 출판을 황소처럼 꿋꿋이 밀고 나가는, 정민용 대표를 비롯한 후마니타스의 모든 분들에게 격려와 감사의 말씀을 전한다.

부록

아메리카합중국헌법

우리 합중국 인민은, 더 완벽한 연방을 형성하고 정의를 확립하며, 국내의 평안을 보장하고 공동방위를 제공하며, 일반 복리를 증진하고 우리와 우리의 후손들에게 자유의 축복을 보장하기 위하여, 이 아메리카합중국헌법을 제정한다.

제1조 (입법부)[1]

1절 (입법권)

이 헌법에 의하여 부여되는 모든 입법권은, 상원과 하원으로 구성되는 합중국 의회에 속한다.

2절 (하원)

1. 하원은 각 주의 주민이 2년마다 선출하는 의원으로 구성하며, 각 주의 선거인은 주 의회에서 가장 의원 수가 많은 원院의 선거인에게 요구되는 자격 요건을 구비하여야 한다.

---

[1] 연방헌법 번역은 『세계의 헌법』(국회도서관 법률정보실, 2018) 중 미국 헌법 부분을 참조했고 일부 수정했다. 괄호 안에 들어 있는 조article와 절section의 제목, 절 밑의 항 번호 등은 원문에는 없지만 이해를 돕기 위해 추가한 것이다. 수정 조항의 경우도 마찬가지이다.

2. 누구든지 연령이 25세에 미달한 자, 합중국 시민으로서의 기간이 7년이 되지 아니한 자, 그리고 선거 당시에 선출되는 주의 주민이 아닌 자는 하원 의원이 될 수 없다.

3. 하원 의원 수와 직접세는 연방에 가입하는 각 주의 인구수에 따라 각 주에 할당한다. 각 주의 인구수는 연기 계약 노동자를 포함한 자유인의 총수에, 과세 대상이 아닌 인디언을 제외하고, 그 밖의 인구수의 5분의 3을 가산하여 결정한다.[2] 인구수의 산정은 최초의 합중국 의회를 개회한 뒤 3년 이내에 행하며, 그 뒤는 10년마다 법률이 정하는 바에 따라 행한다. 하원 의원의 수는 인구 3만 명당 1인의 비율을 초과하지 못한다. 다만 각 주는 적어도 한 명의 하원 의원을 가져야 한다. 위의 인구수의 산정이 있을 때까지 뉴햄프셔주는 세 명, 매사추세츠주는 여덟 명, 로드아일랜드주와 프로비던스 플랜테이션은 한 명, 코네티컷주는 다섯 명, 뉴욕주는 여섯 명, 뉴저지주는 네 명, 펜실베이니아주는 여덟 명, 델라웨어주는 한 명, 메릴랜드주는 여섯 명, 버지니아주는 10명, 노스캐롤라이나주는 다섯 명, 사우스캐롤라이나주는 다섯 명, 그리고 조지아주는 세 명의 의원을 각각 선출할 수 있다.

4. 어떤 주에서든 그 주의 하원 의원에 결원이 생겼을 경우에는 그 주의 집행부가 그 결원을 채우기 위한 보궐선거의 명령을 내려야 한다.

5. 하원은 그 의장과 그 밖의 임원을 선임하며, 탄핵권을 독점적으

---

[2] 하원 의원 수 배정에 관한 부분은 수정 헌법 제14조(1868)에 의해 수정되었다. 그리고 소득세에 관한 부분은 수정 헌법 제16조(1912)에 의해 수정되었다.

로 가진다.

3절 (상원)

1. 합중국의 상원은 각 주에서 두 명씩 그 주의 주 의회에서 선출한[3] 6년 임기의 상원 의원으로 구성되며, 각 상원 의원은 한 표의 투표권을 가진다.

2. 상원 의원들이 최초의 선거 결과에 따라 회합한 때에는 즉시 가능한 한 동수의 세 부류로 나뉘어야 한다. 제1 부류의 의원은 2년의 만기로 제2 부류의 의원은 4년의 만기로 그리고 제3 부류의 의원은 6년의 만기로 그 의석을 비워야 한다. 이렇게 하여 상원 의원 총수의 3분의 1이 2년마다 개선될 수 있게 한다. 만일 어떤 주에서든 주 의회의 휴회 중에 사직 또는 그 밖의 원인으로 상원 의원의 결원이 생길 때에는, 그 주의 집행부는 주 의회가 다음 회기에 그 결원을 보충할 때까지 임시로 상원 의원을 임명할 수 있다.[4]

3. 연령이 30세에 미달하거나, 합중국 시민으로서의 기간이 9년이 되지 아니하거나, 또는 선거 당시에 선출되는 주의 주민이 아닌 자는 상원 의원이 될 수 없다.

4. 합중국의 부통령은 상원 의장이 된다. 다만 표결 시에 가부 동수일 경우를 제외하고는 투표권이 없다.

5. 상원은 의장 이외의 임원들을 선임하며, 부통령이 결원일 경우나 부통령이 대통령의 직무를 집행하는 때에는 임시의장을 선

---

3) 이 부분은, 인민에 의한 상원 의원 직접선거를 요구한 수정 헌법 제17조 (1913)에 의해 수정되었다.

4) 수정 헌법 제17조(1913)에 의해 수정되었다.

임한다.

6. 상원은 모든 탄핵을 심판하는 권한을 독점적으로 가진다. 이 목적을 위하여 상원이 개회될 때, 의원들은 선서 또는 확약을 하여야 한다. 합중국 대통령을 심판하는 경우에는 연방 대법원장을 의장으로 한다. 누구라도 출석 의원 3분의 2 이상의 찬성 없이는 유죄판결을 받지 아니한다.

7. 탄핵 사건에서의 판결은 면직 및 합중국의 명예직, 위임직 또는 유급 공직에 취임·재직하는 자격을 박탈하는 것 이상이 될 수 없다. 다만 이같이 유죄판결을 받은 자일지라도 법률에 따른 기소, 재판, 판결 및 처벌을 면할 수 없다.

4절 (연방의회의 조직)

1. 상원 의원과 하원 의원을 선거할 시기, 장소 및 방법은 각 주에서 그 주 의회가 정한다. 그러나 연방의회는 언제든지 법률에 의하여 그러한 규정을 제정 또는 개정할 수 있다. 다만 상원 의원의 선거 장소에 관하여는 예외로 한다.

2. 연방의회는 매년 적어도 1회 집회하여야 한다. 그 집회의 시기는 법률에 의하여 다른 날짜를 지정하지 아니하는 한 12월의 첫 번째 월요일로[5] 한다.

5절 (연방의회의 운영)

1. 각 원은 그 소속 의원의 선거, 당선 및 자격을 판정한다. 각 원은 소속 의원 과반수로 의사 정족수를 구성한다. 정족수에 미달하는 경우에는 연일 휴회할 수 있으며, 각 원에서 정하는 방법

[5] 수정 헌법 제20조(1933)에 의해 수정되었다.

과 벌칙에 따라 결석 의원의 출석을 강요할 수 있다.

2. 각 원은 의사 규칙을 정하며, 원내 질서를 문란케 한 의원을 징계하며, 의원 3분의 2 이상의 찬성을 얻어 의원을 제명할 수 있다.

3. 각 원은 의사록을 작성하며, 각 원에서 비밀을 요한다고 판단하는 부분을 제외하고는 수시로 공표하여야 한다. 각 원은 출석 의원 5분의 1 이상이 요구할 경우에는 어떠한 의제에 대해서든 소속 의원의 찬반 투표를 의사록에 기재하여야 한다.

4. 연방의회의 회기 중에는 어느 원이라도 다른 원의 동의 없이 3일 이상 휴회하거나, 회의장을 양원이 개회한 장소 이외의 장소로 옮길 수 없다.

6절 (연방 의원의 특권과 겸임의 금지)

1. 상원 의원과 하원 의원은 그 직무에 대하여 법률이 정하고 합중국 국고에서 지급되는 보수를 받는다. 양원의 의원은 반역죄, 중죄 및 치안 방해죄를 제외하고는 어떠한 경우에도 그 원의 회기 출석 중에 그리고 원에 오가는 도중에 체포되지 아니하는 특권이 있다. 양원의 의원은 원내에서 행한 발언이나 토론에 관하여 원외에서 문책받지 아니한다.

2. 상원 의원 또는 하원 의원은, 임기 중에 신설되거나 봉급이 인상된 어떠한 합중국의 공직에도 임기 중에 임명될 수 없다. 합중국의 어떠한 공직에 있는 자라도 재직 중에 양원 중 어느 원의 의원이 될 수 없다.

7절 (법률의 제정)

1. 세입 징수에 관한 모든 법률안은 먼저 하원에서 발의되어야 한다. 다만 상원은 이에 대해 다른 법률안과 마찬가지로 수정안을 발의하거나 수정을 가하여 동의할 수 있다.

2. 하원과 상원을 통과한 모든 법률안은 법률로 확정되기에 앞서 합중국 대통령에게 이송되어야 한다. 대통령이 이를 승인하는 경우에는 이에 서명하며, 승인하지 아니하는 경우에는 이의서를 첨부하여 이 법률안을 발의한 원으로 환부하여야 한다. 법률안을 환부받은 원은 이의의 대략을 의사록에 기록한 뒤 이 법률안을 재의하여야 한다. 재의한 결과, 그 원의 의원 3분의 2이상의 찬성으로 가결할 경우에는 법률안을 대통령의 이의서와 함께 다른 원으로 송부하여야 한다. 다른 원에서 이 법률안을 재의하여 의원의 3분의 2 이상의 찬성으로 가결할 경우에는 이 법률안은 법률로 확정된다. 이 모든 경우에 있어서 양원은 호명표결로 결정하며, 그 법률안에 대한 찬성자와 반대자의 성명을 각 원의 의사록에 기재하여야 한다. 만일 법률안이 대통령에게 이송된 뒤 10일 이내(일요일 제외)에 의회로 환부되지 아니할 때에는 그 법률안은 대통령이 이에 서명한 경우와 마찬가지로 법률로 확정된다. 다만 연방의회가 휴회하여 법률안을 환부할 수 없는 경우에는 법률로 확정되지 아니한다.

3. 상원과 하원의 의견 일치를 필요로 하는 모든 명령, 결의 또는 표결(휴회에 관한 결의는 제외)은 이를 대통령에게 이송하여야 하며, 대통령이 이를 승인하여야 효력이 발생한다. 대통령이 이를 승인하지 아니하는 경우에는 법률안에서와 동일한 규칙 및 제한에 따라서 상원과 하원에서 3분의 2 이상의 의원의 찬성으로 다시 가결하여야 한다.

8절 (연방의회에 부여된 권한)

연방의회는 다음의 권한을 가진다.

1. 합중국의 채무 지불 및 공동방위와 일반 복리를 위하여 조세, 관세, 수입세 및 소비세를 부과, 징수한다. 다만 관세, 수입세

및 소비세는 합중국 전역에서 균일해야 한다.

2. 합중국의 신용으로 금전을 차입한다.

3. 외국과의, 주 상호 간의 그리고 인디언 부족과의 통상을 규제한다.

4. 합중국 전역에 걸쳐 균일한 시민권 부여 규정 및 균일한 파산 법률을 제정한다.

5. 화폐를 주조하고, 그 화폐와 외국 화폐의 가치를 규정하며, 도량형의 기준을 정한다.

6. 합중국의 통화 및 유가증권의 위조에 관한 벌칙을 정한다.

7. 우편국과 우편 도로를 건설한다.

8. 저작자와 발명자에게 그들의 저술과 발명에 대한 독점적 권한을 일정 기간 보장해 줌으로써 과학과 유용한 기술의 발달을 촉진한다.

9. 연방 대법원 아래에 하급법원을 조직한다.

10. 공해상에서 발생한 해적 행위와 중죄 그리고 국제법에 위배되는 범죄를 규정하고 처벌한다.

11. 전쟁을 선포하고, 나포 인허장을 수여하고, 지상 및 해상에서의 포획에 관한 규칙을 정한다.

12. 육군을 모집하고 이를 유지한다. 다만 이 목적을 위한 세출의 승인은 2년을 초과하지 못한다.

13. 해군을 창설하고 이를 유지한다.

14. 육해군의 통수 및 규율에 관한 규칙을 정한다.

15. 연방의 법률을 집행하고, 반란을 진압하고, 침략을 격퇴하기 위하여 민병의 소집에 관한 규칙을 정한다.

16. 민병대의 조직, 무장 및 훈련에 관한 규칙과 민병 중에서 합중국의 군무에 복무하는 자들을 다스리는 규칙을 정한다. 다만 민병대 장교를 임명하고 연방의회가 정한 규율에 따라 민병대를 훈련시키는 권한은 각 주에 유보한다.

17. 특정 주가 양도하고, 연방의회가 이를 수령함으로써 합중국 정부 소재지로 되는 지역(10평방마일을 초과하지 못함)에 대해서는 어떠한 경우를 막론하고 독점적인 입법권을 행사하며, 요새·무기고·조병창·조선소 및 기타 필요한 건물을 세우기 위하여 주 의회의 승인을 얻어 구입한 모든 장소에 대해서도 이와 동일한 권한을 행사한다.

18. 위에 기술한 권한들과, 이 헌법이 합중국 정부 또는 그 부처나 그 부처의 공무원에게 부여한 모든 기타 권한을 행사하는 데 필요하고 적절한 모든 법률을 제정한다.

9절 (연방의회에 금지된 권한)

1. 연방의회는 기존의 주들 중에서 어느 주가 허용함이 적당하다고 인정하는 사람들의 이송 또는 수입을 1808년 이전에는 금지하지 못한다. 다만 그러한 수입에 대하여 1인당 10달러를 초과하지 아니하는 한도 내에서 조세나 관세를 부과할 수 있다.

2. 반란 또는 침략의 경우에 공공의 안전상 필요한 때를 제외하고는, 인신 보호 영장에 관한 기본권을 정지할 수 없다.

3. 사권 박탈법 또는 소급 처벌법을 통과시키지 못한다.

4. 앞서 규정한 인구조사 또는 산정에 비례하지 아니하는 한, 인두세나 그 밖의 직접세를 부과하지 못한다.[6]

5. 주州에서 수출하는 물품에 대해 조세 또는 관세를 부과하지 못한다.

6. 통상이나 세입에 관한 어떠한 규정도 어느 주의 항구에 대해 다른 주의 항구보다 특혜적인 대우를 제공할 수 없다. 또한 어느

---

6) 수정 조항 제16조(1913)에 의해 수정되었다.

주로 향하거나 또는 어느 주에서 출항한 선박을 다른 주에 강제로 입항, 출항하게 하거나 관세를 지불하게 할 수 없다.

7. 국고금은 법률에 따른 세출 승인에 의해서만 지출할 수 있다. 또한 모든 공금의 수납 및 지출에 관한 정기적인 명세와 회계를 수시로 공표하여야 한다.

8. 합중국은 어떠한 귀족의 칭호도 수여하지 아니한다. 합중국에서 유급직 또는 위임에 의한 관직에 있는 자는 누구라도 연방의회의 승인 없이는 어떠한 국왕, 군주 또는 외국으로부터도 종류 여하를 막론하고 선물, 보수, 관직 또는 칭호를 받을 수 없다.

10절 (주에 금지된 권한)

1. 어떠한 주라도 조약, 동맹 또는 연합을 체결하거나, 나포 인허장을 수여하거나, 화폐를 주조하거나, 신용증권을 발행하거나, 금화 및 은화 이외의 것으로서 채무 지불의 법정 수단으로 삼거나, 사권 박탈법, 소급 처벌법 또는 계약상 의무를 침해하는 법률 등을 제정하거나 또는 귀족의 칭호를 수여할 수 없다.

2. 어떠한 주도 연방의회의 동의 없이 수입품 또는 수출품에 대하여, 그 주의 검사법을 집행하기 위한 것을 제외하고는, 어떠한 수입세 또는 관세도 부과하지 못한다. 주가 수입품 또는 수출품에 부과하는 모든 관세나 수입세의 순수입은 합중국 국고의 용도에 귀속되어야 한다. 또한 그러한 법은 모두 연방의회의 수정 및 통제를 받아야 한다.

3. 어떠한 주도 연방의회의 동의 없이 선박에 톤세를 부과할 수 없고, 평화 시에 군대나 군함을 보유할 수 없으며, 다른 주나 외국과 협정이나 조약을 체결할 수 없고, 실제로 침공당하거나 지체할 수 없을 만큼 급박한 위험에 처하지 아니하고는 교전할 수 없다.

제2조 (집행부)

1절 (대통령 선거, 권한대행)

1. 집행권은 아메리카합중국의 대통령에게 속한다. 대통령의 임기는 4년으로 하며, 동일한 임기의 부통령과 함께 다음과 같은 방법에 의하여 선출된다.

2. 각 주는 그 주 의회가 정하는 바에 따라, 그 주가 연방의회에 보낼 수 있는 상원 의원과 하원 의원의 총수와 동수의 선거인을 임명한다. 다만 상원 의원이나 하원 의원 또는 합중국에서 위임에 의한 관직이나 유급 관직에 있는 자는 선거인으로 임명될 수 없다.

3. 선거인은 각기 자기 주에서 회합하여 비밀투표에 의하여 2인을 선거하는데, 그중 적어도 1인은 선거인과 동일한 주의 주민이 아니어야 한다. 선거인은 모든 득표자들의 명부와 각 득표자의 득표수를 기재한 표를 작성하여 서명하고 증명한 다음 봉인하여 상원 의장 앞으로 합중국 정부의 소재지로 송부한다. 상원 의장은 상원 의원 및 하원 의원이 참석한 가운데 모든 증명서를 개봉한 뒤 득표수를 계산한다. 최고 득표자의 득표수가 임명된 선거인의 총수의 과반수가 되었을 때에는 그가 대통령으로 당선된다. 과반수 득표자가 2인 이상이 되고, 그 득표수가 동수일 경우에는 하원이 즉시 비밀투표로 그중 1인을 대통령으로 선출하여야 한다. 과반수 득표자가 없을 경우에는 하원이 동일한 방법으로 최다수 득표자 다섯 명 중에서 대통령을 선출한다. 다만 이러한 방법에 의하여 대통령을 선출할 때에는 주 단위로 투표하고 각 주의 대표는 한 표의 투표권을 가지며, 그 선거에 필요한 정족수는 전체 주의 3분의 2의 주로부터 한 명 또는 그 이상의 의원 출석으로 성립되며, 전체 주의 과반수의 찬성을 얻

어야 선출될 수 있다. 어떤 경우에 있어서나 대통령을 선출하고 난 뒤에 최다수의 득표를 한 자를 부통령으로 한다. 다만 동수의 득표자가 2인 이상 있을 때에는 상원이 비밀투표로 그중에서 부통령을 선출한다.[7]

4. 연방의회는 선거인들을 선출하는 일자와 이들이 투표하는 일자를 결정할 수 있으며, 이 투표일은 합중국 전역에 걸쳐 동일한 날이어야 한다.

5. 출생에 의한 합중국 시민이 아닌 자 또는 이 헌법의 채택 시에 합중국 시민이 아닌 자는 대통령직에 선임될 자격이 없다. 연령이 35세에 미달한 자 또는 14년간 합중국 내에 거주하지 아니한 자도 대통령직에 선임될 자격이 없다.

6. 대통령이 면직되거나 사망하거나 사직하거나 또는 그 권한 및 직무를 수행할 능력을 상실할 경우에 대통령직은 부통령에게 귀속된다. 연방의회는 법률로써, 대통령과 부통령이 면직, 사망, 사직 또는 직무 수행 불능이 된 경우에 어느 공무원이 대통령으로서 직무를 대행할 것인지를 정할 수 있다. 이 공무원은 대통령의 직무 수행 불능이 제거되거나 대통령이 새로 선출될 때까지 대통령의 직무를 대행한다.[8]

7. 대통령은 그 직무 수행에 대한 대가로 정기로 보수를 받으며, 그 보수는 임기 중에 증액 또는 감액되지 아니한다. 대통령은 그 임기 중에 합중국 또는 합중국의 어느 주로부터 그 밖의 어떠한 보수도 받지 못한다.

8. 대통령은 그 직무 수행을 시작하기에 앞서 다음과 같은 선서 또

---

7) 수정 헌법 제12조(1804)에 의해 수정되었다.
8) 수정 헌법 제25조(1967)에 의해 수정되었다.

는 확약을 하여야 한다. "나는 합중국 대통령의 직무를 성실히 수행하며 최선을 다하여 합중국 헌법을 보전하고 보호하고 수호할 것을 엄숙히 선서(또는 확약)한다."

2절 (대통령의 권한)

1. 대통령은 합중국 육해군의 총사령관이 되며, 또한 각 주의 민병이 합중국의 현역에 소집될 경우 그 민병대의 총사령관이 된다. 대통령은 집행부 각 부의 장관에게 소관 직무 사항에 관하여 문서에 의한 견해를 요구할 수 있다. 대통령은 합중국에 대한 범죄에 관하여, 탄핵의 경우를 제외하고, 형의 집행유예 및 사면을 명할 수 있는 권한을 가진다.

2. 대통령은 상원의 조언과 동의를 얻어 조약을 체결할 권한을 가진다. 다만 그 조언과 동의는 상원의 출석 의원 3분의 2 이상의 찬성을 얻어야 한다. 대통령은 대사, 그 밖의 외교사절 및 영사, 연방 대법원 판사, 그리고 그 임명에 관하여 이 헌법에 달리 규정이 없고 법률로써 정할 그 밖의 모든 합중국 관리를 지명하여 상원의 조언과 동의를 얻어 임명한다. 다만 연방의회는 적당하다고 인정되는 하급관리 임명권을 법률에 의하여 대통령에게, 법원에, 또는 각 부 장관에게 부여할 수 있다.

3. 대통령은 상원의 휴회 중에 생기는 모든 결원을 위임장을 수여함으로써 충원할 권한을 가진다. 다만 그 위임장은 다음 회기가 종료될 때 효력을 상실한다.

3절 (보고 및 의회의 소집)

대통령은 연방의 상황에 관하여 수시로 연방의회에 보고하고, 필요하고 적절하다고 자신이 판단하는 조치의 심의를 연방의회에 권고하여야 한다. 긴급 시에 대통령은 상·하 양원 또는 그중 한 원을 소집할 수 있으며, 또한 휴회의 시기에 관하여 양원 간에 의견이 일치되지 아니하는 때에는 적당하다고 인정하는 때까지 양원의 휴회를 명할 수 있다. 대통령은 대사와 그 밖의 외교사절을 접수하며, 법률이 충실하게 집행되도록 유의하며, 합중국의 모든 관리들에게 직무를 위임한다.

4절 (탄핵)

합중국의 대통령, 부통령 그리고 모든 문관은 반역죄, 수뢰죄 또는 그 밖의 중대 범죄와 비행 등으로 탄핵을 받거나 유죄판결을 받는 경우 그 직에서 면직된다.

제3조 (사법부)

1절 (법원)

합중국의 사법권은 하나의 연방 대법원에, 그리고 연방의회가 수시로 제정·설치하는 하급법원들에 속한다. 연방 대법원 및 하급법원의 판사는 적법행위를 하는 한 그 직을 보유하며, 그 직무에 대하여 정기적으로 보수를 받으며, 그 보수는 재임 중에 감액되지 아니한다.

2절 (재판의 관할)

1. 사법권은 이 헌법과 합중국 법률에 따라 발생할, 그리고 합중국의 권한에 의하여 체결되었거나 체결될 조약에 따라 발생할 모든 보통법 및 형평법상의 소송사건, 대사와 그 밖의 외교사절 및 영사에 관한 모든 소송사건, 해사법 및 해상 관할에 관한 모든 소송사건, 합중국이 한편의 당사자가 되는 분쟁, 두 개 주

또는 그 이상의 주 사이에 발생하는 분쟁, 한 주와 다른 주의 시민 사이의 분쟁, 각기 다른 주의 시민들 사이의 분쟁, 각기 다른 주로부터 불하받은 토지의 권리에 관하여 같은 주의 시민 사이에 발생하는 분쟁, 그리고 어떤 주나 또는 그 주의 시민과 외국, 외국 시민, 또는 외국 신민 사이에 발생하는 분쟁[9]에 미친다.

2. 대사와 그 밖의 외교사절 및 영사에 관계되는 소송사건과 주가 당사자인 소송사건은 연방 대법원이 1심의 재판 관할권을 가진다. 위[2절 1항]에 언급된 그 밖의 모든 소송사건에서 연방 대법원은 법률문제와 사실문제 모두에 관하여 상소심의 재판 관할권을 가진다. 다만 이 경우 연방의회가 정하는 예외는 제외되며, 또한 연방의회가 정하는 규정에 따라야 한다.

3. 탄핵 사건을 제외한 모든 범죄의 재판은 배심제로 한다. 그 재판은 그 범죄가 행하여진 주에서 하여야 한다. 다만 그 범죄자가 어느 주에도 속하지 아니할 경우에는 연방의회가 법률로써 정하는 장소에서 재판한다.

3절 (반역죄)

1. 합중국에 대한 반역죄는 합중국에 대하여 전쟁을 일으키거나, 또는 적에게 가담하여 원조 및 편의를 제공할 경우에만 성립한다. 누구라도 명백한 위의 행동에 대하여 증인 두 명의 증언이 있거나 또는 공개 법정에서 자백하는 경우 이외에는 반역죄의 유죄 선고를 받지 아니한다.

2. 연방의회는 반역죄의 형벌을 선고하는 권한을 가진다. 다만 반

---

9) 수정 헌법 제11조(1795)에 의해 수정되었다.

역죄로 인한 사권 박탈 선고는 그 선고를 받은 자의 생존 기간을 제외하고 혈통 오손이나 재산 몰수를 초래하지 아니한다.

제4조 (주 상호 간의 관계)

1절 (신뢰)

각 주는 다른 주의 법령, 기록 및 사법절차에 대하여 완전히 신뢰하고 인정해야 한다. 연방의회는 이러한 법령, 기록 및 사법절차를 증명하는 방법과 그것들의 효력을 일반 법률로써 규정할 수 있다.

2절 (기본권과 면책)

1. 각 주의 시민은 다른 어느 주에서도 그 주의 시민이 향유하는 모든 기본권 및 면책권을 가진다.

2. 어느 주에서 반역죄, 중죄 또는 그 밖의 범죄로 인하여 고발된 자가 재판을 피해 도주하여 다른 주에서 발견된 경우, 범인이 도피해 나온 주의 집행 당국의 요구에 의하여 그 범인은 그 범죄에 대한 재판 관할권이 있는 주로 인도되어야 한다.

3. 어느 주에서 그 주의 법률에 의하여 사역 또는 노역을 당하도록 되어 있는 자[10]가 다른 주로 도피한 경우, 다른 주의 어떠한 법률 또는 규정에 의해서도 그 사역 또는 노역의 의무는 해제되지 아니하며, 그는 그 사역 또는 노역을 요구할 권리를 가진 당사자의 청구에 따라 인도되어야 한다.[11]

10) 흑인 노예를 말한다.
11) 수정 헌법 제11조(1795)에 의해 개정되었다.

3절 (연방과 주 간의 관계)

1. 연방의회는 새로운 주를 연방에 가입시킬 수 있다. 다만 어떠한 주의 관할구역에서도 새로운 주를 형성하거나 설치할 수 없다. 또 관련된 각 주의 주 의회와 연방의회의 동의 없이 두 개 또는 그 이상의 주나 주의 일부를 합병하여 새로운 주를 형성할 수 없다.
2. 연방의회는 합중국에 속하는 영토나 그 밖의 재산을 처분하는 권한 및 이에 관한 모든 필요한 규칙 및 규정을 제정하는 권한을 가진다. 다만 이 헌법의 어떠한 조항도 합중국 또는 어느 주의 권리를 훼손하는 것으로 해석되어서는 안 된다.

4절 (연방의 보호)

합중국은 이 연방 내의 모든 주에 공화정체를 보장하며, 각 주를 침략으로부터 보호하며, 각 주의 주 의회 또는 집행부(주 의회를 소집할 수 없을 때)의 요구가 있을 때에는 주 내의 폭동으로부터 각 주를 보호한다.

제5조 (헌법 수정 절차)

연방의회는 양원 의원의 3분의 2가 이 헌법에 대한 수정의 필요성을 인정할 때에는 헌법 수정안을 발의하여야 한다. 또는 각 주들의 3분의 2 이상의 주 의회가 요청할 때에는 수정안 발의를 위한 헌법 회의를 소집해야 한다. 어느 경우에 있어서나 수정안은, 연방의회가 제의한 비준의 두 방법 중의 어느 하나에 따라, 각 주들의 4분의 3의 주 의회에 의하여 비준되거나, 또는 각 주들의 4분의 3

의 주 헌법 회의에 의하여 비준되는 때에는, 모든 점에서 이 헌법의 일부로서 효력을 발생한다. 다만 1808년 이전에 이루어지는 수정은 어떠한 방법으로도 제1조 9절 1항 및 4항에 변경을 가져올 수 없다. 어느 주도 그 주의 동의 없이는 상원에서의 동등한 투표권을 박탈당하지 아니한다.

제6조 (헌법의 법적 지위)

1. 이 헌법이 채택되기 전에 계약된 모든 채무와 체결된 모든 계약은 이 헌법하에서도 연합 헌장하에서와 마찬가지로 합중국에 대하여 효력을 가진다.
2. 이 헌법, 이 헌법에 의거하여 제정된 합중국의 법률, 그리고 합중국의 권한에 의하여 체결되었거나 체결될 모든 조약은 이 나라의 최고법이다. 어떤 주의 헌법이나 법률 중에 이에 배치되는 규정이 있을지라도, 모든 주의 법관은 이 최고법에 따라야 한다.
3. 앞서 언급한 상원 의원 및 하원 의원, 각 주 의회의 의원, 합중국 및 각 주의 모든 집행관 및 사법관은 선서 또는 확약에 의하여 이 헌법을 지지할 의무가 있다. 다만 종교상의 자격은 합중국의 어떠한 관직 또는 위임에 의한 공직에서도 그 자격 요건으로서 요구되지 아니한다.

제7조 (헌법 비준)

이 헌법이 이를 비준하는 각 주 간에 확정되는 데는 아홉 개 주의 주 비준 회의의 비준으로 충분하다.

서기 1787년, 아메리카합중국 독립 12년 9월 17일 제헌회의에 참석한 각 주의 만장일치의 동의로써 이 헌법을 제정한다. 이를 증명하기 위하여 우리는 여기에 서명한다.

의장 겸 버지니아주 대표 : 조지 워싱턴
뉴햄프셔주 : 존 랭턴, 니컬러스 길먼
매사추세츠주 : 너새니얼 고램, 루퍼스 킹
코네티컷주 : 윌리엄 새뮤얼 존슨, 로저 셔먼
뉴욕주 : 알렉산더 해밀턴
뉴저지주 : 윌리엄 리빙스턴, 데이비드 브리얼리, 윌리엄 패터슨, 조너선 데이턴
펜실베이니아주 : 벤저민 프랭클린, 토머스 미플린, 로버트 모리스, 조지 클라이머, 토머스 피츠시몬스, 재러드 잉거솔, 제임스 윌슨, 구버너 모리스
델라웨어주 : 조지 리드, 거닝 베드퍼드 주니어, 존 디킨슨, 리처드 바세트, 제이컵 브룸
메릴랜드주 : 제임스 맥헨리, 대니얼 세인트 토머스 제니퍼, 대니얼 캐럴
버지니아주 : 존 블레어, 제임스 매디슨 주니어
노스캐롤라이나주 : 윌리엄 블런트, 리처드 돕스 스페이트, 휴 윌리엄슨
사우스캐롤라이나주 : 존 러틀리지, 찰스 코츠워스 핑크니, 찰스 핑크니, 피어스 버틀러
조지아주 : 윌리엄 퓨, 에이브러햄 볼드윈
인증 서기 : 윌리엄 잭슨

아메리카합중국헌법 수정 조항

수정 제1조[1] (종교, 언론, 출판, 집회의 자유 및 청원의 권리)

연방의회는 국교를 정하거나 또는 자유로운 신앙 행위를 금지하는 법률을 제정할 수 없다. 또한 언론, 출판의 자유나 인민이 평화로이 집회할 권리 및 고충의 구제를 위하여 정부에 청원할 수 있는 권리를 제한하는 법률을 제정할 수 없다.

수정 제2조 (무기 소지의 권리)

규율 있는 민병은 자유로운 주의 안보에 필요하기에, 무기를 소장하고 휴대하는 인민의 권리는 침해당하지 아니한다.

수정 제3조 (군인의 숙영)

평화 시에 군인은 어떠한 주택에도 그 소유자의 승낙을 받지 아니

---

[1] 수정 헌법의 첫 10개 조항은 권리장전이라고 알려져 있다(이 수정 조항들은 연방의회의 첫 회기 중인 1789년 9월 25일 발의되어 각 주에 보내졌고, 1791년 12월 15일 비준이 완료되었다).

하고는 숙영할 수 없다. 전시에 있어서도 법률이 정하는 방법에 의하지 아니하고는 숙영할 수 없다.

수정 제4조 (수색 및 체포 영장)

부당한 수색과 압수로부터 신체, 가택, 서류 및 동산의 안전을 보장받는 인민의 권리가 침해되어서는 안 된다. 영장은 상당한 이유에 근거하고, 선서 또는 확약에 의하여 확인되고, 특히 수색할 장소, 체포될 사람 또는 압수될 물품을 기재하지 아니하고는 발급되지 아니한다.

수정 제5조 (형사사건에서의 권리)

누구든지 대배심에 의한 고발 또는 기소에 의하지 않고는 사형에 해당하는 죄 또는 중죄로서 심리받기 위하여 구금되지 아니한다. 다만 육군이나 해군에서 발생한 사건, 또는 전시나 사변 시에 복무 중에 있는 민병대에서 발생한 사건에 관해서는 예외로 한다. 누구라도 동일 범행으로 생명이나 신체상으로 재차 유죄를 선고받지 아니하며, 어떠한 형사사건에 있어서도 자기에게 불리한 증언을 강요당하지 아니하며, 누구라도 적법절차에 의하지 아니하고는 생명, 자유 또는 재산을 박탈당하지 아니한다. 또 정당한 보상 없이 사유재산을 공적 용도로 수용당하지 아니한다.

수정 제6조 (공정한 재판을 받을 권리)

모든 형사소추에서 피고인은 범죄가 행해진 주 및 법률이 미리 정하는 지역의 공정한 배심에 의해 신속하고 공개적인 재판을 받을 권리, 기소의 성격과 이유에 관하여 통고받을 권리, 자기에게 불리한 증인과 대질심문을 받을 권리, 자기에게 유리한 증인을 얻기 위하여 강제적 수속을 취할 권리, 자신의 변호를 위하여 변호인의 도움을 받을 권리를 가진다.

수정 제7조 (민사사건에서의 권리)

보통법상의 소송에서 쟁송의 액수가 20달러를 초과하는 경우에는 배심에 의하여 심리를 받을 권리가 보장된다. 배심에 의해 심리된 사실은, 보통법의 규정에 따른 것 이외에는 합중국의 어느 법원에서도 재심받지 아니한다.

수정 제8조 (보석금, 벌금 및 형벌)

과다한 보석금을 요구하거나, 과다한 벌금을 부과하거나, 잔혹하고 비정상적인 형벌을 가하지 못한다.

수정 제9조 (인민이 보유하는 권리)

이 헌법에 특정 권리들을 열거한 사실이 인민이 보유하는 그 밖의 여러 권리들을 부인하거나 경시하는 것으로 해석되어서는 아니 된다.

수정 제10조 (주와 인민이 보유하는 권한)

이 헌법에 의하여 합중국에 위임되지 아니하였거나 각 주에 금지되지 아니한 권한은 각 주나 인민이 보유한다.

수정 제11조 (주를 상대로 하는 소송)[2]

합중국의 사법권은, 합중국의 한 주에 대하여 다른 주의 시민 또는 외국의 시민이나 신민에 의하여 개시되었거나 제기된 보통법 또는 형평법상의 소송에까지 미치는 것으로 해석되지 아니한다.

수정 제12조 (대통령 및 부통령의 선출)[3]

선거인은 각기 자신의 주에서 회합하여, 비밀투표에 의하여 대통령과 부통령을 선거한다. 양인 중 적어도 1인은 선거인과 동일한 주의 주민이 아니어야 한다. 선거인은 투표용지에 대통령으로 투표되는 사람의 이름을 지정하고, 별개의 투표용지에 부통령으로 투표되

2) 이 수정 조항은 1794년 3월 4일 발의되어 1795년 2월 7일에 비준되었다.
3) 이 수정 조항은 1803년 12월 9일 발의되어 1804년 7월 27일에 비준되었다.

는 사람의 이름을 지정하여야 한다. 선거인은 대통령으로 투표된 모든 사람의 명부와 부통령으로 투표된 모든 사람의 명부 그리고 각각의 득표수를 기재한 표를 별개로 작성하여 선거인이 이에 서명하고 증명한 다음 봉인하여 상원 의장 앞으로 합중국 정부 소재지로 송부한다. 상원 의장은 상원 의원 및 하원 의원 참석하에 모든 증명서를 개봉하고 계표한다. 대통령으로서 가장 많은 득표를 한 자를 대통령으로 한다. 다만 득표수가 선임된 선거인의 총수의 과반수가 되어야 한다. 이와 같은 과반수 득표자가 없을 경우 하원은 즉시 대통령으로 투표된 사람의 명부 중 3인을 초과하지 아니하는 최다수 득표자들 중에서 비밀투표로 대통령을 선출하여야 한다. 다만 이러한 방법으로 대통령을 선거할 때에는 선거를 주 단위로 하고, 각 주의 대표는 한 표의 투표권을 가지며, 그 선거에 필요한 정족수는 전체 주의 3분의 2의 주로부터 한 명 또는 그 이상의 의원의 출석으로 성립되며, 전체 주의 과반수의 찬성을 얻어야 선출될 수 있다. 대통령 선출권이 하원에 귀속된 경우에 하원이 다음 3월 4일까지 대통령을 선출하지 않을 때에는 대통령의 사망 또는 그 밖의 헌법상의 직무 수행 불능의 경우와 같이 부통령이 대통령의 직무를 행한다.[4] 부통령으로서의 최고 득표자를 부통령으로 한다. 다만 그 득표수는 선임된 선거인의 총수의 과반수가 되어야 한다. 과반수 득표자가 없을 경우에는 상원이 득표자 명부 중 최다수 득표자 2인 중에서 부통령을 선출한다. 이 목적을 위한 정족수는 상원 의원 총수의 3분의 2로 성립되며, 그 선출에는 의원 총수의 과반수가 필요하다. 다만 헌법상 대통령의 직에 취임할 자격이 없는 사람은 합중국 부통령의 직에 취임할 자격도 없다.

4) 수정 조항 20조(1933)에 의해 개정되었다.

수정 제13조 (노예제도 폐지)⁵⁾

1절.

노예제도 또는 강제 노역 제도는 당사자가 정당하게 유죄판결을 받은 범죄에 대한 처벌이 아니면 합중국 또는 그 관할에 속하는 어떤 장소에서도 인정되지 않는다.

2절

연방의회는 적절한 입법에 의하여 이 조의 규정을 시행할 권한을 가진다.

수정 제14조 (공민권)⁶⁾

1절

합중국에서 출생하거나 시민권을 부여받고 합중국의 관할권에 속하는 모든 사람은 합중국 및 그가 거주하는 주의 시민이다. 어떠한 주도 합중국 시민의 기본권과 면책권을 박탈하는 법률을 제정하거나 시행할 수 없다. 어떠한 주도 적법절차에 의하지 아니하고는 어떠한 사람으로부터도 생명, 자유 또는 재산을 박탈할 수 없으며, 그 관할권 내에 있는 어떠한 사람에 대해서도 법률에 의한 평등한 보호를 거부해서는 아니 된다.

---

5) 이 수정 조항은 1865년 1월 31일 발의되어 1865년 12월 6일 비준되었다.
6) 이 수정 조항은 1866년 6월 13일 발의되어 1868년 7월 9일 비준되었다.

2절

하원 의원은 각 주의 인구수에 비례하여 각 주에 할당한다. 각 주의 인구수는 과세 대상이 아닌 인디언을 제외한 각 주의 총 인구수이다. 다만 합중국 대통령 및 부통령의 선거인, 연방의회의 하원 의원, 각 주의 집행관 및 사법관 또는 각 주의 주 의회 의원 등을 선출하는 어떠한 선거에서, 반란이나 그 밖의 범죄에 가담한 경우를 제외하고, 21세에 달한 합중국 시민인 당해 주의 남성 주민 중의 어느 누구에게 투표권이 거부되거나 또는 어떠한 방법으로든 제한되어 있을 때에는, 그러한 남성 주민의 수가 그 주의 21세에 달한 남성 주민의 총수에 대하여 가지는 비율만큼 그 주의 하원 의원 할당 수의 기준도 감소된다.

3절

과거에 연방의회 의원, 합중국 관리, 주 의회 의원 또는 주의 집행관이나 사법관으로서 합중국 헌법을 지지할 것을 선서하고, 후에 이에 대한 폭동이나 반란에 가담하거나 또는 그 적에게 원조를 제공한 자는 누구라도 연방의회의 상원 의원이나 하원 의원, 대통령 및 부통령의 선거인, 합중국이나 각 주에서 문무의 관직에 취임할 수 없다. 다만 연방의회는 각 원의 3분의 2의 찬성투표로써 그 실격을 해제할 수 있다.

4절

폭동이나 반란을 진압하는 데 기여한 바에 대해 은급 및 하사금을 지불하기 위하여 발생한 부채를 포함하여, 법률로써 인정된 합중국 공채의 법적 효력은 문제시되지 않는다. 그러나 합중국에 대한 폭동이나 반란을 지원하느라 발생한 부채나 채무에 대해서는 합중국이나 그 어떤 주도 이를 부담하거나 지불하지 아니한다. 또한 노예의 상실이나 해방의 대가에 대한 청구에 대해서는 합중국이나 그 어떤 주도 이를 부담하거나 지불하지 아니한다. 모든 그러한 부채, 채무 및 청구는 위법이고 무효이다.

5절

연방의회는 적절한 입법에 의하여 이 조의 규정을 시행할 권한을 가진다.

수정 제15조 (투표권의 보장)[7]

1절

합중국 시민의 투표권은 인종, 피부색 또는 과거의 예속 상태로 인해 합중국이나 주에 의하여 거부되거나 제한되지 아니한다.

2절

연방의회는 적절한 입법에 의하여 이 조의 규정을 시행할 권한을 가진다.

7) 이 수정 조항은 1869년 2월 26일 발의되어 1870년 2월 3일 비준되었다.

수정 제16조 (소득세)[8]

연방의회는, 소득원의 종류를 불문하고, 각 주들 간에 할당하지 아니하고, 국세 조사나 인구수에 관계없이, 소득에 대한 세금을 부과, 징수할 권한을 가진다.

수정 제17조 (연방의회 상원 의원 직접선거)[9]

1. 합중국의 상원은 각 주 두 명씩의 상원 의원으로 구성된다. 상원 의원은 그 주의 주민에 의하여 선출되고 6년의 임기를 가진다. 각 상원 의원은 한 표의 투표권을 가진다. 각 주의 선거인은, 주 의회에서 가장 많은 의원 수를 가진 원의 선거인에게 요구되는 자격을 가져야 한다.
2. 상원에서 어느 주의 의원에 결원이 생긴 때에는 그 주의 집행부는 결원을 보충하기 위하여 선거 명령을 발하여야 한다. 다만 주민이 주 의회가 정하는 바에 따라 결원을 보충할 때까지, 주 의회는 그 주의 집행부에 임시로 상원 의원을 임명하는 권한을 부여할 수 있다.
3. 이 수정 조항은, 이 조항이 헌법의 일부로서 효력을 발생하기 이전에 선출된 상원 의원의 선거 또는 임기에 영향을 주는 것으로 해석되지 아니한다.

---

8) 이 수정 조항은 1909년 7월 12일 발의되어 1913년 2월 3일 비준되었다.
9) 이 수정 조항은 1912년 5월 13일 발의되어 1913년 4월 8일 비준되었다.

수정 제18조 (양조의 금지)[10]

1절

이 조의 비준으로부터 1년을 경과한 뒤에는, 합중국과 그 관할에 속하는 모든 영토 내에서 음용할 목적으로 주류를 양조, 판매 또는 운송하거나 합중국에서 이를 수입 또는 수출하는 것을 금지한다.

2절

연방의회와 각 주는 적절한 입법에 의하여 이 조를 시행할 동등한 권한을 가진다.

3절

이 조는, 연방의회가 이를 각 주에 회부한 날로부터 7년 이내에 각 주 의회가 헌법에 규정된 바에 따라 헌법 수정 조항으로 비준하지 아니하면 그 효력이 발생하지 아니한다.

수정 제19조 (여성의 선거권)[11]

1. 합중국 시민의 투표권은 성별을 이유로 합중국이나 주에 의하여 거부 또는 제한되지 아니한다.
2. 연방의회는 적절한 입법에 의하여 이 조를 시행할 권한을 가진다.

---

10) 이 수정 조항은 1917년 12월 18일 발의되어 1919년 1월 26일 비준되었다. 이후 수정 조항 21조에 의해 폐기되었다.
11) 이 수정 조항은 1919년 6월 4일 발의되어 1920년 8월 18일 비준되었다.

수정 제20조 (대통령과 연방의회 의원의 임기)[12]

1절

대통령과 부통령의 임기는, 이 조가 비준되지 아니하였더라면 임기가 만료되었을 해의 1월 20일 정오에 끝난다. 그리고 상원 의원과 하원 의원의 임기는, 이 조가 비준되지 아니하였더라면 임기가 만료되었을 해의 1월 3일 정오에 끝난다. 그 후임자들의 임기는 그때부터 시작된다.

2절

연방의회는 매년 적어도 1회 집회한다. 그 집회는 의회가 법률로 다른 날을 정하지 아니하는 한 1월 3일 정오부터 시작된다.

3절

대통령의 임기 개시일로 정해진 시일에 대통령 당선자가 사망하였으면 부통령 당선자가 대통령이 된다. 대통령의 임기의 개시일로 정해진 시일까지 대통령이 선출되지 아니하였거나, 대통령 당선자가 자격을 구비하지 못하였을 때에는 부통령 당선자가 대통령이 그 자격을 구비할 때까지 대통령의 직무를 대행한다. 연방의회는 대통령 당선자와 부통령 당선자가 다 자격을 구비하지 못하는 경우에 대비하여 대통령의 직무를 대행할 자 또는 그 대행자의 선정 방법을 정하여 법률로써 규정하여야 한다. 이러한 경우에 선임된 자는 대통령 또는 부통령이 자격을 구비할 때까지 그 직무를 대행한다.

---

12) 이 수정 조항은 1932년 3월 2일 발의되어 1933년 1월 23일 비준되었다.

4절

연방의회는, 하원이 대통령의 선출권을 갖게 되었을 때에 대통령으로 선출할 인사 중 사망자가 생긴 경우와 상원이 부통령의 선출권을 갖게 되었을 때에 부통령으로 선출할 인사 중 사망자가 생긴 경우에 대비하여 법률로써 규정할 수 있다.

5절

1절 및 2절은 이 조의 비준 이후 최초의 10월 15일부터 효력을 발생한다.

6절

이 조는, 회부된 날로부터 7년 이내에 각 주들의 4분의 3의 주 의회에 의하여 헌법 수정 조항으로 비준되지 아니하면 효력을 발생하지 아니한다.

수정 제21조 (금주 조항의 폐기)[13]

1절

합중국 수정 헌법 제18조를 폐기한다.

2절

합중국의 주, 영토 또는 속령의 법률을 위반하여 이들 지역 내에

---

13) 이 수정 조항은 1933년 2월 20일 발의되어 1933년 12월 5일 비준되었다.

서 주류를 운송 또는 사용할 목적으로 수송 또는 수입하는 것을 금지한다.

3절

이 조는 연방의회가 이것을 각 주에 회부한 날부터 7년 이내에 헌법 규정에 따라서 각 주의 헌법 회의에 의하여 헌법 수정 조항으로서 비준되지 아니하면 효력을 발생하지 아니한다.

수정 제22조 (대통령 임기 제한)[14]

1절

누구라도 2회를 초과하여 대통령직에 선출될 수 없으며, 타인이 대통령으로 당선된 임기 중 2년 이상 대통령직에 있었거나 대통령 직무를 대행한 자는 1회를 초과하여 대통령직에 당선될 수 없다. 다만 이 조는 연방의회가 이를 발의하였을 때에 대통령직에 있는 자에게는 적용되지 아니하며, 또 이 조가 효력을 발생하게 될 때에 대통령직에 있거나 대통령 직무를 대행하고 있는 자가 잔여 임기 중 대통령직에 있거나 대통령 직무를 대행하는 것을 방해하지 아니한다.

2절

이 조는 연방의회가 각 주에 회부한 날로부터 7년 이내에 각 주들의 4분의 3의 주 의회에 의하여 헌법 수정 조항으로서 비준되지

---

14) 이 수정 조항은 1947년 3월 24일 발의되어 1951년 2월 27일 비준되었다.

아니하면 효력을 발생하지 아니한다.

수정 제23조 (컬럼비아특별행정구에서의 선거권)[15]

1절

1. 합중국 정부 소재지를 구성하고 있는 지구는 연방의회가 다음과 같이 정한 방식에 따라 대통령 및 부통령의 선거인을 임명한다.
2. 그 선거인의 수는, 이 지구가 하나의 주라면 배당받을 수 있는 연방의회의 상원 및 하원 의원 수와 동일한 수이다. 그러나 어떠한 경우에도 최소의 인구를 가진 주보다 더 많을 수 없다. 그들은 각 주가 임명한 선거인들에 첨가된다. 그러나 그들도 대통령 및 부통령의 선거를 위하여 주가 선정한 선거인으로 간주된다. 그들은 이 지구에서 회합하여 헌법 수정 조항 제12조가 규정하고 있는 바와 같은 직무를 수행한다.

2절

합중국 의회는 적절한 입법에 의하여 이 조를 시행할 권한을 가진다.

15) 이 수정 조항은 1960년 6월 16일 발의되어 1961년 3월 29일 비준되었다.

수정 제24조 (선거권)[16]

1절

대통령 또는 부통령, 대통령 또는 부통령 선거인들 또는 연방 상원 의원이나 하원 의원 등을 선출하기 위한 예비 선거 또는 그 밖의 선거에서 합중국 시민의 선거권은 인두세나 기타 조세를 납부하지 아니하였다는 이유로 합중국 또는 주에 의하여 거부되거나 제한되지 아니한다.

2절

합중국 의회는 적절한 입법에 의하여 이 조를 시행할 권한을 가진다.

수정 제25조 (대통령의 직무 수행 불능과 승계)[17]

1절

대통령이 면직, 사망 또는 사임하는 경우에는 부통령이 대통령이 된다.

2절

부통령직이 궐위되었을 때에는 대통령이 부통령을 지명하고, 그는 연방의회의 양원의 과반수 득표에 의하여 승인을 받아 그 직에 취임한다.

16) 이 수정 조항은 1962년 8월 27일 발의되어 1964년 1월 23일 비준되었다.
17) 이 수정 조항은 1965년 7월 6일 발의되어 1967년 2월 10일 비준되었다.

3절

대통령이 상원의 임시의장과 하원 의장에게 자신이 대통령직의 권한과 직무를 수행할 수 없다는 서면 공한을 제출할 경우, 대통령이 이와 반대되는 서면 공한을 상원 임시의장과 하원 의장에게 제출할 때까지는 부통령이 대통령 권한대행으로서 그 권한과 임무를 수행한다.

4절

1. 부통령, 집행부 각 부의 장관들의 과반수, 또는 연방의회가 법률로 정하는 기타 기관의 장들의 과반수가 상원의 임시의장과 하원 의장에게 대통령이 그의 직위의 권한과 직무를 수행할 수 없다는 것을 기재한 서면 공한을 제출할 경우에는 부통령이 즉시 대통령 권한대행으로서 대통령직의 권한과 임무를 수행한다.

2. 그 뒤에 대통령이 상원의 임시의장과 하원 의장에게 직무 수행 불능이 존재하지 않는다는 것을 기재한 서면 공한을 제출할 때에는 대통령이 그의 권한과 직무를 되찾는다. 다만 그러한 경우에 부통령, 집행부 각 부의 장관들의 과반수, 또는 연방의회가 법률로 정하는 기타 기관의 장들의 과반수가 4일 이내에 상원의 임시의장과 하원 의장에게 대통령이 그의 권한과 직무를 수행할 수 없다는 것을 기재한 서면 공한을 제출하는 경우에는 예외로 한다. 그 경우에 연방의회는 비회기 중이라 할지라도 48시간 이내에 소집하여 그 문제를 결정한다. 연방의회가 후자의 서면 공한을 수령한 뒤 21일 이내에, 또는 비회기 중인 연방의회가 소집 요구를 받은 뒤 21일 이내에, 양원의 3분의 2의 찬성으로 대통령이 그의 권한과 직무를 수행할 수 없다는 것을 결의할 경우에는 부통령이 대통령 권한대행으로서 계속하여 그

권한과 직무를 수행한다. 그렇지 아니한 경우에는 대통령이 그의 권한과 직무를 되찾는다.

수정 제26조 (18세 이상인 시민의 선거권)[18]

1절

연령 18세 이상의 합중국 시민의 투표권은, 연령을 이유로 하여 합중국 또는 주에 의하여 거부되거나 제한되지 아니한다.

2절

합중국 의회는 적절한 입법에 의하여 이 조를 시행할 권한을 가진다.

수정 제27조 (의원 보수 인상)[19]

상원 의원과 하원 의원의 보수 변경에 관한 법률은 다음 하원 의원 선거가 지난 뒤 그 효력이 발생한다.

18) 이 수정 조항은 1971년 3월 23일 발의되어 1971년 7월 1일 비준되었다.
19) 이 수정 조항은 1992년 5월 7일 비준되었다.